浙江文化艺术发展基金资助项目
浙江省新型重点专业智库杭州国际城市学研究中心
浙江省城市治理研究中心成果

浙江智库
ZHEJIANG
THINK TANK

南宋全书

第 **18** 册　南宋诏令编年（附金、夏、蒙元）（八）

王国平　总主编

吴铮强　胡潮晖　编

南宋文献集成

浙江大学出版社·杭州
ZHEJIANG UNIVERSITY PRESS

南宋全书编纂指导委员会

南宋全书编辑委员会

总主编：王国平

编　委：(以姓氏笔画为序)

马时雍　　王　凯　　王杨梅　　王其煌　　王剑文

尹晓宁　　江山舞　　寿勤泽　　何忠礼　　宋旭华

范立舟　　尚佐文　　姜青青　　徐吉军　　曹家齐

《南宋全书》总序

王国平

　　2007 年 12 月 22 日,举世瞩目的我国南宋商船"南海一号"在广东阳江海域打捞出水。根据探测情况估计,整船金、银、铜、铁、瓷器等文物可能达到 6 万—8 万件,据说皆为稀世珍宝。迄今为止,除了中国,全世界都未曾发现过如此巨大的千年古船。"南海一号"的发现,在世界航海史上堪称一大奇迹,也填补与复原了南宋海上"丝绸之路"历史的一些空白。[①] 不少专家认为"南海一号"的价值和影响力将不亚于西安秦始皇兵马俑。这艘沉船虽然出现在广东海域,但反映了整个南宋经济、文化的繁荣,标志着南宋社会的开放,也表明当时南宋引领着世界经济的发展。作为南宋政治、经济、文化、科技中心的都城临安(浙江杭州),则是南宋社会繁华与开放的代表。从某种意义上讲,没有以临安为代表的南宋的繁荣与开放,就会有今日"南海一号"的发现;而"南海一号"的发现,也为我们重新审视与评价南宋,带来了最好的注解、最硬的实证。

　　提起南宋,往往众说纷纭,莫衷一是。长期以来,不少人把"山外青山楼外楼,西湖歌舞几时休? 暖风熏得游人醉,直把杭州作汴州"[②]这首曾写在临安城一家旅店墙上的诗,当作当时南宋王朝的真实写照。虽然近现代已有海内外学者开始重新认识南宋,但相当一部分人仍认为南宋军事上妥协投降、苟且偷安,政治上腐败成风、奸相专权,经济上积贫积弱、民不聊生,生活上纸醉金迷、纵情声色,总之,把南宋王朝视为一个只图享受、不思进取的偏安小朝廷。导致这种历史误解的原因,

---

① 见《"南海一号"成功出水》一文,载《人民日报》2007 年 12 月 23 日。

② (南宋)林升:《题临安邸》,转引自田汝成:《西湖游览志余》卷二《帝王都会》,上海古籍出版社1980 年版,第 14 页。

在很大程度上是人们对患有"恐金病"的宋高宗和权相秦桧一伙倒行逆施的义愤,这是可以理解的。但是,我们决不能坐在历史的成见之上人云亦云。只要我们以对历史负责、对时代负责、对未来负责的精神和科学求实的态度,以科学发展观为指导,对南宋进行全面、深入、系统的研究,将南宋放到当时的历史发展阶段中,放到中国社会发展的历史长河中,放到整个世界的文明进程中考察,就不难发现南宋在经济政治、思想文化、科学技术、国计民生等方面所取得的成就,就不难发现南宋对中华文明产生的巨大影响,以此对南宋做出科学、客观、公正的评价,"还原一个真实的南宋"。

宋钦宗靖康元年(1126)闰十一月,金军攻陷北宋京城开封。次年三月,金军俘徽、钦二帝北去,北宋灭亡。同年五月,宋徽宗第九子、钦宗之弟赵构,在应天府(河南商丘)即位,是为高宗,改元建炎,重建赵宋王朝。建炎三年(1129)二月,高宗来到杭州,改州治为行宫,七月升杭州为临安府。此时起,杭州实际上已成为南宋的都城。绍兴八年(1138),南宋宣布临安府为"行在所",正式定都临安。自建炎元年(1127)赵构重建宋室,至祥兴二年(1279)帝昺蹈海灭亡,历时153年,史称"南宋"。

我们认为,研究与评价南宋,不应当仅仅以王朝政权的强弱为依据,而应当坚持"以人为本"理念,以人们生存与生活状态的改善作为社会进步的根本标准。许多人评价南宋,往往把南宋朝廷作为对象,我们认为所谓"南宋",不仅仅是一个历史王朝的称谓,而主要是指一个特定的历史阶段和历史时期。在马克思主义看来,历史的进步是社会发展和人的发展相统一的过程,"人们的社会历史始终只是他们的个体发展的历史",[①]未来理想社会"以每个人的全面而自由的发展为基本原则"。[②] 人是社会发展的主体,人的自由与全面发展是社会进步的最高目标。这就要坚持"以人为本"的科学发展观,将人的生存与全面发展作为评价一个历史阶段的根本依据。南宋时期,虽说尚处在中国封建社会的中期,人的自由与发展受到封建集权思想与皇权统治的严重束缚,但与宋代以前漫长的封建历史时期相比,这一时期出现的对人的生存与生活的关注度以及南宋人的生活质量和创造活力达到的高度都是前所未有的。

研究与评价南宋,不应当仅仅以军事力量的大小作为评价依据,还应当以其社会经济、文化整体状况与发展水平的高低作为重要依据。我们评判一个朝代,不仅要考察其军事力量的大小,更要看其在经济、文化、科技、社会等各方面取得

---

① 《马克思恩格斯选集》第4卷,人民出版社1995年版,第321页。
② 《马克思恩格斯选集》第23卷,人民出版社1995年版,第649页。

的成就。两宋立国 320 年,虽不及汉唐、明清国土辽阔,却以在封建社会中无可比拟的繁荣和社会发展的高度,跻身于中国古代最辉煌的历史时期之列。无论文化教育的普及、文学艺术的繁荣、学术思想的活跃、科学技术的进步,还是社会生活的丰富多彩,南宋都达到了前所未有的程度,在当时世界上也都处于领先地位。著名史学家邓广铭认为"宋代的文化,在中国封建社会历史时期之内,截至明清之际西学东渐的时期为止,可以说,已经达到了登峰造极的高度"。① 研究与评价南宋,不能仅仅以某些研究的成果或所谓的"历史定论"为依据,而应当以其在人类文明进步中扮演的角色,以及对后世的影响作为重要标准。宋朝是中国封建社会里国祚最长的朝代,也是封建文化发展最为辉煌的时期。南宋虽然国土面积只有北宋的 3/5 左右,却维持了长达 153 年(1127—1279)的统治。南宋不但对中国境内同时代的少数民族政权和周边国家产生了积极影响,而且对后世中华文化产生了巨大影响。正如近代著名思想家严复认为:"中国所以成于今日现象者,为善为恶,姑不具论,而为宋人所造就,什八九可断言也。"② 近代史学大师陈寅恪先生也曾经指出:"华夏民族之文化,历数千载之演进,造极于赵宋之世。"③ 因此,我们既要看到南宋王朝负面的影响,更要充分肯定南宋的历史地位与历史影响,只有这样,才能"还原一个真实的南宋"。

一、在政治上,不但要看到南宋王朝外患深重、苟且偷安的一面,更要看到爱国志士精忠报国、南宋政权注重内治的一面

南宋时期民族矛盾异常尖锐,外患严重之至,前期受到北方金朝的军事讹诈和骚扰掠夺,后期又受到蒙元的野蛮侵略。这些矛盾长期威胁着南宋政权的生存与发展。在此情形下,南宋初期朝廷中以宋高宗为首的主和派,积极议和,向女真贵族纳贡称臣。南宋王朝确实存在消极抗战、苟且偷安的一面,但也要承认南宋王朝大多君王始终怀有收复中原的愿望。南宋将杭州作为"行在所",视作"临安"而非"长安",也表现了南宋统治集团不忘收复中原的意愿。我们更应该看到南宋 153 年中,涌现了以岳飞、文天祥为代表的一大批爱国将领和数百名爱国仁人志士。这是中国古代任何一个朝代都难以比拟的。

同时,南宋政权也十分注重内治,在加强中央集权制度,推行"崇尚文治"政策,倡导科举不分门第等方面均有重大建树。其主要表现在以下几方面。

1. 从军事斗争上看,南宋是造就爱国志士、民族英雄的时代

南宋王朝长期处于外族入侵的严重威胁中,为此南宋军民进行了 100 多年

---

① 邓广铭:《宋代文化的高度发展与宋王朝的文化政策》,《历史研究》1990 年第 1 期。
② 严复:《严几道与熊纯如书札节钞》,江苏古籍出版社 1999 年影印本,载《学衡》第 13 期。
③ 《陈寅恪先生文集》第 2 卷,上海古籍出版社 1980 年版,第 245 页。

艰苦卓绝的抵抗斗争,涌现了无数气壮山河、可歌可泣的爱国事迹和民族英雄。因而,南宋是面对强敌、英勇抗争的时代。众所周知,金朝是中国历史上继匈奴、突厥、契丹以后一个十分强大的少数民族政权,并非昔日汉唐时期的匈奴、突厥与之后明清时期的蒙古可比。金军先后灭亡了辽朝和北宋,南侵之势简直锐不可当,但南宋军民浴血奋战,虽屡经挫折,终于抵挡住了南侵金军一次又一次的进攻,使南宋在外患深重的困境中站稳了脚跟。在持久的宋金战争中,南宋的军事力量不但没有削弱,反而逐渐壮大起来。南宋后期的蒙元军队则更为强大,竟然以 20 年左右的时间横扫欧亚大陆,使全世界都谈"蒙"色变。南宋的军事力量尽管相对弱小,又面对当时世界上最为强大的蒙元军队,但广大军民同仇敌忾,顽强抵抗了整整 45 年之久,这不能不说是世界抗击蒙元战争史上的一个奇迹。①

南宋是呼唤英雄、造就英雄的时代。在旷日持久的宋金战争中,造就了以宗泽、韩世忠、岳飞、刘锜、吴玠吴璘兄弟为代表的一批南宋爱国将领。特别是民族英雄岳飞率领的岳家军,更使金军闻风丧胆。在南宋抗击蒙元的悲壮战争中,前有孟珙、王坚等杰出爱国将领,后有文天祥、谢枋得、陆秀夫、张世杰等抗元英雄。其中民族英雄文天祥领导的抗元斗争,更是可歌可泣,彪炳史册。

南宋是激发爱国热忱、孕育仁人志士的时代。仅《宋史·忠义列传》就收录有爱国志士 277 人,其中大部分是南宋人。② 南宋初期,宗泽力主抗金,并屡败金兵,因不能收复北宋失地而死不瞑目,临终时连呼 3 次"过河";洪皓出使金朝,被流放冷山,历尽艰辛,终不屈服,被比作宋代的苏武;陆游"死去元知万事空,但悲不见九州同"的诗句,表达了他渴望祖国统一的遗愿;辛弃疾的词则抒发了盼望祖国统一和反对主和误国的激情。因此,我们认为,南宋不但是造就民族英雄的时代,也是孕育爱国政治家、军事家、文学家和思想家的沃土。

2. 从政治制度上看,南宋是宋代继续加强中央集权、"干强枝弱"的时期

宋朝在建国之初,鉴于前朝藩镇割据、皇权削弱的经验教训,通过采取"强干弱枝"政策,不断加强中央集权统治。这一政策在南宋时得到了进一步强化。北宋王朝在中央权力上,实行军政、民政、财政"三权分立",削弱宰相的权力与地位;在地方权力上,中央派遣知州、知县等地方官,将原节度使兼领的"支郡"收归中央直接管辖;在官僚机构上,实行官(官品)、职(头衔)、差遣(实权)三者分离制度;在财权上,设置转运使掌管各路财赋,将原藩镇把持的地方财权收归中央;在

---

① 参见何忠礼《论南宋定都杭州对当地经济文化的重大影响》,载《杭州研究》2007 年第 2 期。

② 俞兆鹏:《南宋人才之盛及其原因》,《杭州日报》2005 年 11 月 14 日。

司法权上，设置县尉等职，将方镇节度使掌握的地方司法权收归中央；在军权上，实行禁军"三衙分掌"，使握兵权与调兵权分离、兵与将分离，将各州军权牢牢地控制在中央手里，从而加强了中央对政权、财权、军权等方面的全面控制。南宋继承了北宋加强中央集权的这一系列措施，为维护国家内部统一、社会稳定和经济发展提供了良好的国内环境。尽管多次出现权相政治，但皇权仍旧稳定如故。

3. 从用人制度上看，南宋是所谓"皇帝与士大夫共治天下"的时代

两宋统治集团始终崇尚文治，尊重知识分子、重用文臣，提倡教育和养士，优待知识分子。与秦代"焚书坑儒"、汉代"罢黜百家"、明清"文字狱"相比，两宋时期可谓封建社会思想文化环境最为宽松的时期，客观上对经济、社会、文化发展起到了积极的促进作用。①

推行"崇尚文治"政策。宋王朝对文人士大夫采取了较为宽松宽容的态度，"欲以文化成天下"，对士大夫待之以礼，"不得杀士大夫及上书言事人"，②确立了"兴文教，抑武事"③的"崇文抑武"大政方针。两宋政权将"右文"定为国策。在这种政治氛围下，知识分子的思想十分活跃，参政议政的热情空前高涨，在一定程度上出现了"皇帝与士大夫共治天下"的局面，从而有力地推动了宋代思想、学术、文化的大发展。正由于两宋重用文士、优待文士、不杀文臣，因而南宋时常有正直大臣敢于上疏直谏，甚至批评朝政乃至皇帝的缺点，这与隋唐、明清时期动辄诛杀士大夫的政治状况大不相同。

采取"寒门入仕"政策。为了吸收不同阶层的知识分子参加政权，两宋对选才用人的科举制度进行了改革，消除了魏晋以来士族门阀造成的影响。两宋科举取士几乎面向社会各个阶层，再加上科举取士的名额不断增加，在社会各阶层中形成了"学而优则仕"之风。南宋时期，取士更不受出身门第的限制，只要不是重刑罪犯，即使工商、杂类、僧道、农民，甚至是杀猪宰牛的屠户，都可以应试授官。南宋的科举登第者多数为平民，如在宝祐四年（1256）登科的 601 名进士中，平民出身者就占了 70％。④

二、在经济上，不但要看到南宋连年岁贡不断、赋税沉重的状况，更要看到整个南宋生产发展、经济繁荣的一面

人们历来有一种误解，认为南宋从立国之日起，就存在着从北宋带来的"积贫积弱"老毛病。确实，南宋王朝由于长期处于前金后蒙的威胁之下，迫使其不

① 参见郭学信《试论两宋文化发展的历史特色》，载《江西社会科学》2003 年第 5 期。
② 陶宗仪：《说郛》卷三九上，《景印文渊阁四库全书》，台湾商务印书馆，1986 年版。
③ 李焘：《续资治通鉴长编》卷一八，"太平兴国二年正月丙寅"条，中华书局 2004 年版，第 392 页。
④ 俞兆鹏：《南宋人才之盛及其原因》，《杭州日报》2005 年 11 月 14 日。

得不以加强皇权统治作为核心利益,在对外关系上,以牺牲本国的经济利益为代价,采取称臣、割地、赔款等手段来换取王朝政权的安定。正因为庞大的兵力和连年向金朝贡,加重了南宋王朝财政负担和民众经济负担,也一定程度上影响了南宋的经济发展。但在另一方面,我们更应当看到,南宋时期,由于北方人口的大量南下,给南宋的经济发展带来了充足的劳动力、先进的生产技术和丰富的生产经验,再加上统治者出台一些积极措施,南宋在农业、手工业、商业、外贸等方面都取得了突出成就。南宋经济繁荣主要体现在:

1.从农业生产看,南宋出现了古代中国南粮北调的新格局

由于南宋政府十分注重兴修水利,并采取鼓励垦荒的措施,加上北方人口大量南移和广大农民辛勤劳动,促进了流民复业和荒地开垦。人稠地少的两浙等平原地带,垦辟了众多的水田、圩田、梯田。曾经"几无人迹"的淮南地区也出现了"田野加辟""阡陌相望"的繁荣景象。南宋时期,农作物单位面积产量比唐代提高了两三倍,总体发展水平大大超过了唐代,有学者甚至将宋代农作物单位面积产量的大幅提高称为"农业革命"。[1]"苏湖熟,天下足"的谚语就出现在南宋。[2] 元初,江浙行省虽然只是元代10个行省中的一个,岁粮收入却占了全国的37.10%,[3]江浙地区成了中国农业最为发达的地区,并出现了中国南粮北调的新格局。

2.从手工业生产看,南宋达到了中国古代手工业发展的新高峰

南宋时期,随着北方手工业者大批南下和先进生产技术传入,南方的手工业生产迈上了一个新台阶。一是纺织业规模和技术都大大超过了同时代的金朝,南方自此成了中国丝织业最发达的地区。二是瓷器制造业中心从北方移至江南地区。景德镇生产的青白瓷造型优美,有"饶玉"之称;临安官窑所造青瓷极其精美,为此杭州现在官窑原址建立了官窑博物馆,将这些精美的青瓷展现给世人;龙泉青瓷达到了烧制技术的新高峰,并大量出口。三是造船业空前发展。漕船、商船、游船、渔船,数量庞大,打造奇巧,富有创造性;海船采用的多根桅杆,为前代所无;战船种类众多,功用齐全,在抗金和抗蒙元的战争中发挥了重要作用。

① 张邦炜:《瞻前顾后看宋代》,《河北学刊》2006年第5期。
② (宋)范成大:《吴郡志》卷五〇《杂志》,《宋元方志丛刊》本,中华书局1990年版。
③ (元)脱脱:《元史》卷九三《食货一·税粮》,中华书局2005年版,第2361页。

3. 从商业发展看,南宋开创了古代中国商品经济发展的新时代

虽然宋代主导性的经济仍然是自然经济,但由于两宋时期冲破了历朝统治者奉行的"重农抑商"观念的束缚,确立了"农商并重"的国策,采取了惠商、恤商政策措施,使社会各阶层纷纷从事商业经营,商品经济呈现划时代的发展变化,进入一个新的历史发展阶段。一是四通八达的商业网络。随着商品贸易发展,出现了临安、建康(江苏南京)、成都等全国性的著名商业大都市,当时临安已达16万户,人口最多时有150万—160万人,[1]同时,还出现了50多个10万户以上的商业大城市,并涌现出一大批草市、墟市等定期集市和商业集镇,形成了"中心城市—市镇集市—边境贸易—海外市场"的通达商业网络。[2] 二是"市坊合一"的商业格局。两宋时期由于城市商业繁荣,冲破了长期以来作为商业贸易区的"市"与作为居民住宅区的"坊"分离的封闭式市坊制度,出现了住宅与店肆混合的"市坊合一"商业格局,街坊商家店铺林立,酒肆茶楼面街而立。从《梦粱录》和《武林旧事》的记载来看,南宋临安城内商业繁荣,甚至出现了夜市刚刚结束,早市又告兴起的繁荣景象。三是规模庞大的商品交易。南宋商品的交易量虽难考证,但从商税收入可窥见一斑。淳熙年间(1174—1189)全国正赋收入6530万缗,占全国总收入30%以上。据此推测,南宋商品交易额在20000万缗以上。可见商品交易量之巨大。[3] 南宋商税加专卖收益超过农业税的收入,改变了宋以前历代王朝农业税赋占主要地位的局面。

4. 从海外贸易看,南宋开辟了古代中国东西方交流的新纪元

两宋期间,由于陆上"丝绸之路"隔断,东南方向海路成为海上对外贸易的唯一通道,海外贸易成为中外经济文化交流的主要通道。南宋海外贸易繁荣表现在:一是对外贸易港口众多。广州、泉州、临安、明州(浙江宁波)等大型海港相继兴起,与外洋通商的港口已近20个,还兴起了一大批港口城镇,形成了北起淮南、东海,中经杭州湾和福、漳、泉金三角,南到广州湾和琼州海峡的南宋万余里海岸线上全面开放的新格局。这种盛况不仅唐代未见,就是明清亦未能再现。[4] 二是贸易范围大为扩展。宋前,与我国通商的海外国家和地区约20个,主要集

---

① 杨宽先生在《中国古代都城制度史》一书中认为,南宋末年咸淳年间,临安府所属九县,按户籍,主客户共三十九万一千多户,一百二十四万多口;附郭的钱塘、仁和两县主客户共十八万六千多户,四十三万二千多口,占全府人口的三分之一。宋朝的"口"是男丁数,每户平均以五人计,约九十多万人。所驻屯的军队及其家属,估计有二十万人以上,总人口当在一百二十万人左右,包括城外郊区十万人和乡村十万人。

② 陈杰林:《南宋商业发展:特点与成因》,《安庆师范学院学报》2003年第4期。

③ 陈杰林:《南宋商业发展:特点与成因》,《安庆师范学院学报》2003年第4期。

④ 葛金芳:《南宋:走向开放型市场的重大转折》,《杭州研究》2007年第2期。

中在中南半岛和印尼群岛,而与南宋有外贸关系的国家和地区增至 60 个以上,范围从南洋(今南海)、西洋(今印度洋)直至波斯湾、地中海和东非海岸。三是出口商品附加值高。宋代不但外贸范围扩大、出口商品数量增加,而且进口商品以原材料与初级制品为主,而出口商品则以手工业制成品为主,附加值高。用附加值高的制成品交换附加值低的初级产品,表明宋代外向型经济在发展程度上高于其外贸伙伴。①

三、在文化上,不但要看到封闭保守、颓废安逸的一面,更要看到南宋"百家争鸣、百花齐放"的繁荣局面

由于以宋高宗为首的妥协派大多患有"恐金病",加之南宋要想收复北方失地在军事上和经济上确实存在着许多困难,收复中原失地的战争,也几度受到挫折,因此在南宋统治集团中,往往笼罩着悲观失望、颓废偷安的情绪。一些皇亲贵族,只要不是兵荒马乱,就热衷于享受山水之乐和口腹之欲,出现了软弱不争、贪图享受、胸无大志、意志消沉的"颓唐之风"。反映在一些文人士大夫的文化生活中,就是"一勺西湖水。渡江来、百年歌舞,百年酣醉"的华丽浮靡之风。但是,这并不能掩盖两宋文化的历史地位与影响。宋代是中国古代文化最为光辉灿烂的时期之一。近代的中国文化,其实皆脱胎于两宋文化。著名史学家邓广铭认为:"宋代文化发展所能达到的高度,在从十世纪后半期到十三世纪中叶这一历史时期内,是居于全世界的领先地位的。"②日本学者则将宋代称为"东方的文艺复兴时代"。③ 著名华裔学者刘子健认为:"此后中国近八百年来的文化,是以南宋文化为模式,以江浙一带为重点,形成了更加富有中国气派、中国风格的文化。"④

1. 南宋是古代中国学术思想的巅峰时期

王国维指出:"宋代学术,方面最多,进步亦最著","近世学术多发端于宋人"。宋学作为宋型文化的精神内核,是中国古代学术思想的巅峰。宋学流派纷呈,各臻其妙,大师迭出,群星璀璨,使南宋的思想文化呈现一派勃勃生机和前所未有的活跃局面。

理学思想形成。两宋统治者以文治国、以名利劝学的政策,对当时的思想、

---

① 葛金芳:《南宋:走向开放型市场的重大转折》,《杭州研究》2007 年第 2 期。

② 邓广铭:《国际宋史研讨会开幕词》,载《国际宋史研讨论文选集》,河北大学出版社 1992 年版,第 1 页。

③ [日]宫崎市定:《宫崎市定论文选集》下册,商务印书馆 1963 年版。

④ 刘子健:《代序——略论南宋的重要性》,载黄宽重主编《南宋史研究集》,台湾新文丰出版公司 1985 年版。

学术及教育产生了重要影响,最明显的一个结果是新儒学——理学思想诞生。南宋是儒学各派互争雄长的时期,各学派互相论辩、互相补充,共同构筑起中国儒学发展史上一个新的阶段。作为程朱理学集大成者的朱熹,是继孔孟以来最杰出的儒家学者。理学思想倡导国家至上、百姓至上的精神,与孟子的"君轻民贵"思想是一脉相承的。同时,两宋还倡导在儒家思想主导下的"儒佛道三教同设并行",就是在"尊孔崇儒"的同时,对佛、道两教也持尊奉的态度。理学各家出入佛老;佛门也在学理上融合儒道;道教则从佛教中汲取养分,将其融入自身的养生思想,并吸纳佛教"因果轮回"思想与儒家"纲常伦理"学说。普通百姓"读儒书、拜佛祖、做斋醮"更是习以为常。两宋"三教合流"的文化策略迎合了时代需要,使宋代儒生不同于以往之"终信一家、死守一经",从而使得南宋在思想、文化领域均有重大突破与重大建树。

思想学术界学派林立。学派林立是南宋学术思想发展的突出表现,也是当时学术界新流派勃兴的标志。在儒学复兴的思潮激荡下,尤其是在鼓励直言、自由议论的政策下,先后形成了以朱熹为代表的道学,以陆九渊为代表的心学,以叶适为代表的永嘉事功之学,以吕祖谦、陈亮为代表的永康之学等主要学派,开创了浙东学派的先河。南宋时期学派间互争雄长和欣欣向荣的景象,维持了近百年之久,形成了继春秋战国之后中国历史上第二次"百家争鸣"的盛况,为推动南宋经济文化发展起到了积极作用。尤其是浙东事功学派极力推崇义利统一,强调"商藉农而立,农赖商而行",认为只有农商并重,才能富民强国,实现国家中兴统一的目的。功利主义思想反映了当时人们希望发展南宋经济和收复北方失地的强烈愿望。

2. 南宋是古代中国文学艺术的鼎盛时期

近代国学大师王国维认为"天水一朝人智之活动与文化之多方面,前之汉唐、后之元明皆所不逮也"。[①] 南宋文学艺术繁荣的主要表现,一是宋词兴盛。宋代创造性地发展了"词"这一富有时代特征的文学形式。词的繁荣起始于北宋,鼎盛于南宋。南宋词不仅在内容上有所开拓,而且艺术上更趋于成熟。辛弃疾是南宋最伟大的爱国词人,豪放词派的最高代表,也是南宋词坛第一人,与北宋词人苏东坡一样,同为宋词成就最杰出的代表。李清照是婉约词派的代表人物,形成了别具一格的"易安体",对后世影响很大。陆游既是著名的爱国诗人,也是南宋词坛的巨匠。他的词充满了奔放激昂的爱国主义感情,与辛弃疾一起把宋词推向了艺术高峰。二是宋诗繁荣。宋诗在唐诗之后另辟蹊径,开拓了宋

---

① 王国维:《静庵文集续编·宋代之金石学》,载《王国维遗书》第 5 册,上海古籍出版社 1983 年版。

诗新境界,其影响直到清末民初。宋诗完全有资格在中国诗史上与唐诗双峰并峙,两水并流。三是话本兴起。南宋话本小说出现,在中国文学史上是一件极有意义的大事,标志着中国小说的发展已进入一个新阶段。宋代话本为中国小说的发展注入了新鲜活力,迎来了明清小说的繁荣局面。南宋还出现了以《沧浪诗话》为代表的具有现代审美特征的开创性的文学理论著作。四是南戏的出现。南宋初年,出现了具有很强的现实性和感染力的“戏文”,统称“南戏”。南宋戏文是元代杂剧的先驱,它的出现标志着中国古代戏曲艺术的成熟,为我国戏剧发展奠定了雄厚基础。① 五是绘画的高峰。宋代是中国绘画史上的鼎盛时期,标志我国古代时期绘画高峰的出现。有研究者认为“吾国画法,至宋而始全”。② 宋代画家多达千人左右,以李唐、刘松年、马远、夏圭等人为代表的南宋著名画家,他们的作品在画坛至今仍享有崇高地位。此外,南宋的多位皇帝和后妃也都是绘画高手。南宋绘画题材多样,山水、人物、花鸟画等并盛于世,尤以山水画最为突出,对后世影响极大。南宋画家称西湖景色最奇者有十,这就是著名的“西湖十景”的由来。宋代工艺美术造型、装饰与总体效果堪称中国工艺史上的典范,为明清工艺美术争相效仿的对象。此外,南宋的书法、雕塑、音乐、歌舞等艺术门类也都有长足的发展。

3. 南宋是古代中国文化教育的兴盛时期

宋代统治者大力倡导学校教育,将“崇经办学”作为立国之本,使宋代的教育体制较之汉唐更加完备和发达。南宋官私学盛,彻底打破了长期以来士族地主垄断教育的局面,使文化教育下移,教育更加大众化,适应了平民百姓对文化教育的需求,推动了文化大普及,提高了全社会的文化素质,促进了南宋社会文化事业进步和发展。在科举考试推动下,南宋的中央官学、地方官学、书院和私塾村校并存,各类学校都获得了蓬勃的发展。南宋各州县普遍设立了公立学校,其规模、条件、办学水平,较之北宋有了更大发展。由于理学家的竭力提倡和科举考试的需要,南宋地方书院得到了大发展。宋代共有书院 397 所,其中南宋占310 所。③ 南宋私塾村校遍及全国各地,学校教育由城镇延伸到乡村,南宋教育达到前所未有的普及程度。

4. 南宋是古代中国史学的繁荣时期

南宋以“尊重和提倡”的形式,鼓励知识分子重视历史,研究历史,“思考历代

---

① 参见何忠礼、徐吉军《南宋史稿》,杭州大学出版社 1999 年版,第 657 页。
② 潘天寿:《中国绘画史》,上海人民美术出版社 1983 年版,第 158 页。
③ 何忠礼:《论南宋定都杭州对当地经济文化的重大影响》,《杭州研究》2007 年第 2 期。

治乱之迹"。陈寅恪先生指出:"中国史学莫盛于宋。"①南宋史学家袁枢的《通鉴纪事本末》,创立了以重大历史事件为主体,分别立目,完整记载历史事件的纪事本末体;朱熹的《资治通鉴纲目》创立了纲目体;朱熹的《伊洛渊源录》则开启了记述学术宗派史的学案体之先河。南宋在历史上第一次提出了"经世致用"的修史思想。南宋史学家不仅重视当代史的研究,而且力主把历史与现实结合起来,从历史上寻找兴衰之源,以史培养爱国、有用的人才。这些都对后代的史学家有很大的启迪和教益。

四、在科技上,既要看到整个宋代在中国古代科技史上的地位,也要看到南宋对古代中国科学技术的杰出贡献

宋代统治集团对在科学技术上有重要发明及创造、创新之人给予物质和精神奖励,为宋代科技发展与进步注入了前所未有的强大动力。宋朝是当时世界上发明创造最多的国家,也是古代中国为世界科技发展贡献最大的时期。英国学者李约瑟说:"每当人们在中国的文献中查找一种具体的科技史料时,往往会发现它的焦点在宋代,不管在应用科学方面或纯粹科学方面都是如此。"②中国历史上的重要发明,一半以上都出现在宋朝。宋代的不少科技发明不仅在中国科技上,而且在世界科技史上也号称第一。《梦溪笔谈》的作者沈括、活字版印刷术的发明者毕昇这两位钱塘(浙江杭州)人,都是中外公认的中国古代伟大科学巨匠。南宋的科技在北宋基础上进一步得到发展,其科技成就在很多方面居于世界领先地位。

1. 南宋对中国古代"三大发明"的贡献

活字印刷术、指南针与火药三大发明,在南宋时期获得进一步的完善和发展,并开始了大规模的实际应用。指南针在航海上的应用,始见于北宋末期,南宋时的指南针已从简单的指针,发展成为比较简易的罗盘针,并被应用于航海上,是一项具有世界意义的重大发明。李约瑟指出,指南针在航海中的应用,是"航海技艺方面的巨大改革","预示计量航海时代的来临"。中国古代火药和火药武器的大规模使用和推广也始自南宋。南宋出现的管形火器,是世界兵器史上十分重要的大事,近代的枪炮就是在这种原始的管形火器基础上发展起来的。此外,南宋还广泛使用威力巨大的火炮作战,充分反映了南宋火器制造技术的巨大进步。南宋开始推广使用活字印刷术,出现了目前世界上第一部活字印本。此外,南宋的造纸技术更为发达,生产规模大为扩展,品种繁多,质量之高,近代

---

① 陈寅恪:《陈垣〈明季滇黔佛教考〉序》《陈垣〈元西域人华化考〉序》,载《金明馆丛稿二编》,上海古籍出版社 1980 年版,第 238、240 页。
② [英]李约瑟:《李约瑟文集》,辽宁科技出版社 1986 年版,第 115 页。

也多不及。

2.南宋在农业技术理论上的重大突破

南宋陈旉所著《陈旉农书》是我国现存最早的有关南方农业生产技术与经营的农学著作。他是中国农学史上第一个提出土地利用规划技术的人。陈旉在《农书》中首先提出了土壤肥力论等多种土地的利用和改造之法,并对搞好农业经营管理提出了卓越的见解。稻麦两熟制、水旱轮作制、"耕耙秒"耕作制,在南宋境内都得到了较好的推广。植物谱录在南宋也大量涌现。《橘录》是我国最早的柑橘专著;《菌谱》是世界历史上最早的菌类专著;《全芳备祖》是世界最早的植物学辞典,比欧洲要早 300 多年;《梅谱》是我国最早的有关梅花的专著。

3.南宋在制造技术上的高度成

就宋代冶金技术居世界最高水平,南宋对此作出了卓越贡献。在有色金属开采与冶炼方面,南宋发明了"冶银吹灰法"和"铜合金铁"冶炼法;在煤炭开发利用上,南宋开始使用焦煤炼铁(而欧洲人是在 18 世纪时才采用焦煤炼铁的),是我国冶金史上具有重大意义的里程碑。南宋是我国纺织技术高度发展时期,特别是蚕桑丝绸生产,已形成了一整套从栽桑到成衣的过程,生产工具丰富,为明清的丝绸生产技术奠定了基础。南宋的丝纺织品、织造和染色技术在前代的基础上达到了一个新水平。南宋瓷器无论在胎质、釉料,还是在制作技术上,都达到了新的高度。同时,南宋的造船、建筑、酿酒、地学、水利、天文历法、军器制造等方面技术水平,也都比过去有很大的进步。如南宋绍熙元年绘制、淳祐七年刻石的"宋淳祐天文图"(又称苏州石刻天文图)是世界上现存年代最早、存星最多的石刻天文图,绘于南宋绍定二年(1229)的石刻《平江图》,是我国现存最古老、最完整的城市规划图,至今仍完好地保存在苏州碑刻博物馆。

4.南宋在数学领域的巨大贡献

南宋数学不仅在中国数学史上,而且在世界数学史上取得了极为辉煌的成就。南宋杰出的数学家秦九韶撰写的《数书九章》提出的"正负开方术",与现代求数学方程正根的方法基本一致,比西方早 500 多年。另一位杰出的数学家杨辉,编撰有《详解九章算法》《日用算法》《乘除通变本末》《田亩比类乘除捷法》《续古摘奇算法》(《乘除通变本末》《田亩比类乘除捷法》《续古摘奇算法》三者合称为《杨辉算法》)等十余种数学著作,收录了不少我国现已失传的数学著作中的算题和算法。杨辉对二阶等差级数求和的论述,使之成为继沈括之后世界上最早研究高阶等差级数的人。杨辉发明的"九归口诀",不仅提高了运算速度和精确度,而且还对我国珠算的发明起到了重要作用。李约瑟把宋代称为"伟大的代数学家的时代",认为"中国的代数学在宋代达到最高峰"。①

5.南宋在医药领域的重要贡献

南宋是中国法医学正式形成的时期。宋慈的《洗冤集录》是世界上第一部法医学专著,比西方早350余年。它不仅奠定了我国古代法医学的基础,而且被奉为我国古代"官司检验"的"金科玉律",并对世界法医学产生了广泛影响。南宋是中国针灸医学的极盛时期。王执中的《针灸资生经》和闻人耆年《备急灸法》两书,皆集历代针灸学知识之大全,反映了当时针灸学的最高水平。南宋腧穴针灸铜人是针灸学上第一具教学、临床用的实物模型。陈自明著的《外科精要》一书对指导外科的临床应用具有重要意义。陈自明的《妇人大全良方》是著名的妇产科著作,直到明清时期仍被妇科医生奉为经典。朱瑞章的《卫生家宝产科方》,被称为"产科之荟萃,医家之指南"。无名氏的《小儿卫生总微论方》和刘昉的《幼幼新书》,汇集了宋以前在儿科学方面所取得的成就,是我国历史上较早的一部比较系统、全面的儿科学著作。许叔微的《普济本事方》是中国古代一部比较完备的方剂专书。

五、在社会上,不但要看到南宋一些富豪官绅生活奢华、挥霍淫乐的一面,更要看到南宋政府关注民生、注重民生保障的一面

南宋社会生活的奢侈之风,既是南宋官僚地主腐朽的集中反映,也是南宋经济文化空前繁荣的缩影。我们不但看到南宋一些富豪官绅纵情声色、恣意挥霍的社会现象,更要看到南宋政府倡导善举、关注民生、同情民苦的客观事实。②两宋社会保障制度,在中国古代救助史上占有重要地位,并为宋后社会保障制度的建立奠定了基础。有学者认为,中国古代真正意义上的社会保障事业是从两宋开始的。同时,两宋时期随着土地依附关系逐步解除和门阀制度崩溃,逐渐冲破了以前士族地主一统天下的局面。两宋社会结构开始调整重组,出现了各阶层之间经济地位升降更替、社会等级界限松动的现象,各阶层的价值取向趋近,促进社会各阶层融合,平民化、世俗化、人文化趋势明显。两宋社会平民化,不仅体现在科举面向社会各个阶层,取士不受出身门第限制,而且体现在官民身份可以相互转化,可以由贵而贱,由贱而贵;贫富之间既可以由富而贫,也可以由贫而富。③

1.南宋农民获得了更多的人身自由

两宋时期,租佃制普遍发展,这是古代专制社会中生产关系的一次重大调

---

① 参见《中国科学技术史》第1卷第1册,科学出版社1975年版,第273、284、287、292页。

② 邓小南:《宋代历史再认识》,《河北学刊》2006年第5期。

③ 郭学信:《宋代俗文化发展探源》,《西北师范大学学报》2005年第3期。

整。在租佃制下,地主招募客户耕种土地,客户只向地主缴纳地租,而不必承担其他义务。客户契约期满后有退佃起移的权利,且受到政府保护,人身依附关系大为减弱。按照宋朝的户籍制度,客户直接编入国家户籍,成为国家的正式编户,并承担国家某些赋役,而不再是地主的"私属",因而获得了一定的人身自由。两宋农民在法律上可以自由迁徙,这是历史的一大进步。① 南宋时期随着商品经济发展,农民获得了更多的自由,可以自由地离土离乡,转向城市从事手工业或商业活动。

2.南宋商人社会地位得到了提高

宋前历朝一直奉行"重农轻商"政策,士、农、工、商,商人居"四民"之末,受到社会歧视。宋代商业已被视同农业,均为创造社会财富的源泉,"士、农、工、商,皆百姓之本业"②成为社会共识,使两宋商人的社会地位得到前所未有的提高。随着工商业的发展,在南宋手工业作坊中,工匠主和工匠之间形成了雇佣与被雇佣关系。南宋手工业作坊中的雇佣制度,代替了原来带有强制性的指派和差人应役招募制度,雇佣劳动与强制性的劳役比较,工匠的人身束缚大为松弛,新的经济关系推动了南宋手工业经济发展,又促进了资本主义生产关系萌芽。

3.南宋市民阶层登上了历史舞台

"坊郭户"是城市中的非农业人口。随着工商业的日益发展,宋政府将"坊郭户"单独"列籍定等"。"坊郭户"作为法定户名在两宋时期出现,标志着城市"市民阶层"形成,市民阶层开始作为一个独立群体正式登上了历史舞台,成为不可忽视的社会力量。③ 南宋时期,还实行了募兵制,人们服役大多出于自愿,从而有效保障了城乡劳力稳定和社会安定,与唐代苛重的兵役相比,显然是一个进步。

4.南宋社会保障制度更为完善

南宋的社会保障体系主要表现在:一是"荒政"制度。就是由政府无偿向灾民提供钱粮和衣物,或由政府将钱粮贷给灾民,或由政府将灾民暂时迁移到丰收区,或将粮食调拨到灾区,或动员富豪平价售粮,并在各州县较普遍地设置了"义仓",以解决暂时的粮食短缺问题。同时,遇丰收之年,政府酌量提高谷价,大量收籴,以避免谷贱伤农;遇荒饥之年,政府低价将存粮大量粜出,以照顾灾民。二是"养恤"制度。在临安等城市中,南宋政府针对不同对象设立了不同的养恤机构。有赈济流落街头的老弱病残或贫穷潦倒乞丐的福田院,有收养孤寡等贫穷

---

① 郭学信、张素音:《宋代商品经济发展特征及原因析论》,《聊城大学学报》2006 年第 5 期。
② (宋)陈耆卿:《嘉定赤城志》卷三七《风土》,《宋元方志丛刊》本,中华书局 1990 年版。
③ 郭学信:《宋代俗文化发展探源》,《西北师范大学学报》2005 年第 3 期。

不能自存者的居养院,有收养并医治鳏寡孤独贫病不能自存之人的安济院,有收养社会弃子弃婴的慈幼局,等等。三是"义庄"制度。义庄主要由一些科举入仕的士大夫用其秩禄买田置办,义田一般出租,租金则用于赈养族人的生活。虽然义庄设置的最初动机在于为本宗族之私,但义庄的设置在一定范围保障了族人的经济生活,对两宋官方的社会保障起到了重要的辅助作用。南宋的社会保障政策与措施对倡导善举、缓和社会矛盾、维护社会稳定等发挥了积极作用。①

六、在历史地位上,既要看到南宋在当时国际国内的地位,又要看到南宋对后世中国和世界的影响

1. 南宋对东亚"儒学文化圈"和世界文明进程之影响

两宋的成就居于当时世界发展的顶峰,对周边国家和世界均产生了巨大影响。如南宋对东亚"儒学文化圈"的影响。南宋朱子学对东亚"儒学文化圈"各国文化产生了广泛而深刻的影响,至今仍然积淀在东亚各民族的文化心理中,对东亚现代化起着重要作用。在文化输入上,这些周边邻国对唐代文化主要是制度文化的模仿,而对两宋文化则侧重于精神文化的摄取,尤其是对南宋儒学、宗教、文学、艺术、政治制度的借鉴。南宋儒学文化传至东亚各国,与各国的学术思想和民族文化相融合,产生了朝鲜儒学、日本儒学、越南儒学等东亚儒学,形成了东亚"儒学文化圈"。这表明南宋儒学文化在东亚民族之间的文化交流和传播中,对高丽、日本、越南等国学术文化与东亚文明发展历史产生了重大影响,这可以说是东亚文明发展中的一大奇观。② 同时,南宋儒学文化中的优秀成分和合理精神,在现代东亚社会的政治经济、思想文化、社会生活、家庭关系等方面仍然发挥重要影响和作用。如南宋儒学中的"信义""忠诚""中庸""和""义利并取"等价值观念,在现代东亚经济社会中的积极作用显而易见。

南宋对世界经济发展的影响。随着南宋海外贸易发展,与我国通商的海外国家与地区从宋前的 20 余个增至 60 个以上。海外贸易范围从宋前中南半岛和印尼群岛,扩大到西洋(今印度洋至红海)、波斯湾、地中海和东非海岸,使雄踞于太平洋西岸的南宋帝国与印度洋地区北岸的阿拉伯帝国一起,构成了当时世界贸易圈的两大轴心。海上"丝绸之路"取代了陆上"丝绸之路",成为中外经济文化交流的主要通道。鉴于此,美籍学者马润潮把宋代视为"世界伟大海洋贸易史上的第一个时期"。同时,随着商品经济的发展,北宋出现了世界上最早的纸币——交子。至南宋时,纸币开始在全国普遍使用。有学者将纸币的产生与大

---

① 参见杜伟《略述两宋社会保障制度》,载《沙洋师范高等专科学校学报》2004 年第 1 期;陈国灿《南宋江南城市的公共事业与社会保障》,载《学术月刊》2002 年第 6 期。

② 葛金芳:《南宋:走向开放型市场的重大转折》,《杭州研究》2007 年第 2 期。

规模流通称为"金融革命"。① 纸币流通的意义远在金属铸币之上,表明我国在货币领域发展已走在世界前列。

两宋对世界文明进程的影响。宋代文化对世界文化的影响,主要表现在两宋的活字印刷术、火药、指南针的西传上。培根指出:"这三种发明已经在世界范围内把事物的全部面貌和情况都改变了:第一种是在学术方面,第二种是在战事方面,第三种是在航行方面;由此产生了无数的变化,这种变化是如此巨大,以至没有一个帝国,没有一个教派,没有一个赫赫有名的人物,能比得上这三种机械发明。"②马克思的评价则更高:"火药、指南针、印刷术——这是预告资产阶级到来的三大发明。火药把骑士阶层炸得粉碎,指南针打开了世界市场并建立了殖民地,而印刷术则变成了新教的工具和科学复兴的手段,变成对精神发展创造必要前提的强大杠杆。"③两宋"三大发明"对世界文明的决定性作用是毋庸赘言的。两宋科举考试制度也对法、美、英等西方国家选拔官吏的政治制度产生了直接作用和重要影响,被人誉为"中国的第五大发明"。

2.南宋对中国古代与近代历史发展之影响

中外学者普遍认为:"这时的文化直至 20 世纪初都是中国的典型文化。其中许多东西在以后的一千年中是中国最典型的东西,至少在唐代后期开始萌芽,而在宋代开始繁荣。"④

南宋促进了中国市民阶层的形成。随着商品经济的繁荣,两宋时期不仅出现了一大批大、中、小商业城市与集镇,而且形成了杭州、开封、成都等全国著名商业大都市,第一次出现了城市平民阶层,呈现了中国古代社会前所未有的时代开放性。南宋市民阶层的出现,世俗文化与世俗经济的形成与繁荣,意味中国市民阶层已具雏形,开启了中国社会平民化进程。正由于两宋时期出现了欧洲近代前夜的一些特征,如大城市兴起、市民阶层形成、手工业发展、商业经济繁荣、对外贸易发达、流通纸币出现、文官制度成熟等现象,美国、日本学者普遍把宋代中国称为"近代初期"。⑤

南宋促成了中国经济重心南移。由于南宋商品经济空前发展,有些学者甚至断言,宋代已经产生了资本主义萌芽。西方有学者认为南宋已处在"经济革命时代"。随着宋室南下,南宋经济的发展与繁荣,使江南成为全国经济最为发达

---

① 参见张邦炜《瞻前顾后看宋代》,载《河北学刊》2006 年第 5 期。
② [英]培根:《新工具》,商务印书馆 1984 年版,第 103 页。
③ [德]马克思:《机械、自然力和科学应用》,人民出版社 1978 年版,第 67 页。
④ [美]费正清、赖肖尔:《中国:传统与变革》,江苏人民出版社 1995 年版,第 118—119 页。
⑤ 张晓淮:《两宋文化转型的新诠释》,《学海》2002 年第 4 期。

的地区。南宋时期,全国经济重心完成了由黄河流域向长江流域的历史性转移,我国经济形态自此逐渐从自然经济转向商品经济,从封闭经济走向开放经济,从内陆型经济转向海陆型经济。这是中国传统社会发展中具有路标性意义的重大转折。① 如果没有明清的海禁和极端专制的封建统治,中国的近代化社会也许会更早地到来。

南宋推进了中华民族大融合。南宋时期,中国社会出现了第三次民族大融合。宋王朝虽然先后被同时代的女真、蒙古民族征服,但无论前金还是后蒙,在其思想文化上,都被南宋代表的先进文化折服,融入中华民族大家庭之中。10—13 世纪,中原王朝与北方游牧民族时战时和、时分时合,使以农耕文化为载体的两宋文化迅速向北扩散播迁,女真、蒙古政权深受南宋代表的先进政治制度、社会经济和思想文化影响,表示出对南宋文化认同、追随、仿效与移植,自觉不自觉地接受了先进的南宋文化,使其从文字到思想、从典章制度到风俗习惯均呈现出汉化趋势。② 南宋文化改变了这些民族的文化构成,提高了其文化层位,加速了这些民族由落后走向进步的进程,从而在整体上提高了中国北部地区少数民族的文明程度。

南宋奠定了理学在封建正统思想中的主导地位。理学的形成与发展,是南宋文化对中国古代思想文化的重大贡献。南宋理宗朝时,理学被钦定为封建正统思想和官方哲学,确立了程朱理学的独尊地位,并一直垄断元、明、清三代的思想和学术领域长达 700 余年,其影响之深广,在古代中国没有其他思想可以与之匹敌。③ 同时,两宋时期开创了中国古代儒、佛、道"三教合流"的文化格局。与汉武帝"罢黜百家、独尊儒术"不同,南宋在大兴儒学的前提下,加大了对佛、道两教的扶持,出现了"以佛修心,以道养生,以儒治世"的"三教合一"的格局。自宋后,古代中国社会基本延续了以儒学为主体,以佛、道为辅翼的文化格局。

两宋对中国后世王朝政权稳定的影响。两宋王朝虽然国土面积前不及汉唐,后不如元明清,却是中国封建史上立国时间最长的王朝之一。两宋王朝之所以在外患深重的威胁下保持长治局面,很大程度上取决于两宋精于内治,形成了一系列的中央集权制度和民族认同感,因此,自宋朝后,中华民族"大一统"思想深入人心,中国历史上再也没有出现过地方严重分裂割据的局面。

3.南宋对杭州城市发展之影响

正是南宋经济、文化、社会各方面的高度发展,促成京城临安极度繁荣,成为

---

① 参见葛金芳《南宋:走向开放型市场的重大转折》,载《杭州研究》2007 年第 2 期。
② 参见虞云国《略论宋代文化的时代特点与历史地位》,载《浙江社会科学》2006 年第 3 期。
③ 参见何忠礼《论南宋在中国历史上的地位和影响》,载《杭州研究》2007 年第 2 期。

12—13 世纪最为繁华的世界大都会,也正是南宋带来民族文化大交流、生活方式大融合、思想观念大碰撞,形成了京城临安市民独特的生活观念、生活方式、性格特征、语言习惯。直到今天,杭州人独有的文化特质、社会习俗、生活理念,都深深地烙上了南宋社会的历史印迹。

京城临安,一座巍峨壮丽的世界级"华贵之城"。南宋朝廷立临安为行都,使杭州的城市性质与等级发生了根本性的巨大变化。从州府上升为国都,这是杭州城市发展的里程碑,杭州由此进入历史上最辉煌的时期。南宋统治者对临安城建设倾注了大量心血,并倾全国之人力、物力、财力加以精心营造。经过南宋诸帝持续的扩建和改建,南宋皇城布满了金碧辉煌、巍峨壮丽的宫殿,足可与北宋的汴京城媲美。南宋对临安府大规模地改造和扩建的杰出代表便是御街。南宋都城临安,经过 100 多年的精心营建,已发展成为百万以上人口的大城市,成为当时亚洲各国经济文化的交流中心,城市规模已名列 12—13 世纪时世界的首位。当时的杭州被意大利著名旅行家马可·波罗称赞为"世界上最美丽华贵之天城"。而 12 世纪时,美洲和大洋洲尚未被殖民者发现,非洲处于自生自灭状态,欧洲现有主要国家尚未完全形成,罗马内部四分五裂,北欧海盗肆虐,基辅大公国(俄罗斯)刚刚形成。[1] 到了南宋后期(即 13 世纪中叶)临安人口曾达到 150万—160 万人,此时,西方最大最繁华的城市威尼斯也只有 10 万人口,作为世界最著名的大都会伦敦、巴黎,直至 14 世纪的文艺复兴时期,其人口也不过 4 万—6 万人。[2] 仅从城市人口规模看,800 年前的杭州就已遥遥领先于世界各大城市。

京城临安,一座繁荣繁华的"地上天宫"。临安是全国最大的手工业生产中心。南宋临安工商业发达,手工业门类齐、制作精、分工细、规模大、档次高,造船、陶瓷、纺织、印刷、造纸等行业都建有大规模的手工业作坊,并有"四百一十四行"之说。临安是全国商业最为繁华的城市。临安城内城外集市与商行遍布,天街两侧商铺林立,早市夜市通宵达旦;城北运河樯橹相接、昼夜不舍,城南钱江两岸各地商贾海舶云集、桅杆林立。临安是璀璨夺目的文化名城。京城内先后集聚了李清照、朱熹、尤袤、陆游、杨万里、范成大、辛弃疾、陈起等一批南宋著名的文化人。临安雕版印刷为全国之冠,杭刻书籍为我国宋版书之精华。城内设有全国最高的学府——太学,规模最为宏阔,与武学、宗学合称"三学"。临安的教育事业空前繁荣。城内文化娱乐业发达,瓦子数量、百戏名目、艺人人数、娱乐项

---

[1] 参见何亮亮《从"南海"一号看中华复兴》,载《文汇报》2008 年 1 月 6 日。

[2] 参见何忠礼《论南宋在中国历史上的地位和影响》,载《杭州研究》2007 年第 2 期。

目和场所设施等方面,也都是其他城市无法比拟的。临安不但是全国政治中心,也是全国经济中心和文化中心。今日杭州之所以能成为"人间天堂",成为全国历史文化名城,成为我国七大古都之一,很大程度上就是得益于南宋定都临安,得益于南宋经济文化的高度繁荣。

京城临安,一座南北荟萃、精致和谐的生活城市。北方人口的优势,使南下的中原文化全面渗透到本土的吴越文化之中,形成了临安独特的社会生活习俗,并影响至今。临安的社会是本地居民与外来人员和谐相处的社会,临安的文化是南北文化交融、中外文化交流的结晶,临安的生活是中原风俗与江南民俗相互融合的产物。总之,南宋临安是一座兼容并蓄、精致和谐的生活城市。其表现为:一是南北交融的语言。经过 100 多年流行,北方话逐渐融合到吴越方言之中,形成了南北交融的"南宋官话"。有学者指出:"越中方言受了北方话的影响,明显地反映在今日带有'官话'色彩的杭州话里。"①二是南北荟萃的饮食。自南宋起,杭人饮食结构发生了变化,从以稻米为主,发展到米、面皆食。"南料北烹"美食佳肴,结合西湖文采,形成了具有鲜明特色的"杭帮菜系",而成为中国古代菜肴一个新高峰。丰富美味的饮食,致使临安人形成追求美食美味的饮食之风。三是精致精美的物产。南宋时期,在临安无论建筑寺观,还是园林别墅、亭台楼阁和小桥流水,无不体现了江南的精细精致,更有陶瓷、丝绸、扇子、剪刀、雨伞等工艺产品,做工讲究、小巧精致。四是休闲安逸的生活。城市的繁华与西湖的秀美,使大多临安人沉醉于歌舞升平与湖山之乐中,在辛劳之后讲究吃喝玩乐、神聊闲谈、琴棋书画、花鸟鱼虫,体现了临安人求精致、讲安逸、会休闲的生活特点,也反映了临安市民注重生活与劳作结合的城市生活特色,反映了临安文化的生活化与世俗化,并融入今日杭州人的生活观念中。

4. 借鉴南宋"体恤民生"的某些仁义之举,努力将今天的杭州建设成为一个全民共享的"生活品质之城"

南宋社会关注民生、同情民苦的仁义之举,尤其是针对不同人群建立较为完备的社会保障体系,在构建社会主义和谐社会,建设覆盖城乡、全民共享的"生活品质之城"的今天,有着特别重要的现实意义。建设覆盖城乡、全民共享的"生活品质之城",既是一项长期的历史任务,又是一个重大的现实课题。要使"发展为人民、发展靠人民、发展成果由人民共享、发展成效让人民检验"理念落到实处,就必须把老百姓的小事当作党委、政府的大事,以群众呼声为第一信号,以群众利益为第一追求,以群众满意为第一标准,树立起"亲民党委""民本政府"的良好

---

① 参见徐吉军《论南宋定都杭州对当地经济文化的重大影响》,载《杭州研究》2007 年第 2 期。

形象。要始终坚持以人为本、以民为先的理念,既要关注城市居民,又要关注农村居民;既要关注本地居民,又要关注外来创业务工人员;既要关注全体市民生活品质的整体提高,更要特别关注困难群众、弱势群体、低收入阶层生活品质的明显改善。要始终关注老百姓的衣食住行、安危冷暖、生老病死,让老百姓能就业、有保障,行得便捷、住得宽敞、买得放心、用得舒心,办得了事、办得好事,拥有安全感、安居又乐业,让全体市民共创生活品质、共享品质生活。

5. 整合南宋"安逸闲适"的环境资源,推进杭州"东方休闲之都"和国际旅游休闲中心建设

杭州得天独厚的自然山水环境,经过南宋100多年来固江堤、疏西湖、治内河、凿新井、建宫城、造御街、设瓦子、引百戏等多方面的措施,形成都城左江(钱塘江)右湖(西湖)、内河(市区河道)外河(京杭运河)的格局,使杭州的生态环境、旅游环境、休闲环境大为改观,极大丰富了杭州的旅游资源。南宋不但为我们留下一块"南宋古都"的"金字招牌",还留下了安逸闲适的休闲环境和休闲氛围。在"三面云山一面城"的独特环境里,集中了江、河、湖、溪与西湖群山,出现了大批观光游览景点,并形成著名的"西湖十景"。沿湖、沿河、沿街的茶肆酒楼,鳞次栉比、生意兴隆;官私酒楼、大小餐馆充满"南料北烹"的杭帮菜肴和各地名肴;大街小巷布满大小馆舍旅店,是外地游客与应考士子的休息场所。同时,临安娱乐活动丰富多彩,节庆活动繁多。独特的自然山水、休闲的环境氛围,使临安人注重生活环境、讲究生活质量、追求生活乐趣。不但皇亲国戚、达官贵人纵情山水、赏花品茗,过着高贵奢华的休闲生活,而且文人士大夫交结士朋、寄情适趣、热衷高雅脱俗的休闲生活;就是普通百姓也会带妻携子泛舟游湖,享受人伦亲情及山水之乐。

今天的杭州人懂生活、会休闲,讲究生活质量,追求生活品质,都可以从南宋临安人闲情逸致的生活态度中找到印迹。今天的杭州正在推进新城建设、老城更新、环境保护、街区改善等工程,都可以从南宋临安对左江右湖、内河外河的治理和皇城街坊、园林建筑的建设中得到有益的启示。杭州要打造"东方休闲之都",共建共享"生活品质之城",建设国际旅游休闲中心,就必须重振"南宋古都"品牌,充分挖掘南宋文化遗产,珍惜杭州为数不多的地上南宋遗迹。进一步实施好西湖、西溪、运河、市区河道综合保护工程;推进"南宋御街"——中山路有机更新,以展示杭州自南宋以来的传统商业文化;加强对南宋"八卦田"景区的保护与利用,以展示南宋皇帝"与民同耕"的怀古场景;加强对南宋官窑遗址的保护与利用,以展示南宋杭州物产的精致与精美;加强对南宋皇城遗址和太庙遗址的保护与利用,以展示昔日南宋京城的繁荣与辉煌。进入21世纪的杭州,不但要保护

利用好南宋留下的"三面云山一面城"的"西湖时代",更要以"大气开放"的宏大气魄,努力建设好"一主三副六组团六条生态带"的大都市空间格局,形成"一江春水穿城过"的"钱塘江时代",实现具有千年古都神韵的文化名城与具有大都市风采的现代化新城同城辉映。

南宋文献集成第 18 册目录

理宗度宗恭帝朝卷十　淳祐元年至三年 (1241—1243)

朝请大夫权发遣广南西路提点刑狱公事兼本路劝农提举河渠公事兼提举本路常平等事兼提举弓手寨兵黄自明特授直秘阁权湖南转运判官制
（嘉熙二年三月至淳祐元年间）

　　蜀氛不静,武陵澧浦当为先事之防,湖以南接畛,则灌输之职又非昔比,不遴其选得乎? 尔以材猷端劲,器业老成,阅历岁深,仕不择地,故备知军戎情,识当世务。顾方使而陈臬广右,兼庀庾司,官修其职,风烈蔼然。易漕湖湘,升华延阁,通道之饷,泛舟之役,无敢不供。往敬厥官,嗣有明陟。

出处:《永乐大典》卷一三五〇六。
撰者:高定子
考校说明:编年据高定子任两制时间、黄自明宦历补,见雍正《广西通志》卷五一。

举文武才诏
（淳祐元年正月一日）

　　朕寤寐隽髦,图惟康乂,屡饬中外,各举所知。间者诸大夫多具文以应令,所举非所用,故临事有乏使之忧。厥今肇更新化,作兴庶政,将孜孜而责实,可泛泛以求材? 宜令内而侍从、两省、卿监、郎官,外而前宰执、侍从、帅臣、监司,各举三人,悉疏其能委堪某用。又有堪充将帅之人,混迹偏裨,堕身边远,无由自达,并

1

令三衙诸卫外阃戎帅各举三人,孰为智将,孰为勇将,孰能简精锐、核虚冒以体国,孰能明纪律、禁侵暴以安民,亦各诣实来上。朕将甄别器使,庶文武小大各当其用,以称朕兴起治功之意。

出处:《宋史全文续资治通鉴》卷三三。

史弥忠除端明殿学士诏
(淳祐元年正月十日)

宰臣具庆,前此罕闻。史嵩之父弥忠年逾八秩,宜示恩褒,可除端明殿学士,仍致仕;母益国夫人孙氏进封魏国夫人,令赴行在就养。

出处:《宋史全文续资治通鉴》卷三三。

濂溪先生追封汝南伯制词
(淳祐元年正月十五日)

敕:天祐我朝,五纬聚奎,笃生哲人,上续洙、泗。故任尚书虞部郎中、分司南京、赠宣奉大夫谥元公周敦颐,光霁洒落,明通公溥,尚友造物,默契群圣。建图著书,垂训万世,演大《易》不传之秘,阐六艺未发之微。千数百年,斯道晦冥,一旦如日方中,非所谓为天地立心,为生民立极者欤。爰跻从祀,仍锡追封,以示褒崇,以劝来者。可特封汝南伯,余如故。

出处:《道命录》卷一〇。
撰者:赵汝腾
考校说明:编年据《宋史》卷四二《理宗纪》补。

周惇颐程颢程颐张载朱熹从祀御笔
(淳祐元年正月十五日)

朕惟孔子之道,自孟轲后不得其传,至我朝周惇颐、程颢、程颐、张载真见力践,深探圣域,千载绝学,始有指归。中兴以来,又得朱熹精思明辨,折衷会融,使《中庸》、《大学》、《语》、《孟》之书本末洞彻,孔子之道益以大明于世。朕每读五臣论著,启沃良多。今视学有日,宜令学宫列诸从祀,以副朕崇奖儒先之意。

出处:《道命录》卷一〇。又见《咸淳临安志》卷一一,《宋史》卷四二《理宗纪》,《宋史全文续资治通鉴》卷三三,《南宋书》卷五,《宋史记》卷一三,《宋史新编》卷一三。

程颢追封河南伯制
(淳祐元年正月十七日)

明道初元,天于河南笃生大贤,是似颜子。故任承议郎、宗正寺丞谥纯程颢,德性粹甚,天理浑然。由明而诚,有过化存神之妙;自体达用,有绥来动和之功。使得相于熙宁,苍生之福未艾。朕每追惜之!然诵其遗书,"如有用我,期月而可",真足以开万世之太平也。爰跻从祀,仍锡追封,以示褒崇。可特封河南伯。

出处:《景定建康志》卷四七。又见《道命录》卷一〇,《至大金陵新志》卷一三之上,《程氏贻范甲集》卷三。

程颐追封伊阳伯制
(淳祐元年正月十七日)

敕:明道二年,天于河南挺生儒宗,是似曾子。故任左通直郎、崇政殿说书、赠朝请大夫、直龙图阁谥正程颐直内方外,智崇礼卑。物格知至,则由体验之功;任重道远,则自持守之固。发明六艺,辞严义密;怡然理顺,涣然冰释。岂独天下之士受先觉之赐,朕万机之暇,垂意经术,所借以缉熙多矣。爰跻从祀,仍锡追封,以示褒崇,以劝来者。可特封伊阳伯,余如故。

出处:《道命录》卷一〇。又见《程氏贻范甲集》卷三,道光《重修伊阳县志》卷五。

王安石不宜从祀孔子庙庭诏
(淳祐元年正月十九日)

王安石谓"天变不足畏,祖宗不足法,人言不足恤",此三语为万世之罪人,岂宜崇祀孔子庙庭?合与削去,于正人心、息邪说,关系不小。令国子监日下施行。

出处:《咸淳临安志》卷一一。又见《豹隐纪谈》,《西湖游览志余》卷二。

幸学诏
(淳祐元年正月十九日)

朕惟元圣立教万世,人主北面登降拜跪,执弟子礼,所以尊儒术、彰文化也。凉菲绍图,十有八载,属多边虞,款谒之仪,因仍未举,朕甚恶焉!思昔英君,过鲁而祠,投戈而讲,犹皆倥偬之际;我太祖肇造,日不暇给,凡再莅国学;高宗中兴,庶事草创,亦垂临雍之典。今三陲候吏,小息桥门,多士翘首望幸,朕何敢有所逡逊以未皇哉!乃于孟春亲飨原庙之次日,诣殿奠献,祗拜像设,躬视璧水,登延儒臣,敷绎《大学》之旨。搢绅韦布,肃肃在列,远想淳熙、嘉泰之盛,惟朕兹举,率由旧章,匪曰粉藻美观耳。子大夫其思称朕意,明义理以求至善,修文行以全良贵,涵养忠厚,砥砺廉隅,进取之学非所以自尽也。《诗》云:“肆成人有德,小子有造。古之人无斁,誉髦斯士。”其尚懋哉!

出处:《咸淳临安志》卷一一。
考校说明:月、日据《宋史》卷四二《理宗纪》补。

赐杜范等诏
(淳祐元年二月一日)

朕惟我朝取唐诸科并归进士,名卿硕辅皆繇此途,其选重矣。肆朕纂承,六开贡举,训饬期望,每单厥心。比年人情习玩,法制浸弛,或徇势利以妨寒畯,或纵欺幸以遗真才,将何以致《棫朴》官人之盛?爰简儒彦,俾典文衡,凡尔攸司,宜鉴旧弊,一取一舍,惟公惟明,经学欲其深醇,词章欲其典则,言惟合理,策必济时,毋以穿凿缀缉为能,毋以浮薄险怪为尚。参稽互考,优劣自分,庶使贤隽毕登,以副朕期美治功之意。

出处:《咸淳临安志》卷一二。又见《宋史全文续资治通鉴》卷三三。

赐高定子御笔
（淳祐元年五月六日）

公选精择,各既乃心,以副朕详延多士之意。

出处:《宋史全文续资治通鉴》卷三三。

别之杰任责措置边面战御诏
（淳祐元年五月十二日）

沿江制置使兼淮西制置使别之杰任责措置边面战御,如遇缓急调度,权听便宜施行。

出处:《宋史全文续资治通鉴》卷三三。

择清修直谅之士讲授诏
（淳祐元年五月十七日）

与芮当日亲端士,留意问学。昨已增置教授,合更添一员,择清修直谅之士轮日讲授,朝夕规正,彻章推恩,余依诸邸体例行。

出处:《宋史全文续资治通鉴》卷三三。

劾贪赃诏
（淳祐元年六月二十一日）

朕曩出亲札,申严赃吏之禁,逾半岁矣,然诸路监司有务大体而不问者,有摭细故以塞责者。其申饬诸路监司遍察所部州县,其有贪残掊克者,廉其实迹,悉以名闻,朕将重置于罚;如监司庸懦不能举职,令台谏弹劾闻奏。

出处:《宋史全文续资治通鉴》卷三三。

禁宰执台谏侍从发私书求举削诏
(淳祐元年七月二十九日)

自今宰执、台谏、侍从,不许发私书求举削,诸路监司、帅守宜体国荐贤,毋徇权要。

出处:《宋史全文续资治通鉴》卷三三。

玉牒所国史实录院长官会粹史稿诏
(淳祐元年八月十四日)

玉牒所、国史实录院长官会粹史稿,删润归一,秘书省长官点对,日历、会要并期以十一月终成书。

出处:《宋史全文续资治通鉴》卷三三。

补龙卫云卫武卫三指挥阙额诏
(淳祐元年八月二十九日)

马军司选子弟强壮者一百人,补龙卫、云卫、武卫三指挥阙额。

出处:《宋史全文续资治通鉴》卷三三。

令守遵通判人注郡旧制诏
(淳祐元年十月十八日)

旧制:两任通判人与内郡一任,注广郡,改官年及免作县人不得入倅阙,并宜禁制。其令吏部及制阃监司常切遵守,仍关辟差窠。

出处:《宋史全文续资治通鉴》卷三三。

禁提举司以常平折变侵移诏
（淳祐元年十月二十五日）

提举司毋得以常平折变侵移,其义仓令项桩收,仍措置上于尚书省。

出处:《宋史全文续资治通鉴》卷三三。

奖谕临安府狱空诏
（淳祐元年十月）

折狱而无宿诺,言足以示民信也;用刑而不留狱,明足以尽事情也。京师众大之区,民物殷阜,狱讼由是繁滋,非通才敏识,决摘如神,得无沈冤久系者乎?卿尹正神皋,敏事而信,断狱弊讼,无一淹留。曾几何时,即以囹圄空虚告。徐有功所谓不越月逾时,可致刑措,如卿报政,其殆庶几。惟予汝嘉,用申异奖。

出处:《咸淳临安志》卷四一。

陈隆之依旧起复将作监兼知利州兼利州路
安抚司公事兼运判制
（嘉熙二年三月至淳祐元年十一月间）

我无良边陲之臣,故使鞑蒙岁为蜀患,民之虔刘无几,每一西顾,朕心恻然。尔以材略自负,是使而掌握中权以制西事。我师不支,虏复深入,尔志久而未酬,众亦觖望,肆用夺情,起之晋绛,仍司匠监,复守益昌。凡帅垣漕引,尔悉兼之。往纾乡国之难,毋复逗遛。

出处:《永乐大典》卷一三五〇七。
撰者:高定子
考校说明:编年据高定子任两制时间、陈隆之官历补,见《宋史》卷四四九《陈隆之传》。

内地州县官阙毋得以待次及白帖人摄职诏
(淳祐元年十一月二十六日)

内地州县官阙,以见任官兼,毋得以待次及白帖人摄职。

出处:《宋史全文续资治通鉴》卷三三。

作新吏治诏
(淳祐二年正月一日)

朕惟省刑薄敛,我朝家法,屡饬有司,务行宽大。比年以来,吏习滋蔓,关市之征求无艺,钱楮之出纳多欺。今岁事更端,盍作新吏治,以苏民瘼?申饬郡邑小大之臣洗心涤虑,尽革旧习,以毋负朕爱养钦恤之意。倘或不悛,必罚毋贷。

出处:《宋史全文续资治通鉴》卷三三。

端明殿学士别之杰故父宣义郎致仕已
赠太子少师湜赠太子太师制
(淳祐二年二月二十二日后)

枢副之登,幸哉有子;愍饰之命,加乎其身。具官某父某,行着乡评,学推儒望。珪璋内抱,躬全韫玉之藏;弓冶亲传,家有籯金之训。维予政地,嘉尔义方,爰升秩于宫师,用增光于家庙。非特广朕漏泉之泽,抑亦表尔教忠之功。灵其克歆,礼则为称。

出处:《永乐大典》卷九一九。
撰者:郑起潜
考校说明:编年据别之杰宦历补,见《宋史全文续资治通鉴》卷三三。

诸军请给事诏
（淳祐二年三月二日）

在外诸军请给内,楮币权以十八界三分增给。

出处:《宋史全文续资治通鉴》卷三三。

和州无为军安庆府听沿江制司节制诏
（淳祐二年三月六日）

沿江、两淮唇齿相依,其令和州、无为军、安庆府听沿江制司节制。

出处:《宋史全文续资治通鉴》卷三三。

州县官犯罪毋加杖责诏
（淳祐二年三月十四日）

刑部戒饬诸道帅阃、沿边戎司,今后州县官犯罪,毋加杖责。

出处:《宋史全文续资治通鉴》卷三三。

明堂大礼从省约诏
（淳祐二年四月十一日）

明堂大礼,惟祀神仪物、诸军赏给依旧制外,其乘舆服御、中外大费,并从省约。

出处:《宋史全文续资治通鉴》卷三三。

史严之守户部尚书制
（嘉熙二年三月至淳祐二年六月间）

司徒一道德以同俗，莫大乎五教之敬敷；地官掌图数以佐王，莫先乎兆民之安扰。眷我世臣之济美，久兹农父之薄违，肆临日长至之朝，式涣岁为真之命。具官某材猷肤敏，识度浚明。经灾训畬，不羡接叶貂蝉之贵；叔出季处，孰拟同时槐棘之荣。自感会于风云，旋论思于朝夕，京邑壮四方之则，文昌峻八座之联。汉钱谷一岁几何，畴知其事；周八士万民所望，倚服厥官。况委辅单寞之秋，而居囷空虚之日，伊欲通材舍禁，尔其以荒政十二聚民；伊欲辨等防情，尔其以物常十二施教。爰正祝鸠之任，庶畴集雁之庸。乃持三铨两选之平，兼侍八索九邱之读。父母俱存，兄弟无故，岂徒侈一乐之荣；土地周知，人民式和，斯得贯九州之利。祗承眷倚，懋对仪图。

出处：《宋四六选》卷四。
撰者：高定子
考校说明：编年据高定子任两制时间补。

新安郡夫人邢氏进封才人制
（嘉熙二年三月至淳祐二年六月间）

朕载饰妇官，聿修阴教。眷时硕媛，已开弓韣之祥；赍我宠章，申锡丝纶之美。庆彝具举，茂渥有蕃。具封某氏，懿范温恭，芳姿柔惠。其仪不忒，雍雍琚瑀之规；厥德孔嘉，亹亹箴图之戒。受帝歆之殊眷，应禖祝之精祠。用进登女御之班，以昭示壶彝之懿。惟天生德，既膺震夙之符；与国匹休，永迓穆皇之庆。

出处：《永乐大典》卷二九七二。
撰者：高定子
考校说明：编年据高定子任两制时间补。

宣义郎行籍田令淮南西路安抚使司主管机宜文字
兼都督江淮京湖四川军马行府干办公事杜庶特授
宣教郎承务郎特差充淮南西路安抚使司主管书写
机宜文字杜庬特授承事郎制
(嘉熙二年三月至淳祐二年六月间)

淮湄之围，虏势披猖甚矣。尔以其职，与众士戮力一心，为干城计。有司以功状来上，予于赏乎何靳？用升两秩，庬；一秩，庶。以旌尔劳。

出处:《永乐大典》卷七三二五。

撰者:高定子

考校说明:编年据高定子任两制时间补。

迪功郎濠州定远县主簿成发藻昨居安丰军日兼本军
节制司金厅往来监视诸炮获功特补四官循承直郎制
(嘉熙二年三月至淳祐二年六月间)

安丰之围，我围棘矣，维时僚吏，戮力一心，图为御侮计。尔仕于邻州，乃能入司机石，使众炮雷野击虏而夺之气。赏从其厚，用以选阶极品，式旌尔劳。

出处:《永乐大典》卷七三二五。

撰者:高定子

考校说明:编年据高定子任两制时间补。

儒林郎赵希逮以前任临江军录事参军
提督修筑堤岸有劳特与循承直郎制
(嘉熙二年三月至淳祐二年六月间)

临江为郡，以章贡合流西东，袁河横贯东下，三水汇而为一，用罹荡析之忧，郡竭力以灾樬。尔服劳以相役，非精练有材，维躬是瘁，宁溃于成。其陟一阶，以昭懋赏。

出处:《永乐大典》卷七三二五。

撰者:高定子

考校说明:编年据高定子任两制时间补。

宇文寿祖特转承直郎制
(嘉熙二年三月至淳祐二年六月间)

尔名家之裔,乃能以忠勇自奋,锄奸复境,三以绩闻。功多有厚赏,国家所以厉世旌忠。选极七阶,是酬多绩。

出处:《永乐大典》卷七三二五。

撰者:高定子

考校说明:编年据高定子任两制时间补。

同上第一等功人安远县主簿王琪循从事郎制
(嘉熙二年三月至淳祐二年六月间)

胡骑南牧,我师咏匪室匪家之诗,重以载渴载饥之苦。尔赋从军,不敢告劳,能为我成荡虏窘胡之功,何勤如焉! 其陟两阶,懋乃攸绩。

出处:《永乐大典》卷七三二五。

撰者:高定子

考校说明:编年据高定子任两制时间补。

迪功郎新权真州司户林森特授从事郎制
(嘉熙二年三月至淳祐二年六月间)

高宗皇帝尝称张俊言"不敢虚奏边功,恐生冥报",爵赏之不可滥如此。虏猘环滁,众勇御之,有司上功,谓尔在行。何爱两阶,不以遗汝?

出处:《永乐大典》卷七三二五。

撰者:高定子

考校说明:编年据高定子任两制时间补。

汉阳军玖真阳台等处剿鞑立功将士官吏立第一等功人补转两官资内汉阳县尉吏宜之循从事郎制

（嘉熙二年三月至淳祐二年六月间）

北边有兴，士大夫从事，劳不敢告。尔以师命在行，复能相成殄歼之功，其勤至矣。功状来上，吾何爱两阶，不以遗汝？

出处：《永乐大典》卷七三二五。

撰者：高定子

考校说明：编年据高定子任两制时间补。

伪朝列大夫张德直改补文林郎伪朝列大夫李国贤改补从事郎制

（嘉熙二年三月至淳祐二年六月间）

敕具官某等：江汉之师于征，唐邓之境尽复。尔等穷而归义，待以同仁。易授文阶，示有科级。祇服好生之德，勉殚事上之忠。可。

出处：《永乐大典》卷七三二五。

撰者：高定子

考校说明：编年据高定子任两制时间补。

白身苏焱以四川宣抚司保奏死于鞑虏守义不屈特赠宣教郎制

（嘉熙二年三月至淳祐二年六月间）

蜀离狄难者众，而贤者之世将遂湮微，则尤重悯悼。尔以文定诸孙身縻虏袄，宣阃以守义不屈闻。秩视李丞，特昭愍霈。

出处：《永乐大典》卷七三二五。

撰者：高定子

考校说明：编年据高定子任两制时间补。

迪功郎特差权泗州司理参军郑江乞推过淮到任赏循一资修职郎制

(嘉熙二年三月至淳祐二年六月间)

泗滨宅于淮北,近迫风寒,士之仕者例进一阶,旌其始至。尔为理掾,郡以荐闻,近比有之,于汝奚靳?

出处:《永乐大典》卷七三二五。
撰者:高定子
考校说明:编年据高定子任两制时间补。

迪功郎新岳州巴陵县主簿张良辅以公安剿鞑特授修职郎制

(嘉熙二年三月至淳祐二年六月间)

频年虏猘三垂,人奋其武以御之。有儒其衣,而能与众士戮力,得无懋功?尔尝从累举恩得官,忠义出于至诚,公安之战,得以众威受赏。功状来上,予何以一阶为靳?

出处:《永乐大典》卷七三二五。
撰者:高定子
考校说明:编年据高定子任两制时间补。

万安军义兵统领黄正邦孙黄椿寿特补修职郎制

(嘉熙二年三月至淳祐二年六月间)

高宗皇帝尝称张俊有言"不敢虚奏边功,恐生冥报"。尔祖尔父,以御黎寇上功,赏从其厚,以崇班禨尔祖,以文阶录尔父,父又死之,天何不佑善耶? 貤父爵以录汝,敬哉!

出处:《永乐大典》卷七三二五。
撰者:高定子

考校说明:编年据高定子任两制时间补。

四川武举正奏名张浕特补承信郎制
(嘉熙二年三月至淳祐二年六月间)

蜀远天日,士与计偕,始得宾于王。尔擢右科,以罹狄难,不得一造阙庭。兹从近比,特命初阶。懋敬哉,毋怠。

出处:《永乐大典》卷七三二七。
撰者:高定子
考校说明:编年据高定子任两制时间补。

进武校尉洪扬祖督运有劳特与转承信郎制
(嘉熙二年三月至淳祐二年六月间)

兵食备御之大经,诚得其人以督泛舟之役,可无以旌尔劳乎?尔奔走江浙,能船粟以哺淮戍。漕臣上功,顾何以一阶为靳?

出处:《永乐大典》卷七三二七。
撰者:高定子
考校说明:编年据高定子任两制时间补。

枢密院检详诸房公事兼权右司郎中赵崇贺
特授军器监兼枢密副都承旨制
(嘉熙二年三月至淳祐二年六月间)

予方注意于内修外攘,故内以宥地之务为先,外以武库之备为急,必惟其人,乃共二事。尔为帝宗驹,廉而不刿,明而不察,用使为东西府掾,弥纶省务,科琐边条,动适机宜,号称周密。肆庸命典戎监,导旨枢庭。尔其讨军实而申儆之,以辅予修攘之政。往祗誉命,益务蠲烝。

出处:《永乐大典》卷一〇一一六。
撰者:高定子

考校说明:编年据高定子任两制时间补。

朝请大夫知兴化军张友直秘阁依旧制
(嘉熙二年三月至淳祐二年六月间)

观近臣以所为主,观远臣以其所主,持是以为审官之鉴,人焉廋哉! 尔天资疏明,宦业详整。以介洁而临财,故有余积;以抚字而临民,故有留爱。越我一二邦以修为海滨,大老亟称而明扬之。肆观所主,进直蓬丘。仍汔民庸,嗣膺显陟。可。

出处:《永乐大典》卷一三四九九。

撰者:高定子

考校说明:编年据高定子任两制时间补。

直秘阁湖南运判项寅孙特授直宝谟阁权发遣
潭州主管湖南安抚司公事制
(嘉熙二年三月至淳祐二年六月间)

重湖以南为重镇久矣,南以五岭为限,北以洞庭为封,前志大其地焉。为连有帅,何择非人? 尔修能懿识,充以过庭之闻,弟昆咸以材明称。固尝命尔使于江汉,使于岷蜀,使于湖湘,赋舆漕将,官修其职。兹从旧部,改畀中权,进直宝储,兼华藩绶。毋谓长沙地褊,不称尔长。

出处:《永乐大典》卷一三五〇六。

撰者:高定子

考校说明:编年据高定子任两制时间补。

中奉大夫华文阁待制知潭州充荆湖南路安抚使
杨恢特授知静江府充广南西路经略安抚使制
(嘉熙二年三月至淳祐二年六月间)

久劳于外,有嘉汉侍从之臣;不已于行,复畀唐经略之任。载颁涣号,喜得坤朋。具官某识洞几先,材超众右,习礼乐诗书之素,明甲兵钱谷之方,粤去周行,积膺重寄。何畏乎楚氛之恶,何忧乎蜀道之难,方从新府以上功,又听重湖之谋帅。奈风寒当备数处,而疾痛不止一方,是使辙环,当劳橐从。其往殿邦于桂篦,其仍候对于松阶,近倚绥怀,远防窥闯。地雄南服,虽资临长于列藩;日下西清,岂不兴思于半夜。亟祗显命,伫奏肤公。

出处:《永乐大典》卷一三五〇六。

撰者:高定子

考校说明:编年据高定子任两制时间补。本制时间当晚于同书同卷《中奉大夫华文阁待制提举江州太平兴国宫杨恢特授知潭州充荆湖南路安抚使制》。

中奉大夫华文阁待制提举江州太平兴国宫杨恢特授知潭州充荆湖南路安抚使制
(嘉熙二年三月至淳祐二年六月间)

岭峤雄峙居其南,洞庭合流限其北,重湖之右,非重镇乎? 不择材而界之,中权冈攸济。具官某以儒术发身,以通材敏事,每欲为时展究以自见。予用以事任制属,不已于行,北顾则分楚忧,西望则授蜀寄。使于江介,方赖辑宁,行使止尼裕如也。蠢彼鞑蒙,由蜀窥荆湖以南,遂当严为守备,庸命尔以藩符,兼华帅钺。毋谓长沙地褊,不称尔长,捍我于难,以永终誉。

出处:《永乐大典》卷一三五〇六。

撰者:高定子

考校说明:编年据高定子任两制时间补。

左武大夫达州刺史右卫大将军差权庐州驻札御前淮西安抚司强勇诸军副都统制聂斌因鞑贼攻围庐州贾率将士分任地分极力战御特转三官比转特授忠州团练使依前职事制
(嘉熙二年三月至淳祐二年六月间)

商诰之赏,亦惟功懋;周誓之书,独厚功多。苟成月三捷之勋,何靳日九迁之宠?用颁风绲,式界虎臣。具官某蹈义忠纯,赋姿杰特,徒御幝幝而不已,戎容暨暨而有威。历年于兹,多绩用茂。顷擢升于遥绂,且超进于横阶,志日益坚,功日益骏。乃者靺鞨肆其猖獗,淮泗被其凭陵。贾余勇以率先,一鼓作气;与众士而同力,九却干城。用进戎团,式昭睿奖,勉图奇效,以称异恩。

出处:《永乐大典》卷一三五〇六。

撰者:高定子

考校说明:编年据高定子任两制时间补。

宝谟阁直学士朝请郎赐紫金鱼袋李大同特授知福州充福建路安抚马步军都总管制
(嘉熙二年三月至淳祐二年六月间)

英雄豪杰之才,固有消磨于一得一失之际;刚强坚忍之士,乃或成就于几献几刖之余。若其阅理而历年多,则当遇事而众理解。用畴耆彦,式畀中权。具官某术业孔修,材姿凤异,秀发儒林之藻,备更世道之难。良玉自珍,讵信终迷于鼠璞;方轮不斫,莫能强饰以豨膏。自造于朝,不懈于位。庆风云之际会,备朝夕之论思。影影去国之身轻,亹亹殿邦之望重。用分符于长乐,仍兼捆于全闽。尔其循清净为政之规,达于从政;尔其体平易近民之道,律我有民。往哉惟钦,行所无事。

出处:《永乐大典》卷一三五〇六。

撰者:高定子

考校说明:编年据高定子任两制时间补。

朝奉大夫新差知赣州提举南安军南雄州汀州兵甲公事江南西路兵马钤辖陈登特授权湖北转运判官专一提督措置营屯田事专一措置提督修城提领措置桩管军粮制
(嘉熙二年三月至淳祐二年六月间)

分路扬镳以漕引,庀司则同。湖右越居上游,其占位曰督营屯、曰供城筑、曰督桩粮,事比诸道为剧,不遴其选得乎?尔以文彦,早居异等,尝行天下半,归服王官,素位而行,莫能枉吾直也。翱翔外服,驰驱原华,凡欲使而历试,维时材难,不宜燕豫。辍从大江以西,易使于湖以北。我任我辇,往尽乃心。

出处:《永乐大典》卷一三五〇六。

撰者:高定子

考校说明:编年据高定子任两制时间补。

太府寺丞四川宣参李文子特授直宝章阁成都运判制
(嘉熙二年三月至淳祐二年六月间)

予尝以尔久游于蜀,宣阃之开,用命尔以佐师,治法征谋,于尔乎咨。蜀难未瘳,饷事滋急,漕将之任,尔盖谙知。昔者,荐使蜀右,具有显庸,晋直宝储,使于益部。往纾疚棘,以图康功。

出处:《永乐大典》卷一三五〇六。

撰者:高定子

考校说明:编年据高定子任两制时间补。本制时间当晚于同书同卷《潼川路运判李文子行太府寺丞西川宣抚司参议制》。

集英殿修撰提举隆兴府玉隆万寿宫游九功
特授宝谟阁待制提举南京鸿庆宫制
(嘉熙二年三月至淳祐二年六月间)

朝臣无有耆艾魁垒之士论议通古今、忧国如饥渴者,此鲍宣所叹,朕三复斯言而有感焉。具官某机猷硕肤,论议纯实,雅有经纶素志,周游中外,望实具孚。既茂民庸,复闲疆索。属时疚棘,予欲得此耇成人,以忧国之心,通古今之略,共图康济。顾乃嘉遁,以絜身抗志为怀。寓直西清,养闲真馆,不欲夺尔志也。其图永誉,毋有遐心。

出处:《永乐大典》卷一三五〇六。

撰者:高定子

考校说明:编年据高定子任两制时间补。

朝奉郎直秘阁主管佑神观乔通孙特授
直华文阁主管佑神观制
(嘉熙二年三月至淳祐二年六月间)

不懈于位,有耆寿俊;能世其家,有贤子孙。彰德旌贤,孰先斯者?尔材姿醇亮,术业修明。听祖训所逮闻,熏陶成性;留东阁以观士,淑艾得师。畏名迹以不居,恬荣利而弗顾。昔者震有传家之赐,导有踵德之珣,人以是期尔世家,朕因之尝欲玉汝。肆升妙阁,仍领京祠,往敬尔官,式光厥绍。

出处:《永乐大典》卷一三五〇六。
撰者:高定子
考校说明:编年据高定子任两制时间补。

朝请郎罗愚特授直秘阁主管建康府崇禧观制
(嘉熙二年三月至淳祐二年六月间)

予念我先神后之劳,尔父能励相我国家,肆用登尔于朝。属更化瑟,为民选侯。尔以见大夫在行,尝从临遣,诏以清勤,典听朕言,咸能称塞,屡更靡节,率以最闻。式遄其归,乃辞以疾,肇升延阁,仍界真祠。其服显休,图济世美。

出处:《永乐大典》卷一三五〇六。
撰者:高定子
考校说明:编年据高定子任两制时间补。

朝请大夫直秘阁主管绍兴府千秋鸿禧观楼治
特授知嘉兴府节制澉浦金山水军制
(嘉熙二年三月至淳祐二年六月间)

亲承音旨,切于讽遗言;式瞻仪刑,优于习礼度,此以熏炙言也。朕于论世,以是得人为多。尔父以馘假辅我先后,时为世儒宗,学者仰之。尔得诸庭授,博所见闻,用能出入中外,咸有绩誉。再奉计最以归,方从卿联,以光厥绍,止或尼之,恬如也。嘉禾辅藩,匪贤不界,往宅乃牧,式表象贤。

出处:《永乐大典》卷一三五〇六。

撰者:高定子

考校说明:编年据高定子任两制时间补。

承议郎充成都府路转运司主管文字郭仲琏
特授权发遣绍熙府制
(嘉熙二年三月至淳祐二年六月间)

三荣望郡也,千里宅生之寄在守臣,宁得不遴其选? 尔以伐阅故家,历官所至,醒酿醇厚之风,陶如也。崇陵朱邸,厥寄匪轻,分锡藩符,往其卧治。懋敬哉,毋谓天远。

出处:《永乐大典》卷一三五〇六。

撰者:高定子

考校说明:编年据高定子任两制时间补。

朝奉大夫权通判黄州军州兼管内劝农营田事
高衍孙特授行籍田令差遣如故制
(嘉熙二年三月至淳祐二年六月间)

黄为淮壖重地,谨护风寒,非良边垂之臣罔与共守。尔出名阀,为郡别乘,当国荒民流之冲,具宣劳勋,岂惟千里嘉赖,长江停波,尔与有力焉。擢司帝籍,式华半刺,尚懋绩以承天休。

出处:《永乐大典》卷一三五〇六。

撰者:高定子

考校说明:编年据高定子任两制时间补。

潼川路运判李文子行太府寺丞西川宣抚司参议制
(嘉熙二年三月至淳祐二年六月间)

蜀离狄难,予假蜀耆旧以枢管,往宣国威,匪简乃僚,虽爱莫助。尔材猷敏

21

劢,游蜀道有年矣,地势之险夷,人物之细大,兵力之坚脆,财计之亏盈,咸所练习。旬宣求助,惟尔为良,进丞司府,往其参谟。式遏裔谋,俾民康共,则尔主宾,尚有辞于蜀。

出处:《永乐大典》卷一三五〇六。
撰者:高定子
考校说明:编年据高定子任两制时间补。

吴甲授军器监丞四川宣参制
(嘉熙二年三月至淳祐二年六月间)

蜀离狄难,故假乡老以枢庭之重,就宣国威。简僚为助,予望其尽择贤焉。尔学问醇正,气禀刚明,辛卯宰涪,寇至不去,备更险难,一节弗渝。宣幕聚彦,而长表闻,以尔参谟望府,予稽于众,佥云是足以镇群轻矣。进丞武监,式表朝抡,宜疾尔驱,往从其长。乡国之难未纾,亟图叶济。

出处:《永乐大典》卷一三五〇六。
撰者:高定子
考校说明:编年据高定子任两制时间补。

广西经略司奏宜州申知南丹州莫光熙子白身莫异德照旧例承袭故父莫光熙元额官资弹压诸洞蕃夷可特授银青光禄大夫检校太子宾客使持节南丹州诸军事南丹州刺史兼御史大夫知南丹州公事武骑尉制
(嘉熙二年三月至淳祐二年六月间)

朕丕冒海隅,仁同一视,凡而内属,咸用宠绥。尔世笃忠勤,侯于要服,考终子绍,厥有故常。贵仕崇阶,兼官勋级,悉所不靳,以重州权。益务孝恭,长绥种落。

出处:《永乐大典》卷一三五〇七。
撰者:高定子

考校说明:编年据高定子任两制时间补。

<h2 style="text-align:center">知溪洞奉化州故田洪万男思越奉圣旨可特授
银青光禄大夫检校国子祭酒知溪洞奉化州兼
监察御史武骑尉制
(嘉熙二年三月至淳祐二年六月间)</h2>

　　敕具官某:帅臣言尔当袭父恩,宜锡官荣,俾嗣厥服,阶勋职秩,并示宠嘉。往务钦承,无忘忠孝。可。

出处:《永乐大典》卷一三五〇七。
撰者:高定子
考校说明:编年据高定子任两制时间补。

<h2 style="text-align:center">朝散郎朱铨可依前朝散郎权知邕州
兼广南西路安抚都监仍借紫制
(嘉熙二年三月至淳祐二年六月间)</h2>

　　邕管,周索也,越居峤南之外,则疆以戎索,非疏通强济者临之,则民夷交相为愈矣。尔祖以大儒继绝学,私淑诸人,登其门者,咸能推所得以善世。尔犹逮闻祖训,历官有年,尝观尔于周行矣。邕非易治之地,用劳尔以殿临。往绍先闻,刻意绥御,其按夙兴夜寐之节,敬尔有官。可。

出处:《永乐大典》卷一三五〇七。
撰者:高定子
考校说明:编年据高定子任两制时间补。

<h2 style="text-align:center">朝散郎宝章阁待制提举江州太平兴国宫何琮
依旧宝章阁待制庆元府兼沿海制置副使制
(嘉熙二年三月至淳祐二年六月间)</h2>

　　工用不相习,则有捍格之虞;人马不相得,则有跅弛之忧。尝从事此州者,来

为邦伯,不亦宜乎?具官某学识醇明,器姿笃厚。儒术饰吏事,温温维德之基;论谏当帝心,蹇蹇匪躬之故。不趋迩利,而积外庸。维今海邦,非昔乐国。士一日而三失伍,尝病于师律之否臧;民三力而二入公,复苦于岁输之不入。以尔尝托南昌之隐,又歌海沂之康,既谙习于民风,宜殿临于邦土。用劳从橐,兼贰制垣,尔其压沧海以停波,将冀并京师而蒙福。亟祗成命,勉即康功。

出处:《永乐大典》卷一三五〇七。

撰者:高定子

考校说明:编年据高定子任两制时间补。

赵汝捍依旧直敷文阁特授淮南转运判官
兼都督府随军转运制
(嘉熙二年三月至淳祐二年六月间)

北边有兴,淮以南萧然耗矣。戎成不退,饥成不遂,漕引不既艰乎?尔器姿阔达,政术疏通,昔漕于畿,继潜郎省,频年家食,予不汝忘。我任我辇,在今淮浦为急。肆畴已试,擢领方输,督府征行,往兼赍送。使事有指,其速尔驱。

出处:《永乐大典》卷一三五〇七。

撰者:高定子

考校说明:编年据高定子任两制时间补。

林宋伟特授权荆湖北路转运判官兼都督江淮
京湖四川军马行府随军转运制
(嘉熙二年三月至淳祐二年六月间)

荆楚地控上游,为今风寒要处,灌输之劳,视昔加倍,漕引之寄,何择非人。尔术业敏明,机猷肃括,以儒饰吏,靡政不修。迭入周行,荐陪督议,钱谷甲兵之事,咸以能称。肆用起家,擢将使指,我任我辇,无敢不供。

出处:《永乐大典》卷一三五〇七。

撰者:高定子

考校说明:编年据高定子任两制时间补。

朝散郎赐绯鱼袋赵希杼特授行军器监主簿
兼京西湖北制置使司参议官制
（嘉熙二年三月至淳祐二年六月间）

　　蜀道为虏所狙，荆襄遂为要冲，制阃谨简乃僚以自从，匪材不以。尔材猷亮茂，蔚为麟宗之英，久居上游，佐阃宣劳，以肃给敏明称。夷陵底绩，督府制垣咸用名闻，予嘉乃绩，肆命勾稽戎监，仍参阃谟。往汔尔庸，嗣膺明陟。

出处：《永乐大典》卷一三五〇七。

撰者：高定子

考校说明：编年据高定子任两制时间补。

黄梦桂行军器监主簿兼淮西安抚司参议官制
（嘉熙二年三月至淳祐二年六月间）

　　岁在阉茂，虏骑迭我合肥。尔名家子，能戮力以佐其长，扼虏而夺之气，干城底绩，尔实共功。肆命尔以勾稽武监，参典征谋。往汔尔庸，嗣有显命。

出处：《永乐大典》卷一三五〇七。

撰者：高定子

考校说明：编年据高定子任两制时间补。

邓泳试将作监兼都督府参议官制
（嘉熙二年三月至淳祐二年六月间）

　　都督府之建，事任不轻，非谨简乃僚，罔克有济。尔以儒级发身，周游江汉之域，习知军戎情。乃者荣而郎潜，昇而阃贰，未报期月之政，而幕府聚彦，招汝来前，肆庸命尔以匠监，赞画筹帷。往服厥官，以图来效。

出处：《永乐大典》卷一三五〇七。

撰者：高定子

考校说明：编年据高定子任两制时间补。

李曾伯特授尚书兵部员外郎兼江东转运判官
兼都督行府参议官制
(嘉熙二年三月至淳祐二年六月间)

淮浦围荒民流,而江左以灌输供亿,使乎使乎,在今非剧寄乎?尔以世臣之家而能深自刻厉,博文好修,驰驱襄蜀,周游江淮,甲兵钱谷之事咸所周知。频年佐师,亦惟闻命引道,干城赴援,屡奏肤公。肆命郎于武部,兼典漕将,仍从督帐参筹焉。祗若兹,其往。

出处:《永乐大典》卷一三五〇七。

撰者:高定子

考校说明:编年据高定子任两制时间补。

承议郎守军器监丞兼浙西制置使司参议官洪梦炎
特授知大宗正丞兼浙西制置使司参议官制
(嘉熙二年三月至淳祐二年六月间)

材不周于用为器,学不通于政为艺,士而知此,可与语经纶矣。尔儒猷具美,材分凤高,批难理梦,显有丕绩。始登汝于右庠,固将以淑后生,浙右肇新制阃,以尔表闻。丞武监,佐筹帷,则又上功矣。肆嘉尔劳,进丞瑶籍,仍陪议幕,往汔尔庸以归。

出处:《永乐大典》卷一三五〇七。

撰者:高定子

考校说明:编年据高定子任两制时间补。此制时间当晚于同书同卷《武学博士洪梦炎特授守军器监丞兼两浙西路制置使司参议官制》。

武学博士洪梦炎特授守军器监丞兼两浙
西路制置使司参议官制
(嘉熙二年三月至淳祐二年六月间)

朕迪遵绍兴成宪,命重臣开制阃于浙右,兼治南徐,听择廷臣自从。尔问学醇明,材猷敏迈,故府胶庠,休有荣闻。讲征谋,识时务,又莫汝若。幕府遴材,以罗致表闻,转丞武监,陪议筹帷,盍既厥心,往从其长。

出处:《永乐大典》卷一三五〇七。

撰者:高定子

考校说明:编年据高定子任两制时间补。

李晞颜太常寺主簿制
(嘉熙二年三月至淳祐二年六月间)

予方以尔雅文伟识,直道明谟,实诸右学,养而资望。曾几何时,士论浩然归重。礼乐之司,非尔不足以重此选。簿正祭器,夫子所先。往其钦哉,毋负所学。

出处:《永乐大典》卷一四六〇七。

撰者:高定子

考校说明:编年据高定子任两制时间补。

赵逢龙宗正寺簿制
(嘉熙二年三月至淳祐二年六月间)

司宗设官,非徒整训属族、秩序昭穆而已。白玉之牒,编年纪事,与史并行,其选盖不轻矣。尔修絜博习,贤闻蔼然,故府胶庠,皆所周历。肆畴雅望,簿正宗盟,往服厥官,以须明陟。

出处:《永乐大典》卷一四六〇七。

撰者:高定子

考校说明:编年据高定子任两制时间补。

朱元龙行宗正寺主簿制
(嘉熙二年三月至淳祐二年六月间)

司宗列属,非特奠世系、诏戚疏也。白玉之牒,实预编摩,匪贤不以选授。尔有内美,重以修能,典狱以稽经诹律为事,长邑以学道爱人为心。留置周行,澹然

27

无营,肆庸命尔,簿正属籍。往敬乃事,以称所蒙。

出处:《永乐大典》卷一四六〇七。

撰者:高定子

考校说明:编年据高定子任两制时间补。

奉议郎干办行在诸军粮料院谢方叔特授宗正寺主簿制
(嘉熙二年三月至淳祐二年六月间)

西南之彦,是阐坤珍,予用时拔其尤,嘉其直大之气所钟也。尔家岷下,其炳灵载英之尤者乎?瑰意琦行,蔚其爲士林之特。岁元命尔以勾瑶籍之稽,意有属焉。将伯助予,此为之兆。

出处:《永乐大典》卷一四六〇七。

撰者:高定子

考校说明:编年据高定子任两制时间补。

行籍田令宣璧特授行大理寺主簿制
(嘉熙二年三月至淳祐二年六月间)

尔父以执政股肱王室,尔食旧德,乃能勉绍庭闻,修明术业,以庄重持身,以廉平莅政,久陪幕画,以明习称。朕念尔父,用录其世。留司帝籍,既察所安,李寺勾稽,式开鸿渐。往哉,其若予采。

出处:《永乐大典》卷一四六〇七。

撰者:高定子

考校说明:编年据高定子任两制时间补。

林光谦司农寺簿制
(嘉熙二年三月至淳祐二年六月间)

扈农乃库庾氏长子孙之地,有司非帅属以共图之,何以洗缘绝簿书之弊?尔材猷精赡,敏事通方,所至咸有绩誉。潜华列院,莫展所长,乃从司均,俾而簿正。

尔其以勾检稽失为事,往敬厥官。

出处:《永乐大典》卷一四六〇七。

撰者:高定子

考校说明:编年据高定子任两制时间补。

朝请大夫赵希籦特授行司农寺主簿制
(嘉熙二年三月至淳祐二年六月间)

扈农乃庾氏长子孙之地,吏缘绝簿书以为奸利,非得廉明通练者勾检稽失焉,弊何能革? 尔材猷兼茂,振振乎麟宗之英,阅历日久,居官咸有可纪。肆庸命尔以簿正,其使稿臣得以自助焉。往尽乃心,庶其无旷。

出处:《永乐大典》卷一四六〇七。

撰者:高定子

考校说明:编年据高定子任两制时间补。

奉直大夫监三省枢密院门兼提辖封桩上库
高总特授行太府寺主簿制
(嘉熙二年三月至淳祐二年六月间)

司府受藏之府,必得通练者勾检稽失焉,则吏不得以缘绝为奸利。尔祖以礼学名家,尔尝聪听祖训,历官以称职闻。怀章入觐,用留行以掌门楗,未展尔能也。簿正外府,使而以耆寿俊在厥服,示予简修。

出处:《永乐大典》卷一四六〇八。

撰者:高定子

考校说明:编年据高定子任两制时间补。

朝散郎料院潘杞特授行太府寺主簿制
(嘉熙二年三月至淳祐二年六月间)

外府乃库氏长子孙之地,有司非帅属以共图之,何以洗缘簿书之弊? 尔以材明趾美进士,课劳人之绩,凡十有五载,挈提民庸,来游王所。庀司廪稍,姑启鸿仪,簿正司均,毋谓序进。往其敬共,以须朕用。

出处:《永乐大典》卷一四六〇八。

撰者:高定子

考校说明:编年据高定子任两制时间补。

朝请郎干办行在诸司粮料院盖淳特授太府寺主簿制
(嘉熙二年三月至淳祐二年六月间)

司府为受藏之会,库氏长子孙其间,非率属以共图之,则稽失谁其检核?簿书得无缘绝者乎?尔材姿笃厚,济以疏通,出入中外,有年于兹。尝使而典国帑之储,司赋之键,无非出纳,咸能自靖,以修职业,肆庸式序,进勾府稽。往哉,其敬乃事。

出处:《永乐大典》卷一四六〇八。

撰者:高定子

考校说明:编年据高定子任两制时间补。

邹仲之行太府寺簿制
(嘉熙二年三月至淳祐二年六月间)

尔材姿杰特,习军戎万里情,仗节虏庭,善谕使指,出佐辅藩,入司均稍,未足以尽材也。外府勾稽,庸昭眷奖,兵间行李,资汝往来。毋谓独贤,勉图称塞。

出处:《永乐大典》卷一四六〇八。

撰者:高定子

考校说明:编年据高定子任两制时间补。

国子正康植特授国子监簿制
(嘉熙二年三月至淳祐二年六月间)

辟雍富流道德,不备教育之官,不足以成俊选之造。尔生长见闻,复能趾美进士,尝使而纠正于学,咸谓得师。兹庸命尔掌学士之版,以教以育,无非事者。钦哉,其若予采。

出处:《永乐大典》卷一四六〇八。

撰者:高定子

考校说明:编年据高定子任两制时间补。

赵子直国子监簿制
(嘉熙二年三月至嘉熙三年八月间)

尔简而文,德而度,舒翘儒林,雅宜为国人矜式。尝使纠正胶庠,士誉翕然归之。兹庸命尔掌学士之版,以教以育,无非事者。其懋厥官,称予崇化厉贤之意。

出处:《永乐大典》卷一四六〇八。

撰者:高定子

考校说明:编年据高定子任两制时间、赵子直宦历补,见《南宋馆阁续录》卷七。

杨应己国子监主簿制
(嘉熙二年三月至淳祐二年六月间)

尔于坤朋,号为方来之器,留置周行,示予不遐遗也。顾岂不知前日之师属而为今日之簿正,然使而周历儒庠,盖以厚而敫历。往敬厥事,勉企前修。

出处:《永乐大典》卷一四六〇八。

撰者:高定子

考校说明:编年据高定子任两制时间补。

陈震将作监主簿制
(嘉熙二年三月至淳祐二年六月间)

尔以凝重之姿,沉缜之识,加以闻见熏陶,渊源有自,持论平实,虑事深长,仕林亟称之。富积外庸,来归着定,庀司计籍,不足以尽材也。缮监勾稽,其为我尽心,以须蕃锡。

出处:《永乐大典》卷一四六〇八。

撰者:高定子

考校说明:编年据高定子任两制时间补。

干办诸司审计司洪溪行将作监主簿制
(嘉熙二年三月至淳祐二年六月间)

大匠以缮工为事,维今国用菱资,非简僚以为日省月试之助,则费无节而业不修。尔以材明济忠宣之美,振文惠之风,历官咸以能称,幸州具有善状,不欲以赋禄久劳汝也。勾检匠稽,式开鸿渐,往敬厥事,世于而家。

出处:《永乐大典》卷一四六〇八。

撰者:高定子

考校说明:编年据高定子任两制时间补。

干办行在诸军审计司葛文或行军器监主簿制
(嘉熙二年三月至淳祐二年六月间)

尔祖以功,宗作元祀,厥有祉泽,施于子孙。尔以肃括提身,用济世美,历官能服其劳,携持民庸,来游王所。司榷均稍,未展尔能。武监勾稽,式昭渐陆,永念厥绍,以须畴庸。

出处:《永乐大典》卷一四六〇八。

撰者:高定子

考校说明:编年据高定子任两制时间补。

余天任除军器监簿制
(嘉熙二年三月至淳祐二年六月间)

除戎器,古以戒不虞也,矧今日戒虞之秋,而可忘程督乎?尔材姿敏劭,业履靖虔,昆友怡怡,相观而善。神皋分刺,未展所长,武监勾稽,肆庸命汝。日省月试,既廪称事,尚其懋哉!

出处：《永乐大典》卷一四六〇八。

撰者：高定子

考校说明：编年据高定子任两制时间补。

通直郎行藉田令魏近思特授军器监主簿制
（嘉熙二年三月至淳祐二年六月间）

武监昔号清简之地，维时疆事靡宁，正除戎器、戒不虞之日，简乃僚以任勾稽，可不遴其选耶？ 尔以生长见闻，庭有攸训，用得以充广所学，官修其职。挈外庸以来王所，处之甸师，有能未展。服休戎属，以观尔长。往钦哉，毋怠。

出处：《永乐大典》卷一四六〇八。

撰者：高定子

考校说明：编年据高定子任两制时间补。

朝散大夫宋明远特授行军器监主簿制
（嘉熙二年三月至淳祐二年六月间）

籴事之难，古今一辙，耿中丞请籴百万斛而得四十万斛，赵充国咎其失册。裴延龄以元佑布帛增一倍价充和籴，陆贽论其抑配。非得人以参伍，缓急焉冈攸济。尔素以敏迈强济称，用命尔为峙根计，不欲徒诒尔肆也。预颁温旨，俾勾稽于戎监，已事乃竣，归服予采。

出处：《永乐大典》卷一四六〇八。

撰者：高定子

考校说明：编年据高定子任两制时间补。

权工部侍郎兼崇政殿说书牛大年特授集英殿
修撰提举江州太平兴国宫制
（嘉熙二年四月至淳祐二年六月间）

《诗》曰："独寐寤歌，永矢弗过。"传者以为誓不过君之朝，而先儒非之曰，此自陈不得过君之朝也。参以孟轲三宿出昼之义,当以后说为信。尔材问老成,居以廉谨自将,历官中外,尽而不污,执德固而制行和。由使蜀来归,留置郎位,而不我屑。起诸家食,顾将引以自近。蓬省宗星,螭坳经幄,冀弼乃后于彝宪,甫登禁甬,曷为浩然而归?谅其嘉遁,于焉逍遥,加畀祠庭,仍升论撰。其深味诗人忠厚之旨,无有退心。

出处:《永乐大典》卷一三五〇六。

撰者:高定子

考校说明:编年据高定子任两制时间、牛大年宦历补,见《宋史》卷四二二《牛大年传》、《南宋馆阁续录》卷七。

武学谕孙德之特授国子监主簿制
(嘉熙二年闰四月至淳祐二年六月间)

左右庠之设,盖不特以旬省月试时考岁贡为事,亦欲立师道以淑后生,使之各得于意消心化之余也。尔以明经第进士,以宏博角词人,用登尔以训右生,士论归之。肆从胄庠,擢掌学士之版。盍承明指,敬尔有官。

出处:《永乐大典》卷一四六〇八。

撰者:高定子

考校说明:编年据高定子任两制时间、孙德之宦历补,见《南宋馆阁续录》卷八等。

司封员外郎邢凯特授直秘阁与州郡差遣制
(嘉熙二年十二月至淳祐二年六月间)

予惟耆寿俊在厥服,乃足以重本朝,肆用录尔民庸,舍于主爵,潜华郎省,未展厥猷。顾尔少有四方志,恬守一官,复惟锦絅自持,力诡一麾,思以治理效自见。用嘉雅尚,进直蓬丘,往服恩炜,益图报称。

出处:《永乐大典》卷一三五〇六。

撰者:高定子

考校说明:编年据高定子任两制时间、邢凯宦历补,见《南宋馆阁续录》卷八。

将作监丞兼知江州兼督视府参议官乔似孙特授尚书
兵部郎中兼知江州兼都督行府参议官制
（嘉熙三年二月至淳祐二年六月间）

汉宣帝以二千石有治理效,辄以玺书勉厉,增秩赐金,公卿阙则选诸所表,以次用之。汉吏治之盛,朕慨慕焉。尔以通材伟略乂我受民,申固江防,具严师律,侯度亦既修矣。郎于武部,仍抚旧封,督帐参谟,兼得君重。选表之命,尚敬共以须。

出处:《永乐大典》卷一三五〇七。

撰者:高定子

考校说明:编年据高定子任两制时间、乔似孙官历补,见弘治《徽州府志》卷四。

兵部郎中兼知江州乔似孙特授直秘阁江西运判
兼都督府参议官制
（嘉熙三年二月至淳祐二年六月间）

大江以西,昔为乐土,漕臣有澄按之权,无灌输之责,北边有兴,循名而责实矣。尔材猷浚明,阅历滋久,郡垂三组,善状升闻。擢领郎潜,仍司州牧,未足以究尔长。选诸所表,亟畀漕将,兼佐征谋,以望督府。往济泛舟之役,益兴揽辔之风,叱驭驱之,使事有指。

出处:《永乐大典》卷一三五〇七。

撰者:高定子

考校说明:编年据高定子任两制时间、乔似孙官历补,见弘治《徽州府志》卷四。此制时间当晚于同书同卷《将作监丞兼知江州兼督视府参议官乔似孙特授尚书兵部郎中兼知江州兼都督行府参议官制》。

出钱米令安丰军修武备诏
（淳祐二年六月二十七日）

淮西制置大使司出十七界楮币十万、米二万斛,令安丰军修武备。

出处:《宋史全文续资治通鉴》卷三三。

邓淳李海等转官诏
(淳祐二年八月十七日)

淮东先锋马军邓淳、李海等扬州挞扒店之战,宣劳居多,各官两转,余推恩有差。

出处:《宋史》卷四二《理宗纪》。

朝请郎权湖南提刑曾宏正除广西运判兼提举制
(淳祐二年九月前)

岭右分百粤之半,邈在南服,朕轸念其民,无异畿甸,思得良使者,以谕朕志于远。以尔践扬滋久,蔚有能称,湘中祥刑之最,朕甚嘉之。肆庸界以漕运之节,二十五州之治,汝往视之。其求民瘼,察吏贪,惟实惠是孚,惟积蠹是去,副朕所以光华遣使之意,可不勉哉!

出处:《樵溪居士集》卷五。
考校说明:编年据曾宏正行迹补,见道光《永州府志》卷一八。静江府有多处曾宏正淳祐三年题名(见《桂胜》卷二、卷四、卷一一等),而永州祁阳县有曾宏正淳祐二年九月十二日题诗(见道光《永州府志》卷一八),当作于曾宏正赴任途中。刘才邵卒于绍兴二十八年,此文当为《樵溪居士集》误收。

明堂赦文
(淳祐二年九月十二日)

四川累经兵火,百姓弃业避难,官以其旷土权耕屯以给军食,及民归业,占据不还。自今凡民有契券,界至分明,所在州县屯官随即归还。其有违戾,许民越诉,重罪之。

出处:《宋史》卷一七三《食货志》。

赠王温武翼大夫吉州刺史诏
（淳祐二年九月十四日）

淮东忠勇军统领王温等二十四人战天长县东,众寡不敌,皆没于阵。赠温武翼大夫、吉州刺史,其子兴国补保义郎,更官其一子承信郎,厚赐其家。余人恤典有差。

出处:《宋史》卷四二《理宗纪》。

令六曹等长官将所管钱谷货币等核实载籍上之于朝诏
（淳祐二年九月十七日）

令六曹、馆学、寺监、院辖、仓库、务场长官,将所管钱谷、货币、器用、图书核实载籍,上之于朝,副在有司,长阙则次官任责,迁擢报罢,并如外官交承例,联衔具数申省,仍令御史台觉察。

出处:《宋史全文续资治通鉴》卷三三。

旌陆氏义门敕
（淳祐二年九月）

青田陆氏,代有名儒,在谊典籍。聚食逾千指,合爨二百年,一门翕然,十世曩微。惟尔能睦族之道,副朕理国之怀,宜特褒异,敕旌尔门,光于间里,以励风化。钦哉!

出处:《象山先生年谱》。

诫谕李曾伯诏
（淳祐二年十一月十三日）

两淮节制李曾伯,毋以通州被兵之故,不安厥职,其督励诸将,勉图后功。

出处:《宋史》卷四二《理宗纪》。

冬至雷电交作求直言诏
(淳祐二年十一月二十九日)

比者阴阳失和,冬令常燠,日至之日,雷乃发声,朕甚惧焉。变不虚生,缘证而起,朕避殿减膳,思答谴告。内而卿士师尹、外而牧监伍参,其各罄忠嘉,无有所隐,辅朕不逮,俾得尊闻行知,导和销异,保我子孙黎庶,亦职有利哉!布告中外,明听朕指。

出处:《宋史全文续资治通鉴》卷三三。

杜霆窜南雄州诏
(淳祐二年十二月十一日)

通州守臣杜霆,兵至弃城弗守,载其私帑渡江以遁,遂致民被屠戮,虽已夺三秩,厥罚犹轻。其追毁出身以来文字,窜南雄州。

出处:《宋史》卷四二《理宗纪》。

全蜀军事令余玠便宜施行诏
(淳祐二年十二月十九日)

余玠任责全蜀,应军行调度,权许便宜施行。

出处:《宋史全文续资治通鉴》卷三三。

和州防御使淮西安抚副使兼知庐州吕文德特授福州观察使侍卫马军都指挥使总统两淮出战军马捍御边面制

（淳祐三年二月十八日）

护风寒之冲,非宿望隆名不足以夺敌人之气;合云屯之众,非高爵厚禄不足以壮将军之威。惟予杰臣,膺此褒律。具官某,神锋劲捷,胆略沉雄。勇盖三军,久矣灭匈奴之志;身更百战,毅然有良将之风。驱驰疆场之间,趋赴功名之会,命即就道,事不辞难。其正位于廉车,用提师于突骑。必可畏若合淝之虎,必相应如常山之蛇。御侮折冲,虽千万人吾往矣;论功行赏,岂万户侯足道哉!益肩乃心,毋替朕命。

出处:《永乐大典》卷一三五〇六。
撰者:郑起潜
考校说明:编年据《宋史》卷四二《理宗纪》补。

王定为秘阁修撰叶武子直龙图阁诏

（淳祐三年十一月三日）

直宝文阁王定素履平实,直显谟阁叶武子雅志恬退,皆挂冠日久,年德俱高。其以定为秘阁修撰,武子直龙图阁。

出处:《宋史全文续资治通鉴》卷三三。

理宗度宗恭帝朝卷十一　淳祐四年(1244)

皇叔容州观察使希丞妻令人董氏特赠硕人制
(暂系于淳祐元年至淳祐四年间)

夫尊于朝,妻贵于室,古之谊也。矧予属近行尊,显相禋祀,涓成锡祉,可无褒优之泽,以为壸范之光乎?具官某妻某氏,生有淑质,作配高门,莫谐富贵之同,永慨幽明之隔。徽章未艾,载加硕人之封;懿德如存,式表柔嘉之则。灵而不昧,尚克顾歆。

出处:《永乐大典》卷二九七二。
撰者:郑起潜
考校说明:编年据郑起潜任两制时间补。

钱塘县百岁妇人叶氏特封孺人制
(暂系于淳祐元年至淳祐四年间)

合宫祭泽,同宇均厘。尊礼高年,厥有彝典。尔身见四朝,克登上寿,禀厚养深,世所希有,式华其老,爰锡恩封。

出处:《永乐大典》卷二九七二。
撰者:郑起潜
考校说明:编年据郑起潜任两制时间补。

降朝散郎王靖复朝请郎制
（暂系于淳祐元年至淳祐四年间）

　　是非久而自定，予夺付之无心。顷饷臣论尔沮氽，恶得无罪？今漕臣为尔昭雪，其复故官。尚惩前事，勉图后效，以答我拉拭之意。

出处：《永乐大典》卷七三二二。

撰者：郑起潜

考校说明：编年据郑起潜任两制时间补。

归朝人修职郎淮东制司书写机宜
文字李节特授儒林郎制
（暂系于淳祐元年至淳祐四年间）

　　慕诸夏则进之，出世胄则侯之，古之道也。尔中原故家，说德归义，输忠效节，朕甚嘉之。三进文阶，以劝来者。尔尚一乃心力，安边立功，爵赏非所吝也。勉之哉！

出处：《永乐大典》卷七三二二。

撰者：郑起潜

考校说明：编年据郑起潜任两制时间补。

降朝奉郎陈集叙复朝散郎制
（暂系于淳祐元年至淳祐四年间）

　　明裡肆眚，涤瑕荡秽而镜至清，尔以微文自累，兹用洗丹书而归皇极。其复故官，思称朕拉拭之意。

出处：《永乐大典》卷七三二二。

撰者：郑起潜

考校说明：编年据郑起潜任两制时间补。

武经郎閤门宣赞舍人淮东制司计议官
舒滋换授承务郎制
（暂系于淳祐元年至淳祐四年间）

武臣试换文班,法也;出乎常法之外,异恩也;蒙异恩而不滥,异才也。尔以右列,久从东淮制臣游。幕府上功,谓尔理财佐用,不但赞边筹而已。累举不第,耻冠鹖冠,敢请,守法者尚难之。暨我从臣谕蜀,辟从万里,行复援是以请。吾何爱一京秩,不以劝功臣！尔其佐而长,经理我西土,展异才,成异功,以报我异恩,庶知名下之无虚士,则予所以褒功者,亦岂有既哉！

出处:《永乐大典》卷七三二三。

撰者:郑起潜

考校说明:编年据郑起潜任两制时间补。

降宣教郎彭耕道复通直郎制
（暂系于淳祐元年至淳祐四年间）

是非久而自定,予夺付之无心。尔顷以董试,偶违微文。明禋肆眚,涤瑕而镜至清,兹用洗丹书而归皇极,其复故官,勉称朕拔拭之意。

出处:《永乐大典》卷七三二三。

撰者:郑起潜

考校说明:编年据郑起潜任两制时间补。

降宣教郎特差充两浙西路安抚司主管机宜
文字郑思问复通直郎差遣如故制
（暂系于淳祐元年至淳祐四年间）

言事者许风闻,辨雪者必核实。付是非于公论,示予夺之无心。尔顷宰武义,人称曰能。啧有烦言,不得不贬,既加考核,久而自明,况肆眚涤瑕之后乎！其复故官,勉图来效,以称朕拔拭之意。

出处:《永乐大典》卷七三二三。

撰者:郑起潜

考校说明:编年据郑起潜任两制时间补。

降宣教郎新差通判淮安州李仲鳌复通直郎差遣如故制
（暂系于淳祐元年至淳祐四年间）

是非久而自定,予夺付之无心。顷桐川太守谓尔有闭籴之过,姑示薄惩。兹方畀尔事任,其可缓扰拭之恩哉! 其复故官,勉图来效。

出处:《永乐大典》卷七三二三。

撰者:郑起潜

考校说明:编年据郑起潜任两制时间补。

降承事郎刘崿复宣义郎制
（暂系于淳祐元年至淳祐四年间）

尔尝宰大冶,偶迕微文,于今再赦,抑何缓扰拭之恩邪? 其复故官,勉图后效。

出处:《永乐大典》卷七三二四。

撰者:郑起潜

考校说明:编年据郑起潜任两制时间补。

降奉议郎应㒒复朝奉郎制
（暂系于淳祐元年至淳祐四年间）

着庭翰苑之臣,以微罪行,于今三赦,抑可缓扰拭之恩邪! 洗尔丹书,归于皇极,复还故秩,尚图后庸。

出处:《永乐大典》卷七三二四。

撰者:郑起潜

考校说明:编年据郑起潜任两制时间补。

降承议郎赵与泳复朝奉郎制
(暂系于淳祐元年至淳祐四年间)

是非久而自定,予夺付之无心。尔曩为端倅,偶诖微文。明禋肆眚,无瑕不涤,其复故官,勉称朕拭拭之意。

出处:《永乐大典》卷七三二四。

撰者:郑起潜

考校说明:编年据郑起潜任两制时间补。

降宣教郎徐桂臣复奉议郎制
(暂系于淳祐元年至淳祐四年间)

是非久而自定,予夺付之无心。尔为令偶诖微文,明禋肆眚,无瑕不涤,其复故官,称朕拭拭之意。

出处:《永乐大典》卷七三二四。

撰者:郑起潜

考校说明:编年据郑起潜任两制时间补。

状元留梦炎特授承事郎制
(暂系于淳祐元年至淳祐四年间)

朕惟进士设科,名臣辈出,寤寐英隽,图济时艰。临轩亲策,访以内修外攘之务。览尔洋洋之对,惟曰克艰,甚称朕意,擢为第一。授之京秩,开尔仕途,益涵远业,思称所蒙。

出处:《永乐大典》卷七三二五。

撰者:郑起潜

考校说明:编年据郑起潜任两制时间补。

儒林郎提领户部犒赏酒库所准备差遣兼两浙
转运司干办公事王梦得特转承直郎制
（暂系于淳祐元年至淳祐四年间）

顷畿漕籴谷，不扰而办，格当赏而吾漕臣请弛乃僚。盖尔有协佐之劳，而尔长有推贤之逊，且为效劳者劝焉。赏一人而三善具，朕甚嘉之。晋陟一阶，尚思报称。

出处:《永乐大典》卷七三二五。

撰者:郑起潜

考校说明:编年据郑起潜任两制时间补。

降承事郎徽州通判叶大有复宣教郎制
（暂系于淳祐元年至淳祐四年间）

邦宪不可不伸，贤者不得不屈。尔以南宫首选，东观英游，华辙浸高矣。顾以胄牒自累，人皆惜之，尔独安之，贤矣哉！明禋肆眚，无瑕不涤，况君子之过乎？其复旧官，祗承新命。

出处:《永乐大典》卷七三二五。

撰者:郑起潜

考校说明:编年据郑起潜任两制时间补。

敕赐童子出身杨世奕可特补迪功郎仍赐袍笏制
（暂系于淳祐元年至淳祐四年间）

尔裔出龟山，年方幼学，博记而敏于文。两试童科，初以记诵选，再以程文优，诗书之泽，有自来矣。德性兼谨，俨如成人，尤其可嘉者。干云之干，养于拱把，尚勉之哉！

出处:《永乐大典》卷七三二五。

撰者:郑起潜

考校说明:编年据郑起潜任两制时间补。

特奏状元魏汝贤特授迪功郎制
(暂系于淳祐元年至淳祐四年间)

特奏设科,所以求宿学,搜遗才也。首选与进士同科,比年繇此途者多显用。盖其选既艰,则其才必异也。尔久蒙教育,晚冠此科,不负所学矣。授之初品,任以校官。官业方开,老当益壮。

出处:《永乐大典》卷七三二五。

撰者:郑起潜

考校说明:编年据郑起潜任两制时间补。

武康军承宣使新除枢密都承旨兼知庐州王鉴
故父焕已赠秉义郎可特赠武功郎制
(暂系于淳祐元年至淳祐四年间)

朕葴祀合宫,均厘同宇,凡文武自通籍而上,俾父母沾锡类之仁。况秉越于帅垣,宜疏纶于祢庙。具官某故父某,躬秉义概,素多阴功。乃生守圉捍敌之臣,教忠有自;以显立身扬名之孝,垂耀无穷。属兹需恩,加尔懋饰,尚歆异宠,以佑后昆。

出处:《永乐大典》卷七三二六。

撰者:郑起潜

考校说明:编年据郑起潜任两制时间补。

白身进士徐子寅特授成忠郎制
(暂系于淳祐元年至淳祐四年间)

武功有爵,自汉为然。上功幕府,以尔提兵御寇之劳,以武立功,以武命爵,宜也。其疏异渥,改畀新命,勉图事功,毋卑鹖冠而不知劝。

出处:《永乐大典》卷七三二六。

撰者:郑起潜

考校说明:编年据郑起潜任两制时间补。

忠翊郎前韶州兵马监押周升在任不法降成忠郎制
(暂系于淳祐元年至淳祐四年间)

敕具官某:尔为兵官而州家以佚累因来谂,虽会恩不汝贷也。其镌一阶,以警慢事。可。

出处:《永乐大典》卷七三二六。

撰者:郑起潜

考校说明:编年据郑起潜任两制时间补。

降训武郎平江府许浦驻札御前水军副都统制
兼知泗州赵东复武经郎制
(暂系于淳祐元年至淳祐四年间)

使功不如使过,赎过莫若以功。顷制臣谓尔有逗遛之罪,戒之是也。今复谓尔有角圉暴露之劳,可不劝乎! 可罚可赏,尔所自取;或夺或予,朕亦何心! 尽复故官,勉图来效。

出处:《永乐大典》卷七三二六。

撰者:郑起潜

考校说明:编年据郑起潜任两制时间补。

武翼郎沈师尹复武经郎制
(暂系于淳祐元年至淳祐四年间)

尔顷以暴戾干罚,兹以赦宥复厥官,毋谓既复而不知悔。

出处:《永乐大典》卷七三二六。

撰者:郑起潜

考校说明:编年据郑起潜任两制时间补。

金州观察使添差淮东马步军都总管贺靖父已
赠训武郎永寿特赠武义郎制
(暂系于淳祐元年至淳祐四年间)

朕以牺牲玉帛藏事合宫,而推其福于中外,为人子者,举得光荣其亲,所以广孝治也。具官某父某,积善有余,克昌厥后,是生贤息,为吾虎臣。属兹霈恩,申加愍饰,以示教忠之劝。灵而不昧,其克顾哉。

出处:《永乐大典》卷七三二六。

撰者:郑起潜

考校说明:编年据郑起潜任两制时间补。

故忠训郎兴元都统制司中军统制权知巴州
杜沂赠武翼郎制
(暂系于淳祐元年至淳祐四年间)

守御捍敌之臣,诚死城郭封疆。尔摄守巴郡,提师婴敌,转战累日,以众寡不敌而殁,可谓死城郭封疆者矣。朕甚痛之。爰诏司勋,进官而录其后。忠魂未泯,歆我愍章。

出处:《永乐大典》卷七三二六。

撰者:郑起潜

考校说明:编年据郑起潜任两制时间补。

故承信郎充琼州乐会县令唐仲珍赠修武郎制
(暂系于淳祐元年至淳祐四年间)

君子疾没世而名不称,死事尤所当恤也。尔初阶右列,为琼之乐会令,亦有志于事功者。遭值寇扰,提兵勇往,遇寇而殁。朕甚愍焉,进官而录其后,庶几幽壤,知我追褒。

出处:《永乐大典》卷七三二六。

撰者：郑起潜

考校说明：编年据郑起潜任两制时间补。

故进义副尉枣阳忠义中军统制孟宗德赠修武郎制
（暂系于淳祐元年至淳祐四年间）

恤死事，所以厉名节也。端平枣阳之难，尔一门忠义，父子死敌，功著而官未显，身殁而名不彰，何以旌既往而劝将来？超以勇爵，并录其孙。忠魂如生，歆我恤典。

出处：《永乐大典》卷七三二六。

撰者：郑起潜

考校说明：编年据郑起潜任两制时间补。

故借补承信郎淮东制置司帐前统制赵祥赠忠翊郎制
（暂系于淳祐元年至淳祐四年间）

自古皆有死，为国而死，虽死不死也。顷虏犯安丰，尔捐躯赴援，血战数十合，身被数十枪，不能救尔于锋镝之下。尔死固得其所，朕为动心伤痛，宜诏司勋，进官而录其后。忠魂未泯，歆我愍章。

出处：《永乐大典》卷七三二六。

撰者：郑起潜

考校说明：编年据郑起潜任两制时间补。

白身借补人翟贵特授承信郎制
（暂系于淳祐元年至淳祐四年间）

汝说德归谊，战功曰多，锡之勇爵，何以假为？服此宠休，勉图忠报。

出处：《永乐大典》卷七三二七。

撰者：郑起潜

考校说明：编年据郑起潜任两制时间补。

归朝人南师孟换授承信郎制
（暂系于淳祐元年至淳祐四年间）

朕惟率土之滨,莫非王臣,尔说德归谊,趋事赴功,既无二心,何爱一秩! 勉思忠报,嗣有宠荣。

出处:《永乐大典》卷七三二七。
撰者:郑起潜
考校说明:编年据郑起潜任两制时间补。

朝奉郎赵崇嬓除大理寺正朝请大夫赵师吕
除大理寺丞制
（暂系于淳祐元年至淳祐四年间）

朕承列圣仁厚之余,于刑尤谨。乃者勒铭,以儆有位。廷尉天下之平也,其事重,故其建官视他司为详。尔崇嬓明习文法,三入李廷,宜为正;尔师吕详练民事,擢縣戎监,宜为丞。钦哉! 协佐而长,求惟厥中,以称朕谨刑之训。

出处:《永乐大典》卷一三四九八。
撰者:郑起潜
考校说明:编年据郑起潜任两制时间补。

朝请郎直宝章阁主管建康府崇禧观邹伸之除大理寺
丞朝奉大夫提举福建市舶刘克逊除太府寺丞承议郎
行军器监主簿章端子除司农寺丞制
（暂系于淳祐元年至淳祐四年间）

廷尉刑狱之平,大农天仓之总,太府贡赋之贰,皆号剧繁,丞实赞之。尔伸之详练世故,宜赞廷尉;尔端子明习吏事,宜赞大农;尔克逊歉历外庸,宜赞太府。为官择人,各佐而长,以审轻重,以稽委积,以谨出纳。丞哉钱谷刑狱之政举矣! 汝不负承,朕有明陟。

出处:《永乐大典》卷一三四九八。

撰者:郑起潜

考校说明:编年据郑起潜任两制时间补。

朝请郎守太常少卿兼枢密副都承旨赵希垕
除右文殿修撰枢密都承旨制
(暂系于淳祐元年至淳祐四年间)

庀职机廷,讦谟密勿;侍朝便殿,导旨禁严。自熙宁以三馆兼行,逮绍兴则两制充选。兹为重任,允属清流。尔才挺宗英,学高儒望。行己恭而事上敬,知无不为;见善明而用心刚,介然有守。久弥纶于省闼,复陪辅于筹帷。国论赖以主张,边算资之裁决。乃正宥府钦承之职,载升道山论撰之名。方四郊多垒之时,出纳朕命;凡五兵六师之事,敉宁图功。惟乃之休,则予以怿。

出处:《永乐大典》卷一三四九九。

撰者:郑起潜

考校说明:编年据郑起潜任两制时间补。

朝请大夫太府少卿谢达除直敷文阁知静江府
兼经略安抚司公事制
(暂系于淳祐元年至淳祐四年间)

朕惩长吏数易之弊,法累朝因任之规,务在安民,尤不忘远。有上闻其治行,辄申命以玺书,矧惟十国以为连,不但千里之蒙福。尔才猷敏邵,正术疏通,顷从郡最以召环,复自郎潜而分土。繇麾而节,皆广与湘。载畴八柱之庸,已播五襦之咏。尝以卿召,旋为朕留,爰升内阁之班,就畀帅垣之绂。指麾部属,多至二十五州;绥抚蛮徭,不知几百余种。庶有上下相安之便,而无新故更代之劳。共理惟良,端足分于忧顾;美成在久,尚毋替于初终。惟暨厥心,将选所表。

出处:《永乐大典》卷一三五〇七。

撰者:郑起潜

考校说明:编年据郑起潜任两制时间补。

修武郎左屯卫郎将俞兴权发遣夔州
兼主管本路安抚司公事制
(暂系于淳祐元年至淳祐四年间)

夔当全蜀之口,据荆楚上游,委寄莫重焉。尔奋身忠勇,有志功名,兹用分虎符而畀之,实兼一道藩垣之任。尔其控三峡,以保我荆蜀之间,上宽顾忧,嗣有褒陟。

出处:《永乐大典》卷一三五○七。

撰者:郑起潜

考校说明:编年据郑起潜任两制时间补。

朝请大夫行太府寺簿赵汝漶除司农寺簿朝奉
郎行司农寺簿薛光除太府寺簿制
(暂系于淳祐元年至淳祐四年间)

《洪范》八政,一食二货。大农司九谷,外府掌百货。有位于朝者,非更迭不相通知。尔汝漶由外府而大农,尔光由大农而外府,仍以簿正易地而处,所以通知食货之事也。生民之本,在斯二者,懋哉!各展所长,以佐而长,将观阜通之效,嗣有明陟。

出处:《永乐大典》卷一四六○七。

撰者:郑起潜

考校说明:编年据郑起潜任两制时间补。

朝奉郎特添差通判临安府韩集除大理寺主簿制
(暂系于淳祐元年至淳祐四年间)

廷尉天下之平,有列其间,皆以才选。尔践扬中外,明习吏事,往佐而长,审克用刑,岂特簿书云乎哉!

出处:《永乐大典》卷一四六○七。

撰者:郑起潜

考校说明：编年据郑起潜任两制时间补。

光禄少卿致仕张君靖侄焘可试将作监主簿制
（暂系于淳祐元年至淳祐四年间）

朕嘉尔之伯父雅操自高，厌薄于世累，颜发犹壮，遂归老乎涢溪之上，用是赐尔以大匠试簿，讵将夸荣于里人哉，盖亦念尔伯父之爱。益懋厥修，则世禄之大来，其阶于此乎！可。

出处：《永乐大典》卷一四六〇八。

撰者：郑起潜

考校说明：编年据郑起潜任两制时间补。

光禄卿冯沆遗表男安国可将作监主簿制
（暂系于淳祐元年至淳祐四年间）

尔父沆，修方砥节，服于卿次。今兹沦谢，良用忱然。遗牍之来，乃以大匠掌簿加赐于尔。往其祗践，无忘清白之训，以怠其家声。可。

出处：《永乐大典》卷一四六〇八。

撰者：郑起潜

考校说明：编年据郑起潜任两制时间补。

贵妃沈氏遇圣节奏侄孙直方侄婿许该
并可试将作监主簿制
（暂系于淳祐元年至淳祐四年间）

朕以载诞之辰，中外蒙庆，而贵妃沈氏进言其戚属，请预仕籍。厥维旧哉，朕安得不听！咸用甄擢，试吏于大匠。惟尔直方洎该，无以得之易而不思其所守，以隳我之宠章。并可。

出处：《永乐大典》卷一四六〇八。

撰者：郑起潜

考校说明:编年据郑起潜任两制时间补。

朝请郎主管台州崇道观赵汝舶除将作监主簿制
(暂系于淳祐元年至淳祐四年间)

匠监掌缮工之事,土木不兴,则为清曹,有列其间,皆号清选。尔以宗英,优有政术,出长入治,咸称曰能。兹庸进尔勾稽于匠属,益涵器业,以俟柬求。

出处:《永乐大典》卷一四六〇八。
撰者:郑起潜
考校说明:编年据郑起潜任两制时间补。

承议郎监登闻鼓院庄黻除军器监簿制
(暂系于淳祐元年至淳祐四年间)

昔我神宗,留意戎器,制度精详,着为法式。设监置官,实司训工程作之任。朕率循祖武,申饬戎事,肆命尔司于簿正,使器械咸精其能,将观通务之学。

出处:《永乐大典》卷一四六〇八。
撰者:郑起潜
考校说明:编年据郑起潜任两制时间补。

朝散大夫干办行在诸军审计司赵希镒除太府寺簿制
(暂系于淳祐元年至淳祐四年间)

外府掌贡赋之贰,有列其间,皆以才选。尔以宗英,明习吏事,往佐而长,稽其出纳,岂特簿书云乎哉!

出处:《永乐大典》卷一四六〇八。
撰者:郑起潜
考校说明:编年据郑起潜任两制时间补。

奉议郎行武学博士孙梦观除太常寺主簿制
（暂系于淳祐二年四月至淳祐四年间）

簿领虽卑，奉常盖礼乐所自出，有列其则，与闻稽古制作之事，其选清矣。尔茂才粹德，久横经于右庠，俾篷曲台，将观稽诹之学，岂特簿书云乎哉！

出处：《永乐大典》卷一四六〇七。

撰者：郑起潜

考校说明：编年据郑起潜任两制时间、孙梦观官历补，见《履斋遗稿》卷三《孙守叔墓志铭》、《淳熙严州图经》卷一。

诫约边将毋擅兴暴掠诏
（淳祐四年正月一日）

朕惟晋羊祜之御边，绥怀远近，开布大信，得江汉之心，境外刈粮猎兽，悉皆偿所侵获，朕甚嘉之。间者颇闻边将贪小利以为功，甚者杀越人以货，岂朕兼爱赤子之意哉！今上天助顺，敌兵乖离，正当广恩信以系人心，厚根本以俟机会。咨尔专阃之臣，分麾总戎之将，继自今必安集流民，俾得复旧，招收逋将，俾得自新。毋擅兴，毋杀无辜，使中原遗黎闻之，举欣欣然有更生之望。宜昭德意，济我修攘，尔亦有无穷之闻。

出处：《宋史全文续资治通鉴》卷三三。

通奉大夫华文阁待制淮南东路制置安抚使兼知扬州李曾伯除宝章阁直学士制
（淳祐四年正月一日）

淮海扬州，久藉东土尔侯之重；图书秘府，肆升西清学士之华。锡以丝纶，光于牙纛。具官某，中和而笃实，谨厚而闳深。密庸堂上之兵，富有胸中之甲。智虑沉潜于言表，算有成谋；事几迎解于目前，神无滞用。入则弥纶于省闼，出则总护于戎旃。以十连之帅镇星纪之区，如七尺之躯护风寒之处。北门之管钥汝寄，

55

西州之唇齿汝兼。城池高深,事事皆有其备;卒乘辑睦,人人咸得其心。以守则持重而养威,以战则奋厉而倡勇。宽予忧顾,嘉汝勤劳。尔虽执辞赏之谦,朕欲示劝功之信。庶几夙夜,以永终誉,尚垂竹帛之功名;一乃心力,其克有勋,迄保江淮之清晏。祗承茂渥,益厉壮猷。

出处:《永乐大典》卷一三四九九。

撰者:郑起潜

考校说明:编年据《宋史》卷四三《理宗纪》补。

<h2 style="text-align:center">赐金渊等御笔</h2>
(淳祐四年二月一日)

进士设科,我朝得人为盛,济艰难,致隆平,皆此途出。比年中外多事,每有乏才之叹,岂有司衡鉴浸不如昔欤?朕妙简儒英,俾司文柄,冀得俊髦,以亮天功。学术必究其渊源,毋以涉猎为能;词章必主于典实,毋以浮靡为尚。毋滋蹈袭,毋取雷同。昔人典贡,多能以程文占器识。卿等其精意考拔,以副朕侧席之意。

出处:《咸淳临安志》卷一二。又见《宋史全文续资治通鉴》卷一二。

<h2 style="text-align:center">端明殿学士同签书枢密院事金渊以新除封赠父
已赠奉直大夫祖文赠太子少师制</h2>
(淳祐四年三月十九日后)

共政登庸,进西府枢机之贰;教忠崇报,跻东宫辅翼之师。孝莫大于显亲,恩聿隆于锡命。具官某父某,含章独善,迪行素纯,践履足配于先民,宽厚自孚于仁里。传家有庆,高驷马于门闾;知子甚明,植三槐于门户。由尔义方之训,弼吾宥密之谟。因尝叠被于徽章,兹用峻加于懋饰。庆风云之会,焕宠渥以方新;感雨露之濡,发幽光而奕憾。克绥厥后,益永其承。

出处:《永乐大典》卷九一九。

撰者:郑起潜

考校说明:编年据金渊官历补,见《宋史》卷二一四《宰辅表》。

输纳夏税事诏
（淳祐四年四月十二日）

两浙漕司下属部郡邑,将今年夏税折帛之半,令民间以楮币准钱供输。

出处:《宋史全文续资治通鉴》卷三三。

犒奖寿春被围将士诏
（淳祐四年四月十二日）

寿春受围,将士勤劳,各补转三官资,出封桩库十七界楮币百万给犒,俟围解日,仍与优赏。

出处:《宋史全文续资治通鉴》卷三三。

拨寄桩楮币犒水陆应援立功将士诏
（淳祐四年五月十九日）

江东漕司拨寄桩十七界楮币百万,付淮东西制置司,犒水陆应援立功将士。

出处:《宋史全文续资治通鉴》卷三三。

保明补转寿春立功将士诏
（淳祐四年六月七日）

寿春受围,将士有全城却敌之功,先立赏格,令淮东西制司从实保明补转。

出处:《宋史全文续资治通鉴》卷三三。

中大夫起居舍人赵纶除右文殿修撰知庆元府
兼沿海制置副使制
(淳祐四年六月后)

千里曰畿,莫重甬东之镇;八命作牧,爰咨蟭右之英。论撰通班,藩宣示宠。具官某才猷闳硕,德望峻清。正直靖共,确乎有守;进退出处,付之无心。自畴庸于外台,肆陟明于武监。豸冠正色,纠察官邪;鲠论犯颜,维持国是。身方居于要剧,志每尚于清高。侍立记言,引之自近。直前奏事,深所愿闻。厥今四明,视汉三辅,惟制阃有营垒、甲兵之众,惟相卿有衣冠、阀阅之多,乃眷老成,是资镇抚。德威远暨,自令瀚海之无波;声迹相闻,尚冀京师之蒙福。式称予选,益懋尔庸。可。

出处:《大隐集》卷三。
考校说明:编年据《宝庆四明志》卷一补。此制撰于理宗朝,当为《大隐集》误收。

项安世特赠集英殿修撰诏
(淳祐四年七月二十六日)

项安世正学直节,先朝名儒,可特赠集英殿修撰。

出处:《宋史全文续资治通鉴》卷三三。

申严州县受租苛取之禁诏
(淳祐四年八月十四日)

户部申严州县受租苛取之禁,令诸路漕臣察其违者劾之。

出处:《宋史全文续资治通鉴》卷三三。

朝请郎太常丞兼权侍右郎官刘籁除秘书丞兼
侍左郎官奉议郎守秘书丞张霆振除秘书省著
作郎兼权侍右郎官制
（淳祐四年九月）

册府着庭，最为清选；文铨武选，俱号剧曹。尔籁经术该通，尔霆振词华蔚赡，或丞册府而文铨共二，或长着廷而武选得兼。相辉群玉之堂，交映积星之舍，既清且要，各懋乃庸。

出处:《永乐大典》卷一三五〇七。

撰者:郑起潜

考校说明:编年据《南宋馆阁续录》卷七补。

求直言诏
（淳祐四年十月四日）

朕德弗类，无以格阴阳之和，乃秋冬之交，雷电交至，天威震动，咎证非虚，甚可畏也。今朕避正殿，减常膳，方将反观内省，回皇天之怒，可不广览兼听，尽群下之心？应中外臣寮各指陈阙失，毋有所隐，朕将亲览，博采忠谠，见之施行，以昭应天之实。

出处:《宋史全文续资治通鉴》卷三三。

禁大臣荐进台谏诏
（淳祐四年十月二十七日）

台谏耳目之寄，若稽旧章，悉由亲擢，自今不许大臣荐进。

出处:《宋史全文续资治通鉴》卷三三。

殿中侍御史郑寀言宰相不能久虚批答
（淳祐四年十月二十七日）

详卿所奏,虽切事情,进退大臣,岂容轻易!

出处:《宋史全文续资治通鉴》卷三三。又见《后村先生大全集》卷一六九《郑公行状》。

王伯大授吏部侍郎兼侍读制
（淳祐四年十一月二十日）

敕:判流内选,亟颁温綍之真除;为王者师,莫重细毡之坐读。得人甚幸,咨众具孚。具官王伯大负抱器能,扬历中外。抗特立独行之节,高难进易退之风。家食闽山,每切长卿之门下;诏还禁路,不觉贾谊之席前。上焉惟明政理之宜,下则欲饬铨曹之弊。资格固当守,尚持激厉之微权;诵说岂徒云,愿究经纶之大本。有谋则告,惟尔之能。

出处:《楳埜集》卷六。
撰者:徐元杰
考校说明:编年据《宋史全文续资治通鉴》卷三三补。

赵以夫授刑部侍郎制
（淳祐四年十一月二十日）

敕:秋官贰职,方持宪邦之平;宸札真除,式表宗贤之重。得人甚幸,咨众具孚。具官赵以夫凤负时名,浸扬华贯。考言询事,经德不回;入从出藩,见几而作。久渴金銮之论事,兹严宣室之召还。既忠款之具陈,宜司存之蚤正。五刑惟明克允,尚持哀矜勿喜之心;一岁决狱几何,勉副轻重适中之托。期于予治,时乃之休。可。

出处:《楳埜集》卷六。
撰者:徐元杰

考校说明：编年据《宋史全文续资治通鉴》卷三三补。

颜颐仲授秘阁修撰知温州制
（淳祐四年十一月至十二月间）

敕：中秘论撰之华，必于内外扬历，资望深崇，然后界之，所以重良吏也。尔颐仲出长入治，蔼然休称。粤昔神皋，转输弹压，厥勋茂焉。洊以班穹，骎骎豹尾，不见是而无闷，静阅世故滋熟矣。寤兴简注，爰陟隆名，往殿藩方，式乎来暮，则予尔嘉。可。

出处：《楳埜集》卷七。
撰者：徐元杰
考校说明：编年据徐元杰任两制时间、《后村先生大全集》卷一四三《颜尚书神道碑》补。

赵葵授同知制
（淳祐四年十二月四日）

敕：求忠臣于孝子之门，幸恪终于旧制；起威望于兵机之地，宜坐折于遐冲。并疏侯爵之封，仍衍圭卣之实。载颁涣号，允穆师言。具官赵葵朴茂而疏通，恢弘而果毅。挺挺乎山西之将种，彰彰乎边徼之威名。入践班行，蚤历侍从论思之选；出分阃牧，潜消寇贼奸宄之萌。彼远何知，谓秦无人；卿世其家，为鲁有后。凡所上方略，皆古名将之用心；不苟读父书，惟前闻人之济美。既奏蕃宣之绩，迄跻宥密之联。方从容资善胜之谋，乃慷慨奋急流之勇。以亲恩为当报，尽追礼以弗渝；谓子道苟克全，庶事君之无阙。凛然风节，足以仪刑。况当万化之作兴，莫重四郊之备御。凡今迩列，来众士以慰四方之心；视昔副枢，得一贤以制千里之难。卿不失其旧物，朕将励于亲功。内焉领执政之股肱，外以寒敌人之心胆。噫！若瞻之拜元祐，岂徒赞一人之休；如鼎之翊绍兴，益以壮三边之势。可。

出处：《楳埜集》卷七。
撰者：徐元杰
考校说明：编年据《宋史》卷四三《理宗纪》补。

游似曾祖艺已赠太保可特赠太傅制
（淳祐四年十二月四日后）

敕：曾规诏后，懋垂奕世之芳；令典追荣，爰陟三公之次。眷予哲辅，秉国元枢，登庸姑畀于旧毡，追锡载华于冥壤。具官游似曾祖艺，儒珍光价，学海渊源，蚤赍志以仙游，有传家之庆在。过庭闻诗礼，芳华发再世之余；执政犹股肱，焜耀启前闻之阃。茂扬懋册，密亚师联。兹益贲于幽宫，尚时歆于徽秩。可。

出处：《楳埜集》卷七。
撰者：徐元杰
考校说明：编年据游似官历补，见《宋史》卷二一四《宰辅表》。

游似曾祖母蔡氏卫国夫人可特赠邓国夫人制
（淳祐四年十二月四日后）

敕：积行累功，益衍曾孙之庆；典机赞化，晋加上国之封。涣我明纶，光于幽宸。具官游似曾祖母蔡氏，闺仪可则，妇道弗违。宜尔室家，备着肃雝之德；贻厥孙子，笃生辅佐之贤。久焉间两社之勋劳，于以贲百年之泉壤。人惟求旧，兹烦载领于元枢；渥与俱新，不靳追荣之令典。厥有光矣，尚其歆哉！可。

出处：《楳埜集》卷七。
撰者：徐元杰
考校说明：编年据游似官历补，见《宋史》卷二一四《宰辅表》。

游似祖格已赠太师可追封申国公制
（淳祐四年十二月四日后）

敕：还钧枢之旧物，世阀增崇；疏公衮之新封，祖风丕振。式严彰往，敢后疏荣？具官游似祖格，学力根中，贤劳蔼外。谊不受辟，独高难进之风；志在达权，何有干时之惑。忠孝一门之世美，子孙累叶之儒科。虽不大显于其身，于以克昌于厥后。本兵载托，嘉所积之贻谋；幽壤有知，尚永歆于褒典。可。

出处:《楳埜集》卷七。

撰者:徐元杰

考校说明:编年据游似宦历补,见《宋史》卷二一四《宰辅表》。

游似祖母合国夫人李氏赠徐国夫人制
(淳祐四年十二月四日后)

敕:图任旧人,载陟钧枢之寄;予有大赉,并追祖妣之荣。爵视其夫,今焕乎昔。具官游似祖母李氏,毓慈西陇,配德南充,闺仪冰玉之清,妇职藻苹之洁。与君子以偕老,孰不谓宜;遽朝露之溘先,殆弗可晓。幸庆绵于再世,复荣领于元枢。追耀前闻,并华内助,乃畀古徐之望国,以昭幽壤之潜辉。尚其时歆,服此褒恤。可。

出处:《楳埜集》卷七。

撰者:徐元杰

考校说明:编年据游似宦历补,见《宋史》卷二一四《宰辅表》。

游似祖母潭国夫人杜氏特赠杨国夫人制
(淳祐四年十二月四日后)

敕:图任旧人,载陟钧枢之寄;予有大赉,并追祖妣之荣。爵视其夫,今华于昔。具官游似祖母杜氏,毓慈勋胄,配德儒英。由奢入俭以宜家,中岁鳌孀而秉志。蘋蘩妇职,殚劳孝道之躬;玉雪闺仪,刻苦义方之教。露甘来降,天报非诬。善积而庆有余,子荣而孙益显。属方新于大化,爰载典于密机,乃加望国之封,以侈幽宫之贲。庶其不昧,尚或知歆。可。

出处:《楳埜集》卷七。

撰者:徐元杰

考校说明:编年据游似宦历补,见《宋史》卷二一四《宰辅表》。

游似父仲鸿谥忠节已赠太师追封
益国公可特追封雍国公制
(淳祐四年十二月四日后)

敕:名父有子,载严宥密之登;邦典追荣,丕衍公圭之锡。爰跻望国,以贲幽宫。具官游似父仲鸿,学世其家,文根于理。论事有激昂之节,提身适进退之宜。至公血诚,忠具存于王室;吾道生气,前无愧于古人。位不称德以何伤,善有余庆而未艾。天佑生于贤佐,时妙幹于元枢。肆举彝章,式昭先烈。逖瞻南郡,嘉节义之如存;诞陟西河,尚焄蒿之不昧。可。

出处:《楳埜集》卷七。
撰者:徐元杰
考校说明:编年据游似官历补,见《宋史》卷二一四《宰辅表》。

游似母益国夫人朱氏可特赠雍国夫人制
(淳祐四年十二月四日后)

敕:世隆轲训,永怀圣善之劬劳;子典汉枢,莫重国封之褒恤。感爱孚于陟屺,恩允极于漏泉。具官游似故母朱氏,妇道肃雝,闺仪端淑,蚤着义方之明验,缅怀荣养之难酬。寸草春晖,怅母慈之莫报;焄蒿凄怆,等恩渥之无穷。善积庆余,爵与夫一。爰晋加于雍国,尚益显于陶亲。冥格其歆,荧魂如在。可。

出处:《楳埜集》卷七。
撰者:徐元杰
考校说明:编年据游似官历补,见《宋史》卷二一四《宰辅表》。

游似妻南康郡夫人蒲氏赠安定郡夫人制
(淳祐四年十二月四日后)

敕:配君子以淑女,莫酬偕老之宜;陟望郡以新封,益厚追荣之典。诞扬显渥,增贲幽宫。具官游似妻蒲氏,孕淑名门,来嫔哲彦。妇专奉祭,居严涧藻之供;君但读书,雅对春茶之煮。既动循于宾敬,胡莫逮于夫荣?死生契阔之难忘,光宠幽冥而如在。属登尔俪,载秉元枢,用申锡于愍章,以旌劳于内助。荧魂不昧,显号其歆。可。

出处:《楳埜集》卷七。

撰者:徐元杰

考校说明:编年据游似宦历补,见《宋史》卷二一四《宰辅表》。

杜范曾祖廷臣追封制
(淳祐四年十二月四日后)

敕:涣扬廷号,晋陟衮台。显册昭垂,礼莫先于报本;曾规具在,恩爱重于追封。疏此宠纶,光于幽歹。具官杜范曾祖廷臣,德潜弗耀,庆积有源。诗书一脉之延洪,勋业三传之彪炳。维忠维孝,用劢相于我家;自本自根,兹显扬于先烈。式叶孙谋之庆,爰跻公保之荣。尚其时歆,服此褒恤。可。

出处:《楳埜集》卷七。

撰者:徐元杰

考校说明:编年据杜范宦历补,见《宋史》卷二一四《宰辅表》。

杜范曾祖母追赠制
(淳祐四年十二月四日后)

敕:册拜大臣,式叶曾孙之庆;国有令典,并追祖妣之荣。爰锡明纶,以光幽歹。具官杜范曾祖母某氏,储英华阀,配德名门。兰蕙同芳,期暮年之偕老;蘋蘩尽职,遽朝露之溘先。幸其休遗于后人,副此眷求于硕辅。丝纶诞播,进以望国之封;松柏有知,歆此殊恩之被。可。

出处:《楳埜集》卷七。

撰者:徐元杰

考校说明:编年据杜范宦历补,见《宋史》卷二一四《宰辅表》。

杜范曾祖母追赠制
（淳祐四年十二月四日后）

敕：册拜大臣，丕焕前闻之美；国有令典，并追内助之荣。优渥无私，后先如一。具官杜范曾祖母某氏，柔嘉维则，淑谨其身。宜室宜家，粹然懿行；维忠维孝，教尔闻孙。屹为社稷之臣，进秉钧衡之任。报本反始，既久正于小君；扬光发潜，宜急升于大国。尚歆明命，益裕后昆。可。

出处：《楳埜集》卷七。

撰者：徐元杰

考校说明：编年据杜范宦历补，见《宋史》卷二一四《宰辅表》。

杜范祖永修追封制
（淳祐四年十二月四日后）

敕：念尔祖德，素深积庆之源；贻厥孙谋，允藉秉钧之力。其疏显渥，以贲幽宫。具官杜范祖永修，誉蔼乡评，才遗世用。轩冕等闲之外物，不在其身；诗书一脉之家传，克昌厥后。有是间生之彦，副予爱立之谋。出丹禁之丝纶，宜升公傅；望赤城之松柏，祗服懋章。可。

出处：《楳埜集》卷七。

撰者：徐元杰

考校说明：编年据杜范宦历补，见《宋史》卷二一四《宰辅表》。

杜范祖母追赠制
（淳祐四年十二月四日后）

敕：诞扬廷号，进陟鼎台。论世知人，仰沂前闻之美；念祖修德，居多内助之功。爰锡明纶，以光幽夐。具官杜范祖母某氏，钟贤华阀，配德名门。蘋蘩严妇职之供，兰茞蔼徽声之馥。天扶善念，世挺闻孙。汉相登贤，已正小君之号；楚丘更界，其升大国之封。可。

出处:《楳埜集》卷七。

撰者:徐元杰

考校说明:编年据杜范宦历补,见《宋史》卷二一四《宰辅表》。

杜范父友宣追封制
(淳祐四年十二月四日后)

敕:涣号明庭,晋登硕辅。爰立作相,聿新四海之瞻;有闻过庭,丕显一经之教。天匪私于报德,朕岂靳于追荣?具官杜范父友宣,道重丘山,忠存畎亩。潜德弗耀,遂遗明月之珠;积庆有余,上动苍旻之鉴。属时英嗣,为国茂臣。兹诞布于制麻,俾晋持于国柄。报本义方之效,益大显扬;加恩公爵之封,尚钦褒节。可。

出处:《楳埜集》卷七。

撰者:徐元杰

考校说明:编年据杜范宦历补,见《宋史》卷二一四《宰辅表》。

杜范母追赠制
(淳祐四年十二月四日后)

敕:鸿钧气转,具瞻汉相之登;鸾诰恩加,载锡陶亲之服。爰颁显册,以贲幽宫。具官杜范母某氏,夙奉姆仪,能执妇道。敬夫以宾礼,宜室宜家;教子以义方,惟忠惟孝。积行累功之培植,调元赞化之显扬。寸草春晖,永感昊天之罔极;蓼莪雨怆,允怀浓露之重沾。尚其时歆,服此褒恤。可。

出处:《楳埜集》卷七。

撰者:徐元杰

考校说明:编年据杜范宦历补,见《宋史》卷二一四《宰辅表》。

杜范妻追赠制
(淳祐四年十二月四日后)

敕:冢宰率属掌治,式孚命相之贤;夫人积行累功,宜涣加封之号。徽恩诞锡，懿德其光。具官杜范妻某氏，婉娩听从，温恭淑谨。能劝以义，闵君子之勤劳；不惟其官，望名臣之事业。为今日上台之地，慰生平内助之功。象服是宜，既久正小君之位；鹊巢所致，爰峻升大国之华。可。

出处：《楳埜集》卷七。
撰者：徐元杰
考校说明：编年据杜范官历补，见《宋史》卷二一四《宰辅表》。

诚饬百官诏
（淳祐四年十二月七日）

盖闻以公灭私，周王所以治官；后义先利，轲书所以垂戒。朕望道未见，闵时多艰，与予共治之臣，锢于谋身之习，有官守者以谋身而失其守，有言责者以谋身而失其言，各怀患得患失之私，安有立政立事之志？致天工之多旷，宜国步之未夷。今朕躬揽权纲，首严训迪，凡联事而合治，各涤虑以洗心。毋怀私恩，毋萌私念，毋植私计，毋缔私交。三事暨大夫则以朝廷未尊为己慁，士气未振为己耻，守令以民俗未裕为己责，将帅以边疆未谧为己忧。主尔忘身，国尔忘家，以共图内安外宁之效，则予汝嘉。其或不恭，邦有常宪，非我一人以薄待下，乃惟尔自速辜。钦哉，毋替朕命！

出处：《宋史全文续资治通鉴》卷三三。

赵葵祖棠追封制
（淳祐四年十二月八日后）

敕：稽古弥文，对时大享。奉币陈洁俎，潜孚报本之诚；下诏颁旧章，庸沛漏泉之泽。乃眷辅臣之忠荩，聿追祖考之褒崇。爰示赞书，以光幽窅。具官赵葵祖棠，学穷圣奥，誉振儒英。善积庆余，阀阅声光之自始；源深流远，子孙勋业之相辉。再传密副于枢庭，均佚暂恬于家食。兹明禋之既举，宜宠数之再加。昔懋显扬，尝领东宫之傅；今加优恤，爰升左棘之孤。尚其有知，歆此无斁。可。

出处：《楳埜集》卷七。
撰者：徐元杰

考校说明:编年据赵葵宦历补,见《宋史》卷四三《理宗纪》。

赵葵祖母追赠制
(淳祐四年十二月八日后)

敕:登贤宥府,爰疏宠于前闻;有命昕庭,并追荣于内助。诞扬隆施,式表流光。具官赵葵祖母某氏,端淑闺仪,肃雝妇道。敬夫以宾礼,宜室宜家;教子以义方,惟忠惟孝。果秀钟于国栋,兹妙斡于天枢。宜膺望郡之封,丕衍漏泉之泽。钦予时命,惟乃之休。可。

出处:《楳埜集》卷七。

撰者:徐元杰

考校说明:编年据赵葵宦历补,见《宋史》卷四三《理宗纪》。

赵葵祖母追赠制
(淳祐四年十二月八日后)

敕:维秋季月,诹旦中辛。展采总章,既顺成于天庆;受厘宣室,爰诞锡于臣工。眷于近辅之贤,追报重闱之德,其加异数,以贲幽宫。具官赵葵祖母某氏,孕淑名门,来嫔英彦。婉娩听从而着德,温恭惠淑以谨身。生子生孙,果相先于勋业;惟忠惟孝,信俱谨于朝廷。矧惟副枢管以运筹帷,亦既有爵位以畀祖姒。恩徽未艾,已久正于小君;禋禬诞扬,宜晋加于大国。尚其不昧,庶或时歆。可。

出处:《楳埜集》卷七。

撰者:徐元杰

考校说明:编年据赵葵宦历补,见《宋史》卷四三《理宗纪》。

赵葵妻追赠制
(暂系于淳祐四年十二月八日后)

敕:宗祀明堂,昭格天临之鉴;予有大赍,并疏漏泉之恩。爰示眷于近臣,悉追荣于内助。具官赵葵妻某氏,柔嘉维则,淑谨其身。宾敬从容,闵勤劳而劝义;闺仪雝肃,致爵位而起家。政期偕老于暮年,奚谓溘先于朝露。兹惟大享,载饰彝章。抚宁郡之旧封,既验鹊巢之效;涣长沙之新渥,载昭象服之宜。尚其荧魂,歆此褒恤。可。

出处:《楳埜集》卷七。

撰者:徐元杰

考校说明:编年据同集同卷《赵葵祖棠追封制》等补。

<h1 style="text-align:center">付郑清之御笔</h1>

(淳祐四年十二月九日后)

卿去国许时,精神气宇胜前,奏对详明,良用忻怿,政赖启沃,以助缉熙。

出处:《后村先生大全集》卷一七〇《郑公行状》。

考校说明:编年据郑清之官历补,见《宋史》卷四三《理宗纪》。

<h1 style="text-align:center">朝请大夫直秘阁江湖荆浙福建广南路都大提点
坑冶铸钱公事兼知饶州吴应龙除宝谟阁广西运
判兼提举制</h1>

(淳祐四年)

广右分百粤之半,漕计莫重焉。岭海之民倚盐筴为命,急之辄去而为盗,纵之则失公上之利。并持双节,俾轻重适平,公私俱便,使者之选,岂不难哉!以尔政术吏能,居官可纪。鄱阳叠组,曾未暖席,将输南服,又俾乘轺。一杜杞奔命之劳,以才选也。晋升内阁,益重外台。往钦哉!养民莫如德,理财莫如义,毋匮斯指,益图尔庸。

出处:《栟溪居士集》卷五。

考校说明:编年据乾隆《广德直隶州志》卷三三补。刘才邵卒于绍兴二十八年,此文当为《栟溪居士集》误收。

朝奉大夫尚书考功郎中兼宗学博士胡泓除吏部郎中朝请大夫屯田郎中丘迪嘉除兵部郎中通直郎行都官员外郎陈昉除刑部员外郎承议郎权发遣处州叶秀发除屯田员外郎制

（淳祐四年后）

太微后一十五星尉然，曰郎位，尚书郎重矣。虽事有繁简，而位望等也。尔泓以宿学该深，縻司绩升右铨；尔迪嘉以长才练达，縻司田晋戎部；尔昉以雅望靖共，縻司隶陟士师；尔秀发以通儒理效，縻郡最入农部。惟兹四人，一朝而并命之，诸曹之事举矣。往钦哉！思称朕选擢之意。

出处：《永乐大典》卷一三四九八。

撰者：郑起潜

考校说明：编年据叶秀发宦历补，见成化《处州府志》卷二。

71

理宗度宗恭帝朝卷十二　淳祐五年(1245)

见谪籍人放令自便诏
(淳祐五年正月一日)

国家以仁立国,其待士大夫尤过于厚,台谏乃因得言而释私憾,撼细微而遗巨奸,迁谪降黜,或出非辜。其令三省将见在谪籍人斟酌放令自便,追夺停罢亦与酌情牵复,其贪酷害民、公议弗容者,不拘此旨。

出处:《宋史全文续资治通鉴》卷三四。

绥抚中原遗民诏
(淳祐五年正月一日)

边将兴师,河南之境锋镝所接,宁免疮痍? 中原遗民皆祖宗赤子,朕甚痛之! 自今边臣各谨守封疆,毋先事首戎,益务绥怀,大布恩信,以副朕爱养南北之意。

出处:《宋史全文续资治通鉴》卷三三。

诏中外臣庶指陈阙失御笔
(淳祐五年正月十四日)

方春半月,雷发非时,朕心祗惧,当避殿减膳,仍诏中外臣庶指陈阙失。

出处:《宋史全文续资治通鉴》卷三三。

李性传授端明殿学士签书枢密院事兼参知政事制
（淳祐五年正月十九日）

敕：尚书代喉舌，凤简在于帝心；执政犹股肱，爰诹跻于宥府。兼贰台衡之秩，并隆书殿之名。涣号甫颁，师言允穆。具官李性传靖共而正直，博厚而疏通。世术斯文，祖父兄之并美；家传良史，才学识之三长。为今儒雅之宗，有古典刑之懿。畚膺简注，遍陟高华，从容乎记注之司，温润乎缉熙之益。澄不清而挠不浊，用则行而舍则藏。尝自诡于一麾，已孚惠于千里。还甘泉之故步，陟司马之穿班。缅怀去国之余，每甚见贤之渴。兹默调于政瑟，喜来盍于朋簪。惟时科琐之事殷，载念枢机之寄重。夙夜基命宥密，咨尔相维；朝夕执事温恭，期予于治。俾进陪于政路，仍申锡于圭腴。噫！折千里遐冲，当使寒边人之心胆；建万世长策，尤资大王室之勋劳。式克钦承，往求攸济。可。

出处：《楳埜集》卷六。又见《永乐大典》卷一三五〇七。
撰者：徐元杰
考校说明：编年据《宋史》卷四三《理宗纪》补。

李性传曾祖追赠制
（淳祐五年正月十九日后）

敕：世传曾榘，庆优积善之家；诏秉洪枢，宠锡进荣之典。兹惟异数，其焕幽宫。具官李性传曾祖具官某，望重乡评，才遗时用。隆功不伐而后必大，潜德弗耀而代益昌。属今三世之余，寄我五兵之本。上以彰既往，爰疏宫保之封；下以垂无穷，尚格荧魂之鉴。可。

出处：《楳埜集》卷七。
撰者：徐元杰
考校说明：编年据李性传官历补，见《宋史》卷二一四《宰辅表》。

李性传曾祖母追赠永嘉郡夫人制
(淳祐五年正月十九日后)

敕:曾孙有庆,方晋陟于本兵;先烈用章,并追荣于内助。明纶是锡,幽爻其光。具官李性传曾祖母某氏,蚤奉姆仪,能执妇道。相而君子,言无越于诗书;宜其家人,动不逾于矩范。功垂三世,学擅一家。孙生子以济时,臣得君而基命。爰即东嘉之壤,以疏上郡之封。惟其时歆,嗣有褒恤。可。

出处:《楳埜集》卷七。
撰者:徐元杰
考校说明:编年据李性传宦历补,见《宋史》卷二一四《宰辅表》。

李性传祖追赠制
(淳祐五年正月十九日后)

敕:简用枢臣,嘉孙谋之燕翼;追荣世美,昭祖考之训彝。爰锡明纶,以光幽壤。具官李性传祖某,居怀忠信,蔚有典刑。士不论其官而论其人,泝家传而可想;位弗显于身而显于后,宜政任之是图。于兹再世之发挥,增尔前闻之彪炳。庸侈邦仪之旧,肆升宫傅之华。尚其时歆,服兹褒恤。可。

出处:《楳埜集》卷七。
撰者:徐元杰
考校说明:编年据李性传宦历补,见《宋史》卷二一四《宰辅表》。

李性传祖母追赠制
(淳祐五年正月十九日后)

敕:登贤宥府,爰疏宠于前闻;有命昕庭,并追荣于内助。诞扬忱施,式表流光。具官李性传祖母某氏,端淑闺仪,肃雝妇道。敬夫以宾礼,宜室宜家;教子以义方,惟忠惟孝。果秀钟于国栋,兹妙斡于天枢。宜膺望郡之封,丕衍漏泉之泽。歆于时命,惟乃之休。可。

出处:《楳埜集》卷七。

撰者:徐元杰

考校说明:编年据李性传官历补,见《宋史》卷二一四《宰辅表》。

李性传父追赠制
(淳祐五年正月十九日后)

敕:枢臣简任,并追三世之荣;纶宠诞颁,丕显一经之教。时惟旧典,光逮幽宫。具官李性传父某,夙蕴儒珍,蔚为世瑞。考学殖政经之懿,验民庸朝绩之间。权尊信史之家传,功在南邦之庙食。春秋可信,日月何伤!朕不惟其官而惟其人,幸亦有是父而有是子,肆登密宥,宜大显扬。爰升宫傅之尊,以侈邦休之盛。歆予时命,裕乃后人。可。

出处:《楳埜集》卷七。

撰者:徐元杰

考校说明:编年据李性传官历补,见《宋史》卷二一四《宰辅表》。

李性传母追赠制
(淳祐五年正月十九日后)

敕:晋用枢臣,丕显前修之善;焕颁纶命,并追内助之封。其表流光,以彰忧施。具官李性传母某氏,柔嘉维则,淑谨其身。时作合于名门,天佑生于英嗣。敬隆宾礼,有陶亲剪髻之风;教尚义方,得孟母断机之旨。虽荣养莫酬于三釜,然显扬增贲于九泉。兹升宥府之华,宜锡大邦之赠。尚其不昧,庶或时歆。可。

出处:《楳埜集》卷七。

撰者:徐元杰

考校说明:编年据李性传官历补,见《宋史》卷二一四《宰辅表》。

李性传妻追赠制
(淳祐五年正月十九日后)

敕:简用枢臣,溥锡褒崇之典;载嘉阃范,俾酬伉俪之思。鱼轩莫贲于生前,

75

象服载加于身后。具官李性传妻某氏,毓慈华阀,作合名家。冰玉闺仪,动弗渝于宾敬;蘋蘩妇职,曾不逮于夫荣。死生契阔之难忘,光贲幽冥而如在。既久正小君之号,兹宜加大郡之封。尚其时歆,服此休宠。可。

出处:《楳埜集》卷七。

撰者:徐元杰

考校说明:编年据李性传官历补,见《宋史》卷二一四《宰辅表》。

<h1 style="text-align:center">李性传妻追赠制</h1>
(淳祐五年正月十九日后)

敕:擢登枢辅,载嘉内助之贤;申锡纶恩,俱懋追远之德。后先如一,优渥惟均。具官李性传妻某氏,孕淑名家,来嫔哲彦。鸾胶既续,谓偕老于暮年;象服是宜,又溘先于朝露。属求尔俪,进秉密机,爰加大郡之封,增重小君之号。尚其不昧,庶可时歆。可。

出处:《楳埜集》卷七。

撰者:徐元杰

考校说明:编年据李性传官历补,见《宋史》卷二一四《宰辅表》。

<h1 style="text-align:center">与欢授资政殿大学士兼侍读制</h1>
(淳祐五年正月二十五日)

敕:广厦谈经,常预昕朝之会;真庭均伏,晋穸月殿之名。巽命载申,师言允穆。具官赵与欢才全而德钜,色豫而气和。蔚为儒科之英,蚤结主知之茂。峻华涂之步武,肃禁路之羽仪。朕心朕德惟乃知,嘉谋嘉猷则入告。维城自近京兆,尹之政清;衣锦暂还曲阜,宅之化洽。色斯举矣,卷而怀之。矧今政瑟之当调,尤重讲筵之胥诲。人惟求旧,德与俱新。清修宴神馆之游,别职重名臣之宠。《春秋》一统之大义,叹美形容;君臣千载之赓歌,都俞吁咈。味卿言而说绎,系世道之转旋。噫!优秩所以尊贤,既特异深严之选;养望所以储用,何莫非献纳之时?可。

出处:《楳埜集》卷六。

撰者：徐元杰

考校说明：编年据《宋史全文续资治通鉴》卷三四补。

黄炳授秘书省校书郎制
（淳祐五年正月）

敕：唐人阅玄龄于雠书之日，盖已知其为国器矣，则是选轻畀，得乎？尔炳蚤擅文场，蔚有时望，顷缘宣对，剀切当心，足以觇韬养之素。铅黄点勘，既悉尔长，典教兹升，华哉册府。往钦厥职，祗服宠荣。可。

出处：《楳埜集》卷七。

撰者：徐元杰

考校说明：编年据《南宋馆阁续录》卷八补。

禁科籴诏
（淳祐五年二月三日）

昨罢科籴，但令依时收买，毋得抑勒，用革吏奸，使民乐输。此后仰常切遵守，永毋科籴，违者以违制论。

出处：《宋史全文续资治通鉴》卷三四。

江万里授驾部郎官制
（淳祐四年十一月至淳祐五年三月间）

敕：圣人告颜渊以四代礼乐，而取商辂焉。矧官以司舆名，不明王制不可也。尔万里文艺着于发身，孝友施于有政，人不知而不愠，朕知之。今季秋将有事于明堂，起家为郎，姑循平进，尚参车制，有輗軏以喻其信。往复厥职，嗣有宠褒。可。

出处：《楳埜集》卷六。

撰者：徐元杰

考校说明：编年据徐元杰任两制时间、江万里宦历补，见《宋史全文续资治通鉴》

卷三四。

戒吏贪虐预借抑配诏
(淳祐五年三月五日)

时方多事,念未能蠲租减赋,而吏之不良,乃肆贪虐,或有前期预借,或抑配重催,或斛面取赢,或厚价抑纳,朘毒吾民,朕深悯焉! 可令监司常切觉察,务苏疾苦而销愁叹。倘隐而不问,公论所指,必罚无赦。

出处:《宋史全文续资治通鉴》卷三四。

陈畏集英殿修撰叶武子秘阁修撰诏
(淳祐五年三月二十六日)

陈畏、叶武子年高德粹,静退可嘉,其以畏为集英殿修撰,武子秘阁修撰。

出处:《宋史全文续资治通鉴》卷三四。

王佀王爃授太府寺丞制
(淳祐五年正月至四月间)

敕具官王佀等:天下钱谷,一岁所入几何,不必问之近臣,而问之外府受藏之所。然非谨简乃僚,则不足以通融出纳,经费有时而匮矣。尔佀名门之秀,见谓疏通,治郡有声实焉。尔爃儒科之英,克自植立,班朝有气节焉。各摅所长,参华司府。往钦乃职,谅不负丞。可。

出处:《楳埜集》卷七。
撰者:徐元杰
考校说明:编年据王爃宦历补,见《宋史》卷四一八《王爃传》、《南宋馆阁续录》卷七。

赠恤王云等诏
（淳祐五年四月二十四日）

王云赠三秩，仍官其二子为承信郎，王宽、王立、田秀、董亮、董玉各加赠恤，于江等各转一官资。

出处：《宋史》卷四三《理宗纪》。

刘应起授秘书省著作郎兼侍左郎官制
（淳祐五年四月）

敕：承明金马著作之庭，非峭直有才者不居；况南宫眉目，选士司命，亦惟执直笔者兼之。尔应起志节姱修，精忠高抗。静退自乐，殚见洽闻，雅有流品清浊之鉴；珥笔史馆，列属铨曹，国人皆曰贤。往哉汝谐，嗣有襃渥。可。

出处：《楳埜集》卷六。
撰者：徐元杰
考校说明：编年据《南宋馆阁续录》卷八补。

王爚授秘书丞叶梦鼎授秘书郎制
（淳祐五年四月）

敕具官王爚等：中秘丞郎，职近日月，峻武三台之上，养清望也。尔爚镜湖佳气，贤业蔼闻；尔梦鼎璧海魁英，粹韵绝俗。时维二士，志节姱修，超擢序迁，两协金溪。往钦厥职，嗣有宠襃。可。

出处：《楳埜集》卷七。
撰者：徐元杰
考校说明：编年据《南宋馆阁续录》卷七、卷八补。

造战船置游击军壮士分备捍御诏
（淳祐五年五月十四日）

沿江、湖南、江西、湖广、两浙制帅漕司及许浦水军司，共造轻捷战船千艘，置游击军壮士三万人，分备捍御。

出处：《宋史》卷四三《理宗纪》。

王万特赠集安殿修撰诏
（淳祐五年五月十四日）

太常少卿王万立朝謇谔，古之遗直，为郡廉平，古之遗清。家贫母老，朕甚念之！特赠集安殿修撰，仍拨赐官田五百亩、封桩库十八界楮币五千贯，以赡其家。

出处：《宋史全文续资治通鉴》卷三四。又见《宋史》卷四一六《王万传》。

刘应起授监察御史制
（淳祐五年五月）

敕：台谏寄朕耳目，自昔居是选者语及乘舆，则天子改容，事关廊庙，则宰相待罪，必若是而后无愧于风宪之任。今兹作新大化，远佞登贤，将以开世道之泰，而犹凛凛乎君子小人消长之际。《泰》之六四曰："翩翩不富以其邻，不戒以孚。"诚察乎此，则当为微渐虑，而所以重风宪之权宜如何！尔应起端劲之节出于天资，忠言嘉谋，简在朕心久矣。由今视昔，凡所谓佞幸畏宰相，宰相畏台谏，此诚泰交之机。《语》不云乎，君子言之必可行也。通国识与不识，皆以风宪为尔望。今尔益厉志节，明乎藜藿不采之喻，以尊严乎本朝，勉副朕亲擢之意毋忽。可。

出处：《楳埜集》卷六。
撰者：徐元杰
考校说明：编年据《南宋馆阁续录》卷八补。

陈韡授礼部尚书制
（淳祐五年六月前）

敕：朕改纪政弦，登延从橐。狝颁诏旨，渴思辰告之猷；载锡恩徽，爰陟春卿之长。得人甚幸，咨众具孚。具官陈韡出处无心，经纶满腹。平居暇日，夙韬藏器能政理之长；至公血诚，有指授将率方略之旧。惟是进艰而退易，足知内重而外轻。方图济于时艰，亟予环于禁近。以儒者知兵之故，晋夏官司马之联。兹盱盱而望之，何迟迟其来也。以礼为罗而天地与并，命汝秩宗而夙夜惟寅。班朝治军，非此不严；安上治民，惟此莫善。信非贤则不义，实待人而后行。噫！有德进则朝廷尊，当坐使淮南之谋寝；昔者疾而今日愈，其亟膺宣室之席前。可。

出处：《楳埜集》卷六。
撰者：徐元杰
考校说明：编年据徐元杰任两制时间、陈韡官历补，见《后村先生大全集》卷一四六《陈观文神道碑》。

余清夫授直秘阁制
（淳祐四年十一月至淳祐五年六月间）

敕：西昆仑群玉府之职，非其人不轻畀。若亲且贤，有心吏隐，不畀之，得乎？尔清夫亲际休明，荟承恩渥，又擢之于儒术之科，乃眷东嘉，增员涉笔，华以奎阁，职与人俱清矣。平分风月，克迈前修，副朕简知，其无忽！可。

出处：《楳埜集》卷六。
撰者：徐元杰
考校说明：编年据徐元杰任两制时间补。"余清夫"疑为"全清夫"之误，见《清献集》卷一三《缴还内降札子》。

赵希杼授度支郎官刘克逊授工部郎官制
（淳祐四年十一月至淳祐五年六月间）

敕具官赵希杼等：上应列宿，所与共天位、治天职也；不作郡，不为郎，有祖宗之旧典在焉。然非有治理效，朕岂轻畀哉！尔希杼英蜚宗胄，蔚有吏能。今农扈方以匮闻，其为我领司庾之曹。尔克逊名阀奇才，荣涂休闻。时方总名实而课功能，其为我程度材之事。参华列宿，用以畴庸。各钦乃司，共听朕愍。可。

出处：《楳埜集》卷六。
撰者：徐元杰
考校说明：编年据徐元杰任两制时间补。

宗嫩授大宗正丞兼刑部郎官制
（淳祐四年十一月至淳祐五年六月间）

敕：我家本支百世，莫重于掌宗藩，任重置丞，以参领之。郎潜兼摄，增贲司存，其选盖不轻也。尔宗嫩以公族之彦，蔚为文学法理之能，赞襄棘庭，蔼有令闻，简畀作牧，眷眷留行。俾涉笔瑶籍之编，含香秋官之属，静专温敏，咸称厥官。往哉汝谐，嗣有褒渥。可。

出处：《楳埜集》卷六。
撰者：徐元杰
考校说明：编年据徐元杰任两制时间补。

业秀发等授考功屯田郎官制
（淳祐四年十一月至淳祐五年六月间）

敕具官业秀发等：郎官上应列宿，而有吏制兵屯之责焉，非治郡有声者不在兹选。尔秀发老于世故，蔚有吏能，兹庸列属天官，俾司功过。尔与杰卓乎宗贤，蔼然政最，兹庸分曹司马，参究耕屯。惟二臣其各悉乃心，隶乃事，芬苾乎含香握兰之地，咸以职举，则予汝嘉。可。

出处：《楳埜集》卷六。
撰者：徐元杰
考校说明：编年据徐元杰任两制时间补。"业秀发"疑为"叶秀发"之误。南宋有三叶秀发，分别为金华人（庆元二年进士）、仙居人（嘉定十三年进士）、余姚人（淳祐七年进士），见《金华先民传》卷六、《嘉定赤城志》卷三三、《宝庆会稽续志》卷六等。从徐元杰任两制时间来看,此叶秀发为仙居叶秀发的可能性较大。

徐鹿卿授右司制
(淳祐四年十一月至淳祐五年六月间)

　　敕:都司天下之剧曹,非明敏练达之士不轻畀。尔鹿卿抱负伟特,才识疏通,靡节贤劳,羽仪班着,孚于众望久矣。见几而作,养高裕如,朕既曲成尔志,今改弦易听,盍归乎来?宰旅旧瞻,日参庙论,岂特吏刑户版疏条其事而已。尚服厥职,勉赞经纶。钦哉,其无斁!可。

出处:《楳埜集》卷六。
撰者:徐元杰
考校说明:编年据徐元杰任两制时间补。

谢方叔授左司谏制
(淳祐四年十一月至淳祐五年六月间)

　　敕:昔庆历中御笔三谏之除,蔡襄作歌,有"风采动朝端"之言,朕甚嘉之。今政瑟再调,言官妙选,断断亲擢,实以寄朕耳目。下则纠正官邪,上则规正吾阙,盖必有见远识微,开悟警饬,护世道于常泰,其选岂轻乎哉!尔方叔西蜀英特之望,昔在乌府,直声耸中外,谀佞为之夺气。兹还卿列,积诚敷奏,致察乎阴阳消长之机,预为泰道复隍之虑,则卿于君子小人之际,计之熟矣。擢居谏省,俾陈善闭邪,纳诲以辅台德,邦其永保于泰,则予一人以怿。钦哉!可。

出处:《楳埜集》卷六。
撰者:徐元杰
考校说明:编年据徐元杰任两制时间补。

谢方叔授太常少卿制
(淳祐四年十一月至淳祐五年六月间)

　　敕:奉常命典礼乐,近制惟设亚卿。况史氏无专职久矣,官不必备,惟其人。侍从论思,此其选也。尔方叔望重羽仪,忠存骨鲠,急流高涌,静闵典章,遂升秩宗之贰,兼提直笔,见谓得人。往钦乃司,嗣有褒渥。可。

出处:《楳埜集》卷六。

撰者:徐元杰

考校说明:编年据徐元杰任两制时间补。

庄黻授宗正寺丞汝暨授司农寺丞汝绩授太府寺丞制
(淳祐四年十一月至淳祐五年六月间)

敕具官庄黻等:职事官,华要之武也。职丞卿寺者,尤简时望而任之,况于纪麟族,参农扈,与夫赞邦计出纳之司,非其人岂轻畀哉!尔黻为今儒雅,有古典刑。尔汝暨蕴藉材猷,靖共职业。尔汝绩清通出类,英茂轶群。一朝而得三俊焉,尚其涉笔殚劳,以蕃王室而制国用。各钦乃职,谅不负丞。可。

出处:《楳埜集》卷七。

撰者:徐元杰

考校说明:编年据徐元杰任两制时间补。

希衮授南外知宗制
(淳祐四年十一月至淳祐五年六月间)

敕:我家本支繁衍,分处于外,择宗贤以任纠正,所以崇内睦之仁也。尔希衮天派不群,文华甚蔚,更迭内外,蔼有休称。温陵在天一方,聚族而处者众矣。往司训齐,卿克称此。尚服厥职,嗣有褒嘉。钦哉!

出处:《楳埜集》卷七。

撰者:徐元杰

考校说明:编年据徐元杰任两制时间补。

时焕授太常寺簿制
(淳祐四年十一月至淳祐五年六月间)

敕:容台簿领之职,所以稽核礼文之疏阙也,非其人岂轻畀哉!尔时焕英蜚属籍,蔚有时名,亦既繇故府而升帝社,周旋乎俎豆之间矣。懋简声实,晋陟勾稽。往钦乃司,典听朕毖。可。

出处:《楳埜集》卷七。又见《永乐大典》卷一四六〇七。
撰者:徐元杰
考校说明:编年据徐元杰任两制时间补。

韩补授宗正寺簿与弼授司农寺簿制
(淳祐四年十一月至淳祐五年六月间)

敕具官韩补等:国朝序宗派,别亲疏,凡修纂图籍,其别有五,所掌必惟其人。农扈重事也,仓厨委积之政令,所以会计出纳,其责尤不轻。尔补巍第清修,淑问芬邑,亦既主书九谷矣。亟进之,以核谱牒焉。尔与弼乐善不羣,居官可纪,亦既贰左冯之最矣。兹陟班列而旌尔能。各往钩稽,尚悉乃力。勉称朕意,嗣有宠荣。可。

出处:《楳埜集》卷七。又见《永乐大典》卷一四六〇七。
撰者:徐元杰
考校说明:编年据徐元杰任两制时间补。

范镕授集英殿修撰制
(淳祐四年十一月至淳祐五年六月间)

敕:国朝殿阁九等之制,莫穹乎集英论撰之名,所以尊德奖恬,实于是乎在。而况齿之宿,意之新,方勇于挂冠神武,不以是畀之,得乎?尔镕儒学发身,坚苦刻厉,昆弟自为师友,故所至有惠政嘉绩。表着山立,蔚乎羽仪。雅志清高,方燕琳馆,忽引疾以谢事。览章殊不怿,升班书殿,勉循恳祈。可。

出处:《楳埜集》卷七。
撰者:徐元杰
考校说明:编年据徐元杰任两制时间补。此制当晚于同集同卷《范镕授秘阁修撰依旧宫观制》。

范镕授秘阁修撰依旧宫观制
(淳祐四年十一月至淳祐五年六月间)

敕:殊庭均佚,所以砺廉隅;内阁美名,所以宠耆硕。尔镕以粹学清修之彦,着出长入治之声。甫兹华武之浸穹,顾以丛祠而自逭。朕方崇难进之节,卿宜膺宠劝之恩。爰升中秘论撰之华,以遂雅志高闲之趣。可。

出处:《楳埜集》卷七。

撰者:徐元杰

考校说明:编年据徐元杰任两制时间补。

陈振孙授国子司业制
(淳祐四年十一月至淳祐五年六月间)

敕:辟雍海流,道德之富,师儒左右,责任惟均。盖必极天下之选,斯可副天下之望。尔振孙研精经术,有古典刑。敿历滋深,靖退自若。予环郎省,位未称德,朕心慨焉。陟乐正以贰司成,佥论兹允。尚祗厥职,罔俾阳城、韩愈专美有唐。维时钦哉,以称朕意。可。

出处:《楳埜集》卷七。

撰者:徐元杰

考校说明:编年据徐元杰任两制时间补。

叶梦得授宗学博士制
(淳祐四年十一月至淳祐五年六月间)

敕:公族,国之枝干也,教训之官不备,则不足以玉其人。尔梦得宿学典刑,见称儒雅。贤劳州县,简拔登朝,亦既勾稽奉常礼文之阙矣。由是而衣博士衣,其为我启迪宗藩,纳之信厚,如麟趾之时焉。往钦厥官,对扬光宠。可。

出处:《楳埜集》卷七。

撰者:徐元杰

考校说明:编年据徐元杰任两制时间补。

徐士龙授国子博士王璞授太学博士制
(淳祐四年十一月至淳祐五年六月间)

敕具官徐士龙等:唐韩愈以六经之文倡,其为博士也,招诸生诲之曰:"业精于勤,行成于思,"必以荒嬉毁随为戒。当时学者仰之如泰山北斗,宜矣。尔士龙夙有文名,今置经幄,其为我明教胄之典。尔璞才宜躐用,制有攸拘,其为澄养士之原。庶几蒸蒸髦士,业精行成,冈俾韩愈专美于有唐。往钦乃司,典听朕毖。可。

出处:《楳埜集》卷七。
撰者:徐元杰
考校说明:编年据徐元杰任两制时间补。

希朴授江淮等路都大提点制
(淳祐四年十一月至淳祐五年六月间)

敕:朕阐坤珍以致天下之利,资能臣以持九路之节,其责任亦甚重矣。尔希朴最溢扶风,擢升列宿。邦计登耗,惟其周知。亦既司金,就烦问铸,俾山泽之政以举,货泉于是乎通融。往钦乃司,嗣有褒宠。可。

出处:《楳埜集》卷七。
撰者:徐元杰
考校说明:编年据徐元杰任两制时间补。

王克谦授知安吉州制
(淳祐四年十一月至淳祐五年六月间)

敕:苕霅古名郡,今之右扶风也。选用良吏,岂轻乎哉!尔克谦亲际明时,荣膺殊渥,扬历中外,朝望浸穹。简用于均佚之余,辍征舶而试关辅。河润九里,福及京师。廉恕公勤,往宣德意,其毋忽。可。

出处:《楳埜集》卷七。

撰者:徐元杰

考校说明:编年据徐元杰任两制时间补。

赵必愿授焕章阁学士知福州福建路安抚制
(淳祐四年十一月至淳祐五年六月间)

敕:统闽区而授钺,允资八座之贤;峻妙阁以锡名,增重十连之寄。起家有命,咨众无哗。具官赵必愿宗国腾英,相门济美。多识于前言往行,所至有惠政休声。台阁典章之司,皆其练习;庙朝讦谟之地,赖以弥纶。遍历乎法从论思之班,周知乎户版生齿之数。不以簿书期会为末务,惟以邦国周度为素储。尝尽瘁以忘疲,不见是而无闷。维时图任,颁命承流,三山牙纛之俱高,八郡纲维之兼总。必务保障而黔黎乐业,必流清净而沧海无波。噫!德足以称隆名,其益焕图书之秘;政有以慰遐峤,当如在畿甸之间。惟尔之能,钦哉毋忽。可。

出处:《楳埜集》卷七。又见《永乐大典》卷一三五〇六。

撰者:徐元杰

考校说明:编年据徐元杰任两制时间补。

黄自然授直秘阁广西运判制
(淳祐四年十一月至淳祐五年六月间)

敕:桂海距天辽邈,一道部使者之寄,甚重匪轻。简拔循良之望,陟隆名以宠其行,盖知遣使臣以礼乐,言远有光华者如此。尔自然器姿宏拓,志节姱修。治郡既以殊最闻,征舶提纲,非所以处卿者。易节而南,晋之奎职,非但欲卿广漕运而已,凡吏治之能否,士风之美恶,民生之休戚,皆惟观采风谣而施政与教焉。绩用兹成,不次图任。钦哉,其无斁!可。

出处:《楳埜集》卷七。又见《永乐大典》卷一三五〇六。

撰者:徐元杰

考校说明:编年据徐元杰任两制时间补。

李仲熊授湖北转运判官制
（淳祐四年十一月至淳祐五年六月间）

敕：荆楚上游，国之头目也，所以宽朕顾忧者，转输之责莫重焉。观《诗》遣使臣以礼乐，言远有光华者以此。尔仲熊西蜀儒艾，见谓典刑。荐历州麾，遍仪郎省。亦既参究乎天理节文，而为民彝计，遽辞以疾，何哉？然明分有兼足之理，尚持此樽节调度。往将使指，足食足兵，祗若予采。钦哉！可。

出处：《楳埜集》卷七。
撰者：徐元杰
考校说明：编年据徐元杰任两制时间补。

赵立夫磨勘转官制
（淳祐四年十一月至淳祐五年六月间）

敕：祠庭均佚，已穷次对之班；邦典陟明，式应序迁之秩。诞扬涣号，允穆师言。具官赵立夫博厚疏通，靖共正直。为善最乐，粹然公族之贤；大雅不群，卓尔时髦之誉。久践扬于中外，深简记于材猷。京兆政清，何止十万户之福；急流勇退，又推二千石之良。双溪八咏之赋归，高卧久闲而自适。三载尚仍于考绩，一阶何靳于疏恩。噫！积日课功，勿谓年劳之当得；惟人图任，尚坚晚节以需荣。可。

出处：《楳埜集》卷七。
撰者：徐元杰
考校说明：编年据徐元杰任两制时间补。

王伯大磨勘转官制
（淳祐四年十一月至淳祐五年六月间）

敕：贰天官而帅属，方借重于经筵；参岁考以陟明，兹式循于邦典。诞扬涣号，允穆师言。具官王伯大抱负经纶，光明出处。予怀求旧，正法从之真除；饬弊更新，喜铨衡之平允。密切鸡翘之眷倚，从容旒扆之缉熙。以朝夕论思之常，参稽政理;庶日月将就之益,兴起治功。姑緣积累当进之阶,讵废勘磨有常之典?加赍师儒之妙选,并仍爵邑之故封。噫!增秩所以先贤,朕既懋褒崇之渥;重禄所以劝士,尔其殚启沃之忠。可。

出处:《楳埜集》卷七。
撰者:徐元杰
考校说明:编年据徐元杰任两制时间补。

李性传磨勘转官制
(淳祐四年十一月至淳祐五年六月间)

敕:法从弥穹,懋眷养高之节;恩徽载锡,并疏增秩之荣。虽循考第之彝,实重班行之望。具官李性传器资宏裕,风范端凝。家传古良史之称,世济前闻人之美。自膺妙简,遍蹑清班。虎观蟠坳,凤藉记注讲明之力;鸡翘豹尾,密殚论思献纳之忠。矧去国者数期,将待卿以殊用。肆陟春官之长,兼升夕琐之华。师儒之道由是而尊,笔削之公传之而信。总铨衡而率属,激流品以扬清。兹由积累当进之阶,不废磨勘有常之典。一条冰莹,既丕竦于观瞻;三接昼勤,尚益烦于启沃。可。

出处:《楳埜集》卷七。
撰者:徐元杰
考校说明:编年据徐元杰任两制时间补。

贾似道收换湖会转官制
(淳祐四年十一月至淳祐五年六月间)

敕:通变尽利以神,允藉济时之略;有功见知则悦,并旌率属之能。爰陟华阶,以彰殊效。具官贾似道器资拔俗,机警过人。以科第而发家学之传,以才具而胜事任之重。如晋杜预之制课调,捄边有利国者存;如唐刘晏之佐军兴,理财在养民而已。外以给于馈饷,内以固于本根。散而制群物之低昂,敛则操赢货而贸易。况楮币至此穷矣,而湖广岂曰易然?尝嗟收换,非一手之功;兹乃督促,尽当时之选。独提纲而妙运,果结局以上闻。顾乃舍己而推逊僚佐之长,直欲感人而激劝后来之用。宜先尔长,各表其勋。噫!增秩畴庸,曾靡靳褒崇之渥;既禀称事,尚益殚经理之勤。可。

出处:《楳埜集》卷七。

撰者:徐元杰

考校说明:编年据徐元杰任两制时间补。

张贵洪袁应老恩赏转官制
(淳祐四年十一月至淳祐五年六月间)

敕具官张贵洪等:自古奏康沂之功者,必推州司马是赖。矧边徼多虞,而能以备御策勋,朕何靳焉。尔贵洪吏能蔼着,应办良劳;尔应老夙有智谋,密赞商确,皆能尽瘁于攘却之际,岂特贤于佐郡而已哉!锡之一阶,以旌显效。尚叶乃力,嗣有宠褒。可。

出处:《楳埜集》卷七。

撰者:徐元杰

考校说明:编年据徐元杰任两制时间补。

希垔磨勘转官制
(淳祐四年十一月至淳祐五年六月间)

敕:侍从论思,凤简宗贤之望;年劳迁转,允为邦典之常。爰进一阶,以华叠组。具官赵希垔公忠对越,知虑精详。举能其官,随事无不称之职;见几而作,维昔有难进之风。籍甚民庸,伟然朝绩。肆承旨导扬之际,若横经劝讲之时。每论奏则言人所难,斯谋猷曰惟我之德。独立不惧,众誉翕归。兹会课之有彝,岂陟明之可后?庸加美秩,以增禁路之光;益展宏谟,其副虚怀之眷。可。

出处:《楳埜集》卷七。

撰者:徐元杰

考校说明:编年据徐元杰任两制时间补。

李大同磨勘转官制
(淳祐四年十一月至淳祐五年六月间)

敕：礼隆均秩，久怀法从之清闲；制重陟明，式应年劳之循转。兹惟常数，允穆师言。具官李大同钟秀东阳，擢魁南庑，亲际休明之代，蹴登华要之班。铨部劳贤，执法惟允；文昌去国，养高甚恬。兹繇积累当进之阶，不废磨勘有常之典。时惟增秩，既诞告于昕庭；尔尚祝厘，其益坚于晚节。可。

出处：《楳埜集》卷七。
撰者：徐元杰
考校说明：编年据徐元杰任两制时间补。

希微授太社令制
(淳祐四年十一月至淳祐五年六月间)

敕：祀者国之重事，二令周旋乎俎豆之间，所以养朝望而阶时用者也。尔希微宗英粹质，家学贤称，婉画天畿，乐于为善。擢升帝社，俾习闻礼乐之事，将以蕃我王室。尚敬厥职，祗服宠荣。可。

出处：《楳埜集》卷七。
撰者：徐元杰
考校说明：编年据徐元杰任两制时间补。

留张遇授太社令制
(淳祐四年十一月至淳祐五年六月间)

敕：祀者国之重事，二令所以周旋乎俎豆之间，非习知礼文者不轻畀。尔张遇奋由科级，早有时名，亦既储望故邸矣。肆旌尔劳，擢司帝社。钦哉厥职，尚副简知。可。

出处：《楳埜集》卷七。
撰者：徐元杰

考校说明:编年据徐元杰任两制时间补。

李大同大礼追赠父制
(淳祐四年十一月至淳祐五年六月间)

敕:五室九筵,既肇称于禋礼;群工百辟,宜溥劝于孝思。爰以子荣,追其父显。具官李大同父乡评雅望,儒学前修。盖教义方,凤厚一家之培植;晚收魁第,蹑登八座之焜煌。肆予大享于先王,俾尔均介于景福。焄蒿如在,宜诞陟于华阶;幽壤有知,尚益歆于时命。可。

出处:《楳埜集》卷七。
撰者:徐元杰
考校说明:编年据徐元杰任两制时间补。

赵与欢曾祖伯宗追赠制
(淳祐四年十一月至淳祐五年六月间)

敕:曾矩昭垂,寝衍后来之庆;崇恩诞播,载彰先烈之休。爰锡明纶,以光幽壤。具官赵与欢曾祖伯宗,宗英济美,家学传芳。籍甚才华,随所践扬而着绩;涣然世味,不以仕进而为心。享眉寿于八袠之余,畀云仍以方寸之地。及今三世而益大,间陪两社以升华。沿流而遡其源,载阐前闻之积累;报本而反乎始,爰加峻秩之褒扬。灵其有知,尚兹不昧。可。

出处:《楳埜集》卷七。
撰者:徐元杰
考校说明:编年据徐元杰任两制时间补。

赵与欢曾祖母王氏追赠制
(淳祐四年十一月至淳祐五年六月间)

敕:夫人积行,庆爰衍于曾孙;邦典追封,天匪私于华阀。有嘉阴德,其赍幽宫。具官赵与欢曾祖母王氏,孕淑名门,来嫔英胄。性姿恭穆,通大义于诗礼之间;阃范肃雝,无间言于上下之际。家训发荣于三世,恩徽视数于贰公。昔涣号于小君,验鹊巢之所致;今晋加于大国,侈象服之是宜。祚尔后人,歆予时命。可。

出处:《楳埜集》卷七。
撰者:徐元杰
考校说明:编年据徐元杰任两制时间补。

赵与欢祖师至追赠少傅制
(淳祐四年十一月至淳祐五年六月间)

敕:美济前闻,首儒科而作古;庆流后裔,视政路以昭先。爰锡明纶,以华幽夐。具官赵与欢祖师至,性天澹泊,心地坦夷,在下位而不忧,藏大巧于若拙。一生均佚,力孝道于终身;寸地留耕,付荣途于再世。兹视宰庭之秩,宜彰祖德之光。命下九天,尚荧魂之如在;位中三少,庶泉壤之时歆。可。

出处:《楳埜集》卷七。
撰者:徐元杰
考校说明:编年据徐元杰任两制时间补。

赵与欢祖母林氏追赠制
(淳祐四年十一月至淳祐五年六月间)

敕:念尔祖德,居多内助之勤;贻厥孙谋,浸大前闻之美。兹视仪于宥地,宜沾泽于漏泉。具官赵与欢祖母林氏,毓粹名门,作嫔英胄。蘋蘩妇职,殚劳孝道之躬;玉雪闺仪,刻苦义方之教。庆遂绵于再世,秩爰企于贰公。爵视其夫,既久正小君之位;功光于昔,宜进加大国之封。尚其时歆,服此褒恤。可。

出处:《楳埜集》卷七。
撰者:徐元杰
考校说明:编年据徐元杰任两制时间补。

赵与欢父希言追赠制
(淳祐四年十一月至淳祐五年六月间)

敕：垂意讲师，俾视政途之秩；追荣先美，载加恩数之彝。爰锡明纶，以华幽壤。具官赵与欢父具官希言，忠在社稷，德尊朝廷。扬历乎木天胄监之清，讦谟乎槐位枢庭之邃。休誉芳圈，雅志高闲。有子克家，孝友一门之世济；惟意承考，典刑当代之家传。进之广厦而间两社之升，表其亲庭而过三公之宠。载颁愍册，申锡胙封。松栢有知，其对扬于休命；焄蒿如在，益垂裕于后昆。可。

出处：《楳埜集》卷七。
撰者：徐元杰
考校说明：编年据徐元杰任两制时间补。

赵与欢母陈氏赠制
(淳祐四年十一月至淳祐五年六月间)

敕：尊儒劝诵，视仪两社之臣；追爵显亲，推本三迁之训。爰疏异宠，以贲幽宫。具官赵与欢故母陈氏，冰玉闺仪，准绳妇德。闵其君子，犹勉以正；教之义方，弗纳于邪。生当忠孝之门，殁称显扬之义。嘉尔有子，为国近臣。日相与以谈经，时靡忘于加赠。易畀益都之号，未涯丰报之荣。尚其荧魂，歆此华渥。可。

出处：《楳埜集》卷七。
撰者：徐元杰
考校说明：编年据徐元杰任两制时间补。

赵与欢妻追赠制
(淳祐四年十一月至淳祐五年六月间)

敕：隆师经幄，爰简用于近臣；视秩政涂，并追荣于内助。其疏显渥，以贲幽阡。具官赵与欢妻某氏，淑谨有仪，柔嘉维则。相而夫子，所仰望以终身；宜其家人，乃不与之偕老。兹载加于三命，怅莫作于九原。锡爵从夫，易饶阳之故号；升华命服，疏魏郡之新封。惟尔有灵，歆兹异宠。可。

出处:《楳埜集》卷七。

撰者:徐元杰

考校说明:编年据徐元杰任两制时间补。

陈韡父孔硕已赠宣奉大夫可特赠光禄大夫制
(淳祐四年十一月至淳祐五年六月间)

敕:涓吉中辛,蔵仪宗祀。神祇祖考,已孚来格之忱;内外臣工,溥洽顺成之庆。乃眷从臣之均佚,载嘉名父以追封。爰播明纶,以光幽壤。具官陈韡父孔硕,禀资复绝,志节姱修。师友渊源,所从来者远矣;典刑气象,今罕得而见之。于中存至正大公,所至有惠政嘉绩。宜生贤于盛代,屹为国之重臣。忠孝一门,辉华再世。肆受厘于宣室,宜加畀于幽宫。晋升二品之联,益大一人之庆。尚其不昧,庶或时歆。可。

出处:《楳埜集》卷七。

撰者:徐元杰

考校说明:编年据徐元杰任两制时间补。

陈韡母淑人田氏可特赠永嘉郡夫人制
(淳祐四年十一月至淳祐五年六月间)

敕:维秋季月,涓日中辛。五室九筵,丕阐明堂之祀;百僚庶尹,悉均惠泽之沾。旌尔前闻,光于内祀。具官陈韡母田氏,孕慈华阀,配德英儒。宾敬弗渝,宜暮年之偕老;义方既效,遽朝露之溘先。死生契阔之难忘,凄怆追思之如在。母贵以子,爵视其夫。乃眷东嘉,为今上郡,兹厚追封之典,永孚报德之休。尚其时歆,服此华宠。可。

出处:《楳埜集》卷七。

撰者:徐元杰

考校说明:编年据徐元杰任两制时间补。

陈韡继母淑人郑氏可特赠永阳郡夫人制
（淳祐四年十一月至淳祐五年六月间）

敕：合宫藏祀，慰神祇祖考之思；宣室受厘，旌内外臣工之孝。母后先而如一，福锡敛以惟均。具官陈韡继母郑氏，孕淑名门，来嫔哲彦。闵劳而劝以义，不替珍鲑之供；相敬之礼如宾，何嫌胶鸾之续。眷时英嗣，为国从臣，恩沾均佚之余，礼重追封之典。瞻彼南谯之奥壤，实今东楚之上游。兹诞陟于褒崇，示溥延于优渥。尚其不昧，庶几时歆。可。

出处：《乾坤正气集》本改。
撰者：徐元杰
考校说明：编年据徐元杰任两制时间补。

黎安朝授两浙转运判官制
（淳祐五年正月至六月间）

敕：朕惟畿甸将指，每叹才难；两道运输，责亦重矣。岁当大礼，应办良劳，遴选惟人，于是乎有隆名以华之。尔安朝扬历滋深，清通有立。郎星卿月，浸陟穹班。通漕神皋，密联奎阁。勉服乃职，其副简知。可。

出处：《楳埜集》卷七。
撰者：徐元杰
考校说明：编年据徐元杰任两制时间、《咸淳临安志》卷五〇补。

江万里授尚右郎官兼侍讲制
（淳祐五年三月至六月间）

敕：朕惟广厦之下，细毡之上，岂徒以郎锦进，盖取夫忠纯恳恻、言足以华国者居之。尔万里璧海文英，扬历中外，雅有时誉，光价谁其疵之！然玉以石攻，是以成瑞世之宝。予环星列，备挹嘉谟，擢升天曹，峻陪昕讲。其务启沃，以副右铨。益宏兹贲，嗣有显渥。可。

出处:《楳埜集》卷六。

撰者:徐元杰

考校说明:编年据徐元杰任两制时间、江万里官历补,见《宋史》卷四一八《江万里传》、《宋史全文续资治通鉴》卷三四。此制时间当早于同集同卷《江万里授监察御史制》。

江万里授监察御史制
(淳祐五年三月至六月间)

敕:台谏寄朕耳目,不亲擢则耳目为他人私。今既惩宿弊而新之,祛奸逐邪,惟骨鲠之士是畀,所以寿世道,元气于是乎在。尔万里经明行修,出长入治,峻陟旖厦,密罄忠嘉。恳恳为世道反复元祐、绍圣之劝戒,而必纯一于君子道长之望。其于理乱存亡之机,入朕心深矣。擢置乌府,风采朝端,万万不为惇、确辈开路。继今益励刚特,不避权幸,罔俾唐介专美先朝。邦其纯一于泰,勉副朕亲擢之意。钦哉!可。

出处:《楳埜集》卷六。

撰者:徐元杰

考校说明:编年据徐元杰任两制时间、江万里官历补,见《宋史》卷四一八《江万里传》、《宋史全文续资治通鉴》卷三四。《宋史》卷四一八《江万里传》:"久之,以驾部郎官召,迁尚右兼侍讲。史嵩之罢相,拜监察御史,仍兼侍讲。"《宋史全文续资治通鉴》卷三四:"(淳祐五年三月)己未,驾部郎官江万里对,言端平更新,因及元祐更役法事。"然史嵩之罢相是在淳祐四年九月(见《宋史》卷二一四《宰辅表》),《宋史》卷四一八《江万里传》记事疑有误。

日食避殿减膳御笔
(淳祐五年七月二日)

属兹闵雨之时,乃遇日食之异,天变示儆,惕然靡宁,朕当避殿减膳,以答谴告。凡尔近臣,更宜竭忠,以辅不逮。

出处:《宋史全文续资治通鉴》卷三四。

赐徐元杰刘汉弼家田五百亩新楮五千缗诏
（淳祐五年七月二十三日）

徐元杰鸣阳之凤,刘汉弼触邪之豸,天不憗遗,夺我忠臣。汉弼母老,元杰子弱,一贫皆同,朕甚悯之!可各赐官田五百亩,新楮五千缗,以见怀贤不已之意。

出处:《宋史全文续资治通鉴》卷三四。

申严预借重催取赢抑配之禁诏
（淳祐五年九月四日）

申严预借重催取赢抑配之禁,令监司觉察,毋害吾民。

出处:《宋史全文续资治通鉴》卷三四。

日食令中外讲求实政诏
（淳祐五年十二月五日）

昨据太史奏,来岁元旦日有食之。方岁序之更端,值太阳之交蚀,凛然谴告,震于朕心。尝观祖宗盛时,或有此异,上下之间,益相儆惧。今宜讲求实政,凡可以销弭灾异者,次第行之,毋为具文,以称朕祗畏天戒之意。

出处:《宋史全文续资治通鉴》卷三四。

日食令百司讲行阙政诏
（淳祐五年十二月十七日）

太史奏,来岁正旦,太阳当蚀。天示儆戒,不同他时,朕心惕焉,益思恐惧修省。自今月二十一日避正殿,减常膳,求直言。朝廷百司讲求阙政,宽民力,恤军旅,缓刑狱,问疾苦,辑流民,凡可以销灾变者,毋匿厥指,共图应天之实。元旦百官免称贺。

出处:《宋史全文续资治通鉴》卷三四。

强兵裕财事诏
（淳祐五年十二月十七日）

兵财系乎国命,强兵之事,尔葵主之;裕财之计,尔鞸理之,二相则总大纲而中持其衡,以共济国事。

出处:《宋史全文续资治通鉴》卷三四。

徐谓礼授朝奉郎告词
（淳祐五年十二月二十六日）

敕承议郎、特改差两淮浙西发运副使司主管文字徐谓礼:敷籴为吴中士民病,朕甚念之,申命典漕之臣,易以贸易之法,增市价,戢吏奸,平概量,察欺隐,丝发无扰,而事集于八九旬之间。漕固可嘉,而尔为之元僚,赞画有助,亦不可忘也。升秩一等为员外郎。服我宠章,益究于心职业。可特授朝奉郎,差遣如故。

出处:《武义南宋徐谓礼文书》,第一八九至一九〇页。
撰者:程公许

赵葵治兵陈鞸治财御笔
（淳祐五年十二月前后）

强兵之事葵治之,裕财之计鞸治之,各择乃属,一相总大纲而中持衡焉。

出处:《后村先生大全集》卷一四六《陈观文神道碑》。

理宗度宗恭帝朝卷十三　淳祐六年(1246)

胡安之等为迪功郎本州岛学教授诏
（淳祐六年四月十九日）

朱熹门人胡安之、吕焘、蔡模并迪功郎,本州岛学教授。给札录其著述,并条具所欲言者以闻。

出处:《宋史》卷四三《理宗纪》。

旌赏经明行修之士诏
（淳祐六年四月二十五日）

朕临朝愿治,每念乏才,有意作成。既亲书扁题,分赐诸学,并赐诸生束帛,以示激励。其令三学官于前廊长谕,及斋生中公举经明行修气节之士别议旌赏。京学如之。

出处:《宋史全文续资治通鉴》卷三四。

倪政等赠官恩赏诏
（淳祐六年闰四月十日）

倪政赠官三转,官一子承信郎;许通、夏珪、孙才、江德仙各赠官两转,官其一子下班祗应,给缗钱恤其家。余立功将士恩赏有差。

出处:《宋史》卷四三《理宗纪》。

诸生束帛不必控辞诏
(淳祐六年五月十三日)

学校明伦之地，诸生讲明，不负教育，朕用嘉之。爰命有司，举其高第，而合词控免，陈义凛然。朕重违其本心，姑徇所请，以成其美。所有束帛不必控辞。

出处:《宋史全文续资治通鉴》卷三四。

太学土地正显昭德侯特封正显昭德文忠侯诏
(淳祐六年五月十八日)

敕太学土地正显昭德侯:崇化尚贤之地，而非所宜听于神，然相传中兴名将，其英灵未泯，而肸蚃甚著，盖其故居也，理或然欤！今吾六馆之士，咸以状请，谓往年息哄止燎，有妥宁京邑之劳，信忠臣卫社，生死以之，朕何惜美号，不以褒表之乎！可特封正显昭德文忠侯。

出处:《两浙金石志》卷一二。
考校说明:原文末句后云:"奉敕如右，牒到奉行。淳祐六年五月十八日。"

傅实之林公遇特改京秩诏
(淳祐六年六月一日)

从事郎傅实之、迪功郎林公遇并特改京秩，仍给札，询所欲言。

出处:《宋史全文续资治通鉴》卷三四。

贡举崇实黜浮诏
(淳祐六年六月五日)

秋闱在近，文弊未革，令监学及诸路郡学精加考校，崇实黜浮，以俟荐送。

出处:《宋史全文续资治通鉴》卷三四。

加封会稽县曹娥灵孝昭顺纯懿夫人敕
（淳祐六年六月十五日）

敕绍兴府会稽县曹娥镇灵孝昭顺夫人：朕惟杀身成仁，士君子所难，而稺女能之，斯亦奇矣。尔父迎神不幸溺死，尔号江而没，得尸以浮，孝通于天，庙食千祀，斯民以之为司命。乃者祠宇肇新，阖辞以请褒表，朕闻而嘉之旧矣！兹锡懿号，不特从民欲以彰神休，昌之百世以劝孝行，其为教化多矣，尚其歆兹。可特封灵孝昭顺纯懿夫人。

出处：《曹江孝女庙志》卷四，光绪八年重刻本。
考校说明：原文末句后云："奉敕如右，牒到奉行。淳祐六年六月十五日。"

曹娥父曹盱封和应侯敕
（淳祐六年六月十五日）

敕绍兴府会稽县曹娥镇灵孝昭顺纯懿夫人神父曹盱：朕无意于祷祀之事，而祀典之关教化者，必拳拳焉。尔迎婆娑神，至于溺死，其命矣夫。有女甚异，沿江而号，随衣而殁，遂得尔尸。信其孝通于神明矣，庙食不亦宜乎。去汉千载，而灵益着。兹新祠宇，士民并辞于有司曰：请因以褒其父。朕欣然从之，锡尔侯爵，盖以遂尔女显扬之念，且足以劝孝焉。可特封和应侯。

出处：《曹江孝女庙志》卷四。
考校说明：原文末句后云："奉敕如右，牒到奉行。淳祐六年六月十五日。"

曹娥母封庆善夫人敕
（淳祐六年六月十五日）

敕绍兴府会稽县曹娥镇灵孝昭顺纯懿夫人神母□氏：汉安之际，上虞之乡，有女甚异，父死于溺，捐躯赴水，乃得其尸。哀遘道路，孝感神明，是宜庙食流芳，祷如响荅。比新祠宇，有司并请，褒及父母。朕嘉娥之孝，何爱美号，不以荣其亲乎？亦足为教化助矣！可特封庆善夫人。

出处:《曹江孝女庙志》卷四。
考校说明:原文末句后云:“奉敕如右,牒到奉行。淳祐六年六月十五日。”

刘克庄特赐同进士出身除秘书少监与尤焴同任史事诏
(淳祐六年八月二十三日)

刘某文名久著,史学尤精,可特赐同进士出身,除秘书少监,令与尤焴同任史事,庶累朝巨典,早获成书。

出处:《后村先生大全集》卷一九四《刘公行状》。又见同书卷七六《辞免赐同进士出身除秘少状》、卷一九五《后村先生墓志铭》。

章琰李昴英并与在外差遣御笔
(淳祐六年八月后)

琰、昴英并与在外差遣。

出处:《后村先生大全集》卷一四六《陈观文神道碑》。

章大醇侍左郎官制
(淳祐六年十月四日)

官冗而材乏,员多而阙少,胥吏售奸,贤愚同滞,仕者皆病之矣,朕欲得一佳吏部郎而用之。尔大醇以名父子,擢奉常第,教胄子有师道,掾公府有贤名,去而作牧,又以廉平称,乃下玺书,俾佐铨管。夫寡援者孤寒也,汝甄拔之;挠法者财势也,汝杜绝之。使选人无捍格龃龉之叹,则汝获清通简要之誉。可。

出处:《后村先生大全集》卷六〇。
撰者:刘克庄
考校说明:编年据《景定严州续志》卷二补。

李昴英右正言制
（淳祐六年十月）

国无法家拂士，何以倚毗；官曰补阙拾遗，赖其箴儆。乃登俊望，俾列贤班。尔负伦魁之名，在胜流之目。生也邻曲江公之里，钟此徯奇；长而客博陵相之门，接其文献。每雍容于离合去就之际，亦激昂于言议风旨之间。朕改调胶弦，收还威柄，朝纲暂肃而窥伺者众，国是粗定而坚凝之难。肆求直谅之臣，庶赖切劘之益。昔汲长孺愿为中郎将入禁闼，自信其孤忠；王仲舒尝与诸谏官伏延英，力争于大事。益陈剀论，勉继前修。可。

出处：《后村先生大全集》卷六〇。
撰者：刘克庄
考校说明：编年据《宋史翼》卷一六《李昴英传》补。

尤焴权工部尚书制
（淳祐六年十月）

太史不治民，盖示专官之重；六卿分帅属，莫如起部之清。乃锡赞书，以华直笔。具官某味名教之乐，接文献之传。卷不停披，固异万签之未触；书皆默记，孰云三箧之已亡！处宠辱得丧而不惊，非寒暑燥湿所能变。朕更张治化，号召隽良。渠观必有弹洽之儒，旃厦可无直谅之友？仍以钜典，属之当仁。果能芟夷乱繁，网罗放失。适兼领铨衡之任，未免分铅椠之功。其陟冬卿，以优耆德。非但观《春秋》之褒贬，盖将责朝夕之论思。噫！命汝鸠工，亦惟其事简；至于麟止，庶见于书成。可。

出处：《后村先生大全集》卷六〇。
撰者：刘克庄
考校说明：编年据《南宋馆阁续录》卷七补。"权工部尚书"，《南宋馆阁续录》卷七作"权工部侍郎"，当以为是。尤焴于淳祐十二年十一月除权工部尚书（见《南宋馆阁续录》卷七），此时刘克庄未任两制。

林希逸校书郎制
(淳祐六年十月)

颇者当国之臣拔士多矣,士起冗流致美官者相望。尔以南宫魁亚,大廷甲科,饱学雄辞,独滞于仓庾氏,予闻而嘉之。前命尚方给笔札,兹缘是正迁校雠,久抑必伸,亦理之常。昔馆职赵逵奏事,高宗劳之曰:"秦桧日荐士,曾无一语及卿,以此知卿。"然则朕之知尔,犹烈祖之知逵也。益厚培养,以对柬擢。可。

出处:《后村先生大全集》卷六〇。
撰者:刘克庄
考校说明:编年据《南宋馆阁续录》卷七补。

程元凤秘丞兼权刑部郎官制
(淳祐六年十月)

三馆惟丞职最高,六曹之郎选尤遴,若一朝而并授,必当代之胜流。尔标度之清,文行之粹,居俊造之前列,有士林之美名。掌教辟雍,师道可法,谈经宫邸,古谊与稽,朕固知尔之学矣;涉笔秘丘,发舒英华,谳刑省户,昭雪幽枉,又将试尔之材焉。可。

出处:《永乐大典》卷一三五〇七。
撰者:刘克庄
考校说明:编年据《南宋馆阁续录》卷七补。

赵性夫直华文阁再任浙东提刑制
(淳祐六年十月)

吾尤重部使者之选,非其人不轻界,得其人不数易也。尔繇尚书郎出按近畿,饬己而后律人,故廉而恕;察情而后用法,故刚而仁。集事既清,阃务亦理,浙水东七州数十县皆安之。民惜其去,朕难其代,升华妙阁,增重绣衣。夫久则玩,人之常情也;不倦以终之,前贤之格言也。尔益奋励,以对宠光。可。

出处:《后村先生大全集》卷六一。

撰者:刘克庄

考校说明:编年据《宝庆会稽续志》卷二补。

蔡杭该恩转奉议郎诰
(淳祐六年十月)

昔河间王德修学好古,从民间得先秦书,《周官》其一也,史氏称之。尔等学问甚正,导朕介弟,敷绎是经,发明精粹,义理昭然,使之趣向儒雅,遵守法度,以无愧于德,朕甚嘉之! 兹以竟篇增秩,以示褒异之意。毋曰常典,其懋厥业。可特授奉议郎、依前秘书省校书郎、兼枢密院编修官、兼诸王宫大小学教授。

出处:《蔡氏九儒书》卷八《久轩公集》。

考校说明:"蔡杭",《宋史》卷四二〇本传作"蔡抗"。

在籍诸生赴来年省试一次诏
(淳祐六年十一月五日)

昨令三学各举经明行修气节之士,而诸生合辞控免,陈义甚高。其令在籍诸生并赴来年省试一次,临安府学长谕亦如之,以称搜罗之意。

出处:《宋史全文续资治通鉴》卷三四。

陈隆之等推恩诏
(淳祐六年十一月二十六日)

北兵入蜀,前四川制置使陈隆之阖家数百口罹害,死不易节。其特赐徽猷阁待制,官其二子,赐谥立庙。死事史季俭、杨毅子各赐官两转,官一子。

出处:《理宗纪》。

蔡抗枢密院编修官兼权屯田郎官制
(淳祐六年十一月)

朕甚重朱氏之学,诵其诗、读其书者皆尊宠之,况于其门人高弟之后乎!盖早从考亭,深入阃奥,晚坐锢党以终者,尔王父也;隐居丘园,不求闻达,独抱遗经以老者,尔严考也。尔源委如是,故试玉堂则陈正大之论,掾公府则有忠益之言,及对便朝则空臆犯颜,无所回隐,非师之传人、家之钜子乎!枢属为真,郎潜共二,予不吝褒嘉之宠,尔益思嗣守之难。可。

出处:《后村先生大全集》卷六一。
撰者:刘克庄
考校说明:编年据《南宋馆阁续录》卷八补。

刘厚南著作佐郎兼沂王府教授制
(淳祐六年十一月)

自嘉定以来,政出一门者再世,士鲜不附卿衮以求进、挟水山以为重者。尔非其里人乎,而三十年间,二相之门曾无一迹,其特立独行有如此者。朕初改纪,还之修门,严重之风矜式五学,清介之标辉映六馆,兹用进汝于太史氏。夫秉直笔以诏来世,班、马之任也;谈经谊以辅宗藩,申、白之选也。朕之所以期汝者远矣。可。

出处:《后村先生大全集》卷六一。
撰者:刘克庄
考校说明:编年据《南宋馆阁续录》卷八补。

陈协秘书郎兼景献府教授制
(淳祐六年十一月)

汉以东观比道家蓬莱山,唐以入馆为登瀛洲。本朝五星聚奎,文治尤盛,凡有列于郡王府者,必极一时之选。尔励志操,富艺文,周旋乎掌故、学宫、博士、议郎之间亦云久矣。晋郎秘丘,仍傅藩邸。昔刘向、扬雄雠书天禄,申公、穆生授

《诗》王国,或文字之不朽,或道义之可尊。勉追昔人,何远之有! 可。

出处:《后村先生大全集》卷六一。

撰者:刘克庄

考校说明:编年据《南宋馆阁续录》卷八补。

徐霖校书郎制
(淳祐六年十一月)

属者一相独运,气焰所铄,朝野皆喑。尔以新进士毅然上封书,首折其铓,有刘向、周堪之风。朕不俟积日累月,拔尔于朝,给札之言切于上封,造膝之言切于给札,学积而愈厚,气养而益刚。玉立道山,退则掩关肃然,无所造请,是能贵重其身矣。序迁校郎,进用未已。夫盛名难居,初节易立,先朝馆阁如欧阳修、尹洙,如朱松、范如圭辈人,皆终始持一论,壮老坚一节。尔其勉哉,谁谓华高,企其齐而。可。

出处:《后村先生大全集》卷六一。

撰者:刘克庄

考校说明:编年据《南宋馆阁续录》卷八补。

皇后姨母郭氏赠平原郡夫人制
(暂系于淳祐六年十月至十二月间)

生无出捆之言,素钦懿范;没有表阡之典,式显异恩。兴言左戚之贤,追贲小君之号。故恭人郭氏持身冲约,禀性淑和。习礼陈诗,本嘉熙谏臣之同气;奉匜及盥,嫔庆元枢辅之高门。虽已从蒿里之游,犹及见椒涂之贵。念宫闱之近属,赐汤沐之新封,加峻密章,有光彤史。噫,若堂若斧,怅永閟于德容;如山如河,尚克歆于命服。可。

出处:《后村先生大全集》卷六〇。

撰者:刘克庄

考校说明:编年据同集前后文时间补。

郑寀左谏议大夫制
(淳祐六年十月至十二月间)

谏省之设,常侍盖久虚其官;先朝以来,大夫居七争之长。执厥妙选,我有荩臣。具官某峻特而粹夷,清通而亮直。每自励安恬之操,未尝近矫亢之名。给札所条,已空臆而无隐;改弦之策,尝造膝而发端。密赞庙谟,遍司言责。或伏合而箴阙,或对仗而叱奸。摧拉靡遗,法青蝇营营之党;旁推尤力,求白驹皎皎之贤。朝纲为之一清,善类赖以复合。然而阴邪窥伺者未已,否泰消长之靡常,欲凝前功,宜究说议。乃冠班于左掖,仍开卷于迩英。噫,魏征多剀切之言,方虚怀而乐听;阳城无苛细之论,有大事则力争。勉追前贤,以对殊奖。可。

出处:《后村先生大全集》卷六〇。

撰者:刘克庄

考校说明:编年据刘克庄任两制时间、郑寀官历补,见《宋史》卷四二〇《郑寀传》。

李韶翰林学士制
(淳祐六年十月至十二月间)

三代训诰誓命,不过坦明;先汉号令文章,亦惟尔雅。朕患近制之不古,思得耆旧儒而作新,辍自秩宗,擢之翰长。具官某穷圣贤之奥,味道德之腴。臞不胜衣,所自任者甚重;呐不出口,虽能言无以加。尝执简而绳贵权,屡褰裳而避宠利。夷考大节,庶几全人。皓首重来,丹心不改。止足若疏广,以归为荣;清苦如孔戣,其去可惜。况名臣之欲尽,适内相之久虚,俾跻禁严,以视亲近。《语》所谓直谅多闻之友,《诗》不曰典刑老成之人?其少为于予留,毋必行于尔志。噫,修在庆历,遂能力变于时文;光于熙宁,乃谓不工于俪语。继勉二臣之作,自成一家之言,以饰皇猷,以对休命。可。

出处:《后村先生大全集》卷六〇。

撰者:刘克庄

考校说明:编年据刘克庄任两制时间、李韶官历补,见《宋史》卷四二三《李韶传》等。

王伯大刑部尚书制
(淳祐六年十月至十二月间)

天道好生,尤重一不辜之命;秋官帅属,莫如大司寇之尊。肆畴试可之庸,特峻为真之拜。具官某顷以直节,服于迩联。韩愈名为傲相国之人,汲黯见谓揖将军之客。有侧目而视者,遂掩鼻而去之。属逢琴瑟之改调,屡却弓旌而后至。嘉猷则告于后,时有开陈;正色而立于朝,了无附丽。宪部奋平反之笔,经帷竭启迪之忠。卿虽切于怀归,朕欲留以自助。乃举陟明之典,式昭乐与之心。噫,用民誉以长六卿,顾不甚重;谓理官不列三后,夫岂其然! 益馨远猷,倚当要任。可。

出处:《后村先生大全集》卷六〇 。
撰者:刘克庄
考校说明:编年据刘克庄任两制时间、王伯大官历补,见《宋史》卷四二〇《王伯大传》。

吴潜兵部尚书制
(淳祐六年十月至十二月间)

文昌八座之联,从昔所贵;司马九伐之任,于今为难。采民誉而延登,训国人而申儆。具官某积伦魁之伟望,袭名父之嫡传。其智略足以图回,其力量足以负荷。举朝趋附,但知有偃月之堂;中野彷徨,不忍废履霜之操。往嗟予瑟之胶柱,今喜汝琴之成声。驰驿予环,起家拜爵。盖秋防之事方急,矧夏官之长久虚。器械备,军马修,既未底周家之盛;干戈朽,斧钺钝,岂能无唐季之忧? 必简稽于伍符,必激励于士气。噫,朕有名臣文武欲尽之叹,不倦招延;卿当贤哲驰骛不足之时,益思感奋。庶建嘉绩,以酬殊知。可。

出处:《后村先生大全集》卷六〇 。
撰者:刘克庄
考校说明:编年据刘克庄任两制时间、吴潜官历补,见《宋史》卷四一八《吴潜传》等。《宋代诏令全集》:"按《宋史》卷四二《理宗纪》,吴潜除兵部尚书在嘉熙三年五月,是时刘克庄尚未任中书舍人职。此制草者当再考。"(第一七四七页)据《宋史》卷四一八《吴潜传》,吴潜曾两除兵部尚书,第一次"权兵部尚书、浙西制置使",第二次"试兵部尚书兼侍读",嘉熙三年五月当为前者,此制当为后者。辛更儒《刘克庄集笺校》认为此制作于吴潜"权兵部尚书、浙西制置使"之时(中华书局,二〇一一年,第二八四九页),亦未注意到吴潜曾两除兵部尚书。

谢希墍权礼部尚书制
(淳祐六年十月至十二月间)

虞廷之典三礼,必允金谐;晋国之长六官,亦先灵誉。肆予亲擢,视古庶几。具官某植行洁修,秉心精白,早交游于诸老,久扬历于中朝。自奋孤忠,虽千万人吾往;及更大化,惟一二臣予同。为命则兼世叔、子产之长,批敕不在袁高、李藩之下。顷畴时望,登拜文昌。慕正考父之恭,莫回雅志;闻范宣子之逊,咸革躁心。名实俱孚,岁时浸久,爰涉大仪之峻,以旌迤列之英。露门之劝读有光,夕琐之涂归愈劲。噫,先贤尝评刘向,盖所谓同姓之卿;诸儒岂无鲁生,相与定一王之礼。可。

出处:《后村先生大全集》卷六〇 。
撰者:刘克庄
考校说明:编年据刘克庄任两制时间、赵希墍宦历补,见《宋史》卷四三《理宗纪》、《景定建康志》卷二六。"谢希墍"当为"赵希墍"之误。

程公许礼部尚书制
(淳祐六年十月至十二月间)

舜以伯夷典朕礼,并列九官之间;汉以叔孙起朝仪,莫返三代之旧。乃眷贰卿之高选,必资一世之钜儒。具官某坤维间生,江表独步。仲舒之学,渐乎渊源;韩愈之文,泽于仁义。去若鸿冥而鹄举,来如麟获而凤仪。缙绅推其为翰墨之宗,典册足以鸣国家之盛。运斤独步,拙工见而汗颜;援笔立成,众吏为之脱腕。既无愧于代言之任,尤有功于改纪之初。以老舍人,行小宗伯,爰举岁满为真之典,仍兼夜直视草之华。噫,晏婴折世卿之萌,格言可复;房乔奉明主之问,遗恨至今。愿如博洽之贤,往振寅清之职。可。

出处:《后村先生大全集》卷六〇 。
撰者:刘克庄

考校说明:编年据刘克庄任两制时间、程公许宦历补,见《宋史》卷四一五《程公许传》等。"礼部尚书",翁同书校秦氏石砚斋抄本作"礼部侍郎",当以为是,见文中"贰卿""小宗伯"等语及《宋史》卷四一五《程公许传》。

赵汝腾权吏部侍郎制
(暂系于淳祐六年十月至十二月间)

朕当多事之时,兴乏材之叹。任权衡人物之寄,岂不重哉;非选擢天官之贤,谁与领此! 具官某籍甚时望,萧然儒癯。更生直谅多闻,尤忠宗国;太白才名独步,蚤入禁林。不炙手于权门,宁洁身于外服。属者改纪,出而览辉。和墨螭蚴,迭烦于直笔;留黄凤阁,屡却于斜封。昨屈词垣,兼行武部,见于综叙,极其精明。奸胥黠吏有望风而惊,老校退卒无失职之叹。其升小宰,俾掌左铨。噫,伯禹、皋陶论官人之难,其来已久;左雄、山涛获典选之誉,不过至公。钦乃攸司,祗若予训。可。

出处:《后村先生大全集》卷六〇 。
撰者:刘克庄
考校说明:编年据同集前后文时间补。

应繇权兵部侍郎兼权吏侍制
(暂系于淳祐六年十月至十二月间)

冢宰、司马,古各治于一官;文士、武夫,今为分于二选。孰兼剧任,允属全材。具官某蚤负时名,尝登词禁。老文学咸避三舍,大典册自成一家。值虎守关,耽耽之视可畏;如驹在谷,皎皎之操不渝。洎揽威权,趣还暴直,凡播告大昕之作,皆从容数刻而成。昔轼草三麻,遂有宫莲之送;敞挥九制,幸无禁漏之催。由卿而观,视彼奚愧? 朕惟吾丘之学寡二,陆机之材患多。今尺籍加倍于前,而武铨入仕者众,将简稽其骄冗,稍甄别其品流。擢自右坳,俾之叠组。噫! 禁中有牧,固可访于前筹;行间拔蒙,岂无资于精鉴! 益修职业,以对宠光。可。

出处:《后村先生大全集》卷六〇。
撰者:刘克庄
考校说明:编年据同集前后文时间补。

谢方叔权刑部侍郎制
（淳祐六年十月至十二月间）

大道恶杀而好生,故能覆物;秋卿帅属而掌宪,将以全民。乃登当世之忠良,庸广我朝之仁厚。具官某励霜日之操,秉铁石之心,尝执简为司宪之臣,首奋笔着辨奸之论。既落落而难合,遂缥缥而高翔。属予更化之初,还尔敢言之列。具法冠对仗下,请加义甫之诛;取白麻坏延中,竟沮延龄之相。方寸不渝于丹赤,始终莫得而磷缁。朕区别正邪,褒崇谠直,念久任抨弹之责,宜进参扈从之联,非惟优贤,亦以赏谏。噫!弼皋陶之五教,谅明钦恤之心;奏韩愈之一封,益究论思之业。可。

出处:《后村先生大全集》卷六〇 。

撰者:刘克庄

考校说明:编年据刘克庄任两制时间、谢方叔宦历补,见《宋史》卷四一七《谢方叔传》。

汤中起居郎刘应起起居舍人制
（暂系于淳祐六年十月至十二月间）

惟先朝之左右史,率当世之第一流。在庆历则戎襄力救台端之法,在绍兴则良贵昌言橐从之非。思得若人,俾居是选。尔中有山林之直气,尔应起有铁石之刚肠,实为谏官、御史之贤,皆在端人正士之目。或尝援礼,预折田氏之萌;或请裂麻,竟沮延龄之相。朕方亲近善类,坚凝前功,况夹侍香案之傍,宜并登直笔之彦。言动必载,阙失必规,庶风采耸闻于一时,而名节照映于千载。噫!若稽直谊,见史佚之所书;毋使后人,谓遂良之不记。益殚忠荩,以对眷知。可。

出处:《后村先生大全集》卷六〇 。

撰者:刘克庄

考校说明:编年据同集前后文时间补。

赵希杼司农少卿制
（暂系于淳祐六年十月至十二月间）

兵籍日增，吏员日众，太仓非有红腐之粟。朕为此廪也，思得通练之才权其耗丰，会其出入。尔希杼早参闲幕，以吏干显，晚登郎省，以心计闻。属者卨农卿少久虚，命汝摄承，甚宜其官。《书》不云乎，"试可乃已"；《语》不云乎，"其有所试"。汝见于已试者详矣，往祇新命，毋废前劳。可。

出处：《后村先生大全集》卷六〇。
撰者：刘克庄
考校说明：编年据同集前后文时间补。

上官涣酉将作监李镅军器监制
（暂系于淳祐六年十月至十二月间）

自顷用事者喜新进，侮老成，躁竞得志，廉退失职，朕甚患之，稍擢耆年长德、孤立平进之人于朝，庶革此风。尔涣酉宿士也，仕已无喜愠；尔镅故家也，言论有典刑。岁晚来归，皆已华皓，滞于郎舍，夷然气和，法当序迁，以示劝奖。昔周汉中兴，诗人美其器械之备，史臣称其工技之精。其以涣酉为大匠，镅长戎监。汝往钦哉，毋旷乃职。可。

出处：《后村先生大全集》卷六〇　。
撰者：刘克庄
考校说明：编年据同集前后文时间补。

文复之左曹郎官制
（暂系于淳祐六年十月至十二月间）

地官剧曹，长贰共提其纲，郎分治其目，自昔选用材臣能吏，今以雅士为之，有深旨焉。尔复之，蜀珍也，名冠多士，望临一时，出秉麾节于万里之外亦云久矣。前以起部召，何来之迟！方今俗薄而讼繁，国贫而财殚，刬裁良艰，调度安出！然以理蔽曲直而不以势，以道御取予而不以权，此儒者事也。勉之哉，朕方

115

以远者大者期汝！可。

出处:《后村先生大全集》卷六〇。

撰者:刘克庄

考校说明:编年据同集前后文时间补。

赵希彻司农寺丞制
(暂系于淳祐六年十月至十二月间)

列寺惟大农操敛散之柄,躬出纳之劳,以处实材,非养虚誉。尔席华腴而无贵介之累,当英妙而有老成之风,两监州,再立朝,试之详矣。扈卿方阙,丞行长事,朕又将观汝之心计焉。近世能臣,多出同姓,汝益勉之。可。

出处:《后村先生大全集》卷六〇。

撰者:刘克庄

考校说明:编年据同集前后文时间补。

王湜武谕制
(暂系于淳祐六年十月至十二月间)

士趋利禄,俗弊教失,朕患夫一世之澜倒也,欲擢廉退、奖志节以挽回之。大臣言尔自重而难合,久幽而不改,是可以为人师矣。其为我招诸生而诲之,使有矜式。可。

出处:《后村先生大全集》卷六〇。

撰者:刘克庄

考校说明:编年据同集前后文时间补。

谢堂将作丞徐谓礼将作簿制
(淳祐六年十月至十二月间)

朕于营缮之事,未数数然也,故雄监视它曹其职尤简,有列其间,不过养望而已。尔堂故相之孙,温而恭;谓礼名父之子,详而雅。更出迭入,皆有华问,稍进之于大匠之属。夫事繁则分其志,职简则专于学。尔其懋哉,毋若晋人以清谈遗事为高。可。

出处:《后村先生大全集》卷六〇 。

撰者:刘克庄

考校说明:编年据刘克庄任两制时间、徐谓礼官历补,见《淳祐七年三月□日行将作监簿到任》(包伟民、郑嘉励编《武义南宋徐谓礼文书》,中华书局,二〇一二年)。

陈可大理丞制
(暂系于淳祐六年十月至十二月间)

国家选廷尉属分二涂,而治狱丞必以儒家者流为之,其意深矣。尔端介静厚,立身行己有常人吉士之风,审克之任,尔所优为。夫苏公、吕侯远矣,若于定国、徐有功之事,岂非学者所乐闻欤! 汝其试哉,以需显用! 可。

出处:《后村先生大全集》卷六〇 。

撰者:刘克庄

考校说明:编年据同集前后文时间补。

赵希赞军器监丞制
(暂系于淳祐六年十月至十二月间)

朕优礼宗老,又拔其子姓于朝,惟其材,不专为恩也。尔孝谨谦厚,少有美誉,列属武监,由簿而丞,选浸高矣。《易》曰除戎器戒不虞,《诗》曰修车马备器械。尔尚究心职事业,以佐而长,毋但曰养望而已。可。

出处:《后村先生大全集》卷六〇 。

撰者:刘克庄

考校说明:编年据同集前后文时间补。

赵希彻太府丞俞德藻司农丞制
(淳祐六年十月至十二月间)

大农司出纳,外府掌受藏,非公廉无私、洗手奉职者不在是选。尔希彻贤而优于吏干,尔德藻儒而通于世务,必能考盈虚之故,窒耗蠹之源,以纾调度,以振乏绝,毋曰有司之事而不之屑,朕将进用汝未已也。可。

出处:《后村先生大全集》卷六〇。

撰者:刘克庄

考校说明:编年据刘克庄任两制时间、俞德藻宦历补,见《南宋馆阁续录》卷七。

方岳宗学博士制
(淳祐六年十月至十二月间)

先帝肇建宗庠,萃其隽秀教之而已。今朕又使之横经朱邸,传以古谊,其选不愈遴乎! 尔博赡之学、奇伟之文见拥士林,不但倚科目为重。表仪成均,诸生既有所矜式矣,其为我训迪公族,辅导宗藩,使之慕中垒清修之风、东平为善之乐。可。

出处:《后村先生大全集》卷六〇。

撰者:刘克庄

考校说明:编年据刘克庄任两制时间、《宋史翼》卷一七《方岳传》补。

刘元龙太学博士制
(暂系于淳祐六年十月至十二月间)

群天下之英材而养之学,必择天下之名儒而为之师。尔资凝重而行醇悫,所以治其身者无阙,斯可以律人矣。往教泽宫,士必有观而化者。可。

出处:《后村先生大全集》卷六〇。

撰者:刘克庄

考校说明:编年据同集前后文时间补。

倪祖常军器监制
（暂系于淳祐六年十月至十二月间）

尚论人物者，必推本其家世。贾嘉于谊为孙，魏谟于徵五世矣，当时犹旌录而光显之。朕历数近世之名卿，兴怀先朝之遗直，锡以美谥，擢其象贤。尔多识往行前言，犹有故家遗俗。盖尝汇谏书而来上，不惟宝旧笏而深藏。立朝端方，典州清白，郎潜滋久，处之夷然，庶毋忝于尔考矣。晋长戎监，仍典吏铨，以奖恬退静重之风，以为能嗣守植立者之劝。可。

出处：《后村先生大全集》卷六〇。
撰者：刘克庄
考校说明：编年据同集前后文时间补。

韩补福建舶制
（暂系于淳祐六年十月至十二月间）

朕闵海贾之以命易货，而吏之墨者或重征而豪夺之也，每择佳士，俾持琛节。尔繇朝列牧歙郡，褒贤而崇教，戢吏而爱民，自节缩而加厚于人，多触弛而反裕于力，廉平之誉，达于予闻。夫互市之事非所以烦汝也，将使珠犀垢浊之俗，识吾冰蘖清白之吏。汝勉为朕一行，时方急材，岂久劳汝于外者！可。

出处：《后村先生大全集》卷六〇。
撰者：刘克庄
考校说明：编年据同集前后文时间补。

傅康直徽猷阁致仕制
（暂系于淳祐六年十月至十二月间）

士大夫壮而仕，倦而归，其居官行事可纪、立身大节无疵者，几何人哉！尔中原故家之后，先帝谏臣之子，尝典州奉使，有能名于时，历宰士、卿少，不苟合而去，掩关萧然，若将终身。比起之佩宜春二千石印绶，谓已延见吏民矣，中道谂疾，乞致仕为臣。嗟夫！朕不得而留之矣。遂垂车之雅志，陟奎阁之隆名，以旌象贤济美之人,以识用材不尽之愧。可。

出处:《后村先生大全集》卷六〇 。
撰者:刘克庄
考校说明:编年据同集前后文时间补。

魏峻兵部尚书制
(暂系于淳祐六年十月至十二月间)

日月积累之法,以待常材;朝夕论思之贤,固宜不次。乃登时彦,以冠夏卿。具官某秀整而温恭,清通而简重。虽生贵阀,自奋名场,临政无俗吏操切之风,持论有儒者正大之意。书先汉循良之传,奚愧昔人;作元和会计之图,尤通世务。尽瘁版曹之调度,叶心省闼之弥缝。人无间言,朕所属意。矧久仪于瓶列,盍遂听于履声。噫!用天之五材,安有去兵之理;掌邦之九伐,属当诘禁之时。益勤简稽,以称宠遇。可。

出处:《后村先生大全集》卷六〇 。
撰者:刘克庄
考校说明:编年据同集前后文时间补。

章琰殿中侍御史兼侍讲制
(淳祐六年十月至十二月间)

朕擢慷慨敢言之人,俾居雄剧;亲直谅多闻之友,以辅缉熙。既众论之金谐,兹一朝而并命。尔渊乎似道,澹然无求。养气之刚,告子所未讲;守约之勇,孟贲奚以加!省闼之务,赖其弥缝;势要之门,靡所附丽。肆舔卿少,晋贰杂端。厥今外多艰虞,内费调燮,憸人欲伺隙而动,识者有复隍之忧。惟元气实可以杜客邪,惟诸贤和可以制群小,其付台纲之重,仍陪经幄之严,以肃观瞻,以强根本。噫!唐介之为执法,首论贵权;程颐之侍迩英,多陈古谊。予方虚己以乐听,尔尚先贤之与稽。可。

出处:《后村先生大全集》卷六〇 。
撰者:刘克庄

考校说明:编年据刘克庄任两制时间、章琰宦历补,见《宋史》卷四一五《程公许传》等。

张磻祭酒制
(淳祐六年十月至十二月间)

南渡重建太学,而师儒尤极天下之选。高宗时有若高闶者,孝宗时有若林光朝者,宁考时有若李祥者、袁燮者,皆用经术名节模楷诸生,岂直以诵说课试为职业哉！尔以一代老成,养浩然之气,有仁者之勇。盗臣擅国,谄子盈廷,一凤鸣阳,缥缥高举。及兹改纪,览辉而下。诸大夫敬之曰端人也,多士尊之曰前辈也。繇少宗正拜大司成,可谓以德选矣。尔其明理学以淑人心,扶公论以养士气,使人人皆有士君子之行。可。

出处:《后村先生大全集》卷六〇 。
撰者:刘克庄
考校说明:编年据刘克庄任两制时间、张磻宦历补,见《南宋馆阁续录》卷七。

杨栋宗正少卿兼右司制
(淳祐六年十月至十二月间)

先朝尤重抡魁。苏洵常言:不及十年,未有不为两制者。尔为吾龙飞进士第二人,今十有八禩矣,方繇麾节入践省闼,视捷出腾上者无羡色,无躁心,贵道谊而贱功利,有董生之风,朕甚嘉之。麟寺名曹也,瑶编大典也,卿少高选也,谈者犹曰清而不要。共二宰士,清且要矣,养汝望,振汝职,将复有清且要于是者以待汝。可。

出处:《后村先生大全集》卷六〇 。
撰者:刘克庄
考校说明:编年据刘克庄任两制时间、杨栋宦历补,见《宋史》卷四三《理宗纪》、卷四二一《杨栋传》。

王燧农少兼左司制
（淳祐六年十月至十二月间）

扈农古官也，句龙、弃之任，汉以后犹以大儒郑康成辈为之，又其后专用俗吏，古意微矣。尔立身秉端靖之操，历官着廉直之名。出总赋舆，张弓之势稍弛；入赞庙谟，改弦之化有助。擢之卿列，仍兼宰旅。夫积贮天下之命，出纳有司之事尔。方今耗蠹吾之财粟者，非兵与吏乎？汰冗去滥，是非有司之所得为，汝其与吾大臣议所以变通之策，以副朕用儒者治金谷之意。可。

出处：《后村先生大全集》卷六〇 。

撰者：刘克庄

考校说明：编年据刘克庄任两制时间、光绪三十一年《谷来王氏宗谱》卷七《王公燧行状》补。《宋代诏令全集》系于淳祐六年闰四月八日（第一七六一页），误。

章琰府少兼检讨制
（淳祐六年十月至十二月间）

朕以俭约先天下，不殖货利，无珠玉玩好之奉，所谓受藏之府不过四方惟正之供，于以廪兵禄吏而已，乃择儒臣，俾帅其属。尔方严之操，峻洁之行，立身有本末，持论有据依。使一路则举刺公，风采振；掾二府则予夺平，权度审。其陟卿少之列，兼综省闼之务。方今赋入日狭，调度日广，吾有司不得而裁损也。尔既与闻庙论，其思所以量入为出、足国裕民之策，与二三大臣推行之。可。

出处：《后村先生大全集》卷六〇 。

撰者：刘克庄

考校说明：编年据刘克庄任两制时间、章琰官历补，见《至顺镇江志》卷一八等。"检讨"，翁同书校秦氏石砚斋抄本作"检详"。此文在同集同卷《章琰殿中侍御史兼侍讲制》之前。

魏峻转两官守兵书致仕制
(暂系于淳祐六年十月至十二月间)

　　听履禁严之地,甫下除书;挂冠强盛之年,忽披来奏。虽壮图之未展,然雅志之莫回。具官某秀美而文,果艺以达。故家遗俗,非谓有乔木之存;左翊右扶,所至多甘棠之爱。比趣召以法从,仍与闻于庙谟。密勿一堂,弥缝辅赞之功;酬酢四方,钱谷甲兵之问。藉甚时望,长于夏官。曾未旋踵之间,遽欲乞身而去。岂时命之不与,抑王事之独劳。其陟穹阶,以华末路。噫! 属方进用,云胡有负兹之忧;亦既退休,庶几遂勿药之喜。可。

出处:《后村先生大全集》卷六〇 。
撰者:刘克庄
考校说明:编年据同集前后文时间补。此文当在同集同卷《魏峻兵部尚书制》之后。

魏峻上遗表赠端明金紫制
(暂系于淳祐六年十月至十二月间)

　　位尊喉舌,甫荣投绂之归;疾在膏肓,遽上拖绅之奏。爰举朝家之恤典,以昭泉穸之幽光。具官某久服禁涂,并参宰旅。春秋方富,每殚精力以忘疲;夙夜在公,不悟阴阳之为宼。既挂衣冠而得谢,庶亲药石而有瘳。靡待中年,奄终长夜。念璧埋之太早,忆玉立之如生,叠进文阶,超加秘殿。噫! 一日不见而死,岂伊大命之有常;九原吾谁与归,无复斯人之可作。怀哉英爽,歆此宠灵。可。

出处:《后村先生大全集》卷六〇 。
撰者:刘克庄
考校说明:编年据同集前后文时间补。此文当在同集同卷《魏峻转两官守兵书致仕制》之后。

孟宻换授承事郎孟榕换授奉议郎制
（暂系于淳祐六年十月至十二月间）

朕择麟趾公子之佳者以继近属，尔方垂髫知嗜学，有成人之风，其授京秩，俾就外邸，庶几周以宗强之意。可。

出处：《后村先生大全集》卷六〇。
撰者：刘克庄
考校说明：编年据同集前后文时间补。

何式军器少监兼权度支郎官制
（暂系于淳祐六年十月至十二月间）

非历郡不为郎，先朝病其法之拘也，或繇二监迳通要津，于以越故常而待奇杰。尔起蜀道，来汉廷，凛然寒露之洁，温然春风之和，大夫国人皆称其贤。丞宗正，郎版曹，浸显荣矣，是用擢贰武监，仍兼计省。夫工技之精、出纳之吝，非所以烦儒者也，姑养资望，朕将不次进汝矣。可。

出处：《后村先生大全集》卷六一。又见《永乐大典》卷一三五〇七。
撰者：刘克庄
考校说明：编年据同集前后文时间补。

姚希得大宗正丞兼权金部郎官兼沂王府教授制
（淳祐六年十月至十二月间）

国朝以宗室耆老典司属籍，而丞则以庶姓士大夫为之。亲贤参用，古之道也。尔出蜀有闻望，倅闽有惠爱，昔去国，今立朝，有本末，志益刚，材益练。兹予命尔赞治公姓，辅道藩邸，又以其官太清、事太简也，俾兼珍部，以主委输。昔在先汉得人为盛，通世务者三儒而已。尔其勉哉，朕将观尔体用之学。可。

出处：《后村先生大全集》卷六一。
撰者：刘克庄

考校说明:编年据刘克庄任两制时间、姚希得宦历补,见《南宋馆阁续录》卷七。

孟奎换授奉议郎制
(暂系于淳祐六年十月至十二月间)

成周公族,皆如麟趾,岂独其质之美哉,抑学力焉! 尔当佩觿之年,知开卷之乐,其迁华秩,俾就家塾。尔益勉励,毋荒于嬉。可。

出处:《后村先生大全集》卷六一。
撰者:刘克庄
考校说明:编年据同集前后文时间补。

建康都统刘全转亲卫大夫制
(淳祐六年十月至十二月间)

《军志》曰"赏不逾时",贵其速也。复郢之役,今九年矣,有司始以尔功级来言。岁月虽久,血衣犹在,其迁一秩,薄旌尔劳。夫拔一城,取一邑,偏校之事也。尔既建大将旗鼓,阃外功业有大于复郢者,朝家爵赏有大于迁秩者,尔其懋哉! 可。

出处:《后村先生大全集》卷六一。
撰者:刘克庄
考校说明:编年据刘克庄任两制时间、刘全宦历补,见《景定建康志》卷二六。

赵孟传直宝章阁知严州制
(淳祐六年十月至十二月间)

桐庐郡今右扶风也,严光之高风、范仲淹之遗爱在焉,牧守之寄,其选尤遴。尔幼慕间、平,壮从申、白,其有闻于父兄师友之际矣。久丞外府,自诡专城。茂陵奎阁,新定左符,并以宠汝。夫垂鱼以入侍,击鲜以为养,人子之至乐也。及瓜往戍,以治行闻,朕将下玺书召汝矣。可。

出处:《后村先生大全集》卷六一。

撰者：刘克庄

考校说明：编年据刘克庄任两制时间、赵孟传官历补，见《淳熙严州图经》卷一。

孙梦观知嘉兴府制
（暂系于淳祐六年十月至十二月间）

汉用健吏治扶风、冯翊，皆以发摘击断为能，我朝家法则异于是。深念近畿根本之地，壹用儒者拊摩之政。尔端洁之操、润温之文，方盛年策上第，而立朝平正，若无所挟者，稍迁郎监，縻之不可，嘉禾辅郡，畀以左符。夫政之得民也浅，教之入人也深。王尊、张敞，材则材矣，视文翁之儒雅、吴公之治平殆未及焉。尔当思所以副予临遣之意。可。

出处：《后村先生大全集》卷六一。

撰者：刘克庄

考校说明：编年据同集前后文时间补。

郑逢辰直宝章阁依旧江西提刑兼知赣州制
（淳祐六年十月至十二月间）

江右之俗悍强，小辄尚气好胜，以珥笔为能；大或依险负固，以弄兵为常。吾有司小失牧驭，则易动为难安。尔学问本师友，议论依名节。始建庚台于抚，褰帷廉访，郡县震悚，毋惮大吏；继陈枲事于赣，衣绣捕逐，将士奋跃，讫歼渠魁。贪暴者解印，荡析者奠枕，厥功茂焉。夫久任则政凝，数易则民敝，况居一路按察之长，总四州节制之重。就加奎阁，仍拥皇华，以慰遮道借留之人，以劝奉公振职之吏。可。

出处：《后村先生大全集》卷六一。

撰者：刘克庄

考校说明：编年据刘克庄任两制时间、郑逢辰官历补，见《永乐大典》卷一四六二七引《吏部条法》。

庄同孙大理丞制
（暂系于淳祐六年十月至十二月间）

李寺长属，不剸取法家，必参用士人。仁哉，我祖宗之心也！尔恬静之操，温醇之文，顷尝献言，有益治道，颂台列属，澹然自守。擢丞廷尉，其选益高，曰钦恤、曰审克云者，皆汝所素讲，否则一狱吏所决耳，岂以烦儒臣哉！往究乃心，嗣有明陟。可。

出处：《后村先生大全集》卷六一。又见《东窗集》卷九。
撰者：刘克庄
考校说明：编年据同集前后文时间补。此制当为《东窗集》误收。

赵汝腴太常寺簿制
（暂系于淳祐六年十月至十二月间）

士大夫一门之内，珠联璧合，接武于朝，自巩、肇、轼、辙以来，盖不多见。尔之伯氏既持文墨议论为吾近臣矣，汝又结绶继登。思惟列院非所以处汝也，进之颂台，涂辙益清。汝其勉旃，埙倡篪和，非惟侈衣冠之盛，抑以为邦家之光。可。

出处：《后村先生大全集》卷六一。又见《永乐大典》卷一四六〇七。
撰者：刘克庄
考校说明：编年据同集前后文时间补。

吴子良直华文阁江西运判制
（淳祐六年十月至十二月间）

朕乐众贤之和朝，惜一士之去国。其欲去也，必维之絷之以致其意；及其不可留也，又必恩斯勤斯以华其行。尔志尚端介，文律古雅，在周行辄龃龉而去，使畿内有清苦之名。武监史筵，属方向用，勇退之疏，却而复至。晋班妙阁，往试外庸。朕以东瓯支垒，南海远藩，非所以处汝也，复出江右之节焉。尔其慨然一行，访问疾苦，禁约贪暴，培养根本，务以苏息十一郡之凋瘵。居无几何，朕将有久不见生之叹矣。可。

127

出处：《后村先生大全集》卷六一。

撰者：刘克庄

考校说明：编年据刘克庄任两制时间补、吴子良官历补，见《赤城集》卷首《赤城集序》。

赵希楙秘阁致仕制
（暂系于淳祐六年十月至十二月间）

近世清白吏指不多屈。尔官于闽，以饮冰食檗、一介不取达于予闻，方出漕节，遣使番禺，庶持一廉，尽洗五瘴，云胡抗疏，谂疾辞荣！朕嘉王章牛衣之清风，哀马援鸢跕之壮志，而知其不可留也，寓直中秘，以华其归。可。

出处：《后村先生大全集》卷六一。

撰者：刘克庄

考校说明：编年据同集前后文时间补。

郑士昌赠宝谟阁待制制
（淳祐六年十月至十二月间）

朕优崇元老，旌录象贤。补《兰陔》之诗，怅莫谐于养志；候松阶之对，庸特许于弛恩。具官某场屋有声，胶庠得隽，每欲由名第选，不屑为恩泽侯。终、贾奇才，可推而用世；参、骞至行，仅见于事亲。自云啜菽饮水之欢，奚减曳紫纡朱之乐。栖迟滋久，培养益深。洎蝉冕之来归，俾班衣而娱侍。予方闲燕，独容孔鲤之趋庭；公既瞻仪，共羡伯禽之拜后。云胡美疢，遽陨盛年！晋参持橐之联，加厚书棺之渥。噫！魂无不之也，深悲季子之言；秀而不实夫，谁与《太玄》之草！谅而精爽，歆我宠褒。可。

出处：《后村先生大全集》卷六一。

撰者：刘克庄

考校说明：编年据刘克庄任两制时间、郑士昌卒年、郑清之（郑士昌父）官历补，见同集卷一七〇《郑公行状》、《宋史》卷二一四《宰辅表》补。题后原注："父少师乞以进书转太保一官回授。"

杨缵太社令制
（暂系于淳祐六年十月至十二月间）

朕念恭圣罔极之恩见于羹墙，而顾其家尤厚。尔少有华问，入幕者再，丞郡者三，材益老矣。社令华选，列于奉常，往哉靖共，以对甄擢。可。

出处：《后村先生大全集》卷六一。

撰者：刘克庄

考校说明：编年据同集前后文时间补。

京湖制置申岳州平江县军民举留知县杨寅得旨转奉议郎候再作县满日与升擢差遣制
（暂系于淳祐六年十月至十二月间）

征戍未熄，科调繁兴，近民之吏获乎上者多不获乎下，欲推而去之盖有之矣，欲挽而留之则未之闻焉。尔绾铜墨三年，羽书旁午，乃于其间兴学聘士，减赋赈灾，有为国家培根本之意。制阃推毂而荐，可能也；若士若民若兵攀辕而留，不可能也。朕将擢汝，而有司以资考为言，姑迁一阶，以示明陟，再书邑最，进用未晚。可。

出处：《后村先生大全集》卷六一。

撰者：刘克庄

考校说明：编年据同集前后文时间补。

赵与茉太府丞制
（暂系于淳祐六年十月至十二月间）

朕选拔近属之俊秀而官使之，然皆试之以事而后进之于朝，所以老其材也。尔蔼然贤誉，澹乎清修。出丞辅藩，既能同寅协恭以佐其守矣；入丞外府，必能洗手奉职以佐其长也。华涂方开，益自勉励。可。

出处：《后村先生大全集》卷六一。

撰者:刘克庄

考校说明:编年据同集前后文时间补。

章大任司农丞制
（暂系于淳祐六年十月至十二月间）

先汉盛时,太仓之粟至于红腐,贾谊犹云公私之积可以哀痛。今仓庾氏所储斤斤如也,朕既擢宰士领扈农,又为之谨简其僚。尔久于朝,畅练乎实,往佐而长讲求所以阜通之策,则固无不足之患,尔为通务之儒矣。可。

出处:《后村先生大全集》卷六一。

撰者:刘克庄

考校说明:编年据同集前后文时间补。

陈埙国博李伯玉太博制
（淳祐六年十月至十二月间）

有列于朝,或以材进,或以艺选,惟师儒之官率以中高科、负盛名者为之。尔埙南宫献赋第一,尔伯玉大廷对策第二,留滞周南,久方来归。入太学,诲诸生,有春诵夏弦之乐,无朝齑暮盐之叹,其所养者益厚矣。夫序迁非所以待英髦也,姑养雅望,以俟殊擢。可。

出处:《后村先生大全集》卷六一。

撰者:刘克庄

考校说明:编年据刘克庄任两制时间、李伯玉宦历补,见《南宋馆阁续录》卷八。

冯惟说武博制
（暂系于淳祐六年十月至十二月间）

国家设学教养,文武并用,而右庠之士议论气节尤劲,培植而作成之,师儒责也。尔萧然泽臞,屹然壁立,生晚而慕前修之志操,官卑而抗御史之威怒,多士闻风久矣。昔夫子论仁者之勇,子思言南方之强,盖孙、吴之所未讲也,其以是道训迪诸生。可。

出处:《后村先生大全集》卷六一。又见《尊白堂集》卷五。

撰者:刘克庄

考校说明:编年据同集前后文时间补。据《淳熙三山志》卷三二,冯惟说为嘉定十六年进士,此制当为《尊白堂集》误收。

郑士懿太学正章公权太学录制
(暂系于淳祐六年十月至十二月间)

唐用韩愈为学官,可谓妙选矣,而愈之自叙,当时馆下诸生有非议于列者,然则师儒之任其难尚矣。尔士懿恬于荣利,潜心下帷;尔公权通于伦类,为书满家。往训成均,罔俾韩氏专美于有唐。可。

出处:《后村先生大全集》卷六一。

撰者:刘克庄

考校说明:编年据同集前后文时间补。

赵与燔宗学谕制
(暂系于淳祐六年十月至十二月间)

比岁属籍之秀多出于学,先帝作人之效也。尔擢儒科,有属名,表率宗庠,无以易尔。麟趾公子皆有师法矣,《诗》不云乎:"岂无他人,不如同姓。"可。

出处:《后村先生大全集》卷六一。

撰者:刘克庄

考校说明:编年据同集前后文时间补。

李遇龙军器监簿特差京湖制参制
(暂系于淳祐六年十月至十二月间)

唐世幕府皆兼内职,国家倚重阃帅,阃帅倚重宾介,既殚婉画,宜置周行。尔起诸生,游边地,从温造、石洪礼罗之聘,有陈琳、阮瑀草檄之长。时方乏材,良足嘉叹。列属武监,仍谋阃事,汝益淬励,以趋功名。可。

出处：《后村先生大全集》卷六一。

撰者：刘克庄

考校说明：编年据同集前后文时间补。

蹇已之大理正制
（暂系于淳祐六年十月至十二月间）

廷尉民命所系，其属备正亚于卿，其选高。尔践履之间，有猷有守；仕已之际，无喜无愠。练事多而烛理明，庶可以持天下之平者。昔定国阴德，高其门闾，固美矣，然未若苏公式敬长我王国之为大也。汝往钦哉，毋废朕命。可。

出处：《后村先生大全集》卷六一。

撰者：刘克庄

考校说明：编年据同集前后文时间补。

庄序军器监簿制
（暂系于淳祐六年十月至十二月间）

朕惩重内轻外之弊，郡国二千石有治理，故必下玺书召用之。尔茂陵从臣之子，擢世科，识时务。其牧巴陵也，不以荒远鄙夷其民，蔼然古循吏之风。奉计来归，置彼周行，庶几有土有民者咸知所劝。可。

出处：《后村先生大全集》卷六一。

撰者：刘克庄

考校说明：编年据同集前后文时间补。

汤中右文殿撰湖北运副制
（暂系于淳祐六年十月至十二月间）

朕惟今上流，非复曩日，疆埸多故，郡邑凋残，科调繁兴，田里愁叹。前数遣使，未闻获五善以报者，于是烦吾近臣一行焉。尔在朕左右，清苦端介，嘉言盈耳，谏书满箧，立螭无几，何抗章勇退，留之不可。礼乐华遣，论撰隆名，呿驭而前,风棱竦动。吏贪浊者汰斥之,民荡析者安集之,某赋重当弛,某粮乏当储,小者立行,大者驿闻,重湖虽远,如在畿内矣。昔仁祖命臣修漕河北,宁考命臣德秀漕江左,皆于鞭算之暇,时有囊封之献。朕方法两朝之故事,尔其慕二贤之遗风。可。

出处:《后村先生大全集》卷六一。

撰者:刘克庄

考校说明:编年据同集前后文时间补。

史嵩之守本官职致仕御笔
（淳祐六年十二月九日）

嵩之今已从吉,守本官职致仕。

出处:《后村先生大全集》卷一九四《刘公行状》。

史嵩之除观文殿大学士致仕御笔
（淳祐六年十二月十四日）

史嵩之除观文殿大学士致仕。

出处:《后村先生大全集》卷一九四《刘公行状》。

史嵩之守金紫光禄大夫永国公致仕御笔
（淳祐六年十二月二十二日）

嵩之依所乞,守金紫光禄大夫、永国公致仕,除职指挥更不施行。

出处:《后村先生大全集》卷一九四《刘公行状》。

史嵩之守金紫光禄大夫永国公致仕制
(淳祐六年十二月二十二日)

朕守位以仁,退人以礼。大夫致君事,虽未及于希年;师尹具民瞻,务曲全其晚节。矧预陈于恳恳,俾遂挂于衣冠。具官某久历边陲,浸升廊庙。始犹沽誉,欲招徕名胜之流;及既盗权,专呼吸阴邪之党。内覃朝而震主,外挟虏以要君。仇公论而失士心,倍榷法而敛民怨。变遭陟岵,礼缺戴星,致清议之交讥,咎墨缞之非古。我闻在昔,求忠臣于孝子之门;人谓斯何,岂天下有无父之国!起庐之命,幸而中寝,行道之言,有不忍闻。靡俟终丧,遽先请老,自恃身谋之周密,安知众口之沸腾。或昌言欲坏延龄之麻,或力执不下卢杞之诏。宇宙虽广,有粟得而食诸?霜露既濡,啜泣何嗟及矣!其听还于官政,以扶植于纲常。噫!罪臣犹知之,卿勿废省循之义;退天之道也,朕乐闻止足之言。庶盖前愆,亦保终吉。腊月廿二夜,丞相传旨草制,次日被论,遂藏稿不出。

出处:《后村先生大全集》卷六一。

撰者:刘克庄

考校说明:"淳祐六年"据《宋史》卷四三《理宗纪》补。原书另有以下说明性文字:"淳祐丙午孟冬朔日,予为少蓬,当转对,妄论国本事。越四日,上亲享景灵宫,予立卿监班。既退,有诏皇侄孟启除贵州刺史,同日擢台谏侍从十有三人,予忝时暂兼权中书舍人之命,姓名在御笔之末。再辞免不允。翌日得省札,俾行上三房,予力以上三房逊赵汝腾侍郎,又不允。自见游丞相白之,公曰:'上欲并下三房委公,某力开陈,已为公免三房矣,又可辞乎?'十三日,始赴后省供职。制诰案吏人以三台谏词头来,经夕以草授之。俄九从橐皆来促纶言,至十八日,皆毕。前所积下词头尚多,予日困应酬,每夕辄草一制,至腊月二十四日去国,在职七十余日,所草外制七十道而止。外《史嵩之致仕制》,方誊稿付吏,适以台评去国。然旧稿诸公多见之者,不忍焚弃,姑存于编末。"

江万里殿中侍御史制
(淳祐六年十二月十日至二十四日间)

朕深惟风宪耳目之寄,艰于择材;时则有魁垒骨鲠之臣,毅然任重。久矣拾遗于右掖,进之执简于台端。尔学本于经,文贯以道,顷改调于胶瑟,趣入侍于细斾。察其忠忱,付以言责。谓臣无玉食,讵宜作于福威;谓盗窃宝弓,尤特严于书法。然后君子小人之界限定,家臣世卿之芽蘖除。顾泰道之消长靡常,善类之离合难必,朝阳鸣之和者少,狂澜倒而回之难,欲局面之坚凝,赖寸心之突兀。范仲淹负为谏官、为御史之望,出于亲除;司马光论结人主、结宰相之非,勉哉特立。可。

出处:《后村先生大全集》卷六〇 。

撰者:刘克庄

考校说明:编年据刘克庄任两制时间、江万里官历补,见《宋史》卷四一八《江万里传》等。

江万里侍御史制
(淳祐六年十二月十日至二十四日间)

朕恢张公道,容受直言。数诸臣之在廷,尤其惮黭;属首端之弄印,无以易尧。尔金百炼而愈刚,壁万仞而特立。所守之笃,今人与居,古人与稽;自信甚明,仁者不忧,勇者不惧。极力破权门之死党,奋身主善类之齐盟。精白一心,剀切百奏。风采耸闻于列辟,霜棱愈峻于内台。其序升横榻之班,以增重本朝之势。噫! 位高者责重,恩厚则报难。我思古人,深壮埋轮之举;汝长御史,尚观对仗之弹。可。

出处:《后村先生大全集》卷六〇 。

撰者:刘克庄

考校说明:编年据刘克庄任两制时间、江万里官历补,见《宋史》卷四一八《江万里传》等。此制当在同集同卷《江万里殿中侍御史制》之后。

戒励臣庶御笔
(淳祐六年十二月二十八日)

昨以史嵩之用舍未决,纷纷两年,比既施行,朕意已白,士大夫可一志虑以就事功矣。二三大臣其为朕就实以用人材,而以振纪纲、饬边备、通财用为急;中外有位之士,亦务就实以举职业,而以体国事、克己私、遂民生为本。是任贤望治之意。若坐虚岁月,浮于事,则朕将谁用。可于元日降诏戒谕。

出处:《宋史全文续资治通鉴》卷三四。

方大琮辞免差知隆兴府不允诏
（淳祐六年冬）

敕:省所奏辞免依旧宝章阁直学士、差知隆兴府填见阙恩命事具悉。朕以卿宅牧海南,五载淹久,飓风炎瘴,迥隔中州,乃能不彼夷其民,布宣中和,蔼有善最。眷念忠荩,不忘于心。岂不欲亟下召环,引以自近? 洪都选侯久玩印,姑辍仁贤,往为抚绥。虽蕃宣之任,随宜更革,而地望隆重,则今犹昔也。人才难得,而骨鲠敢言,足以尊本朝、折奸萌者为尤难。顾瞻在廷,重我感慨。扶奖爱护,朕志有在,卿亦谅之否乎? 亟宜就镇,慰彼氓黎,半夜席前,兹固有待。所辞宜不允,故兹诏示,想宜知悉。冬寒,卿比平安好? 遣书,指不多及。

出处:《宋忠惠铁庵方公文集》卷五。
考校说明:编年据方大琮宦历及文中所述"冬寒"补,见《后村先生大全集》卷一五一《方阁学墓志铭》。

封处州丽水县灵显庙神仁烈侯敕
（淳祐六年）

敕灵显庙神章承趣:朕闻有唐乾符,巢贼肆虐,丽水几危。尔以智勇,力捍乡井,其殁也,遂血食焉。迨于国朝,灵迹益著。珍寇于宣和,止潦于绍兴。其大者也。顷岁耄倪尤视以为司命。兹采民言,畀之彻侯,锡之嘉号,是亦足为冥冥之助欤! 可特封仁烈侯。

出处:光绪《宣平县志》卷一三,光绪四年刻本。
考校说明:编年据雍正《浙江通志》卷二二五补。《全宋文》系于"绍兴间"（第二〇五册,第一一三页）,误。

封处州丽水县灵显庙神妻助顺夫人敕
（淳祐六年）

敕灵显庙神妻吕氏：丽水有祠灵甚，盖存与殁，俱力于捍寇。昭昭冥冥，不可诬也，民甚敬事。验之碑志，以为有淑德之助。使者以闻，爰畀鱼轩，益大汤邑，以彰休烈，其尚歆兹。可特封助顺夫人。

出处：光绪《宣平县志》卷一三，光绪四年刻本。

考校说明：编年据雍正《浙江通志》卷二二五补。《全宋文》系于"绍兴间"（第二〇五册，第一一四页），误。

封处州丽水县灵显庙仁烈侯四婿敕
（淳祐六年）

敕灵显庙神婿丁鄂等：阴阳不测之谓神，而有奔走，有先后，则其神灵。尔等四神，附食于处之灵显庙，人称为仁烈侯之四婿。凡侯之救灾弭患，逆风宁雨，皆四神实辅之。士民合祠以陈，朕何爱一爵而不以彰厥灵乎！爰各启于初封，尚其阅于尔施。可特封仁烈侯。

出处：光绪《宣平县志》卷一三，光绪四年刻本。

考校说明：编年据雍正《浙江通志》卷二二五补。《全宋文》系于"绍兴间"（第二〇五册，第一一四页），误。同书同卷《封处州丽水县灵显庙神仁烈侯敕》已封灵显庙神章承趣为仁烈侯，本敕末句又云封其婿为仁烈侯，存疑待考。

理宗度宗恭帝朝卷十四　淳祐七年至十年 (1247—1250)

戒谕大臣诏
(淳祐七年正月一日)

朕宵旰求治,有年于兹,若涉渊冰,未知攸济。间者任用非人,不能秉礼怀义以辅朕。顾乃陷于匪彝,败俗伤教,朋淫肆欺,群议垒涌,由朕不德,朕甚愧焉。天诱之衷,豁然大悟,亦既绌去其党类,取其尤者屏之遐方,收召众正,是崇是信,而史嵩之已俾致其事,以示朕决不复用之意,其于正邪忠佞之分,岂不明白?搢绅士大夫交奏迭谏,恳恳欵欵,以陈于前,忠爱备至。抑朕闻正脉充、本根固,则外邪客气,始不能入。于今之时,思所以为自强之计。百尔执事,亦宜相戒以实,克去己私,以自公体国存心,谨乃身,率乃职,裕乃民,用辑宁我邦家。今以月正元日诞告于在位,尚祗若明训。

出处:《宋史全文续资治通鉴》卷三四。又见《宋史》卷四三《理宗纪》,《南宋书》卷五。

圣节戒敕烹宰诏
(淳祐七年正月十三日)

朕惟诞节放生祝寿,乃臣子忠爱,锡宴食品,自有彝式。如闻州军县镇缘此广务烹宰,殊失好生之意。今宜戒饬,不得多杀物命,一如景祐三年诏书,务令遵守,仍于所在放生池刻石。

出处:《咸淳临安志》卷四一。又见《宋史全文续资治通鉴》卷三四,《大昭庆律寺志》卷四,道光《昆新两县志》卷一一。

考校说明:编年据《宋史全文续资治通鉴》卷三四补。原书系于淳祐八年。

赐吴潜等诏
(淳祐七年二月一日)

朕惟祖宗盛时,名公卿相望,厥亦惟科目是进。肆朕临御,七选士于南宫矣,法壹是而得人歉焉,岂世果乏材,抑有司奉吾诏不勤也。矧今政瑟既更,贤路加辟,爰命尔公于文衡其精鉴,裁示趋向,因文艺以观器识,崇雅正而黜浮诞,俾国家得士之用,必如谷粟之足以养人,则予一人汝嘉。

出处:《咸淳临安志》卷一二。

考校说明:月、日据《宋史全文续资治通鉴》卷三四补。

周子镕改朝奉郎诏
(淳祐七年二月六日)

淮安主簿周子镕,久俘于北,数遣蜡书谍报边事,今遂生还,可改朝奉郎,优与升擢。

出处:《宋史》卷四三《理宗纪》。

检正都司协力自公诏
(淳祐七年四月七日)

昨以理财分任,正欲责成,岁一二易官,未见成效。检正、都司专务经理,讵宜付之悠悠。可谕朕意,使协力自公,共济国事。

出处:《宋史全文续资治通鉴》卷三四。

魏梦极吴焱各镌两资诏
（淳祐七年四月八日）

潭州县令魏梦极弃邑避寇，司户参军吴焱违帅臣指授，致攷县令黄端卿轻举而死，各镌两资。

出处：《宋史全文续资治通鉴》卷三四。

除赵葵督视江淮军马制
（淳祐七年四月十八日）

门下：朕若稽在昔，无竞维人。南仲往城而玁狁于襄，文后所以严治外之政；召虎来旬而淮汉庶定，宣王所以成攘夷之功。我有荩臣，凤蕴英略。允谓文武兼资之彦，久赞东西二府之权。庸就枢联，升进使范，仍执国政，翼宣化原。兹适会于时艰，所当急者兵务。用烦戒道，俾往视师，士听无哗，王言作命。通奉大夫、知枢密院事、兼参知政事、权监修国史日历、同提举编修敕令、同提举编修经武要略、长沙郡开国公、食邑三千三百户、食实封六百户赵葵，抱开物成务之学，富康时经远之蕴，识洞几微，得知国知兵之要；世传忠孝，播有臣有子之诗。颛经制者十年，尽劬瘁之一节。朕公入奏，旗常之勋绩屡书；威誉再驰，旃裘之君长咸怖。出则老熊当道，入而猛虎在山，休名雅似于仲淹，勇退直希于若水。属时改纪，有诏予环。甲兵之问至庙堂，肆俾分治；股肱之寄在忠力，未尝辞难。种、蠡霸越之可期，房、杜相唐而有待。载畴绩用，趣正使端。当疆事之未宁，而敌情之回测。分数不明，而兵屯无以统一；赏罚不信，而士卒无以激昂。孰宽顾忧，卿独勇往。惟气势合则可以制胜，惟精神运则可以折冲。水陆之备必严，风寒之护必密。兵事不由中御，盍思运量之宜；廷臣汝择自从，盍广忠贤之助？实倚长算，克济多虞。庙论既得以参闻，治脉庶几于融贯。并衍邑租之入，于昭礼貌之隆。於戏！王导仗黄钺而督晋师，江左赖之清宴；裴度荷雕戈而执蔡丑，淮右以之底宁。圣策定则有功，真儒用则无敌。罔愧前哲，则维汝能。可特授枢密使、兼参知政事、督视江淮京西湖北军马、依前通奉大夫、长沙郡开国公、加食邑一千户、食实封四百户。

出处：《景定建康志》卷三。

考校说明：编年据《宋史》卷四三《理宗纪》补。

赐赵葵辞免不允诏
（淳祐七年四月二十一日后）

　　敕赵葵：省所奏札子辞免兼知建康府、兼行宫留守、江东安抚使恩命事具悉。朕观晋人备御北方之略，大将必有定居。戴渊都督六县而镇合肥，桓冲亦督七州而镇上明，所以据形势立根本也。卿以凤望授钺，既合江淮荆楚而尽护之，陪都留钥之寄，复付卿而不吝者，亦晋人命戴渊、桓冲意也。兵事尚密，卿勿多云。所辞宜不允。故兹诏示，想宜知悉。

出处：《景定建康志》卷三。
考校说明：编年据《宋史》卷四三《理宗纪》补。

录系囚诏
（淳祐七年四月二十七日）

　　录中外系囚，并减一等，杖以下释之，蠲大理寺、三衙、临安府属县见监赃赏钱。

出处：《宋史全文续资治通鉴》卷三四。

释系囚诏
（淳祐七年五月三日）

　　诸路提刑司及州县，见拘罪囚非情理巨蠹者，并释之。

出处：《宋史全文续资治通鉴》卷三四。

中外臣僚士民直陈过失诏
（淳祐七年六月十五日）

　　朕德弗类，无以自媚于上下神祇，灾变荐臻，以戒不治。乃者冬无霜雪，土膏弗滋，穑事方兴，雨不时若，背春涉夏，渐成暵干，农畴盖有以种不入土闻者。其将何以格岁，穰续民食？并走群望，敬恭明神，非不吁嗟有求，嘉应罔答，至于庚伏，旱势益张。切迹灾异之来，端不虚发，朕不胜忧惧。其避正殿，减常膳，侧身修省，匪曰具文。二三大臣，盍相与尽忠竭力，图所以销变救灾之实？朕躬有过，及时政阙失，应中外文武臣僚暨于士民，皆得悉意指陈，毋有所讳。布告天下，咸体朕怀。

出处：《宋史全文续资治通鉴》卷三四。

<h2>收瘗遗骼诏</h2>
（淳祐七年六月二十八日）

旱势日甚，怛于朕怀，变不虚生，厥有攸致。两淮、襄、蜀尝经贼入，江闽内郡间因寇作，遗骸暴露，感伤和气，令所属州县收瘗之。

出处：《宋史全文续资治通鉴》卷三四。又见《宋史》卷四三《理宗纪》。

<h2>节制都统司事诏</h2>
（淳祐七年七月五日）

荆鄂都统司听京湖制帅司节制，池州、建康府、镇江都统司并听沿江制司节制，许浦都统司仍听平江府并浙西都大提举兵船司节制，江州都统司改听兴国、蕲、黄、安庆四郡节制。

出处：《宋史全文续资治通鉴》卷三四。

<h2>叙复朝散郎沿江制置使司参议官谢献子权
知安庆府兼淮西提刑兼提举制</h2>
（淳祐七年七月九日）

比年边陲多事，民生孔艰，亦重犯法，田野流离，山谷走集。抚御失宜，或害吾治，一道之寄，顾不重欤！尔奋自淮堧，以儒通务，舒为乡郡，闾阎利病，尔所素知。兹庸畀尔郡符，且兼宪仓之节。累累数印，岂特慰尔故土之怀，夸一时而荣一乡哉? 尔谕其父老,诏其子弟,各安其业。谨刑狱则无冤民,实仓廪则无饥民。尔知朕所以念淮民,则知所以惠乡部也。益懋尔庸,将选所表。

出处:《椒溪居士集》卷五。
考校说明:编年据《宋史全文续资治通鉴》卷三四补。刘才邵卒于绍兴二十八年,此文当为《椒溪居士集》误收。

不许辞免除授诏
(淳祐七年七月十一日)

辞免除授,实为繁文,除侍从、台谏、给舍、两省、左右史以上许辞免,余官不许。

出处:《宋史全文续资治通鉴》卷三四。

宇文景讷赠官诏
(淳祐七年八月二十一日)

前通判彭州宇文景讷骂贼而死,特赠官二等,仍与一子下州文学。

出处:《宋史全文续资治通鉴》卷三四。

令监司守臣讲荒政诏
(淳祐七年八月二十二日)

监司守臣宜亟讲荒政,以赈乏绝,税租有合蠲减者,具实以闻。

出处:《宋史全文续资治通鉴》卷三四。

宋慈疏奏岭外事宜批答
(淳祐七年八月后)

宋某所陈确实可用,若能悉意助卿保厘南土,旌擢未晚。

出处：《后村先生大全集》卷一五九《宋经略墓志铭》。

考校说明：编年据同集卷一四六《陈观文神道碑》补。

删改赦条诏
（淳祐七年九月六日）

命官该赦陈乞改正，不拘期限，今后赦条删去"限一年内"四字。

出处：《宋史全文续资治通鉴》卷三四。

付陈韡御笔
（淳祐七年九月后）

朕日夜以思，姑述所见报卿，更宜深长虑之。

出处：《后村先生大全集》卷一四六《陈观文神道碑》。

徐谓礼授太府寺丞告词
（淳祐七年十月）

敕朝请郎、行将作监主簿徐谓礼：太府，周官也，今名实尚存。周旧维卿维亚，丞以辅之，得其人事乃无旷。尔生长名儒之家，宜有所法象，而又以材谓称粤，从匠簿正使进而涉笔焉，尚敬之哉！其思所以不负丞。可依前朝请郎，特授行太府寺丞。

出处：《武义南宋徐谓礼文书》第一九六页。

黄端卿进官三秩诏
（淳祐七年十一月八日）

茶陵知县事黄端卿为郴寇所害，进官三秩，官一子将仕郎，立庙衡州。

出处:《宋史》卷四三《理宗纪》。

权免天基节大宴诏
（淳祐七年十二月十一日）

正岁天基节大宴权免,其州郡锡宴,务从省约,毋得科扰,以副朕敬天爱民之意。

出处:《宋史全文续资治通鉴》卷三四。

程九方特补迪功郎诏
（淳祐七年十二月十三日）

程九方陷北十一年,脱身来归,条陈边地事宜,有益备御,特补迪功郎。

出处:《宋史全文续资治通鉴》卷三四。又见《宋史》卷四三《理宗纪》。
考校说明:"程九方",《宋史》卷四三《理宗纪》作"太学生程九万"。南宋有二程九万,一为徽州婺源人、绍兴十五年进士(见弘治《徽州府志》卷六等),一为池州青阳人、绍熙元年进士(见嘉靖《池州府志》卷七等),均非淳祐中来归之太学生,《宋史》疑误。

赐赵葵诏
（淳祐八年二月）

朕烛知边情,念不可不先事而备,乃授督钺总师于卿,位冠枢臣,身膺隆委,营度上下流,不以暑寒辍,日讨军实而申儆之。表淮里江,气势联合,固已得胜算矣。彼犹袭前迹而动,负恃其众,辄大入阚我泗城,睨我盱、楚。边吏以遽告,赖指授孔凤,诸将士争奋勇鏖击,敌震骇不能支。既又蚁聚南北堰,梯桥筑甬,欲为久驻计。我师急攻,竟使失势溃以去。连年寇犯边,未尝一大治,无所惩。今敌人败衄徙靡,庶其知惮我国乎! 卿之功甚伟。览疏,泞致解严,且请以兵费为虑,义不辞难,忠于体国,此卿素所蓄积者。歌《出车》劳还,岂非朕所欲;然狡谋叵测,武备当益谨。及此时筹思永图,若稽田,厥既灾,勉终其亩,幸为朕少留意,以成卿勋名,顾不美欤!

出处:《景定建康志》卷二五。

泗州解围立功将士推赏诏
(淳祐八年三月六日)

奇功特与补转四官,其余补转有差,其淮西招抚司应援立功将士,并与比类推赏。

出处:《宋史全文续资治通鉴》卷三四。
考校说明:《宋史》卷四三《理宗纪》系于淳祐八年二月九日。

追赠田智润父子诏
(淳祐八年三月二十六日)

先锋军统制田智润泗州潮河坝之战,父子俱死于兵,赠智润修武郎,子承节郎,更官其一子承信郎,给缗钱五千恤其家。

出处:《宋史》卷四三《理宗纪》。
考校说明:原书系"二月甲戌",然该月无甲戌日,姑系于三月甲戌。

勉留赵葵诏
(淳祐八年四月六日)

督视赵葵累奏结局,朕闵劳念功,深有勒归之意。但北兵虽退,边备当严,更宜勉留,以副隆委。

出处:《宋史全文续资治通鉴》卷三四。

明堂并从省约诏
(淳祐八年四月十五日)

今岁明堂,惟事神仪物、诸军赏给悉循旧制,其乘舆服御、中外用度,并从省约,令有司条具以闻。

出处:《宋史全文续资治通鉴》卷三四。

太常寺奏请景灵宫行事日乞更定后殿飨
礼拜跪之数答诏
(淳祐八年四月十七日)

朕祗承宗庙,何敢惮劳,可一依旧式。

出处:《宋史全文续资治通鉴》卷三四。

诚约三省枢密院六部寺监遵守自来条法诏
(淳祐八年四月二十二日)

三省、枢密院、六部、寺监各遵守自来条法,不得引援弊例,违当重罚。

出处:《宋史全文续资治通鉴》卷三四。

赵葵进三秩诏
(淳祐八年五月十六日)

赵葵视师于外,今已期年,忠力具宣,威声绰著。既成却敌之效,复宏预备之规,肯为朕留,尤见体国。可无恩典,少示褒崇?特进三秩,依前枢密院事、兼知参知政事、督视江淮京湖军马、兼知建康府、江东安抚使、行宫留守,仍加恩。

出处:《宋史全文续资治通鉴》卷三四。

特转赵葵三官制
(淳祐八年五月十六日)

门下:朕倚任大臣,饬严外治。筹帷幄而决胜,夙推谟略之长;锡斧钺以视师,允藉威名之重。属封疆之告警,幸边备之素修。遂以捷闻,用宽忧顾。犹未举舍爵策勋之典,其可稽加地进律之恩。诞告朝伦,咸听朕命。通奉大夫、枢密使兼参知政事、督视江淮京西湖北军马、兼知建康军府事、兼管内劝农使、兼行宫留守、江南东路安抚使、马步军都总管兼营田使、提举编修经武要略、权监修国史日历、同提举编修敕令、长沙郡开国公、食邑四千三百户、食实封一百户赵葵,恢闳而沈厚,刚大而裕和。识足以照万微,智足以应群物。知子莫若父,尝许以开济之才;事君能致身,所守者精忠之节。再践凝密,益资赞襄。顷缘疆场之间,虑有甲兵之问。迨天之未阴雨,如人之护风寒。若思患而为之防,当先事而为之备。于时有建督之议,适契予衷;俾卿冠环枢之联,特为朕往。览观上下流之势,激昂文武士之心。经营孔艰,处分已审。此邦不足平也,恃吾有以待之。俄闻蜂虿之来,敢肆虎狼之侮。我众素饱,坐折遐冲。王旅如飞,欲贾余勇。惟事豫则立而策先定,故兵应者胜而力不劳。已信敌忾之威,正欲解严之际,以精诚体国,厥既肯留;念股肱服勤,宜先懋赏。是用陟三阶而视左光禄之旧,陪多邑而食我公田之腴,以示恩徽,以隆枋任。於戏!在师中承天宠,丕昭锡命之公;铺淮濆修我戎,嗣有还归之喜。兵事以暇而整,军容非礼不严。必和众而后可定功,必有常而后可立武。祗若予训,以图尔成。可特授宣奉大夫、依前枢密使兼参知政事、督视江淮京西湖北军马、兼知建康军府事、兼管内劝农使、兼行宫留守、江南东路安抚使、马步军都总管、兼营田使、提举编修经武要略、权监修国史日历、提举编修敕令、长沙郡开国公、加食邑一千户、食实封四百户。

出处:《景定建康志》卷三。

考校说明:编年据《宋史》卷四三《理宗纪》补。

赠赵葵辞免不允诏
(淳祐八年五月十六日后)

敕赵葵:省所上表再辞免视师期年特转三官、依前枢密使兼参知政事、督视江淮京西湖北军马、兼知建康府、江东安抚使、行宫留守、仍加恩恩命事具悉。朕观宣王中兴之雅,知召虎平淮之功,当其告成,用锡尔祉。宠命便蕃焉,其四章曰:"无曰予小子,召公是似。"释者谓王欲虎无自谦损耳。五章曰:"锡山土田,于周受命。"释者谓使受赐于岐周,显其先也。至卒章又曰:"对扬王休,天子万寿。"是其拜命必归美于上。君臣俱荣,朕甚慕之!日泗之捷,实卿胜算,少迟入觐,将图尔成。褒赏之行,周邦咸喜。今顾本之朝廷与士大夫之力,自谓无赫赫之名而欲辞之,谦毋已过乎?幕府上功,已诏第赏,俾予一人以宁,亦惟汝嘉。亟共朕命,勿重有请。所辞宜不允。

出处:《景定建康志》卷三。
考校说明:编年据《宋史》卷四三《理宗纪》补。

除陈韡等官诏
(淳祐八年五月十八日)

陈韡出镇南服,备殚忠勤,军民安平,蛮猺绥辑,特进一秩,依前知枢密院事、湖南安抚大使、兼知潭州、节制广西;余玠除兵部尚书、依旧四川安抚制置使、兼知重庆府、仍兼四川总领、夔路转运使;贾似道除刑部尚书、依旧京湖安抚制置使、兼知江陵府、兼夔路策应使、仍兼湖广总领;丘岳除兵部侍郎、依旧淮东安抚制置使、兼知扬州、兼淮西制置使;吕文德除侍卫马军都指挥使、依前保康军承宣使、右领卫上将军、枢密院副都承旨、兼知濠州。

出处:《宋史全文续资治通鉴》卷三四。

赐护国龙祠额诏
(淳祐八年五月二十四日)

西湖北山护国寺后龙洞泉源澄深,灵异感格,可赐护国龙祠为额,永充祈祷。

出处:《宋史全文续资治通鉴》卷三四。

赵葵辞转三官答诏
(淳祐八年八月十二日)

卿出提督钺,久懋忠劳,方倚成治外之功,遂宠锡师中之命。制麻播告,陈谊固辞,褒赏大臣,事关群听。其祗朕命,式仁遄归。

出处:《宋史全文续资治通鉴》卷三四。

林炎夺官三等押出国门诏
(淳祐八年八月二十一日)

大理寺丞林炎对疏狂妄,动摇国本,夺官三等,押出国门。

出处:《宋史全文续资治通鉴》卷三四。

赈给军人诏
(淳祐八年十二月八日)

隆冬严寒,军人不易,出封桩库十八界官楮二十万,令三衙赈之。

出处:《宋史全文续资治通鉴》卷三四。

诚谕沿江制帅劝民耕种诏
(淳祐九年正月十七日)

两淮、京湖、沿江制帅司行下所隶,劝谕军民从便耕种,秋成日,官司不得分收。

出处:《宋史全文续资治通鉴》卷三三四。又见《宋史》卷四三《理宗纪》。

它山庙神特封善政灵德侯诏
(淳祐九年二月一日)

敕庆元府鄞县遗德庙善政侯:神有功于民,祭法所尊也。尔在唐大和间,立石堰以障洪流,泽物甚广,鄞邑家赖之,至今遗迹宛然,是宜庙食不朽。国朝褒表,亦既封侯锡号矣。端平初,祈甿犹阖词以请,因仍弗举,宁非阙欤?特命有司俾衍休称,以示朕拳拳怀柔之意。可特封善政灵德侯。

出处:《两浙金石志》卷一二。

决狱诏
(淳祐九年二月十五日)

刑部及诸路监司刑狱案卷速与理决，仍差属官往州县狱审断，毋令奸胥作弊，滥及非辜。

出处:《宋史全文续资治通鉴》卷三四。

拜赵葵右丞相兼枢密使制
(淳祐九年闰二月二日)

门下:有常德以立武，夙资御侮之臣;歌《出车》以劳还，式副登庸之选。乃眷机廷之彦，久颛督钺之雄。句宣既奏于肤公，体貌聿崇于次揆。其敷言綍，以谂朝绅。宣奉大夫、枢密使、兼参知政事、督视江淮京西湖北军马、兼知建康军府事、兼管内劝农使、兼行宫留守、江南东路安抚使、马步军都总管兼营田使、提举编修经武要略、权监修国史日历、同提举编修敕令、长沙郡开国公、食邑六千三百户、食实封一千八百户赵葵，忠实而疏通，沈潜而刚劲。钟南岳之英气，为西平之世臣。仁不异远，义不辞难，蚤奋经营之略;文能附众，武能威敌，允兼牧御之长。勋绩纪于旂常，声名震于草木。汭陪宥密，深契眷知。顷边遽之戒严，升使端而授任，色词慷慨，毅然请行。指授雍容，虑无遗策，尽护诸将，于今三年。坐收泗上却敌之功，增重江介留台之地。朕惟折冲在乎强本，宽民所以备边。矧将序情而闵其劳，肆因告成而锡尔祉。太尉相尊等耳，既久居位望之隆;人杰吾能用之，又何爱钧衡之重。爰立诸右，式遄其归。北斗神枢，仍本五兵之柄;金章紫绶，峻跻二品之阶。并衍畬租，特优宠数。於戏!及闲暇而明国政，朕素定于宏谟;建辅弼以成天功，尔尚钦于明命。必和众乃为保大，必同心斯可图安。克壮其猷，祇若兹训。可特授金紫光禄大夫、右丞相、兼枢密使、提举国史院实录院、提举编修国朝会要、提举编修经武要略、长沙郡开国公、加食邑一千户、食实封四百户，主者施行。

出处:《景定建康志》卷三。
考校说明:编年据《宋史》卷四三《理宗纪》补。

赐赵葵辞免不允诏
（淳祐九年闰二月）

　　敕赵葵：省所三上奏辞免特授金紫光禄大夫、右丞相兼枢密使、长沙郡开国公、加食邑食实封恩命事具悉。朕以卿久劳于外，廷登次辅。既命撤幕，属边以遽告，为朕少留江上，指授吏士，非临机达权畴克尔。载览封奏，知敌已遁去。介圭入觐，兹惟其时。遂欲归田，何耶？《诗》云："来归自镐，我行永久。"此吉甫所以多受祉也。式遄其驱，以副钦伫，所辞宜不允，不得更有陈请，令疾速赴都堂治事。故兹诏示，想宜知悉。

出处：《景定建康志》卷三。

郑清之辞免太师奏答诏
（淳祐九年闰二月）

　　朕延登上相，显拜维垣，所以重岩石之瞻，尊道揆之体。周公为师而居左，图任方隆；考父闻命而循墙，陈情弥确。成尔一谦之美，姑惟旧品之仍。益赖熙良，深可嘉尚。

出处：《宋史全文续资治通鉴》卷三四。

日食避殿减膳彻乐诏
（淳祐九年三月十五日）

　　正阳之月，日有食之，史官先期以告，朕祗畏天戒，不遑宁处。可自二十一日为始，避殿、减膳、彻乐，益加内省。凡尔在列，各务交修，以辅不逮。

出处：《宋史全文续资治通鉴》卷三四。

大茅君加封太元妙道冲虚圣祐真君敕
（淳祐九年三月）

　　敕:朕闻真人驭风骑气,神游八极之表,而一念在生灵,则犹数数然也。太元妙道冲虚真君东岳上卿司命神君成道于茅山,登籍于仙府,三君之首者也。奇验见于历代,远近以为司命。朕为黎元慕尚不已,特命有司亟衍嘉号,以彰钦崇。可特封太元妙道冲虚圣祐真君、东岳上卿司命神君。

　　出处:《茅山志》卷九。又见《句容金石记》卷五。

中茅君加封至道冲静德祐真君敕
（淳祐九年三月）

　　敕:朕闻句曲三峰,神君显甚,遂有金坛洞天之名,历代所慕尚,岂独于今乎!定录右禁至道冲静真君修真得道,是谓中茅,雨旸应祷,远近德之。亟命衍号,以答鸿休。其体朕意,益阴骘于下民。可特封定录右禁至道冲静德祐真君。

　　出处:《茅山志》卷九。又见弘治《句容县志》卷七,《句容金石记》卷五。

小茅君加封微妙冲惠仁祐真君敕
（淳祐九年三月）

　　敕:朕闻汉武事神君于禁中,其祝甚秘,盖以徼福,朕不为也。三官保命微妙冲惠真君真风道气,号小茅君,祈盱敬事,祭典褒崇,盖非一日矣。兹奉衍号,以昭朕拳拳慕尚之意。益闳贶施,以惠生灵。可特封三官保命微妙冲惠仁祐真君。淳祐九年三月日。

　　出处:《茅山志》卷九。又见弘治《句容县志》卷七,《句容金石记》卷五。

答右丞相赵葵奏乞收回成涣退伏田里诏
(淳祐九年五月十八日)

朕以卿宣力之勤,延登右揆。告廷已久,避宠益坚。比遣内侍往谕至意,申命漕臣式遄其归。胡为来章,又以疾诿?夫知不俟驾之义,是即教事君之礼,岂不忠孝兼尽,家国俱荣哉! 其亟造朝,副朕钦仁。

出处:《宋史全文续资治通鉴》卷三四。

给步军司米官会赡军诏
(淳祐九年八月八日)

步军司支遣匮乏,每年可于丰储仓给米三千石,封桩库给官会二万贯,助其赡军。

出处:《宋史全文续资治通鉴》卷三四。

宣谕赵葵赴阙诏
(淳祐九年八月十二日)

赵葵除拜已久,告假将满,今闻欲还长沙,可令沿江制臣疾速差官邀止,不许般挈为归计,仍令吴渊宣谕赴阙。

出处:《宋史全文续资治通鉴》卷三四。

吕文德进官二等诏
(淳祐九年八月十九日)

今春北师犯边,吕文德指授将士累策奇功,进官二等。

出处:《宋史全文续资治通鉴》卷三四。

严军民销凿见钱私铸铜器之禁诏
(淳祐九年十月二十三日)

令临安府、诸路提刑司严军民销凿见钱私铸铜器之禁,仍下殿步司一体施行。

出处:《宋史全文续资治通鉴》卷三四。

风厉中外上言事诏
(淳祐九年十一月二十九日)

令都省风厉中外,应今后士庶上书,其言真有益于国者,必加精采;倘涉私邪,朋奸罔上,妄肆雌黄,当严加究问。

出处:《宋史全文续资治通鉴》卷三四。

讨论赵孟启就学事诏
(淳祐九年十二月十五日)

朕深念厥绍,建资善堂,令孟启就学,朕志已定。以其年幼未远,姆傅尚留王邸,今先欲赐名,可讨论绍兴二年典例闻奏。

出处:《宋史全文续资治通鉴》卷三四。

昌国英感庙神特封灵济侯诏
(淳祐九年)

庆元府昌国县岱山镇英感庙神:朕闻海上神山,烟霞缥缈,为灵异所宅。昌国相望蓬莱,而岱山固非寻常岛屿也。尔庙食兹土,御灾捍患,事迹暴着旧矣。迩者雨旱魃于一区,风寇帆于半夜,哄市之民赖以宁辑,庸非尔力哉!部使者以闻,宜启崇封,特加徽号。尚思灵济之义,以庥我民,特封灵济侯。

出处:《大德昌国州图志》卷七。

禁滞狱诏
(淳祐十年正月五日)

刑部及大理寺奏报罪案,各守条限。申严诸路宪司,凡狱讼毋得淹留,致连年拘系违令,台谏觉察以闻。

出处:《宋史全文续资治通鉴》卷三四。

丘岳特进一秩诏
(淳祐十年正月九日)

淮东制臣丘岳自能撙节军用,乞将朝廷例合支一千万贯免科,委见体国,特进一秩。

出处:《宋史全文续资治通鉴》卷三四。

赐董槐等诏
(淳祐十年二月一日)

朕惟治古,敷纳以言,用熙庶绩;汉唐设科取士,类多得人,而本朝为盛。议论根乎六经,职业粹于群下,酿化懿纲,赖有与立。比年士习风靡,文气日醨。岂世道所趋而然,将选举有未至也?卿等老于文学,秉司衡鉴,以赋而得仲淹,以论而拔苏轼,顾不伟欤!贡举成法,最为严重,宜加申儆,以取实才。

出处:《咸淳临安志》卷一二。又见《宋史全文续资治通鉴》卷三四。

结保纠察铜钱泄漏伪会充斥诏
(淳祐十年二月九日)

令沿海州县山陬海岛结为保甲,互相纠察,如有犯者及停藏家,许告推赏,不告连坐。

出处:《宋史全文续资治通鉴》卷三四。

赵葵除观文殿大学士醴泉观使兼侍读诏
（淳祐十年三月十七日）

赵葵恳辞相位,始终弗渝,使命趣召,亦既屡矣,奏陈确苦,殆渝一期。朕眷倚虽切,而不能强其从也。姑畀内祠,以便咨访。除观文殿大学士、醴泉观使、兼侍读,仍奉朝请,令学士院择日降制。

出处:《宋史全文续资治通鉴》卷三四。又见《齐东野语》卷一八。

吴渊除资政殿学士诏
（淳祐十年五月一日）

吴渊久历从班,屡更事任,兹领江阃,备竭忠勤,山寨耕屯,俱就规画。除资政殿学士,依旧职任,与执政恩数。

出处:《宋史全文续资治通鉴》卷三四。

两淮极边作邑人令监司引试书判诏
（淳祐十年七月二十四日）

两淮极边作邑人照川广例,令监司引试书判。

出处:《宋史全文续资治通鉴》卷三四。

万文明为江淮都统制诏
（淳祐十年八月五日）

敕江淮都统制万文明:起身兵校,协力辕门,驻戎麾于四海,开帅阃于荆襄。命为江淮都统制。淳祐十年八月初五日。

出处:民国《宁国县志》卷一二,民国二十五年铅印本。

赈济被水患郡邑诏
(淳祐十年十月五日)

访闻郡邑间有水患,细民流移,恐致失所。可令逐处出义仓米,量轻重多寡赈之,务在实惠均及。

出处:《宋史全文续资治通鉴》卷三四。

贾似道进官一等诏
(淳祐十年十月十四日)

贾似道乘边给饷,服勤八稔,凡备御修筑之费自为调度,尚有余蓄,殊可嘉奖。可进官一等。

出处:《宋史全文续资治通鉴》卷三四。

令逐州于每举待补人数内分额之半课试诏
(淳祐十年十月十四日)

国家以儒立国,士习美恶,世道所关。端平初,增诸郡解额,寝遭闱牒试,正欲四方之士安乡井,修孝悌,以厚风俗,比岁殊失初意。可令逐州于每举待补人数内分额之半,先就郡庠校以课试,取分数及格者,同待补生给据赴上庠补试,其天府一体施行。

出处:《宋史全文续资治通鉴》卷三四。

诫约两淮都统司主兵官行罚诏
(淳祐十年十月二十九日)

戒两淮都统司主兵官,今后行罚,不许轻用脊棍,以伤人命。

出处:《宋史全文续资治通鉴》卷三四。

赵葵授特进观文殿大学士判潭州湖南安抚大使诏
（淳祐十年十一月十一日）

新除右丞相赵葵谦退静恬,久辞相位,至内祠经幄,恳避如初,勉谕不回,迄虚倚注之意,朕甚念之! 特畀乡郡,以示光宠,以旌眷意。可授特进、观文殿大学士、判潭州、湖南安抚大使。

出处:《宋史全文续资治通鉴》卷三四。

令淮西提举李士达就司空山创司提举本路山寨诏
（淳祐十年十一月十二日）

淮西疆场延袤八百余里,近今沿江制司团结耕屯,渐已就绪,但制阃置司江南,相去差远。可令淮西提举李士达就司空山创司,提举本路山寨。

出处:《宋史全文续资治通鉴》卷三四。

太傅左丞相郑清之再乞归闲答诏
（淳祐十年十一月十三日）

卿以旧学元勋,再登辅弼,精神密契,鱼水相须,当与宗社同休,讵可轻为去就? 及将闲暇,正藉经纶,更宜坚定宏规,力持公是,体承眷意,勉为朕留,庶几黄发之询,是亦苍生之福。所祈闲退,毋复重陈。

出处:《宋史全文续资治通鉴》卷三四。

余玠进官二等诏
（淳祐十年十一月二十日）

余玠任四蜀安危之寄,着八年经理之功,敌不近边,岁则大稔。既浸还于旧观,将益懋于远图。畴其忠勤,足以褒勉。可进官二等。

出处:《宋史全文续资治通鉴》卷三四。

令诸路漕臣守臣体访民间疾苦诏
(淳祐十年十一月二十二日)

避殿减膳,以示恐惧修省之意。令诸路漕臣、守臣体访民间疾苦,当议优恤。

出处:《宋史全文续资治通鉴》卷三四。

公卿大夫百执事各扬其职诏
(淳祐十年十一月二十六日)

朕以凉菲,受天明命,夙夜祗敬,不敢荒宁。乃长至后一夕,雷声非时,震于朕衷,罔知攸措。夫乖气致异,变繇证起,皆朕不德。朕方避正殿,减常膳,以恐惧修省。惟尔公卿大夫、群牧百执事,各殚乃心,扬乃职,裨朕不逮,昭答谴告,用永孚于休。布告中外,明知朕意。

出处:《宋史全文续资治通鉴》卷三四。又见《宋史》卷四三《理宗纪》。

监司郡守被劾斥令以次官随诏
(淳祐十年十二月二十六日)

监司郡守被劾斥者,令以次官随,即拘榷财物,量给送还之费,庶绝吏席卷,亦爱惜民力之一助。

出处:《宋史全文续资治通鉴》卷三四。

蔡杭除江东提刑诰
(淳祐十年前后)

朕惟外台耳目之官,能以扬清激浊为己任者几何人? 选择而使,此朕之所以命尔也。惟尔乃祖乃父讲学于儒先之门,尔克念厥绍,以昌斯文,立朝谔谔有声,简在朕心。会择江左绣衣使，念昔尝用名儒辍尔以往，尔亦思夫司臬部内未久也，其必能周知民情，有以体朕钦恤之意。可依前奉议郎、特权江南东路提点刑狱公事、兼本路劝农提举河渠公事、提举弓手寨兵，仍借紫，候回日却依旧服色。

出处:《蔡氏九儒书》卷八《久轩公集》。

考校说明:编年据蔡杭（蔡抗）宦历补，见嘉靖《广信府志》卷一二。"蔡杭"，《宋史》卷四二〇本传作"蔡抗"。

蔡杭除直秘阁依旧江东提刑诰
（淳祐十年前后）

儒者有益于人国尚矣，居中则著忠谠之节，使外则罄询度之猷，此朕所以眷眷而不能忘也。尔承再世源流之学，厉一己操修之行，立朝未几，直道凛然，江左祥刑，厥闻愈邕。朕监观四方，欲使万物吐气，正倚贤使者为重，俾寓直延阁，增耀皇华，益既乃心，嗣有劳还之宠。可依前朝奉郎、特授直秘阁，差遣如故。

出处:《蔡氏九儒书》卷八《久轩公集》。

考校说明:编年据蔡杭（蔡抗）宦历补，见嘉靖《广信府志》卷一二。"蔡杭"，《宋史》卷四二〇本传作"蔡抗"。此文时间当在同书同卷《蔡杭除江东提刑诰》之后。

理宗度宗恭帝朝卷十五　淳祐十一年至十二年 (1251—1252)

赈济江浙流民诏
（淳祐十一年正月二十六日）

江浙沿流郡县刷具流民口数,于朝廷桩管钱米内赈济,仍许于寺观及空闲官舍居止。

出处:《宋史全文续资治通鉴》卷三四。

奖谕狱空诏
（淳祐十一年正月）

京师四方之极,地大而事难简,民众而争易繁,犴狱之清,自昔所罕。在西京有以廉明治京兆称者,仅能使游徽狱吏不敢妄系留人而止。而卿典刑皋十年,乃屡以空圄告,岂非慈信之孚,民用不犯,稽听之审,折狱惟良,乃卿素所长,故无讼之效,掩于前闻耶！方春始和,草木群生,欣欣自有乐意。于时览奏,允怿朕心。一札之颁,姑申嘉奖,未足以扬卿美最也。

出处:《咸淳临安志》卷四一。

李壄赐谥文肃诏
（淳祐十一年二月二日）

故同知枢密院事李壄早从诸老，历事三朝，史学优长，风节坚正，已久谢事，犹未易名，赐谥文肃。

出处:《宋史全文续资治通鉴》卷三四。

方逢辰补承事郎授平江军签判诰
（淳祐十一年二月十三日）

敕赐进士及第方逢辰：朕敕天之命，夙夜祗惧。兹亲策多士于庭，尔以正对发明时几之义，深契朕心，擢冠群英，金言惟允。授尔京秩，赞画辅藩，往钦初命，益务培养器业，将于此乎观。可补承事郎、特差金书平江军节度判官厅公事，替范炳阙。

出处:《蛟峰外集》卷一。

蔡杭除司封员外郎诰
（淳祐十年至淳祐十一年三月间）

司封旧主爵郎，唐杨凝、柳公权为之。革正封邑、斥退权右、直声彰著者，凝也；公权则以笔谏，"心正笔正"之语垂芳千古。朕为官择人，岂借才于异代？尔得考亭之传于父兄师友间，其学渊以深，其德玉以粹，其风节则严霜烈日也。驾祥刑使者车于江之东，使人即温，望俨一道，吏冰立而万物吐气。握兰画省，昔未为真。兹命尔典我封爵，贵德以劝贤，陈善以敬君，行尔素学，唐二臣风斯下矣。可依朝奉郎、特授司封员外郎。

出处:《蔡氏九儒书》卷八《久轩公集》。
考校说明:编年据蔡杭(蔡抗)宦历补，见《宋史》卷四二〇《蔡抗传》、《宝庆会稽续志》卷二、嘉靖《广信府志》卷一二。"蔡杭"，《宋史》卷四二〇本传作"蔡抗"。

禁诸道制总监司州郡以堂除部注之阙挽越申辟诏
（淳祐十一年三月十二日）

诸道制总监司州郡,不得以堂除部注之阙,挽越申辟,纵元系辟阙,若见任有人,亦不许预辟下次,仰常切遵守,违将求辟人降罢。

出处:《宋史全文续资治通鉴》卷三四。

赐殿前司步军司会子绢有差诏
（淳祐十一年四月二日）

赐殿前司十七界会子十万贯、绢千匹,步军司五万贯、绢五百匹,令桩留,济给贫乏及累重官兵。

出处:《宋史全文续资治通鉴》卷三四。

袁商等进秩诏
（淳祐十一年四月十六日）

资善堂已及满岁,赞读袁商、直讲陈显伯、检阅刘昕祖、曾黙、提点内侍王椿、干办邓惟聪,各进一秩,余减磨勘支犒有差。

出处:《宋史全文续资治通鉴》卷三四。

赵以夫刘克庄修纂国史事诏
（淳祐十一年五月八日）

赵以夫、刘克庄同共任责,修纂国史志传,以全大典,日下条具以闻。

出处:《宋史全文续资治通鉴》卷三四。

吴渊转两官御笔
（淳祐十一年五月）

吴渊在任以来，兴利除害，具有条理，所列二十五事，究心于士民兵者甚至。忠勤体国，良用叹嘉。可特转两官。

出处：《至大金陵新志》卷三中之下。

蜀立功将士速与具奏推赏诏
（淳祐十一年六月五日）

余玠整顿蜀阃，守御饬备，农战修举，蓄力俟时，期于恢拓。兹以便宜，自为调度，亲帅诸将行边捣垒。捷奏之来，深用嘉叹，勉规隽功，以遂初志。图上全蜀，以归职方，嗣膺殊封，式副隆倚。立功一行将士，速与具奏推赏。

出处：《宋史全文续资治通鉴》卷三四。

赐沿江制置使吴渊银合夏药诏
（淳祐十一年夏）

敕吴渊：卿三年居东，久着保厘之绩；六月徂暑，宁无牧御之劳！颁食剂以卫生，锡玺书而示奖。其厚拊濒江之俗，使均蒙扇喝之仁。今赐卿银合夏药，至可领也。故兹示谕，想宜知悉。

出处：《后村先生大全集》卷五三。
撰者：刘克庄
考校说明：编年据刘克庄任两制时间、吴渊官历、标题所述"夏药"补，见《宋史全文续资治通鉴》卷三四。

赐两淮制置大使贾似道银合夏药诏
(淳祐十一年夏)

敕似道:朕当殿阁凉薰之际,念疆陲暴露之劳。眷颛阃之英贤,分长淮之忧顾,载颁珍剂,匪曰常彝。益推扇暍之仁,厚拊乘边之士。下同前。

出处:《后村先生大全集》卷五三。

撰者:刘克庄

考校说明:编年据刘克庄任两制时间、贾似道官历、标题所述"夏药"补,见《宋史》卷四三《理宗纪》。

赐四川安抚制置大使余玠银合夏药诏
(淳祐十一年夏)

敕余玠:卿方奏戎车之捷,不敢告劳;朕虽居薰殿之凉,未尝忘远。乃颁上药,以奖中权。尚推广于吾仁,益拊循于士众。下同前。

出处:《后村先生大全集》卷五三。

撰者:刘克庄

考校说明:编年据刘克庄任两制时间、余玠官历、标题所述"夏药"补,见《宋史》卷四一六《余玠传》。

赐京湖制置大使李曾伯银合夏药诏
(淳祐十一年夏)

敕曾伯:卿尽护上游,重恢故境。方当流金铄石焚歊之际,不无轻裘缓带指麾之劳。奖以玺书,锡之珍剂。其推广于德意,益辑和于兵民。下同前。

出处:《后村先生大全集》卷五三。

撰者:刘克庄

考校说明:编年据刘克庄任两制时间、李曾伯官历、标题所述"夏药"补,见《宋史》卷四三《理宗纪》。

赐沿海制置副使章大醇银合夏药诏
（淳祐十一年夏）

敕大醇：卿表海宣劳，典藩著绩，属履执衡之序，爰颁尚药之珍。宜奉养于仁风，以坐镇于雅俗。下同前。

出处：《后村先生大全集》卷五三。
撰者：刘克庄
考校说明：编年据刘克庄任两制时间、章大醇宦历、标题所述"夏药"补，见《宝庆四明志》卷一。

赐马军都指挥使吕文德银合夏药诏
（淳祐十一年夏）

敕文德：金流石铄，时届炎歊；士饱马腾，卿方整暇。嘉乃韬钤之肃，锡兹服饵之良。非徒康济于元身，其益抚循于吏士。今赐卿银合夏药，并统制、统领、将佐、官属等，并依年例分赐。

出处：《后村先生大全集》卷五三。
撰者：刘克庄
考校说明：编年据刘克庄任两制时间、吕文德宦历、标题所述"夏药"补，见《宋史全文续资治通鉴》卷三四。

赐御前都统制聂斌等银合夏药诏
（暂系于淳祐十一年夏）

敕聂斌等：当庚伏之际，总戊己之屯，念枕戈暴露之勤，分尚药珍良之品。体予德意，同士苦甘。今赐汝等银合夏药，并统制、统领、将佐、官属等，并依年例分赐，仍传宣抚问。故兹示谕，想宜知悉。

出处：《后村先生大全集》卷五三。
撰者：刘克庄

考校说明：编年据同集前后文时间补。

禁戢关节之说诏
（淳祐十一年七月十五日）

令御史台觉察，仍下帅、漕两司访缉，置立篡局，妄营关节之人，究治如律。

出处：《宋史全文续资治通鉴》卷三四。

林光世以礼津遣赴阙诏
（淳祐十一年八月二十三日）

比览林光世《易范》，明《易》推星配象演义，有司其以礼津遣赴阙。

出处：《宋史》卷四三《理宗纪》。

皇弟贵议教授官官属推恩事诏
（淳祐十一年九月二日）

皇弟少保、保康军节度使、嗣沂王贵议读《周易》终篇，其教授官、官属可依昨来皇弟思正体例推恩。

出处：《宋史全文续资治通鉴》卷三四。

六陵四攒宫修奉告迁神御合行事务诏
（淳祐十一年九月九日）

昭慈、永祐、永思、永阜、永崇、永茂六陵并成穆、成恭、慈懿、恭淑四攒宫，遇有修奉告迁神御合行事务，令检察宫陵所关太常寺一面请降香表，择日依例排办。

出处：《宋史全文续资治通鉴》卷三四。

明堂大礼赦文
（淳祐十一年九月十四日）

朕以凉菲之资,守延洪之业。绍天明命,亦惟遗大投艰;在昔哲王,罔不明德恤祀。纂承滋久,寅畏靡忘。闻太史妖祥之占,疢怀修省;览四方水旱之奏,由己溺饥。荷二仪之顾歆,与列圣之积累,严守备以驱蚊虻之害,务安集以奠鸿鴈之居。云中赤白之囊,适稀惊报;都内腐红之粟,粗有宿储。欲寝兵措刑而未能,念制治保邦之匪易,徒以小心而对越,尤于大享以钦崇。陈太常玉路之仪,森万骑羽林之卫。在宫在庙,叶周家雝肃之诗;于帝于宗,采虞氏类禋之典。一纯二精之义得,合祫参侑之礼行。祭以茅苴,馨非黍稷。诏除秘祝,乡于己者敢专;史布正辞,质诸神而无愧。景光烛而灵游沛,燎烟升而精祲交。熙事乃成,至和斯应。奏《我将》之颂而受嘏,既介蕃禧;敛《洪范》之福以锡民,聿稽古谊。鸣跸而御丹凤,肆眚而揭金鸡。嘉与含生,均蒙饯惠。可大赦天下。於戏! 一夫不获其所,实切于恫瘝;百姓有过在予,悉从于旷荡。尚赖同心一德之辅,宣力四方之臣。坐而论者,益推于上恩;作而行者,勿视以文具。协图康乂,哀对洪休。

於戏! 一夫不获其所,实切于恫瘝;百姓有过在予,悉从于旷荡。尚赖同心一德之辅,宣力四方之臣。坐而论者,益推于上恩;作而行者,勿视以文具。协图康乂,哀对洪休。

出处:《后村先生大全集》卷五三。
撰者:刘克庄
考校说明:月、日据《宋史》卷四三《理宗纪》补。

郑清之依前太傅左丞相兼枢密使魏国公
加食邑食实封制
（淳祐十一年九月十四日后）

门下:朕穆卜吉辛,肇称元祀。合祫义古,二仪之眷顾方深;陟配礼严,三后之威灵如在。升辂而霁华丽晓,燔柴而圆魄烛天。交精祲于显幽,转阴晴于俄顷。皇矣上帝,监禋事之肃雝;相维辟公,系冢司之典领。其修播告,以奖忠劳。具官某简易而闳深,高明而笃厚。在嘉定际,号甘盘旧学之贤;及端平初,负杨绾当时之望。自角巾之东路,至赤舄之西归。盖退处者十年,岂预知其再相。含纳包荒之道广,弥缝用藏之功深。言之逊志逆心,必求顺汝而咈汝;人之有技彦圣,是能好之而容之。百志维熙,庶工无旷。兹大飨举行于秋杪,以元台总统于使端。珥蝉冠而萧然泽臞,服雉裘而屹乎山立。搜罗髦隽,列周庙奉璋之间;收召老成,扈雍時属车之后。缛仪克举,骏命方新。既彻俎而劳执事之臣,首锡带以宠调元之老。惟极品跻三公之贵,卿靡希荣;虽雅怀轻万户之封,予宁吝赏?爰加书社,仍拓租畬。於戏! 昔者周公以宗祀而配帝,时则伊尹有一德以享天。对扬昭代之恩徽,勉企先民之事业。可。

出处:《后村先生大全集》卷五四。

撰者:刘克庄

考校说明:编年据刘克庄任两制时间、南宋明堂大礼时间、郑清之官历补,见《宋史》卷四三《理宗纪》等。

郑清之明堂加恩口宣
(淳祐十一年九月十四日后)

有敕:圣人飨帝,讵凉德之克堪;冢宰佐王,赖精忠之显相。肆疏异渥,加奖宗工,以酬使领之劳,其服命书之宠。

出处:《后村先生大全集》卷五四。

撰者:刘克庄

考校说明:编年据刘克庄任两制时间、南宋明堂大礼时间、郑清之官历补,见《宋史》卷四三《理宗纪》等。

师弥依前皇叔祖太傅保宁军节度使判大宗
正事嗣秀王加食邑食实封制
(淳祐十一年九月十四日后)

门下:朕肇讲宗祈,聿稽古谊。乾为父,坤为母,义有取于合祛;文配帝,稷配天,礼尤严于参侑。精纯昭格,贶施骈臻。逮兹熙典之成,赖尔耆英之助。其敷制綍,以谂廷绅。具官某秀杰而温恭,简严而闳达,袭积庆于安僖传嫡之后,着大节于渺冲嗣服之初。春秋既高,多阅于义理;老成无几,尚有于典型。允谓周亲之仁人,蔚为刘氏之祭酒。属明禋之蒇事,俨华发之侍祠。惟孟子之达尊,莫如德齿;虽武公之既耄,尤谨威仪。爰拓封租,示均祭泽。於戏!胙肉下拜,卿不违于天威;斋酎先尝,朕敢遗于宗老? 益绥寿嘏,茂对宠光。可。

出处:《后村先生大全集》卷五四。

撰者:刘克庄

考校说明:编年据刘克庄任两制时间、南宋明堂大礼时间、赵师弥宦历补,见《宋史》卷四三《理宗纪》等。

赵师弥明堂加恩口宣
(淳祐十一年九月十四日后)

有敕:明禋之举,显相良劳;近属之尊,均厘敢后? 爰拓封租之赐,聿彰涣渥之新。其益钦承,以光大业。

出处:《后村先生大全集》卷五四。

撰者:刘克庄

考校说明:编年据刘克庄任两制时间、南宋明堂大礼时间、赵师弥宦历补,见《宋史》卷四三《理宗纪》等。

与芮依前皇弟少保武康军节度使充万寿观使嗣荣王加食邑食实封制
(淳祐十一年九月十四日后)

门下:虞禋班瑞,遍及群公;周祀赐膰,亦先同姓。属者明堂之大飨,粲然昭代之弥文。眷言贵介之贤,协赞亲祠之礼,既然熙事,宜赐褒章。具官某秀美而温纯,揖让而谦悫,孝友素称于宗族,典型克肖于文恭。分土胙茅,广姬室剪桐之意;大衾长枕,隆唐家华萼之风。顷繇朱邸之英,显相紫坛之祀。衮衣蝉冕,尤昭映于班联;桂酒椒浆,实参陪于荐献。降登有度,容止可观。逮兹彻俎之余,申以出纶之宠,爰加采地,式重藩维。於戏!蘋蘩荐鬼神,亦惟享德;棠棣燕兄弟,可后均厘? 茂对眷怀,益绥弗祉。可。

出处:《后村先生大全集》卷五四。

撰者:刘克庄

171

考校说明：编年据刘克庄任两制时间、南宋明堂大礼时间、赵与芮官历补，见《宋史》卷四三《理宗纪》等。

皇弟与芮明堂加恩口宣
（淳祐十一年九月十四日后）

有敕：祭有十伦，亲疏必辨，播分同姓，兄弟攸先。爰疏加地之恩，益壮维城之势。

出处：《后村先生大全集》卷五四。
撰者：刘克庄
考校说明：编年据刘克庄任两制时间、南宋明堂大礼时间、赵与芮官历补，见《宋史》卷四三《理宗纪》等。

杪依前保庆军节度使建安郡王加食邑食实封制
（淳祐十一年九月十四日后）

门下：朕藏三岁之祠，考九筵之制。王入太室，于昭报本之心；帝有合宫，以布调元之政。神人悦豫，邦国荣怀。方饫惠之溥行，尤宗英之加厚。具官某温恭是蹈，粹美所钟。佩韠佩觿，已有老成之度；学诗学礼，不忘讲习之功。盖公姓之媺亲，为朕意之深属。比涓季灏，载讲宗祈。髦俊之士奉璋，伯叔之国分玉。虽衣冠未任，莫陪裸鬯之仪；然俎豆凤闻，宜在赐播之列。其增井赋，以壮藩维。於戏！至诚感神，既穰穰而降福；明德睦族，爰幼幼以及人。祗对宠光，益隆誉处。可。

出处：《后村先生大全集》卷五四。
撰者：刘克庄
考校说明：编年据刘克庄任两制时间、南宋明堂大礼时间、赵孜官历补，见《宋史》卷四三《理宗纪》等。"杪"疑为"孜"之误，"宝庆军"为"庆远军"之误。《宋史》卷四三《理宗纪》："淳祐十一年春正月丁卯，诏孟启改赐名孜，依前庆远军节度使，进封建安郡王。"

赵杪明堂加恩口宣
（淳祐十一年九月十四日后）

　　有敕：朕既讲禋仪，遂推祭泽。顾钟爱莫加于犹子，□赐膰可后于诸王？祗服命书，益光德业。

出处：《后村先生大全集》卷五四。

撰者：刘克庄

考校说明：编年据刘克庄任两制时间、南宋明堂大礼时间、赵孜宦历补，见《宋史》卷四三《理宗纪》等。"赵杪"疑为"赵孜"之误。《宋史》卷四三《理宗纪》："淳祐十一年春正月丁卯，诏孟启改赐名孜，依前庆远军节度使，进封建安郡王。"

思正依前皇叔安德军节度使开府天水郡
开国公加食邑食实封制
（淳祐十一年九月十四日后）

　　门下：朕涓刚秋季，蕆事国阳。皇天付予，敢忘于报本；宁王遗我，尤谨于奉先。眷言属籍之尊，阻造侍祠之列，福宁专飨，礼有均厘。具官某迪性中和，持身谦悫。被服儒雅，蔚有开、平之风；典型老成，习见乾、淳之事。俞钺峻元戎之任，穹班视上宰之仪。比考旧规，聿修大享。誉髦多士，助祼圈于周京；宗室列侯，奉酬金于汉庙。既溥率被配天之泽，岂亲贤各加地之恩？於戏！燔柴而禋六宗，已歆精意；伐木以燕诸父，庸示至情。茂对显褒，益绥新祉。

出处：《后村先生大全集》卷五四。

撰者：刘克庄

考校说明：编年据刘克庄任两制时间、南宋明堂大礼时间、赵思正宦历补，见《宋史》卷四三《理宗纪》等。

赵思正明堂加恩口宣
（淳祐十一年九月十四日后）

　　有敕：祭统之伦，礼尤辨等；宗盟之长，谊盍赐膰。钦予优渥之恩，介尔炽昌之祉。

出处:《后村先生大全集》卷五四。

撰者:刘克庄

考校说明:编年据刘克庄任两制时间、南宋明堂大礼时间、赵思正官历补,见《宋史》卷四三《理宗纪》等。

与欢依前皇兄安德军节度使开府万寿观使天水郡开国公加食邑食实封制
(淳祐十一年九月十四日后)

门下:朕寅奉帝亲,参稽今古。称秩元祀,告功于神明;永言孝思,有事于文武。燎禋上格,祭泽下流。顾如麟趾之英,阻就骏弃之列,其申褒律,以示眷怀。具官某端大而方严,闳深而亮达。赋京兆精明之政,有今赵、张;传圣人褒贬之书,前无啖、陆。久备广厦细旃之顾问,俄从珍台闲馆之燕颐,遂授钺于斋坛,其视仪于宰路。属修大享,丕讲弥文。士各肃雝,共陪洛邑之礼;卿方留滞,不预汉家之封。逮此熙成,慨然主想。爰加多于井赋,益增重于宗盟。於戏!对贾生受釐,莫问鬼神之事;使宰孔赐胙,敢遗耄耆之臣?式对宠徽,永绥寿嘏。可。

出处:《后村先生大全集》卷五四。

撰者:刘克庄

考校说明:编年据刘克庄任两制时间、南宋明堂大礼时间、赵与欢官历补,见《宋史》卷四三《理宗纪》等。

赵与欢明堂加恩口宣
(淳祐十一年九月十四日后)

有敕:比遵彝典,肇讲精禋。方均厘遍及于宗亲,奈□老滞留于寓里。其均馂惠,增拓租封。

出处:《后村先生大全集》卷五四。

撰者:刘克庄

考校说明:编年据刘克庄任两制时间、南宋明堂大礼时间、赵与欢官历补,见《宋

《史》卷四三《理宗纪》等。

赵葵依前少保观文殿学士醴泉观使魏国公
加食邑食实封制
（淳祐十一年九月十四日后）

门下：朕若稽累朝，有事重厘。助严父配帝之礼，各以职而骏奔；眷出将入相之臣，独奉身而燕处。乃推馂惠，以奖壮猷。具官某禀河岳之英，际风云之会。隆中长啸，神交比乐毅之伦；圯上一编，天授非榖城之力。击楫清中原之志大，发兵坑孺子之功高。乃艰危则晋公视师，及平定则范子去相。宠利之心素薄，出处之际可观。属葳精禋，兴怀硕辅。卿虽乐午桥之墅，靡有退心；朕方受宣室之厘，讵容专缯？式遵旧典，加拓新畲。於戏！使宰孔而赐齐，示均胙饮；颂僖公之保鲁，遂奄龟蒙。茂对恩徽，益绥寿嘏。可。

出处：《后村先生大全集》卷五四。

撰者：刘克庄

考校说明：编年据刘克庄任两制时间、南宋明堂大礼时间、赵葵官历补，见《宋史》卷四三《理宗纪》等。此文原题《赵蔡依前少保观文大学士醴泉观使公加食邑食实封制》，《全宋文》据《宋史》卷四一七《赵葵传》改为《赵葵依前少保观文殿学士醴泉观使魏国公加食邑食实封制》（第三二六册，第七一页），不妥，"观文殿学士"当作"观文殿大学士"，"魏国公"当作"信国公"。《宋史》卷二一四《宰辅表》："（淳祐十年）三月戊子，右丞相兼枢密使赵葵辞相位，特授观文殿大学士、充醴泉观使、兼侍读，仍奉朝请，依前金紫光禄大夫，封邑如故……（十一月）戊寅，进封信国公，加封邑。"《宋史》卷四一七《赵葵传》："（宝祐）五年，进少保、宁远军节度使，进封魏国公、醴泉观使兼侍读。四辞，免。"

赵葵明堂加恩口宣
（淳祐十一年九月十四日后）

有敕：熙事聿成，与臣邻而同庆；湛恩溥及，岂勋旧之敢遗？昭示眷怀，对扬休命。

出处：《后村先生大全集》卷五四。

撰者：刘克庄

考校说明：编年据刘克庄任两制时间、南宋明堂大礼时间、赵葵官历补，见《宋史》卷四三《理宗纪》等。

明堂大礼赐郑清之诏
（淳祐十一年九月二十九日）

郑清之礼展宗禋，庆成缛典。回一晴于俄顷，实资燮理之能；相大祀以肃雍，尤见感通之妙。爰特颁于瑶带，庸示眷于钧衡。以答忠勤，宜膺荣渥。所赐玉带，可便服系。

出处：《宋史全文续资治通鉴》卷三四。

赐安南国王陈日昑淳祐十二年历日敕书
（淳祐十一年四月至闰十月间）

敕安南王陈日昑：朕运璇玑而布政，敬授人时；眷铜柱之画疆，莫非王土。其广历书之赐，以昭文轨之同。明诏驿驰，遐方户晓。既燠寒之顺序，亦耕凿之安生。

出处：《后村先生大全集》卷五三。

撰者：刘克庄

考校说明：编年据刘克庄任两制时间、文中所述史事补。

赐京湖制置使李曾伯辞免除宝文阁
学士职任依旧不允诏
（淳祐十一年四月至闰十月间）

敕曾伯：自顷边臣，不善牧御，钜镇坚垒，弃如赘疣，朕每饮食，意未尝不在襄樊也。卿颛阃几何时，而二城复归于职方氏，厥功茂焉。冠奎阁之直，陟统府之名，赏不逾时之义也。忽披来奏，方且谦谦然推劳吏士，恳避恩渥，过矣过矣。朕惟晋自永嘉，河南丘墟，用一祖逖，所至能薙荆棘，立官府，心甚慕之。今二城残敝，未如河南之甚，增守备以堤防后患，合智勇以坚凝前功，安集新民，拊循斗士，使开关可以战,闭户可以守,朕之所图于卿也。先小逊,后远略,岂卿素志,匪朕乐闻。

出处:《后村先生大全集》卷五五。

撰者:刘克庄

考校说明:编年据刘克庄任两制时间、李曾伯宦历补,见《宋史》卷四三《理宗纪》等。

赐新除权刑部尚书程公许辞免兼侍读不允诏
(淳祐十一年四月至闰十月间)

敕公许:朕召诸贤而未至,嘉一老之来归。观辰告远猷之忠,见岁寒后凋之操。朝野想望其风采,搢绅流传其奏篇。曳履之班虽高,细旃之业未究。终始于学,将求商宗之多闻;直谅如卿,不曰孔门之三益?俾之劝诵,胡乃执谦!汉廷思见贾生,既访治安之策;齐人莫如孟子,必陈仁义之言。其即钦承,勿烦巽避。所请宜不允。

出处:《后村先生大全集》卷五五。

撰者:刘克庄

考校说明:编年据刘克庄任两制时间、程公许宦历补,见《宋史》卷四一五《程公许传》。

赐宝制蔡范辞免除刑部侍郎不允诏
(暂系于淳祐十一年四月至闰十月间)

敕蔡范:朕历数先皇之侍从,兴怀尔考之忠良,恨不同时,幸其有后。顷由迩列,详式左冯。愿借寇君之留,去思虽切;不见贾生之久,注思已深。人物眇然,公等安在。熟复奏篇而嘉叹,俾还禁橐以论思。出有黄霸、龚遂之风,民庸藉甚;入居苏公、吕侯之任,人命系焉。朕念必行,卿辞毋费。

出处:《后村先生大全集》卷五五。

撰者:刘克庄

考校说明:编年据同集前后文时间补。

赐观文殿大学士游似三上奏札辞免再任宫观不允诏
（淳祐十一年四月至闰十月间）

　　敕游似：诏谕已详，恳祈愈确。昔彦博垂九龄而得谢，岂限引年之文；杜衍仅一请而获从，殊匪贪贤之意。尚欲遣使者安车之礼，讵可无廪人继粟之恩？万钟何加，岂容心于求富；三命而俯，无乃过于为恭！夫知止知足，固老氏之名言；可速可久，亦孔门之中道。况大臣之辞受，系列辟之观瞻，卿无执谦，朕不反汗。

出处：《后村先生大全集》卷五五。

撰者：刘克庄

考校说明：编年据刘克庄任两制时间、游似宦历补，见《宋史》卷四一七《游似传》。

赐太傅左丞相兼枢密使魏国公郑清之再上奏
辞免侄次申与见次监司恩命不允诏
（淳祐十一年四月至闰十月间）

　　敕清之：朕以丞相避势远嫌，虽贵极公台，而宗戚鲜少，又皆常调平进，与寒门素族无异。仅有一兄子，本由科第发身，白首州县，异于所谓恩泽侯者，畀节起家，良不为过。丞相方且考据古今，顿首固辞，章却复上。夫负薪牛具，恩之薄也；朱轮华毂，侈之过也。朕之报功无已，丞相之训俭有素，奈何援是以为比乎！涣命必行，巽函姑止。

出处：《后村先生大全集》卷五五。

撰者：刘克庄

考校说明：编年据刘克庄任两制时间、郑清之宦历补，见《宋史》卷二一四《宰辅表》。

赐观文殿学士陈韡上表挂冠不允诏
（暂系于淳祐十一年四月至闰十月间）

　　敕陈韡：卿养气至刚，得孟氏之学；鞠躬尽力，有孔明之风。顷烦昼绣之行乡，乃欲角巾而还第。州里化其廉逊之行，朝野仰其高洁之名。宣室前席之咨，方渴闻其至论;神武挂冠之奏,忽求践于昔言。夫辞两社之位,何节之亏;却万钟之禄,何满之有? 方叔之猷尚壮,晋公之年未衰。卿犹股肱,亦既冠二三执政之列;朕所体貌,其可拘七十谢事之文? 益坚在王室之心,毋作遁生民之计。

出处:《后村先生大全集》卷五五。

撰者:刘克庄

考校说明:编年据同集前后文时间补。

赐礼部侍郎兼给事中兼侍读张磻乞祠不允诏
(淳祐十一年四月至闰十月间)

敕张磻:卿多士之宗,法从之老,《秦誓》所谓黄发询谋、汉人所谓白首魁垒之臣也。朝廷有遗忘,赖卿陪辅;岿厦有顾问,待卿启沃。格心之学、造膝之言,有人所未知者。昔朕禋祀,卿以耆年奉章左右。略亲汤液,随奏药喜。第甘泉之颂,前宣室之问,朕方有意,奈何欲引去乎? 方今号召天下贤隽未至,旧人如卿,几何屈指! 其体眷注,勉为朕留。

出处:《后村先生大全集》卷五五。

撰者:刘克庄

考校说明:编年据刘克庄任两制时间、张磻宦历补,见《宋史全文续资治通鉴》卷三四、《宋史》卷四二〇《张磻传》。

赐资政殿大学士正奉大夫提领户部财用兼
知临安府赵与𥶑乞归田里不允诏
(淳祐十一年四月至闰十月间)

敕与𥶑:前卿厌剧思闲,归志浩然,朕诗以留之。居无几何,复有汝上之兴,岂犹未孚朕意耶? 自顷计省、京尹,每难其才,卿叠二组逾十年,使国力未甚屈,籴价不敢上,其事亦岂易哉! 求全之论,几于太过,卿疏殆有所激而云。自昔任事之臣,获久其职、究于用者鲜矣,朕于卿终始如一,无可间之迹,钜细必从,无不售之言,舍朕将安之乎? 夫顾众口之毁誉而欲洁一身之去就,疏远者然也,岂所望于同姓之卿欤!

出处:《后村先生大全集》卷五五。
撰者:刘克庄

赐太傅左丞相兼枢密使魏国公郑清之
再上奏乞归田里不允诏
(淳祐十一年四月至闰十月间)

敕清之:朕颛任元台,久虚次辅。君臣相得,庶几同声气之求;机务至繁,宁免独贤劳之叹?忽览封章之叠上,冀还政柄而勇归。首授寒暑相代之言,历陈古昔荐贤之事。居常乐善,尤喜闻乐克之为;孰不吝权,乃欲惟国侨之听。如卿卓识,自昔罕俦。今朝无虎豹在山之威,边有蚌鹬相持之势,方且寄安危于元老,奈何洁去就于一身!孟子谓予岂舍王,讵宜出昼;《洛诰》曰公无困我,未可明农。尚体眷注,勿存形迹。

出处:《后村先生大全集》卷五五。
撰者:刘克庄
考校说明:编年据刘克庄任两制时间、郑清之官历补,见《宋史》卷二一四《宰辅表》。

赐安德军节度使开府仪同三司充万寿观使
与欢乞休致不允诏
(淳祐十一年四月至闰十月间)

敕与欢:卿望重宗英,位崇使弼,前抗陈情之疏,暂为迁祔之行。孔氏合葬于防,何其久也;季子来归于鲁,跂予望之。忽览奏函,力求还笏。素有为苍黔之志,又非挂衣冠之年,何所嫌疑,遽兹勇决?岂朕用才之弗尽,致卿陈谊之甚高?夫功名贵始终之全,忠孝无仕止之异。国家近属,宁不驰魏牟存阙之心;将相重臣,未可作羲之誓墓之语。盍践予宁之约,愿闻入觐之期。

出处:《后村先生大全集》卷五五。
撰者:刘克庄
考校说明:编年据刘克庄任两制时间、赵与欢官历补,见《宋史》卷四一三《赵与欢传》等。

赐参知政事吴潜再上奏乞解罢机政不允诏
（淳祐十一年四月至闰十月间）

敕吴潜：卿以重望毗大政，朕所深眷，人无间言。洊览封章，以慨时病、惧物论为辞，求解机务，有大臣之风矣。朕政以时病为忧，早朝晏罢，思与卿等图之。卿而引去，则所谓助明时、行善事者，卿当属之谁耶？贾谊有言，医能治之而上不使，至今识者为汉文恨。卿任崇辅弼，朕方以卿为活国之针艾、救时之卢扁也，其安厥位，勿费乎辞。

出处：《后村先生大全集》卷五五。

撰者：刘克庄

考校说明：编年据刘克庄任两制时间、吴潜宦历补，见《宋史》卷四三《理宗纪》。

赐同知枢密院事徐清叟再上奏乞解机政不允诏
（淳祐十一年四月至闰十月间）

敕清叟：诏墨犹湿，奏函复上，勇退未已，为之怃然。朕于士大夫之在列者，未尝辄听其去，况二三大臣乎？卿知时事之艰，宜念股肱之竭力，任本兵之重，盍强精神而折冲，岂必以洁身辞位为高耶？矧素着直谅，数闻忠鲠。夫直言，国之华也，忠，社稷之镇也，朕方倚卿为重，又何危殆之有？

出处：《后村先生大全集》卷五五。

撰者：刘克庄

考校说明：编年据刘克庄任两制时间、徐清叟宦历补，见《宋史》卷四三《理宗纪》。

李曾伯除宝谟阁学士京湖制置大使御笔
（淳祐十一年十一月十一日）

襄阳要区，积年未曾经理，每关忧顾。李曾伯受任边阃，抗志远图，俾襄樊二城一日复旧，计虑密而用力多矣。且按兵戢敌，观听无哗，缮城峙粮，规略素定。必耕屯之并举，与守备以俱全。载嘉忠勤，宜示褒劝。可除宝谟阁学士、京湖制置大使、兼职依旧。

出处:《宋史全文续资治通鉴》卷三四。

赈济都民诏
(淳祐十一年十一月十七日)

隆冬凝寒,都民不易,出封桩库十八界官会子二十万贯赈之。

出处:《宋史全文续资治通鉴》卷三四。

赈恤江东湖南福建二广灾伤瘴疠处诏
(淳祐十一年十一月二十四日)

江东西、湖南北、福建、二广有灾伤瘴疠去处,虽已赈恤,犹虑州县奉行不虔,可令监司守臣体认德意,多方拯救。

出处:《宋史全文续资治通鉴》卷三四。
考校说明:原书系"乙酉"条,然是月并无乙酉日。又原书此条在"丁未"条之后、"庚戌"条之前,则"乙酉"当是"己酉"之误。

赐谢方叔御札
(淳祐十一年十二月一日)

朕观比年以来,朝纲浸弛,时事日乖,所以并命二相,夹辅王室。正赖开明公道,振起治功,肃纪纲以尊朝廷,用正人以强国势,救楮币以纾邦计,却寇骑以固边陲,清吏道使无贪黩之风,淑士气使无嚣浮之习。军制当定,则饬将帅以去虚挂之籍;人心当结,则戒守令以行宽恤之恩。此皆今日至切之务。昨来并相,往往各分朋党,互持己见,或借学校之言,或买游士之誉,交相捭阖,阴肆倾排,是以猜忌成风,众弊胶轕。今朕用缙绅之公言,从中外之人望,登庸硕辅,参运化权。继自今勿牵人情,勿徇私意。户庭必肃,使门无杂宾;亲干必饬,使人无异议。以玄龄、如晦为法,谋断必惟其是;以赵鼎、张浚为戒,议论悉主乎公。务为正大之规,以副倚毗之意。故兹札示,宜体至怀。

出处:《咸淳临安志》卷四。又见《宋史全文续资治通鉴》卷三四。

吏部四选以下刷具应干淹滞名件诏
(淳祐十一年十二月十一日)

令吏部四选以下,刷具应干淹滞名件,并要了绝,违当重惩。

出处:《宋史全文续资治通鉴》卷三四。

刺填殿步司军兵殁故累重之家子弟诏
(淳祐十一年十二月十三日)

殿、步司军兵应殁故累重之家,特许以子弟填刺。

出处:《宋史全文续资治通鉴》卷三四。

差辟襄蜀两淮等州郡阙官诏
(淳祐十一年十二月十六日)

襄、蜀、两淮极边并新复州郡县及二广恶弱去处,或遇阙官,许令斟酌辟上。

出处:《宋史全文续资治通鉴》卷三四。

诸路帅阃守臣讲明御敌区画诏
(淳祐十一年十二月十八日)

令诸路帅阃守臣讲明区画,详议激励,使各令自卫乡井,弓弩、箭只听从其便。

出处:《宋史全文续资治通鉴》卷三四。

团结队伍以御敌诏
（淳祐十一年十二月二十四日）

　　两淮、沿江、京湖制司，于江北地分及淮西山寨管内应有官屯民田耕种去处，并令团结队伍，随其聚落，就中择众所服者充甲长，任责结保，有警率其所部，务从便宜。或有疏虞，先惩头目人。有能励率强壮精习武艺者，先与奖励，将来能出力鏖战，当以真命旌赏。

出处：《宋史全文续资治通鉴》卷三四。

戒饬侥幸姑息之弊诏
（淳祐十二年正月一日）

　　昔王岩叟奏疏于先朝，有曰："朝廷之弊，莫甚于容侥幸以养蠹，尚姑息以惠奸。"朕观比年以来，其弊大率类此，良由廉耻道丧，贪竞成风，监司郡守以赂而求，何以厉其冰霜之操？元戎主将以货而得，何以窒其溪壑之欲？顽钝亡耻者阴结于旁蹊，嗜利无厌者依凭乎城社。荐举，铨曹之良法也，或交手而贸鬻；朝着，名流之清选也，或入札而指陈。庸庸碌碌者计日以望迁，循循默默者扳援而梯进。其间有为外台之按奏，言路之抨弹，自知摈却于公朝，乃为夤缘于制阃。郑章奏辟，蹑等希荣，不思格法之难行，直欲营求而得请。辟阙至挽于部阙，制差无异于堂差。遂使国体浸轻，政柄旁落，外阃之权反重于朝廷，朝廷之令不行于郡国。此侥幸姑息之弊，末流一至于此。然中书万化之原本，宰相百辟之表仪，源清则流以清，表正则影自正。继自今毋养蠹，毋惠奸，毋以姑息市私恩，毋容侥幸废公法。监司专廉察之权，风采不振者去之；郡守任宅生之寄，箧箧不饬者斥之。将帅不恤士卒，狼贪虎噬者屏之；士大夫不安命义，蝇营狗苟者黜之。此皆庶官之事，又有关于国体之大者。台谏，天子之耳目，给舍，朝廷之纲纪，无非所以维持公论，主张国是。夫何近年谏台无特立之操，或听命于庙堂，给舍多朋比之私，或禀承于要路，甚者专攻上身以沽讦直之誉，迎逢权势以为躐进之媒。是宜振起颓纲，挽回陋习，使朝廷有清明之气象可也。正朝廷以正百官，正百官以正万民，朕之责也，亦惟赖尔股肱之助也。《书》曰："襄我二人，汝有合哉。"《诗》曰："在时二人。"朕以周、召望卿，卿宜勉副朕意。

出处:《咸淳临安志》卷四。又见《宋史全文续资治通鉴》卷三四。

释系囚诏
(淳祐十二年正月十一日)

诸路监司帅守事有关人命连逮者,官欠摊涉者,伪会枝蔓者,词人淹系者,咸释之,仍严估平民之禁。

出处:《宋史全文续资治通鉴》卷三四。

令临安府如仪修葺诸王公主妃嫔保母攒所诏
(淳祐十二年正月十一日)

中兴以来,诸王、公主、妃嫔、保母皆有攒所,礼宜从厚,迩来有司漫不介意。其令临安府如仪修葺,以时祭祀。有主奉者不在此数。

出处:《宋史全文续资治通鉴》卷三四。

两浙淮东提举司所部阙官于正官内差权诏
(淳祐十二年正月十四日)

两浙、淮东提举司所部官阙,于正官内差权,毋以白身或罢吏。

出处:《宋史全文续资治通鉴》卷三四。

处置疫疠州县绝世人户财产诏
(淳祐十二年正月十五日)

二广、福建、江西、湖南去岁疫疠州县人户有绝世者,令监司、守臣稽其财产,即其族命继给之。远官身殁,其家不能自归者,官为理遣,勿令财物有所隐失。

出处:《宋史全文续资治通鉴》卷三四。

吴潜辞专任楮币之责答诏
(淳祐十二年正月十七日)

朕以二三执政皆天下之选,心同志合,无往年形迹之嫌,故以楮币一事俾卿专任。面谕已详,胡尚谦执? 宜亟祗朕命。凡茶、盐、钱、谷与楮相关者,悉新是图,以底成绩。

出处:《宋史全文续资治通鉴》卷三四。

谕宰执诏
(淳祐十二年正月二十五日)

近闻北骑之来,往往储糗粮、立寨栅以为因利乘便之计。守臣边将方欲婴城退守,则有老师费财之患;方欲开关接战,又有兵连祸结之忧。今朕欲于两淮、沿江各令立一项游击军,以备不时调遣,设若缓急,随宜应接,使大军偏师捣虚,此正李广纵部曲、逐水草、号飞将军之遗意也。又闻边疆之外,皆平原旷野,北骑冲突,边臣每有迅雷不及掩耳之患。今朕欲令极边州郡开浚水道,去城百里之间,三里一沟,五里一洫,使北骑不得长驱而入,边民亦可为耕凿之计,此正古者立方田、开沟浍以限戎马之遗意也。边防二事,久注朕怀,兹与卿等共筹之,条上便宜,以宽忧顾。

出处:《宋史全文续资治通鉴》卷三四。

诚谕台谏诏
(淳祐十二年二月八日)

朕惟明目张胆,当言即言,其责在台谏;斟酌剂量,可行即行,其权在人主。我朝固有台谏敢言具申,力抗五七疏而不报者,非所以抑台谏之风采,直以其事之关一从甚重也。今乃不然,数年以来,奏疏方入台,牒继之,惟知风宪之必行,不俟上章之报可。尝有用之于执政大臣者,有施之于端人正士者。如此,则人主之所欲用者,台谏皆得去之;台谏所欲去者,人主不得而留之,不几于威权浸移、太阿倒持乎? 自今后台谏毋循弊规,有失国体,奏疏必俟得旨付出,方许报行。

出处:《宋史全文续资治通鉴》卷三四。又见《宋史记》卷一三。

蔡杭国子祭酒诰
（淳祐十二年四月二十二日前）

我朝以儒教立国，中兴以来，道学复振，尔父尔祖俱得朱熹之亲传，尔耳闻目接，益以讲贯，凝然成德，体粹气和，朕心敬焉。祭酒为学校长官，今以命尔。夫考选程法，不得不由文艺，而所以端士行、厚士俗、相观而善者，则在尔身。曾子曰："动容貌，斯远暴慢矣；出辞气，斯远鄙倍矣。"有诸中形诸外者如是。尔尚勉之，行入侍朕。可依前朝奉大夫、特授试国子祭酒。

出处:《蔡氏九儒书》卷八《久轩公集》。
考校说明:编年据蔡杭(蔡抗)官历补，见《宋史》卷四三《理宗纪》、卷四二○《蔡抗传》。"蔡杭"，《宋史》卷四三《理宗纪》、卷四二○本传均作"蔡抗"。

书史弥远碑铭诏
（淳祐十二年六月二十六日）

朕惟故相中令魏国公忠献王史弥远光辅两朝，备殚忠荩，而嘉定更化之绩，甲申定策之功，尤甚彰明较著者也。铭书太常，永有休闻，而薨背越二十年，隧道之碑未立，朕甚悯焉。爰考太宗、神宗皇帝所以光宠普、琦故事，亲御翰墨，为制碑铭，以"公忠翊运定策元勋"题其首。可宣付史馆，以备立传，以见朕褒嘉念旧之意。

出处:《宋史全文续资治通鉴》卷三四。

遣使分郡赈恤诏
（淳祐十二年七月八日）

盖闻王道得则阴阳和，公正修则百川理，朕夙寤晨兴，无一念不在乎民。乃夏涉秋，淫雨为沴，水失其性，沸涌丘原，严、陵、衢、婺、台、处之封，上饶、富沙、剑、邵之境，溢于城邑，荡乃屋庐，父子室家不能相保，田畴稼穑存者几希。兴言内郡之被灾,未有此时之为甚,由朕不德,在尔何辜! 已命攸司赈恤,仍遣朝臣存问,务昭布于宽条,以推行于实惠。

出处:《宋史全文续资治通鉴》卷三四。

徐霖除职予郡御批
(淳祐十二年七月二十七日)

徐霖以庶官而论台谏及京兆,要朕之必行,事关纪纲,前此未有。昨言去余晦为是,今乃疏葵、杭为奸,言及朝士,亲填姓名,情怀不一,首鼠两端。可依所乞,除职予郡。

出处:《宋史全文续资治通鉴》卷三四。

令诸路守臣到任条奏便民事及四方利病诏
(淳祐十二年十月一日)

诸路守臣依旧制,到任半年,条便民五事及四方利病来上。

出处:《宋史全文续资治通鉴》卷三四。

李伯玉降两官放罢诏
(淳祐十二年十一月一日)

国家设御史,所以纠正百官;置宰掾,所以参赞机务。御史乃天子耳目之臣,而掾不过一大有司,未闻有以庶僚而纠劾御史者。近者徐霖以都司而按大有,今李伯玉又以都司而按泰来,阴怀朋比之私,蔑视纪纲之地,是非所以轻台谏,乃所以轻朝廷也。李伯玉乃复援张商英等事,以文其过,然三省、密院奏请专邪?况郭磊卿以正言而按李遇、吴当可,以体统之联属也;翁甫以下士而按别之杰,以其人事之关系也。若都司可以按御史,则御史反将听命于都司矣,朝纲不几于紊乱乎! 李伯玉可降两官放罢。

出处:《宋史全文续资治通鉴》卷三四。

临安府火令臣僚直言朝政阙失诏
（淳祐十二年十一月二十二日）

朕以菲凉，托于兆人之上，夙夜祇惧，不敢荒宁。乃者仲冬以来，祝融挺灾，仍旧而见，阛阓盛繁之地、货财懋迁之区煨烬为墟，生聚无所，号呼颠踣，震于朕闻，何辜今之人至此极也！可自今月十九日后避正殿，减常膳，应中外臣僚，并许实封直言阙失，毋有所隐，以称朕恳恻为民之意。

出处：《宋史全文续资治通鉴》卷三四。

宝祐改元诏
（淳祐十二年十二月一日）

敕门下：更化则可善治，所以开平之期；发号而定诰教，所以膺缉熙之庆。朕昭承丕绪，诞保受命，荷上帝之降康，蒙列圣之垂祐。既历三纪，夙夜罔敢遑宁；底绥四方，渊冰未知攸济。每兢兢而行道，期穆穆以迓衡。然察文审己而庶政靡齐，务本重农而群生寡遂。朝纲隳而积玩，吏习狃于怀私。国势仅定而未强，边机多虞而未靖。思报以图其易，补币而举其偏。惟三百年德泽之深，式克至于今日；而万亿载基图之永，用昭受于天休。欲通变于宜民，乃取斯而凝命。若稽成宪，遹广骏声。法势之宏规，会车书之一统；踵仁祖之盛际，致朝野之咸和。爰易嘉名，以兴嗣岁。遵迎善庆，振起群心。茂凝常久之功，永底辑宁之福。其以明年正月一日改为宝祐元年。

出处：《宋会要辑稿》礼五四之二〇。

都省言本朝自中兴以来依海建都其神合该大祀答诏
（淳祐十二年十二月十三日）

自明年始，春、秋遣从臣奉命往祠，仍令奉常条具典礼来上。

出处：《宋史全文续资治通鉴》卷三四。

理宗度宗恭帝朝卷十六　宝祐年间(1253—1258)

建安郡王为皇子御批
（宝祐元年正月一日）

朕惟皇嗣之建,系宗社国家之本,固宜早计而豫定也。建安郡王某可为皇子,改赐名禥,令学士院降诏。

出处:《宋史全文续资治通鉴》卷三四。

立建安郡王孜为皇子改赐名禥诏
（宝祐元年正月四日）

有天地然后有父子,立爱惟亲,圣王所以重人道之经,正天下国家之本也。朕荷上帝之眷祐,缵列圣之基图,思所以为诒谋之计,夙夜不敢康,若稽前猷,祗用率迪。建安郡王孜,艺祖皇帝之嫡系十一世孙,皇弟嗣荣王与芮之子,而朕之犹子也。生有奇质,岐嶷夙成,朕意属之久矣。顷以尚幼,就邸谕教,而能笃志问学,闻于道术智谊之指。时命入侍,庄重有仪,益有契于朕心。今年齿浸长,考礼正名,允合古谊,俾居内掖,以共子职。仍开资善,以亲师模,庶几日见正事,日闻正言,以成就其德美焉,上以严宗庙,下以系亿兆之心也。其以为皇子,改赐名禥。

出处:《宋史全文续资治通鉴》卷三四。

久在迁谪臣僚令自便诏
(宝祐元年二月四日)

臣僚久在迁谪者,令自便,惟误国殄民者弗赦。

出处:《宋史全文续资治通鉴》卷三四。

戒谕臣僚诏
(宝祐元年三月二十四日)

比年以来,风俗不美,好恶不公,臣僚论列固许风闻,而廉访不真,是非贸乱。自今大臣除授,惟才是用,内外台弹劾,并须审实,毋捃细故,潜发阴私,其有赃污实迹,则祖宗自有成宪,必罚无赦。咨尔有位,其修身奉法,以副朕嘉与维新之意。

出处:《宋史全文续资治通鉴》卷三四。

追赠王赳敕
(宝祐元年四月十二日)

朕褒扬臣节,以劝天下忠义之心;备饰国章,以起天下豪杰之气。将屈群策,图弭外虞。故修职郎、光州固始令王赳沈毅不回,忠诚无二。援儒饰吏,已见最于烹鲜;运武折冲,益效奇于缚虎。固撄九一之城,爰抗万千之虏。虽众寡之势莫敌,而君臣之分不易。龚胜饬巾,肯移心于二姓;张巡竭力,宁介意于一生!属朕初嗣,念此深冤,载举揄扬之典,合颁节惠之文。焕章进秩,勇节徽名。岂同千驷之无称,尚想九原之可作。精英不昧,休命其承。宝祐元年四月十二日。

出处:同治《乐平县志》卷首,同治九年刻本。
考校说明:《宋代诏令全集》:"此系年疑有误,按诏文中云'属朕初嗣',则当为宝庆元年,'祐'或为'庆'之误。然无旁证,姑仍其旧。"(第四四三八页)《宋史翼》卷三一《王赳传》:"王赳字国瑞,乐平人……绍定四年,金兵犯淮,守令望风遁,赳举轻骑袭金人,出其不意,得辎重以还。金怒,奋兵围固始。城濠深浚,敌不能入。

相守三月,无援,赳度势不可支。乃属固始民曰:'我不忍若等流离,顾事势不可为。'遂怀印赴漆井死。谥勇节。"故此敕不可能作于宝庆年间。《宋史》卷四五二《王逊传》:"王逊字纯父,饶州乐平人……绍定中,金兵犯淮。守令望风遁,逊度力不能御,怀印自投于井而死。"当为同一人。

令备蜀边诏
(宝祐元年六月二十五日)

昨已颁余晦谕蜀之命,道里遥远,边防宜急,毋得退避,以失事机。

出处:《宋史全文续资治通鉴》卷三四。

方逢辰除正字诰
(宝祐元年八月一日)

敕承事郎方逢辰:朕庚戌亲策,有以时几对居第一,敷陈鲠亮,群经生学士所不能到,非尔乎! 尔学本乎理义,气充乎议论,廷唱间金谓朕得晁、董流矣,试之宾画而幕府振,蓬莱道山,往正芸简,此我朝待伦魁彝典也。志于事业则官爵不足道,宜益培清望以须之。可依前承事郎、特授守秘书省正字。

出处:《蛟峰外集》卷一。

增封邵武县惠应庙神敕
(宝祐元年八月五日)

敕:有鬼神,有礼乐,道无间于幽明;曰风雨,曰阴阳,事悉由于感应。所谓化之迹也,盖有物以司之。邵武县惠应庙明应威圣广佑福善王,隋朝衣冠,闽地香火,保几载英灵之脉,存诸佛慈造之仁。德动九天,道弘八极。救水旱于翻覆手之顷,调寒暑于出入息之间。民为幻则亟济阴兵,天荐瘥而大驱厉鬼。欲子者与以子,不负匹夫匹妇之心;求名而得其名,盖造多艺多才之士。为民效著,助国功深。宜涣号于当今,用显灵于终古。更广佑为英惠,美哉又尽善焉;配博厚与高明,盛矣蔑以加已。可更封明应威圣英惠福善王。

出处:《闽中金石略》卷一〇。

考校说明:原文末句后云:"奉敕如右,牒到奉行。宝祐元年八月五日。"

改封昭宁慈应圣懿英淑妃敕
(宝祐元年八月六日)

敕:阳得阴而成化,日并月以为明,维神既灵,厥配斯显。邵武军邵武县惠应庙神妻昭宁慈应顺惠英淑妃,辅赞之功既旁流于宇内,窈窕之德尚想见于闺中。道叶坤行,爵随夫起,封更新于八字,祚永保于千年。可更封昭宁慈应圣懿英淑妃。

出处:《闽中金石略》卷一〇。

考校说明:原文末句后云:"奉敕如右,牒到奉行。告昭宁慈应圣懿英淑妃奉敕如右,符到奉行。宝祐元年八月六日下。"

特封灵惠公孚济公敕
(宝祐元年八月六日)

敕邵武军邵武县惠应庙神长子光世嗣庆崇济孚佑休宁侯、次子光祖绍应显济昭惠保宁侯:尔父死而为神灵,德被乎宇内,上及二代,俱有封爵,尔长子、尔次子其易侯而公,往助尔父,调阴阴而育民物。可特封灵惠公、孚济公。

出处:《闽中金石略》卷一〇。

考校说明:原文末句后云:"奉敕如右,牒到奉行。告灵惠公、孚济公奉敕如右,符到奉行。宝祐元年八月六日下。"

封广顺衍庆善利淑安夫人敕
(宝祐元年八月六日)

敕邵武军邵武县惠应庙神长妇燕氏嗣佑隆顺显助淑慈夫人、次妇梁氏广顺灵懿善利淑安夫人:父之泽既及乎子妻之爵,合从其夫,久正位于小君,今更名其佳号。可更封嗣佑衍福显助淑慈夫人,次妇可更封广顺衍庆善利淑安夫人。

出处:《闽中金石略》卷一〇。

考校说明:原文末句后云:"奉敕如右,牒到奉行。告嗣佑衍福显助淑慈夫人、告广顺衍庆善利淑安夫人奉敕如右,符到奉行。宝祐元年八月六日下。"

赐杨次山等谥诏
(宝祐元年八月十日)

朕追惟大母保祐之恩,杨次山等易名之典尚阙,其赐次山谥惠节,谷谥敏肃,石谥忠宪。

出处:《宋史全文续资治通鉴》卷三四。

郑清之葬事诏
(宝祐元年九月十二日)

旧学云亡,朕切念之。远日有期,可令庆元府,里葬从其厚。

出处:《宋史全文续资治通鉴》卷三四。

考校说明:《全宋文》(第三四五册,第二七三页)、《宋代诏令全集》(第五二四八页)均称"此诏原书题作'诏郑清之'",误。

赐陆德舆等诏
(宝祐元年)

朕临御以来,十诏宾兴,公卿大夫縣此途出。比年经术不穷指趣,而惟牵合对偶,词章不本渊源,而务雕琢刻削,论策则非出胸臆,而多用帖括。斯文关世道消长,顾念未有以作新之者。卿等方提文衡,各宜以对越为心,以选择真才为务,去取之际,崇雅黜浮,使士习由此丕变焉。昔仁宗嘉祐初,命欧阳修知贡举,时进士文体大坏,修乃悉取词义近古者,而险怪相高者尽黜之,文章自是变而复古。卿等其勉之。

出处:《咸淳临安志》卷一二。

改灵济侯为善应侯敕
（宝祐元年）

两浙洪水为患尤深,幸钱塘潮神灵济侯大显神通,逆风退浪,不坏民居,不伤民命。祠宇临江,水波不入,严、衢近郡,亦赖保全。是用重褒封号,旌异灵聪。宜改灵济侯为善应侯。雍正

出处:《浙江通志》卷二二一。

蔡杭转朝请大夫诰
（宝祐元年前后）

粤惟资善,置自先朝,在天禧则晏殊、宗道专审谕之官,在绍兴则范冲、朱震成翊赞之任。兹遵故典,谨简名流。既畴满岁之劳,可后懋公之赏?朝散大夫、太常少卿、时暂兼权工部侍郎、兼国史院编修官、实录院检讨官兼资善堂翊善蔡杭,端方而简重,凝远而邃深。诵西山之书,凛祖风之是似;遡武夷之派,喜师道之有传。自登论思献纳之班,屡进正大刚方之论。入辅吾子,亦既期年。日月计能,迪训靡闻于少倦;朝夕劝善,切劘咸谓于有方。卓然称国器之贤,复此集经帷之益。肆畴成绩,进秩崇阶。课太清之书,朕既用治平劝臣之道;新盘铭之德,卿其懋大学教子之功。善誉益增,前闻可迈。可特授朝请大夫,余如故。

出处:《蔡氏九儒书》卷八《久轩公集》。
考校说明:编年据蔡杭(蔡抗)官历、文中所述"入辅吾子,亦既期年"补,见《宋史》卷四六《度宗纪》、卷四二〇《蔡抗传》。"蔡杭",《宋史》卷四二〇本传作"蔡抗"。

二广贪吏勿令再任诏
（宝祐二年二月二日）

二广吏多贪黩,以去天远而民无告也。令吏部考核尝仕广而以贪黩免者,勿令再任,著为令。

出处:《宋史全文续资治通鉴》卷三五。

方逢辰除校书郎诰
（宝祐二年四月三日）

敕承事郎、守秘书省正字方逢辰：中兴抡魁，以九成、十朋为称首，盖其立朝有敢言之气节，词章其次也。尔冠廷唱，学有源委，士论归焉。晋班册府，慷慨能言，凛然有九成、十朋之气，朕甚嘉之，就升雠校，不特储养清望，他日馆阁言事，于尔有属。可依前承事郎、特授守秘书省校书郎。

出处：《蛟峰外集》卷一。
考校说明：原文末句后云："奉敕如右，牒到奉行。宝祐二年四月三日牒。"

择田给边兵以耕诏
（宝祐二年四月九日）

边兵颇贫，闻边上多有闲田，择其田之近便依险者，分给军人以耕。

出处：《宋史全文续资治通鉴》卷三五。

方逢辰转宣教郎诰
（宝祐二年四月后）

敕承事郎、守秘书省校书郎、兼国史实录院校勘方逢辰：朕顺考古道，率由旧章。圣继圣，明继明，共仰四宗谟烈之美；疑传疑，信传信，尚稽诸儒论撰之功。固知放失之多，盖亦显承之缺。是在武丁之孙子，任亦匪轻；乃资叔向之春秋，言皆有考。成功惟允，褒律宜优。尔学有渊源，词尚体要。老氏藏室，联辉奎璧之间；鲁史策书，补艺炎兴而下。十志铺张而不诡，诸儒褒贬以惟公。比及三年，可传百世。有晋王虞、宋徐沈之善，无□荀袁、家政骏之讥。卓识所资，凛著一王之法；奏篇既讫，聿严六阁之藏。论赏诏功，陟明有典。爰需丹宸之渥，申跻文石之阶。扬鸿烈而章缉熙，既藉发挥之力；率纯德以励忠孝，尚坚报称之心。可特授宣教郎、依前秘书省校书郎、兼国史实录院校勘。

出处：《蛟峰外集》卷一。

考校说明:编年据方逢辰宦历补,见同集同卷《方逢辰除校书郎诰》。

答董槐诏
(宝祐二年闰六月二日)

士大夫以议论求胜者多,以事功自勉者鲜,朕为人才世道忧之。卿深念蜀事,慨然请行,足见忠壮。然经理西事,当在庙堂,更宜勉竭谋猷,以副委任。

出处:《宋史全文续资治通鉴》卷三五。又见《宋史》卷四四《理宗纪》,《宋元通鉴》卷一一五。

令李曾伯进司夔路诏
(宝祐二年闰六月十二日)

四川事力愈单,须合荆阃乃可运掉。宜趣李曾伯进司夔路,区处规模,务要速定。

出处:《宋史全文续资治通鉴》卷三五。

蠲近边州郡租赋三年诏
(宝祐二年七月九日)

前蜀帅政事无状,兵苦于征戍,民困于流离,朝廷以吏议,使其家输,所取蜀财,为犒军赈民用。其蠲近边州郡租赋三年。

出处:《宋史全文续资治通鉴》卷三五。又见《宋史》卷四四《理宗纪》。
考校说明:编年据《宋史》卷四四《理宗纪》补。原书系于宝祐二年七月二十九日己巳,按原书此为七月第一条,后尚有丁未、甲寅等日事,《宋史》卷四四《理宗纪》系于九日己酉,当以为是。

惩贪诏
（宝祐二年八月十七日）

昨者屡降训廉抑贪之旨，以敕中外，凡属攸司，所当遵守。近闻有不畏刑法之人，辄倚声势，公肆掊敛，借名贡献，实在营私。豪民富室，本无愆尤，吹毛求疵，反致其罪。甚至抢财籍产，无所赴愬，怨及于上，利归于己，有累官府，孰甚于斯！所合严行告示，敢有复蹈前辙，重置典宪，必罚毋赦。

出处：《宋史全文续资治通鉴》卷三五。

赵葵乞申溧阳居止之命庶便驱策御批
（宝祐二年八月二十七日）

卿世济其美，谙练边筹，夙著勋劳，朕所嘉赖。兹览来奏，备见忠轨。伏自壬子以来，狄难孔炽，今安西之垒虽复，而宝峰之寇未退，朕尝轸忧。卿既慨然体国，且许为朕一来，尤见一饭不忘君之义。卿可趋装过溧阳，以便咨访，凡有所见，无靳奏陈。

出处：《宋史全文续资治通鉴》卷三五。

有司讨论皇子行冠礼典故以闻诏
（宝祐二年九月二十三日）

皇子年方志学，俨若成人，节届履长，欲行冠礼，令有司讨论典故以闻。

出处：《宋史全文续资治通鉴》卷三五。

诚约近戚不得干请诏
（宝祐二年九月二十四日）

朕惟祖宗盛时，待遇近戚，自有定法。比年以来，近戚文臣合干堂者不干堂，合部注者不赴部，夤缘私谒，以希批降，请求日盛，是致人言。故兹戒饬，继今如或仍前干请,别有施行。

出处:《宋史全文续资治通鉴》卷三五。

吕文德主京湖职事诏
(宝祐二年十月二十二日)

李曾伯进司重庆,其京湖职事,令吕文德主之。

出处:《宋史全文续资治通鉴》卷三五。

皇子禥讲明学业诏
(宝祐二年十二月十五日)

皇子禥年当志学,既冠之后,宜亲近师儒,开道德性,所读《四书》、《书》、《易》皆当精熟,至于古今治乱之迹,尤宜讲明。

出处:《宋史全文续资治通鉴》卷三五。

犒赏安西堡军民诏
(宝祐二年十二月二十一日)

安西堡解围,其将士褒赏外,令宣司下隆庆守臣段元鉴,应官民曾资给战士,或屈身助守御者,并保明推赏,仍普犒在城居民一次,免租赋五年。

出处:《宋史全文续资治通鉴》卷三五。

皇子忠王择日出阁御批
(宝祐二年十二月二十一日)

皇子忠王既加元服,令赴朝参,嗣岁之春,择日出阁。令内司指引,仍令临安府转运司于阁中修盖位次一所,庶几密迩于宫庭,可以问安而视膳。

出处:《宋史全文续资治通鉴》卷三五。

湖南提刑赵嘉庆镌秩罢任御笔
(宝祐二年)

赵嘉庆劾牟濚,初无奏牍,辄诬大臣以沈匿之事,力肆攻诋。然以在外小臣,乃敢欺罔君上,诬谤宰臣。且不顾廉耻,行赇赂吏,尚气节者得如是乎?国朝典故,凌抈宰相,罪在不恕。朕不欲已甚,姑镌一秩罢任,以为翼虚驾伪,亏国体、坏纲纪者之戒。

出处:《齐东野语》卷五。

考校说明:原书未明注何年,而下文云"明年谢(方叔)罢相,董槐槐棠继之"。谢方叔罢相在宝祐三年七月,则知此御笔为宝祐二年所下。

蔡杭权工部侍郎诰
(宝祐二年前后)

总四属之要职,宜在得人;资贰卿之清官,尤谨专任。乃眷直方之彦,久殚创述之劳。式涣丹纶,即真紫橐。朝请大夫、守太常少卿、时暂兼权工部侍郎兼国史院编修官、实录院检讨官、兼资善堂翊善蔡杭,心涵道宇,手撝文疆。学自得家庭之传,佥谓通儒,才堪大用。比畴庸于宪节,俾晋长于贤关。拂袖遂行,惊万牛之莫挽;召环哑下,喜一马之肯来。爰擢亚于奉常,仍兼参于起部。馨论思从容之顷,备器械闲暇之时。念可见之事功,其有试矣;使就正其秩禄,何以假为?繄此殊恩,允为妙选。百工居肆,期课效于缮修;近臣进规,更输忠于献纳。副兹眷倚,嗣有宠褒。可依前朝请大夫、特授权尚书工部侍郎、兼同修国史、实录院同修撰、兼资善堂翊善。

出处:《蔡氏九儒书》卷八《久轩公集》。

考校说明:编年据蔡杭(蔡抗)官历补,见同书同卷《蔡杭转朝请大夫诰》、《宋史》卷四二〇《蔡抗传》等。"蔡杭",《宋史》卷四二〇本传作"蔡抗"。

尤焴半月一赴经筵进读诏
(宝祐三年二月三日)

尤焴免奉朝请,半月一赴经筵进读,专令精意史事,毋为他事所夺。

出处:《宋史全文续资治通鉴》卷三五。

方逢辰除秘书郎诰
(宝祐三年二月十六日)

敕奉议郎、秘书省校书郎、兼国史实录院校勘方逢辰:汉之藏书天禄、东观,命马融、刘向为郎,至唐则掌四部图籍,有三人焉。非第一流,曷称兹选?尔以经术之渊源,负伦魁之声望。曳裾册府,校雠甚优,秉笔史筵,讨论靡倦。爰命进典中秘,以倡斯文,异时玉堂承明,皆权舆乎此。可依前奉议郎、特授秘书郎、兼国史实录院校勘。

出处:《蛟峰外集》卷一。

收换敝楮诏
(宝祐三年二月十八日)

拨官诰、祠牒、新楮、香盐付临安府守臣马光祖,收换敝楮。

出处:《宋史全文续资治通鉴》卷三五。

付台长令转谕程元凤御札
(宝祐三年春)

程元凤议论笃实,心事纯明,独立无朋,不阿不激,朕察之熟矣。抗疏再三,力求引去。此于经幄,荐控忱辞,朕念班行寥落,人物眇然,已勉留之。卿宜转谕同列,俾知朕意。

出处:《明良庆会》卷上。

考校说明:编年据《新安文献志》卷七五《程公家传》补。《全宋文》(第三四五册,第二六四页)、《宋代诏令全集》(第四二七六页)均云:"此札未知何时所降,然按其文,其时程元凤为台察兼侍经幄。据《宋史》卷四一八程元凤本传及卷四三《理宗纪》考之,元凤于淳祐十二年升殿中侍御史兼侍讲;宝祐元年九月升兼侍读,迁侍御史。此札之下当在此二年。今暂编于淳祐十二年之末。"误。

世忠庙神特封广烈孚佑显应忠惠侯诰
(宝祐三年四月八日)

敕世忠庙神广烈孚佑显应侯:新安属域古歙□□□,有世忠之庙,宅于黄墩之湖,用物多则英概如生,施惠大则庙享必久。眷尔聪明而毅,威武且仁。顷缘骑射之能,立去蜃妖之害。光流祚德,尚余存赵之心;锋抗逆俦,式显相梁之绩。忠壮揭长沙之里,功名着南史之编。爰暨我朝,厥有休烈。护边疆而相军旅,潜施弭患之功;救水旱而驱虫蝗,具着御灾之迹。览需章之来上,知灵异之尤殊。爰因旧封,申锡二字,曰"忠"以昭其德,曰"惠"以赫厥灵。尚宏尔休,用称朕命。可特封广烈孚佑显应忠惠侯。

出处:弘治《休宁志》卷三一,明弘治刻本。

考校说明:原文末句后云:"奉敕如右,牒到奉行。宝祐三年四月八日下。"

程元凤辞免恩命答诏
(暂系于宝祐三年六月十一日后)

卿立德方大,蓄学醇深,议论纯而有剀切之忠,践履实而无表暴之患。比登迩列,备罄訏谟。兹由选众之公,爰畀秉钧之任。方事机交至之际,属化局屡更之新。惟其纯则必能开忱而布公,惟其实则必能兴滞而补弊。已扬涣号,复免巽申,亟当钦承,毋庸执避。

出处:《明良庆会》卷上。

考校说明:编年据《新安文献志》卷七五《程公家传》补。文中所述"兹由选众之公,爰畀秉钧之任"似指程元凤"(宝祐)二年四月乙丑,除尚书吏部侍郎……(宝祐三年)六月丙子,依前中奉大夫,特授端明殿学士、同金枢密院事"。《全宋文》

（第三四五册,第二九九页）、《宋代诏令全集》（第四二七六页）则认为此诏"当是宝祐四年七月程元凤初拜右丞相、进封新安郡公时所下"。

董槐程元凤轮日当笔诏
（宝祐三年七月二十二日）

三省、密院机政,令董槐、程元凤轮日当笔,共议取旨。

出处:《宋史全文续资治通鉴》卷三五。

勉留丞相谢方叔御札
（宝祐三年七月）

朕亲政以来,命相凡几,居多弗绩,岂尽非才,良由私情炽而借迁擢以市恩,胜心重而结朋党以附己。故吏罕称职,而百工之不熙;志在干誉,而三尺之俱废。非但害于而国,抑亦累于其身。虽悔何追,往事可鉴!卿清忠素著,洁白无瑕。当言责则非仁义不陈,处政地则于辅相有补。爰置诸右,以济多艰。雅宜开忱而布公,相与修内而攘外,痛革蠹弊,仪图骏功,股肱良则庶事康,其来久矣;道揆存则法守寓,尚往钦哉!

出处:《明良庆会》卷一。

谕董槐程元凤御札
（宝祐三年八月一日后）

朕自往年二相并命,正欲其内安社稷、外攘四夷为己任也。然而各分朋党,互相倾轧,无房、杜相济之美,有牛、李角立之风。天变人事,日以荐臻,采之公论,咸谓潜之所致。吴潜既退,固宜天人协应,而方叔独相,固宜忠以辅朕也。今则依附取容,殊无謇謇之节;持禄固位,而乏谔谔之忠。政以贿成,官非德选。诸子无藉,恬然而不知;二边阽危,懵然而莫恤。昔吴潜之未去,责犹可诿者,今吴潜去已久矣,责将谁归?方叔宜当之矣。况皇天示警戒之异,臣庶有交奏之章,不夺方叔之相权,则是朕躬之有罪。尔槐、尔元凤,尚鉴兹哉。自今以至于后,其一乃心,以辅予一人,毋若方叔之负朕也。

出处:《宋史全文续资治通鉴》卷三五。又见《明良庆会》卷上。

考校说明:编年据董槐宦历补,见《宋史》卷二一四《宰辅表》。《宋史全文续资治通鉴》将此诏系于宝祐三年七月二十二日条下,系连带而言。观诏文此诏应是谢方叔罢相、董槐任相后所下,故《明良庆会》题作《示丞相董槐程元凤御札》。《明良庆会》前段文字为《宋史全文续资治通鉴》所无,末段"不夺方叔之权"云云则与《宋史全文》同,今附录其全文于后:"朕自吴潜之去,右席之虚,以安国家而利社稷,戒戎旅而遏蛮方者,实于尔方叔是赖。夫何覆悚不虞,衮职无补。近闻公议,殊骇朕衷。坐视三边之危,莫施一策之助。相而如此,朕何望焉云云。不夺方叔之相权,则是朕躬之罪。尔槐、尔元凤尚鉴兹哉。自今以至于后,其一乃心,以辅予一人,毋若方叔之负朕也。故兹札示,想宜知悉。"

赠蔡杭祖元定太子少傅诰
(宝祐三年八月二日)

有拜司马光之祖墓,而歆宠命之荣;有过昔韩维之家庙,而慕人爵之贵。今硕辅昉登于枢管,而愍章可后于祖筵?具官蔡杭故祖赠迪功郎谥文节元定卓绝之才,精诣之职。贯天地人物之理,博学无所成名;纳罟获陷穽之中,无入而不自得。尝褒赠于嘉定更化之始,复易名于淳祐录贤之时。伟西山之有孙,居右府而弼我。乃嘉蔡仲,克谨厥猷之美;俾践疏广,归老于乡之官。魂其有知,永康怡怿。可特赠太子少傅,余如故。

出处:《蔡氏九儒书》卷二《西山公集》。

考校说明:"蔡杭",《宋史》卷四二〇本传作"蔡抗"。

赠蔡杭祖母江氏新兴郡夫人诰
(宝祐三年八月二日)

得儒者而知兵,登崇枢极;蒸祖妣以洽礼,爰举邦彝。有炜禘章,于昭庙祀。具官蔡杭故祖母江氏淑恭赋质,慈俭宅心。教以德而有成,凤稔公宫之训;闲有家而无悔,久为中馈之贤。由积美之有源,得闻孙而佐国。肇颁密印,始彻脂田。通疏大郡之封,庸正小君之号。姑从告第,其尚流徽。可特赠新兴郡夫人。

出处:《蔡氏九儒书》卷二《西山公集》。
考校说明:"蔡杭",《宋史》卷四二〇本传作"蔡抗"。

赠蔡杭父沈太子少师诰
(宝祐三年八月二日)

　　君明臣良,庆千载风云之会;父慈子孝,沾一家雨露之恩。朕方任枢省之贤,尔实授鲤庭之训。可无懋典,慰尔孝思。具官蔡杭故父赠朝奉大夫沈学起九峰,道该一贯。以西山为之父家,传正学之灯;以考亭为之师面,受斯文之印。利禄不关于一念,功名悉付于诸郎。有弘济艰难之才,得兼资文武之彦。师隆三少,新备位于储宫;恩播十行,示追荣于祢庙。可特赠太子少师,余如故。

出处:《蔡氏九儒书》卷五附录。
考校说明:"蔡杭",《宋史》卷四二〇本传作"蔡抗"。

赠蔡杭母翁氏宜春郡夫人诰
(宝祐三年八月二日)

　　北斗天枢之象,位我儒臣;凯风寒泉之思,慰而母氏。肆举襃章之宠,式彰慈训之光。具官蔡杭故母硕人翁氏抑抑令仪,温温淑德。相夫有道,苹涧敬共,教子移忠,桂林擢颖。维时良弼,赞我洪枢。观其操存正大,可以知母之贤;考其造诣精微,可以验母之教。爰锡宜春之号,聿新巨郡之封。可特赠宜春郡夫人。

出处:《蔡氏九儒书》卷五附录。
考校说明:"蔡杭",《宋史》卷四二〇本传作"蔡抗"。

赠蔡杭继母刘氏齐安郡夫人诰
(宝祐三年八月二日)

　　三釜及亲,养遂曾参之乐;一羹遗母,孝推考叔之纯。凡一命以上,思报劬劳;在四辅之贵,可忘圣善。乃扬宠渥,以示懋绥。具官蔡杭故继母硕人刘氏仪闲蘋藻,秀毓芝兰。雝雝循法度之常,汲汲淑诗书之训。方尔遂升轩之乐,意其终列鼎之荣。家积善而庆有余,子欲养而亲不逮。枢分紫极,虽莫观厥子之成;

205

封启黄冈,于以慰尔灵之望。可特赠齐安郡夫人。

出处:《蔡氏九儒书》卷五附录。
考校说明:“蔡杭”,《宋史》卷四二〇本传作“蔡抗”。

蔡杭妻吴氏封新安郡夫人敕
(宝祐三年八月二日)

夫贵妻之荣,允叶闺门之庆;君使臣以礼,有加体貌之隆。朕方迪简于西枢,尔久得贤于内馈。信家齐而国治,宜报厚以恩醲。具官蔡杭妻硕人吴氏令范有齐,柔仪孔淑。宜家宜室,既乐尔妻;如山如河,必与偕老。能勉枢机之辅,大为经济之图。开汤沐之新封,地雄黟水;焕笄珈之旧饰,泽洽周泉。祇服宠光,以绥吉履。可特赠新安郡夫人。

出处:《蔡氏九儒书》卷八《久轩公集》。
考校说明:“蔡杭”,《宋史》卷四二〇本传作“蔡抗”。

厉文翁赴淮边副阃诏
(宝祐三年九月十一日)

淮哨在境,边防正严,沿江副阃岂容久虚,已差厉文翁可趋之任。

出处:《宋史全文续资治通鉴》卷三五。

犒赏殿步司教阅精勇军诏
(宝祐三年十月七日)

拨封桩库会子一十三万,犒殿、步司教阅精勇军,其衣装器具,悉从官给。

出处:《宋史全文续资治通鉴》卷三五。

奖谕四明蠲赋税诏
（宝祐三年）

粤从分牧，恪奉宽条，既屡蠲往岁之逋租，复代纳来年之常赋。廉然后能无取，公尔可见忘私，良用叹嘉！所请宜允。

出处：《四明续志》卷七。

戒谕臣庶诏
（宝祐四年正月一日）

朕仪图治功，宵旰在念，适时多艰，未称朕意。威令玩而不肃，纪纲弛而不张，财计匮而生财之道蔑闻，民力穷而剥民之吏自若。敌非果强，特自未有以振国势；兵非不多，特莫知所以计军实。舍法用例已非矣，有元无例而旁引，以遂其干请之私，其何以窒幸门、塞蠹穴乎？望治虽勤，课功愈邈，毋怪也。岁律云始，泰道方开，咨尔二三大臣傲于有位，俾精白一心，各扬乃职，务循名而责实，勿假公而济私，以弼成朕内修外攘之功，则予汝嘉。

出处：《宋史全文续资治通鉴》卷三五。

吴渊许便宜用事诏
（宝祐四年正月十九日）

京湖制置大使兼夔路策应使吴渊遇军戎急切，许用便宜，如可俟报，仍旧申审。

出处：《宋史全文续资治通鉴》卷三五。

革舍法用例等事诏
（宝祐四年二月十二日）

三省、枢密院、六部遵照已降御札，应舍法用例等事，悉警革之。

出处:《宋史全文续资治通鉴》卷三五。

决系囚不得淹延诏
(宝祐四年二月十八日)

监司州郡决系囚,毋得淹延,狱官毋得兼金,以妨本职。

出处:《宋史全文续资治通鉴》卷三五。

推赏士兵停免科征诏
(宝祐四年二月)

令宣使核实,凡战多者、死事者,疾速条上推赏。被兵之地,流离之民,一应科征,悉与停免。

出处:《宋史全文续资治通鉴》卷三五。

诚谕赵子秀赵崇洁诏
(宝祐四年七月二日)

执政当笔,具有典故,一日必慎,乃分之宜。卿等素怀体国之忠,雅有济时之略,偶虚揆席,借助贤劳。弊所当革,勿以易至招怨辞;利所当兴,勿以暂焉承乏沮。况均是大臣,自当任责,事毋庸逊,当以身先,力拯时艰,迄图明效,以副朕责成之意。

出处:《宋史全文续资治通鉴》卷三四。

诚谕三学诸生诏
(宝祐四年七月七日)

进退台谏,权在人主,若由学校,万无此理。且非大臣所得进退,学校可得而进退之乎?叩阍缕缕,更无已时。可令学官先谕三学诸生,各安心肄业,以副朕教育之意。仍令御史台契勘当时同待台牒作倡敓率之吏,重作施行;令临安府根究本隅将校,惩其不能钤束隅兵之罪,以为张皇者之戒。

出处:《宋史全文续资治通鉴》卷三五。

赠蔡杭父元定少傅诰
(宝祐四年七月二十六日)

佑善自天,式重斯文之报;推原有地,实维乃祖之功。刻密而封,陋泉其泽。具官蔡杭故祖、太子太傅、谥文节元定赋材卓绝,禀性高明。先天而后天,究河图洛书之奥;无极而太极,达阴阳造化之机。荷诸贤荐进之难,而群小排挤之易,克开厥后,庆贻其孙。一日万几,方藉政谋之赞;二公三少,盖升储傅之荣。吾道增辉,幽扃昭格。可特赠少傅,余如故。

出处:《蔡氏九儒书》卷二《西山公集》。
考校说明:"蔡杭",《宋史》卷四二〇本传作"蔡抗"。

赠蔡杭祖母江氏信国夫人诰
(宝祐四年七月二十六日)

惟吾士用相我家政缺追孝于前,流光在后。具官蔡杭故祖母东莱郡夫人江氏,以儒家女,配学者师。约己待宾,礼独丰于鸡黍;承家供祀,职尤谨于蘋蘩。笃生万石之孙,密次三阶之耀。彤管有炜,已正位于小君;象服是宜,爰进封于大国。潜光丕焕,懿□其钦。可特赠信国夫人。

出处:《蔡氏九儒书》卷二《西山公集》。
考校说明:"蔡杭",《宋史》卷四二〇本传作"蔡抗"。

赠蔡杭父沈少师诰
(宝祐四年七月二十六日)

引君当道,惟兹正人;教子以忠,本于严父。凡今日茂闻于远业,皇天有相于斯文。率循旧章,增贲祢庙。具官蔡杭故父赠太子太师沈纲维吾道,羽翼正传。

礼乐立邦国之经,著述可垂于百世;象数明天地之撰,制作示法于后人。立心不在其身,光前克裕厥后。以持敬为格君之学,以协忠为赞化之谋。政路訏谟,由夙承于考训;宫师极品,宜进秩于维垣。尚其有知,服此无斁。可特赠少师,余如故。

出处:《蔡氏九儒书》卷五附录。
考校说明:"蔡杭",《宋史》卷四二〇本传作"蔡抗"。

<h2 align="center">赠蔡杭母翁氏安国夫人诰</h2>

(宝祐四年七月二十六日)

帝命时儿,正赖克艰之助;母氏圣善,谅深冈极之恩。匪隆告第之恩,曷称择邻之教? 具官蔡杭故母文安郡夫人翁氏生于儒阀,配彼德人。襟度冲夷,遇媵侍假以色;性姿淑谨,事舅姑无间言。故悼亡有正节之称,而题墓表孝妇之美。痛三釜之不逮,虽万钟而奚加? 进之大国之封,仍以小君之号。用昭愍饰,式慰孝思。可特赠安国夫人。

出处:《蔡氏九儒书》卷五附录。
考校说明:"蔡杭",《宋史》卷四二〇本传作"蔡抗"。

<h2 align="center">赠蔡杭继母刘氏成国夫人诰</h2>

(宝祐四年七月二十六日)

以贤招贤,方重政涂之命;继母如母,申颁襚典之华。具官蔡杭故继母通义郡夫人刘氏雍肃妇仪,淑均母训。相夫字子,欢若有恩;酬外抚中,曾无间语。凡此弼谐之助,皆其保抱之功。汤邑脂田,已积小君之号;丝言密篆,更加大国之封。尚其幽扃,歆此明命。可特赠成国夫人。

出处:《蔡氏九儒书》卷五附录。
考校说明:"蔡杭",《宋史》卷四二〇本传作"蔡抗"。

封蔡杭妻吴氏东阳郡夫人敕
（宝祐四年七月二十六日）

乾坤合而一德,方庆会于君臣;咸恒冠于下经,实造端于夫妇。既协调于鼎味,宜申贲于窈封。具官蔡杭妻临安郡夫人吴氏环佩其仪,蘋藻乃职。相厥夫子,已位于四邻;有此英儿,早闻庠于三鳣。由中馈夙资于贤助,故政途克馨于嘉谟。象服是宜,爰永歌于谐老;《鹊巢》所致,端有赖于积功。进之大郡之封,仍以小君之号。谅而宾敬,同此邦荣。可特封东阳郡夫人。

出处:《蔡氏九儒书》卷八《久轩公集》。
考校说明:"蔡杭",《宋史》卷四二〇本传作"蔡抗"。

程元凤辞免提举编修不允诏
（宝祐四年七月二十六日后）

朕惟藏金有史,镂玉有书,明民之命,炳如日星,经武之谋,仁于风雨。会要虽诸儒之秉笔,编修赖一相之提纲。卿以醇儒,时登上宰,宜总领于众职,明素定之彝章。奚劳用谦,以遏成涣。所辞宜不允。

出处:《明良庆会》卷上。
考校说明:编年据《宋史》卷四四《理宗纪》、《新安文献志》卷七五《程公家传》补。《全宋文》(第三四五册,第三〇五页)、《宋代诏令全集》(第四二七七页)均曰:"此诏原书编于宝祐三年七月诏后,未注何时所下。按程元凤以宝祐四年七月为相,五年独相,六年四月罢。今姑编于四年之末,待考。"《新安文献志》卷七五《程公家传》:"(宝祐四年)七月,拜右丞相,兼枢密院使,进封新安郡开国公,提举国史实录院,监修国史、日历,提举编修国朝会要,提举编修玉牒,提举编修敕令,提举编修《经武要略》,三上表恳辞,不允。"

程元凤条陈正心待臣进贤爱民备边循法
谨微审令八事答诏
（宝祐四年八月六日）

朕之命相,正欲仰成。览奏旨哉,乃言惟服,尚期励翼,其克有勋。

出处:《宋史全文续资治通鉴》卷三五。又见《明良庆会》卷上。

诸阃属官帐前武臣不许带行内职诏
（宝祐四年八月二十三日后）

诸阃属官帐前武臣,并不许带行内职,令三省、枢密院遵守。

出处:《宋史全文续资治通鉴》卷三五。

太学土地神特封正显昭德文忠英济侯敕
（宝祐四年八月二十七日）

敕太学土地灵通庙神正显昭德文忠侯:神有功于民则祀之,矧有功于士者耶! 尔以聪明正直,妥灵于首善之地,为多士之所敬向,不但叱咤妖怪,具有灵应,而斯文益大以昌,实惟阴相焉。爱即旧封,载加美号。尚时顾享,永孚于休。可特封正显昭德文忠英济侯。

出处:《两浙金石志》卷一二。
考校说明:原文末句后云:"奉敕如右,牒到奉行。宝祐四年八月二十七日。"

申严学法戒饬诸生诏
（宝祐四年十一月九日）

朕乐闻切直,岂厌人言? 迩年臣下不能体国,惟以公报私,植党相倾,蛊坏士习。学校储才之地,乃有蹈于匪彝,譸张为幻,乱政害民,甚非教育初意。每念学校大体,未欲令有司施行。今又相帅成风,背义趋利,凭虚驾空,公论安在? 又令学官申严祖宗学法,俾诸生安心肄业,遵守惟谨。其有经明行修之士,精加考察,择其尤者以闻,朕将器使之。若或怙终不悛,自畔名教,则正典宪,亦非得已。仍令三学立石。

出处:《宋史全文续资治通鉴》卷三五。

正特奏名御试以武功资帖比折升甲升等诏
(宝祐四年十一月九日)

正特奏名御试,毋得更循旧制,例以武功资帖比折升甲升等。

出处:《宋史全文续资治通鉴》卷三五。

诫约四川制司严禁部属诛求诏
(宝祐四年十一月十一日)

蜀有兵难,民不聊生,所当招集抚摩,使之安业。乃闻官吏多端诛求,殊失培植邦本之意。下四川制司戒饬属部,违者必罚无赦。

出处:《宋史全文续资治通鉴》卷三五。又见《宋史》卷四四《理宗纪》,《南宋书》卷五,《宋史记》卷一三。

戒赃吏诏
(宝祐四年十一月二十六日)

朕闻祖宗立法,悉从宽厚,惟赃吏之罚独不少贷,为其蠹国害民也。朕待遇臣下未尝少恩,训廉有铭,正欲善诱。不谓迩来贪风转炽,国与民俱匮,而士大夫家益肥,间有自号清流,而居官之污浊尤甚,朕将何赖焉!自今小大之臣各宜洗心涤虑,毋纵于货贿;其或不悛,有淳祐之法在,举而行之,非朕得已也。故兹札示,想宜体悉。

出处:《景定建康志》卷四。又见《宋史全文续资治通鉴》卷三五,《咸淳临安志》卷四,《宋史》卷四四《理宗纪》,《南宋书》卷五。

考校说明：编年据《宋史全文续资治通鉴》卷三五补。

录用勋裔诏
（宝祐四年十一月二十六日）

虞廷之赏延于世,汉氏之官长子孙。《春秋》谓成季之勋,宣孟之忠而无后,为善者惧矣。朕慨思开国以来,勋臣之裔有能世济其美,而不能世其禄者,仰所在州军体访,保明以实闻,以备录用。

出处:《咸淳临安志》卷四。又见《景定建康志》卷四,《宋史全文续资治通鉴》卷三五,《宋史》卷四四《理宗纪》,《南宋书》卷五,《两浙金石志》卷一二。
考校说明:月、日据《宋史》卷四四《理宗纪》、《宋史全文续资治通鉴》卷三五补。原书系于宝祐四年十二月二十六日。

蔡杭除职予祠诏
（宝祐四年十一月二十六日）

参政蔡杭擅自去国,勉留不返,可除职予祠。

出处:《宋史全文续资治通鉴》卷三五。
考校说明:"蔡杭",《宋史》卷四二〇本传作"蔡抗"。

禁以私怒寄收人于县狱诏
（宝祐四年十二月十五日）

百司庶府及诸道监司以下,毋以私怒寄收人于县狱。有罪应收者,结绝不许过三日。

出处:《宋史全文续资治通鉴》卷三五。

奖谕荆阃吴渊敕
（宝祐四年十二月十七日）

　　荆襄，首蜀尾吴，国之屏蔽，乃者边人来告，朕每注意，未尝不在。襄有臣如卿，恃以无恐。卿血忱徇国，贤于长城，练兵偏裨，指授方略，距兵两月，以老北师，驱之出境，而以捷告，朕甚嘉焉！疆场之事，一彼一此，犹有晋在，焉得定功？卿能周虑熟思，恃胜保境，以图万全，式副朕意。其一行立功将士，仰制司速开具闻奏，次第议赏。

出处:《宋史全文续资治通鉴》卷三五。

赐陈显等诏
（宝祐四年）

　　朕取士于南宫，十诏攸司，而又有一于今矣。然时艰未济，岂果乏才，往往辨论多而建明少，浮伪胜而真实希，尚何望其庶绩之凝也！爰柬儒臣，董司校艺。尔其公而权衡，明而鉴裁。词章造理者必有道之士，议论可行者必通用之才，辨雌霓之讹，去师众之凿，革崑体之异，使英豪忠实之彦得以自见，而无竞维人，则予以怿。

出处:《咸淳临安志》卷一二。

戒群臣诏
（宝祐五年正月一日）

　　戒饬群臣，凡可以疏瀹弊源、剔除蠹穴、兴起天下之治者，其仪图之，式副朕内修外攘之志。

出处:《宋史全文续资治通鉴》卷三五。

决狱诏
（宝祐五年正月二十一日）

雷发非时，朕心惕然，考之《易》象，所当赦过宥罪。应诸郡有庚于罪者，非犯恶逆，自徒流以下，并从减等行遣；内有囚禁淹延者，悉与斟酌，事事从恕疏决，监赃不及一千贯者蠲放。

出处：《宋史全文续资治通鉴》卷三五。

吴潜转一官制
（宝祐五年正月）

门下：朕修我有夏，以诞保受命，每岁孟春，则大计群吏。矧臣作股肱耳目之旧，而时若州牧侯伯之贤，是有衮衣，越在外服，对三阳之泰长，敷大号以涣敷。观文殿大学士、宣奉大夫、沿海制置大使、判庆元军府事、兼管内劝农使、金陵郡开国公、食邑五千缺百户、食实封一千缺百户吴潜，方厚秉彝，中和迪行。漱六艺之芳润，则资之深；谕万物而发扬，其德可大。顷焉相朕，咨以奋庸。若盐梅之和羹，期于予治；以薰莸之共器。不溃于成。敛而经济之谋，重我蕃宣之寄。鄞山崒崒，欣草木之向荣；沧海洋洋，妥波涛而不缺当治象甫颁之日，正士夫更始之初。膺贡受图，曩侍春王三朝之会；承流宣化，今为东方诸侯之先。时而扬之，民之表也。虽玺书增秩，非所以待大臣；而民功曰庸，其可无于懋赏！爰峻禄臣之品，申陪井邑之封。於戏！王职如岁兼四时，朕方体元工之运；冢宰阜民倡九牧，尔尚新治理之功。益懋乃猷，祗若予训。可特授光禄大夫、依前观文殿大学士、沿海制置大使、判庆元军府事、兼管内劝农使、金陵郡开国公、食邑五千缺百户、食实封一千缺百户，主者施行。

出处：《开庆四明续志》卷一。

宁国府守臣申吴潜起发时日诏
（宝祐五年闰正月二十六日）

比以海间重地，付吴潜弹压，威惠所浃，鲸波晏然。今已及假满之期，所合申趣还之命。可令宁国府守臣宣谕就道,具起发日时闻奏。

出处:《宝庆四明志》卷一。

奖谕四川军民御笔
(宝祐五年二月四日)

蜀境奏凯,而俞兴城下之捷尤为奇伟,朕甚嘉之! 兴,大忠之子也,向以父罪,聊示薄惩,今尽释前过。仍令制司具立功守将以下姓名来上,等第推赏。

出处:《宋史全文续资治通鉴》卷三五。

崇封大岳太和山诰
(宝祐五年二月)

敕:北极惟尊玄武,元谓穹崇;南面虽主百神,必严寅奉。既阴受护持之贶,宜显嘉旌赍之仪。申衍荣章,用昭敬事。北极佑圣助顺真武灵应福德衍庆真君道周六合,威摄万灵。钟元黄一炁之真,阴功有赖;握坎离二精之妙,神化无边。以兹荡邪而辟功,莫匪救民而护国。惟我朝之累圣,殚至敬之一心。在真庙仁庙,则表灵应而彰感通;在孝皇宁皇,则奉佑圣而崇福德。迨予眇冲,固当增衍庆之封;嘉尔聪明,亦既述均阳之赞。肹蚃冥冥而默应,威灵赫赫以旁昭。无愿不成,锡庶民之福祉;何幽弗察,清四海之妖氛。凡同普率之间,均在包含之内。惟仁则所济之博,惟正则丕烈之洪。强赞上真,难明至德,尚宏道荫,永庇人寰。可特封北极佑圣助顺真武福德衍庆仁济正烈真君。

出处:《大岳太和山纪略》卷三,乾隆九年刻本。又见《大岳太和山志》诰副墨第一篇卷一。

侑配高宗诏
(宝祐五年三月十二日)

高宗皇帝克绍大业,宠绥万民。厄十世以中兴,恢旋乾转坤之烈;御六飞而南渡,有栉风沐雨之劳。定社稷以奠鳌极之安,明统系以诒燕谋之永。岂有光复我家之盛，未隆升陪世室之尊。永言孝思，稽古多阙。所以采博士议郎之是，酌人情礼制之宜，仿有夏之祀少康，法元和之尊光武。合一祖三宗而并侑，有德有功；则参天贰地之宏规，丕承丕显。用秩元祀，昭宣重光，陟配而多历年，以陈常于时夏；会通而行典礼，将大飨于季秋。

出处：《宋史全文续资治通鉴》卷三五。

世忠庙神特封忠烈显惠公诰
（宝祐五年三月十六日）

敕世忠庙神广烈孚佑显应忠惠侯：朕闻神之有功于民者深，则国之示报于神者厚。尔发灵古歙，立庙黄墩，以祚德而遗存赵之心，以拒逆而显相梁之绩。迨我朝而益着，护边境以维多。人感其去蛊之功，里称其消螟之德。曰旸曰雨，随感而孚；此土此民，相依以妥。既灵休之莫大，岂封爵之可常？爰升四字之上公，以答一州之众望。曰忠烈以彰其既往，曰显惠以侈其方来。尚宏尔休，以对朕命。可特封忠烈显惠公。

出处：弘治《休宁志》卷三一。
考校说明：原文末句后云："奉敕如右，牒到奉行。宝祐五年三月十六日。"

除放百姓缗钱御笔
（宝祐五年三月二十三日）

朕闻政平讼理，则民安其业；告讦易俗，则礼义兴行。近有司受词，多是并缘为奸，延及无辜，摊赖缗钱，动以万计，是可忍也，孰不可忍！其耳目所接者已悉蠲放，余令御史台觉察以闻。

出处：《宋史全文续资治通鉴》卷三五。

程元凤辞免进封恩例批答
（宝祐五年闰四月四日后）

览奏备悉。卿机务之余，研精史事，笔削有功，视前乎以文具提纲者异也。

今朕班赏,亦当尔殊,增秩虽扰,式克称是。祗承朕命,谨勿固辞。

出处:《明良庆会》卷上。

考校说明:编年据《玉海》卷四六补。文中所述"卿机务之余,研精史事,笔削有功,视前乎以文具提纲者异也",当指上进《中兴四朝国史》事。《中兴四朝国史》上进时间,《新安文献志》卷七五《程公家传》系于宝祐五年春。《全宋文》(第三四五册,第二九九页)、《宋代诏令全集》(第四二七六页)认为此诏"当是宝祐四年七月程元凤初拜右丞相、进封新安郡公时所下",恐误。

诚谕宰执台谏御笔
(宝祐五年闰四月七日)

方今多事之秋,非贤不乂,赖卿等作朕股肱耳目,靖共尔位,各迪有功。宰执以公道行公法,台谏以公心行公论,并仰体高宗皇帝圣训,毋得合党缔交,自贻伊慼。仍札御史台。

出处:《宋史全文续资治通鉴》卷三五。

陈合著作佐郎制
(宝祐五年五月)

士在朝犹玉韫山、珠潜渊,草木为之辉润,其去也则黯然无光。尔为诸生,已有盛名,既擢上第,学益老,文益工,德益进,太史氏南宫舍人,非尔其谁宜为!顾使之卷怀而去,士林惜之,朕亦有久不见生之叹。昔季子来归,《经》为鲁喜;两生莫致,《史》为汉惜。擢尔于承明著作之廷,庶几古人烝髦士、进英俊之意。可。

出处:《后村先生大全集》卷六二。

考校说明:编年据《南宋馆阁续录》卷八补。刘克庄此时未任两制,此文或为《后村先生大全集》误收。

世忠庙神封忠烈显惠灵顺善应公诰
（宝祐五年六月八日）

敕世忠庙神忠烈显惠公：山川发祥，神则灵止；封爵申命，理固宜然。尔着迹黄墩，遗忠祚德，生贤佐而为国之辅，普阴施以利泽于人。比者方诏祠官，特升公爵，曾褒崇之未艾，复灵应之迭陈。是知扶舆清淑之资，宜受舄奕荧煌之号。爰载加之八字，庸是报于一州。曰忠烈显惠者，彰既往之休；曰灵顺善应者，侈方来之佑。益宏景贶，茂对宠光。可特封忠烈显惠灵顺善应公。

出处：弘治《休宁志》卷三一。

考校说明：原文末句后云："奉敕如右，牒到奉行。宝祐五年六月八日下。"

令学士院降诏奖谕贾似道御笔
（宝祐五年六月十九日）

贾似道荆山成城，义在怀远，绘图来上，殊用嘉叹。可令学士院降诏奖谕。

出处：《宋史全文续资治通鉴》卷三五。

王应麟除国子录制
（宝祐五年七月）

朕欲以理义淑人心，以教法新士习，师儒之官其谁宜。金曰尔文杓笃实无华，矗洗其质也；尔用存修洁有守，金玉其相也；尔似道识度老成，敛实而秋也；尔应麟才思汗澜，敛华而春也。仪于周行，声闻籍甚，是用进文杓于东博，升用存于经博，擢似道于武博，应麟则常成均之法以饬之。夫业精于勤荒于嬉，行成于思毁于随，此晨入之诲也。尔岂逊于愈者哉！朕将有考于斯。可。

出处：《深宁先生年谱》，四明丛书本。

蔡杭复官御笔
（暂系于宝祐五年八月十一日）

具官蔡杭立朝忠直，恬退可嘉，可复端明殿学士，提举临安府洞霄宫，任便居住。

出处：《蔡氏九儒书》卷八《久轩公集·蔡杭墓志》。

考校说明："蔡杭"，《宋史》卷四四《理宗纪》、卷四二〇本传均作"蔡抗"。《宋史》卷四二〇《蔡抗传》："（宝祐四年）同知枢密院事，拜参知政事。落职予祠，起居郎林存请加窜削，从之。未逾年，复端明殿学士、提举洞霄宫。乞致仕。转一官，守本官职致仕。卒，谥文简，以犯祖讳，更谥文肃。"《宋史》卷四四《理宗纪》："（宝祐五年八月）癸巳，诏谢方叔仍旧职，蔡抗以资政殿学士并领祠在京。""资政殿学士"疑为"端明殿学士"之误。

贾似道进官三等诏
（宝祐五年八月十五日）

贾似道版筑奏勋，名义甚正，示不忘远，式契朕怀，进官三等。

出处：《宋史全文续资治通鉴》卷三五。

蔡杭转荣禄大夫右丞相诰
（暂系于宝祐五年八月后）

朕慨念时艰，惟经明行修之贤是资；遐想政事，得老成硕德之才堪任。按常仪而增秩，涣明綍以颁恩。端明殿学士、大中大夫、提举临安府洞霄宫、东阳郡开国侯、食邑一千八百户、实封四百户蔡杭，存心正大，赋质温良。抱经济之才，本圣贤之学。穷理尽性，真得考亭之源流；博古通今，伟矣后学之轨范。顷居右府，而辅弼闻誉益隆；向贰台衡，以赞襄忠诚素著。莫挽祈闲于故里，国政實之于不闻。盍留元辅职，慰尔山林之志；位署百揆右，昭示闾里之光。可依乞致仕、转荣禄大夫、右丞相，以馨朕尊隆旧辅之意。

221

出处:《蔡氏九儒书》卷八《久轩公集》。

考校说明:编年据蔡杭(蔡抗)官历补,见《宋史》卷四四《理宗纪》、卷四二○《蔡抗传》补。"蔡杭",《宋史》卷四四《理宗纪》、卷四二○本传均作"蔡抗"。《宋史》卷四二○《蔡抗传》:"(宝祐四年)同知枢密院事,拜参知政事。落职予祠,起居郎林存请加窜削,从之。未逾年,复端明殿学士、提举洞霄宫。乞致仕。转一官,守本官职致仕。卒,谥文简,以犯祖讳,更谥文肃。"《宋史》卷四四《理宗纪》:"(宝祐五年八月)癸巳,诏谢方叔仍旧职,蔡抗以资政殿学士并领祠在京。""资政殿学士"疑为"端明殿学士"之误。此制所述"可依乞致仕、转荣禄大夫、右丞相"与《宋史》卷四二○《蔡抗传》所载"转一官,守本官职致仕"不合,"荣禄大夫"亦非宋代官名,或遭后人窜改。

台臣迁他职辄出关以违制论诏
(宝祐五年九月一日)

言路不常厥官,其来已久;臣子擅自去国,前此所无。良由待士大夫以宽,故习俗日趋于薄。然遽加黜责,所不忍为,姑示申严,庶几耸听。曩时察官迁卿如汪刚中、叶宰、杜范、刘应起,莫不恪共乃职,谁曰不然。惟近日盗名欺世,相师成风,才闻改除,随即就道,自诡抗节,实犯不恭。今后应台谏迁他职者辄出关,以违制论,务在必行,仍着为令。所有吴衍翁、应弼,可札令日下供职,仍札本寺各差胥吏催促前来,不许辄违君命。

出处:《宋史全文续资治通鉴》卷三五。

加赠蔡杭故父沈永国公诰
(宝祐五年九月二日)

维时贤佐,暂均逸于祠庭;贶我祭恩,盍疏荣于考庙。肆敷愍册,庸焕幽潜。具官蔡杭故父赠少师沈深味道腴,妙穷理脉。蚤同父难,经礼曲尽于丁年;晚授师传,《书》学遂陈于一览。茂毓亢宗之嗣,常输爱主之忠。爰举彝章,以昭余庆。挹九峰之爽气,原自西山;锡二水之嘉名,建兹南国。受此成命,光辉泉壤。可特追封加赠太师、永国公,余如故。

出处:《蔡氏九儒书》卷五附录。

考校说明:"蔡杭",《宋史》卷四二〇本传作"蔡抗"。

赠蔡杭故母翁氏卫国夫人诰
(宝祐五年九月二日)

臣曰邻哉,方矢《考槃》之乐;母也天只,宜怀陟岵之思。属因祭泽之敷,爰侈恩封之盛。具官蔡杭故母赠安国夫人翁氏夙全懿质,见谓贤闺。钟秀椿庭,私淑儒先之训;毓奇兰砌,显将王父之言。积善而生公侯,有毅而贻孙子。可无愍典,加焕幽扄?眷姝土之旧疆,式称小君之号;昭父衢之始殡,益绵后嗣之休。可特赠卫国夫人。

出处:《蔡氏九儒书》卷五附录。
考校说明:"蔡杭",《宋史》卷四二〇本传作"蔡抗"。

赠蔡杭故继母刘氏福国夫人诰
(宝祐五年九月二日)

贤与时偕,出处每全于大节;母以子贵,哀荣宜备于小君。载锡恩徽,用昭祭泽。具官蔡杭故继母成国夫人刘氏性全圣善,德备柔嘉。早鞠育于草堂,亲聆謦欬;晚怡愉于萱砌,克享康宁。迄登八袠之年,无愧九峰之配。庆垂后嗣,恩侈前封。申锡鱼轩,进闽山之大国;载新凤诰,焕幽壤之余光。可特赠福国夫人。

出处:《蔡氏九儒书》卷五附录。
考校说明:"蔡杭",《宋史》卷四二〇本传作"蔡抗"。

蔡杭宗祀该恩加食邑诰
(宝祐五年九月十日后)

朕若稽大猷,称秩元祀。殷礼陟配,隆四圣侑飨之规;灵符嘉虞,昭二仪合德之贶。乃眷辅臣之旧,宜均祚祉之丞。爰锡徽章,式彰茂渥。具官蔡杭器职宏深,才德优长。廉能昭于中外,孝友孚于亲疏。传得其宗,学洞圣贤之奥;养以刚直,气由道义之充。留登黼扆之联,协赞时几之治。辅弼朕躬,善政流芳。如凤翙翙乎朝阳,既爰集止;若驹皎皎兮空谷,莫遂重维。比缅想于典刑,尝特加于恩数。兹成缉熙之庆，敢怀专向之私！由衍圭卣，用华家食。噫！圣人享帝，礼已重于养贤；忠臣事君，义不忘于畎亩。对扬休命，益茂丕基。可依前端明殿学士、大中大夫、提举临安府洞霄宫、东阳郡开国侯，加食邑三百户，余如故。

出处：《蔡氏九儒书》卷八《久轩公集》。

考校说明：编年据蔡杭（蔡抗）宦历、南宋明堂大礼时间补，见《宋史》卷四四《理宗纪》等。"蔡杭"，《宋史》卷四二〇本传作"蔡抗"。

皇子忠王授两镇节度使制
（宝祐五年十月十九日）

门下：御家者亲亲，所以隆天性之爱；诏爵者贵贵，所以植宗国之强。式稽旧章，茂贲元子。作真王而启宇，望已重于承祧；易巨镇以建旆，崇莫加于叠组。肆涓穀旦，诞举徽章。爰咨在列之良，式听扬廷之命。皇子崇庆军节度使、开府仪同三司、忠王、食邑八千户、食实封三千户，体凝四气，性备五常。言必诗书，信矣隆师亲友之效；动循法度，见诸鸣玉曳履之间。虽岐嶷之凤成，亦进修之加益。每见晨昏之定省，能知宵旰之忧勤，契于朕心，岂非天意？乃者祓祠重屋，袷礼贰觞，祖考神祇之顾歆，远近内外之欢洽。丰水数世，将益广于周仁；大国十成，讵可拘于汉制！洪惟端拱之属贤嗣，常领荆湖而建将坛。庸按版图，丕崇令典。新定则我太宗之旧建，洪都则我寿圣之初潜。植纛建牙，焕陈仪于两镇；加田陪食，仍视礼于三台。以承累世之休，以共万年之福。於戏！立爱立敬，朕非假名器之私；克俭克勤，尔尚赞邦家之治。往服明训，益绥令猷。皇子可特授镇南遂安节度、依前职位、加食邑一千户、食实封四百户，主者施行。

出处：《景定严州续志》卷一。又见乾隆《遂安县志》卷一〇。

戒谕恤民诏
（宝祐五年十一月十一日）

朕轸念军民，无异一体，尝令天下诸州建慈幼局、平粜仓、官药局矣，又给官钱付诸营置库收息，济贫乏。奈何郡守奉行不谨，所惠失实，朕甚悯焉！更有毙于疫疠水灾与夫殁于阵者，遗骸暴露，尤不忍闻也。可行下各路清强监司严督诸守臣，宣、制、安抚严督主兵官，并要遵照元降指挥。如慈幼则必使道路无啼饥之童,平粜则必使小民无艰食之患,官药则剂料必真、修合必精,军库收息则以时支给,不许稽违,务要公平,而不许偏徇。庶若民若军,皆蒙实惠。仍令召募诸寺观童行有能瘗遗骸及百副者,所在州县保明,备申尚书省,给度牒一道,以旌其劳。可备坐指挥,各令知悉。

出处:《宋史全文续资治通鉴》卷三五。

禁三衙及江上诸军从军职事等人以任子杂流非泛补授诏
(宝祐五年十二月十七日)

三衙及江上诸军应从军职事并要战功及队伍中人,不许以任子杂流非泛补授。其离军者止许授不厘务差遣,果有材略功绩,从制阃保明,却与厘务。

出处:《宋史全文续资治通鉴》卷三五。

吕逢年点视四川隘寨诏
(宝祐六年正月二十四日)

吕逢年往黄平督趣,就点视四川隘寨,相度思、播隘要,知瓮左、如鹿、通鹿、广宇、翅鹿、盘州等处孰为要会,趣办工役,毋令疏漏。

出处:《宋史全文续资治通鉴》卷三五。

禁约诸军扰民诏
(宝祐六年正月二十九日)

宣制诸司严行禁戢,除兼领州县外,有侵越扰民者,指实以闻。

出处:《宋史全文续资治通鉴》卷三五。

避殿减膳诏
（宝祐六年四月一日）

当春不雨，天变异常，靡神不宗，仅见霡霂，有妨东作，曷遂西成。民命系焉，朕心惕若。念厥咎之安在，惟反躬而省愆。饮食起居，何敢由旧？可自四月一日避殿减膳，仰荅谴告之意，以召阴阳之和。

出处：《宋史全文续资治通鉴》卷三五。

答程元凤因旱乞罢政不允诏
（宝祐六年四月四日）

涉春以来，常旸为沴，天出灾异，所以警予，相吾股肱，何可移过。卿任专寅亮，必切虔恭，其愿形谦抑之言，自可谓调燮之爽，所解机政，殊咈予怀。佐天子而理阴阳，固其职也。若旱岁之作霖雨，亦惟时哉，然天人孚感之机，在上下交修之实。边鄙正勤于科琐，公私未裕于盖藏。调度方殷，中外乏使，方赖卿而图济，胡舍朕以言归。观"倬彼云汉"之诗，有"疚哉冢宰"之语，亦惟不懈于位，曷当自洁其身！勉为朕留，以成汝政。所请不允。

出处：《明良庆会》卷上。
考校说明：编年据《宋史》卷四四《理宗纪》、《新安文献志》卷七五《程公家传》补。

答程元凤因旱祈退不允诏
（宝祐六年四月四日后）

卿德度凝重，足以镇浮；识虑周密，足以经远。佐朕一心，上下克艰。岁比中熟，民用小康，中外倚重，不独朕视犹左右手。乃者不雨，卿遽引去，甚非朕所望。数四诏留，抗疏命力，今天相予，甘雨总至，民情亦既豫悦，然朕冀卿忧责犹未雨时。卿其夙夜交修，毋舍朕志，相与祈天永命以无疆为休。

出处：《明良庆会》卷上。
考校说明：编年据《宋史》卷四四《理宗纪》补、《新安文献志》卷七五《程公家传》补。

勉留程元凤灾眚求退御札
（宝祐六年四月四日后）

　　朕焦劳图治,夙夜畏威,我享告成,尔庸惟穆。近观目睫,忝国家闲暇之时;远忧腹心,正哲人驰骛之日。卿在其位而忧其政,观乎天而验乎人。嘉亨协应,则美效于君,灾眚咸形,则咎在臣等,忧为知体,何自乞身? 朕易十三相而得卿,殆天授也。卿顾不二年而舍朕,岂人情哉! 今岁熟虽广,而京畿之内间饥;秋成稍宽,而西南之备未密。若先避位以答天象,是自求逸以贻朕忧。人其谓何,卿亦奚忍? 宜安厥位,丕远乃猷。

出处:《明良庆会》卷上。
考校说明:编年据《宋史》卷四四《理宗纪》补、《新安文献志》卷七五《程公家传》补。

答程元凤第二辞免不允札
（宝祐六年四月四日后）

　　朕考论一相,佐理万机。汝为曲糵盐梅,欲藉燮调之力;予命股肱心膂,奚烦梦卜之求? 卿心德纯明,履践真实。不偏不倚,可谓持中;允武允文,具跻迨则。比参华于政府,乃分直于事机。处置当乎人心,启拟酌乎公论。爰置石以辅德,庶能左于有君。今天下之事可忧者多,必有兴滞补弊之策。惟宰相之职,无所不统,亟为内修外攘之谋。既穆群瞻,莫勤再楗。所辞宜不允。

出处:《明良庆会》卷上。
考校说明:编年据《宋史》卷四四《理宗纪》补、《新安文献志》卷七五《程公家传》补。

答程元凤第三辞免不允札
（宝祐六年四月四日后）

　　朕惟宏济六合,非贤者固难;调一天下,惟大儒为能。比□鼎轴以付卿,乃属岩石之望尔。非不知弦瑟屡更之后,不胜舟流靡届之忧,所赖惟人,以任斯责。乃望洋而兴叹,荐敷椟以陈词,既殚厥心,何辞之力?夫《虞书》人政首述克艰,而《鲁论》兴邦亦言不易。此朕所以命卿之意,在卿必命卿之意先副朕之怀。其极奋庸,勿复有请。所辞宜不允。

出处:《明良庆会》卷上。
考校说明:编年据《宋史》卷四四《理宗纪》补、《新安文献志》卷七五《程公家传》补。

赐程元凤诏
(宝祐六年四月十日)

敕观文殿学士程元凤:卿辅翊我朝,累效劳绩,忠正端敏,刚直赤心。寿高六秩,喜复生子。赐卿羊酒、米面、文锦、宝钞,以表朕心,卿其领之。宝祐六年四月十日。

出处:歙县博物馆藏品。

思应往播州修筑关隘诏
(宝祐六年四月十八日)

思应已特差思州驻札、御前忠胜军副都统制,往播州同共修筑关隘,措置备御。

出处:《宋史全文续资治通鉴》卷三五。

答程元凤诏
(宝祐六年四月二十五日前)

此卿言去,朕临朝为之不怡,士大夫亦相顾骇愕,使人要路,请必无归。训旨谆勤,不但相以礼,知卿之亮也。抗笔再来,词气甚和,而执谦过计,其恳请则如初。夫道揆正而法守行焉,卿律身之清如水,待物之平如衡,容人之度如薮泽,外无搔安,中有执持,用能作朕股肱,式是百辟。一二年间,方幸上下辑和,靖共尔位,亦何怨何疑何觖望如卿所虑者!《书》不云乎:"公无困哉,我为无斁。其康事公勿替,刑四方,其世享。"此朕所望于丞相也。所请宜不允,不得再有陈请。

出处:《明良庆会》卷上。

考校说明:编年据《宋史》卷四四《理宗纪》补、《新安文献志》卷七五《程公家传》补。

答程元凤祈闲不允诏
（宝祐六年四月二十五日前）

荐省来章,足觇雅志。卿抗高节,固可谓得闲,朕失良臣,则将奚所赖?况培养有素而后简拔之,深穷事会方殷,兹正安危之所寄。每进外攘之硕画,无非内契于予衷。欲去何为,一身之计绰有余矣;才难已久,万机之务谁与共之。决当留行,勿复有请。伫凝丕绩,式副眷怀。所陈宜不允。

出处:《明良庆会》卷上。

考校说明:编年据《宋史》卷四四《理宗纪》、《新安文献志》卷七五《程公家传》补。

答程元凤祈祠不允诏
（宝祐六年四月二十五日前）

敕元凤:省所奏札子乞付丛祠事具悉。朕图艰求济,若渊水之茫无津涯,思患预防,未阴雨而绸缪牖户。倚予端弼,赞我兴功。卿学深醇,识虑宏远。折冲强本,允赞善武之经;立政惟人,兼藉庶明之翼。朕徯嘉谋之告,众观儒效之成。云胡抗章,遽言引退。愈虽有文拿之戚,良切心思;弼每惟西事之忧,不遑私计。所请宜不允。

出处:《明良庆会》卷上。

考校说明:编年据《宋史》卷四四《理宗纪》补、《新安文献志》卷七五《程公家传》补。

答程元凤再乞祠不允诏
（宝祐六年四月二十五日前）

卿以通达之才，淹贯之学，粤其共政，惟大猷是经，克诘尔兵，每先事而虑。朕方啚于太平之效，资其励翼之明，欲遄其归，忱所未谕。虽伤怀钟爱，难忘父子之情；而遇事尽言，乃是君臣之道。遽祈闲退，何所嫌疑！尚殚协济之谋，无徇盈亏之戒。所请不允。

出处：《明良庆会》卷上。
考校说明：编年据《宋史》卷四四《理宗纪》补、《新安文献志》卷七五《程公家传》补。

答程元凤祈补外不允诏
（宝祐六年四月二十五日前）

卿粤从宅揆，休闻日彰，通国皆曰贤，同堂无异论，前此宰臣之所未有。式契朕心，乃数以丐去为言，所未喻也。诿之以疾，则卿气体方刚，酬酢有余裕；虑其不善后，则卿表里纯一，何瑕可措。与其补外以分忧，孰若居中而嘉赖！次不容于勇退，宜悉付于忘言。若曰循彝出关，徒尔郑重，如观听何！卿之志断不容遂，为朕勉留，深所望也。切须体悉，便具遵奉奏闻。

出处：《明良庆会》卷上。
考校说明：编年据《宋史》卷四四《理宗纪》补、《新安文献志》卷七五《程公家传》补。

答程元凤乞予郡诏
（宝祐六年四月二十五日前后）

卿一登揆席，再阅周星，毅然乞归，殊所未谕。疏至腾于六七，告何止于再三。乞身不留，惟当从欲，除职予藩，乃祖宗待宗臣之体也。

出处：《明良庆会》卷上。

考校说明:编年据《宋史》卷四四《理宗纪》补、《新安文献志》卷七五《程公家传》补。

答程元凤辞免判福州诏
(宝祐六年四月二十五日后)

卿上疏言归,大臣所以明进退之义;领藩均佚,人主所以全终始之恩。卿负经济之才,蕴纯明之职,自独持于国柄,且再阅于星周。玄龄善谋,方克艰而图政;石庆辞位,乃明哲以保身。莫克曲留,姑从雅志。俾镇全闽之壤,晋仪大殿之班,允谓殊荣,丕昭隆眷。朕以此辅弼之引去,有若卿身名之俱全。既涣号之肆颁,胡巽之来上?一命而偻,毋过为考父之恭;四国于藩,且亟图申伯之式。所辞宜不允。

出处:《明良庆会》卷上。
考校说明:编年据《宋史》卷四四《理宗纪》补、《新安文献志》卷七五《程公家传》补。

旌赏高达等诏
(宝祐六年五月一日)

襄、樊解围,高达、程大元应援,李和城守,皆有劳绩,将士用命,深可嘉尚,其亟议行赏激。

出处:《宋史》卷四四《理宗纪》。

王应麟除武学博士制
(宝祐六年六月)

朕新美多士,遴择庶官,文武之教虽殊,而所以教则一。以尔得吉譬然其文,渊乎其道,其升师属,以迪胄子;尔耕学茂而醇,辞丽而则,其□博通以淑生徒;尔应麟见闻殚洽,才思衋然,其范韬钤之士;尔□璞年耆德明,气和守正,其举纠绳之政。夫古之学者必时,春夏教礼乐,秋冬教诗书,而干戈羽籥之容,亦在所必讲。尔其惟勤惟思,往以身率,使正音铿訇于金石,则在汰之莪菁矣。

出处:《深宁先生年谱》。

禁馈赂诏
(宝祐六年七月十日)

诸路监司守臣不许妄作名色,擅支官钱,互相馈赂,予者、受者并计赃论,遇赦不原,令御史台觉察。

出处:《宋史全文续资治通鉴》卷三五。

吴潜转一官御笔
(宝祐六年九月初五日)

吴潜分阃四明已书再考,郡纲振饬,海道肃清,特与转行一官,令再任,学士院日下降制。

出处:《开庆四明续志》卷一。

收换出城弊楮诏
(宝祐六年九月二十三日)

出城弊楮不堪行用,于封桩库支拨两界好会,尽数收换。

出处:《宋史全文续资治通鉴》卷三五。

赐吴潜转行一官再任学士院制
(宝祐六年九月)

敕门下:命颛征而赐履,凤嘉表海之风;考成绩以陟明,式循咨岳之典。眷予良弼,久镇辅藩。进律以旌显庸,勉留而仍旧服。肆加宠数,诞布恩言。观文殿大学士、光禄大夫、沿海制置大使、判庆元府军事、兼管内劝农使、金陵郡开国公、食邑五千四百户、食实封一千五百户吴潜,敬义不孤,忠忱合一。以格物之明,而行之以絜矩之恕;以冯河之毅,而恢之以包荒之弘。其在庙堂而忧,惟以社稷为悦。邪嫉九龄之正,佞憎陆贽之贤。菉竹猗猗,居有琢磨之益;赤舄几几,不改硕肤之常。比烦戎乘之行,肯为苍生而起。弼廪青社,犹在中书,琦典相州,克勤民事。廉顽立懦,抑暴锄骄。吏士畏若神明,旄倪爱如父母。风行海道,福流京师,固尝渴想于仪刑,亦既深知其治行。惟长吏数易则政斁,而百姓熟习则教孚。遮道而留寇恂,盍从群望;增秩而褒黄霸,昭示懋功。频烦玺书之荣,赫奕银青之信。益食多邑,陪赋真畬。於戏! 公着起尹河南,雅得均出处之谊;王曾再莅全魏,谅能服中外之心。以上宰任方伯,见谓优为;以真儒用天下,常怀未尽。式敬有土,益远乃猷。可特授银青光禄大夫、依前观文殿大学士、沿海制置大使、判庆元府、兼管内劝农使、金陵郡开国公、加食邑五百户。主者施行。

出处:《开庆四明续志》卷一。

蜀中将帅与序升诏
(宝祐六年十月一日)

蜀中将帅虽未克复成都,而暴露日久,战功亦多,宜与序升,其亟条具以闻。

出处:《宋史》卷四四《理宗纪》。

金文刚龙图阁致仕制
(宝祐六年十月前后)

士大夫便文营私者多,尽瘁奉公者少。尔淳熙夕郎之孙,克肖前人,迭更事任,忠而能力,专城而民誉美,煮海而鹾荚羡,《周官》所谓廉能之吏也。今遽以疾请老,嗟夫濒于殆矣,不可得而留矣。进直小龙,以劝劳臣,以识朕用才不尽之恨。

出处:《后村先生大全集》卷六三。
考校说明:编年据金文刚卒年补,见《新安文献志》卷七〇《金公文刚墓志铭》。刘克庄此时未任两制,此文或为《后村先生大全集》误收。

赈济流民诏
(宝祐六年十一月六日)

流民渡江,出浙西、江东路五州米三万石,令各郡守臣赈之。

出处:《宋史全文续资治通鉴》卷三五。

抚谕诸阃御笔
(宝祐六年十一月七日)

隆寒在候,令学士院降诏抚谕诸阃。

出处:《宋史全文续资治通鉴》卷三五。

再赈淮民诏
(宝祐六年十一月九日)

淮民迁避,暂泊江阴,朝廷赈济,恐未能遍,再出米二千石赈之。

出处:《宋史全文续资治通鉴》卷三五。

戒约州县毋得虐民诏
(宝祐六年十一月二十二日)

诸路宪司廉访所部州县,毋得虐民,仍禁止摊赖之害,违者坐之。

出处:《宋史全文续资治通鉴》卷三五。

改开庆元年诏
(宝祐六年十二月一日)

敕门下:更化则可善治,所以开太平之期;发号而定告元,所以膺缉熙之庆。

朕绍承丕绪,诞保受民,荷上帝之降康,蒙列圣之垂佑。既历三纪,夙夜罔敢遑宁;底绥四方,渊水未知攸济。每兢兢而行道,期穆穆以迓衡。然察文审己,而庶政靡齐;务本重农,而群生寡遂。朝纲隳而积玩,吏习狃于怀私。国势仅定而未强,边徼多虞而未靖。思艰以图其易,补弊而举其偏。惟三百年德泽之深,式克至于今日;而万亿载基图之永,用昭受于天休。欲通变于宜民,乃取新而凝命。若稽成宪,遹广骏声。法艺祖之宏规,混车书之一统;踵仁祖之盛际,致朝野之咸和。爰易嘉名,以兴嗣岁,导迎善气,振起群心。茂凝常久之功,永底辑宁之福。其以明年正月一日改为开庆元年。

出处:《宋史全文续资治通鉴》卷三五。

理宗度宗恭帝朝卷十七　开庆元年(1259)

戒谕群臣奉公诏
（开庆元年正月一日）

朕临御以来，于今三纪，小心翼翼，夙夜不敢康宁。方今国事正殷，四郊多垒，环视宇内，罕如人意，皆前日因循苟且，豢养偷惰，滋至于今，可不戒哉！载更丕化，肇纪新元，赖尔股肱惟良，暨中外小大之臣茂迎天运，相与维新，以公心奉公法，以实政图实效，使元气壮而精神卫，中夏安而远人服。庶几祖宗开宝、庆历之盛，则予一人以怿。

出处:《宋史全文续资治通鉴》卷三六。

谕蒲择之马光祖战守事诏
（开庆元年正月一日）

蒲择之、马光祖，应战守调遣，照便宜指挥行。

出处:《宋史全文续资治通鉴》卷三六。

犒蜀师诏
（开庆元年正月七日）

戍蜀将士，频年战御，暴露可闵。今申命蒲择之从优犒师，春防毕日即与更戍，其辄逃归者从军令。

出处:《宋史》卷三六《理宗纪》。

吕文德进官三等诏
(开庆元年正月九日)

吕文德筑城黄平,深入蛮戎,抚辑有方,进官三等。

出处:《宋史全文续资治通鉴》卷三六。

吕振龙等窜远郡刘清卿转一官诏
(开庆元年正月十六日)

知宾州吕振龙、知象州奚必胜,兵至闻风先遁,兵退乃返。并追毁出身文字,窜远郡。横州守臣刘清卿设隘坚守,与官一转。

出处:《宋史》卷三六《理宗纪》。

赐张镇等诏
(开庆元年二月一日)

朕惟四方无竞维人,得真儒则天下无敌。本朝以文取士,我武维扬,能使西贼胆寒者,实自科举出也。今宾兴之诏凡几,而命之以官者又不知其几矣。然往往临事乏使,岂搜罗之未至欤?抑鉴裁之未精欤?抑亦去取之不公欤?爰柬儒魁,董司文柄,议论端确者必忠于体国,智略雄伟者必善于筹边,识明气直者必负尊主庇民之学。尔其决择于是,使经术词章卓乎汉唐之上,而得贤立太平之基,庶几开宝、庆历之治。

出处:《咸淳临安志》卷一二。又见《宋史全文续资治通鉴》卷三六。

王登特赠官五等诏
(开庆元年二月一日)

京湖制置司参谋官王登素怀忠义,累着勋劳,提兵援蜀,曾不辞难,功未及成而殁。特赠官五等,合得致仕恩外,更官其一子。

出处:《宋史全文续资治通鉴》卷三六。又见《宋史》卷四四《理宗纪》。

出内库楮币助边费诏
(开庆元年二月十一日)

疆场未戢,调度尚繁,出内库十七界楮币三千万以助支赏。

出处:《宋史全文续资治通鉴》卷三六。

资政殿学士中大夫新改差知建宁府林存明堂
恩除资政殿大学士提举临安府洞霄宫制
(开庆元年二月十三日)

朕眷怀旧弼,分剖左符。潜跃雄藩,力辞新刺史之拜;祝厘真馆,峻加大学士之除。吾之股肱,宠以体貌。具官某光岳气全而所养粹,江湖名满而以文行。含英咀华,雅健可追于班、马;判花视草,轻浮不数于常、杨。赞筹幄而虑深,参化权而思集。拂鬓堂上,肯为伴养而留?缩手袖间,坐见改弦之喜。犹耽过轴,屑就戟香。赤石扬帆,虽暂寻于康乐;丹山梦笔,已懒访于文通。雅怀绘洛社之图,适意挹浮丘之袂。乃增隆于邃殿,俾均佚于殊廷。噫!朕敬贤如宾,尤重急流之勇退;尔爱君忧国,讵容空谷之遐心!可。

出处:《后村先生大全集》卷七五。

考校说明:编年据《宋史》卷二一四《宰辅表》补。"资政殿大学士",《宋史》卷二一四《宰辅表》作"依旧资政殿学士",本制有"峻加大学士之除"之语,当以本制为是。原书称本制属"在外执政侍从明堂加恩",疑误,除林存任职时间外,文中完全未提及明堂大礼事亦是一证。刘克庄此时未任两制,本制或为《后村先生大全集》误收。

诫饬诸路提刑司诏
（开庆元年二月十八日）

令御史台下诸路提刑司戒饬,令务要政平讼理,违许按劾以闻。

出处:《宋史全文续资治通鉴》卷三六。

王应麟除太常主簿制
（开庆元年二月）

奉常□□□□□陈殿置辅隶其间,非才识兼茂、闻望素高者不畀也。尔应麟博闻而强识,积学而多文,固尝以异科显矣。由右序而稽秩宗,荣进岂易量哉!声教四达,文治勃兴,非国家盛事欤! 尚其勉之,毋但曰供簿正而已矣,则朕以怪。

出处:《深宁先生年谱》。

除马光祖沿江制置大使知建康府兼江东安抚使制
（开庆元年二月）

朕畴咨旧人,易界钜镇。召虎之经营江汉,凤敏戎公;毕公之申画郊圻,用成嘉绩。载加徽数,式重中权。端明殿学士、正奉大夫、京湖安抚制置大使、兼知江陵军府事、兼管内劝农营田使、兼夔路策应大使、兼总领湖广江西京西财赋、湖北京西军马钱粮、专一报发御前军马文字、提领措置屯田兼京湖屯田大使、武义郡开国侯、食邑一千户、食实封一百户马光祖,刚毅近仁,质直好义。老略经世,兼粗细之才;俊识爽邦,该体用之学。顷饻留钥,往镇上流。商画边筹,指授将略。垦田积腐之粟,募兵捐燧之赀,士饱而歌,人百其勇。雅分忧江湖之上,数布喜京岘之间。时嘉乃功,既锡尔祉。荆州控联蜀道,虽尽护西北之风寒;建邺拱卫行都,宜重植东南之根本。惟熟器使则履屦当,惟精运掉则臂指随。频烦元戎十乘之行,益壮长江万里之险,以大经制,以远精神。百姓如慈母鞠育于怀,三军若严师鞭辟其侧。旌旗为之改色,波涛依然安流。肆升书殿之恩华,一新帅垣之风采。噫! 张咏威惠相济,久渴借留之心;颐浩弹压为长,式慰邅来之望。昔尹兹土，今见其人，克践前猷，毋俾专美。可依前正奉大夫、特授充资政殿学士、沿江制置大使、知建康军府事、兼管内劝农营田使、江南东路安抚使、马步军都总管、行宫留守、节制和州无为军、安庆府郡屯田使、加食邑四百户、食实封一百户。

出处：《景定建康志》卷三。

赐马光祖辞免不允诏
（开庆元年二月后）

敕光祖：省所奏辞免除资政殿学士、沿江制置大使、知建康府、江东安抚使、行宫留守恩命事具悉。经营南纪，久宣阃外之劳；保厘东郊，申锡师中之命。卿忠忧体国，俊杰识时。缓带轻裘，居有边筹之暇；中权后劲，克共武服之严。屡奏肤公，式嘉懋绩。惟荆州重地，既遮蔽于风寒；顾建邺陪都，宜培垣于根本。峻升书殿，增重制垣。载烦戎乘之行，用慰旧镇之望。引以自近，谅复奚辞？河内得恂，熟知牧御之略；江左有导，其究镇重之规。亟体注怀，毋庸谦执。所辞宜不允。故兹诏示，想宜知悉。春暖，卿比平安好，遣书指不多及。

出处：《景定建康志》卷三。

赐马光祖辞免不允诏
（开庆元年二月后）

敕光祖：省所再上奏，辞免除资政殿学士、沿江制置大使、知建康府、江东安抚使、行宫留守恩命事具悉。江左东南根本，视周分陕，必如召公留爱甘棠，庶几重封殖之。卿前治建邺，民习教条，士知纪律，易阃上流，去思如渴。今兹付卿旧镇，是还百姓以慈母、三军以严帅，拊摩训督，克成厥终，正所望于卿，又何辞焉。所辞宜不允，不得再有陈请。故兹诏示，想宜知悉。春暄，卿比平安好，遣书指不多及。

出处：《景定建康志》卷三。

赈粜湖北诸郡诏
(开庆元年五月十四日)

湖北诸郡去年旱潦饥疫,令江陵、常、澧、岳、寿诸州发义仓米振粜,仍严戢吏弊,务令惠及细民。

出处:《宋史》卷四四《理宗纪》。

抚谕军民御笔
(开庆元年六月二日)

蜀事方殷,军力劳瘁,披坚者疲于战斗,服业者苦于流离,间有胁从,亦非本志。兴言及此,痛在朕心! 聿新阃权,期复旧观,仍降诏抚谕。

出处:《宋史全文续资治通鉴》卷三六。

奖谕吕文德御笔
(开庆元年六月二日)

吕文德身先士卒,攻断桥梁,蜀道已通,忱可嘉尚。令学士院降诏奖谕。

出处:《宋史全文续资治通鉴》卷三六。

奖谕贾似道御笔
(开庆元年六月二十七日)

贾似道将指于宣,勇往就道,遣援军饷,动中事机。曾日月之几何,觉气象之顿异! 贤劳忠赤,委有可嘉。令学士院降诏奖谕。

出处:《宋史全文续资治通鉴》卷三六。

四川选人事诏
（开庆元年七月十六日）

四川选人应关升、磨勘、改官、铨审，守臣申辟倅、令，可从旧隶宣司审量。

出处：《宋史全文续资治通鉴》卷三六。

吴潜进封崇国公御笔
（开庆元年八月）

吴潜三年海阃，备竭勤劳，累疏丐归，高节可尚。可依旧观文殿大学士、判宁国府、特进封崇国公，令学士院日下降制。

出处：《开庆四明续志》卷一。

吴潜特进封崇国公制
（开庆元年八月）

门下：朕仪图魁德，易镇价藩。公师而表海邦，久颛斧钺之寄；将相而典乡国，式华衮绣之行。肆申锡于恩徽，诶懋奖其风节。敷时制綍，诶我廷绅。观文殿大学士、银青光禄大夫、沿海制置大使、判庆元军府事、兼管内劝农使、金陵郡开国公、食邑五千九百户、食实封一千七百户吴潜，识诣几深，气含刚大。实地践履，得家庭学问之醇；平生经纶，发圣贤事业之懿。宁皇之所敷遗，眇躬之所倚毗，端委庙堂，纳君于道。燕居乡党，垂世以书，顷往保厘，重烦夹辅。独尽心于政廪，有勤民之风；不动色而威雅，得驭军之体。以格物之明听讼，以絜矩之道生财。溟渤澄波，京师蒙润。闵劳三载，正惓惓归士之情；勤施四方，顾恳恳明农之请。夫元老之出处甚重，乃群工之视听攸关。卿犹尽瘁以鞠躬，谁不闻风而展力。爰从古郢，就界宛陵。若王曾以厚德守青，莫涯其量；若蒙正以重望尹洛，未尽其才。用疏崇国之封，加峻上公之爵。仍冠邃职，并衍真畚。於戏！国家大经，莫重君臣之谊；贤哲高致，每怀父母之邦。天之未坠于斯文，儒者不忘于当世。体于眷注，远乃猷为。可依前观文殿大学士、银青光禄大夫、判宁国府、特进封崇国公、加食邑五百户、食实封二百户，主者施行。

出处:《开庆四明续志》卷一。

令两浙郡县守倅令佐祈晴诏
（开庆元年九月四日）

漕司行下诸郡县守倅令佐,亲诣寺观神祠,精加祈祷。

出处:《宋史全文续资治通鉴》卷三六。

勉谕诸将御笔
（开庆元年九月十九日）

朕德不类,寇闯上流,省躬引咎,惟自克责。然祖宗深仁厚泽涵养之,天下岂无忠臣义士奋励感发,出力以卫社稷者? 诸阃各拥良将劲兵,亦当同谋叶智,勿以限界为拘,共图伟绩。可降诏勉谕。

出处:《宋史全文续资治通鉴》卷三六。

出楮币银绢付宣司支费诏
（开庆元年九月十九日后）

出内库楮币一千万、银绢五百匹两付宣司,楮币五百万、银绢三万匹两付副司支费,仍备黄榜军前晓谕。所调淮东五万兵,令监察御史陈寅催促进发。

出处:《宋史全文续资治通鉴》卷三六。

沈炎往沿江制副司督趣调兵诏
（开庆元年九月二十四日）

鄂渚事势殊急,更令侍御史沈炎往沿江制副司督趣调兵,再出内库楮币五百万、银绢二万匹两付两淮制司,楮币二百万、银绢一万匹两付沿江制司支费。

出处:《宋史全文续资治通鉴》卷三六。

令侍从台谏等集议诏
(开庆元年九月二十五日)

上流事急,令侍从、台谏、卿监、郎官赴都堂,集议以闻。

出处:《宋史全文续资治通鉴》卷三六。

吴潜左丞相兼枢密使制
(开庆元年十月二日)

予方重宵衣之忧,汝不以昼锦为乐。入趋延英之召,亟奉天章之咨。惟事务之孔殷,顾弊源之滋甚。邪不可以干正,而君子小人之界限未明;戎不可以乱华,而内夏外夷之名分未肃。士风抑郁而弗振,民力殚弱而莫纾。在廷狃于意见之偏,在边玩于守备之弛。当馈以叹,济川其谁?遗大投艰,孰念粋宁之计;任重致远,实维弘毅之贤。云云。於戏!《诗》有《天保》、《采薇》,当厉修政攘夷狄之志;道在《中庸》、《大学》,尚明治国平天下之经。予欲祈永命,汝迪;予欲康庶事,汝为。惟至忧足以感动神明,惟大公足以信服中外。繄我耆俊,毋烦训词。

出处:《清夜录》,宛委山堂说郭本弖三八。又见《续宋宰辅编年录》卷一七。
撰者:洪芹

令学士院降诏避殿减膳彻乐御笔
(开庆元年十月十日)

令学士院降诏,自今月十一日为始,避殿、减膳、彻乐,以示朕抑畏之心。

出处:《宋史全文续资治通鉴》卷三六。

赈恤蜀民诏
(开庆元年十月十日)

比者蜀道稍宁,然干戈之余,疮痍未复,流离荡析,生聚何资。咨尔旬宣之寄,牧守之臣,轻徭薄赋,一意抚摩,恤军劳民,庶底兴复。其被兵百姓,迁入城郭,无以自存者,三省下各郡以财粟赈之。

出处:《宋史》卷四四《理宗纪》。又见《宋元通鉴》卷一一七,《南宋书》卷五。

旌赏吕文德等诏
(开庆元年十月十日)

合围已解,坤维顿清,皆宣阃指授之功,与制臣调遣之力,以至二三大将竭尽忠劳,遂使百万生灵免罹涂炭。勋庸甚懋,旌赏宜优。吕文德特授检校少师,李遇龙进官三等、权刑部侍郎,各赐金币,将佐以下进秩赐金有差。

出处:《宋史全文续资治通鉴》卷三六。

奖谕四川军民御笔
(开庆元年十月十一日)

令学士院降诏抚谕四川将士军民,务在恳切,以示朕眷焉西顾之意。

出处:《宋史全文续资治通鉴》卷三六。

赈恤江北南岸惊移百姓诏
(开庆元年十月十一日)

北兵侵犯中原,如江北岸黄州、汉阳军、江南岸鄂州、寿昌军、兴国、江州、隆兴诸州,多有惊移百姓迁城郭之人,切恐无以自给。仰三省行下各郡,不拘是何窠名见管钱米,随宜赈恤,不许漏落泛滥,有失朝廷推行实惠之意。如有违戾,重置典宪。

出处:《宋史全文续资治通鉴》卷三六。

免四川来岁进贡天基节银诏
(开庆元年十月十三日)

蜀道甫宁,监司州郡调度不给,其来岁进贡天基圣节银特免。

出处:《宋史全文续资治通鉴》卷三六。

招谕被掳之人及土豪诏
(开庆元年十一月八日)

北兵渡江,多有被掳之人驱逐攻打城壁,及当前锋,岂其本心? 良可痛念! 又上流失业者,其间岂无土豪强壮,或转为剽掠,是致资敌,各立赏格诏谕。

出处:《宋史全文续资治通鉴》卷三六。

令学士院降诏求直言御笔
(开庆元年十一月九日)

朕以国家多难,下诏责躬,避殿、减膳、彻乐、罢土木,出宫人,痛自贬损,益务俭约,以至黜贪暴,省赋敛,释禁锢,恤冤枉,庶几悔过之实,感动天人之心。尚虑言路之未通,莫纾人情之久郁。可令内外臣庶凡目前急致要务、朝廷阙失,并许极言毋隐,以副朕侧身引咎之意。令学士院降诏。

出处:《宋史全文续资治通鉴》卷三六。

令閤门引见夏贵诏
(开庆元年十一月二十一日)

朕有虎臣,时为文德,今其部曲将夏贵提师征行,道出辇下,所当抚劳,以示优恩。令閤门引见。

出处:《宋史全文续资治通鉴》卷三六。

付吴潜御笔
（开庆元年十一月后）

使早用杜庶一年,必无涟水之事,卿为朕勉之。

出处:《后村先生大全集》卷一六三《杜大卿墓志铭》。
考校说明:编年据杜庶官历补,见《宋季三朝政要》卷三。

付杜庶御笔
（开庆元年十一月后）

卿世受国恩,想以君父为念……卿宜以国事为念,加意选发,以济事机。

出处:《后村先生大全集》卷一六三《杜大卿墓志铭》。
考校说明:编年据杜庶官历补,见《宋季三朝政要》卷三。

免天基圣节称觞赐宴诏
（开庆元年十二月二十二日）

鄂渚之重围虽解,湘潭之凯奏虽驰,然四境未底于肃清,三军方疲于战斗,人民离散,井邑摧残。每一念之,寸心如灼。其天基圣节称觞赐宴并免。

出处:《宋史全文续资治通鉴》卷三六。

奖谕朱广用敕
（开庆元年）

敕广用:蠢彼鞑戎,敢干王略,肆猖狂之侵轶,乘边塞以绎骚。蹂躏蜀淮,窥闯襄广。翘萌芽傲霜雹,自速天诛;陈师旅如霆雷,维扬我武。赖阃臣之指授,暨守将之捍防。张貔虎之威,厉熊罴之士。联首尾而相应,一心力而有勋。凯奏屡驰，狡谋莫逞。然焦圻尚为整居之计，幕南未闻远遁之期。欲底肃清，正严备御。斥候望烽燧，不得卧将吏。彼介胄不得休，暴露郊原，蒙犯矢石，属此沍凝之候，可胜劳苦之情？霏雪来思，深念《采薇》之戍；多寒拊勉，庶同挟□之温。夫推恩施惠，则人忘其劳；均食同服，则士奋其勇。咨尔统戎□任，体予当馈之怀。勤务抚循，俾皆豫附，各效摧锋之力，益肩敌□之忠。荡涤腥氛，靖安疆埸。□战多之来上，迪懋赏以报功。故兹抚谕，想宜知悉。汝比好否？遣书指不多及。十三日，敕广用。

出处：《桂林石刻》上。又见嘉庆《临桂县志》卷三，《粤西金石略》卷一三。

理宗度宗恭帝朝卷十八　景定元年(1260)

奖谕贾似道御笔
（景定元年正月八日）

贾似道亲提大兵，以解鄂渚之围，勋烈之盛，良用嘉叹。可令学士院降诏奖谕。

出处：《宋史全文续资治通鉴》卷三六。

方逢辰除著作郎诰
（景定元年正月十八日）

敕朝奉郎方逢辰等：承明金马，汉家著作之所也，绅千古书，公万世笔，非学通源奥，文贯纮维，不足与兹选。尔逢辰昕廷魁杰，尔持垕、尔坦璧水翘英，或瘒寐于涧阿，或翱翔于幕府，或淹恤于栾棘，皆一时清望也。兹命逢辰为郎于着庭，而以持垕、坦佐之，以共掌东观阳秋之重。朕之遴选，甚不轻也，昔刘子玄谓史有三长，尔三人者何愧乎！朕于是知汗青之有日也。勉哉！可依前件。

出处：《蛟峰外集》卷一。

奖谕鄂州战守将士诏
（景定元年二月十一日）

鄂州战守将帅以至士卒，特赐十七界楮币三千万，令宣司第功给犒。吕文德援蜀之赏，未足酬功，今援鄂之勋尤为显著，特赐百万、良田万顷。高达乘城拒守,迄退强敌,特赐五十万,为宁江军承宣使。王鉴升左金吾卫上将军。孙虎臣、苏刘义、黄青、陈万、鄙进、张胜、孟之经、徐广、温和、俞大忠、康玉、马汝海、赵纪祥各进官十等,为遥郡团练刺史、环卫阁职有差。陈奕、阮思聪水陆战御,获捷非一,并为防御使。汤孝信、纪智立提兵援鄂,备宣劳效,各进官三等。王益进一秩。

出处:《宋史全文续资治通鉴》卷三六。

临江守臣陈元桂忠义之节照映今古特转五官赠宝章待制与一子京官一子选人赐钱十万贯助葬仍立庙赐谥正节制
(景定元年二月十六日)

过家而怀印绶,绣行极太守之荣;捍圉而死封疆,板荡识纯臣之节。方欲革临难偷生之俗,所宜褒见危致命之人。具官某昨剖郡符,适罹狄患,不委国而大去,宁为王而前驱。元归如生,宛然先轸之面;血化为碧,哀哉苌叔之冤。采行路无情之言,知骂贼不屈之状。奎阁候松阶之对,水衡给助葬之钱,录其孤儿,节以一惠。噫!古有双庙祀睢阳之守城,今无百身赎仲行之临穴。谅惟英爽,歆此宠光。可。

出处:《后村先生大全集》卷六四。
考校说明:编年据《宋史》卷四五《理宗纪》补。刘克庄此时未任两制,此文或为《后村先生大全集》误收。

张胜授拱卫大夫□州团练使武卫大将军知汉阳军制
(景定元年三月前)

去秋狂獭越天堑南吷,吾大臣以身徇国家之急,亲履行阵,冒矢石,大小百战,然后武昌之围解,可谓有大勋劳矣。及幕府上功,乃推而不有,曰将士之力。具官某奋于行间,禀受方略,且战且守,迄全金汤。戎团郡绂,朕犹以为薄也,横行穹秩,并为尔宠。其对扬于恩渥,益奋励于功名。可。

出处:《后村先生大全集》卷六一。

考校说明:编年据张胜卒年补,见《宋史》卷四五《理宗纪》。刘克庄此时未任两制,此制或为《后村先生大全集》误收。

夏贵兼黄寿策应使御笔
(景定元年三月三日)

命夏贵兼黄寿策应使,总统诸将,令协力会合夹击,以收全捷。

出处:《宋史全文续资治通鉴》卷三六。

夏贵进福州观察使诏
(景定元年三月七日)

夏贵总统舟师,自鸿、宿州而上,凡五奏捷,进福州观察使。

出处:《宋史全文续资治通鉴》卷三六。

趣贾似道赴阙诏
(景定元年四月一日)

多事之时,揆席不可暂虚,可趣似道赴阙,权令朱熠、戴庆炯分日当笔,有大政事,共议以闻。

出处:《宋史全文续资治通鉴》卷三六。

令学士院降诏奖谕贾似道御笔
(景定元年四月六日)

贾似道为吾股肱之臣,任此旬宣之寄,殷然疹患,奋不顾身,戎乘一临,士气百倍,吾民赖之而更生,王室有同于再造。予嘉伟绩,宜示褒纶。令学士院降诏奖谕。

出处:《宋史全文续资治通鉴》卷三六。又见《续宋宰辅编年录》卷一八,《宋元通鉴》卷一一八。

郊劳贾似道于都城外诏
(景定元年四月十七日)

似道将至国门,可依文彦博例,郊劳于都城外,赐御筵及朝见。

出处:《宋史全文续资治通鉴》卷三六。

授马光祖资政殿大学士制
(景定元年四月二十五日)

敕:朕仪图江阃,申命制臣。比援上流,尝藉济师之力;兹扬大号,用升顾问之班。仍专斧钺之权,因任藩垣之寄。丕昭宠渥,载锡赞书。资政殿学士、正奉大夫、沿江制置大使、知建康军府事、兼管内劝农营田使、江南东路安抚使、马步军都总管、行宫留守、兼节制和州无为军安庆府三郡屯田使、金华郡开国侯、食邑一千四百户、食实封二百户马光祖,强毅而端方,宏深而肃括。志存社稷,固将左执弽而右属櫜;令禀朝廷,用能晨受命而夕就道。往返风涛之上,驱驰兵革之间。靡惮其劳,率先以往。当彼寇披猖之甚,适我兵调遣之艰,曲尽乃心,无落吾事。爰肆敫于褒赏,庸懋奖于忠勤。加隆名于一字之荣,仍宠任以六师之重。以酬前绩,以励后图。噫!股肱宣力四方,身虽居于阃阃;君臣相须一体,心毋远于阙庭。勉对恩徽,益思报效。可依前正奉大夫、特授充资政殿大学士、沿江制置大使、知建康军府事、兼管内劝农营田使、江南东路安抚使、马步军都总管、行宫留守、兼节制和州无为军安庆府三郡屯田使、时暂兼淮西总领、金华郡开国侯,加食邑四百户、食实封一百户。

出处:《景定建康志》卷三。
考校说明:编年据《宋史》卷四五《理宗纪》补。

赐马光祖辞免不允诏
（景定元年四月二十五日后）

敕光祖：省所奏辞免除资政殿大学士仍旧任恩命事具悉。陪都为经营四方之根本，中兴以来，如浚、如俊卿，皆以元勋硕辅再镇抚是邦，草木知其威名，敌人不敢起饮江之想。顷上流之备不戒，骑塜涨于浒黄，至勤宰臣擐甲督战，一洗而清之。卿累月驱驰，上下劳绩，用懋所调，麾下将士亦屡以得隽开幕府，上功炳如也。进书殿之鸿名，仍阃府之旧寄，见知而悦，畴不谓宜，巽章引避，曾是以为荣乎！夫师以气为主，以直为壮。今我之气直且壮矣，勉图常武之功，嗣对遄归之宠。所辞宜不允。故兹诏示，想宜知悉。夏热，卿比平安好，遣书指不多及。

出处：《景定建康志》卷三。
考校说明：编年据《宋史》卷四五《理宗纪》补。

奖谕马光祖赐金币诏
（景定元年四月二十六日）

鸥张之寇，肆扰江濆，卿始则启元乘以征行，继复集舟师而赴援。恤邻之谊固宜尔，而体国之念殊可嘉。因任进职，已示褒宠，复颁金币，用旌尔劳。至可领也。景定元年四月二十六日。

出处：《景定建康志》卷三。

朱熠专任财赋皮龙荣专任狱讼诏
（景定元年五月一日）

似道奏乞以财赋、狱讼委之执政分任，亦合典故。可令朱熠专任财赋，皮龙荣专任狱讼，似道总提其纲。

出处：《宋史全文续资治通鉴》卷三六。

用人御笔
（景定元年五月六日）

今之天下靡弊极矣，所可以转移变化者，独有用人一说耳。旧来当国者，用人多徇私意，贻害可胜言哉！今丞相虚心无我，询之同列以用人，此乃转乱为治、转危为安一大机括也，机括若差，利害匪轻。今当立为一准的之说，须专求实用，勿泛取虚名。外之为监司郡守者，当用廉洁，凡稍涉贪污而谋利者汰之；内之为朝士者，当忠谨朴实，凡稍涉哗竞而沽名者汰之。若用舍之意向明白，贪污者可化为廉洁，哗竞者可化为忠朴。夫苟用人一差，待其贻毒于民、贻害于国而后去之，亦已晚矣。

出处：《宋史全文续资治通鉴》卷三六。

武功大夫沿江制司谘议官吕文信总统兵船在槲林夹白鹿矶阵殁于王事得旨特赠宁远军承宣使其子师愈特与带行阁职除合得致仕恩泽外更与二子恩泽仍与立庙赐额制
（景定元年五月七日）

杀身成仁，尝闻斯语；舍生取义，今见其人。追怀敌忾之勋，特厚褒忠之典。具官某顷参阃画，力抗虏锋。彼众我寡而直前，路穷力竭而犹战。花卿猛将，岂非绝世所无；南八男儿，耻为不义而屈。衽金志壮，埋玉骨香。加唐藩镇留后之崇班，用汉羽林录孤之故事。噫！死当庙食，初何减于封侯；魂为鬼雄，终不忘于厉贼。可。

出处：《后村先生大全集》卷六九。
考校说明：编年据《宋史》卷四五《理宗纪》补。"槲林"，翁同书校秦氏石砚斋抄本作"槲林"，《宋史》卷四五四《吕文信传》作"斛林"。刘克庄此时未任两制，此制或为《后村先生大全集》误收。

责罚李虎诏
（景定元年五月八日）

李虎驭军无律,害民特甚,合正典刑,以曾立功湖南,贷命、追毁、羁管郁林州。

出处:《宋史全文续资治通鉴》卷三六。

郭濬进官一等诏
（景定元年六月三日）

郭濬独任殿、步两司,宣劳不一。自去冬警报以来,效忠甚著,进官一等,带行遥郡刺史。

出处:《宋史全文续资治通鉴》卷三六。

立忠王为皇太子御笔
（景定元年六月六日）

朕祗承统业,于今三十有七年,夙夜不敢康,惧弗克昭受上帝命。惟曩一亲郊,嗣是明禋凡十有一,严恭将事,时靡怠遑,独主邕犹虚,孰相大礼,恐无以答幽显之望。皇子忠王仁孝恭顺,有闻于时,涵养践修,尤敏于学。是用蔽自朕志,庸正储闱,将以一忱对越在上,庶几祖宗顾歆,神人阖泽,衰时多祉,于以隆万世不拔之基。可立为皇太子,仍改名。其官属仪物制度,令有司讨论典礼以闻。

出处:《景定严州续志》卷一。又见《宋史全文续资治通鉴》卷三六。

立皇太子诏
（景定元年六月六日）

门下:三代治安至千岁,所以明有道之长;一人元良正万邦,所以衍无疆之庆。惟君臣父子之并处,实天地祖宗之顾歆。朕以眇躬,嗣临大统,阅历春秋之滋久,祇勤夙夜以靡渝。事会孔殷,敢逖兴王而启圣;鉴观于赫,终幸福降而祸消。方将严禋祀以报称,戒臣工而妥佑。爰念承祧之至重,讵容主鬯之尚虚? 蔽自朕衷,孚于群听。皇子镇南遂安军节度使、开府仪同三司、忠王、食邑九千户、食实封三千四百户,孝敬而雍穆,濬哲而温文。学寓虎闱,独得息养瞬存之力;礼行鹤驾,具知宵衣旰食之劳。娱心一本于诗书,律己悉安于礼义。朕惟艺祖开基之运,若循环之方来;高皇与子之心,每契合而无间。肆予元祀,申锡嘉名。涣宸号于大昕之朝,位隆贰极;炳阳精于积燎之后,瑞应重光。穹昊之眷可占,黎元之望允惬。刚辰穆卜,缛典肇修,于以耸前星少海之令仪,于以对世室明堂之景贶。於戏! 贤圣闻于天下,既克当贻燕之谋;谟烈启我后人,尚益懋延洪之业。祗若朕命,惟怀永图。可立为皇太子,改名某,仍令所司择日备礼册命,主者施行。

出处:《景定严州续志》卷一。

陈韡依前观文学士特授正奉大夫福建安抚大使制
(景定元年六月十九日)

朕历观先正,尤重故乡。曾繇上宰之尊,尝临青社;琦以元勋之望,亦判相台。肆起耆英,就颛方面。具官某一代经纶之贤佐,两朝开济之老臣。出若富、范之行边,力既劳止;退如马、吕之居洛,卷而怀之。身虽挂于衣冠,人犹问其年貌。及新大化,并致诸贤,首驰银信以趣归,屡却蒲车而坚卧。虚前师后诵之地,冀其一来;闻东瓯南粤之民,德尔再造。属帅垣之弄印,即里第而建牙,以大使而领州,若高皇之待浚。百年创见,七聚欢传。鹫行畏包老之严明,狙诈服宗爷之驾驭。马腾士饱,练帐下之伙飞;海宿山行,绝草间之暴客。坐令远俗,复睹太平。朕为无愧于士民,卿亦有辞于父老。噫! 园林之胜,钟鼓之乐,几人获全;邦家之光,闾里之荣,二者孰美! 勉建嘉绩,用酬隆知。可。

出处:《后村先生大全集》卷六四。
考校说明:编年据《宋史》卷四五《理宗纪》补。刘克庄此时未任两制,此文或为《后村先生大全集》误收。

禁移易窠名辄行献羡诏
（景定元年六月二十三日）

倪垕献羡希赏,再削一官。仍下监司郡守,今后有许移易窠名辄行献羡者,照祖宗典故行,仍着为令。

出处:《宋史全文续资治通鉴》卷三六。

谕诸生御笔
（景定元年六月二十九日）

朕于《菁莪》乐育之仁,封培滋久,登膴仕,着休声,多此途出。数年以前,间有聚为朋曹,堕家败业,而不能遏然自弃者,岂作成之道犹有缺乎？批付学官,以更学法来上,稍示规益,本为一二蹈于匪彝者设也。迩者涵濡德义,莫不自待以厚,朕甚嘉之。前者更法,独进取一途尚狭,未足以快飞跃之道。今从其厚,用着为令,尔诸生益务自修,副朕崇尚作成之美意,敬听无忽。

出处:《宋史全文续资治通鉴》卷三六。又见《咸淳临安志》卷一一。

皇太子每遇昕朝令侍立御笔
（景定元年七月十一日）

参稽旧制,皇太子当俾习知政事,每遇昕朝,可令侍立,仍令宰执并兼东宫官,三省讨论典故以闻。

出处:《宋史全文续资治通鉴》卷三六。

立皇太子册文
（景定元年七月十七日）

维景定元年岁在庚申,七月丁卯朔,十七日癸未,皇帝若曰:太子天下之本也,乾象呈祥,前星有耀,震宫主鬯,神器是司,于以答景贶于三辰,于以衍庆源于百世。元良正则万邦正,此三代所以为有道之长也。朕惟我朝圣圣相传,世世并受,宏规懿范,用敷遗后人休。肆予凉德,祗承大统三十有七年矣,庸举圜丘之礼,屡修重屋之禋。今兹孟秋,又将讲上仪,陈美报,群公庶尹,先后骏奔,克相祼容,曰惟元嗣,爰敷大号,庸建储宫。咨尔皇子镇南遂安军节度使、开府仪同三司、忠王、食邑九千户、食实封三千四百户睿性渊澄,英标玉粹。荷烈祖万年之泽,为重华四世之孙。自开朱邸以承休,日侍皇闱而毓德。问寝视膳,谨三朝也;尊师就傅,游六艺也。冠冕服黻,威仪跄济,动有则也;苴茅授钺,满假不形,行有常也。暨涣汗甫颁,离明洞照,群阴退敛,万宇肃清,允叶天人之望也。行当秉植圭严亚祼,庶几宗庙顾歆,百神享之矣。是用穆卜刚辰,端御路朝,册命尔为皇太子,改名某。於戏!惟仁可以厚基本,惟明可以辨邪佞,惟谦可以去骄吝,惟俭可以抑华靡。继自今亲正人,闻正言,行正道,勉之勉之,以保我祖宗无疆之景祚。

出处:《景定严州续志》卷一。

举孝廉诏
(景定元年七月二十七日)

敕门下:孝为百行之先,廉居四维之一。三代以上,风俗淳而孝廉之名泯,迨汉始诏以此举士,当时二千石不举孝以不敬论,不察廉则免,其严且重如此。我国家以孝治天下,以廉察吏治,科虽不常设,固有不待举而劝者。比年以来,浇风污习,澜倒莫返,朕甚悯焉。然念良心所蕴,谁独无此?特为善者无所劝,不善者莫知过,表厉之道未至焉耳。今嘉与宇内之士同归于善,举孝廉如汉法。夫孝廉一本也,好货财而不得为孝,咙母食则不得为廉。以菽水为乐者行必不污,以冰蘖自持者亲必不辱。诏下之日,凡吾帅守监司令长采公论,考实行,各疏其事以名闻,朕将尊显之,以为臣子之劝。

出处:《宋史全文续资治通鉴》卷三六。

命程元凤往吴门监籴御札
(景定元年八月十九日)

朕惟吴门为股肱郡,非股肱之臣不足以居之。历观前宰执之重人钜德,惟卿端恪循良,可当此寄。四以命卿,庶几近辅蒙岂弟之福,可覃及京师也。其勉为朕往毋逊。且衮事兹维其时,实关国计,不可须臾缓。所望疾驱,以副倚毗之意。

出处:《明良庆会》卷上。

再命程元凤往吴门御札
（景定元年八月十九日后）

览来奏,犹未决为吴门之行,且谓旧弼殿名藩,鲜有得全善誉者。如卿之贤,言人人同,施于有政,何谓非善? 谨不必辞,以孤朕意。故兹批示,指不多及。

出处:《明良庆会》卷上。

程元凤疏奏请罢修明米并和籴乞减数批答
（景定元年八月十九日后）

观卿之请,无非为民,前此修明一事,大率伪增,非民所欲,厘正可也。和籴减数,亦已亟从。朕每念元元,卿能体悉,良用嘉叹。

出处:《明良庆会》卷上。

明堂大礼前一日朝享太庙册文
（淳祐十一年九月十三日或景定元年九月十五日）

圣祖天尊大帝

伏以物本乎天,人本乎祖。维帝之盛,有光羲农。垂裳之化,合宫之制,千载而下,犹想其风。庆源既衍,施及冲渺,兹卜季秋,蒇事国阳,启迪后人,迓续休命。

祖宗帝后十三首一同

伏以猗欤我家,以圣继圣。帝德之盛,若古勋华;后范之懿,曰女尧舜。遗此艰大,集于菲凉。属修宗祀,前期以告。洋洋如在,神之格思。亦既受社,施于孙子。

昊天上帝

伏以帝监四方,眷宋不释。惟德是辅,诅天我私。农扈有积,边烽息警。笃匪人力,真宰之功。仰观星象,俯练时日,曷谓大飨,亦惟小心。其亿万年,对越景命。

皇地祇

伏以莫厚于坤,故能载物。王者母事,自古则然。生齿惟蕃,地道亦敏。都人足食,岁事遂成。后土之功,与天同大。兹卜素商,肇修宗祈。乃荐黄琮,以徼终惠。

太祖皇帝

伏以天厌五季,真人勃兴。黄钺一麾,僭垒电扫。实开有宋,无穷之基。创造孔艰,揖逊不有。帝庸眷顾,诒万子孙。仰宪累朝,蒇事重屋。曷敢不恭,威灵在天。

太宗皇帝

伏以圣矣熙陵,舜受尧禅。六合一家,偃伯崇儒。以武戡乱,以仁立国。轶汉跨唐,与周比隆。曾孙纂承,惧德弗类。属严大报,敢荐微忱。诒谋既远,流庆未艾。

宁宗皇帝

伏以于皇圣考,侔德舜文。宵衣之勤,浣服之俭。天辅有德,民怀有仁。渺予冲子,羹墙如见。付托之重,大惧弗当。属修宗祀,严父配帝。赫赫濯濯,实照临之。

出处:《后村先生大全集》卷五八。又见《翰苑新书》别集卷一一。

撰者:刘克庄

考校说明:编年据刘克庄任两制时间、南宋明堂大礼时间补。

明堂赦文

(景定元年九月十六日)

监司、州县不许非法估籍民产,戒非不严,而贪官暴吏,往往不问所犯轻重,不顾同居有分财产,壹例估籍,殃及平民。或户绝之家不与命继;或经陈诉许以给还,辄假他名支破,竟成干没;或有典业不听收赎,遂使产主无辜失业。违戾官吏,重置典宪。

出处:《宋史》卷一七三《食货志》。

诸路已粜义米价钱,州郡以低价抑令上户补籴,正税逃阁,义米用亏,常平司责县道陪纳,县道遂敷吏贴、保正长、揽户等人均纳。自今视时收籴,见系吏贴等人陪纳之钱并与除放。

出处:《宋史》卷一七六《食货志》。

福建上四州县倚盐为课,其间有招趁失时,月解拖欠,其欠在宝祐五年以前者,并与除放。尚敢违法计口科抑者,监司按劾以闻。

出处:《宋史》卷一八三《食货志》。

谢奕昌依前少保保宁军节度使充万寿观使
临海郡开国公加食邑食实封制
(景定元年九月十六日后)

门下:朕绍休圣绪,蕆祀国阳。乃季颛中辛,彻俎既陈于骍享;惟右贤左戚,奉璋各效于骏奔。况序爵之尤先,岂均厘之可后?具官某禀冲和之气,承文献之传。少也耽书,窥郿侯插架之富;贵而下士,慕信陵执辔之恭。实槐庭之闻孙,亦椒禁之懿属。位崇衮钺,行比布韦。虽子之燕居,视鼎钟而若浼;然国之大事,俨黻冕而侍祠。昔班朝已峻于棘联,今胙土益增于采食。於戏!周庙多士,莫不殚助祭之劳;汉家近亲,宜加厚分膰之礼。永绥寿祉,以对宠光。可。

出处:《后村先生大全集》卷五四。

撰者:刘克庄

考校说明:编年据刘克庄任两制时间、南宋明堂大礼时间、谢奕昌官历补,见《宋史》卷四五《理宗纪》等。

谢奕昌明堂加恩口宣
(景定元年九月十六日后)

有敕:朕参稽古昔,并享帝亲。乃如戚畹之贤,实相合宫之礼,肆颁馂惠,申锡纶言。

出处:《后村先生大全集》卷五四。

撰者:刘克庄

考校说明:编年据刘克庄任两制时间、南宋明堂大礼时间、谢奕昌官历补,见《宋史》卷四五《理宗纪》等。

皇弟太师武康军节度使判大宗正事嗣荣王与芮
故高祖太师秦国公子奭追封周王赐谥元肃制
(景定元年九月十六日后)

朕隆《棣华》之友爱,加厚于天伦;念《葛藟》之本根,皆原于祖训。发百年之潜德,节一惠以追荣。具官某故高祖具官某,恂恂族党之间,肃肃闺门之际。虽高才不试,世但知公子之贤;然阴隲尤多,里素有善人之誉。积此余庆,施于后昆。朕因览班书,参稽汉事。交与彭祖,易名彼得其一偏;王视古人,较德此为于全美。有如英爽,无愧褒崇。

出处:《后村先生大全集》卷七二。

撰者:刘克庄

考校说明:编年据刘克庄任两制时间、赵与芮官历、南宋明堂大礼时间补,见《宋史》卷四四《理宗纪》等。《全宋文》:"元肃:'肃'字原误入正文之首,今改正。赵子奭之谥号不载诸史,或以本文原题为据,以为单谥'元',实误,此由本文末语可证。其语云'交与彭祖,易名彼得其一偏',盖指楚王刘交卒谥'元'、赵王刘彭祖卒谥'敬肃'也,合二者之谥而为'元肃',故曰'此为于全美'也。二王事见《汉书》本传。"(第三二七册,第二九页)辛更儒《刘克庄集笺校》:"理宗即位后,追封生父希璱荣王。同书(引者《宋史》)卷四二《理宗纪》二：'淳祐元年夏四月丁丑,诏以与芮为开府仪同三司万寿观使,嗣荣王。'此嗣荣王当淳祐十一年九月祀明堂,因遇大礼,故再封赠三代。右制词十篇,皆作于淳祐十一年九月之后。"(中华书局,二〇一一年,第三三二二至三三二三页)然赵与芮宝祐六年五月始判大宗正事(见《宋史》卷四四《理宗纪》),此制当作于景定元年九月明堂大礼之后。

与芮故曾祖太师齐国公伯旿追封楚王赐谥孝节制
(景定元年九月十六日后)

朕广累朝睦族之恩,嘉介弟荣亲之志。虽真王大国,褒崇极一字之封;然潜德幽光,郁积历百年之久。乃袠逸事,备着赞书。具官某故曾祖具官某,挺麟宗近属之英,值羯虏乱华之变,为丑类所执而往矣,伺守者之怠而毙之。履屯而亨,抗志不挠。范蠡去而变姓,陈平赢而刺船。长啸借一帆之风,赤手活万人之命。当千骑肆模金之暴,潜往故乡;举二亲已埋玉之丧,归蕝寓里。其处家国之际,岂非今古所无? 戴白之老能谈,汗青之笔未载。噫! 朕节二惠,非由议郎博士之言;史不一书,永为忠臣孝子之劝。可。

出处:《后村先生大全集》卷七二。
撰者:刘克庄
考校说明:编年据刘克庄任两制时间、赵与芮宦历、南宋明堂大礼时间补,见《宋史》卷四四《理宗纪》等。

与芮故祖太师鲁国公师意追封吴王赐谥宣献制
(景定元年九月十六日后)

朕有介弟,贤如文恭。孝事亲,忠事君,允蹈先训;物本天,人本祖,谁无是心! 参稽节惠之文,昭示发潜之义。具官某故祖具官某,生重光之世,有令闻于时。虬须天人,远矣神明之胄;麟趾公子,蔼然信厚之风。凡引翼于后昆,皆胚胎于王考。史官失其逸事,故老记为美谈。参沈约、贺琛之群言,蔽以独断,合河间、竟陵之二美,锡兹嘉名。益衍庆源,永垂后裔。可。

出处:《后村先生大全集》卷七二。
撰者:刘克庄

考校说明:编年据刘克庄任两制时间、赵与芮官历、南宋明堂大礼时间补,见《宋史》卷四四《理宗纪》等。

与芮故高祖太师秦国公子颙追封周王制
(景定元年九月十六日后)

朕加厚天伦,追荣先德。以世家而论人才,自古已然;如水木之有本原,其来远矣。英爽虽九京之隔,褒崇极一字之封。具官某故高祖具官某,禀大雅不群之资,生太平无事之际。萧然衡泌,壮图未展于风云;修于家庭,素行见推于月旦。果上穹之福善,庆奕叶之生贤。傥非侈茅土之恩,何以慰棣华之志。噫!惟乃四世祖,亦朕属籍之亲;其以大邑周,为王赐履之国。可。

出处:《后村先生大全集》卷七二。

撰者:刘克庄

考校说明:编年据刘克庄任两制时间、赵与芮官历、南宋明堂大礼时间补,见《宋史》卷四四《理宗纪》等。

与芮故高祖妣秦国夫人王氏赠周晋国夫人制
(景定元年九月十六日后)

仁人于弟,隆一时友睦之恩;妇爵从夫,极四世褒崇之宠。具官某故高祖妣秦国夫人王氏,出乌衣之名族,俪麟趾之宗英。靡好纷华,相安隐约。宜家宜室,实始开后人之祥;如山如河,既追封小君之号。朕举皇朝之旷礼,慰王邸之孝思,以衍庆源,以旌懿范。昔荒殽雍,盖循典故之常;今益晋周,用广汤沐之邑。可。

出处:《后村先生大全集》卷七二。

撰者:刘克庄

考校说明:编年据刘克庄任两制时间、赵与芮官历、南宋明堂大礼时间补,见《宋史》卷四四《理宗纪》等。

与芮故曾祖太师齐国公伯昕追封楚王制
（景定元年九月十六日后）

　　周封姬姓之国，尤重宗盟；汉非刘氏不王，遂为家法。朕笃友于之至爱，发逝者之幽光，既锡嘉名，遂跻极品。具官某故曾祖具官某，生富贵而负轶群之气，履患难而包周身之防，忠孝两全，仁智兼尽。近者因词臣之固请，命太史而特书。昔遵守旧章，已冠乎五等之爵；今褒崇大节，何靳于一字之封！其改全齐，俾王故楚。可。

出处：《后村先生大全集》卷七二。

撰者：刘克庄

考校说明：编年据刘克庄任两制时间、赵与芮宦历、南宋明堂大礼时间补，见《宋史》卷四四《理宗纪》等。

与芮故曾祖妣齐国夫人刘氏赠楚越国夫人制
（景定元年九月十六日后）

　　朕笃厚伦之爱，察尊祖之情。孝于亲，忠于君，已光汗简之载；正乎外，位乎内，宜旌彤管之贤。度越常彝，举行旷典。具官某故曾祖妣齐国夫人刘氏，本卯金之裔，俪磐石之宗。俾夫子能垂久远之名，亦小君有相儆戒之道。礌礌落落如日月，王既加茅土之封；委委佗佗如山河，尔宜异筞珈之礼。其赐二邦之汤沐，以为九原之宠光。可。

出处：《后村先生大全集》卷七二。

撰者：刘克庄

考校说明：编年据刘克庄任两制时间、赵与芮宦历、南宋明堂大礼时间补，见《宋史》卷四四《理宗纪》等。

与芮故祖太师鲁国公师意追封吴王制
（景定元年九月十六日后）

　　古者封建同姓，盖以宗强；天之报应善人，常于身后。朕加厚天伦之爱，载褒世德之贤。具官某故祖具官某,典刑老成,被服儒雅。啜菽饮水之乐修于家庭,重珪叠组之祥施于孙子。慨先朝之耆旧,嘉介弟之显扬。虽宰木成阴,冠剑之藏已久;然分茅裂壤,纶綍之言维新。自曲阜而移封,合全吴而赐履。可。

出处:《后村先生大全集》卷七二。
撰者:刘克庄
考校说明:编年据刘克庄任两制时间、赵与芮官历、南宋明堂大礼时间补,见《宋史》卷四四《理宗纪》等。

与芮故祖妣鲁国夫人石氏赠吴鲁国夫人制
(景定元年九月十六日后)

朕友爱于弟,褒崇其先。行修于家,凛祖风之如在;言不出梱,盖女子之未知。爰锡赞书,以昭懿范。具官某故祖妣鲁国夫人石氏,截发之事题,断机之训严。原奕世贵盛之由,皆大母贤淑所致。孙方济美,以真王而袭封;夫既追荣,岂妇人之无爵!改汤沐于二国,萃恩徽于一门。可。

出处:《后村先生大全集》卷七二。
撰者:刘克庄
考校说明:编年据刘克庄任两制时间、赵与芮官历、南宋明堂大礼时间补,见《宋史》卷四四《理宗纪》等。

荣文恭王故外孙魏关孙赠承奉郎直秘阁制
(景定元年九月十六日后)

尔名相之孙,名法从之子,而朕介弟之甥也。幼慧而敏,盖童乌、仓舒之伦,苗而不秀,朕甚伤之。其以京秩中秘告尔墓。可。

出处:《后村先生大全集》卷七二。
撰者:刘克庄
考校说明:编年据刘克庄任两制时间、赵与芮官历、南宋明堂大礼时间补,见《宋史》卷四四《理宗纪》等。"文"字原缺,据《宋史》卷四六《度宗纪》补。

太保右丞相兼枢密使兼太子少卿贾似道故
曾祖太师鲁国公嗣业追封鲁国公制
(景定元年九月十六日后)

国家蕆事于九筵，人神胥悦；臣子追封于三世，宰辅则然。极昭代之褒崇，表前人之积累。具官某故曾祖具官某，乐名教之地，食经训之畬。世称乡里善人，知之浅矣；古有丘园隐德，庶乎近之。生能安于一尊二簋之贫，殁不逮乎万钟五鼎之养。传家嫡绅书于渠观，至孙曾纪绩于旂常。焚老上之庭，汉地息传烽之警；祀文王于庙，镐京有奠枕之安。妙算卓然，庆源远矣。噫！饮福受胙，孰先麟阁之元勋；裂壤分茅，仍启龟蒙之旧宇。宠光优渥，英爽哀荣。可。

出处：《后村先生大全集》卷七二。

撰者：刘克庄

考校说明：编年据刘克庄任两制时间、贾似道宦历、南宋明堂大礼时间补，见《宋史》卷二一四《宰辅表》等。"太子少卿"当为"太子少师"之误。

贾似道故曾祖母鲁国夫人于氏赠鲁国夫人制
(景定元年九月十六日后)

燔燎之礼，行于合宫；汤沐之封，及于曾庙。既告成于熙事，必推本于庆源。具官某故曾祖母鲁国夫人于氏，秉德淑均，宅心慈恕。冲约安荆练之素，功言合图史所书。甑石常空，截鬐而享客；诵弦不辍，圆胆以课儿。惟其积之丰而取之廉，所以啬其前而昌其后。挺生端揆，显相精祃。四郊息羽檄之虞，九扈奏金穰之喜。追荣三世，足慰重泉。噫！告江汉淮夷之功，相予宗祀；启曲阜东蒙之宇，为尔脂田。永播徽音，益蕃来裔。

出处：《后村先生大全集》卷七二。

撰者：刘克庄

考校说明：编年据刘克庄任两制时间、贾似道宦历、南宋明堂大礼时间补，见《宋史》卷二一四《宰辅表》等。

贾似道故曾祖母鲁国夫人于氏赠鲁国夫人制
(景定元年九月十六日后)

柴燎之礼既成,厥施斯普;石窌之封虽旧,其命维新。既典领于头厅,宜褒崇其先庙。具官某故曾祖母鲁国夫人于氏,贤淑如《周南》所咏,幽闲有林下之风。敬夫如宾,不嫌于举案;归妹以娣,所赖以续弦。居常炊爨廖而烹雌,不待高门闾而容驷。积是余庆,在其后人。江汉浮浮汤汤,缵成功而献捷;宫庙雝雝肃肃,庆熙事之告成。祭泽可通于漏泉,慈容岂隔于长夜!辟公率周多士,实尔家之孙曾;仲子为鲁夫人,视惟垣之爵邑。可。

出处:《后村先生大全集》卷七二。

撰者:刘克庄

考校说明:编年据刘克庄任两制时间、贾似道宦历、南宋明堂大礼时间补,见《宋史》卷二一四《宰辅表》等。

贾似道故祖太师越国公伟追封越国公制
(景定元年九月十六日后)

类于帝,禋于宗,既成祼荐之礼;物本天,人本祖,皆有显扬之心。载嘉元台使领之功,追奖王父义方之训。具官某故祖具官某,贯穿千载之学,鼓吹六经之文。以科目之名儒,逢乾、淳之真主。青藜照夜,陪瀛洲十八士之游;画戟行春,任汉家四千石之重。有其志而无时命,非其身必在子孙。绩纪旂常,名垂竹帛。施及调元之老,岿然安社之臣。王命来宣,武夫洸洸而虓怒;公率以祀,多士济济而骏奔。真再造于皇图,宜首褒于祖德。成洛邑,祭清庙,允资显相之劳;探禹穴,上会稽,不改旧封之大。顾如精爽,服我宠灵。可。

出处:《后村先生大全集》卷七二。

撰者:刘克庄

考校说明:编年据刘克庄任两制时间、贾似道宦历、南宋明堂大礼时间补,见《宋史》卷二一四《宰辅表》等。

贾似道故祖母越国夫人于氏赠越国夫人制
（景定元年九月十六日后）

衮衣相祀，实总统于元台；锦告追荣，遂褒崇其王母。缅怀贤范，加厚徽章。具官某故祖母越国夫人于氏，履行懿恭，秉姿和顺。俗尚阀阅，求王、谢之华宗；世为婚姻，有朱、陈之古意。及夫子已双旌而五马，而夫人不副笄而六珈。传子至孙，出将入相。游魂之□□□，助祭之士骏奔。既彻俎需漏泉之恩，乃出纶为幽穴之宠。噫！国之大事惟祀，成洛邑之肃雍；家之积庆有余，仍会稽之汤沐。于今鲜俪，其后益蕃。可。

出处：《后村先生大全集》卷七二。

撰者：刘克庄

考校说明：编年据刘克庄任两制时间、贾似道宦历、南宋明堂大礼时间补，见《宋史》卷二一四《宰辅表》等。

贾似道故祖母越国夫人陆氏赠越国夫人制
（景定元年九月十六日后）

注黄流之洁，已毕精禋；补彤管之遗，追劳慈训。新恩疏渥，幽隧有光。具官某故祖母越国夫人陆氏，通籍华宗，作嫔名士。继室以声子，见谓淑贤；举桉如孟光，尤相宾敬。懿范可仪于族党，庆源萃见于子孙。功在旂常，志安社稷。扫清妖祲，永绝投鞭之谋；收召□□，咸在奉璋之列。謇画皆元台之力，胚胎由王母之贤。虽文驷雕轩，生不拜小君之号；然锦囊金诏，没犹加大国之封。苗裔相承，炽昌未艾。可。

出处：《后村先生大全集》卷七二。

撰者：刘克庄

考校说明：编年据刘克庄任两制时间、贾似道宦历、南宋明堂大礼时间补，见《宋史》卷二一四《宰辅表》等。

贾似道故父太师魏国公涉特进封魏郡王制
(景定元年九月十六日后)

朕率由旧章,称秩元祀。奉璋助祭,冠使领于合宫;彻俎均厘,先宰衡之祢庙。矧英爽尚存于遗烈,岂褒崇可限于常寻?具官某故父具官某,蔚乎名臣,事我宁考。入则簪笔持橐而上雍,出则轻裘缓带而帅边。红衲之降附滋多,玉帐之规恢甚远。忠臣义士,知祖逖誓江之心;故老遗黎,悲宗泽过河之志。事载太史,庆钟象贤。于皇家有再造之功,为严考缵未成之绪。露布奏行营之捷,氛祲扫清;衮衣侍清庙之祠,月星明概。凡今者弥缝之妙用,皆向焉传授之义方。噫!文右飨之,成礼赖上公之相;魏大名也,剖符峻异姓之王。益阐幽光,永垂来裔。可。

出处:《后村先生大全集》卷七二。

撰者:刘克庄

考校说明:编年据刘克庄任两制时间、贾似道宦历、南宋明堂大礼时间补,见《宋史》卷二一四《宰辅表》等。

贾似道故母魏国夫人史氏特赠魏韩国夫人制
(景定元年九月十六日后)

朕聿隆孝治,肇举宗祈。右之飨之,爰霈漏泉之泽;顾我复我,谁无凯风之思!况元勋方佩于安危,岂慈训可稽于崇奖?具官某故母魏国夫人史氏,自生贵阀,媲于名臣。如友如宾,肯以牛衣而动念;从夫从子,孰云象服之不宜。奈何鸾鹤之别离,弗睹麒麟之图画。乃者外腾戎捷,内讲精禋,边陲罢传柝之虞,郡国奏嘉禾之瑞。皆尔三迁之教,致兹再造之功。熙事既成,乃赐文武之胙;徽音未远,其荒韩魏之封。存没有光,哀荣鲜俪。可。

出处:《后村先生大全集》卷七二。

撰者:刘克庄

考校说明:编年据刘克庄任两制时间、贾似道宦历、南宋明堂大礼时间补,见《宋史》卷二一四《宰辅表》等。

贾似道生母秦国夫人胡氏特封秦齐国夫人制
(景定元年九月十六日后)

圣人飨帝，施大赉于群臣；君子笃亲，况元台之贤母。载嘉懿范，申锡赞书。具官某生母秦国夫人胡氏，禀淑惠之姿，有平均之德。是生名宰，光辅眇躬。属者毡裘逞航苇之谋，鼎祚危缀旒之势。南陔养志，每扇枕问庭闱之安；北堂教忠，遂投袂狥国家之急。指麾而鳌足再奠，谈笑而旄头一空。人皆诵端揆之功，相则曰圣善之训。露布驰，捷书奏，适重屋之庆成；寿觞举，慈颜和，实头厅之创见。鱼轩容与，鸾告辉煌。荒两大国之封，实维异数；回百官班而贺，可继前闻。茂对宠光，永绥茀祉。可。

出处：《后村先生大全集》卷七二。
撰者：刘克庄
考校说明：编年据刘克庄任两制时间、贾似道官历、南宋明堂大礼时间补，见《宋史》卷二一四《宰辅表》等。

贾似道故妻华国夫人綦氏特赠楚国夫人制
(景定元年九月十六日后)

朕销弭外虞，严恭大执。礼成胙饮，先使领之忠勤；泽及漏泉，矧宰衡之伉俪。具官某故妻华国夫人綦氏，产祥华族，作媲元勋。举案相宾，肯发烹伏雌之难；断弦莫续，岂胜操别鹤之悲！虽流彤管之芳徽，不睹衮衣之贵显。出征万里，空漠南之王庭；入率群公，朝洛邑之清庙。成绩有太常之纪，追荣及中馈之贤。启宇□嵩，昔已峻小君之号；移封鄢郢，今宜赐大国之名。顾惟淑灵，歆此休宠。可。

出处：《后村先生大全集》卷七二。
撰者：刘克庄
考校说明：编年据刘克庄任两制时间、贾似道官历、南宋明堂大礼时间补，见《宋史》卷二一四《宰辅表》等。

朝请大夫试中书舍人兼直学士院洪勋朝请郎直敷文阁两浙运判洪焘故父端明殿学士谥忠文已赠宣奉大夫咨夔可特赠银青光禄大夫制
（景定元年九月十六日后）

朕葳严父配帝之祠，需昭天漏泉之泽。凡通朝籍，追荣皆及于九泉；况烈廷绅，济美有如于二季。其加锡命，以奖义方。具官某故父具官某，节高而名全，身没而言立。陆贽百篇之谏，亘古不刊；郑公一鉴之亡，至今追慨。远矣积庆，萃于象贤。诗礼庭趋，若伯鱼之善学；丝纶世掌，何谢风之足云！属馂惠之溥行，想英风之如在。银青之秩，慰人不养之悲；燎黄于阡，使天下知为善之报。可。

出处：《后村先生大全集》卷七二。

撰者：刘克庄

考校说明：编年据刘克庄任两制时间、洪焘宦历、南宋明堂大礼时间补，见《咸淳临安志》卷五〇等。

洪勋洪焘故母普宁郡夫人阮氏可特赠平阳郡夫人制
（景定元年九月十六日后）

妇爵从夫，已峻小君之号；母贵以子，载加大郡之封。具官某故母普宁郡夫人阮氏，嫔我名臣，贤哉内则。半生隐约，居常井臼之同操；一旦显融，曷不筜珈而偕老！宰木已拱，庭兰竞芳。生不厌于荆练，没乃疏于汤沐。泷冈表阡之作，何以加诸；凯风寒泉之悲，可少慰矣。可。

出处：《后村先生大全集》卷七二。

撰者：刘克庄

考校说明：编年据刘克庄任两制时间、洪焘宦历、南宋明堂大礼时间补，见《咸淳临安志》卷五〇等。

洪勋故妻宜人张氏可特赠令人制
（景定元年九月十六日后）

朕推祭泽于天下,小大之臣其亲若媲皆被恩渥,况吾法从之令妻乎！尔早嫔华宗,克相夫子。鄙牛衣之卧泣,和熊胆以课书。虽贤淑可流彤管之芳,然奄忽不睹稿砧之贵。其加五命,以贲九原。可。

出处:《后村先生大全集》卷七二。

撰者:刘克庄

考校说明:编年据刘克庄任两制时间、洪焘官历、南宋明堂大礼时间补,见《咸淳临安志》卷五〇等。

通议大夫守刑部侍郎兼国子祭酒兼侍读江万里弟承议郎新差充提领犒赏酒库所主管文字江万顷故父烨任奉议郎致仕已赠朝请今拟赠奉直大夫制
（景定元年九月十六日后）

颢、颐理学,本珦之贤;轼、辙文宗,亦洵之教。尔潜心太业,养气至刚。传经若西京之儒林,著籍多北面之弟子。盖尝擢置廷尉之属,且为亲洒韦斋之题。奄终耆老,赖有冢嫡,食尔诗书之泽,冠吾献纳之班。扈跸甘泉,奉璋清庙。类于上帝,载嘉显相之劳;祭以大夫,少报义方之训。可。

出处:《后村先生大全集》卷七二。

撰者:刘克庄

考校说明:编年据刘克庄任两制时间、江万里官历、南宋明堂大礼时间补,见《宋史》卷四一八《江万里传》等。

江万里江万顷故母令人陈氏今拟赠硕人制
（景定元年九月十六日后）

尔有仲妻辟纑之操,故夫为名士;有欧母画荻之训,故子为名臣。及见其夫列王官,子长御史,可谓荣矣。属者朕飨帝亲,尔子实扈属车上雍,虽尔之宰木已拱,可无馂惠以奖义方? 可。

出处:《后村先生大全集》卷七二。

撰者:刘克庄

考校说明:编年据刘克庄任两制时间、江万里宦历、南宋明堂大礼时间补,见《宋史》卷四一八《江万里传》等。

江万里故妻令人黄氏今拟赠硕人制
(景定元年九月十六日后)

《诗》咏鲁侯之令妻,史传汉京之列女,昔所闻者,今亦有之。尔上承舅姑,下睦姻族。考其四行,合女诫之七篇;胡不百年,与君子而偕老! 其霈漏泉之泽,以为黄壤之荣。可。

出处:《后村先生大全集》卷七二。

撰者:刘克庄

考校说明:编年据刘克庄任两制时间、江万里宦历、南宋明堂大礼时间补,见《宋史》卷四一八《江万里传》等。

江万里妻邓氏今拟封硕人制
(景定元年九月十六日后)

昔曾巩序《列女传》,叹后世学问之士多徇外物、顾利冒耻者,往往以家自累,朕读而嘉之。惟汝夫子,为吾近臣,中尝卷怀退处者十有四年,有考槃之乐而无华轩之羡,岂非尔能攻苦食淡、有儆戒相成之道而然欤! 祭泽流行,肆命汝从夫之爵,汝益敬共,以对休宠。可。

出处:《后村先生大全集》卷七二。

撰者:刘克庄

考校说明:编年据刘克庄任两制时间、江万里宦历、南宋明堂大礼时间补,见《宋史》卷四一八《江万里传》等。

事奉大夫试工部侍郎兼太子詹事杨栋武节郎擢权知江阴军事履之故父任武德郎已赠大中大夫端仲特赠通奉大夫制
（景定元年九月十六日后）

蜀无它姓之杨，世家各异；眉有静恭之族，苗裔益蕃。眷予法从之臣，由尔义方之训。具官某故父具官某，大门礼法，前辈典刑。识面卜邻，多交友钜人长德；把麾出守，不鄙夷小国寡民。修龄八袠之尊，美子万金之产。乃推馂惠，以慰孝思。噫！稿葬一丘，返青神而尚远；爵登三品，燎黄诰而有光。可。

出处：《后村先生大全集》卷七二。

撰者：刘克庄

考校说明：编年据刘克庄任两制时间、杨栋宦历、南宋明堂大礼时间补，见《宋史》卷四二一《杨栋传》等。《全宋文》（第三二七册，第四六页）、《宋代诏令全集》（第四八一八页）皆曰："事奉大夫：按无此官名，当为'正奉大夫'或'通奉大夫'之误。"辛更儒《刘克庄集笺校》则作"奉直大夫"（中华书局，二○一一年，第三三三六页）。同集卷六三有《工部侍郎杨栋磨勘转中大夫制》，中大夫之下为中奉大夫，"事奉大夫"当为"中奉大夫"之误。

朝请郎权礼部侍郎兼侍讲詹文杓故父九龄赠奉议郎制
（景定元年九月十六日后）

《乐记》曰："祀于明堂而民知孝。"朕推祭泽于海内，臣子之疏远者且得以荣其亲，况贵而近者乎！尔学《易》有师法，居里有贤誉。虽终身不解褐而死，然小宗伯遂为朕言语侍从之臣，彼谓天道逶迤，儒效迂阔，其论有不然者矣。议郎之秩，有司常典，方将屡书不一书，以告尔墓。可。

出处：《后村先生大全集》卷七二。

撰者：刘克庄

考校说明：编年据刘克庄任两制时间、詹文杓宦历、南宋明堂大礼时间补，见《南宋馆阁续录》卷八等。

詹文杓故母安人陈氏赠令人制
（景定元年九月十六日后）

妇人从夫之爵，为夫在言也，夫殁则从子矣。尔之夫终老布衣，而子贵为法从。今兹燎黄于阡，议郎再命而令人五命，乌乎，亦足以发莱妻孟母之幽潜矣！可。

出处：《后村先生大全集》卷七二。

撰者：刘克庄

考校说明：编年据刘克庄任两制时间、詹文杓宦历、南宋明堂大礼时间补，见《南宋馆阁续录》卷八等。

詹文杓故继母安人周氏赠令人制
（景定元年九月十六日后）

先贤如尹伯奇、曾参之流，皆以善事继母为孝。令人之慈子也，有平均之德，尽母道焉；小宗伯之奉母也，无前后之异，尽子道焉。鸾诰象服，并为尔宠，幽冥有知，对越休命。可。

出处：《后村先生大全集》卷七二。

撰者：刘克庄

考校说明：编年据刘克庄任两制时间、詹文杓宦历、南宋明堂大礼时间补，见《南宋馆阁续录》卷八等。

詹文杓妻安人陈氏特封令人制
（景定元年九月十六日后）

士大夫位望通显，有为居养所移者，况女妇乎！尔之夫子起书生，位禁从，尔清贫如处糟糠之日，冲约不改荆练之旧，其贤如此，可以笄珈而偕老矣。可。

出处：《后村先生大全集》卷七二。

撰者：刘克庄

考校说明:编年据刘克庄任两制时间、詹文杓宦历、南宋明堂大礼时间补,见《南宋馆阁续录》卷八等。

中大夫试吏部侍郎兼太子左庶子王爚奉议郎权知台州军州华甫故父任朝奉郎致仕已赠朝请大夫梦得特赠中散大夫制
(景定元年九月十六日后)

先贤以兄弟致一世盛名,惟燕山窦氏、眉山苏氏。当时称仪、俨者,归美于义方之老;而轼、辙自相告语者,亦曰其家有师。噫,有自来矣!尔萧然隐约,不出闾巷,而积于身、修于家者犹足以熏晋鄙之人,有庞公、管宁之风。是生双璧,伯为朝家魁罍之臣,仲亦郡国循良之吏。夫为人子者,孰无荣亲之志,然必忠孝两全、身名俱泰如尔二子,而后可以言荣。盖古之所谓显扬者在此而不在彼也。兹以祭泽,晋秩中散,谅惟冥漠,歆此宠嘉。可。

出处:《后村先生大全集》卷七二。
撰者:刘克庄
考校说明:编年据刘克庄任两制时间、王爚及王华甫宦历、南宋明堂大礼时间补,见光绪三十一年《谷来王氏宗谱》卷七《王公爚行状》、弘治《赤城新志》卷一三等。

王爚王华甫故母令人胡氏特赠硕人制
(景定元年九月十六日后)

昔季路有负米千钟之感,孟子有前士后大夫之辨,此为禄不洎养者言也。尔庭兰竞秀,昔不以华轩之陈于庭者为喜;宰木已拱,今岂以黄诰之燎于阡者为荣哉。噫,人谁无子,至于立朝则古之遗直,牧民则古之遗爱,非断机择邻之训而然欤!此祭泽之所必及,而朕心之所深嘉而屡叹也。可。

出处:《后村先生大全集》卷七二。
撰者:刘克庄
考校说明:编年据刘克庄任两制时间、王爚及王华甫宦历、南宋明堂大礼时间补,见光绪三十一年《谷来王氏宗谱》卷七《王公爚行状》、弘治《赤城新志》卷一三等。

王爜故妻令人周氏特赠硕人制
(景定元年九月十六日后)

旷荡之典,极昭漏之恩;伉俪之情,无没存之间。尔以望族,嫔于名卿。敬君子而无违,可书彤管;哀若人之不淑,莫续断弦。属馌惠之旁流,嗟徽音之未远,其从夫爵,以慰闺魂。可。

出处:《后村先生大全集》卷七二。

撰者:刘克庄

考校说明:编年据刘克庄任两制时间、王爜及王华甫宦历、南宋明堂大礼时间补,见光绪三十一年《谷来王氏宗谱》卷七《王公爜行状》、弘治《赤城新志》卷一三等。

资政殿大学士正奉大夫沿江制置使知建康府马光祖故曾祖已赠少保千里郊恩特赠太保制
(景定元年九月十六日后)

竣合宫之熙事,丕拥蕃厘;眷颛阃之名臣,方膺隆委。爰推庆典,加赍曾门。具官某故曾祖具官某,养素家林,游心艺苑。绛帐诸生之授,熏染师资;白眉五常之良,源流世德。至老埋光而铲彩,于今隤祉而发祥。繁尔有孙,为予分陕。显祖阻陪于禋礼,追崇宜视于政途。申伯于蕃,任莫尊于居守;召公为保,荣奚间于幽明! 可。

出处:《后村先生大全集》卷七二。

撰者:刘克庄

考校说明:编年据刘克庄任两制时间、马光祖宦历、南宋明堂大礼时间补,见《宋史》卷四五《理宗纪》等。

马光祖故曾祖母崇国夫人葛氏郊恩特赠福国夫人制
(景定元年九月十六日后)

配天其泽,宠光首逮于迩联;彻土而封,伉俪并崇于曾庙。肆稽旧典,申锡愍章。具官某故曾祖母崇国夫人葛氏,本出高华,来嫔鸿硕。动循礼敬,恪羞涧藻之共;亲授诗书,及见阶兰之秀。积累端由于世德,安危方托于阃臣。礼视钧枢,恩加汤沐。福不专飨,爰均惠于麟符;逝者有知,尚钦承于象服。可。

出处:《后村先生大全集》卷七二。
撰者:刘克庄
考校说明:编年据刘克庄任两制时间、马光祖官历、南宋明堂大礼时间补,见《宋史》卷四五《理宗纪》等。

马光祖故祖已赠少傅之纯郊恩特赠太傅制
(景定元年九月十六日后)

禋于宗,类于帝,馂惠方行;非其身,在其孙,庆源甚远。爰颁禭典,加贲泉扃。具官某故祖具官某,尚友古人,潜心大业。联名雁塔,韩、欧为同榜之俊游;讲道牛溪,房、魏多及门之高弟。富有茂陵之俊藻,仅终康海之题舆。惟啬于前,遂昌厥后。葳祀既陈于骍享,分膰首逮于麟符。肆繇孤卿,晋陟帝傅。祭则受福,诞霈燔柴之恩;没而有知,对越面槐之宠。可。

出处:《后村先生大全集》卷七二。
撰者:刘克庄
考校说明:编年据刘克庄任两制时间、马光祖官历、南宋明堂大礼时间补,见《宋史》卷四五《理宗纪》等。

马光祖故祖母吉国夫人楼氏郊恩特赠庆国夫人制
(景定元年九月十六日后)

专阃分忧,体貌既均于二府;合宫竣事,宠光亦逮于九原。矧如王母之贤,加峻封君之号。具官某故祖母吉国夫人楼氏,门高四近,德着三从。礼敬如宾,可书于彤管;义方训子,不羡于金籝。钟庆后人,赐名大国。噫!佩麟符而建旗鼓,所宜均饮胙之恩;奉鸾诰以白松楸,足少慰含饴之念。可。

出处:《后村先生大全集》卷七二。
撰者:刘克庄
考校说明:编年据刘克庄任两制时间、马光祖官历、南宋明堂大礼时间补,见《宋史》卷四五《理宗纪》等。

马光祖故父已赠少师正己郊恩特赠太师制
(景定元年九月十六日后)

予嘉乃绩,边筹允赖于制垣;父教之忠,祭泽必先于祢庙。爰跻极品,以慰孝思。某故父具官某,袭诗礼之亲传,视轩裳而若浼。乘下泽,御椫段,有少游之风;施绛帐,居高堂,无季长之侈。是生鸿硕,方佩安危。属禋祀之告成,与臣邻而饮福。念陪京留钥之重,阻宣室前席之咨,庆需既行,具瞻采峻。噫! 礼严牡荐,昭吾事帝之心;诗美鹰扬,遂尔荣亲之志。可。

出处:《后村先生大全集》卷七二。
撰者:刘克庄
考校说明:编年据刘克庄任两制时间、马光祖官历、南宋明堂大礼时间补,见《宋史》卷四五《理宗纪》等。

马光祖故母惠国夫人伍氏郊恩特赠卫国夫人制
(景定元年九月十六日后)

敬祭重祠,既举类禋之典;报本反始,难忘顾复之恩。载嘉制阃之贤劳,加厚亲闱之宠数。具官某故母惠国夫人伍氏,功言咸备,礼法自防。清节凛然,鄙牛衣之卧泣;义方严甚,和熊胆以助勤。钟庆辅臣,分忧方岳。虽主陪京之钥,亦均宣室之厘。昔启宇罗浮,已极鱼轩之贵;今移封淇澳,益增马鬣之光。可。

出处:《后村先生大全集》卷七二。
撰者:刘克庄
考校说明:编年据刘克庄任两制时间、马光祖官历、南宋明堂大礼时间补,见《宋史》卷四五《理宗纪》等。

马光祖故母肃国夫人叶氏郊恩特赠相国夫人制
(景定元年九月十六日后)

扫地而祭,霈皇家漏泉之恩;裂土而封,慰贤子凯风之念。乃疏宠渥,以发幽潜。具官某故母肃国夫人叶氏,迪德温恭,宅心慈恕。家无瓶石,相安织屦而辟纑;门有轩车,不但剪鬈而市酒。推本由三迁之教,产祥为一代之英。笄珈不及于生前,汤沐追崇于身后。兹由馂惠,复峻徽章。噫!移相台之封,次国固殊于支郡;勒泷岗之表,先贤不假于它人。冥漠有知,哀荣无憾。可。

出处:《后村先生大全集》卷七二。

撰者:刘克庄

考校说明:编年据刘克庄任两制时间、马光祖宦历、南宋明堂大礼时间补,见《宋史》卷四五《理宗纪》等。

马光祖故妻东阳郡夫人丁氏郊恩特赠普安郡夫人制
（景定元年九月十六日后）

朕葳事国阳,加恩阃外。君子偕老,怅遗恨于中闱;妇人从夫,既视仪于二府。音徽未远,宠数津新。具官某故妻东阳郡夫人丁氏,备班史之功言,宝彤书之慈俭。属者陪油幢而西沂,俄而怆画翣之东归。苦澹相安,每感贫贱糟糠之语;芳菲易歇,可胜死生契阔之悲!兹需金鸡之庆条,加贲玉麟之贤偶。湛恩所被,潜德有光。称曰小君,昔已隆于命服;赐名大国,今益广于脂田。可。

出处:《后村先生大全集》卷七二。

撰者:刘克庄

考校说明:编年据刘克庄任两制时间、马光祖宦历、南宋明堂大礼时间补,见《宋史》卷四五《理宗纪》等。

观文殿大学士金紫光禄大夫判平江府事浙西两淮发运大使程元凤故祖已赠太师正特追封崇国公制
（景定元年九月十六日后）

葳事精禋,皇矣邦彝之举;眷怀名宰,基于祖德之传。爰锡徽章,俾光幽壤。具官某故祖具官某,丘园隐曜,泉石养高。少游使乡里称为善人,不求闻于当世;于公知子孙必有兴者,果钟美于后昆。昔经体以赞元,今干方而作屏。显相阻陪于宗祀,追崇远遡于庆源。已峻师垣,肇开蜀土。公槐极品,焕先庙之衮衣;宰木成阴,燎佳城之黄诰。尚尔英爽,歆我宠光。可。

出处:《后村先生大全集》卷七二。

撰者:刘克庄

考校说明:编年据刘克庄任两制时间、程元凤宦历、南宋明堂大礼时间补,见《宋史》卷四五《理宗纪》等。

程元凤故祖母齐国夫人方氏特赠齐国夫人制
（景定元年九月十六日后）

称袟元祀,蕃厘既格于媪神;贵极人臣,积庆端繇于王母。乃推骏惠,申锡愍章。具官某故祖母齐国夫人方氏,简澹无华,温恭有度。早日严断机之训,素笃义方;平生慕举案之风,相安隐趣。宁劬躬而焘后,宜继世以生贤。美矣孙枝,屹然国栋。属藩维之作屏,阻左右之奉璋。顾朕怀注倚之方深,岂先德褒崇之可后?作三公之媲,典册聿新;奄四塞之都,封圻维旧。祗承宠渥,永播芳徽。可。

出处:《后村先生大全集》卷七二。

撰者:刘克庄

考校说明:编年据刘克庄任两制时间、程元凤宦历、南宋明堂大礼时间补,见《宋史》卷四五《理宗纪》等。

程元凤故父已赠太师追封昌国公放特追封福国公制
（景定元年九月十六日后）

价人维藩,大邦维屏,烦该辅之元臣;圣人飨帝,孝子飨亲,俱函蒙于景福。诞扬愍册,丕阐幽光。具官某已故父具官某,奥学沉潜,雄文绚烂。居常欲陈治安之策,不遇乃著穷愁之书。文中子礼乐之传,盖及门之高选;伯休父卿士之任,使易地以皆然。惜有志而无时,乃非身而在子。肆予考绩,系尔教忠。森庭宇之三槐,屹邦家之一柱。虽莫侑合宫之享,固宜均宣室之厘。进爵名都,追荣祢庙。噫!七聚无诸之故国,非若迤封;一经韦氏之传家,讵容专美!凛然精爽,歆此哀荣。可。

出处:《后村先生大全集》卷七二。

撰者:刘克庄

考校说明:编年据刘克庄任两制时间、程元凤官历、南宋明堂大礼时间补,见《宋史》卷四五《理宗纪》等。

程元凤故母鲁国夫人吴氏特赠鲁国夫人制
(景定元年九月十六日后)

告成熙事,迎后土富媪之休;兴念元臣,有颖谷封人之义。乃推馂惠,申锡纶言。具官某故母鲁国夫人吴氏,躬行备己诚之全,家法严三迁之训。泝延州来之胄,远有庆源;媲伯休父之宗,素推名阀。是生英衮,作屏价藩。虽奉璋不及于侍祠,然彻俎敢忘于致胙?极存没哀荣之礼,慰焄蒿凄怆之情。噫!国仍曲阜之封,不更其旧;子作泷冈之表,自足以传。终始哀荣,幽明感慨。可。

出处:《后村先生大全集》卷七二。

撰者:刘克庄

考校说明:编年据刘克庄任两制时间、程元凤官历、南宋明堂大礼时间补,见《宋史》卷四五《理宗纪》等。

程元凤故妻广国夫人吴氏特赠周国夫人制
(景定元年九月十六日后)

礼成重屋,首旧揆之褒崇;恩及中闱,慨元妃之凋谢。爰颁异数,以奖徽音。具官某故妻广国夫人吴氏,毓质名门,齐眉硕辅。内则可书于篇史,外言不入于房帏。警戒相成有道焉,殆天之合;夭寿不贰立命也,岂人之为!生徒共于糟糠,殁乃霈于雨露。繇番禺之偏壤,易丰镐之上都。噫!蝉冕衮衣,不及睹稿砧之贵;鱼轩锦诰,犹足为泉涂之光。冥漠有知,哀荣无憾。可。

出处:《后村先生大全集》卷七二。

撰者:刘克庄

考校说明:编年据刘克庄任两制时间、程元凤官历、南宋明堂大礼时间补,见《宋史》卷四五《理宗纪》等。

程元凤今妻庆国夫人汪氏特封汉国夫人制
（景定元年九月十六日后）

《清庙》祀文，莫先于严父；《闷宫》颂鲁，爰及于令妻。眷台鼎之旧臣，有闺门之贤助，肆因祭泽，申锡恩言。具官某妻庆国夫人汪氏，出自高华，嫔于鸿硕。隐约无牛衣之叹，贤德有鹊巢之风。谓妇职尤在于奉先，故荐苹之礼肃；谓母道多牵于慈子，故画荻之训严。属者蝉冕出藩，鱼轩并驾，虽职守阻陪于大祭，然霈恩亦逮于小君。使吴会、右扶之间，见汉广、二南之化。罗舞八佾，介媪神之蕃厘；副笄六珈，美君子之偕老。钦承休宠，式燕寿祺。可。

出处：《后村先生大全集》卷七二。
撰者：刘克庄
考校说明：编年据刘克庄任两制时间、程元凤官历、南宋明堂大礼时间补，见《宋史》卷四五《理宗纪》等。

少保保宁军节度使充万寿观使谢奕昌故曾祖已赠太师追封鲁王景之特赠太师余如故制
（景定元年九月十六日后）

朕成民而后致力于神，既严恭于荐享；祝厘而不专乡其福，爰敷锡于亲贤。穹班备孤棘之仪，显相毕燔柴之礼。哀时嘉觌，燕及曾门。具官某故曾祖具官某，高蹈丘园，素耽坟籍。《易》曰必有余庆，理之固然；《传》云非此其身，信而有证。积善放槐庭之贵，钟祥为椒掖之贤。兹霈泽之旁流，岂外姻之可后？执珪币以事上帝，天荤惟章；锡土田以保东方，王封惟旧。仍峻师垣之秩，以隆戚畹之恩。益显前光，永绥来裔。可。

出处：《后村先生大全集》卷七三。
撰者：刘克庄
考校说明：编年据刘克庄任两制时间、谢奕昌官历、南宋明堂大礼时间补，见《宋史全文续资治通鉴》卷三五等。

谢奕昌故曾祖母鲁国夫人胡氏赠鲁国夫人制
（景定元年九月十六日后）

惟泰元尊，祭以忱而受福；尔曾祖母，礼推本以均厘。乃锡徽章，以光幽壤。具官某已故曾祖母鲁国夫人胡氏，功言有则，法度自将。爰相其夫，成一家之仁逊；克昌厥后，懋两社之勋劳。既开台揆之祥，益衍孙枝之福。助二南之风化，为六宫之表仪。祭泽旁流，庆源甚远。告之新庙，尚想于徂徕；颂彼令妻，何惭于吏克。可。

出处:《后村先生大全集》卷七三。

撰者:刘克庄

考校说明:编年据刘克庄任两制时间、谢奕昌官历、南宋明堂大礼时间补,见《宋史全文续资治通鉴》卷三五等。

谢奕昌故祖任少傅观文殿学士致仕益国公赠
太师追封鲁王谥惠正深甫特赠太师余如故制
（景定元年九月十六日后）

展采亲祠，宗文王而配帝；仪图先正，相宁考以在天。属钜典之熙成，赖信臣之严扈。载嘉前烈，爰锡徽章。具官某故祖具官某，学号儒宗，材优王佐。系从谢邑，钟神气于崧高；望重东山，擅风流于江左。缉熙君緯，康济民生。昔作股肱，立相而置诸右；今为肺腑，非身而在其孙。眷言后族之尊，已极王封之贵。大祭有畀，矧乔木之世臣；太师维垣，仍分茅于故国。尚其英爽，服此宠光。可。

出处:《后村先生大全集》卷七三。

撰者:刘克庄

考校说明:编年据刘克庄任两制时间、谢奕昌官历、南宋明堂大礼时间补,见《宋史全文续资治通鉴》卷三五等。

谢奕昌故祖母鲁国夫人林氏特赠鲁国夫人制
(景定元年九月十六日后)

　　合宫肆祀,繁厘锡于媪神;左畹疏封,介福钟于王母。有如懿范,宜畀徽章。具官某故祖母鲁国夫人林氏,翛然林下之风,作此谢人之式。于归之子,共美夫人之起家;胡然而夭,不使君子之偕老。积至孙枝而益衍,恩加宰木而有光。南阳帝乡,近亲首拜阼膰之赐;惠然元妃,孟子宜申汤沐之风。爰世保于东方,益庆延于后嗣。可。

出处:《后村先生大全集》卷七三。

撰者:刘克庄

考校说明:编年据刘克庄任两制时间、谢奕昌宦历、南宋明堂大礼时间补,见《宋史全文续资治通鉴》卷三五等。

谢奕昌故祖母鲁国夫人林氏特赠鲁国夫人制
(景定元年九月十六日后)

　　先王保衡,饫惠首颁于大享;继室声子,沐封申畀于小君。仁笃于亲,礼行自近。具官某故祖母鲁国夫人林氏,存心慈恕,迪德柔嘉。佐君子以求贤审官,得国风之意;正家人以外男内女,如卦义所云。爰开伉俪之祥,皆由积善之庆。属合宫之竣事,宜祖庙之追荣。奉鸾诰于阡,有光新渥;启龟蒙之宇,不改旧邦。可。

出处:《后村先生大全集》卷七三。

撰者:刘克庄

考校说明:编年据刘克庄任两制时间、谢奕昌宦历、南宋明堂大礼时间补,见《宋史全文续资治通鉴》卷三五等。

谢奕昌故父任朝奉大夫已赠太师
追封卫王渠伯特赠太师制
（景定元年九月十六日后）

奏鸾路龙鳞之曲,葳事合宫;原关雎麟趾之风,均厘祢庙。虽高爵极维师之品,然宗祈推严父之恩。爰出新纶,以昭异渥。具官某故父具官某,恭宽而信敏,宣慈而惠和。闻礼闻诗,得诸侍家庭之际;止敬止孝,见于事君亲之间。惟高材啬其生前,故余庆钟于身后。占之以梦,惟女子祥;贵不可言,为天下母。兹饮福致胙膰之礼,宜追荣及肺腑之贤。噫! 周王子孙,严大祭而荐牡;汉家勋戚,有七叶之珥貂。以古准今,于斯为盛。可。

出处:《后村先生大全集》卷七三。

撰者:刘克庄

考校说明:编年据刘克庄任两制时间、谢奕昌官历、南宋明堂大礼时间补,见《宋史全文续资治通鉴》卷三五等。

谢奕昌故母韩楚国夫人郭氏赠韩楚国夫人制
（景定元年九月十六日后）

朕式祖宗之典,荐此一忱;后于父母之家,均兹五福。乃霈漏泉之泽,以慰凯风之思。具官某故母韩楚国夫人郭氏,宝婺华宗,汾阳贵胄。虽言不出梱,若无可书;然善积于家,必有余庆。祥钟少麓,位冠椒房。推母仪资内助之贤,于圣善有如存之感。兹因馂惠,远想徽音。噫! 荒二邦之封,既倍增于汤沐;笔列女之传,曾未泯于芳馨。可。

出处:《后村先生大全集》卷七三。

撰者:刘克庄

考校说明:编年据刘克庄任两制时间、谢奕昌官历、南宋明堂大礼时间补,见《宋史全文续资治通鉴》卷三五等。

谢奕昌故妻齐国夫人吴氏特赠齐国夫人制
（景定元年九月十六日后）

朕载祀合宫,加恩左畹。惟吾亚保,既面棘而曰孤;慨尔令妻,不副笄而偕老。乃因馂惠,申锡蜜章。具官某故妻齐国夫人吴氏,生天台仙佛之乡,同阜陵法从之谱。俪相家之綦贵,苹荐甚恭;训子舍以义方,棣华竞爽。闺门之懿,朝野所推。兹有事于帝亲,宜追荣于贤淑。噫! 过江名族,无出于谢高;裂土分封,莫如于齐大。其歆新命,俾奄旧疆。可。

出处:《后村先生大全集》卷七三。

撰者:刘克庄

考校说明:编年据刘克庄任两制时间、谢奕昌宦历、南宋明堂大礼时间补,见《宋史全文续资治通鉴》卷三五等。

通奉大夫除权吏部尚书兼直学士院陈显伯故父任迪功郎已赠太中夫千能特赠通议大夫制
（景定元年九月十六日后）

礼报本及始,既成熙事于合宫;泽昭天漏泉,爰及近臣之祢庙。其加异渥,以阐幽光。具官某故父具官某,躬寒窗膏火之勤,味陋巷箪瓢之乐。积善家有余庆,阴隲通于神明;能仕父教之忠,阳报钟于冢嫡。出藩入从,移孝于君。属峻事于类禋,遂均厘于贵近。焘后皆义方之力,荣亲视法从之阶。噫! 勒石表阡,会见龟趺之揭;燎黄告墓,有光马鬣之封。可。

出处:《后村先生大全集》卷七三。

撰者:刘克庄

考校说明:编年据刘克庄任两制时间、陈显伯宦历、南宋明堂大礼时间补,见《宋史全文续资治通鉴》卷三五等。"太中夫",翁同书校秦氏石砚斋抄本作"太中大夫",当以为是。

大中大夫敷文阁待制知庆元府兼沿海制置
使姚希得故父端珪赠通奉大夫制
（景定元年九月十六日后）

哲王明德恤祀,既有事于合宫;孝子立身扬名,首追崇其祢庙。载加先懿,爰示殊褒。具官某故父具官某,词赋之声摩空,势利之心如水。灵椿丹桂,宛然窦氏之义方;白发青衫,全矣凝之之高节。久烦诸贵之推毂,靡待希年而挂冠。及携子为京师之行,有买田老阳羡之志。冢嗣久联于禁近,需恩奚间于没存！埋玉土中,虽莫究生前之蕴;燎黄松下,犹足为身后之荣。可。

出处:《后村先生大全集》卷七三。

撰者:刘克庄

考校说明:编年据刘克庄任两制时间、姚希得宦历、南宋明堂大礼时间补,见《宋史》卷四五《理宗纪》等。

姚希得妻令人贾氏封硕人制
（景定元年九月十六日后）

成礼宗祈,蕃禧格于富媪;加恩法从,燕喜及其令妻。具官某妻令人贾氏,生长世代诗书之家,佩服姆师图史之训。不出于梱,未尝知于外言;相敬如宾,真可为于内则。属均饫惠,始自近臣。夫方仗钺而专征,尔则副笄而偕老。《传》褒列女,视前载以奚慙;《诗》咏硕人,与美名而适称。可。

出处:《后村先生大全集》卷七三。

撰者:刘克庄

考校说明:编年据刘克庄任两制时间、姚希得宦历、南宋明堂大礼时间补,见《宋史》卷四五《理宗纪》等。

宝章阁直学士朝散大夫知徽州周坦故父
已赠朝议大夫澈赠中大夫制
（景定元年九月十六日后）

礼报本反始，适熙事之成；孝立身扬名，皆义方之力。尔善积诸己，行修于家。举郯桂之枝，是生魁彦；无庄椿之寿，不究壮图。虽韬晦于丘园，屡褒崇于泉壤。噫！上昭下漏，广祭统之十伦；生荣死哀，亚从臣之一秩。可。

出处：《后村先生大全集》卷七三。

撰者：刘克庄

考校说明：编年据刘克庄任两制时间、周坦宦历、南宋明堂大礼时间补，见弘治《徽州府志》卷四等。

朝请郎宝谟阁待制提举江州太平兴国宫潘凯风
故父胜之已赠通直特赠朝散郎制
（暂系于景定元年九月十六日后）

福善之报不于其近而于其久。昔者观老选调而修柄用，洵仅一命而轼、辙鼎贵。尔生以大宗师教其里，殁以乡先生祭于社，所学毫芒不试。是生贤子，为朕法从，言论风旨闻于天下，国人皆曰父之教也。兹以外郎，燎黄墓阡，亦足以见天定矣。可。

出处：《后村先生大全集》卷七三。

撰者：刘克庄

考校说明：编年据同集前后文时间补。标题"风"字疑衍，见同集卷六九《潘凯除华文阁待制知漳州制》《叙复朝请郎新除华文阁待制改差知太平州军州事潘凯磨勘转朝奉大夫制》。

通议大夫王景齐弟奉议郎国子博士景岘故父任朝
奉郎已赠中奉大夫保大特赠通议大夫制
（暂系于景定元年九月十六日后）

上帝六宗，成礼需类禋之泽；一翁二季，内厘极存殁之荣。具官某行着乡间，文传学馆。大庭射策，早标龙虎榜之名；清庙奉璋，尝篹鹭鸳行之列。生前半竹，身后双珠。伯持瓶于甘泉，仲横经于圜水。际兹熙事，慰彼孝思。噫！昔解褐起家，仅止议郎之秩；今燎黄告墓，遂跻法从之阶。可。

出处：《后村先生大全集》卷七三。
撰者：刘克庄
考校说明：编年据同集前后文时间补。"王景齐"，原脱"景"字，按本题述其弟名"景岘"，本卷又有"景齐故妻"封赠制，据补。

王景齐王景岘故母令人吴氏特赠硕人制
（暂系于景定元年九月十六日后）

扫地而祭，泽溥被于群工；陟屺之嗟，爵遂加于六命。具官某故母令人吴氏，笃生华阀，作媲名儒。翰墨祖传，不羡卫夫人之帖；范模女宪，奚待曹大家之书！一念积仁，二惠竞爽。乃缘子贵之义，俾从夫爵而封。噫！择邻之迁，世久无斯贤母；表阡之作，汝实有此佳儿。可。

出处：《后村先生大全集》卷七三。
撰者：刘克庄
考校说明：编年据同集前后文时间补。

王景齐故妻令人高氏潘氏蔡氏赠硕人制
（暂系于景定元年九月十六日后）

举古者燎禋之礼，适告熙成；慨近臣曦日之情，载加褒赠。具官某故妻令人某氏，阅家整肃，约己俭勤。媲伯鸾之清高，相安苦淡；逮仲卿之贵重，已隔幽明。乃如徽音，宜被祭泽。噫！鲁咏令妻之喜，怅偕老之莫谐；卫歌硕人之贤，锡嘉名而无愧。可。

出处:《后村先生大全集》卷七三。

撰者:刘克庄

考校说明:编年据同集前后文时间补。

承务郎知信州玉山县丞赵时淬母刘氏可特封太孺人制
(暂系于景定元年九月十六日后)

吾甚重高年,有司言尔九衮加二,可谓之寿母矣。其锡初封,以慰尔子荣亲之意。可。

出处:《后村先生大全集》卷七三。

撰者:刘克庄

考校说明:编年据同集前后文时间补。

迪功郎婺州东阳县尉张龙应父寿玉特封承务郎致仕制
(景定元年九月十六日后)

吾甚重高年,有司言尔九十有四,绍兴之遗民也。其畀京秩,以慰尔子荣亲之意。可。

出处:《后村先生大全集》卷七三。

撰者:刘克庄

考校说明:编年据刘克庄任两制时间、张龙应宦历、南宋明堂大礼时间补,见《宝庆四明志》卷一〇等。

宝谟阁直学士正奉大夫提举江州太平兴国宫奉化郡开国侯食邑一千二百户袁商明堂恩加食邑三百户制
(景定元年九月十六日后)

小心以事上帝,既享于中辛;大赉而富善人,可遗于一老? 式稽旧典,溥锡徽章。具官某继踵世科,单传家学。法驾扈从,论思常冠于严、徐;伟衣从游,调护尤高于园、绮。虽惬乞镜湖之兴,未忘存魏阙之心。属者有事国阳,加恩海内,环顾奉璋之列,兴怀听履之臣,乃出綍以旌贤,俾分茅而胙土。噫!对宣室鬼神之问,尚欲谘询;绘洛社耆英之图,益绥寿嘏。可。

出处:《后村先生大全集》卷七三。
撰者:刘克庄
考校说明:编年据刘克庄任两制时间、袁商官历、南宋明堂大礼时间补,见《宝庆四明志》卷二《高桥记》等。同集以下十五制均属"从官明堂加恩",当作于同时。

显谟阁学士宣奉大夫提举江州太平兴国宫六合县开国子食邑六百户徐㮚明堂恩加封三百户制
(景定元年九月十六日后)

上同袁尚书。具官某机鉴精明,器能英济。都民谈赵京兆之政,敬之如神;选人惮毛尚书之清,甚于畏法。虽惬买山之高兴,未忘存阙之丹心。下同。

出处:《后村先生大全集》卷七三。
撰者:刘克庄

朝散郎宝章阁待制知建宁府永嘉县开国男食邑三百户陈昉明堂恩加封二百户制
(景定元年九月十六日后)

帝有合宫,既陈牡荐;王多吉士,各效骏奔。兴怀扈跸之臣,阻与奉璋之列,属推馂惠,溥锡徽章。具官某穷理际乎天渊,制行凛乎玉雪。鸡翘豹尾,几年立持瓻之班;虎节麟符,所至留憩棠之爱。乃者朕禋重屋,卿牧潜藩,虽莫殚显相之劳,然不替朝宗之志。爰稽旧典,俾拓新封。噫!宣室席前,良渴贾生之对;颍川诏下,深知黄霸之贤。

出处:《后村先生大全集》卷七三。
撰者:刘克庄

朝议大夫试中书舍人兼直学士院兼同修国史实录院同修撰兼崇政殿说书洪勋明堂恩依前官职特封钱塘县开国男食邑三百户制
（景定元年九月十六日后）

小心而事上帝,既庆熙成;大赉而富善人,当从近始。乃如法从,宜有湛恩。具官某继踵世科,单传家学。危言谠论,居然追先正之风;大册高文,足以鼓天下之动。属薦中辛之祀,实陪上雍之联,旧典礼多所讲求,新诏令皆其润色。爰加采地,以奖瓶班。噫!受宣室之厘,耸闻精论;第甘泉之颂,独擅雄辞。茂对宠嘉,益衍福祉。可。

出处:《后村先生大全集》卷七三。
撰者:刘克庄

大中大夫敷文阁待制知庆元府兼沿海制置使鄞县开国男食邑三百户姚希得明堂恩进封开国子食邑加二百户制
（景定元年九月十六日后）

小心而事上帝,既享于合宫;大赉而富善人,可遗于分阃?载稽旧典,溥锡徽章。具官某禁省名臣,藩宣重德。继李藩批敕,屡奋笔以回天;从裴度视师,盍联镳而向阙。属勤弄印,颁尔建才。麟符为诸镇之雄,鲸浸无一波之警。妖氛尽扫,熙事告成。缅怀宣力之臣,宜在均厘之数。噫!骏奔清庙,奉璋阻列于誉髦;凤集颍川,选表莫先于太守。姑钦馁惠,嗣有褒纶。可。

出处:《后村先生大全集》卷七三。
撰者:刘克庄

资政殿学士提举临安府洞霄宫信安郡
开国公马天骥明堂恩食邑三百户制
（景定元年九月十六日后）

小心以事上帝，既毕于宗祈；大赉而富善人，可遗于旧弼？其颁异数，庸广湛恩。具官某钟间气之祥，负伦魁之望。出临方岳，勤劳四国之蕃宣；入秉事机，密勿一堂之唯诺。曾未展为霖之手，乃不为偃月所容。久寂寂以闭关，每惓惓而存阙。属予禋类，念尔滞留。燔柴之礼莫陪，食采之地宜拓。噫！肆丹凤门之眚，式隆赐胙之仪；咏白驹谷之诗，未替怀贤之意。可。

出处：《后村先生大全集》卷七三。

撰者：刘克庄

宝章阁学士通议大夫提举江州太平兴国宫嘉兴县
开国伯食邑九百户陆德舆明堂恩进封嘉兴郡开国
侯加封三百户制
（景定元年九月十六日后）

携重屋于季商，参用累朝之制；扈属车而上雍，缅怀八座之贤。乃出赞书，以均馂惠。具官某文章鼓天下之动，言行蹈君子之中。夕琐涂归，朝野惮袁高之直；天官典选，门庭凛毛玠之清。脱屣藩垣，幅巾衡泌。方奉璋之多士，助祭而来；独听履之旧臣，祝厘于外。爰推禋霈，加拓户租。噫！建汉家之封，怅滞留于太史；奉宣室之问，恩召见于贾生。谅无遐心，行有亲渥。可。

出处：《后村先生大全集》卷七三。

撰者：刘克庄

宝章阁直学士朝散大夫知徽州周坦明堂恩特封
瑞安县开国男食邑三百户制
(景定元年九月十六日后)

九筵大飨,礼既毕于藩柴;八座旧臣,恩宜丰于食菜。具官某以西清学士之贵,为东方诸侯之师。昨属精禋,缅怀宿望。奉酎金而献庙,阻于侍祠;执蒲璧以就封,昉兹开国。邦彝具在,馂惠必均。前席问洛阳之人,朕渴闻于高论;赐玺褒颍川之守,卿益懋于外庸。可。

出处:《后村先生大全集》卷七三。
撰者:刘克庄

资政殿大学士中大夫提举临安府洞霄宫林存郊
恩故父已赠太子太师子登特赠少保制
(景定元年九月十六日后)

朕斋心蒇祀,熙典告成。眷予共政之臣,莫陪亲飨;思尔教忠之训,爰陟穹班。用为幽壤之华,式沛漏泉之泽。具官某故父具官某,委怀坟籍,约己准绳。善积于身,得陋巷箪瓢之乐;庆钟厥子,为清朝柱石之贤。虽极三旌之崇,不谐五鼎之养。宫师告第,昔已白于松楸;孤保表阡,今乃跻于槐棘。可。

出处:《后村先生大全集》卷七五。
撰者:刘克庄
考校说明:编年据刘克庄任两制时间、林存宦历、南宋明堂大礼时间补,见《宋史》卷二一四《宰辅表》等。标题"郊恩"疑为"明堂恩"之误。

林存故母大宁郡夫人王氏赠吉国夫人制
(景定元年九月十六日后)

朕蒇祀国阳,加恩阃内。陟降庭止,骏奔远想于辟公;瞻望母兮,乌哺难忘于伦纪。庸颂馂惠,以奖徽音。具官某故母太宁郡夫人王氏,秉德靖闲,存心慈惠。有客剥啄,不闻鞶金之声;生儿宁馨,能率断机之训。虽违鼎养,屡拜沐封。悲哉顾复之怀,昭然施报之理。宜小君之象服,殁有余荣;启大国之脂田,昉从今始。

出处:《后村先生大全集》卷七五。

撰者:刘克庄

考校说明:编年据刘克庄任两制时间、林存宦历、南宋明堂大礼时间补,见《宋史》卷二一四《宰辅表》等。

林存故妻文定郡夫人曹氏赠安康郡夫人制
(景定元年九月十六日后)

朕肇举精禋,诞敷馁惠。骏奔在庙,兴怀弼谐之忠;鹤别空闺,能无伉俪之感! 聿颁新綍,庸慰断弦。具官某故妻文定郡夫人曹氏,礼严盥匜,行合图史。当邻女夜绩之际,盖尝分光;及良人昼绣之时,乃不偕享。虽贲鱼轩之号,仅荣马鬣之阡。开石窌之封,已焚黄诰;易金川之壤,加拓粉田。殁而有知,可以无憾。可。

出处:《后村先生大全集》卷七五。

撰者:刘克庄

考校说明:编年据刘克庄任两制时间、林存宦历、南宋明堂大礼时间补,见《宋史》卷二一四《宰辅表》等。

宝章阁直学士大中大夫提举佑神观王克谦
明堂恩可依前宝章阁直学士提举佑神观会
稽县开国男加食邑三百户制
(暂系于景定元年九月十六日后)

听履而上星辰,相陪迤列;钦柴而事天地,阻侍亲祠。乃锡赞书,庸均祭泽。具官某迭更任使,备着忠劳。顷由台斗之联,忽起镜湖之兴。千岩万壑,方寻猿鹤之游;重屋九筵,莫助牲牷之荐。及告成于熙典,爰加拓于新畲。伻以图万亿年,益懋无疆之敬;归其邑三百户,嗣膺滋至之休。可。

出处:《后村先生大全集》卷七五。

撰者：刘克庄

考校说明：编年据南宋明堂大礼时间、同集前后文时间补。

宝章阁学士通奉大夫致仕颜熙仲明堂恩可依前宝章阁学士致仕龙溪郡开国侯加食邑三百户制
（暂系于景定元年九月十六日后）

九筵大飨，昔有助祭而来；八座近臣，前致为臣而去。既秩精禋之礼，宜褒勇退之人。具官某，法从之英，时贤无出卿右者；尹厘之绩，都人至于今称之。劳厌承明，栖迟衡泌。早退不营于宠利，后凋尚有于典刑。阻侍燔柴，就增食采。侯封留而愿足，庶几往哲之风；驹在谷而心遐，夫岂诗人之意！可。

出处：《后村先生大全集》卷七五。

撰者：刘克庄

考校说明：编年据南宋明堂大礼时间、同集前后文时间补。

台臣劾党丁大全吴潜者御笔
（景定元年十月十一日）

昨台臣论丁大全、吴潜欺君、无君之罪，皆有事实。初匪风闻，窜谪近止江西，可谓宽典。颇闻二佞之党怀设伏愿，布在京城，闻有朝绅，各私所主，有咎及朕躬者，是何忍于负君，而不忍于负私门也！如大全之流毒稔祸，害民蠹国，此天下四海所同愤，固不待论；若吴潜力芘大全，动摇国本，力请迁幸，发言悖乱，蕴志深险，与自古奸叛之臣曾不必殊，朕之所亲受而忍抑者。凡为臣子，岂当党附而为是訾訕？近又作歌诗，有披缁之说，此等情状毕露，恐亦终难涵容。令台臣觉察，如有似此者劾上，当重置于罪，以为同恶相济者之戒。仍榜朝堂。

出处：《宋史全文续资治通鉴》卷三六。又见《宋史》卷四五《理宗纪》。

谢堂宝章待制提举佑神观仍奉朝请制
（景定元年十月）

怀会稽之章，甫出临于颛闽；候西清之对，俄入侍于燕朝。时乃异恩，复无前比。具官某秀钟台岭,杰出相门。有映雪聚萤之勤,见闻甚博;无流水游龙之侈,儒雅自将。簪笏萃于一门,麾节遍于数路。惟今东浙,视昔南阳,以肺腑臣,为股肱任。乍闻谣诵,欢迎郭伋之来;遽下玺书,俾奉吾丘之计。祠饩示均于劳佚,橐班加宠于亲贤。释簿书堆案之烦,遂诗礼过庭之乐。噫!镜湖一曲,越人莫得而借留;奎阁四松,汉制不轻于还表。益殚忠荩,嗣有褒嘉。可。

出处:《后村先生大全集》卷六一。

撰者:刘克庄

考校说明:编年据《宝庆会稽续志》卷二补。

责何时修御笔
(景定元年十一月一日)

朕于北司,惟遵祖宗之旧,例给使而已,未尝有所假借,亦每有戒饬。闻士大夫欲由此径,心甚鄙之。近何时修忽持吴珏兄弟奏牍来上,且以贿进。不亟去之,是失刑矣。

出处:《宋史全文续资治通鉴》卷三六。

诸路监司躬亲巡历州县裁决狱囚诏
(景定元年十一月二日)

诸路监司躬亲巡历州县,裁决狱囚。奉行不虔者,台臣觉察以闻。

出处:《宋史全文续资治通鉴》卷三六。

洪焘权户部侍郎兼知临安府制
(景定元年十一月三日)

元祐以李常为户部,谓其儒家者流;至和以王素领开封,亦以名臣之子。执膺兹选,朕得其人。具官某承严考之嫡传,接诸老之绪论。酥酪相济,埙篪迭吹。发其精华于斯文,遂为宗匠;用其土苴于当世,亦号吏师。陈臬事则七聚见思,剖守符则三辅蒙福。发摘如神,而耻渊鱼之察;劳费甚简,又收流马之功。由苏而杭,升漕为尹。朕以货泉殚竭,待地官而阜通;民物浩穰,赖天府之弹压。举此二者,属之全材。妙手之斲,自然成风;良庖之刀,若发新刃。人且观政,卿毋惮烦。噫!周典六官之分,尤先于掌教;商邑四方之极,必有以表民。兹惟尔能,奚俟予训。可。

出处:《后村先生大全集》卷六一。

撰者:刘克庄

考校说明:编年据《宋史》卷四五《理宗纪》、《咸淳临安志》卷五〇补。题后原注:"以下系景定庚申以下作。"

赐刘克庄诏
(景定元年十一月)

卿风姿沉邃,天韵崇竑。今观所进近作,赋典丽而诗清新,记腴赡而序简古,片言只字,据经按史,谓非有裨于缉熙顾问可乎?先儒有言:"学富醇儒雅,辞华哲匠能。"非卿不足以语此。

出处:《后村先生大全集》卷一九四《刘公行状》。又见同书卷一九五《后村先生墓志铭》。

与訾右文殿撰两浙运副制
(景定元年十一月)

分十道置使,唐朝则然;合两路建台,几漕而已。自昔常难于称职,乃今尤急于择才。尔美秀而文,果艺以达,朝之典章素习,民之情伪尽知。牧人有召、杜之称,居多遗爱;总赋无孔、桑之谤,自不乏兴。朕遴选京畿按察之司,尔方居省闼弥纶之任。惟月之联虽峻,观风之寄不轻。属者科调繁兴,戒饬数下,化更而饕墨自若,岁丰而愁叹未销。乃升论选之清班,就俾将明于隆指。噫!使臣周度,不待歌《皇华》而送之;先正格言,宜深念民力之竭矣。毋替朕命,式观尔能。可。

出处:《后村先生大全集》卷六一。

撰者:刘克庄

考校说明:编年据《咸淳临安志》卷五〇补。

郑协秘撰广东运副制
（景定元年十一月）

顷者建制阃于西广，命将调卒，旗鼓相望，大农窘于供亿，乃竭东广之泉粟以资助之。一旦寇至，制阃莫能式遏，蹀血数州，东路仅仅自保，而公私烦费，力竭而本拨矣。朕惟已疲之马骤之则舆骇，久张之弓急之则弦绝，思得忠实体国、老成练事者往将隆指，而命尔协焉。陟使名，加美职，而歌《皇华》之诗以送之。昔河东之民目鲜于为福星，峤南之士祀濂溪于精舍，以仁贤不以材健也，尔其勉旃！可。

出处：《后村先生大全集》卷六四。
撰者：刘克庄
考校说明：编年据康熙《新修广州府志》卷一八补。

新知常州吴叔告改知严州制
（景定元年九月至十二月间）

我朝尤重进士前三人。苏洵有言：不及十年，未有不为两制者。朕乙未策士于廷，尔襄然为举首，入馆有士誉，典州得民和。再以郎召，有毁丐者，留滞周南且二十载，安于义命，所养益厚，朕闻而嘉之。桐江为今辅郡，视汉扶风，朝报政，夕选表，盖将引卿以自近矣。可。

出处：《后村先生大全集》卷六一。
撰者：刘克庄
考校说明：编年据刘克庄任外制时间、同集卷一六四《吴君谋少卿墓志铭》补。

印应飞权户侍淮东总领兼知镇江府制
（景定元年九月至十二月间）

地官于六典之中，实司民版；王人在诸侯之上，尽总赋舆。自匪通儒，孰当隆委？具官某长材足以应万变，圆机足以语九流。盖尝览凤德而来，不果峨豸冠而去。间关湖峤，绵历节旄。属者汉水锋交，武昌围合。彼畔离官次偷生，包委郡之羞；此激励军民效死，待援师之至。始坚壁而不动，终与城而俱全。赏未酬劳，时方多故。以言乎民力则弓已张而莫弛，以言乎军费则灶无减而有增。擢之簪笔持橐之联，课以画筹算鞭之效。尔之责也，国其庶乎。噫！太仓之粟相因，方有资于主计；北府之酒可饮，矧兼绾于守符。益殚忠勤，以究勋业。可。

出处：《后村先生大全集》卷六二。

撰者：刘克庄

考校说明：此制当在同集同卷《印应飞权户部侍郎致仕制》之前。

印应飞权户部侍郎致仕制
（景定元年九月至十二月间）

舍爵策勋，甫班持橐；负兹有疾，遽请垂车。曾未究于惟图，怅莫违于雅志。具官某襟期磊落，机鉴清明。羽扇一挥，首却游魂之暴虏；云梯百计，卒全累卵之危城。盖儒生之知兵，杂武夫而夺气。既清边祲，趣上禁涂。昔且守且攻，有血衣之尚在；今将安将乐，胡美疢之未瘳！念素非避事之人，遂勉徇辞荣之意。噫！领客下缺。

出处：《后村先生大全集》卷六二。

撰者：刘克庄

考校说明：编年据刘克庄任外制时间、《万姓统谱》卷九九补。

来年正月择日令皇太子谒拜先圣御批
（景定元年十二月八日）

虎闱齿胄，太子事也，此礼固已久废。如释奠舍菜之事，我朝俱未之废，然享师敬道，又不可拘旧制。可来年正月，择日令皇太子谒拜先圣。

出处：《宋史全文续资治通鉴》卷三六。又见《宋元通鉴》卷一一九。

季镛直秘阁知绍兴府制
（景定元年十二月十日前）

在汉高、光之世，以丰沛为汤沐邑，以南阳为帝乡，其来尚矣。会稽郡亦朕之丰沛、南阳也。属者融风为沴，民露居者十室而九，枚卜廷臣孰堪为朕一行者。尔恟恟无华，恬靖有守，所至惓惓于教化之意，而亹亹于事功之实，不以钩距为明，击断为严，而计其功效，有材臣能吏所不能及者。擢由支郡，就殿价藩。尔其登进父老，循行阡陌，荡析者安辑之，困乏者振德之，愁叹者拊柔之。使浙水东七郡之人皆曰朕为初潜之地得贤师帅如此，公卿有阙，舍尔其谁！可。

出处：《后村先生大全集》卷六三。
撰者：刘克庄
考校说明：编年据《宝庆会稽续志》卷二补。

秘书丞安刘太常簿戴良齐为思正上遗表各转一官制
（景定元年十二月二十二日后）

朕简求名儒，辅导近属，尔刘、尔良齐与焉。每于讲说，有所规益。比览宗老拖绅之奏，深念旧府执经之僚，遗言甚悲，故典具在，其迁华秩，以奖前劳。可。

出处：《后村先生大全集》卷六三。
撰者：刘克庄
考校说明：编年据赵思正卒年补，见《宋史》卷四五《理宗纪》。

审勘不决之狱诏
（景定元年）

比诏诸提刑司，取翻异驳勘之狱，从轻断决。而长吏监司多不任责，又引奏裁，甚者有十余年不决之狱。仰提刑司守臣审勘，或前勘未尽，委有可疑，除命官、命妇、宗妇、宗女及合用荫人奏裁外，其余断讫以闻。官吏特免收坐一次。

出处：《续通典》卷一一三。

理宗度宗恭帝朝卷十九　景定二年(1261)

赐宝章阁直学士提举万寿宫周坦辞免
依旧职差知徽州不允诏
（景定元年九月至景定二年间）

敕周坦：卿以伦魁雅望、法从旧臣，卷怀退处，超然事外，若未尝贵显者。奉祠香火无躁心，起家佩贰千石印绶无喜色，方且顿首未奉诏，出处去就之际甚雍容矣。徽虽支郡，实江左佳处。昔汲黯不愿出守，武帝谓之曰："卿薄淮阳耶？"黯至而淮阳大治。卿其强起，为朕一行。

出处：《后村先生大全集》卷五五。
撰者：刘克庄
考校说明：编年据刘克庄任两制时间、周坦宦历补，见弘治《徽州府志》卷四。

殿最监司郡守劾贪诏
（景定二年正月一日）

朕于赃吏无所贷，以其惟威惟虐，大为吾民仇，民吾赤子而仇之，是与寇贼奸宄者同科，而何以为天子之命吏！古人喻贪以狼以硕鼠，直目以物类之恶者，盖不得复言人矣。惟彼贪夫憪莫之惩，侵牟矫虔，罔知盈厌。朕夙兴夜寐，忧苦万民，封培本根，每惧弗薿。郡国之吏，乃淫从其欲，以蠹厥生，间闻田里凄砭人眼，恻怛以还，又甚自愧。朕惟民生寡乏，由于贪官之肆诛求；贪官充斥，由于监司之不按察。抑无瑕可以戮人，轨度其信而后可以治人，初亦无以大相过耶！我朝戢贪家法具在，中兴而后特为详密。监司不按劾，而台臣弹奏，则坐监司罪，此绍兴十二年九月之诏也。以发摘而为殿最，不劾则重行贬黜，则是年十月之诏也。上下相蒙,习为偷惰,宜置重宪,悉其臧否,连衔闻奏,违则弹劾,又十三年九月与三十二年十二月之诏也。又如乾道元年之正月、四年之六月、淳熙九年之三月、十一年之六月、庆元三年、六年之正月皆有诏,而诏不止是也。率以外台耳目不当蔽塞,失察之罪,凛乎其甚严。今监司不廉问、不按察者,间一二见,或辄用胸臆,而贪者顾得免,朕独安取此? 兹当岁首,肆用咸与惟新,继自今仰诸路监司各举其职,无或以避碍纵蟊贼,每半岁具劾过赃吏若干来上,当视多寡为殿最,视殿最加赏罚,而主之以必行。郡守于民为亲,又当助监司所不及,此当以一岁为殿最,赏罚亦如之。或本路本州无所劾,而台谏论列,则监司郡守皆以殿定罚。咨尔部刺史而下,典听朕言,毋同于厥辜,自取瑕玷。其有治状廉声孚于众听者,亦须摭实奏闻,以俟甄录,荐贤受赏,朕不汝吝。

出处:《咸淳临安志》卷四。又见《景定建康志》卷四,《宋史全文续资治通鉴》卷三六,《宋史》卷四五《理宗纪》。

王镕福建提刑制
(景定二年正月一日后)

近岁部使者以盖覆黮黕不按发为宽大,民怨满腹,吏饕磨牙,在在皆然。朕临朝太息,既下元日之诏丁宁告戒,又擢廷臣之有风力者出持外宪。尔方以至公佐铨衡,高才秉史笔,朕忧七聚,卿勉一行。所至访民利病而罢行之,察吏臧否而劝惩之,其尤贪刻无状者以元日之诏从事,使囹圄无冤滞,田里销愁叹,则无愧于皇华之遣矣。可。

出处:《后村先生大全集》卷六二。
撰者:刘克庄
考校说明:编年据文中所述"既下元日之诏丁宁告戒"补,见《宋史》卷四五《理宗纪》。

沿江制置大使马光祖为安庆府移治筑城任责助费特转光禄大夫制
(景定二年正月三日)

经始不日而成,阃帅干方之略;有功见知则说,公朝励世之规。眷言藩屏之贤,能设金汤之险,肆颁宠数,式奖勋庸。具官某挺文武之全才,膺安危之重寄。当铁骑倏游魂而至,佩玉麟分方面之忧。樽俎折冲,屹若蔽遮于近甸;楼船下濑,隐然掎角于上流。迤边徼之肃清,赞庙谟之恢拓。自舒移治,有郡虚名,至烦行府之亲临,决就宜城而改筑。难与虑始,昔嗟作合之莫成;知无不为,今有制垣之任责。二纪之荆榛蔽野,一朝之雉堞连云。涤灊、皖之氛埃,生蕲、黄之气势。俾图来上,宵旰顿宽。其叠进于穹阶,以显旌于殊绩。噫!长江号天堑,卿其护腹背之风寒;圣人有金城,朕方赖股肱之忠力。益闳规画,以副眷怀。可。

出处:《后村先生大全集》卷六二。

撰者:刘克庄

考校说明:编年据《宋史》卷四五《理宗纪》补。

赐马光祖辞免以任责浚筑宜城特转两官仍令学士院降诏奖谕恩命不允诏
(景定二年正月三日后)

敕光祖:昔之知事势者,言守江南必先经画江北,不易之论也。宜城版干之役,虽宰府决其议,大农给其费,然任责而经画,竭力而裨助,则阃臣之功。进秩二等,予心犹以为慊,乃顿首固辞,何耶?虽志存体国,自云职分之常,然赏不酬劳,夫岂劝惩之义?朕不反汗,卿毋执谦。

出处:《后村先生大全集》卷五五。

撰者:刘克庄

考校说明:编年据《宋史全文续资治通鉴》卷三六补。

赐马光祖辞免不允诏
(景定二年正月三日后)

敕光祖:省所再上奏辞免任责浚筑宜城特转两官,仍令学士院降奖谕恩命事具悉。赏以劝劳,国之彝典,矧宜城板筑就绪,遂为江南一障蔽,厥劳茂矣,劝奖其可已乎?巽牍洊腾,备见谦挹,虽曰宰臣之指授,亦惟阃制之经营,二等进官,受之奚过?亟祗成命,勿复有言。所辞宜不允,不得再有陈请。故兹诏示,想宜知悉。春寒,卿比平安好,遣书指不多及。

出处:《景定建康志》卷三。

考校说明:编年据《宋史全文续资治通鉴》卷三六补。

赐观文殿大学士提举洞霄宫董槐辞免依旧职判
福州福建安抚大使恩命不允诏
(景定二年正月十七日)

　　敕董槐:朕忧七聚之区,不轻谋帅;卿乐一丘之趣,未即启行。览来奏之披陈,颇自笇于疾惫。力乞寝除书之委寄,庶几了学《易》之工夫。然元老克壮之猷,晚尤洪毅;若王臣匪躬之义,素所讲明。舍则藏何如用则行,载之言未若见之事。缓带聊烦于镇拊,凝香不废于研寻。涣号惟行,巽函可已。

出处:《后村先生大全集》卷五五。

撰者:刘克庄

考校说明:编年据《宋史》卷四五《理宗纪》补。

赐董槐再辞免判福州福建安抚大使恩命不允诏
(景定二年正月十七日)

　　敕董槐:前诏确乎甚坚,需章却而复至。昔毕公四世之旧,犹命保厘;营平七十之余,尚图方略。卿之清健,朕所倚毗。初无覆车之足惩,必欲销印而未可。便当建闿,勿复循墙。

出处:《后村先生大全集》卷五五。

撰者:刘克庄

考校说明:编年据《宋史》卷四五《理宗纪》补。

赐董槐三辞免判福州福建安抚大使恩命不允诏
(景定二年正月十七日)

　　敕董槐:十国为连,莫隆于分阃;三命而俯,未已于循墙。况一方兴来暮之谣,虽远役适行春之际。平生素志,居常后乐而先忧;古者大臣,莫不朝闻而夕引。朕毋反汗,卿勿怀安。

出处:《后村先生大全集》卷五五。
撰者:刘克庄
考校说明:编年据《宋史》卷四五《理宗纪》补。

陈韡依前观文学士特授宣奉大夫依所乞致仕制
(景定二年正月十七日)

朕惠顾全闽,仪图寿隽。阅礼乐谋元帅,甫就界于中权;至将相归故乡,遽欲寻于初服。重违雅志,申锡恩言。具官某钟河岳之英,传关洛之学。始若莘渭之王佐,将以有为;晚如齐鲁之大臣,召而不至。嘉其廉退,处以便安。监成宪于祖宗之朝,布宽条于父母之国。仅及五月而报政,不许一年之借留。恳切而言,闵劳以事。千兵百吏,未尝知昼锦之荣;一马二童,俄复返深衣之旧。陟文阶之峻品,拓采地之新畬。噫!明哲以保其身,卿素安于止足;体貌而厉其节,朕未替于眷怀。尚告远猷,益绥纯嘏。可。

出处:《后村先生大全集》卷六四。
撰者:刘克庄
考校说明:编年据《宋史》卷四五《理宗纪》补。

赈给鳏寡孤独之民诏
(景定二年正月十八日)

下诸路提举司所部州县,时以常平钱米赈给鳏寡孤独之民。

出处:《宋史全文续资治通鉴》卷三六。

签书枢密院事兼权参政皮龙荣生日诏
(景定二年正月十九日)

上天之生贤佐,任重钧枢;正月之吉始和,祥开弧矢。方赖弼谐之助,可无锡赉之恩?足奉亲欢,亦昭朕眷。

出处:《后村先生大全集》卷五三。

撰者:刘克庄

考校说明:"景定二年"据皮龙荣官历补,见《宋史》卷二一四《宰辅表》。

董槐依前观文殿大学士宣奉大夫判福州福建安抚
大使濠梁郡开国公食邑食实封如故制
(景定二年正月二十七日)

　　门下:朕惠顾全闽,仪图硕辅。眷相公之台鼎,久燕处于殊庭;分天子之旌旗,兹雄开于统府。咨尔会弁,听予出纶。具官某硕肤而不瑕,弘毅而任重。广川三策,异诸儒奉对之常谈;考亭四书,续千载不传之绝学。玉帐着筹边之绩,银台凛批敕之风。遂越群公,使宅百揆。有衡尺之在手,无鞭靴之及门。德修谤兴,或责《春秋》之备;事久论定,何伤日月之明!卿虽乐钟鼓于清时,朕欲谋诗书之元帅。昔臣浚总绍兴之使领,俊卿释乾道之宰衡,皆尝镇临,缅想风采。雅志爱赞皇之泉石,若将浼焉;轻装携清献之琴龟,宜无难者。盍卜建牙之吉,蚤为喝驭之行。壮吾藩垣,慰彼黎庶。於戏!申伯南邦之式,具宣四方之劳;周公东山之归,何待三年之久。乃如耆旧,其体眷怀。可。

出处:《后村先生大全集》卷五四。

撰者:刘克庄

考校说明:编年据《宋史》卷四五《理宗纪》补。《宋代诏令全集》系于景定元年正月(第三一八六页),误。

董槐加恩口宣
(景定二年正月二十七日)

　　有敕:起旧揆于祠庭,宠光特异;建全闽之帅阃,委寄不轻。宜对越于制麻,亟戒严于行李。

出处:《后村先生大全集》卷五四。

撰者:刘克庄

考校说明:编年据《宋史》卷四五《理宗纪》补。

魏克愚浙东提刑制
(景定二年正月二十八日前)

自汉人有南阳、洛阳不可问之语,后遂以为口实。浙水东去天尺五,朕之初潜也,既为之选廉平守帅,又擢近臣知德意志虑者出将使指,所以惠越人者至矣。尔以名臣子为尚书郎,有清通之誉,其为朕往建臬台。昔臣光相元祐,以十科取士,惟监司必举聪明公正者。夫聪明则愁叹之民吐气,公正则饕残之吏革面。以敬谳狱,则可长我王国;以理决讼,虽帝乡近亲,岂有不可问者乎?钦哉,毋忽朕命。可。

出处:《后村先生大全集》卷六二。
撰者:刘克庄
考校说明:编年据《宝庆会稽续志》卷二补。

陈淳祖李丑父秘书郎制
(景定元年十月、景定二年正月)

馆阁极天下清选,自前世有道家蓬莱山、瀛洲之拟。然识奇字者乃贻汉儒之嘲,奉帝丘之对者未免为贞观学士之累,岂非储材之地,以节守不以词艺,以器识不以辨博欤!尔淳祖,尔丑父,皆老于文学,恬于仕进,皆尝出为郡守相。昔避弋而继去,今览辉而俱下,置之风日不到之处。朕一日而得两行秘书,不亦石渠、东观之佳话欤!朝夕急材,尔益养望。可。

出处:《后村先生大全集》卷六二。
撰者:刘克庄
考校说明:编年据《南宋馆阁续录》卷八补。据《南宋馆阁续录》卷八,陈淳祖除秘书郎在景定元年十月,李丑父除秘书郎在景定二年正月,与文中所述"尔淳祖,尔丑父……朕一日而得两行秘书"不合。《景定建康志》卷二五《景定重建签厅记》:"役始于(景定二年)□月乙亥,成于十月乙未(六日)。门生、朝散郎、新除秘书郎陈淳祖记。"

赵景纬小著制
（景定二年正月）

自赵蕃、刘宰而后,朝家起隐之礼遂废。非靳之也,未见其人也。尔有实践,有高趣,岩居川观,遁而无闷,乐而不改,亦蕃、宰之流矣。聘召而至,国人贵焉。甫擢中秘书,又进之佐太史氏,待遇之礼厚于蕃、宰。尔其奋励,以副简求。可。

出处:《后村先生大全集》卷六三。

撰者:刘克庄

考校说明:编年据《南宋馆阁续录》卷八补。

资政殿大学士沿江制置大使马光祖生日诏
（景定二年二月十四日）

律中姑洗,钟和气之清英;门垂左弧,增陪京之风采。兹临初度,厥有常彝。驰急驿之玺书,颁尚方之酒饩。祗承宠渥,茂介寿臧。

出处:《后村先生大全集》卷五三。

撰者:刘克庄

考校说明:"景定二年"据马光祖宦历补,见《宋史》卷四五《理宗纪》、卷二一四《宰辅表》。

知襄阳府程大元转三官于遥郡上转行升和州防御使制
（景定二年二月十七日）

付边阃之中权,方资牧御;亚廉车之一等,昭示宠褒。具官某资本沉雄,志多慷慨。虏涉吾地,烦衮纛之亲行;尔当是时,建鼓旍而傍譟。合群帅多助之力,成上流万全之功。襄樊之境,晏然无虞;荆楚之士,从者甚众。久宣劳于绝塞,兹进爵于公朝。班序浸穹,事权加重。匈奴不侵上郡,良由素著于威名;丞相数言将军,其勉未为之勋业。可。

出处:《后村先生大全集》卷六二。

撰者:刘克庄

考校说明:编年据《宋史全文续资治通鉴》卷三六补。

御前都统制苏刘义特转十官得旨将六官作三官于右武大夫上转行亲卫大夫三官作一官转行遥郡防御使余一官给据特授亲卫大夫池州防御使左卫大将军池州驻札御前诸军都统制制

(景定二年二月十七日)

赏必视功,宜首及轩昂赴敌之士;时方多事,焉可无奔走御侮之臣?乃进崇阶,以褒殊绩。具官某古山西之氏族,今江表之英雄。传一编书,与孙、吴之意合;学万人敌,笑荆、聂之术疏。下襄樊之精甲如建瓴,援汉鄂之危城于累卵。虽禀大臣之妙算,亦资群帅之协心。位亚廉车,秩超横列。执干戈以卫,尔既宣劳;听鼙鼓而思,朕方注意。益恢宏略,庶答隆知。可。

出处:《后村先生大全集》卷六二。又见《永乐大典》卷一三五〇六。
考校说明:编年据《宋史》卷四五《理宗纪》补。刘克庄此时未任两制,此制或为《后村先生大全集》误收。

阮思聪援蜀之功赏未酬劳鄂渚水陆战御获捷非一特转十官授黄州防御使左卫大将军知黄州制

(景定二年二月十七日)

予奔走御侮,赖其张耀于国威;赏轻重视功,将以激昂于士气。乃超武爵,以奖战功。具官某沈鸷善谋,枭雄健斗。枭石贾余余勇,旃裘胆落而失惊;执殳为王前驱,白刃身轻而可蹈。推锋而巴峡枕奠,返斾而汉江镜清。佩专城之左符,亚廉车之一等。威稜远憺,有汉家飞将之名;位望浸崇,加卿子冠军之号。其祗新渥,益勉壮图。可。

出处:《后村先生大全集》卷六二。又见《永乐大典》卷一三五〇六。
考校说明:编年据《宋史》卷四五《理宗纪》补。刘克庄此时未任两制,此制或为《后村先生大全集》误收。

皇女升国公主进封周国公主制
（景定二年二月二十二日）

　　门下：《诗》称女子之祥，均为伦纪；《易》曰家人之正，始自闺门。眷言贵主之贤，更锡大邦之号。其敷显册，以告辨朝。皇女升国公主生禀冲和，动循礼度。瑟彼英瑶之质，不假瑶珬；穆矣唐棣之华，居然韶秀。孝谨见于定省清温之际，功言合于丹青竹帛所传。人无间言，朕所钟爱。授女师之彤管，染翰不休；织天孙之锦囊，成章甚敏。倾疏汤沐，浸阅岁时。盖尝历考于先猷，具有进封之旧典。爰俾胙镐京之壤，预涓筑鲁馆之期，以彰车服之隆，以侈宫闱之庆。於戏！妇人之道敬顺，既习闻《七诫》之篇；王姬之德肃雝，可助广二《南》之化。益衍祉福，式对宠褒。可。

出处：《后村先生大全集》卷五四。
撰者：刘克庄
考校说明：编年据《宋史》卷四五《理宗纪》补。

升国公主加恩口宣
（景定二年二月二十二日）

　　有敕：朕爱钟贵主，爵进大邦，车服从周，汤沐视汉。厥有祖宗之成宪，岂云父子之私恩！播告既修，对扬惟谨。

出处：《后村先生大全集》卷五四。
撰者：刘克庄
考校说明：编年据《宋史》卷四五《理宗纪》补。

赐皇女升国公主辞免进封周国公主恩命不允诏
（景定二年二月二十二日后）

　　敕皇女周国公主：父之于子，经垂立爱之言；名不假人，国有进封之典。肆繇钟阜，改畀洛京。诏爵者朕之至公，辞荣者尔之谦志。亦既颁于成涣，岂容遂于雅怀！宜即钦承，毋烦固避。

出处:《后村先生大全集》卷五五。

撰者:刘克庄

考校说明:编年据《宋史》卷四五《理宗纪》补。

赐皇女周国公主辞免择日备礼册命恩命宜允诏
(景定二年二月二十二日后)

敕皇女周国公主:车服以庸,帝子之常制;典册备物,朝家之弥文。新渥既行,旧仪当讲。览巽函之未已,执谦柄而力辞,深谅雅怀,姑镯缛礼。所辞宜允。

出处:《后村先生大全集》卷五五。

撰者:刘克庄

考校说明:编年据《宋史》卷四五《理宗纪》补。此诏当在同集同卷《赐皇女升国公主辞免进封周国公主恩命不允诏》之后。

陈尧道秘书郎制
(景定二年二月二十七日)

百执事,世之士大夫皆可为。惟入馆比之登瀛洲,苟非其人,视之有蓬莱、弱水之隔。尔以科第材学进,而所以自贵重其身者如圭璧。昔避矰弋而去,今随弓旌而来,可谓进退不失其正矣。石渠、东观,以待天下名流,益培资望,向用未已。可。

出处:《后村先生大全集》卷六三。

撰者:刘克庄

考校说明:编年据《南宋馆阁续录》卷八补。

陆合著作郎兼侍左郎官制
(景定二年二月)

馆职儒臣之高选,著作郎又馆职之高选,史笔属焉,非若校雠是正,矻矻于萤雪间而已。尔奏赋明光第一,盛名海内寡二,国人曰贤而不为彼相所知,居中不容于中,补外复不容于外,其不苟合如此。朕既取妬贤嫉能者投畀有北,则前日难进易退者,其可尚留滞周南哉！ 莫清于承明之廷,莫要于铨衡之任,命尔叠组,使学士大夫曰是良史也,选人曰是佳吏部郎也,岂不为本朝之重乎！ 可。

出处:《后村先生大全集》卷六二。

撰者:刘克庄

考校说明:编年据《南宋馆阁续录》卷八补。

陈淳祖著作佐郎制
(景定二年二月)

朕鉴昔人清谈废务、浮文妨要之弊,虽位置馆阁之士,亦必先实践而后虚誉。属者寇至江上,诸城或不能自全,或委之而去。尔以诸生守孤垒,内能使军民有固志,外能使寇不敢犯,可谓有德于民、有劳于国矣。选表而来,擢之中秘书,又进之佐太史氏,兼尚书郎,非为尔宠也,所以旌其节而称其劳也。益坚志操,以待器使。可。

出处:《后村先生大全集》卷六三。

撰者:刘克庄

考校说明:编年据《南宋馆阁续录》卷八补。

太学忠显庙神岳飞封忠文王敕
(景定二年二月)

缺人伦忠于缺必有缺之缺三行昭缺地之缺有功不缺谋帅之风缺他凛若春秋复缺此维与宅以赫缺遐其生之自来槛缺旴冠带不左缺干羽在缺极于隆名,宜庙食增荣于命祀。英烈言言,可畏而仰,以迄于今;辟雍汤汤,永观厥成,有相之道。尚福兹士,式劝为臣。可特封忠文王。

出处:《两浙金石志》卷一二。又见《金鼓洞志》卷八。

考校说明:原文末句后有:"奉敕如右,牒到奉行。景定二年二月日。"

太学忠显庙佐神张宪等封侯敕
（景定二年二月）

张宪可特封烈文侯，徐庆可特封昌文侯，董光可特封焕文侯，牛皋可特封显文侯，李宝可特封崇文侯，王贵可特封尚文侯。敕忠显庙佐神张宪等：文武之道二，而贯之以一，曰忠而已。其有忠于所事，死生以之，此有国者所务白也。尔为偏将，实佐戎旃，视奸铁逆鼎而如饴，凛义烈英风之未沫。观其所主，可使懦夫立，匪唯有功于干城，亦有助于名教。封侯庙食，维以劝忠。可依前件。

出处：《两浙金石志》卷一二。又见《金鼓洞志》卷八。

考校说明：原文末句后有："奉敕如右，牒到奉行。景定二年二月日。"

赐知枢密院事兼参知政事兼太子宾客
朱熠乞俾遂退闲不允诏
（景定元年九月至景定二年三月间）

敕朱熠：朕思济时难，敷求哲辅，与之共政，于兹有年。摹画足以图回，听量足以容受。枢机周密，每默运于帷筹；酾假和平，方共调于鼎实。朕所加礼，国皆曰贤。何嫌何疑，忽焉有舍鲁之志；将安将乐，岂其志在营之时。昔将相驩则策士安刘之计行，君臣睦则强敌图晋之谋沮。宜体眷留之意，益肩寅协之心。

出处：《后村先生大全集》卷五五。

撰者：刘克庄

考校说明：编年据刘克庄任两制时间、朱熠官历补，见《宋史》卷二一四《宰辅表》。

方来特赐金带诏
（景定二年三月四日）

宝章阁待制方来奉祠日久，高年可尊，特赐金带。

出处：《宋史全文续资治通鉴》卷三六。

端明殿学士朝奉郎签书枢密院事兼太子宾客
孙附凤故曾祖行之赠太子少保制
（景定二年三月四日后）

地中生木,本大者实蕃;山下出泉,源深者流远。褒辅臣之三世,积善庆于百年。具官某故曾祖具官某,行早著于里评,学旁通于释典。高情萧散,若向平、庞公之伦;警句清新,出贾岛、姚合之上。不受区区之荣辱,故能了了于死生。既啬其身,宜昌厥后。噫!一老昔居于白屋,见谓乡先;曾孙今拜于紫枢,遂班宫保。可。

出处:《后村先生大全集》卷七五。

撰者:刘克庄

考校说明:编年据孙附凤官历补,见《宋史》卷二一四《宰辅表》。

孙附凤故曾祖母曾氏赠永郡夫人制
（景定二年三月四日后）

登宥府之弼臣,允资庙算;念曾门之寿母,宜锡隧章。具官某故曾祖母叶氏,族谱高华,闺仪清整。自娱暮景,细看贝叶之书;虽及高年,不羡金花之诰。梱言浸远,家庆有余。属闻孙该辅之初,峻命妇追封之宠。昔荆练以配隐者,著于乡评;今笄珈而称小君,揭之阡表。可。

出处:《后村先生大全集》卷七五。

撰者:刘克庄

考校说明:编年据孙附凤官历补,见《宋史》卷二一四《宰辅表》。"曾氏"疑误,正文作"叶氏"。"永郡"疑有脱字。

孙附凤故祖调赠太子少傅制
（景定二年三月四日后）

积善之家,公侯由出;盛德之世,子孙必兴。兹进拜于枢臣,乃推原于祖德。具官某故祖具官某,号南州之耆旧,友西蜀之师儒。见于立言,盖将规姚似而正;

严于卫道,讵容倡佛老其间!客有扬雄寂寞之嘲,天知伯道友爱之意。眷予良弼,实尔闻孙。虽浮荣啬于生前,然极品加于身后。噫!从孙明复之学,孔、石行束修焉;读郭有道之碑,真、魏非诔墓者。可。

出处:《后村先生大全集》卷七五。

撰者:刘克庄

考校说明:编年据孙附凤官历补,见《宋史》卷二一四《宰辅表》。

孙附凤故祖母陈氏赠恩平郡夫人制
(景定二年三月四日后)

《传》曰敬大臣,既登宥密;《礼》云讳王母,欲慰显扬。乃率旧章,以褒遗美。具官某故祖母陈氏,冲襟淑善,内则靖严。牛衣从夫子于隐微,相高雅操;鹤发见诸孙之成立,自信义方。森然比肩于一门,甚矣致身于二府。乃封名郡,以表幽阡。噫!年垂九龄,昔现寿者相;秩视二品,今为君夫人。可。

出处:《后村先生大全集》卷七五。

撰者:刘克庄

考校说明:编年据孙附凤官历补,见《宋史》卷二一四《宰辅表》。

孙附凤故父赠宣教郎子直赠太子少师制
(景定二年三月四日后)

运筹决胜之臣,惟求同德;委质教忠之日,必有异闻。爰美祢亲,用彰儒教。具官某故父具官某,得葆光之道,乐养素之风。传家有书,遁世无闷。乘少游之马,无远近称为善人;认刘宽之牛,虽强暴服其长者。闭户了无于寸柄,过庭各授于一经。厥今强臣,乃尔季嗣。足食足兵,二者方资文武之才;是父是子,两乎盍侈哀荣之典。名夸乔梓,恩耀松楸。噫!为何蕃之亲,昔已需于禋需;赠苏洵之爵,今追拜于宫师。可。

出处:《后村先生大全集》卷七五。

撰者:刘克庄

考校说明:编年据孙附凤官历补,见《宋史》卷二一四《宰辅表》。

孙附凤故母安人郭氏赠新兴郡夫人制
（景定二年三月四日后）

北斗魁枢之位，有臣同心；凯风寒泉之思，无母何恃！乃举追荣之典，以为该辅之荣。具官某故母安人郭氏，七诫之书精，三迁之训切。与梁鸿而共隐，无辛勤井臼之嗟；语伯仁以何忧，有高大门闾之意。勉以担簦而从学，至于脱珥以赠行。惜不见丹桂之芳，且特书彤管之美。噫！万钟五鼎，生莫报于亲劬；副笄六珈，殁果因于子贵。可。

出处：《后村先生大全集》卷七五。
撰者：刘克庄
考校说明：编年据孙附凤宦历补，见《宋史》卷二一四《宰辅表》。

孙附凤故妻安人李氏赠德阳郡夫人制
（景定二年三月四日后）

外攘之政，必枢轴之得人；内助之贤，不笄珈而偕老。属方该辅，爰命追封。具官某故妻安人李氏，印班史之功言，宝聊书之慈俭。断机勤学，仅观夫子之鹄袍；鼓缶悼亡，不待小君之象服。恩隆两地，泽被重泉。噫！北固名山，悲往年之埋玉；东方佳郡，荣此日之燎黄。

出处：《后村先生大全集》卷七五。
撰者：刘克庄
考校说明：编年据孙附凤宦历补，见《宋史》卷二一四《宰辅表》。

赐端明签书枢密院兼权参知政事皮龙荣辞免依旧同提举编修敕令同提举编修经武要略恩命不允诏
（景定二年三月十七日后）

敕龙荣：朕治法布于象魏，谟断见于鸿枢，赖卿提纲，成国钜典。兹弥纶于万务，仍笔削于二书，乃辅臣攸司之常，亦大儒已试之效，自宜对越，何必逊辞。

出处:《后村先生大全集》卷五五。

撰者:刘克庄

考校说明:编年据《宋史》卷四五《理宗纪》补。

赐端明同签书枢密院事沈炎辞免兼同提举编修
敕令依旧同提举编修经武要略恩命不允诏
(景定二年三月十七日后)

敕沈炎:纬武经文,枢廷已试;著律定令,府宰攸司。朕方图内外之修攘,明政刑于间暇,虽讨裁各分乃属,而典领必惟其人。成命既颁,巽章可止。

出处:《后村先生大全集》卷五五。

撰者:刘克庄

考校说明:编年据《宋史》卷四五《理宗纪》补。

赐何梦然辞免兼同提举编修经武要略恩命不允诏
(景定二年三月十七日后)

敕梦然:朕修政以攘夷,常德以立武,命卿该辅,为朕折冲。虽料敌临机,纪载各钦于乃属;而举宏摄要,典司实赖于钜儒。盖职守之当然,欲逊辞其何谓!亟祗成命,式想远猷。

出处:《后村先生大全集》卷五五。

撰者:刘克庄

考校说明:编年据《宋史》卷四五《理宗纪》补。

赐知枢密院事朱熠再辞免以充进呈安奉玉牒礼仪
使及经武要略礼毕各特与转两官恩命不允诏
(景定二年三月十七日后)

二书体大,涣渥已颁;再疏辞坚,谦挹太过。非眇躬之滥赏,有列圣之成规。矧以庞臣,辑兹钜典。卿言良是,欲慕正考父之恭;朕令惟行,岂容范宣子之逊!爰申谆谕,其即对扬。

出处:《后村先生大全集》卷五七。

撰者:刘克庄

考校说明:编年据《宋史全文续资治通鉴》卷三六补。

赐朱熠辞免转官恩命不允口宣
(景定二年三月十七日后)

涣号既行,盖尔功之宜赏;需章复上,何朕意之未孚! 式克钦承,毋庸多逊。

出处:《后村先生大全集》卷五七。

撰者:刘克庄

考校说明:编年据《宋史全文续资治通鉴》卷三六补。

赐太保右丞相益国公贾似道再上表辞免国史实录
玉牒会要经武要略进书礼成转官恩命不允诏
(景定二年三月十七日后)

前诏远引伊尹、孟轲,极其谆切;来疏自方卜商、考父,尚尔谦挹。在端揆欲倡廉退之风,然先朝固有褒崇之典。卿虽累奏,朕亦三思。谓京镗蒙庆元之恩,几于太厚;若王旦被祥符之赏,孰以为非? 已差告廷之辰,姑止循墙之请。

出处:《后村先生大全集》卷五七。

撰者:刘克庄

考校说明:编年据《宋史全文续资治通鉴》卷三六补。

赐贾似道辞免进书礼成转官恩命不允口宣
(景定二年三月十七日后)

有敕:卿言极品,不可序升;国有常彝,讵容独废! 宜祗成涣,毋复执谦。

出处:《后村先生大全集》卷五七。

撰者:刘克庄

考校说明:编年据《宋史全文续资治通鉴》卷三六补。

赐签书枢密院事皮龙荣再辞免以进奉安
日历会要礼毕转官加恩恩命不允诏
(景定二年三月十七日后)

朕尤重纂修之事,幸睹成书;凡与闻笔削之臣,皆霑醲赏。卿方该辅,职在提纲,内而立政造事之大方,外而制敌御戎之长算,网罗咸备,轨范昭垂。旌劳叠进于文阶,引义涤形于巽牍。考邦彝之具在,所谓视功;傥使领而力辞,宁无妨众?但当哑受,不必重陈。

出处:《后村先生大全集》卷五七。

撰者:刘克庄

考校说明:编年据《宋史全文续资治通鉴》卷三六补。

赐皮龙荣再辞免加恩不允口宣
(景定二年三月十七日后)

有敕:成书来上,典司之力居多;增秩固辞,廉逊之风可敬。予宁滥赏,卿勿劳谦。

出处:《后村先生大全集》卷五七。

撰者:刘克庄

考校说明:编年据《宋史全文续资治通鉴》卷三六补。

赐签书枢密院事沈炎再辞免以同提举编修经武
要略就充礼仪使特转两官依例加恩恩命不允诏
(景定二年三月十七日后)

朕内饬治功,外严武备。虽明谟雄断,机密不传于史官;然浓墨大书,纪纂具存于宥府。兹奉钜篇而登进,载嘉硕辅之典司,叠二秩之殊褒,遵累朝之故实。胡为再疏,犹守一谦!执简而书,可以帅其属矣;循墙而走,岂所望于卿哉!其即钦承,勿劳词费。

出处：《后村先生大全集》卷五七。

撰者：刘克庄

考校说明：编年据《宋史全文续资治通鉴》卷三六补。

赐沈炎辞免加恩不允口宣
（景定二年三月十七日后）

有敕：经武之书，繄卿之力；辞官之说，匪朕攸闻。其祗服于训言，勿固持于谦志。

出处：《后村先生大全集》卷五七。

撰者：刘克庄

考校说明：编年据《宋史全文续资治通鉴》卷三六补。

观文殿学士通奉大夫提举临安府洞霄宫朱熠故祖已赠太师德一特追封吉国公制
（景定二年三月二十六日后）

延恩班峻，既疏宠于弼臣；积德门高，必追崇于祖烈。庸颁异渥，以贲幽泉。具官某故祖具官某，德隐弥彰，才就莫试。陶公扁舟之兴，掩鼻功名；桃椎传舍之规，无心富贵。爰钟善庆，厥有闻孙。恩因政地而加，班极师垣之峻。急流勇退，共推宣靖之高风；大国启封，越在文忠之旧里。可。

出处：《后村先生大全集》卷七四。

撰者：刘克庄

考校说明：编年据朱熠宦历补，见《宋史全文续资治通鉴》卷三六。

朱熠故祖母庆国夫人苏氏赠齐国夫人制
（景定二年三月二十六日后）

名门毓德，既传子而至孙；书殿疏恩，必因祖而及妣。举此追荣之典，慰其永慕之心。具官某故祖母庆国夫人苏氏，仪则幽闲，性资惠淑。思素发含饴之乐，曾奉慈颜；及妙手穿杨之时,可胜孺慕！虽已极鱼轩之贵,更宜加鸾诰之荣。家固喜于庆余,由乎积善；国莫加于齐大,以此移封。

出处:《后村先生大全集》卷七四。

撰者:刘克庄

考校说明:编年据朱熠官历补,见《宋史全文续资治通鉴》卷三六。

朱熠故父已赠太师赍亨永国公追封卫国公制
(景定二年三月二十六日后)

还政高风,峻紫宸之禁直；教忠余庆,发黄壤之幽光。拓茅土以维新,向松楸而永慨。具官某故父具官某,潜心坟籍,栖志丘园。道积于躬,有考古穷经之学；庆钟厥后,为谋主断国之臣。已加极品而面槐,宜奄大邦而食菜。湖江旧宇,常颂楚些之招；淇奥新封,远想卫风之美。尚其歆此,尝若存兮。可。

出处:《后村先生大全集》卷七四。

撰者:刘克庄

考校说明:编年据朱熠官历补,见《宋史全文续资治通鉴》卷三六。

朱熠故母福国夫人吴氏赠魏国夫人制
(景定二年三月二十六日后)

臣哉宣力左右,初陟峻班；母兮生我劬劳,实钟余庆。载稽旧典,爰锡新纶。具官某故母福国夫人吴氏,举案礼严,断机教笃。春秋承祀,奉涧沚之藻苹；鬼神福谦,生阶庭之兰玉。图任极鸿枢之贵,追荣加象服之华。称曰小君,尝胙闽都之土；赐名大国,遂荒金魏之疆。以慰孝思,以旌积善。可。

出处:《后村先生大全集》卷七四。

撰者:刘克庄

考校说明:编年据朱熠官历补,见《宋史全文续资治通鉴》卷三六。

朱熠故妻清源郡夫人俞氏赠安定郡夫人制
（景定二年三月二十六日后）

邃殿隆名之峻,疏宠弼谐;空闺遗桂之悲,追荣伉俪。可无异数,以奖徽音!具官某故妻清源郡夫人俞氏,积德起家,择贤作配。将安将乐,未忘竹筥之贫;一死一生,不见稿砧之贵。将少慰鸾离之恨,宜更加象服之华。向祔于姑,有屏摄再三之告;大启尔宇,易高平第一之邦。可。

出处:《后村先生大全集》卷七四。

撰者:刘克庄

考校说明:编年据朱熠宦历补,见《宋史全文续资治通鉴》卷三六。

沿江制使马光祖任责设城转二官降诏奖谕
（景定二年三月）

古舒与秋浦相望,一衣带水,昔人所谓风寒处也。移治以来,虽建立官吏,而荡无堡障,民有摇心。或请板筑宜城而守之,议久不决。属者丞相行边采其策,卿以制阃任其事,且佐其费。向之荒墟,今之坚垒。设虏南呋,猝攻之不能克,欲舍之深入则惧吾金汤之拟其后,此国家以淮西三郡隶升阃之初意也。竣事来告,忠劳至矣,予嘉乃绩,寤寐叹赏。卿其益恢远略,以纾予北顾之忧。

出处:《后村先生大全集》卷五三。

撰者:刘克庄

考校说明:编年据《景定建康志》卷三补。

奖谕马光祖筑宜城诏
（景定二年三月）

敕光祖:古舒与秋浦相望,一衣带水,昔人所谓风寒处也。移治以来,虽建立官吏,而荡无堡障,民有摇心。或请板筑宜城,而守之议久不决。属者丞相行边采其策,卿以制阃任其事,且佐其费。向之荒墟,今为坚垒,设敌南来,猝攻之不能克,欲舍之深入,则惧吾金汤之拟其后,此国家以淮西三郡隶升阃之初意也。

竣事来告,忠劳至矣,予嘉乃绩,寤寐叹赏。卿其益恢远略,以纾予北顾之忧。故兹奖谕,想宜知悉。春寒,卿比平安好,遣书指不多及。

出处:《景定建康志》卷三。

赐资政殿大学士沿江制置大使知建康府行宫留守马光祖乞畀祠廪不允诏
(景定元年九月至景定二年四月间)

敕光祖:朕以卿俊杰识时务,文武有威风,授以阃钺留钥之重。前虏饮江,卿忠愤激发,遣援师,悉赋舆,蒙犯霜露,上下往返,靡遑宁处,使上流得以收万全之功,卿与有劳焉。忽览来奏,谂疾求闲,将由勤劳国事而然。但今退遁之虏犹之困兽,曷尝顷刻忘斗?某风寒当蔽遮,某户牖当绸缪,惜分阴,合群策,汲汲图之可也。朕宵旰如故,未尝敢即安,卿又岂得而怀归乎?其提大纲,省细务,啬精神,近药石,天相忠勤,何恙不已!

出处:《后村先生大全集》卷五五。

撰者:刘克庄

考校说明:编年据刘克庄任两制时间、马光祖宦历补,见《宋史》卷四五《理宗纪》等。

谢埴集撰提举佑神观仍奉朝请制
(暂系于景定元年九月至景定二年四月间)

朕惟前代用人,不问疏戚,惟其才而已,故野王立踵太守,亮、翼迭居方岳,皆以事业自著见。尔典刑先相国之嫡传,才学士大夫之妙选,凡牧数郡,皆有可纪。自移台、秀,用未尽材,而议者犹谓戚畹当事任非祖宗家法。朕上监成宪,下采公论,其以隆名真祠易汝郡绂,国家于尔兄弟可谓厚矣。可。

出处:《后村先生大全集》卷六一。

撰者:刘克庄

考校说明:编年据刘克庄任外制时间补。辛更儒《刘克庄集笺校》:"据制中'自移台秀'语,知其前知二州。今查民国《台州府志》卷九,开庆元年有赵埴知台州,应即谢埴之误。再查《至元嘉禾志》卷七《学校》,载'宝祐丁巳守臣恕斋谢莹辟大门于庙西偏',又以宝祐五年守嘉兴府为谢莹。而光绪《嘉兴府志》卷三六载宝祐间守嘉兴府为台州人谢堂,三处所记皆误,应以后村此制改正。"(中华书局,二〇一一年,第二九一五页)然"恕堂"为谢堂号,非谢埴号,见《阆风集》卷二七《梅下洗盏酌台红感旧》、《图绘宝鉴》卷六。

谢埜右文殿撰提举佑神观制
(暂系于景定元年九月至景定二年四月间)

士大夫弟兄同时位望通显者,南渡以来盖亦有数,求之左戚,尤难其人。吴氏惟琚,翰墨风流如晋、宋间人,瑰、琏差不及矣。尔与二昆,珠联玉映,有佳公子之誉。出而奉使典州,所至称治,材臣能吏,退立下风。朕方欲起而用之,或言祖宗不责戚畹以吏事,肆命尔通班秘殿,均佚殊廷,有拥笏击鲜之娱,无回车叱驭之叹。惟忠惟孝,可保令名。可。

出处:《后村先生大全集》卷六一。
撰者:刘克庄
考校说明:编年据刘克庄任外制时间补。

张渊微起居郎兼右庶子制
(暂系于景定元年九月至景定二年四月间)

昔我仁祖,尤号多士之朝,时则臣襄实执左史之笔。兹序升于魁彦,庶企及于前修。尔识造几深,辞兼体要。董生奉对,异乎计功利之言;陆贽奏篇,粹然本仁义之谏。属逢改纪,亟命予环。嘉季子之来归,擢遂良而记注。何止重螭坳之选,又俾陪鹤禁之游。入则启沃君心,出则辅导储德。虽郎与舍人唯阿之间,然班亚法从位置甚高。噫!天子无戏言,朕益谨宫庭之謦笑;《春秋》书大事,尔宜公笔削之权衡。可。

出处:《后村先生大全集》卷六一。
撰者:刘克庄
考校说明:编年据刘克庄任外制时间补。

徐经孙起居郎兼给事兼谕德制
（暂系于景定元年九月至景定二年四月间）

　　仕至卿列,已班麟寺之高华;古重史官,无过螭坳之清切。出于亲擢,异乎序迁。尔介而能通,仁而有勇,顷自豸冠而出昼,久分虎节而入闽。臣甫丹心,去犹恋阙;遂良白发,晚乃还朝。朕每于实践而观人,不以虚名而取士。使之司宗金掌,批敕银台。伟衣冠而从游,既造耆英之列;结丝绚而夹立,政须名胜之流。叠三命之宠褒,极一时之歆羡。噫! 孔氏笔如棠之事,卿素讲明;史佚书剪桐之言,朕当戒谨。有光汗简,无愧训辞。可。

出处:《后村先生大全集》卷六一。
撰者:刘克庄
考校说明:编年据刘克庄任外制时间补。

承议郎告院翁宦转一官制
（暂系于景定元年九月至景定二年四月间）

　　吾甚患士大夫清谈多,实用少。尔顷以才选,使之行边,西夔峡、北襄樊,往返万里,能图其险要、条其便利来上,何爱一秩,不以旌劳! 可。

出处:《后村先生大全集》卷六一。
撰者:刘克庄
考校说明:编年据刘克庄任外制时间补。

洪勋集撰知建宁府制
（暂系于景定元年九月至景定二年四月间）

　　朕尤重藩宣,申严更迭。士风躁竞,所以奖恬退之人;吏习饕残,所以调廉平之守。挽留莫遂,临遣甚荣。具官某早推当家之凤毛,晚执斯文之牛耳。凡言议风旨,皆隽伟光明。行世词章,寓在北门之播告;回天力量,见诸西省之封还。方登要路之津,忽勇急流之退。惟建安之巨屏,实孝庙之初潜,其生齿若富庶而实贫,其习俗若悍强而服义。必选择晋阳之令,稍宽茧丝;必拊循渤海之民,尽解刀剑。靡待卜须春之日,已先腾来暮之谣。噫! 劳侍从,厌承明,朕重违严助之志;在江湖,存魏阙,尔宁无子牟之心! 少待颍川之褒,即奉甘泉之计。可。

出处:《后村先生大全集》卷六一。

撰者:刘克庄

考校说明:编年据刘克庄任外制时间补。

赵寰夫特授文林郎制
(暂系于景定元年九月至景定二年四月间)

世之为富者,率幸岁歉,闭粜以自丰殖,视乡邻损瘠终不肯拔一毛,不仁甚矣。尔未第时,乃能倾囷赈荒,费家赀至万余缗。郡上其事于使者,使者以上于朝,尔虽已策名而仕,前赏其可格而不下哉! 姑进一级,以劝强于为善者。可。

出处:《后村先生大全集》卷六一。

撰者:刘克庄

考校说明:编年据刘克庄任外制时间补。

任鄗追叙朝奉郎致仕制
(暂系于景定元年九月至景定二年四月间)

湖广经总制之额,惟颖于番禺南倅者尤重,至虚席累岁无敢就者。尔坐殿黜以死,非其罪也。其孤讼冤,恻然悯之,追复一阶,泽尚及子,尔可以无憾矣。可。

出处:《后村先生大全集》卷六一。

撰者:刘克庄

考校说明:编年据刘克庄任外制时间补。

谢奕焘将作监制
(暂系于景定元年九月至景定二年四月间)

朕选牧守之行能高者为尚书郎,又选尚书郎之资望深者为寺监之长,昔人详试之义也。尔生相阀而无贵介之习,联戚畹而有谦毖之行,出典名城以治办闻,入主剧曹以心计称。朕惟职事简而班序峻者，莫大匠若也，肆以命汝。益进德，益养望，等而上之，嗣有明陟。可。

出处：《后村先生大全集》卷六一。

撰者：刘克庄

考校说明：编年据刘克庄任外制时间补。

胡爟之工部员外郎制
（暂系于景定元年九月至景定二年四月间）

顷用事者专引浮薄新进布满在列，《语》所谓先进、《书》所谓耆德，不山栖则巷处，躁竞之风成，恬退之俗坏，朕甚厌之。尔当世宿儒，前由着廷出守，留滞周南久之，召还木天，色夷气和。擢置郎省，于是冯唐白首矣，非曰为尔光宠，亦使天下知朝有老成之士。可。

出处：《后村先生大全集》卷六一。

撰者：刘克庄

考校说明：编年据刘克庄任外制时间补。

魏洪大宗丞制
（暂系于景定元年九月至景定二年四月间）

我朝以帝室近属司宗，以庶姓为属，亲贤并用，古之道也。尔曾王父为阜陵贤相，尔考为朕法从，而冲澹有美誉，谦益无躁心。朕使介弟典宗祐之事，命汝佐之，步武浸高矣。由三丞而应列宿者项背相望，其少需之。可。

出处：《后村先生大全集》卷六二。

撰者：刘克庄

考校说明：编年据刘克庄任外制时间补。

赵与訔户部员外郎制
(暂系于景定元年九月至景定二年四月间)

右曹辖在京局务稍广,郎有荐举之柄,足以奔走其僚,非才而贤不在兹选。尔明而不流于刻,严而能济以宽,异时宰雪川,牧星渚,皆有遗爱,非如世吏以击断发摘为能而已。前命汝以李丞、刑郎,盖重民命,兹列汝于地官之属,又将宽民力焉,尔其懋哉! 可。

出处:《后村先生大全集》卷六二。
撰者:刘克庄
考校说明:编年据刘克庄任外制时间补。

吴坚著作郎兼礼部郎官兼太子舍人制
(暂系于景定元年九月至景定二年四月间)

朕患士大夫干进务入,风俗澜倒,稍进㧑恬靖自守、刚介难合者以挽回之。尔立身有本末,在朝无附丽。其畴昔传授于师友、讲明于翁婿者精且详矣,顷列宰士,宁勇于一去,终不肯少贬以濡柄臣之沫,朕闻而嘉之。着廷专日历笔削,仪曹典尚书笺奏,于储宫初建,从吾儿游者尤极天下之选。叠是三组以命汝,庶以劝安义命、薄荣利之人。可。

出处:《后村先生大全集》卷六二。
撰者:刘克庄
考校说明:编年据刘克庄任外制时间补。

戴良齐太常簿制
(景定元年九月至景定二年四月间)

国家于稽古礼文之事无愧前代,凡有力于颂台者皆名流也。尔老于文学,有穷经析理之乐;恬于荣利,有难进易退之操。奉常华选,无以易汝,庶几昔人召鲁生制礼之意。可。

出处:《后村先生大全集》卷六二。又见《永乐大典》卷一四六〇七。
撰者:刘克庄
考校说明:编年据刘克庄任外制时间、戴良齐官历补,见《南宋馆阁续录》卷八。

项公泽将作监丞制
(暂系于景定元年九月至景定二年四月间)

朕惜百金之费,大匠备官而已,未始有营缮也。尔行能素高,华实相副,汉人所谓儒而通世务者。丞于雉监,姑养资望。然《考工记》列于六典,班氏述汉枢机品式,虽工技亦不废。尔职虽简,往其钦哉,毋若晋人以清谈废务。可。

出处:《后村先生大全集》卷六二。
撰者:刘克庄
考校说明:编年据刘克庄任外制时间补。

林拾宗正簿制
(景定元年九月至景定二年四月间)

近世学士大夫同流以媒进,枉己以布福,滔滔皆是;至于独立以决去,直道以触祸,则吾未见其人焉。尔前在学馆,言论风旨、离合去就之际,皆可暴之当世。朕既拔去凶邪,曩之流落迁徙者以次进擢,汝久而后至,色无愠喜。瑶编大典,得以笔削,事简职清,其益充养汝之浩然者以俟予用。可。

出处:《后村先生大全集》卷六二。又见《永乐大典》卷一四六〇七。
撰者:刘克庄
考校说明:编年据刘克庄任外制时间、林栝官历补,见《南宋馆阁续录》卷八。"林拾"当为"林栝"之误,见《南宋馆阁续录》卷八、《宋元学案补遗》卷一二等(《宋代诏令全集》第一七七五页误记《南宋馆阁续录》卷八作"林栝")。嘉靖《永嘉县志》卷六、弘治《温州府志》卷一一作"林裕",亦误。

提辖文思院赵希鄚转一官制
(暂系于景定元年九月至景定二年四月间)

朕定计建储,溥率同庆,端蓍练日,镂玉为册,其事重矣。在汉黄龙、五凤间,工技咸精,非吏称其职而然欤！尔于册宝,咄嗟而辨,其进一秩,以旌尔劳。可。

出处:《后村先生大全集》卷六二。

撰者:刘克庄

考校说明:编年据刘克庄任外制时间补。

曹元发国子博士制
（暂系于景定元年九月至景定二年四月间）

　　国家以数路取人,惟馆与学非名流雅士不得而问津焉。尔之一门,其特起者为世儒宗,其继出者亦多士之望。尔尤老于文学,恬于进取,使教胄子,涂辙清矣。自汉置博士员,至唐犹未甚重,虽韩愈亦有冗不见治之叹。我朝则不然,縣学省擢紧官者相望,尔其勉旃！可。

出处:《后村先生大全集》卷六二。

撰者:刘克庄

考校说明:编年据刘克庄任外制时间补。

郎伋翁宦为讲回易视舶司岁解捌倍各转一官制
（暂系于景定元年九月至景定二年四月间）

　　宿师于边数十年矣,国胡以支！昔元嘉末,拓拔犯塞,上自王公,下至僧道,莫不借贷,以佐军费。朕宁贫国而不忍加赋于民,稍收遣利之在官吏、商贾者,亦不可已之势也。尔伋尔宦,长于心计,小加检扼,较之互市岁入数倍,各进一秩,以劝服劳于王事者。可。

出处:《后村先生大全集》卷六二。

撰者:刘克庄

考校说明:编年据刘克庄任外制时间补。

储楙太学博士制
(暂系于景定元年九月至景定二年四月间)

朕崇尚教育,既擢钜人长德为长贰,凡有列于成均者,亦皆极一时之选。尔由舍法甲科进,视美官券内物耳。然为人师难,群天下士而立之师为尤难。子谓门人:我学不厌,教不倦。夫不厌则味之益深,不倦则叩之不竭,言足乎己而后淑诸人也。此尔素所讲明者,坐进此道,嗣有明陟。可。

出处:《后村先生大全集》卷六二。
撰者:刘克庄
考校说明:编年据刘克庄任外制时间补。

叶彦晇叙复朝奉大夫制
(暂系于景定元年九月至景定二年四月间)

期叙法也,赦叙恩也。汝乾道名相诸孙,尝立朝、典郡。前遭薄责,期有半矣,法宜叙;又经禋需,恩宜叙。还汝旧毡,其益磨砺淬濯,以俟器使。可。

出处:《后村先生大全集》卷六二。
撰者:刘克庄
考校说明:编年据刘克庄任外制时间补。

李丑父太府寺丞制
(暂系于景定元年九月至景定二年四月间)

前日柄臣懵于士之贤否,专以与我善者为善人,于是有闒冗而尊显、凡庸而奋兴者。尔以旧掌故学官召,未一再迁,又落落不合而去,然端靖之操、粹雅之文,当世固有公论,仇怨不能易也。朝廷设清望官以待名士,姑以外府丞起家耳,其阳休山立以俟之。可。

出处:《后村先生大全集》卷六二。
撰者:刘克庄

考校说明:编年据刘克庄任外制时间补。

陈尧道太府丞制
(景定元年九月至景定二年二月间)

朕临御久,阅士多,每于进退去就之际观人焉。尔以高科誉士有列于朝,当一相独运,炙手可热,独褰裳而去之。论久而定,凡前日留滞周南、考槃涧阿者,皆弹冠而起,尔亦丞外府矣。益励志操,继有褒擢。可。

出处:《后村先生大全集》卷六二。
撰者:刘克庄
考校说明:编年据刘克庄任外制时间、陈尧道宦历补,见《南宋馆阁续录》卷八。

马光国武学谕制
(暂系于景定元年九月至景定二年四月间)

朕并用文武,聚其英材而乐育之,盖师氏之选尤遴。尔蚤游六馆,通经矣;尝客二阃,知兵矣。往佐而长,训迪右庠,安知诸生间无郭汾阳者出焉!可。

出处:《后村先生大全集》卷六二。
撰者:刘克庄
考校说明:编年据刘克庄任外制时间补。

洪勋依前集撰福建运副制
(暂系于景定元年九月至景定二年四月间)

一麾出镇,方期膏泽之下民;七聚建台,妙选福星而问俗。部封不改,事任益雄。具官某高简而端凝,清通而亮直。议论据依名节,可耸动于一时;文章散落毫芒,已昭回于万物。入从出藩之甚宠,过家上冢而未行。乃辍郡符,往将使指。全闽所部,系命于盐,饕者置别监而私其赢,刻者增撮买而穷其力,亭灶贫而民有怨气,琴堂空而邑无长官。胶弦通变其谁欤,弄印无易于卿者。在庆历际,选抡首及于蔡襄;及乾道间,临遣有如于芮烨。皆清劲有风力之老,非锼薄析秋毫之人。勉企前修,益光前业。可。

出处:《后村先生大全集》卷六二。
撰者:刘克庄
考校说明:编年据刘克庄任外制时间补。

考功郎兼权右司雷宜中为前知建昌军新筑凤山城特授朝散郎制
(暂系于景定元年九月至景定二年四月间)

盱城后枕高阜,有警寇必下瞰。尔当狂猘南吠之际,先事豫防,别筑凤山城蔽遮其傍,累趾以石,甃外以砖,方五百丈,高余二丈,阔一丈五尺,縻楮二十万有畸、米一千五百斛。自以苦节之力为之,不科降,不烦扰,难也;为将士论功,自不言劳,尤难也。噫!今之牧守盖有恃陋而不戒,亦有委之而去。进尔一秩,以为守城郭封疆者之法。可。

出处:《后村先生大全集》卷六二。
撰者:刘克庄
考校说明:编年据刘克庄任外制时间补。

何梦然右谏议大夫制
(暂系于景定元年九月至景定二年四月间)

惟辟作福威,既首惩于四罪;有臣同心德,其遂长于七人。乃出新纶,以褒直节。具官某有孟氏敬王之学,有河汾尊主之心。当去相之登庸,援私人而布满,众竞由于捷径,独屹立于颓波。察其忠忱,付以风宪。入告猷于后,出不漏上前之言;见无礼于君,凛乎奋仁者之勇。但见拔凶邪之易,孰云去朋党之难。厥今朝有纪纲,边无氛祲。鸣阳之凤虽集,伺夜之狐实繁。欲新局之坚凝,冠上坡之峻紧。噫!虚怀乐听,朕不待辛毗之引裾;阙政必规,尔益慕仲山之补衮。方将钜用,尚克钦承。可。

出处:《后村先生大全集》卷六二。
撰者:刘克庄
考校说明:编年据刘克庄任外制时间补。

孙附凤殿中侍御史制
（景定元年九月至景定二年四月间）

入阁而伏青蒲，增重七人之列；对仗而奉白简，进提三院之纲。眷注益深，丰棱采峻。具官某闻曾子之大勇，养孟轲之至刚。给札之所条陈，然藜之所记览。贞观学士，孰不艳荣；庆历谏官，朕所拔擢。老奸宿赃之窟穴一扫，君子小人之界限甚严。虽驽骀鸳鹭杂沓而来，然训狐黠鼠窥伺者众，必鉏去凶邪之党，必追还名胜之流。乃超拜于台端，以力扶于国是。噫！敬黯而淮南惮，昔官止于拾遗；有勉而唐朝尊，今任雄于执法。尚殚辰告，益凛霜威。可。

出处：《后村先生大全集》卷六二。

撰者：刘克庄

考校说明：编年据刘克庄任外制时间、孙附凤宦历补，见《宋季三朝政要》卷三。

赵崇嫩权户侍兼检正制
（暂系于景定元年九月至景定二年四月间）

侍从论思献纳，乃雅望所宜居；财货本乏源流，岂俗儒之能任？爰登时彦，以贰地官。具官某琨玉秋霜之严，冰壶寒露之洁。古有高阳才子，可以差肩；或问近世名卿，盖其称首。出则郡国视为师表，入则省闼赖其弥纶。勤劳百为，壮老一节。朕惟元祐遴版曹之选，畀诸儒学之臣；裕陵置检正之官，列之都曹之上。孰于此多矛而益办，必其才绰绰而有余。除书既颁，众志咸惬。噫！大农之用不足，尔其画筹以算鞭；中书之务未清，尔则提纲而振顿。勉殚忠力，对越宠光。可。

出处：《后村先生大全集》卷六二。

撰者：刘克庄

考校说明：编年据刘克庄任外制时间补。

杨公几为宣司结局循两资制
(暂系于景定元年九月至景定二年四月间)

吾大臣董师荆蜀,士之从者如云,然有王命非板授者十九人而已。尔一选人而预于十九人之数,以才选也。策勋饮至,宜有旌异。可。

出处:《后村先生大全集》卷六二。

撰者:刘克庄

考校说明:编年据刘克庄任外制时间补。"杨公几",清抄本作"杨公畿"。邓光荐《文丞相督府忠义传》(《文山先生全集》卷一九)有"南安守杨公畿",不知是否为同一人。

谢垕敷文阁添差浙西安抚司参议制
(暂系于景定元年九月至景定二年四月间)

自晋以来,江左华宗惟谢氏尤盛。今尔一门亦然,丞相犹文靖也,亚保则封胡、竭末也。尔弟兄竞爽,与灵运、惠连相颉颃。矧累倅名州,郎潜省户,资望高矣。议舍事简,奎阁班清,而尤便于循陔侍膝。尔其钦承,益肩忠孝。可。

出处:《后村先生大全集》卷六二。

撰者:刘克庄

考校说明:编年据刘克庄任外制时间补。

吴洁知泉州制
(暂系于景定元年九月至景定二年四月间)

温陵为闽巨屏,旧称富州,近岁稍趋凋敝,或谓非兼舶不可为。朕犹记臣德秀出牧者再,未尝兼舶,而郡何尝不可为哉?属弄印久之,未得其人。子曰:"如有所誉,其有所试。"尔修于家为美子,立于朝为吉士,施于郡国为良吏,有其誉美;尝倅是州,以治办闻,又见诸已试矣。乃辍戎监,往布宽条。今言郡难者有四:民夷杂居也,贵豪盘错也,财粟殚竭也,珠犀点涴也。朕谓民夷杂居,惟仁可以得众;贵豪盘错,惟公可以服人;财粟殚竭,惟俭可以足用;珠犀点涴,惟清可以范俗。此皆尔所习知而素讲者。勉之哉,最声达于朕听,将下玺书召尔矣。可。

出处:《后村先生大全集》卷六二。

撰者:刘克庄

考校说明:编年据刘克庄任外制时间补。

程象祖太府丞制
(暂系于景定元年九月至景定二年四月间)

本朝名家惟韩、吕氏多佳子弟,岂非孟子所谓有贤父兄而然欤! 尔吾大臣子,方其在家庭也醇谨,未尝口外事;及其有列于朝也靖共,不妄发一语。盎然和粹,退然谦挹,可以大受远到者。擢丞外府,方进进而未已,勉之哉! 可。

出处:《后村先生大全集》卷六二。

撰者:刘克庄

考校说明:编年据刘克庄任外制时间补。

内侍省押班主管庄文太子府黄顾为思正上
遗表除遥郡承宣使制
(暂系于景定元年九月至景定二年四月间)

朝家留后之除,靡容躐进;藩邸服劳之久,亦许序迁。具官某勤恪在公,温恭好礼。览宗英之遗奏,怆然而悲;念宫省之旧人,存者甚少。畀以貂珰之异数,亚于旄节之一阶。祗服宠私,益绥祉福。可。

出处:《后村先生大全集》卷六二。

撰者:刘克庄

考校说明:编年据刘克庄任外制时间补。

陈淳伯史馆检阅制
(暂系于景定元年九月至景定二年四月间)

述作其难事乎! 昔者孔氏言夏殷之礼,叹其文献之不足;杜预序《左氏传》,

称其广记而备言。然则与其文献之不足,不若广且备者之犹有考也。朕方集诸儒于渠观,相与勒成一代钜典,尔以才学选,与闻笔削之事,瀛洲十八学士之一也。益勤修纂,继有褒擢。可。

出处:《后村先生大全集》卷六二。

撰者:刘克庄

考校说明:编年据刘克庄任外制时间补。

陈蒙太社令制
(景定元年九月至景定二年四月间)

二令列于奉常,清选也。尔名父子,文献典刑于是乎在,异于由贵介而进者矣。益养资望,以俟简拔。可。

出处:《后村先生大全集》卷六二。

撰者:刘克庄

考校说明:编年据刘克庄任外制时间、陈蒙官历补,见《续宋宰辅编年录》卷一九。

陈铸太府少卿兼右司制
(暂系于景定元年九月至景定二年四月间)

昔人以仕至九卿为荣,非扬历深而资望高者,不在兹选。尔以才名取世科,以清修传家法,外为监牧有遗爱,内为尚书郎、公府掾有美誉,汉人所谓家之珍宝、国之英隽者也。其以外府卿少兼综省闼之事。吾大臣欲凝庶绩,尔宜惜于分阴;吾大臣欲集众思,尔无嫌于十反。祇若予训,通观厥成。可。

出处:《后村先生大全集》卷六二。

撰者:刘克庄

考校说明:编年据刘克庄任外制时间补。

陆鹏升国录制

（暂系于景定元年九月至景定二年四月间）

朕闻一士之佳，必致之于朝。尔在江乡有隽声，佐台幕有贤誉，身端而行治，学广而闻多，可以立诸生而诲之矣。华途在前，靖共以俟。可。

出处：《后村先生大全集》卷六二。

撰者：刘克庄

考校说明：编年据刘克庄任外制时间补。

雷宜中右司制

（暂系于景定元年九月至景定二年四月间）

朕所与共图回天下者，一相也，二三执政也。相、执政所与共谋议者，宰士也，其任至要，而其选甚艰。尔声价定于解褐之先，气质见于举幡之际，立朝有本末，画幕有筹策，专城有治理效，含香郎舍而四选清，叠组都曹而庶务理。兹命尔为真右闼，以将明其是否而陪辅其遗忘。夫谢安、王导之事业，吾大臣以身任之矣；至于州平、幼宰之忠益，将无望于公等乎？可。

出处：《后村先生大全集》卷六二。

撰者：刘克庄

考校说明：编年据刘克庄任外制时间补。

赵必普检详制

（暂系于景定元年九月至景定二年四月间）

方今甲兵之问日至庙堂，二三大臣汲汲图修攘之政，于太尉掾之选尤遴。尔以场屋誉士、淮海俊人，阅事多，宣力久。其郎戎部也，军中以武功拜勇爵者多不可算，尔精明足以简稽；其赞枢廷也，边头以警奏烦科琐者立而俟报，尔强明足以应接，可谓通世务、达国体之儒矣。朕惟光尧南渡，鼎、浚当国，如臣子羽、臣庶皆以西府佐属立大功名。尔既为真，益自奋励。可。

出处:《后村先生大全集》卷六二。

撰者:刘克庄

考校说明:编年据刘克庄任外制时间补。

直笔尚字朱妙妙知尚书内省事安康郡夫人赐名从洁制
(暂系于景定元年九月至景定二年四月间)

朕嘉彤管之洁,久宣力于尚方,锡脂田之封,俾提纲于广内,非由幸进,盖以次升。具位某号邦媛之贤,冠女史之列。七诫咸备,若曹大家所书;入法尤工,得卫夫人之诀。赐之汤沐,被以筓珈。予非私嫔御之恩,壹遵典故;尔既综掖庭之事,益馨忠勤。可。

出处:《后村先生大全集》卷六二。

撰者:刘克庄

考校说明:编年据刘克庄任外制时间补。

知襄阳府京西安抚副使程大元为连年守边
遣援特授中卫大夫制
(暂系于景定元年九月至景定二年四月间)

敌王所忾,既成夹击之功;振旅而还,何爱横行之秩? 爰颁书赞,以奖战功。具官某怀许国之忠,号冠军之勇。方重围未解,有裹枪饮血之危;仍倍道疾驰,得被发缨冠之义。洎此荡平之后,付之牧御之权。新渥虽醲,前劳未录。噫! 朕妙选捍城之彦,允赖折冲;尔虽无击柱之言,岂容吝赏? 勋阶益峻,阃钺有光。可。

出处:《后村先生大全集》卷六二。

撰者:刘克庄

考校说明:编年据刘克庄任外制时间补。

编修官马廷鸾乞以沂邸讲堂彻章转奉议郎
回赠本生父灼承事郎制
（景定元年九月至景定二年四月间）

《传》曰："非此其身，在其子孙。"尔孝友修于家庭，行谊著于州里。虽老死布衣，然廷鸾为国修士，拜疏自言，乞以邸讲一阶回貤。朕于廷臣荣亲之请皆可其奏，况廷鸾二父本同胞乎？ 其以京秩告尔墓。可。

出处：《后村先生大全集》卷六二。
撰者：刘克庄
考校说明：编年据刘克庄任外制时间、马廷鸾宦历补，见《南宋馆阁续录》卷八。

奉议郎添差通判袁州邵忱为宣司结局特转一官制
（暂系于景定元年九月至景定二年四月间）

从丞相援蜀荆者，皆有劳于国，尔以学省名流与焉。联镳而来，题舆而去，固已高矣，然幕府上功则有不可得而揜者。其申前诏，俾进一阶。可。

出处：《后村先生大全集》卷六二。
撰者：刘克庄
考校说明：编年据刘克庄任外制时间补。

范纯父军器监簿制
（暂系于景定元年九月至景定二年四月间）

由邑最擢院辖，由院辖擢紧官，乾、淳家法则然，而宰剧邑，丞大郡，无留滞之叹，有廉直之声，亦既置之周行矣。顾管榷非清流所宜居，使之簿正戎监，益养资望，将以为紧官之储也。其佩玉徐行，以俟新渥。可。

出处：《后村先生大全集》卷六二。又见《永乐大典》卷一四六〇八。
撰者：刘克庄
考校说明：编年据刘克庄任外制时间补。

范纯父监察御史兼殿讲制
(暂系于景定元年九月至景定二年四月间)

指佞触邪,孰可进居于六察;澄源端本,莫如先正于一台。畴兹鹓序之英,超拜豸冠之峻。尔中而不倚,直哉惟清。抱武夷精舍之遗编,渐者远矣;弹单父琴台之古调,去犹思之。拔自郡丞,列于髦士。朕惟乾、淳盛际,风宪紧官,固妙选于宸衷,鲜不繇于邑最。今夔龙之武虽接,牛李之朋实繁。必也寝淮南之谋,使寒心而丧胆;譬之去河北之贼,尽坏植而散群。其馨尔之昌言,以副予之亲擢。噫!忠臣有五义,笪观谏草之条陈;王人求多闻,更赖细旃之启沃。可。

出处:《后村先生大全集》卷六二。
撰者:刘克庄
考校说明:编年据刘克庄任外制时间补。

汤汉依前华文阁知宁国府制
(景定元年九月至景定二年四月间)

以捷径窘步为常,以急流勇退为怪,以计功谋利为巧,以正义明道为拙,士大夫通患也。尔为多士所宗,在名流之目,立朝有节守,牧民有惠爱,刺部有风力。然拜表即储寀则力辞,使之漕全闽则又辞。昔纪瞻趋召而逡巡,孔劝于利与禄若退怯,朕高其风而贤之。奎阁价藩,始遂雅怀。嗟夫,久不见生,乃朕之初意;予岂舍王,亦尔之素心也,岂必真为宛陵之行哉!可。

出处:《后村先生大全集》卷六三。
撰者:刘克庄
考校说明:编年据刘克庄任外制时间、汤汉宦历补,见嘉庆《宁国府志》卷二。

汤中特授焕章阁待制致仕制
(暂系于景定元年九月至景定二年四月间)

不见生之久,每勤侧席之思;致为臣而归,忽览垂车之奏。念沉疴之几殆,谅高兴之莫回。具官某嘿而知言,澹然寡欲,进有百篇敬舆之谏,退无只字子公之书。三揖一辞,众客方醋而先去;十年五召,六丁力尽而莫前。访童子之钓游,上先人之丘墓。历考平生之高致,庶几近世之全人。属者胶瑟载调,蒲轮四出,始云贡禹尚可弹冠,宁谓遂良遽求还笏! 其可神武门之请,俾寻耆英社之盟。噫! 东首拖绅,未替孤忠之忧国;西清候对,宜超二等以旌贤。祇服丝纶,益亲汤液。可。

出处:《后村先生大全集》卷六三。

撰者:刘克庄

考校说明:编年据刘克庄任外制时间补。

杜濬大理丞制
(暂系于景定元年九月至景定二年四月间)

朕贵平进而贱躁求,先实践而后虚誉。其取人也,率以是为权度。尔宰相子,修洁冲澹,繇筮仕以至登几,犹是选人初阶,曰父命也。昔有臣杕,今尔亦然。朕法孝皇待杕故事,前命汝通闺籍,兹擢尔丞廷尉,庶几平进实践之士闻而兴起。尔其努力以前修自勉。可。

出处:《后村先生大全集》卷六三。

撰者:刘克庄

考校说明:编年据刘克庄任外制时间补。

赵希棟大理丞制
(暂系于景定元年九月至景定二年四月间)

异时寺评不历民事,而速化者相望,近必试之民社,所以老其材也。尔出宰溪邑,有治办声。廷尉之属,丞尤高选,尔材固优为之。然昔之为司士者,曰淑问,曰审克,不以深文巧锻为能也。尔其钦哉,以副朕谨刑之意。可。

出处:《后村先生大全集》卷六三。

撰者:刘克庄

考校说明:编年据刘克庄任外制时间补。

家坤翁赵若硃农丞制
（暂系于景定元年九月至景定二年四月间）

太仓非有红腐之粟，而连营待哺者众，百谷之纳不足以供尾闾之泄，吾为是廪也。夫积贮天下之大命，岂细事哉！尔坤翁博雅有家学，尔若硃强敏有吏能，俾丞农扈，往佐而长，商食货之源流、求蠹弊之窟穴而变通之。若曰吾所职者出纳之吝，则非予擢材之意。可。

出处：《后村先生大全集》卷六三。
撰者：刘克庄
考校说明：编年据刘克庄任外制时间补。

李埙籍田令制
（暂系于景定元年九月至景定二年四月间）

国家虽以门阀取人，然非象贤而济美者不轻用。尔淳熙参与之孙，乔木故家也，擢置周行，不专为恩。《诗》不云乎，"毋忝尔祖"，在尔勉之而已。可。

出处：《后村先生大全集》卷六三。
撰者：刘克庄
考校说明：编年据刘克庄任外制时间补。

谢奕信军器丞制
（暂系于景定元年九月至景定二年四月间）

自汉魏以后，率以门阀用人，或者至有"世胄蹑高位"之叹。然舜之所举非高阳之才子乎，夔之所教非当时之胄子乎，其来久矣。尔槐庭之闻人，椒涂之群从，朝迹民庸，固已详试，又尝簿正二监，益练习于其事矣。方今国家闲暇，除戎器，戒不虞，惟此时为然。丞位亚于长贰，往其钦哉，以观尔材。可。

出处：《后村先生大全集》卷六三。
撰者：刘克庄

考校说明：编年据刘克庄任外制时间补。

赵与属军器簿制
（暂系于景定元年九月至景定二年四月间）

　　国朝麟宗近属，皆生长富贵，不出宫邸，自熙丰始有历中外任使者。至炎、绍而后，则名公卿辈出，与庶姓相颉颃而反过之矣。尔安僖诸孙，置之周行，一以擢材，一以睦族。《诗》不云乎："岂无他人，不如同姓。"惟忠惟孝，尔其勉旃。可。

出处：《后村先生大全集》卷六三。又见《永乐大典》卷一四六〇八。
撰者：刘克庄
考校说明：编年据刘克庄任外制时间补。

陈协刑部郎官兼史馆校勘制
（暂系于景定元年九月至景定二年四月间）

　　吾甚重郎选，以待牧守之行能高、士大夫之资考深者。尔顷以修名雅操，内历博士、议郎、太史氏、尚书郎之任，外膺二千石之寄，浸通显矣。属者误相憸人，其好恶取舍与天下相反，污其尘而濡其沫者滔滔皆是。尔于此时独卷而怀之，可谓贤已。朕既汛扫朝廷，尔复羽仪省户。然为秋卿之属，谓之剧曹可矣，未清也；秉史官之笔，谓之清选可矣，未要也。尔益奋励，以俟朕之位置。可。

出处：《后村先生大全集》卷六三。
撰者：刘克庄
考校说明：编年据刘克庄任外制时间补。

汪立信左曹郎官制
（景定元年九月至景定二年四月间）

　　朕览《皇华》之诗，见古者使臣皆驰驱咨诹，有获五善以告者。今部使者则不然，端坐未尝濡辔也，深居未尝褰帷也。自临遣以至代去，曾一善之未闻，而况五乎？尔端悫平实，出使江表，闭斋阁之时少而行道途之日多。所部某赋重，某吏饕，不闻则已，闻必驿奏，合于驰驱咨诹之义矣。郎选所以待监牧之着声绩者，而地官之属又剧曹也,尔其束装,趣造于朝。虽江乡惜福星之移,然省户增列宿之重。可。

出处:《后村先生大全集》卷六三。

撰者:刘克庄

考校说明:编年据刘克庄任外制时间、文中所述"尔端悫平实,出使江表"补,见《宋史》卷四一六《汪立信传》。

胡太初军器监制
(暂系于景定元年九月至景定二年四月间)

昔周、汉二宣,皆号中兴之主,然诗人徒美其车械之修备,史臣亦称其工技之咸精。矧在今日,除戎器,戒不虞,岂非所谓急政要务乎? 尔早负才望,遍历中外,临郡国则昔之召、杜,在台阁则今之常、杨。久矣为郎,冠于列宿,晋长戎监,兼秉史笔,所以养尔之望而为吾近臣之储也。尔其帅属勤职,使朝廷之上有文事武备,若诗人史臣之所以称美周、汉者,则予汝嘉。可。

出处:《后村先生大全集》卷六三。

撰者:刘克庄

考校说明:编年据刘克庄任外制时间补。

洪焘磨勘转朝散大夫制
(暂系于景定元年九月至景定二年四月间)

汉第从臣,莫高于两禁;周计郡吏,必待于三年。爰锡赞书,俾升华秩。具官某辨智而闳达,敏惠而恭宽。讽议朝廷,盖严安、徐乐之比;弹压京辇,有张敞、王尊之风。然考课自昔之通行,虽贵近亦由于序进。在朝夕论思之列,尔益坚事国之忠;以日月积累为功,朕深愧待贤之意。倚须奏最,将又陟明。可。

出处:《后村先生大全集》卷六三。

撰者:刘克庄

考校说明:编年据刘克庄任外制时间补。

殿前指挥使左右班包秀等授修武郎制
（暂系于景定元年九月至景定二年四月间）

尔服勤禁卫，积阅岁时，乃序情而闵劳，俾参选而入仕。可。

出处：《后村先生大全集》卷六三。又见《永乐大典》卷七三二六。

撰者：刘克庄

考校说明：编年据刘克庄任外制时间补。

杨瑱农少兼左司制
（暂系于景定元年九月至景定二年四月间）

农正、宰士，皆古官也。至汉为大司农，为长史，为司直，以名儒萧望之、郑康成辈为之。惟尔严考，乃朕旧学，有怀其人，凛然如生。尔象贤志美，科目自奋，居中补外，望实深重，儒而不迁，吏而不俗。朕尤遴列卿、都曹之选，尔庶几望之、康成之贤。使中书之务清，太仓之粟腐，则尔为称职，朕为知人矣。可。

出处：《后村先生大全集》卷六三。

撰者：刘克庄

考校说明：编年据刘克庄任外制时间补。

饶应龙诸王宫教制
（暂系于景定元年九月至景定二年四月间）

汉命贾生傅长沙、梁，董生相江都、胶西，若重宗藩而实疏儒者。我朝家法则异于是，宫邸皆聚辇下，择名士而辅导焉。尔修洁玉立，身端而行治。朕为介弟择友，往哉汝谐，异于汉之所以待贾、董者。可。

出处：《后村先生大全集》卷六三。

撰者：刘克庄

考校说明：编年据刘克庄任外制时间补。

刘良贵太府丞制
（暂系于景定元年九月至景定二年四月间）

自体用之学不明，士大夫高虚者不省马曹，琐屑者或执牙筹，雅俗判为二致，朕甚患之。尔诣理而不流清谈，迈往而俯同群辟，固尝进于朝而与闻省闼之事矣。外府丞未免究于用，朕方以事功试汝。可。

出处：《后村先生大全集》卷六三。
撰者：刘克庄
考校说明：编年据刘克庄任外制时间补。

刘良贵宗正丞兼金部郎官制
（暂系于景定元年九月至景定二年四月间）

三丞惟瑶牒最清，二十四司惟珍部尤剧，朕环顾在廷，得其人焉。尔博洽可以专笔削，精明可以烛奸欺。优游共二，既清且要，必极铺张扬厉以成一代之钜典，必究本末源流以足大农之经费，则尔为有劳于国。丞郎而上，进退未已也。可。

出处：《后村先生大全集》卷六三。
撰者：刘克庄
考校说明：编年据刘克庄任外制时间补。

王得一太常博士制
（暂系于景定元年九月至景定二年四月间）

刘歆欲列《左氏》于学官，众议不同，歆移书惟太常博士之责，岂非其时通称博士，而未有师儒、礼官之辨乎？厥后隶泽宫者职教，列颂台者典礼议谥，其选高于师儒矣。如独孤及、柳伉，或以文字行，或以名节显。朕察尔之贤，置之寅清之地，尔其懋哉，罔俾及、伉专美于有唐。可。

出处：《后村先生大全集》卷六三。

撰者:刘克庄

考校说明:编年据刘克庄任外制时间补。

翁宧太府簿制
(暂系于景定元年九月至景定二年四月间)

诎于前而伸于后,非其身而在其孙,非人力之所能为也,天也。惟尔王父以孤远外官而抗御史威怒,左官而死,士论冤之。嘉定更化,诏雪前诬,泽延于尔。所历之官,勇于趋事,苟利于国,知无不为。乃今簿正外府,骎骎华途矣,尔其勤举职,强为善。《诗》不云乎,"毋忝尔祖"。可。

出处:《后村先生大全集》卷六三。又见《永乐大典》卷一四六〇八。

撰者:刘克庄

考校说明:编年据刘克庄任外制时间补。

陆遳武博制
(暂系于景定元年九月至景定二年四月间)

本朝故家,陆氏为盛。自左丞以博学厚德吐金声于中朝,至太史以高文大册复玉振于江表,不但教行于家,其枝分而派别者,多贤且才也。尔美秀而文,玉立鸳行,华宗典刑,于是乎在。序升博士,岂直使诲诸生哉!馆殿尔家旧毡,亦名流券内物也,其佩玉徐行以待。可。

出处:《后村先生大全集》卷六三。

撰者:刘克庄

考校说明:编年据刘克庄任外制时间补。

工部侍郎杨栋磨勘转中大夫制
(景定元年九月至景定二年四月间)

自昔考课之法,较铢不差;虽吾论思之臣,盈科而进。兹升华秩,爰锡赞书。具官某揭日贵名,昂霄直节。第从臣颂,雄辞绝出于严、徐;从吾儿游,耆德何慙于园、绮?乃若一阶之陟,亦拘三载之常。越格超资,卿何心于进律;积日累月,朕良愧于待贤。可。

出处:《后村先生大全集》卷六三。

撰者:刘克庄

考校说明:编年据刘克庄任外制时间、杨栋宦历补,见《宋史》卷四二一《杨栋传》。

方登太学录制
(暂系于景定元年九月至景定二年四月间)

自成周有升俊秀之法,至孟氏有育英才之论。惟兹廷臣,孰堪是选?尔科目之高,人物之胜,擢海诸生,士论翕然,曰国子监不寂寞矣。先儒有言,师道立则善人多,汝其勉旃。可。

出处:《后村先生大全集》卷六三。

撰者:刘克庄

考校说明:编年据刘克庄任外制时间补。

大理卿包恢秘撰枢密院都承旨兼侍讲制
(景定元年九月至景定二年四月间)

道德安强之威,俾赞筹于宥密;老成典刑之重,宜开卷于缉熙。仍升论撰之华,昭示眷知之宠。具官某传先儒之绝学,号近世之名卿。凡平生着见于事功,皆畴昔讲明于师友。朕惟甲兵之问尚至于庙堂,仁义之言欲闻于旒扆。盖询猷黄发晚矣,使涉笔丹书可乎!其导旨于枢庭,且横经于帝幄。近制序朝班压柱史,遂列论思;先贤谓君德在讲筵,尤资启沃。谅惟耆隽,奚俟训辞。可。

出处:《后村先生大全集》卷六三。

撰者:刘克庄

考校说明:编年据刘克庄任外制时间、包恢宦历补,见《宋史》卷四二一《包恢传》。

邓坰司农卿制
（暂系于景定元年九月至景定二年四月间）

古之人曰"召彼故老"，曰"询兹黄发"。其未至也，则卑辞焉；其已至也，则乞言焉。尔重厚老成，多历事任，今之耆寿俊也。不能谐世，卷怀退处。乃今幡然为朕一出，典刑酝藉，照映班列。扈农非所以烦尔也，朕将引以自近矣。可。

出处：《后村先生大全集》卷六三。

撰者：刘克庄

考校说明：编年据刘克庄任外制时间补。

御带知安庆府刘雄飞浚筑了毕授濠州团练使制
（暂系于景定元年九月至景定二年四月间）

设险以守者，圣经之格言；恃陋不戒者，往事之明鉴。乃敷醲赏，以奖贤劳。具官某往来三边，大小百战。顷从炎峤，移守古舒，禀行府之规橅，新宜城之板干。昔若筑道傍之舍，三年不成；今率先戏下之兵，百堵皆作。坐使茨棘，化为金汤。其进秩于戎团，仍就纡于郡绶。四郊多垒，卿益励其壮图；万里长城，朕方资于名将。可。

出处：《后村先生大全集》卷六三。

撰者：刘克庄

考校说明：编年据刘克庄任外制时间补。

谢奕燕华文阁知嘉兴府制
（暂系于景定元年九月至景定二年四月间）

亲贤并用，古之制也。尔生相门而嗜学，联戚畹而好修，可谓亲且贤矣。嘉禾调守，朕以尔昔典州有嘉绩，今立朝有美誉，其寓直妙阁，往佩二千石印绶。勉之哉！布宣宽大，培养根本，使畿甸之民以安，则玺书且下矣。可。

出处：《后村先生大全集》卷六三。

撰者：刘克庄

考校说明：编年据刘克庄任外制时间补。

谢奕中戎监兼敕令官制
（暂系于景定元年九月至景定二年四月间）

　　戎监，武备属焉；敕局，民命系焉。尔牧辅郡宜其民，郎省户勤其官，见于已试者如此。夫修车备器，方今要务，着律定令，亦岂细事哉！惟贤且材，为能共二，非直以相阀戚家选也。尔往钦哉！可。

出处：《后村先生大全集》卷六三。

撰者：刘克庄

考校说明：编年据刘克庄任外制时间补。

文林郎赵时憺因潮州山前捕到贼首转儒林郎制
（暂系于景定元年九月至景定二年四月间）

　　乃者盗出没潮之支邑，调尉寨州兵，又益以摧锋，不能荡定。尔能以计获其首恶，薄进一级，以旌尔劳。可。

出处：《后村先生大全集》卷六三。

撰者：刘克庄

考校说明：编年据刘克庄任外制时间补。

迪功郎靖安主簿陈和发因鞑侵掠殁于王事
赠宣教郎与一子下州文学制
（暂系于景定元年九月至景定二年四月间）

　　鞑犯内地，守吏委城、斗士弃甲者多矣。尔眇然邑佐，毙于贼锋，增秩泽子，所以愧偷生失节者。可。

出处：《后村先生大全集》卷六三。

撰者：刘克庄

考校说明：编年据刘克庄任外制时间补。

刘应龙监察御史制
（暂系于景定元年九月至景定二年四月间）

上同陈察院。尔仁而有勇，和而不流，接物则霁月光风，持身则严霜烈日。直道见嗔于彼相，刚肠羞比于匪人。往贼过龟山之门，致敬而去；遗民奉巴东之祀，称思至今。朕闻岩邑之最声，监阜陵之成宪，顷者储材于列院，进而执简于一台。方今国是略定而尤贵坚凝，朝纲虽肃而尚多垢玩。有官守，有言责，属新龙象之观；去贼易，去党难，宜奋鹰鹯之击。或密启于旒扆，或昌言于朝廷。噫！百奏丹青，下同前。

出处：《后村先生大全集》卷六三。
撰者：刘克庄
考校说明：编年据刘克庄任外制时间补。

江万里吏部尚书制
（景定元年九月至景定二年四月间）

笔橐之班，莫高于太常伯；逢掖之论，于今有大宗师。肆畴试可之庸，特峻为真之拜。具官某国之蓍蔡，学者斗山。老将拜伏阁之阳城，邪谋惮在廷之汲黯。文字五千卷，混混江河之发源；仁义数百篇，炳炳丹青之垂世。祥麟之来，孰得而罶；蚍蜉之撼，真不自量。虽长往于山林，终不忘于畎亩。闻国难则投袂而起，逮师行则载笔以从。推锋而帝豝归，回戈而佛狸走。颂召公虎于宣之作，视吉甫而何慙；及丞相度来朝之初，与韩愈而偕至。遂登人望，浸长天官。门庭有毛玠之清，衡尺如山涛之审。但见拳拳于国事，未尝汲汲于身谋。方并进于群公，可独遗于一老？噫，贤能不待次举，而况序升？丈夫何以假为，无庸多巽。益殚忠荩，式对眷知。可。

出处：《后村先生大全集》卷六三。
撰者：刘克庄
考校说明：编年据刘克庄任外制时间、江万里宦历补，见《宋史》卷二一四《宰辅表》。

汤中上遗表赠太中大夫制
(暂系于景定元年九月至景定二年四月间)

挂冠之兴莫遏,已谢宦情;易箦之言甚悲,未忘尸谏。乃加恤典,以慰遗忠。具官某于富贵如浮云,有名教之乐地。今无此事,世贤其人。某水某山,吾所游也;斯人斯疾,亡之命夫!卿何意于盖帷,朕兴怀于簪履。名德未远,谏书犹存。噫!老氏知足之风,凛然起敬;贾生超迁之秩,维以饰终。

出处:《后村先生大全集》卷六三。

撰者:刘克庄

考校说明:编年据刘克庄任外制时间补。

汤汉依旧华文阁江西提举兼知吉州制
(暂系于景定元年九月至景定二年四月间)

朕念江乡之民残于兵而又病于籴也,思得刚劲有风力、廉勤有政事者,将明朕之德意志虑,以拊摩其疮痍,苏息其疾苦。尔顷辞清望官而去,牧凋郡而不逋上供,刺剧部而毋惮大吏,汉人所谓通世俗之儒矣。其以庚节,兼领郡符。土风民俗,皆尔所谙。前此任籴事者,纵吏舞智规免者众,朕为之下履亩之令,可谓平矣。尔辁车所至,具述朝家不得已而籴之意,使军不乏兴,民有余力。孟轲曰:"若夫润泽之,则在子矣。"至于吏之饕残为吾民害者,其奉元日诏书从事。可。

出处:《后村先生大全集》卷六三。

撰者:刘克庄

考校说明:编年据刘克庄任外制时间补。

程象祖秘阁知安吉州制
(暂系于景定元年九月至景定二年四月间)

朕仰遵烈祖紫云楼之训,选用牧守必求其有仁心仁闻者。尔相家子,立乎本朝,朕察其修洁明恕,有丞相之风。吴兴去天尺五,与丞相所临郡击柝相闻。往为朕拊摩其民,使郡人曰朝廷善调守、丞相能教子,岂不休哉!

出处:《后村先生大全集》卷六三。

撰者:刘克庄

考校说明:编年据刘克庄任外制时间补。

江州分司检阅成公策为拘榷茶课及数特授太府簿依旧任制
(暂系于景定元年九月至景定二年四月间)

事非才不集,而有才者或过用其才,朕甚患之。尔宰邑监郡有治办声,使之治赋,未尝施缪巧、事操切,而岁计之有余,庶乎善用其才者。簿正外府,以旌尔能,毋废前功,对越新渥。可。

出处:《后村先生大全集》卷六三。

撰者:刘克庄

考校说明:编年据刘克庄任外制时间补。

高衡孙权刑部侍郎制
(景定元年九月至景定二年四月间)

内重外轻,唐世有登仙之羡;出藩入从,汉家严选表之规。乃畴牧守之庸,复置论思之列。具官某传祖训而得髓,取世科如摘髭。南渡师儒,古所谓礼法士;庆元典册,今号为文章家。在省闼则纲举目张,临郡国则政平讼理。既持橐衮衮而登矣,乃拂衣落落而去之。镜湖之兴甚浓,颇适贺公之趣;颍川之治莫揜,首褒黄霸之贤。惟古人敬狱而恤刑,况累圣以仁而立国。爰升时望,俾贰秋卿。噫!法三尺安出哉,固有后王之所是;刑一成不变者,尤宜君子之尽心。岂惟淑同之长,尚赖嘉猷之告。可。

出处:《后村先生大全集》卷六三。

撰者:刘克庄

考校说明:编年据刘克庄任外制时间、高衡孙宦历补,见《咸淳临安志》卷四九。

张桂大理司直制
(暂系于景定元年九月至景定二年四月间)

廷尉属多用法家者流,惟司直以士人为之,其选亦不轻矣。尔奋由科第,辐凑之智略、涌泉之才思,异时幕中檄草,固已为人传诵。践扬久,识虑审,可以佐其长而持天下之平矣。可。

出处:《后村先生大全集》卷六三。
撰者:刘克庄
考校说明:编年据刘克庄任外制时间补。

赵与譚西外知宗制
(暂系于景定元年九月至景定二年四月间)

天眷圣宋,本支百世。昔也聚族京师,南渡于泉、福建外邸,文昭武穆,日大以蕃,常选宗室之有德望者以纠率之。尔内为丞郎,外历麾节,好谦而下士,乐施而疏财,所至有琴鹤之风,无珠犀之谤。清修足以励俗,长厚足以容众。使之居祭酒之任,而不责考功之课,麟趾公子必有观而化者。朕方严于更选,尔岂久于滞留。可。

出处:《后村先生大全集》卷六四。
撰者:刘克庄
考校说明:编年据刘克庄任外制时间补。

沿江制参京衔为提督屯田岁收增额特转一官制
(暂系于景定元年九月至景定二年四月间)

言留屯之便者多矣,惟充国能行于湟中,亮能行于渭上,是在人而已。吾视故府岁收二十万斛者有赏,尔以议幕提纲,岁收不止及额,更羡五万余斛。副阃第劳来上,其进一秩,以为服勤尽瘁者之劝。可。

出处:《后村先生大全集》卷六四。

撰者：刘克庄

考校说明：编年据刘克庄任外制时间补。

吴湜湖北提举制
（暂系于景定元年九月至景定二年四月间）

朕念重湖之北远于天而近于塞，比岁惊骚，清野失耕，土之瘠者今不毛矣，民之贫者今靡孑遗矣，孰能为朕任咨诹劳来之责，使骴骸复为人、菫荼化为饴乎！尔以儒发身，刚介自立，其以常平使者节揽辔一行，去吏之蟊贼，拯民于水火，以清约变污浊，以义理折强暴，湖外之民庶乎其稍有生意矣。昔熙宁遣赵济，淳熙遣朱熹，千载而下，是是非非自有公议，尔宜择于斯二者。可。

出处：《后村先生大全集》卷六四。

撰者：刘克庄

考校说明：编年据刘克庄任外制时间补。

陆德舆依旧宝章学士知太平州制
（景定元年九月至景定二年四月间）

吴以长江立国，护数处之风寒，晋于姑孰置屯，壮下流之形势。矧值修攘之际，尤难牧守之材，自非近臣，曷称隆委！具官某偲之贤闻于天下，机之文贵于洛中。批敕琐闱，凛若银台之风采；持衡铨部，皭然水镜之晶明。顷辞长乐之麾，迳返平泉之墅。朕灼知薏苡之谤，起于无根；卿恳避刺相之行，为之易填。属时天堑，预讲秋防，凡六朝诸名胜设险守国之遗规，与中兴贤将相建事立功之陈迹，凭高感发，望古慨慷。壁垒旌旗，孰不仰临淮之号令；茧丝保鄣，必且减晋阳之户租。先固群心，坐收长算。噫！犊耕渤海，应无带刀剑之人；凤集颍川，行有下玺书之宠。可。

出处：《后村先生大全集》卷六四。

撰者：刘克庄

考校说明：编年据刘克庄任外制时间、陆德舆宦历补，见康熙《太平府志》卷一六。

陈显伯徽猷学士知建宁府制
(暂系于景定元年九月至景定二年四月间)

朕怀老成之旧,重恬靖之风。蒲轮加璧之招,确然辞巽;燕寝凝香之乐,处以便安。陟奎阁之隆名,需潜藩之近次。具官某博古通今之学,吐词为经之文。久冠橐班,熟识郑公之履;尝持文柄,尤多陆氏之庄。润色皇猷之才高,调护储闱之功大。顷勇急流之退,俄逢圣化之更。以周天官,兼唐内相。朕方渴想,召贾傅而使前;卿有遐心,叹鲁生之莫致。念其耆艾,命以尹厘。辍清都太微之廷,收碧水丹山之郡,实维邻壤,谅惬雅怀。噫! 黄霸化行颍川,毋令专美;子牟心存魏阙,尚告远猷。可。

出处:《后村先生大全集》卷六四。
撰者:刘克庄
考校说明:编年据刘克庄任外制时间补。

曾颖茂依前集撰知隆兴府兼江西运副制
(暂系于景定元年九月至景定二年四月间)

朕慨念江乡,简求尹漕。颇闻会府,思广平阳春之来;爰及列城,愿子骏福星之照。选于已试,谁不曰然? 具官某机足以语九流,智足以应万变。论思禁路,并游东、马之间;弹压神皋,不在敞、尊之下。顷拂衣而勇去,属解瑟而载调。深惟翼轸之区,适值兵戈之后。蹀血践数州之境,生聚歼焉;搜粟饷万灶之屯,本根拨矣。孰可往苏于凋瘵,尔尝沬拥于节麾。必推救焚拯溺之心,必体被发缨冠之义,必获五善,必宽一分,使落霞孤鹜之观复还,而木牛流马之运不绝,民有生意,军无乏兴。噫! 韦丹之政立碑,难忘于遗爱;魏牟之心存阙,尚告于远猷。可。

出处:《后村先生大全集》卷六四。又见《永乐大典》卷一三五〇七。
撰者:刘克庄
考校说明:编年据刘克庄任外制时间补。

沿江制参程若川为监军应白鹿矶之急转一官制
（暂系于景定元年九月至景定二年四月间）

白鹿矶之捷与臣世忠、臣允文金山、采石之功相埒。尔于是时,能率下流援师来会,丞相谓尔征行良苦,济助孔多,朕甚壮之。晋秩一等,以劝趋事赴功者。可。

出处:《后村先生大全集》卷六四。

撰者:刘克庄

考校说明:编年据刘克庄任外制时间补。

杨瑱宝章阁依旧浙西提举制
（暂系于景定元年九月至景定二年四月间）

朕以元日诏部刺史举澄按之职,汰饕残之吏,尔适奉使畿内,造庭称觞。朕惟旧学之美子,公府之贤掾,深欲引以自近。念尔方襄帷问俗,为天下郡国之倡,姑命寓直延阁,以讫外庸。可。

出处:《后村先生大全集》卷六四。

撰者:刘克庄

考校说明:编年据刘克庄任外制时间补。

资政殿学士通奉大夫提举临安府洞霄宫马天骥
初除故父已赠太子太师亿年特赠少保制
（景定元年九月至景定二年四月间）

眷予旧弼,进秘殿之隆名;维尔先人,积高门之余庆。参稽故典,播告新纶。具官某故父具官某,志乐丘园,行孚里闬。六鳌入钓,见宁馨得旧之时;五马分符,有戏彩问安之乐。惜莫谐于终养,不及见于登庸。可无追荣之文,以示为善之报? 昔循唐制,真卿已拜于宫师;今法周官,公奭宜加于孤保。可。

出处:《后村先生大全集》卷七五。

撰者:刘克庄

考校说明:编年据刘克庄任两制时间、马天骥官历补,见《宋史》卷四五《理宗纪》等。

马天骥故母文定郡夫人刘氏赠东阳郡夫人制
(景定元年九月至景定二年四月间)

秘殿隆名之陟,自致良难;寒泉圣善之思,追怀何极!可无新渥,以贲幽扃?具官某故母文定郡夫人刘氏,素谨闺仪,尤严母训。生儿有此,见六鳌一钓之时;谓天何哉,孤五鼎万钟之养。积庆源而愈远,宜盛事之沓来。象服甚宜,久峻小君之号;脂田增拓,莫如婺女之墟。永孚于休,益胙乃后。可。

出处:《后村先生大全集》卷七五。

撰者:刘克庄

考校说明:编年据刘克庄任两制时间、马天骥官历补,见《宋史》卷四五《理宗纪》等。

马天骥故妻东海郡夫人徐氏赠奉化郡夫人制
(景定元年九月至景定二年四月间)

秘殿峻升,爱笃弼丞之旧;空闺久闷,谁无伉俪之思!本其至情,畀以新渥。具官某故妻东海郡夫人徐氏,生于名阀,嫔我辅臣。规仲卿以牛衣,曾无此语;锡庄姜之象服,不及其生。徒为屏摄之华,曷慰稿砧之意!畴其爵邑,将绵百世之传;至于海邦,莫若十洲之美。其安窀穸,茂对宠光。

出处:《后村先生大全集》卷七五。

撰者:刘克庄

考校说明:编年据刘克庄任两制时间、马天骥官历补,见《宋史》卷四五《理宗纪》等。

马天骥故妻新安郡夫人余氏特赠和政郡夫人制
（景定元年九月至景定二年四月间）

上同前。具官某故妻新安郡夫人余氏，温恭执德，端靖有仪。续鸾胶之弦，居然静好；蔽鱼轩之翟，胡不寿昌！当膺汤沐之荣，未究芳华之懿。咏如何之什，固知淑德之宜；易导江之封，莫喻庆源之远。

出处：《后村先生大全集》卷七五。

撰者：刘克庄

考校说明：编年据刘克庄任两制时间、马天骥官历补，见《宋史》卷四五《理宗纪》等。

王爚权礼部尚书制
（景定二年正月至四月间）

汉兴一代之仪，儒生毕至；晋命六卿之长，民誉为先。畴咨法从之贤，特振秩宗之拜。具官某制行朱丝弦之直，律身玉界尺之严。当群贤翕集之时，仪于禁路；及诸老凋零之后，存者灵光。岁晚来归，风节尤劲。逾年典选，壹意首公。抑扬心若于持衡，发摘胆寒于刻木。惟文昌台斗，莫如大宗伯之尊；以□长储僚，下行小冢宰之事。自匪达才而成德，曷兼数器于一身。噫！夙夜寅清，卿素卑于绵蕝；日月献纳，朕方听于履声。益励猷为，对扬休宠。

出处：《后村先生大全集》卷六二。

撰者：刘克庄

考校说明：编年据刘克庄任外制时间、光绪三十一年《谷来王氏宗谱》卷七《王公爚行状》补。

方逢辰知嘉兴府制
（景定二年正月至四月间）

嘉禾郡比右扶风，今乐土也，仕者争欲得之。不选于贵介而选于书生，不属之凡品而属之魁彦，可以见朕志矣。尔昔奉对，剀切鲠亮，有九成、十朋之风。朕念久不见生,方将前席而问,倏来忽去,怅然惜之。起家二千石,虽小迟次,然凝香之地,去天尺五,其视自汉廷而江都、自江都而胶西者异矣。予渴高论,尔无遐心。可。

出处:《后村先生大全集》卷六二。

撰者:刘克庄

考校说明:编年据刘克庄任外制时间、《蛟峰外集》卷三《方公墓志铭》补。

杨栋转太中大夫制
(景定二年三月至四月间)

三朝钜典,聿严尊阁之仪;一代鸿儒,分任纂修之事。属视功而行赏,爰进律以旌贤。具官某钟箕昂之精,禀岷峨之秀。子云所草,准羲、孔之微言;敬之之文,希屈、马而无愧。虽去常存于魏阙,其来遂定于春宫。冠言语侍从之班,专讨论润色之笔。惟二祖丕哉之谟烈,既极铺张;若先皇焕乎之文章,亦资诠次。其事备矣,何勤如之。噫!唐贤谓作史之难,宁非笃论;汉人喜稽古之力,适值明时。祗服宠光,益修职业。可。

出处:《后村先生大全集》卷六三。

撰者:刘克庄

考校说明:编年据刘克庄任外制时间、文中所述"三朝钜典,聿严尊阁之仪;一代鸿儒,分任纂修之事。属视功而行赏,爰进律以旌贤"补,见《宋史全文续资治通鉴》卷三六。"三朝钜典"当指孝宗、光宗、宁宗《实录》。

赐皮龙荣再辞免除参知政事恩命不允诏
(景定二年四月三日后)

朕敷求贤佐,协济治功,既遣貂珰临门矣,车马陈庭矣,卿方再疏恳避,引先朝诸臣以自鉴戒。夫易简未能忘情于进用者,卿未尝汲汲,朕察其端介忠实,授之以政,乌得以是而自儗哉!十一载之遇,未易逢也;一二日之几,不可旷也。卿其拜诏就列,勿费乎辞。

出处:《后村先生大全集》卷五七。

撰者:刘克庄

考校说明:编年据《宋史》卷四五《理宗纪》补。

赐皮龙荣再辞免参知政事不允口宣
(景定二年四月三日后)

有敕:抗章未已,辞宠益坚。朕深惜桑荫之易移,卿宜思机务之难旷。勉修职业,庸副眷怀。

出处:《后村先生大全集》卷五七。

撰者:刘克庄

考校说明:编年据《宋史》卷四五《理宗纪》补。

赐沈炎再辞免除同知枢密院事兼
权参知政事恩命不允诏
(景定二年四月三日后)

朕举文武二柄属之于卿,眷益隆,任益重矣,宜及国家闲暇,叶赞庙谟,汲汲焉共图修攘之政,乃抗章恳避未已。先辞受之小廉,后安危之大计,岂所望于二三执政之臣哉! 已饬攸司,毋纳异牍。

出处:《后村先生大全集》卷五七。

撰者:刘克庄

考校说明:编年据《宋史》卷四五《理宗纪》补。

赐沈炎再辞免恩命不允口宣
(景定二年四月三日后)

有敕:机事方来,宜深惜于日力;巽章屡上,得无旷于天工? 卿请虽频,朕言不再。

出处:《后村先生大全集》卷五七。

撰者:刘克庄

考校说明:编年据《宋史》卷四五《理宗纪》补。

赐试右谏议大夫兼侍读何梦然再辞免除
端明殿学士签书枢密院事恩命不允诏
(景定二年四月三日后)

朕进用二府大臣,付以天下国家之事,参于舆论,蔽于朕志,而得卿焉。每览群臣章奏,莫切于任理任法之疏,卿今得位,可以行其言矣。不此之图,顾方谦巽未已,非所望于辅臣也。其祗成命,不必渎辞。

出处:《后村先生大全集》卷五七。

撰者:刘克庄

考校说明:编年据《宋史》卷四五《理宗纪》补。

赐何梦然再辞免恩命不允口宣
(景定二年四月三日后)

有敕:亲擢枢臣,共筹国事,方欲举修攘之大政,岂宜狥辞受之小廉!巽命再申,需章姑止。

出处:《后村先生大全集》卷五七。

撰者:刘克庄

考校说明:编年据《宋史》卷四五《理宗纪》补。

皮龙荣参政制
(景定二年四月四日)

用儒而国无敌,久增重于本朝;得贤而基太平,兹遂参于大政。延登佥望,播告纶言。具官某研几而极深,任重而致远。进而启沃,非尧舜之道不陈;凡所建明,皆稷契辈人之语。周旋二府,精白一心。庙谟赖其同寅协恭,舆论称其钜人长德。乃序迁于丞弼,以共起于治功。国是宜坚定不宜动摇,善类宜翕集不宜涣散。必躬吐握以下士,必公衡尺以擢材。盖一客失羹,能覆共食之鼎;若先贤设喻,欲平偏载之舟。其责不亦重乎,非卿谁与领此!噫,夫子必闻其政,异诸人之求;君陈入告斯猷,曰尔后之德。谅惟哲辅,奚待训辞。

出处:《后村先生大全集》卷六三。

撰者:刘克庄

考校说明:编年据《宋史全文续资治通鉴》卷三六补。

沈炎同知兼参政制
(景定二年四月四日)

有常立武,久翌赞于本兵;无竞维人,并延登而共政。涣扬明命,孚谂群工。具官某贯日精忠,昂霄劲节。亲逢千载一时之运,遍历三院七人之官。当群憸朋倚月之奸,门庭如市;独累疏数滔天之罪,堂陛始尊。圮族者殛于羽山,埒国者失其金坞。黜在廷而邪谋寝矣,城伏阁而武夫拜之。洎秉事枢,倏逾岁籥。边防属宥府,既资筹策之良;政本在中书,兼倚弥缝之助。必长驾远驭以疆理戎索,必翕受敷施以奔走人材。位望愈隆,责任尤重。噫! 大纲小纪,卿宜计天下之安危;内修外攘,朕欲讨国人而申儆。其思职业,益励猷为。

出处:《后村先生大全集》卷六三。

撰者:刘克庄

考校说明:编年据《宋史全文续资治通鉴》卷三六补。

何梦然端明金枢制
(景定二年四月四日)

五材谁去兵,方讲修攘之政;一贤可制难,宜居宥密之司。选于众而得人,扬于廷而出命。具官某有猷有守,至大至刚。君子素位而行,士惟孤立;正人无待于助,朕所独知。擢于千官百辟之中,置诸三院七人之长。明君臣之分而堂陛肃,审忠邪之辨而界限严。积货者散金坞之藏,方命者加羽渊之殛。人悉若尔,国嘉赖之。朕惟敢谏犯颜,贤百万师远矣;折冲御侮,舍一二臣谁哉! 爰登秉于事枢,俾推行其抱负。噫,曰天下已安矣,朕不忘危;讨国人申儆之,卿宜思职。勉殚忠荩,庸副简求。可。

出处:《后村先生大全集》卷六三。

撰者：刘克庄

考校说明：编年据《宋史全文续资治通鉴》卷三六补。

陈尧道监察御史制
（景定二年四月四日）

朕收倒持旁落之权，聿更大化；择特立独行之士，亲擢紧官。兹得二贤，俾分六察。尔传素王绝笔之学，标春官淡墨之题。顷进列于师儒，不见知于彼相。众阿时好，议于圣丗而锢人；独有嘉言，意慕古人之存校。去若黄鹄之高翥，来如丹凤之揽辉。选诸瀛仙，置之台宪。厥今共鲧之罪虽已伏辜，牛李之朋尚多漏网，楮矣之弊筑底，轮云之变无穷。士虽拔茅，兵未解甲。予既虚怀而容受，尔宜空臆以条陈。或昌言于朝廷，或密启于旒扆。见闻咸耸，风采一新。噫！百奏丹青，孰不观仁义之谏；万事尘土，方当传久远之名。益罄忠忱，不孤简拔。可。

出处：《后村先生大全集》卷六三。

撰者：刘克庄

考校说明：编年据《南宋馆阁续录》卷八补。

观文殿大学士宣奉大夫判福州福建安抚大使董槐依前观文殿大学士宣奉大夫提举临安府洞霄宫特进封永国公加食邑食实封制
（景定二年四月五日）

门下：朕眷注弼臣，褒崇耆隽。拥节建三山之闑，重于起家；分茅画二水之疆，俾之胙国。涣扬大号，孚谕群工。具官某言行蹈君子之中，力量任天下之重。致和在格物，所学传授于先儒；明道不计功，其论源流于尔祖。辅台则补衮无阙，去位则脱履若遗。昔尝闻洛下之英，今复见山中之相。朕付七闽之巨屏，卿专一壑之隐栖，屡趣行期，莫回雅志。怀绥长安之邸，不亦彼哉；深衣独乐之园，有足娱者。非但嘉大臣止足之操，亦欲倡斯世廉退之风。虽职与祠不加于一毫，由郡而国遂冠于五等。御椸段，乘下泽，即故里之便安；解葱珩，脱孟劳，辞上天之富贵。方之诸老，允矣全人。於戏！未易致者令名，最难保者晚节。急流而退，故能身贵而不危；裂土而封，孰谓公归之无所？益绥寿祉，茂对宠光。可。

出处:《后村先生大全集》卷五四。又见《宋四六选》卷四。

撰者:刘克庄

考校说明:编年据《宋史全文续资治通鉴》卷三六补。

董槐封永国公口宣
(景定二年四月五日)

有敕:辞十连之寄,不可挽回;冠五等之封,以褒恬退。载驰驿使,申锡纶言。宜体至怀,钦承休命。

出处:《后村先生大全集》卷五四。

撰者:刘克庄

考校说明:编年据《宋史全文续资治通鉴》卷三六补。

吕文德进太尉诏
(景定二年四月五日)

吕文德分阃年余,援蜀饷蜀,忠劳尤著,进太尉、京湖安抚制置大使、夔路策应大使、知鄂州。

出处:《宋史全文续资治通鉴》卷三六。

赐董槐辞免依旧观文殿大学士提举洞霄宫进封
永国公恩命不允仍改封吉国公诏
(景定二年四月五日后)

敕董槐:卿坚卧家山,力辞藩阃,恬退之风,可励薄俗。朕念无以见礼大臣、尊高年之意也,爰命进爵,然卿既为公矣,由郡而国,不过序升,何以辞为?来疏又以父名引嫌,深得先贤不听乐之义,已诏移封。卿宜对扬成涣,勿复有请。

出处:《后村先生大全集》卷五五。

撰者:刘克庄

考校说明:编年据《宋史全文续资治通鉴》卷三六补。

赐马天骥辞免依旧资政殿学士除知福州福建安抚使恩命不允诏
(景定二年四月十三日后)

　　敕天骥:朕惟七聚之区,土狭而人稠,地方所产无几,食之者众,故其士以笔耕,其民多垦山渔海,自营衣食,思得贤帅往拊摩而安辑之。卿出建三阃有声绩,入间两社有忠力,昔为镡守,习其土风,长乐弄印,无逾卿者。谓已叱驭戒严,顾方拜疏辞巽,非朕谋帅之意也。卿其倍道开藩,为朕布宣宽大,爱养本根,禁戢饕残,振德贫弱,使瓯粤之民如处畿甸,朕岂久劳卿于外者!

出处:《后村先生大全集》卷五五。

撰者:刘克庄

考校说明:编年据《宋史》卷四五《理宗纪》补。

授马光祖观文殿学士制
(景定二年四月十六日)

　　敕:制垣底绩,聿观三载之成;书殿冠班,昭示四方之劝。诞颁异数,罙耸具瞻。资政殿大学士、光禄大夫、沿江制置大使、知建康军府事、兼管内劝农营田使、充江南东路安抚使、马步军都总管、行宫留守、节制和州无为军安庆府三郡屯田使、时暂兼淮西总领、金华郡开国公、食邑二千六百户、食实封五百户马光祖,识远而气宏,道周而业钜。天机错综,冰壶玉鉴之高明;学力雄浑,泰山乔岳之负载。能应则五官之并用,尽忠则一发之不欺。京师众大之居,每思前尹;金陵六朝之旧,爰重中权。逮往抚于荆襄,久宣劳于江汉。视仪政路,式表儒猷。赵抃一琴,累疏欲归;廉范五袴,陪都怀旧。宵旰倚宽于忧顾,风涛靡惮于沂沿。贲然重临,惠此四履。郓于冀如制水,坐屹胜形;晋及楚其余波,具有远烈。方且设险守国,造舟为梁,青铁铸兵,黄金募士。或偃息或燕乐,予拮据予蓄租。既消骑火之红,正念玉关之老。效式臻于久任,职乃锡于隆名。紫宸地殊,非但序迁之宠;金城日壮,尚惟柄用之图。繄我誉髦,对扬休命。可特授观文殿学士、依前光禄大夫、沿江制置大使、知建康军府事、兼管内劝农营田使、充江南东路安抚使、马步军都总管、行宫留守、节制和州无为军安庆府三郡屯田使、时暂兼淮西总领、金华郡开国公、加食邑四百户、食实封一百户。

出处:《景定建康志》卷三。

赐沿江制置大使马光祖辞免除观文殿学士
职任依旧恩命不允诏
(景定二年四月十七日后)

　　敕光祖:卿居守陪京,尽护诸将,镇静如羊、陆,精练如陶、庾。既经典画于大计,又□综理其庶务。首公尽瘁,为朕宽江面之忧者,縶卿是赖。进班书殿,盖用阜陵待珙故事,而卿方执谦柄,腾巽牍,深所未喻。人物如卿,乃退托于不能,然则材与力岂复有出卿右者乎? 典听朕言,勿复有请。

出处:《后村先生大全集》卷五五。
撰者:刘克庄
考校说明:编年据《宋史》卷四五《理宗纪》补。

赐马光祖再上奏辞免除观文殿学士职
任依旧恩命不允诏
(景定二年四月十七日后)

　　敕光祖:国家重阃帅之权与偏帅异,遇大臣之礼与群臣异。卿佩玉麟符,开大幕府,委任之权既重,待遇之礼亦殊。兹升书殿之隆名,盖率先朝之旧典,胡为谦挹,尚尔巽辞! 有功见知,念宣劳之久矣;无德不报,欲反汗其可乎! 所辞宜不允。

出处:《后村先生大全集》卷五五。
撰者:刘克庄
考校说明:编年据《宋史》卷四五《理宗纪》补。

三省讨论公主下嫁礼典例以闻诏
（景定二年四月二十五日）

皇女周公主年已逾笄,下嫁礼也。承奉郎杨镇,实慈明太后侄孙,矜持好修,宜在选尚。朕志久定,而公主引辞甚力,勉谕再三,徐始禀承。令三省讨论典例以闻。

出处:《宋史全文续资治通鉴》卷三六。

公主下嫁事诏
（景定二年四月二十九日）

公主下嫁,与芮主婚,皇太子从送,仍赐公主担子,其从物令所司照典礼应办。

出处:《宋史全文续资治通鉴》卷三六。

卓梦卿直宝章阁广南提舶制
（景定二年四月）

朕监国初成宪,以守兼舶,而琛台久虚。非刊印也,选择而使也。尔昔执简赤墀之下,谈经细旃之上,知朕贵德而贱货,奖廉而恶贪矣。昔先臣介仕于岭峤,郡有夷琛,众争贱买,仁宗曰:唐介必不尔。命取其籍阅之,果然。此予命尔以贴职、送尔以皇华之意也,否则互市岂无他人,乃以烦前御史哉! 可。

出处:《后村先生大全集》卷六四。
撰者:刘克庄
考校说明:编年据康熙《新修广州府志》卷一八补。

赐太傅右丞相兼枢密使兼太子少师鲁国公贾似道再乞祠禄不允诏

（景定二年五月二日后）

敕似道：欲还相印，殊骇舆情；虽赐玺书，未回雅志。朕当天下适多事之日，卿有人臣不能为之功。沂黄牛峡而蜀祲销，橶白鹿矶而江涛息，欲马顺流之谋沮，断鳌立极之势安。班师而遄，虚己以听。委弓旌于岩穴，交璧帛于道涂。朝半老儒，国多君子。胡为高兴，求解繁机！昔谢安兴挽须拊筝之嗟，裴度有灰心霜鬓之句，朕以肝胆而相照，无毫发之间言。况守法者难惬悻心，首公者遑恤私怨。秋防不远，旰食未宽。念同舟遇风之时，急而求子；若满堂饮酒之际，乐反弃予。人将谓何，卿必不尔。

出处：《后村先生大全集》卷五五。

撰者：刘克庄

考校说明：编年据《宋史》卷四五《理宗纪》补。

赐观文殿大学士判平江府浙西两淮发运大使措置浙西和籴程元凤乞还山林不允诏

（景定元年九月至景定二年六月间）

敕元凤：自昔大臣典藩，多贵重自佚，虽准之忠、彦博之贤，犹有崇饮侈游之讥。卿之镇吴门也，以民戚休，为己苦乐，有运甓之勤，无凝香之适。首奏蠲伪增之租，镌敷籴之额，使朕德意志虑家至户到。下令未尝操切，忠恕而已；治赋无他缪巧，节缩而已。视向来司牧餫数公，治行为冠。兹览来奏，遽欲投闲。岁事垂成，籴数未足，卿而怀归，则郡隳已成之绪，民堕不终之惠也。卿之未可舍朕，犹吴人之未能舍卿也。

出处：《后村先生大全集》卷五五。

撰者：刘克庄

考校说明：编年据刘克庄任两制时间、程元凤官历补，见《新安文献志》卷七五《程公家传》。《宋史》卷四五《理宗纪》："（景定二年十月）癸丑，程元凤授特进、观文殿大学士、醴泉观使兼侍读。"据本诏，景定二年十月前程元凤即已授观文殿大学士。《新安文献志》卷七五《程公家传》所载亦是一证:"(景定二年)十月,拜特进,依前观文殿大学士、充醴泉观使、兼侍读。"

赐程元凤再上奏乞退居田里不允诏
(景定元年九月至景定二年六月间)

敕元凤:再求闲退,殊咈眷留。厌劳思佚者,凡人之情;首公竭节者,大臣之谊。况害稼之潦甚广,惟憩棠之地稍轻,九扈所积无赢,万灶非籴不饱。方且倚仁牧为军民之命,讵容夺赤子于父母之怀!卿其简省文书,亲近汤液。吏民颂祷,俾寿而臧,神物护持,何恙不已!

出处:《后村先生大全集》卷五六。
撰者:刘克庄
考校说明:编年据刘克庄任两制时间、程元凤官历补,见《新安文献志》卷七五《程公家传》。

赐程元凤三上奏乞畀祠禄不允诏
(景定元年九月至景定二年六月间)

敕元凤:勉留者再,难狗雅怀;力言者三,未孚眷意。昔者周分西陕,毕尹陈郊,虽勋旧重臣,犹勤劳外服。而况政方就绪,讵容他人之变更;籴甫开端,宜戒黠吏之科抑。必镇静常如始至,必劝诱使之乐输。卿体国甚忠,岂有遄心而欲去;卫生素谨,预知微恙之必瘳。尚听斯言,姑安汝止。

出处:《后村先生大全集》卷五六。
撰者:刘克庄
考校说明:编年据刘克庄任两制时间、程元凤官历补,见《新安文献志》卷七五《程公家传》。

赐资政殿学士通奉大夫提举万寿观史宇之上表
再辞免除资政殿大学士知建宁府恩命不允诏
（景定二年正月至六月间）

敕宇之：尔之显考有劳于国，有德于朕，犹当十世宥也。朕见二季若尔考焉，伯氏不究于用而夭，朕甚悼之。尔视伯氏尤温恭长厚，守括帅越，皆有遗爱。建之为郡，俗犷于越而事繁于括，尔其以昔之治括与越者治建，则为良二千石矣。由浙入闽，壤地相接，岂必聚粮？奉母行春，人生至乐，又何不从政之有！所辞宜不允，不得再有陈请。

出处：《后村先生大全集》卷五六。

撰者：刘克庄

考校说明：编年据《四明文献集》卷五《史宇之墓志铭》补。此诏当在同集六五《史宇之大资政知建宁府制》之后。

以灾修省御笔
（景定二年六月四日）

霖雨为沴，天戒孔昭，农功苟亏，民命攸系。力行宽恤，精意祷祈，靡事不为，厥应犹爽。痛念及此，启处弗遑。可自六月五日为始，避正殿、减常膳、彻乐，庶尽修省之实，以回阴阳之气。

出处：《宋史全文续资治通鉴》卷三六。

武臣不许自陈功劳诏
（景定二年六月七日）

武臣功劳显著者，赐金带，素有格法，不许自陈。

出处：《宋史全文续资治通鉴》卷三六。

赐宰臣贾似道等上表奏请皇帝御正殿不允诏
（景定二年六月十一日后）

比以积阴为沴,淫潦兼旬,耳檐溜如闻叹愁,睹蒙雾如畏威怒。遍宗群望,申饬有司,发粟散财,赦过宥罪。曲尽忧勤之至,尚虞感格之难,避师氏之正朝,约太官之盛馔。晨颁亲礼,夕现霁华,活民命于阽危,表天心之仁爱。兹披来奏,请复常仪。然濒江之编户无家,近辅之低田为壑,灾伤甚广,昏垫甫苏。彼曰怨而曰咨,今犹未已;予求安而求饱,人其谓何!卿等之所以爱君者甚忠,朕心之所以对天者愈敬。

出处:《后村先生大全集》卷五七。

撰者:刘克庄

考校说明:编年据《宋史》卷四五《理宗纪》补。辛更儒《刘克庄集笺校》:"理宗以水沴避正殿,未见记载。《宋史》卷四五《理宗纪》五:'景定三年二月丁亥朔,临安、安吉、嘉兴属邑水,民溺死者众,诏守臣给槥瘗之。'不知即指此事否。"(中华书局,二〇一一年,第二七七六页)然此次水灾理宗并未避殿,此诏所指水灾当是景定二年六月水灾。《宋史》卷四五《理宗纪》:"(景定二年)六月乙未,诏霖雨为沴,避殿减膳彻乐。乙巳,诏近畿水灾,安吉为甚,亟讲行荒政。"

赐宰臣贾似道等诣文德殿再上表奏请御正殿不允诏
（景定二年六月十一日后）

朕惟君之事天,犹子之事亲。方其出灾害以示谴告也,必思敬怒畏威以冀其销弭;及其霁颜色而复慈爱也,必愈怡声下气以求其底豫。今精祲甫交,敬肆随异,则一念有时而间断,方寸不足以对越矣。况此屋漂摇而亲事法宫自若,细民糠栖而惟辟玉食如故,虽甚凉德,宁不恧然!卿等其辅朕不逮,交修相救,以助阳刚,以消阴慝,以相我穑事,路朝听治,徐议未晚。

出处:《后村先生大全集》卷五七。

撰者:刘克庄

考校说明:编年据《宋史》卷四五《理宗纪》补。

赐高衡孙辞免除户部侍郎兼知临安府
兼浙西安抚使恩命不允诏
（景定二年六月十九日后）

敕衡孙：昔在祖宗朝，三司使、开封尹必用臣拯、臣襄之流为之，以德不颛以材也。卿生长故家，议论犹接前辈绪言；勤劳四方，政事不失儒者大指。前曾勇退，出处有光；今特召归，望实采重。朕以地官天府命卿为真，犹列圣选擢儒臣之意。视印无几何，雾潦之沴化为晴霁，怨咨之声转为欢愉，亦可以见天意人心矣。卿其即就，力疾治事，以节裕财，以廉化俗，使民不加赋而大农足，吏不犯法而京兆清，用酬眷知，勿事谦巽。

出处：《后村先生大全集》卷五五。

撰者：刘克庄

考校说明：编年据《咸淳临安志》卷四九补。

赐守尚书户部侍郎高衡孙乞祠不允诏
（景定二年六月十九日后）

敕衡孙：自汉以来，京兆尹率以击断为威风，发摘为聪明，尔久出藩入从，于是二者盖优为之，岂优为而不屑为耶？抑儒者气象固然耶？夫击断发摘于郡国之间，末也；论思献纳于朝廷之上，本也。解天府而治地官，朕之所以待尔者加厚矣。

出处：《后村先生大全集》卷五六。

撰者：刘克庄

考校说明：编年据《咸淳临安志》卷四九补。

吴君擢直焕章阁知嘉兴府制
（景定二年六月）

嘉禾郡去天咫尺，素称乐土，今岁又大有年，然田里之愁叹者未销声，流徙者未复业，朕思得良二千石以劳来安集之。尔久掾省闼，知朕德意，尝典畿辅，知民疾苦,其佩左符以往。昔唐人览《舂陵行》之篇,曰得结辈十数公,可使万物吐气。彼乃荒远小县,能行其志如此,况尔所莅乃右扶风十万户之州乎!宜布教条,以镇雅俗。可。

出处:《后村先生大全集》卷七一。

撰者:刘克庄

考校说明:编年据同治《湖州府志》卷五补。

程元凤申免吴门监籴不允诏
(景定二年七月十五日)

昨尝谕留,具见朕旨,乃迟乎听,疏且至三。卿畴昔当揆,尚尔勇退,今于牧饷,谁议贪荣!此特朕烦以政,而非以是宠卿也。况吴虽粗稔,而属郡间歉,正资德望,以福斯人。且军食攸关,籴馈并举,非卿不足以办此。昔向敏中以旧相典藩,于民事必亲,卿实似之,可无借重,勿固求逸,是体眷怀。

出处:《明良庆会》卷上。

赐厉文翁辞免除资政殿学士沿海制置使
兼知庆元府恩命不允诏
(景定二年七月十五日后)

敕文翁:资殿隆名,制垣重寄,虽予新渥,亦尔旧毡。昔命出而复寝也以师言,今令行而不反也以独断。矧如海道,尤急秋防,宜叱驭而遂行,胡倚辕而未发!朕惟难平者机事,易感者人心。减户租为保障,则晋阳之守坚;散赏赐予军吏士大夫,则马服之战胜。卿久动心而忍性,必酌古以御今。益自奋于猷为,勿徒烦于谦逊。

出处:《后村先生大全集》卷五六。

撰者:刘克庄

考校说明:编年据《宝庆四明志》卷一补。

陈韡赠少师制
(景定二年七月二十二日)

朕加惠臣邻,兴怀勋旧。愍遗一老,忍闻垂绝之言;兹曰三孤,特厚饰终之典。哀荣鲜俪,眷注未忘。具官某知刚知柔,有仁有勇。家传正学,盖自紫阳翁而来;天与素书,不假黄石公之授。七聚遗黎脱虎狼之厄,三郡叛卒伏鲸鲵之诛。绝口不言其然,鞠躬尽力而已。出藩宣于四国,入唯诺于一堂。尔方慕洛下之耆英,拂衣去矣;朕欲起海滨之大老,侧席久之。逼台衮而退急流,厌画绣而返初服。颇适涧槃之处,奚异地行之僊。曷不期颐,遽兹奄忽!既辍朝而给赗,且节惠以易名,以劝于国有劳之人,以识用才不尽之愧。噫!图功臣像,尝居麟阁之中;为帝者师,斯亦鹰扬之亚。凛然精爽,歆此宠光。可。

出处:《后村先生大全集》卷六四。又见《永乐大典》卷九一八。

撰者:刘克庄

考校说明:编年据《宋史》卷四五《理宗纪》补。辛更儒《刘克庄集笺校》误作景定三年七月壬午(中华书局,二○一一年,第三○五○页)。

太傅右丞相兼枢密使兼太子少师鲁国公
贾似道故高祖进士某赠太师制
(景定二年七月三十日后)

朕考宰系之肇兴,自高门之积庆。五世始大,实为人臣不能为之功;四室并崇,宜有天下未尝有之报。庸可回驰之奏,特加褒表之荣。具官某故高祖具官某,月旦评高,林泉志洁。强为善矣,坚维日不足之心;是有命焉,无于天取必之念。趣尚每安于隐约,勋名乃集于曾玄。拊红衲而开故疆,欲一清于河洛;假黄钺而督诸将,遂再立于乾坤。及遄鸥阁之归,首定鹤宫之建。烦公调护,太子允赖宗工;维师清明,会朝盍加极品。牢辞不已,雅志莫回。遂彼孝思,赉之祝号。仲山甫令仪式百辟,有所自来;公孙弘徒步至三公,兹其奚逊。可。

出处:《后村先生大全集》卷七五。

撰者:刘克庄

考校说明:编年据贾似道宦历补,见《宋史》卷四五《理宗纪》。辛更儒《刘克庄集笺校》称"查贾似道兼太子少师在景定二年七月乙丑"(中华书局,二〇一一年,第三四一三页),误。

贾似道高祖母某氏赠卫国夫人制
(景定二年七月三十日后)

朕嘉元宰之孝思,俞奏篇之貤请。高祖考所以劬瘁,其积者丰;先夫人无加号名,于配未称。欲华世祀,庸侈国封。具官某故高祖母某氏,质如珪璋,行应箴史。宾夫尽敬,何惭梁伯鸾之妻;训子尤严,不下陶士行之母。天至曾玄而定,家承忠义之传。方龟山指授之时,舆图几复;至鹿矶扫除之举,宗社再安。兹畴调护之功,盍峻褒崇之典。维垣之命力逊,告庙之宠是祈。有嘉积庆之源,何靳漏泉之泽!定汉储之计,可酬无官;歌《卫女》之诗,大启尔宇。尚期不昧,式对斯荣。可。

出处:《后村先生六全集》卷七五。

撰者:刘克庄

考校说明:编年据贾似道宦历补,见《宋史》卷四五《理宗纪》。

赐少傅保康军节度使安抚大使屯田使知鄂州兼侍卫马军指挥使湖广总领兼夔路策应使吕文德再上奏辞免特授太尉升大使职事恩命不允诏
(景定二年四月至八月间)

敕文德:功高者赏厚,任重者礼隆。卿筑险而思、播之守坚,燔梁而渝、合之围解,其功可谓高矣。建旗鼓、开幕府以镇楚援蜀,其任可谓重矣。縻以好爵,非厚也;陟其使名,非隆也。朕方以上流付卿,宜恭君命,宜封军实,宜以英、卫、李、郭勋业自勉,若夫崇尚辞巽,若儒生修饰边幅之为者,岂所望于大将哉!

出处:《后村先生大全集》卷五五。

撰者:刘克庄

考校说明:编年据吕文德宦历补,见《宋史》卷四五《理宗纪》。

赐江万里辞免除端明殿学士同签
书枢密院事恩命不允诏
（景定二年八月十五日后）

　　敕万里：本朝至庆历间号称极盛之时，然二虏大为边患，天下之力殚敝于陕西、河北，国势疑稍弱矣。我仁祖所以尊中国而攘戎狄者，岂有它道哉？聚诸贤于朝，而擢任其尤有人望者于二府，入则筹帷，出则行边，制以智谋，磨以岁月，二虏果皆臣伏矣。卿任言责则抗萧生、汲黯之直，典铨综则有毛玠、山涛之清。公卿有阙，物论必拟卿久矣。本兵之地，不当用若人耶？卿其惜分阴，建长策，以佐朕之大有为，巽避小廉，卿勿词费。

出处：《后村先生大全集》卷五六。

撰者：刘克庄

考校说明：编年据《宋史》卷四五《理宗纪》补。

赐同签书枢密院事兼太子宾客江万里辞免以
皇太子宫满岁推恩特转一官恩命不允诏
（景定二年八月十五日后）

　　敕万里：汉初建储，既以叔孙通为太傅，张良为少傅，又使园、绮四人者为之羽翼，曰烦公等卒调护太子，此朕命二三大臣各客于春宫之意也。卿繇人望执枢事，以辅臣言则以跻西府之班，以储寀言则宜受东宫之赏，兹事有体，卿言太谦。

出处：《后村先生大全集》卷五六。

撰者：刘克庄

考校说明：编年据文中所述史事、江万里官历补，见《宋史全文续资治通鉴》卷三六、《宋史》卷四五《理宗纪》。

同签书枢密院事江万里故曾祖英赠太子少保制
（景定二年八月十五日后）

　　栋明堂，扶大厦，木之植根者深；注钜野，决宣房，河之发源也远。兹登崇于宥府，爰推本其曾门。具官某故曾祖某，质实而去华，倜傥而见义。门有蒯缑之客，倒屣起迎；室无甔石之储，辉金未已。居里着躬行之誉，传家留手泽之书。施及枢臣，基于祖德。噫！由布衣而亚孤保，宁非积累而来；奉纶言以白先人，可谓哀荣之至。可。

出处：《后村先生大全集》卷七四。
撰者：刘克庄
考校说明：编年据江万里官历补，见《宋史》卷二一四《宰辅表》。

<h2 style="text-align:center">江万里故曾祖母沈氏赠齐安郡夫人制
（景定二年八月十五日后）</h2>

朕进擢辅臣，推原先德。盖其积累，非崛起于一朝；及此祭崇，遂追荣于三世。具官某故曾祖母沈氏，俭慈为宝，礼法自防。节食缩衣，却铅华而不御；辟纑织屦，甘井臼之同操。族姻称贤，州里怀惠。有是福德，施于孙曾。噫！亚孤卿之班，夫既跻于鼎贵；加小君之号，尔其启于沐封。可。

出处：《后村先生大全集》卷七四。
撰者：刘克庄
考校说明：编年据江万里官历补，见《宋史》卷二一四《宰辅表》。

<h2 style="text-align:center">江万里继曾祖母叶氏赠恩平郡夫人制
（景定二年八月十五日后）</h2>

上同沈夫人。具官某继曾祖母叶氏，风致萧然林下，地位来自佛中。晨兴课贝叶之书，精勤不辍；日晏陈伊蒲之供，苦淡自持。斥始嫁之奁装，作新兴之檀越。有是福德，施于孙曾。下同。

出处：《后村先生大全集》卷七四。
撰者：刘克庄
考校说明：编年据江万里官历补，见《宋史》卷二一四《宰辅表》。

江万里故祖璘赠太子少傅制
（景定二年八月十五日后）

为善无近名，要终乃见；阴德有阳报，自古而然。伟枢臣该辅之贤，奖王父义方之训。具官某故祖某，元酒太羹之气味，光风霁月之胸襟。身在涧阿，心潜伊洛。固闭深扃而自洁，真知实践之两充。王通薄有田庐，弗愿仕也；孺子不出闾巷，至今称之。卓行为一时之师，积庆验再传之后。属余良弼，乃尔闻孙。噫！系出江公，足见源流之远；官同疏傅，宁非冥漠之荣！可。

出处：《后村先生大全集》卷七四。

撰者：刘克庄

考校说明：编年据江万里官历补，见《宋史》卷二一四《宰辅表》。

江万里故祖母巢氏信安郡夫人制
（景定二年八月十五日后）

弼臣之重，几劫所修；王母之贤，再传未远。推本紫枢之积庆，褒索彤管之徽音。具官某故祖母巢氏，沉默寡言，温恭向善。哀穷周急，居常脱珥而抽簪；为子留宾，亦或截鬓而市酒。每于予而求取，不问家之有无。孙曾益蕃，门户遂大。属初该辅，可缓疏恩？噫！同亚傅之松楸，宠光特异；赐小君之汤沐，伉俪俱荣。可。

出处：《后村先生大全集》卷七四。

撰者：刘克庄

考校说明：编年据江万里官历补，见《宋史》卷二一四《宰辅表》。

江万里故父烨赠太子少师制
（景定二年八月十五日后）

有子世济其美，既共政于机庭；能仕父教之忠，首加恩于祢庙。但见善人之报速，孰云儒者之效迂！具官某故父某，气塞两间，学包众甫。摅腹愤胸奇之蕴，作为文章；经口讲指授之人，皆有师法。朕亲洒韦斋之扁，尔幽栖庐阜之山。道大故莫能容,位卑未足行志。虽登八秩,竟老一丘。畸于人,合于天,所存方寸;非其身,在其子,果执事枢。昔者闻之过庭,今焉推以谋国。载嘉先训,爰出新纶。噫! 参谋古官,生仅如于杜甫;宫师极品,殁乃似于苏洵。可。

出处:《后村先生大全集》卷七四。
撰者:刘克庄
考校说明:编年据江万里官历补,见《宋史》卷二一四《宰辅表》。

江万里故姊陈氏已赠淑人今赠高平郡夫人制
(景定二年八月十五日后)

帝赍良弼,登崇于宥密之司;天报善人,着验于显扬之际。推原慈训,播告恩言。具官某故姊陈氏,出自华宗,媲于名士。慕戴良女,安知有时世之妆;为伯鸾妻,相与寻隐居之服。及见夫登鹭序,子长乌台,扫空暧外之浮荣,透彻胸中之觉性。洎斗枢之初拜,怆风木之不留。昔与鹤发耕绵上之田,今奉鸾诰白陇冈之墓。噫! 万钟五鼎,莫纾人子之悲;副笄六珈,其锡邦君之命。可。

出处:《后村先生六全集》卷七四。
撰者:刘克庄
考校说明:编年据江万里宦历补,见《宋史》卷二一四《宰辅表》。

江万里妻淑人邓氏封永嘉郡夫人制
(景定二年八月十五日后)

相傲戒以成室家,允赖中闺之助;非庆霈而封伉俪,盖优二府之臣。典故具存,宠光特异。具官某妻邓氏,动循礼度,绰有功言。逮事舅姑,甘服勤于水菽;毋违夫子,真如鼓于琴瑟。族姻咸德其仁慈,臧获莫窥其喜愠。乃疏汤沐,以奖淑贤。噫! 昔牛衣困厄而相安,色无陨获;今象服委蛇而非泰,理有乘除。祗若训辞,益绥福履。可。

出处:《后村先生大全集》卷七四。
撰者:刘克庄
考校说明:编年据江万里宦历补,见《宋史》卷二一四《宰辅表》。

赈济浙右灾民诏
（景定二年八月十七日）

浙右水涝，民不聊生，令朝臣分往各郡，同守臣商确出粟劝分，蠲租赋，招强壮为军。凡救荒之政，可速举行，俾毋遗阙。

出处：《宋史全文续资治通鉴》卷三六。

陈绮前任江东运副兼提领茶盐增羡转中奉大夫制
（景定二年八月后）

榷法非古也，然军国大计系焉。朕未能捐山海之利以予民也，然常以宣、政之改钞法为戒，以庆历之不再榷为法。若夫润泽之，则存乎其人。尔以计臣提纲煮摘，期年之间，未尝析于秋毫，乃有余于岁计。殿最之法，僚属不遗，况任典领之责者乎？一秩旌劳，以劝来者。可。

出处：《后村先生大全集》卷六五。
撰者：刘克庄
考校说明：编年据陈绮官历补，见《景定建康志》卷二六。

右武大夫閤门宣赞舍人特除金川驻札御前诸军
都统制兼知叙州张桂特赠容州观察使制
（景定二年八月后）

声罪致讨，勇于祭纛之行；杀身成仁，壮矣死绥之节。追怀英概，加峻愍章。具官某躬秉戎韬，气吞叛垒。危机太急，甘效命于戎行；大势不支，犹握拳而血战。妖氛未溃于塞外，将星忽陨于营中。边候亟闻，朕怀震悼。爰涉廉车之秩，以为幽壤之光。噫！李陵之罪通天，恶名遗臭；张巡之鬼厉贼，忠骨犹香。可。

出处：《后村先生大全集》卷六七。
撰者：刘克庄
考校说明：编年据《昭忠录》补。

武翼大夫阁门宣赞舍人特除庆府驻札御前
保定诸军都统制金文德特赠复州团练使制
(景定二年八月后)

环高城而攻,忠存讨逆;凿凶门而出,义不求生。尔勇冠诸军,誓枭叛将。赤心卫上,以国士报之;白刃在前,曰男儿死耳。力已穷而匄愈急,骨可朽而名不埋。俾陟遥团,以光幽壤。噫!马革裹尸之志,岂不壮哉!豹死留皮之言,复何憾矣。可。

出处:《后村先生大全集》卷六七。
撰者:刘克庄
考校说明:编年据《昭忠录》补。"庆府"疑是"庆符"之误。庆符,叙州属县名。景定二年,宋潼川安抚副使刘整以泸州降于蒙古,袭叙州,知州张桂、都统金文德死之。

赐王爚辞免除礼部尚书兼职依旧恩命不允诏
(景定二年正月至九月间)

敕王爚:听履之除,为真已晚;鸣谦之疏,得宠若惊。卿之公忠,士所矜式。典铨曹则古之裴、马,辅储禁则今之绮、园。进长春官,深惬时望。然德业既尊于一代,则班联宜正于六卿。选而用焉,辞之过矣。其钦承于诏旨,可略去于伪文。

出处:《后村先生大全集》卷五五。
撰者:刘克庄
考校说明:编年据光绪三十一年《谷来王氏宗谱》卷七《王公爚行状》补。本诏当在同集卷六二《王爚权礼部尚书制》之后。

方澄孙秘书郎制
(景定二年八月至九月间)

昔汉六世,得人为盛,东、马待诏给札,严、徐朝奏暮召,然尚有摈于胶西、滞于周南莫之顾省,尚论人物者惜焉。朕则不然,必欲置之于朝。尔幼为家之奇童，壮为国之誉士。负其壮图，固将六月一息，顾仅开朝迹而去。尝画幕，为元戎磨盾鼻作檄而已；尝丞郡，为太守书纸尾而已。晚得一麾，拊摩凋瘵，汲汲鲜欢。岁月几何，昔之英妙，今亦老苍。宰物者以为言，朕有图书之府，置尔其间，尔有逢辰之喜，朕无弃才之愧。可。

出处:《后村先生大全集》卷六五。

撰者:刘克庄

考校说明:编年据刘克庄任外制时间、方澄孙宦历补，见同集卷一六二《方秘书蒙仲墓志铭》。

知邵武军方澄孙在任政绩转一官制
（景定二年八月至九月间）

樵与汀邻，其俗剽悍，易动而难安。尔以书生作牧，私淑其士，勤拊其民，昔之在城阙者今在頪矣，昔之佩刀剑者今佩犊矣，又能以积累纾郡计，以节缩广学宫。前命尔登瀛，以大臣言尔之才学也；今命尔增秩，以台阁上尔之治行也，可谓之异恩矣。可。

出处:《后村先生大全集》卷六五。

撰者:刘克庄

考校说明:编年据刘克庄任外制时间、方澄孙宦历补，见同集卷一六二《方秘书蒙仲墓志铭》。

戒官司毋得拘勒客贩广米诏
（景定二年九月二十一日）

客贩广米至都城近境者照市价出粜，官司毋得拘勒。

出处:《宋史全文续资治通鉴》卷三六。

赐同知枢密院事兼权参知政事兼太子宾客
沈炎乞畀祠禄不允诏
（景定二年四月至十月间）

　　敕沈炎：朕方以水灾雷变恐惧修省，思与二三大臣讲求所以消弭咎证、感召和气者，卿于此时引疾求去，翩然出关，都人士莫不骇异。以退为高而置君民于度外，将安取此！朕已遣黄门趣卿返斾，其即奉诏，共图国事，俟民气稍苏，天休滋至，徐谋出处未晚。

出处：《后村先生大全集》卷五六。

撰者：刘克庄

考校说明：编年据沈炎官历补，见《宋史》卷二一四《宰辅表》。

赐签书枢密事兼太子宾客何梦然辞免同提举
编修敕令恩命不允诏
（景定二年四月至十月间）

　　敕梦然：卿材兼文武，位重弼谐。天下之务惟几，既烦共二；王者之法易避，不过约三。矧群僚分载笔之劳，若硕辅特提纲而已。力辞奚谓，旧典则然。于紫枢黄阁经纶之余，放金科玉条沿革之故。修政事，攘夷狄，中外无虞；决律令，定章程，精粗并举。亟承休命，毋事执文。

出处：《后村先生大全集》卷五六。

撰者：刘克庄

考校说明：编年据何梦然官历补，见《宋史》卷二一四《宰辅表》。

赐观文殿学士光禄大夫沿江制置大使马光祖
辞免召赴行在恩命不允诏
（景定二年十月五日后）

　　敕光祖：古之人其于分阃也，必跪推毂以遣之；其于还率也，必歌《出车》以劳之。乃眷庞臣，久膺重寄，亹亹于蕃乎四国，悒悒不归者三年。边城增百雉之雄，天堑无一尘之警。遂宽忧顾,备罄忠勤。属渴想于仪刑,俾趣修于朝谒,延仁介圭之至止,庶几前席而问焉。俟腾巽章,具述谦志。使臣以礼,岂不序情而闵劳;多事之时,未可奉身而求退。予环后矣,俟驾可乎!

出处:《后村先生大全集》卷五六。

撰者:刘克庄

考校说明:编年据《景定建康志》卷一四补。

以灾讨论刑狱及军民合宽恤等事诏
(景定二年十月十一日)

积涝为灾,省躬惕若,哀求民命,夙夜靡遑。乃复雷发非时,更示谴告。天怒未息,愈不敢安。应军民及刑狱有合宽恤等事,可疾速讨论以闻,庶尽应天以实之意。

出处:《宋史全文续资治通鉴》卷三六。

修设醮席谕天下诏
(景定二年十月十五日)

朕思己未之秋,北兵渡江,其势飘忽震荡如风雨之至,一时将士或死于转战,人民或毙于流离,其间婴城自守之臣,尤不免干戈锋镝之惨,致使冤声满野,积骸如山。重念生民何辜,而罹此酷祸也!当是时,赖股肱之臣,任旬宣之寄,身先士卒,冒万死一生而不顾,卒能指授将帅,一举而殄歼之。乾坤载宁,江山复旧,是吾国生民无身而有身,此三百年所未有之祸,亦三百年所未有之功也。朕因修设醮席,荐拔沉沦,既念元勋,示兹奖谕,亦欲来者之劝也。

出处:《宋史全文续资治通鉴》卷三六。

何梦然同知兼参政制
(景定二年十月十七日)

朕位置弼臣,图回国事。遣戍役以卫中国,既叶成道德之威;进英俊以强本朝,遂兼斡钧枢之柄。诞修播告,昭示倚毗。具官某材全而德不形,器博而用无迹。首膺亲擢,见谓敢言。放驩兜,流共工,壮矣去凶之举;沮延龄,叱义府,发于嫉恶之心。为朝廷振颓坏之纪纲,为君上肃凌夷之廉陛。洎登宥密,益罄忠勤。属者水当润下而横流,雷已收声而浡震。远则四郊带甲之士减灶之期赊,近则三州不粒之民内沟之虑切。诵《采薇》之诗有愧,念发棠之惠未周,必精神折冲,必饥溺由己。帷筹制胜,爰晋贰于本兵;鼎味主和,其与闻于大政。仍陟文阶之峻,以昭宠命之新。眷知愈隆,忧责亦重。噫!与明主,建长策,有如王吉所云;为良臣,荷美名,毋负魏公之志。顾惟贤辅,宁俟训言! 可。

出处:《后村先生六全集》卷六五。又见《永乐大典》卷一三五〇七。

撰者:刘克庄

考校说明:编年据《宋史》卷四五《理宗纪》补。

赐何梦然上表再辞免除同知枢密院事
兼权参知政事恩命不允诏
(景定二年十月十七日后)

涣号载扬,需章洊至。文武欲尽,予方急名臣之求;事会方来,卿毋使庶工之旷。宜慕姬公之待旦,宜如陶侃之惜阴,以康济艰难,以新美治化。力辞过矣,众望歉然。皆云却走而循墙,奚异徐行而拯溺! 斯猷斯谋,尔告久已相乎;朕心朕德,乃知胡为未喻! 亟其就列,副此虚怀。

出处:《后村先生大全集》卷五七。

撰者:刘克庄

考校说明:编年据《宋史》卷四五《理宗纪》补。

赐何梦然再辞免同知参政不允口宣
(景定二年十月十七日后)

有敕:西枢科琐于三边,东府弥纶于万务。緊选抡之甚遴,顾谦巽而未皇。宜略虚文,共修实政。

出处:《后村先生大全集》卷五七。

撰者:刘克庄

考校说明:编年据《宋史》卷四五《理宗纪》补。

同知枢密院事兼参知政事何梦然故曾祖
赠太子少保汝能赠太子太保制
（景定二年十月十七日后）

大旱之作霖雨,必水气上于深源;广厦之有栋梁,必木本萌于厚土。兹进贤于密勿,乃原始于高曾。具官某故曾祖某,学得古人之心,行在吉人之目。饱参师友,覃博性理之书;作为文章,独无《封禅》之稿。乡党盖将尸而祝,郡国不及剡以闻。为善而弗求知,积德而未食报。兹焉疏渥,于以发潜。噫！埋玉土中,生不羊孙枝之贵;燎黄原上,殁犹加孤棘之荣。可。

出处:《后村先生大全集》卷七四。

撰者:刘克庄

考校说明:编年据何梦然官历补,见《宋史》卷二一四《宰辅表》。

何梦然故曾祖母恩平郡夫人俞氏赠临海郡夫人制
（景定二年十月十七日后）

枢庭共政,方有赖于外攘;曾庙追荣,乌可遗其内助？具官某故曾祖母俞氏,宝慈持俭,习礼明诗。采彼涧苹,享不嫌于二篑;甘于水菽,食何待于万钱。笃生再世之英,丕衍百年之泽。贤哉懿范,锡以恩言。噫！遗庆闻孙,尔之曾祖母;移封佳郡,亦曰君夫人。可。

出处:《后村先生大全集》卷七四。

撰者:刘克庄

考校说明:编年据何梦然官历补,见《宋史》卷二一四《宰辅表》。

何梦然故曾祖母恩平郡夫人郭氏赠临海郡夫人制
（景定二年十月十七日后）

进陟枢庭,付以筹帷之任;追荣曾庙,及其继室之贤。伉俪攸同,恩荣不异。

具官某故曾祖母郭氏，着姓勋裔，作媲华宗。昔播其徽音，续弦而鼓琴瑟；今祭以盛服，瑱玉而饰笄珈。善人之报岂迁，贤佐之生有自。其疏异渥，以贲重泉。噫！旧制号郡君，未极鱼轩之贵；新封移天姥，有光鹤表之题。可。

出处：《后村先生大全集》卷七四。

撰者：刘克庄

考校说明：编年据何梦然官历补，见《宋史》卷二一四《宰辅表》。

何梦然故祖赠太子少傅松赠太子太傅制
（景定二年十月十七日后）

同寅协恭，赖庙谟之夹辅；报本反始，原祖德之自来。乃锡恩言，以彰潜德。具官某故祖某，兼该实学，一往深情。明本统之正传，推绪余而私淑。已空鹤帐，犹闻隐君子之风；虽彻皋比，可受乡先生之祭。宜有起家之彦，蔚为共政之臣。兹晋陟于紫枢，乃追荣于青禁。噫！散金而赒宗族，生不谐疏傅之心；容车而大门间，久始验于公之语。可。

出处：《后村先生大全集》卷七四。

撰者：刘克庄

考校说明：编年据何梦然官历补，见《宋史》卷二一四《宰辅表》。

何梦然故祖母清河郡夫人杜氏赠和政郡夫人制
（景定二年十月十七日后）

宜尔家室，厥维妇功；在其子孙，时乃天道。既追荣于王父，盍俪美于姒亲。具官某故祖母杜氏，礼法自闲，功言咸备。夫子嘉其隐服，苦淡趣同；邻女分其绩灯，荣华念薄。务力行于上善，衍余庆于再传。兹陟事枢，乃加封爵。噫！万钟五鼎，鲜及于大母之时；副笄六珈，盍祭以小君之礼。可。

出处：《后村先生大全集》卷七四。

撰者：刘克庄

考校说明：编年据何梦然官历补，见《宋史》卷二一四《宰辅表》。

何梦然故父赠太子少师遂赠太子太师制
（景定二年十月十七日后）

折冲御侮，允资筹幄之长；能仕教忠，实本趋庭之训。乃隆赠典，以慰孝思。具官某故父某，行中准绳，文谐韶濩。诸生起敬，愿师何蕃而若留；薄宦无心，欲吏朱云而未可。解印归鹿门之隐，传家付凤穴之雏。亲授义方，养成伟器。帝赍良弼，为社稷而笃生；汝有佳儿，与国家而同庆。宜其寿考，胡不愁遗！兹追命于宫师，可大书于墓表。噫！内修外攘之事，进英俊以强本朝；生荣死哀之文，敬天下之为人父。可。

出处：《后村先生大全集》卷七四。

撰者：刘克庄

考校说明：编年据何梦然官历补，见《宋史》卷二一四《宰辅表》。

何梦然故母永阳郡夫人张氏赠饶阳郡夫人制
（景定二年十月十七日后）

进德则尊朝廷，枢机攸寄；扬名以显父母，典册具存。祢庙追荣，中闱偕命。具官某故母张氏，出自名谱，媲于钜宗。老聃有云，俭慈为宝；班昭复出，言德可书。昔淡薄之从夫，今显融之有子。载加汤沐，俾白松楸。噫！唐制郡夫人，见谓尊秩；晋号博陵国，遂荒大邦。可。

出处：《后村先生大全集》卷七四。

撰者：刘克庄

考校说明：编年据何梦然官历补，见《宋史》卷二一四《宰辅表》。

何梦然故母永阳郡夫人厉氏赠饶阳郡夫人制
（景定二年十月十七日后）

元老在朝，国斯重矣；妇人从子，爵亦如之。延登帷幄之臣，推本家庭之训。具官某故母厉氏，积勤丝枲，荐敬苹蘩。躬蹈礼闲，男女内外正矣；力行善事，宗族乡党称焉。啬三釜于生前，贵六珈于身后。载嘉懿范，追锡愍章。噫！欲养不留,莫报鸣鸠之德;扬名以显,为疏钜鹿之封。可。

出处:《后村先生大全集》卷七四。

撰者:刘克庄

考校说明:编年据何梦然宦历补,见《宋史》卷二一四《宰辅表》。

何梦然故妻信安郡夫人陈氏赠历阳郡夫人制
(景定二年十月十七日后)

紫枢该辅,方叶赞于谋谟;彤管徽音,乃追荣其伉俪。具官某故妻陈氏,功言内则,谟范女师。相安一尊二簋之贫,可谓贤矣;不待五鼎万钟之贵,其如命何!属延登廊庙之初,首褒录闺门之懿。噫!糟糠义重,悲手泽之尚留;汤沐恩新,锡脂田而改命。可。

出处:《后村先生大全集》卷七四。

撰者:刘克庄

考校说明:编年据何梦然宦历补,见《宋史》卷二一四《宰辅表》。

何梦然今妻齐安郡夫人郭氏封济阳郡夫人制
(景定二年十月十七日后)

帷幄胜筹,既延登于良弼;笄珈盛饰,乃褒宠其令妻。旧典则然,徽音斯称。具官某妻郭氏,宅心慈恕,秉德淑均。昔隐于牛衣,无戚戚之色;今被之象掬,有谦谦之容。属王姬筑鲁馆之初,以命服侍镐京之宴。委佗之仪独盛,肃雝之礼以成。矧密赞于庙谟,宜显褒于壶范。噫!妇人从夫之爵,□裂地以封;君子偕老之诗,宜家有余庆。可。

出处:《后村先生大全集》卷七四。

撰者:刘克庄

考校说明:编年据何梦然宦历补,见《宋史》卷二一四《宰辅表》。

慈宪夫人族昭孙之女择日入内参见诏
（景定二年十月二十四日）

　　皇太子年已及冠,礼宜择配。慈宪夫人族昭孙之女生于名门,绰有淑德,其令择日入内参见。

出处:《宋史全文续资治通鉴》卷三六。

马光祖筑城招军造器械有劳奖谕诏
（景定二年十月二十五日）

　　御笔:马光祖兴筑宜城,招收游击,补填诸军阙额,创造器用、战船,费用浩繁,莫非樽节。载览来奏,具见劳能,可令学士院降诏奖谕。卿前自渚宫,重临江阃,荏苒三载,勤劳百为。援枹鼓以犄角上流之师,悉赋舆以板筑宜城之垒。搜卒补逃亡之虚籍,散金募游击之健儿。金缧绿沉,森罗武库;蒙冲斗舰,照映怒涛。凡皆军中节缩之赢,靡烦公上抛降之助。知鞠躬而尽力,不矜能而伐功。载嘉元戎卫社之忠,深得大臣体国之谊。赐玺书而褒美,仁衮绣之来归。

出处:《后村先生大全集》卷五三。
撰者:刘克庄
考校说明:编年据《景定建康志》卷三补。此文原以《御笔》为题,不妥,今据文意改拟,“御笔”二字仍存正文前。

奖谕马光祖手诏
（景定二年十月二十五日）

　　敕光祖:卿前自渚宫,重临江阃,荏苒三载,勤劳百为。援枹鼓以犄角上流之师,悉赋舆以板筑宜城之垒。搜卒补逃亡之虚籍,散金募游击之健儿。金锁绿沉,森罗武库,蒙冲斗舰,照映怒涛。凡皆军中节缩之赢,靡烦公上抛降之助。知鞠躬而尽力,不矜能而伐功。载嘉元戎卫社之忠,深得大臣体国之谊。赐玺书而褒美,仁衮绣之来归。故兹奖谕,想宜知悉。冬寒,卿比平安好,遣书指不多及。

出处:《景定建康志》卷三。

沈炎除资政殿学士提举临安府洞霄宫制
(景定二年十月二十七日)

清朝辞位,寻故里之钓游;邃殿冠班,奉殊庭之香火。身名俱泰,礼貌愈隆。具官某直哉惟清,卓尔有立。进用匪由于捷径,自束眷知;指陈每及于权门,乃无附丽。极力破倚冰之党,昌言击偃月之奸。擢自上坡,延登政路。干钧枢之二柄,殚寅协之一忱。大在廷,细在边,筹帷之计审;贤和朝,物和野,调鼎之功多。曾委任之未衰,何嫌疑而勇决。退有一辞之易,出无三宿之难。先朝创资政以来,不轻除授;旧弼解繁机而去,宜示褒崇。仍典领于竹宫,俾燕熙于粉社。名途巇险,孰如还政堂之高;物表逍遥,深得独乐园之趣。载嘉晚节,奚愧前修。噫!曾侍尧阶,应效华封人之祝;回瞻魏阙,宁忘公子牟之心!式对宠光,永绥寿嘏。可。

出处:《后村先生大全集》卷六八。
撰者:刘克庄
考校说明:编年据《宋史》卷四五《理宗纪》补。

赐沈炎辞免除资政殿学士提举临安府
洞霄宫恩命不允诏
(景定二年十月二十七日后)

敕沈炎:朕以卿两载奋庸,同心辅政,故于其勇退也,则赐温诏以勉其留;及其留之而不可也,则以秘殿大邦华其去。而卿畏避权宠,涕唾荣利,必欲丐闲。朕既俞卿辞郡之请,顾拜疏不已,辞洞霄,又辞资政。在卿洁身之谊高矣,人谓朕何?国家进退辅臣有礼,夫岂其然?所取已廉,毋庸多逊。

出处:《后村先生大全集》卷五六。
撰者:刘克庄
考校说明:编年据《宋史》卷四五《理宗纪》补。

马廷鸾将作少监兼右司制
(景定二年十月)

　　我朝家法,虽操持衡尺以用人,亦度越拘挛而得士。由郡而郎,由郎而监,固也;然其待名流胜士,往往有位置于衡尺之外者,自乾、淳之世已然矣。尔由甲科郎历馆阁省闼,端介自守,有德有言。乃者赐对延和,奏篇鲠切,朕览而善之,是以有冬飨之除。夫朝廷之官有清于少匠、要于都曹者,朕又将不次擢汝。可。

出处:《后村先生大全集》卷六五。

撰者:刘克庄

考校说明:编年据《宋史》卷四一四《马廷鸾传》补。

曹元发秘书郎制
(景定二年十月)

　　百司庶府,各治其事,率事繁而官少,惟馆阁无事可治,而备官自长贰至诸学士常十余人,岂非储才之地固异于百司庶府耶! 郎亚于长贰丞,而班于同馆之上,步伐浸高,不轻畀也。尔淹贯群经,接诸老之绪言;表倡二庠,有多士之美誉。置之风日不到之处,清于山泽癯儒之仙矣。等而上之,进犹未已。可。

出处:《后村先生大全集》卷六五。

撰者:刘克庄

考校说明:编年据《南宋馆阁续录》卷八补。

欧阳守道校书郎制
(景定二年十月)

　　先朝馆阁皆第一流,前则杨、晏,后则欧、蔡,又其后则黄、陈,至乾淳之世则名胜皆在焉,当国大臣至有恨进用早不得共游之叹。比岁选用稍轻矣,朕方思所以重之。尔学问贯通伦类,议论据依名节。他人片善寸长,惟恐人之不知;尔为书满架,藏稿如山,策名二十年、而考功无一日之课,其恬于进如此。乃者玉堂之对,稍露毫芒,士林脍炙,所谓通务之儒、识时之杰,非耶? 由是进而校雠石渠、东观,今有人矣。可。

出处:《后村先生大全集》卷六五。

撰者:刘克庄

考校说明:编年据《南宋馆阁续录》卷八补。

文天祥除正字制
(景定二年十月)

抡魁登瀛,故事也。然始进大率以虚名,既久乃知其实践。尔则异是,初以远士奉董生之对,继以卑官上梅福之书,天下诵其言,高其风,知尔素志不在温饱矣。麟台之召,何来之迟!《语》有之,"居大名难",又云"保晚节难"。尔其厚养而审发之,使舆论翕然曰朕所亲擢敢言之士。可。

出处:《后村先生大全集》卷六七。

撰者:刘克庄

考校说明:编年据《文山先生全集》卷一七《文山先生纪年录》、《南宋馆阁续录》卷九补。

趣还程元凤经幄御旨
(景定二年十月)

卿报政辅藩,趣还经幄,眷意所属,谓必体承。颇闻归计莫遏,殊孤延仁。今遣使臣往谕朕旨,贲然来思,是所望也。

出处:《明良庆会》卷上。

答程元凤奏诏
(景定二年十月后)

览卿所奏,备见忠忱。鄂渚弗戒,搰虚震于朕衷,悔靡所及。朕既德不足以远被,智不足以周防,阃外之寄,咎将焉托。尚恃。

出处:《明良庆会》卷上。

考校说明:文末当有阙文。

浙东提举林光世解到十七界破会二十八万
五千贯乞送所司截凿以助国用转一官制
（景定二年八月至十一月间）

前诏郡国各收断烂之旧楮来上,且设醲赏以待之,而漠然未有应诏者,岂无可收之楮耶? 抑力不足以收之耶? 将奉诏不虔而然耶? 尔奉使畿内,醝利视岁额加羡,又能铢寸累积以奉收楮之诏,非洗手奉公、悉心营职,畴克尔? 昔汉家尊显卜式至大位以风励天下,一秩薄矣,姑以为能体国享上者之劝。可。

出处:《后村先生大全集》卷六五。

撰者:刘克庄

考校说明:编年据刘光世任外制时间、林光世宦历补,见《宝庆会稽续志》卷二。

"林光世",原作"林先世",据《宝庆会稽续志》卷二改。

董宋臣修造公主位了毕转亲卫大夫制
（景定二年十一月二日）

游化人之宫,燕闲自适;筑王姬之馆,鸠僝有劳。具官某事不辞难,言皆底绩。朕爱钟贵主,方将谐禁脔之期;颐旨信臣,为别创更衣之所。甫伻图而经始,俄轮奂之告成。乃若横行,虽曰武阶之峻;可无醲赏,以旌心匠之能! 可。

出处:《后村先生大全集》卷六五。

撰者:刘克庄

考校说明:编年据《宋史》卷四五《理宗纪》补。辛更儒《刘克庄集笺校》误作景定三年十一月庚申(中华书局,二〇一一年,第三〇七九页)。

王爚龙图学士知平江府淮浙发运使制
（景定二年十一月十九日）

乃者吴中积潦,境内薄收。民荡析离居,未易灌输于三路;卿溺饥由己,必能全活于一方。素柬予心,匪由师锡。具官某有猷有守,至大至刚。矢之直,冰之清,端澄未已;涅不缁,磨不磷,坚白自如。细行形于视听言动之间,大节着于离合去就之际。天留之以殿诸老,朕擢之以长六官。属右扶风之俭荒,辍大宗伯之贵重,驾彼使牡,华以老龙。然而群黎甚辙鲋之枯,列戍待木牛之饷。劝食抛籴,胡可并行;安富恤贫,讵容偏废?昔汲黯发河内廪,真不辱使者之行;富弼活青州民,自谓过中书之考。若前修之盛举,皆贤牧所优为。噫!润灵河之波,岂惟九里;奉甘泉之计,何待三年!治绩朝闻,追锋夕至。可。

出处:《后村先生大全集》卷六五。
撰者:刘克庄
考校说明:编年据正德《姑苏志》卷三补。

马光祖依旧观文学士提领户部财赋兼知临安府制
(景定二年十一月十九日)

朕考祖宗之典故,重省府之事权。元丰以前,专任三司之使领;嘉定之际,或由两地而尹厘。况当大弊极坏之余,又非承平无事之比。孰膺隆委,兹得全才。具官某奕世钜儒,中朝宿望。磊磊落落,伏波章句士乎;巍巍堂堂,北平杰魁人也。气吞北来飞渡之虏,躬提下流赴援之师。安社稷见卿之心,全江淮繫谁之力!南仲于方之命,久矣宣勤;吉甫自镐而归,兹焉饮至。属主计告大农之乏绝,而都人思旧尹之神明。官无红腐之宿储,民或赤穷而贵籴。常情处此,戛戛乎其难哉;老手为之,绰绰然余裕矣。视政涂之异数,仍书殿之隆名。如武侯之集众思,如毕公之勤小物,上副朕心之注倚,下慰国人之瞻仪。噫!周官九府之藏,子欲阜通于财货;商邑四方之极,予思培植于本根。乃眷耆庞,奚烦训告。可。

出处:《后村先生大全集》卷六五。又见《永乐大典》卷一三五〇七。
撰者:刘克庄
考校说明:编年据《宋史》卷四五《理宗纪》补。"提领户部财赋",《宋史》卷四五《理宗纪》、卷四一六《马光祖传》作"提领户部财用"。

赐马光祖辞免依旧观文殿学士除提领户部财用
兼知临安府恩命不允诏
（景定二年十一月十九日后）

敕光祖：以计省兼京尹，其来已久。乃者兵费浸阔，岁事薄收。非止无九年之蓄，几于无宿储矣；非止苏、湖、秀之民艰食，杭民亦贵籴矣。此二职素难，而在今日尤难。朕弄印莫知所属，问之在朝在野，皆曰非卿不可。朕念卿名位贵重，宜坐而论，不宜又坐而行；然宁考用韶，朕用与蔿，皆合省府而并命，二臣亦不以贵而惮劳，矧卿精忠体国，非二臣所敢望欤！都人望卿之来，恣如调饥，抗疏执谦，近于徐行而拯溺矣。卿毋费词，朕不反汗。

出处：《后村先生大全集》卷五六。

撰者：刘克庄

考校说明：编年据《宋史》卷四五《理宗纪》补。

赐太傅右丞相贾似道辞免男贾德生特除秘阁修撰
贾德润特补承奉郎除直秘阁贾德生妻赵氏特封吴
兴郡主贾蕃世妻赵氏特封宜人恩命不允诏
（景定二年十一月十九日后）

敕似道：朕为爱女馆甥，为元良择媲，我家之旷典，率土之同庆。况丞相元勋盛德，与国相为休戚，上有寿母，下有美子若妇，燕赉而封拜之，君臣之情也，亦邦家之光也。《诗》不云乎："吉甫燕喜，既多受祉。"卿为人臣不能为之功，则当受人臣不当受之礼，又何满盈之有？

出处：《后村先生大全集》卷五六。

撰者：刘克庄

考校说明：编年据文中所述"朕为爱女馆甥，为元良择媲"补，见《宋史》卷四五《理宗纪》。

赐太傅右丞相贾似道再辞免男德生特除秘阁修撰德润特补承奉郎除直秘阁德生妻特封吴兴郡主蕃世妻赵氏特封宜人恩命不允诏
（景定二年十一月十九日后）

敕似道：卿有大勋于王室，朕加异数于相门，礼缘人情，其来尚矣。前诏谆谆，而卿牢辞未已，且谓臣邻罕比，然则凡今臣邻亦有再安宗社之功如卿者乎？朕非滥予，丞相非虚受，执谦过矣。

出处：《后村先生大全集》卷五六。

撰者：刘克庄

考校说明：编年据文中所述"朕为爱女馆甥，为元良择媲"补，见《宋史》卷四五《理宗纪》。

赐杨蕃孙辞免以皇女周国公主下嫁男镇恩命不允诏
（景定二年十一月二十一日后）

敕蕃孙：朕爱钟一女，选尚久之，而得镇焉，非直以左晼之故。昔在恭圣，有大造于朕，欲报之德，一也。戚家子多崇饮饰游，而镇清修酷嗜学，美秀工属词，有士人之风，二也。此皆尔累世积庆所致，亦过庭义方之教。蔽自朕志，预饬攸司，已涓筑馆之期，难狥循墙之请。

出处：《后村先生大全集》卷五五。

撰者：刘克庄

考校说明：编年据《宋史》卷四五《理宗纪》补。"景定二年"，辛更儒《刘克庄集笺校》误作"淳祐二年"（中华书局，二〇一一年，第二七〇〇页）。

赐文州刺史驸马都尉杨镇辞免除宜州
观察使恩命不允诏
（景定二年十一月二十一日后）

敕杨镇：在昔恭圣，决策援立，使朕被衮服冕，南面有天下，传之千万世，谁之功也？嗟乎！慈容远矣，思所以用情于吾母者，蔽自朕志，命尔尚主，盖馆甥之三日而有廉车之授。尔既联姻帝室，典故则然，岂得而巽避哉！昔之尚主者多矣，惟真长、子敬脂泽不能浼，富贵不能淫。尔美秀而文，必能以二贤自勉，副朕遴选之意。辞官小廉，当志其远且大者。

出处：《后村先生大全集》卷五六。
撰者：刘克庄
考校说明：编年据《宋史》卷四五《理宗纪》补。

戴良齐林桧著作佐郎制
（景定二年十一月）

馆阁皆以文史为职，然曰日历，曰列传，则属之著作之廷。日历实则当代之制作备，列传实则人物之褒贬公，盖瀛州诸学士，惟二者为真史官也。唐人谓史有三长，尔良齐、尔桧之才学识，在孔门中游、夏二子也，在汉儒中齐、鲁两生也。共秉是笔，后有乎迁、固，将于汝观书法焉。谨之哉！可。

出处：《后村先生大全集》卷六五。
撰者：刘克庄
考校说明：编年据《南宋馆阁续录》卷八补。"林裕"当为"林桧"之误，见《南宋馆阁续录》卷八、《宋元学案补遗》卷一二等。嘉靖《永嘉县志》卷六、弘治《温州府志》卷一一作"林裕"，亦误。

谢子强起居郎制
（景定二年十一月）

崑西群玉之峰，长以老仙伯；极东一星之象，占为郎舍人。名曰序迁，实由亲擢。具官某制行渊冰之谨,持身玉雪之清。乘传使闽,拥旄帅粤。南官蒙珠犀之谤,自昔已然;北归携琴鹤而行,于今罕见。册府待世南之典领,储宫喜绮季之从游。朕有美官,孰堪妙选? 立通明殿,命左史而记年;侍泰畤祠,第从臣之嘉颂。号为清切,列在论思。噫! 古志谓天颜咫尺之威,固宜拜下;先贤借玉阶方寸之地,毋惮直前。空臆而言,虚怀以听。可。

出处:《后村先生六全集》卷六六。

撰者:刘克庄

考校说明:编年据《南宋馆阁续录》卷七补。

卓得庆秘书郎制
(景定二年十一月)

国家以数路取人,才学也,名第也,政事也,士有其一,如执券取偿。尔策勋于翰墨场,才学不优乎? 射策为甲科郎,名第不高乎? 德兴县谱,见谓廉平,不在政事科乎? 然同时一辈飞腾变化略尽,独尔入无峻迁,出需远戍,瓜熟辄为有力者所夺。朕察其孤立平进也,起之议礼曲台,进之绌书中秘。夫馆阁清议之所自出,尔延和之对亦既开其端矣,朕又将前席而问焉。

出处:《后村先生大全集》卷六六。

撰者:刘克庄

考校说明:编年据《南宋馆阁续录》卷八补。

魏克愚直华文阁两浙运副制
(景定二年十一月)

朕以生民休戚、吏治美恶系乎部刺史之贤否,每弄印出节,必妙选而临遣之。苟得其人,又必久其任而责其成。况畿漕为诸道廉访之首,席未煖而徙官,可乎? 兹建台属,尔聪明所及,情伪必知。按吏有摇岳之威,救荒有内沟之念。尝摄京尹,府中称治。假以岁月,尽其材能,庶几范滂、王尊之流。戎监平抴九卿,选固高矣,然使畿民惜二星之移次,为两路计则未也。乃进贴职,陟使名,俾仍旧贯。《语》有之,"朝气锐,暮气惰",又云"坚凝之难"。尔既善其始,又能不倦以终之,则无愧《皇华》之诗矣。

出处:《后村先生大全集》卷六六。

撰者:刘克庄

考校说明:编年据《咸淳临安志》卷五〇补。

赐江万里辞免同提举编修经武要略恩命不允诏
(景定二年八月至十二月间)

敕万里:史官多网罗旧闻,不必皆目击身履也。惟《时政记》及《经武》之书,则二府大臣自记其献替之言,或使其属执简而自笔削焉,故二书尤可传信。卿书法见于瑶编者严矣,今既晋居西府,凡朝家应接戎机、科琐边吏,皆卿所摹画也,进而密启,退而实录,千万世将有考焉,奚以辞为?

出处:《后村先生大全集》卷五六。

撰者:刘克庄

考校说明:编年据文中所述"今既晋居西府"补,见《宋史》卷二一四《宰辅表》。

汪立言浙西提刑制
(景定二年八月至十二月间)

在汉渤海多盗,暴胜之绣衣持斧以威之而不止,龚遂使民卖剑买牛以安之而盗熄,非特可以见龚、暴二臣之贤否,亦足以判武、宣二君之优劣矣。尔顷以江表有澄清之志,而又有扪摩之具,遂畀以畿右麾节。乃者水潦,灾被三郡,吴仅半收,朕念吾民之昏垫阻饥也,数诏郡国赈赡而安集之。又以臬台在吴,命尔莅焉,盖以一路民命付尔矣。夫均之为民,惟穷无告者宜振德;均之为盗,惟驱于饥者宜末减;均之为吏,惟黩于货者宜汰斥。此朕临遣刑狱使者之意,尔其钦哉! 可。

出处:《后村先生大全集》卷六四。

撰者:刘克庄

考校说明:编年据刘克庄任外制时间、汪立信宦历补,见《宋史》卷四一六《汪立信传》。"汪立言"当为"汪立信"之误。

王梦得太府丞制
（景定二年八月至十二月间）

古今之官不同，古太府掌贡赋，今属版曹矣；掌圜法，今属钟官矣；掌珠玉玩好，今属内帑矣。三者各有专官，而外府更以券旁钞引为职业，然券旁钞引亦非迂缓不切之务也。丞亚于卿，华涂在前，往勤其官，毋若晋人不省曹务者，以俟甄擢。可。

出处：《后村先生大全集》卷六五。

撰者：刘克庄

考校说明：编年据刘克庄任外制时间、《鲁斋集》卷二〇《王公墓志铭》补。

史宇之大资政知建宁府制
（景定二年八月至十二月间）

朕隆念旧之恩，重宅生之寄。世臣非谓乔木，犹有于典刑；刺史录名御屏，不轻于临遣。方拥麾而赴镇，乃孚号以扬廷。具官某奕叶英贤，三朝宰辅。事孝庙竭擎天之力，于盱躬宣扶日之劳。成季之忠，宣孟之勋，宜其有后；周公之宇，伯禽之法，赖以光前。出敛惠以专城，入视仪于二府。谈者云古括、会稽之政，庶乎有颍川、渤海之风。均佚殊廷，高挹浮丘之袂；初潜巨屏，往凝韦守之香。然民稠而鲜盖藏，俗悍而带刀剑，州贫增待哺之卒，邑坏无鸣弦之人。中更二牧之仁贤，暂息一方之愁叹。彼俱召用，颇闻遗老之去思；尔善拊循、必喜新侯之来暮。秘殿班延恩之亚，丽谯接畿郡之封，教条未出而已孚，治行转闻之甚易。将今秬鬯，复睹升平。噫！虞朝岳牧奋庸，试以功而明陟；汉世公卿有阙，选所表而入为。益殚乃心，祗若予训。可。

出处：《后村先生大全集》卷六五。

撰者：刘克庄

考校说明：编年据刘克庄任外制时间、《四明文献集》卷五《史宇之墓志铭》补。

吴叔告尚右郎官制
（景定二年八月至十二月间）

汉重甲科郎，其褒然为举首者往往徒步至封侯拜相。本朝亦然，王旦有荣进素定之语，苏洵有十年至两制之羡。朕端平更化，策士于庭，尔胪传第一人，皆曰腾上必矣。然策名垂三十载，中间仅由馆阁出为牧守，居官之日少，考槃在涧之日多。朕屡以省官召，止或尼之，岂盛名难居耶？抑亦有命耶？所谓素定者有时而不然耶？尚右为二十八宿之冠，其选尤遴，起伦魁，为望郎，其向用未已。蛰藏之久，必有以雷霆一世者。

出处：《后村先生大全集》卷六六。

撰者：刘克庄

考校说明：编年据刘克庄任外制时间、同集卷一六四《吴君谋少卿墓志铭》补。

知漳州洪天锡除直宝谟阁依旧任制
（景定二年八月至十二月间）

昔汲黯在廷，以严见惮，及出为右内史则职事不废，守二郡则闭阁卧治而政清，视严助、吾丘寿王数年不上计，至勤玺书督责者异矣。尔由前御史牧清漳，其未至也，皆有薄淮阳之疑；其既至也，躬细务而不流于清谈，举大纲而不事于小察。士曰吾得严师矣，民曰吾得慈母矣，朕以为有黯之风。奎阁寓直，雄堂借留，用汉故事，以为郡国二千石之劝。可。

出处：《后村先生大全集》卷六九。又见《永乐大典》卷一三四九九。

撰者：刘克庄

考校说明：编年据刘克庄任外制时间、洪天锡宦历补，见《宋史》卷四二四《洪天锡传》等。此制当在同集同卷《洪天锡依旧职除广东运判制》之前，见《宋史》卷四二四《洪天锡传》。

洪天锡依旧职除广东运判制
（景定二年八月至十二月间）

朕方褒尔郡最，且为千里借留，属五管之东，漕臣弄印，夫六百石之禄虽不重于二千石，然十四郡之戚休则大于一城矣。尔昔住粤，风俗素谙，今牧漳壤地相接，其上符竹，往乘使者车。岭海五瘴之尤毒者，官吏三风之未悛者，尔其扇仁风以荡涤之，励清节以激扬之，冈俾端颐专美于先朝。若夫飞挽之事，则有司存。可。

出处：《后村先生大全集》卷六九。
撰者：刘克庄
考校说明：编年据刘克庄任外制时间、万历《广东通志》卷一〇补。

出楮币赈都城军民诏
（景定二年十二月一日）

瑞雪应时，出封桩库十八界楮币二十万赈都民，三衙诸军亦如之。

出处：《宋史全文续资治通鉴》卷三六。

何梦然参政制
（景定二年十二月六日）

无敌用真儒，久与闻于庙论；立政惟吉士，遂参秉于国均。播告纶言，登崇俊望。具官某发强而刚毅，肃括而闳深。拔去凶邪，无训狐之止屋；收还威柄，有猛虎之在山。嘉其明目张胆之风，置之聚精会神之地。吁咈都俞之意合，弥缝辅赞之功多。朕惟国威未张，虏狡叵测，先修政事，乃可外攘，能治国家，谁敢侮予！其进迁于丞辖，以陪贰于宰衡。必躬周公吐握之劳，搜罗寒畯；必推后稷饥溺之念，全活畿民。使朝廷有九鼎之安，则边塞绝一尘之警。噫！《诗》云"吁谟定命，尚告斯猷"；《书》曰"同寅协恭，乃底于道"。对扬休命，益懋壮图。

出处：《后村先生大全集》卷六六。

撰者:刘克庄

考校说明:编年据《宋史》卷四五《理宗纪》补。

马光祖同知枢密院提领户部财用兼知临安府制
(景定二年十二月六日)

修介圭之觐,方委寄以浩繁;借前箸而筹,遂延登于宥密。乃敷播告,以示褒崇。具官某挺杰魁间出之材,禀光岳未分之气,出而召、毕,入则夔、龙。全江淮,济中兴,既劳还于天堑;先京师,后诸夏,重尹正于日畿。然张其目必先举其纲,作而行孰若坐而论。畴咨公议,擢副本兵。朕欲周密枢机,尔叶心于邴、魏;朕欲弹压辇毂,尔接踵于敞、尊。智略之所经纶,威棱之所震詟,内全活沟中之瘠,外扫清塞下之尘。运堂上之兵,赖有若人;扣囊底之智,足办此事。至于米盐凌杂,又其土苴绪余。民贫宜弛已张之弓,政弊宜调久胶之瑟。噫!韩、富同升枢府,皆练习于边情;欧、蔡兼领开封,尤精勤于吏事。顾如旧德,奚愧前修。可。

出处:《永乐大典》卷一三五〇七。

撰者:刘克庄

考校说明:编年据《宋史》卷四五《理宗纪》补。

赐参知政事皮龙荣辞免兼权知枢密院事恩命不允诏
(景定二年十二月六日后)

敕龙荣:自昔中兴之时,莫如周之宣王,其事备见于《诗》。序《诗》者蔽以一言,曰内修外攘而已。今远则边患未已,虏情叵测,隐忧之衡虑;近则大农乏绝,畿民饥歉,坐视之无策。朕焦劳于上,思与二三大夫共图之。卿参大政,副本兵,以国事为忧而不以名位为乐,进兼元枢,权任采重。夫必有《天保》之治,然后有《采薇》之捷,其序如此,朕之所望于卿也。既非越俎,奚必循墙?

出处:《后村先生大全集》卷五六。

撰者:刘克庄

考校说明:编年据《宋史》卷四五《理宗纪》补。

赐同知枢密院事权兼参知政事何梦然
辞免除参知政事恩命不允诏
（景定二年十二月六日后）

敕梦然：朕位置柄臣，责以治功，位愈高责愈重，非直隆其体貌，峻其品秩，为卿光宠也。《书》曰"期试以功"，子曰"必有所试"。朕昔处卿谏净，则尽言无隐；逮付卿机政，则同心夹辅。试而详之察之审。由副枢拜参与，位愈高矣，然天下喁喁望治，其责不愈重乎？卿其佐朕揽权纲，明政刑，进贤退不肖，以副朝野之望。亟祗涣渥，毋执谦执。

出处：《后村先生大全集》卷五六。

撰者：刘克庄

考校说明：编年据《宋史》卷四五《理宗纪》补。

赐观文殿学士光禄大夫提领户部财用兼知临安府
浙西安抚使马光祖辞免除同知枢密院事兼提领户
部财用兼知临安府兼太子宾客恩命不允诏
（景定二年十二月六日后）

敕光祖：卿既衮归，朕将柄用。属都人之金祺，烦旧尹之重临，教条甫颁，精采顿异。然镇畿甸则止于弹压三辅，坐庙堂则可以鞭笞四夷，若胸中之甲兵，与肘后之方剂，多多益办，恢恢有余。乃登副枢，且冠储宷。以见执任之重，兼大京兆之雄。必能叶汉相忧边之谋，讲《周官》荒政之说。卿既有振职之誉，朕无愧知人之明。涣汗已行，需函勿上。

出处：《后村先生大全集》卷五六。

撰者：刘克庄

考校说明：编年据《宋史》卷四五《理宗纪》补。

赐马光祖辞免兼同提举编修经武要略恩命不允诏
（景定二年十二月六日后）

敕光祖：国之大事，赖史氏之编摩；武之善经，皆枢臣之摹画。虽曰属僚之执简，然资贤弼之提纲。卿以勋庸，副于宥密。运筹决胜，既参帷幄之谋；撮要举宏，宜专笔削之任。辞之亡谓，非所敢知。宜即对扬，毋劳巽避。

出处：《后村先生大全集》卷五六。

撰者：刘克庄

考校说明：编年据文中所述"武之善经，皆枢臣之摹画"补，见《宋史》卷二一四《宰辅表》。

赐何梦然再辞免除参知政事恩命不允诏
（景定二年十二月六日后）

卿进毗大政，允惬群心，兹览需函，犹执谦柄。远慕夔、龙之相逊，自云准、介之不如。惟先朝之擢二贤，世称其直节；若近日之居七争，竞号于敢言。昔所建明，今可施设，胡为辞再三命之礼，得无旷一二日之机！况治功尤贵于惜阴，而钜用何拘于满岁。其孚此意，勿费乎辞。

出处：《后村先生大全集》卷五七。

撰者：刘克庄

考校说明：编年据《宋史》卷四五《理宗纪》补。

赐何梦然再辞免参知政事不允口宣
（景定二年十二月六日后）

有敕：转厅之除，前已播告；循墙之疏，兹复披陈。典听朕言，恪共乃职。

出处：《后村先生大全集》卷五七。

撰者：刘克庄

考校说明：编年据《宋史》卷四五《理宗纪》补。

赐马光祖再辞免除同知枢密院兼提领户部
财用兼知临安府兼太子宾客恩命不允诏
（景定二年十二月六日后）

卿既大用，人无异词，胡为来章，未谅前诏！况旰食方勤于北顾，若时髦执赞于西枢！卿抱壮心，指管、乐而自许；朕监成宪，命弼、琦而同升。固将张皇天威，辅导储德。修政攘夷，盍先图其大者；主计尹京，未免斲而小之。全材左右之共宜，庶务精粗之毕举。盖真知庖丁解牛之易，何至有冯妇搏虎之嘲！所言甚谦，惟令不反。

出处：《后村先生大全集》卷五七。
撰者：刘克庄
考校说明：编年据《宋史》卷四五《理宗纪》补。

赐马光祖再辞免同知枢院及兼官不允口宣
（景定二年十二月六日后）

有敕：妙选廷臣，延登枢管，以庙堂之贵重，兼省府之剧雄。卿欲辞焉，谁与领此？

出处：《后村先生大全集》卷五七。
撰者：刘克庄
考校说明：编年据《宋史》卷四五《理宗纪》补。

同知枢密院事兼提领户部财用兼知临安府充两浙
西路安抚使马光祖故曾祖赠太傅千里赠太师制
（景定二年十二月六日后）

人胜天，天定胜人，有徽福于后世；子生孙，孙复生子，知积庆于曾门。眷基密之勋贤，举荣亲之典故。具官某故曾祖某，高矣沉冥之趣，超然广莫之濒。讲画为文词，毋隐乎二三子；忠信行州里，熏德者几千人。虽为善无近名，然阴德有阳报。笃生硕辅，宜锡徽章。噫！维石岩岩，褒录极公师之峻；佳城郁郁，燎黄增翁仲之荣。可。

出处:《后村先生大全集》卷七四。

撰者:刘克庄

考校说明:编年据马光祖宦历补,见《宋史》卷二一四《宰辅表》。

马光祖故曾祖母秦国夫人葛氏赠齐国夫人制
(景定二年十二月六日后)

两地之臣,宠恩特异;三世之庙,伉俪兼荣。乃锡褒章,以嘉懿范。具官某故曾祖母葛氏,得氏上族,作配名人。锜釜之奠享先,恪共礼训;俎豆之邻居子,雅着义方。善庆有余,徽音浸远。论报啬前而丰后,移封自西而徂东。噫!昔者起家,积累有毗于夫子;今兹开国,显扬少慰于曾孙。可。

出处:《后村先生大全集》卷七四。

撰者:刘克庄

考校说明:编年据马光祖宦历补,见《宋史》卷二一四《宰辅表》。

马光祖故祖赠太师之纯追封永国公制
(景定二年十二月六日后)

积善余庆之家,必有兴者;阴德阳报之论,讵不信然!眷枢臣共政之初,嘉王父嫡传之训。具官某故祖某,擢奉常之上第,友前辈之闻人。闭户深居,实历多著书之日;题舆别乘,清谈无岸帻之风。门中之名集独高,席下之执经甚众。不责效于浅近,惟种德于久长。墓题跻极品之官,国爵加上公之命。噫!降年不永,乃追封□水之间;死日犹生,尚可作九原之下。可。

出处:《后村先生大全集》卷七四。

撰者:刘克庄

考校说明:编年据马光祖宦历补,见《宋史》卷二一四《宰辅表》。

马光祖故祖母越国夫人楼氏赠魏国夫人制
（景定二年十二月六日后）

朕进擢迩臣，推原先世。《诗》咏夫人之德，美其起家；《礼》讳王母之名，况于逮事！贤哉壸范，宠以隧章。具官某故祖母楼氏，禀性惠柔，持身节俭。房帏甚肃，未尝闻梱内之言；锜釜必亲，于以共牖下之奠。勤勤善行，赞赞义方。庆下施于枝孙，恩移封于禾女。念含饴之日，垂鹤发以如存；想为饎之时，奉鸾章而昭告。可。

出处：《后村先生大全集》卷七四。
撰者：刘克庄
考校说明：编年据马光祖宦历补，见《宋史》卷二一四《宰辅表》。

马光祖故父赠太师吉国公正己追封庆国公制
（景定二年十二月六日后）

北斗魁枢，明陟耆英之重；南山乔木，端籀先训之严。爰美教忠，载加封爵。具官某故父某，知德之奥，味道之腴。澹薄趣深，安箪瓢之乐而不改；荣华梦绝，视轩冕之物为傥来。鄙皆薰其善良，士率经其讲授。论交猿鹤，多渔樵争席之人；接武夔龙，即诗礼过庭之子。追奖祢庙，进封大邦。噫！永言孝思，叹公归之不复；嘉名肇锡，信家庆之有余。可。

出处：《后村先生大全集》卷七四。
撰者：刘克庄
考校说明：编年据马光祖宦历补，见《宋史》卷二一四《宰辅表》。

马光祖故母齐国夫人伍氏赠周国夫人制
（景定二年十二月六日后）

枢机严基命之地，予欲汝为；典册著荣光之文，尔有母遗。孝思维则，虽死犹生。具官某故母伍氏，能顺能柔，有言有德。配于陵之廉士，不厌辟纑；慕儒仲之贤妻，何惭拥絮。惟力行于上善，斯笃佑于佳儿。良弼登崇，徽恩追报。考封君于汉,累加启国之称;曰大邑之周,益侈表阡之制。可。

出处:《后村先生大全集》卷七四。

撰者:刘克庄

考校说明:编年据马光祖宦历补,见《宋史》卷二一四《宰辅表》。

马光祖故母鲁国夫人叶氏赠越国夫人制
（景定二年十二月六日后）

臣哉邻哉,乐勋贤之共政;顾我复我,美孝子之念亲。乃加新荣,以慰永慕。具官某故母叶氏,秉心慈恕,迪德温恭。声子继室之贤,从夫儆戒;孟母择邻之教,赉予弼谐。属峻陟于星枢,想重悲于风木,载嘉慈范,申畀愍章。噫! 石窌之封,盖屡增于华秩;镜湖之赐,尚益称于芳灵。可。

出处:《后村先生大全集》卷七四。

撰者:刘克庄

考校说明:编年据马光祖宦历补,见《宋史》卷二一四《宰辅表》。

马光祖故妻南阳郡夫人丁氏赠同安郡夫人制
（景定二年十二月六日后）

士修于家,允赖相成之道;妇贵于室,不谐偕老之情。眷予庞臣,闵其贤媲。具官某故妻丁氏,珩璜德盛,筥釜礼共。举案齐眉之风,儆戒毋违于夫子;植纛建牙之日,谦卑不异于新嫔。俄闻悼修帨之遗,不及祥介圭之觐。兹峻登于迩列,乃追美于淑仪。噫! 伉俪至怀,诔尚悲于手泽;言容如在,恩载锡于脂田。可。

出处:《后村先生大全集》卷七四。

撰者:刘克庄

考校说明:编年据马光祖宦历补,见《宋史》卷二一四《宰辅表》。

中大夫参知政事兼太子宾客何梦然故曾祖
已赠太子太保汝能特赠少保制
（景定二年十二月六日后）

追荣三世之上,惟吾辅臣;申命数月之间,时乃异典。既授以政,宜显其亲。具官某故曾祖具官某,师六学之微言,友一国之善士。乡党不能言者,孰测其高深;丘壑自谓过之,独安于寂寞。无功名之心用世,有诗书之泽传家。天善应于吉人,国挺生于贤佐。深嘉先德,载锡徽章。噫！昔大带深衣,岂有仕不逢之叹;今绣裳赤舄。尚歆祭如在之荣。可。

出处:《后村先生大全集》卷七五。
撰者:刘克庄
考校说明:编年据何梦然官历补,见《宋史》卷二一四《宰辅表》。

何梦然故曾祖母临海郡夫人俞氏特赠吉国夫人制
（景定二年十二月六日后）

擢贤该辅,冠于见执政之班;追命疏荣,及其曾祖母之庙。具官某故曾祖母临海郡夫人俞氏,珩璜美盛,锜釜礼恭。清节自将,见举案敬伯鸾之日;内言相勉,有断机感乐羊之风。宗族称贤,室家胥庆。惟积仁于一念,宜食报于三传。揭鹤表于旧阡,丕昭壸范;易鱼轩于大国,加拓沐封。可。

出处:《后村先生大全集》卷七五。
撰者:刘克庄
考校说明:编年据何梦然官历补,见《宋史》卷二一四《宰辅表》。

何梦然故曾祖母临海郡夫人郭氏特赠吉国夫人制
（景定二年十二月六日后）

进位郡公之上,参秉国成;追荣王父之贤,载嘉内助。具官某故曾祖母临海郡夫人郭氏,谱高勋阀,仪谨礼防。号班昭大家,动应箴规之美;以声子继室,雅如琴瑟之和。不苟为一旦之谋,宜积有百年之泽。噫！孙又生子,驷车加大于庆门；妇之从夫，象服遂荒于大国。可。

出处：《后村先生大全集》卷七五。

撰者：刘克庄

考校说明：编年据何梦然宦历补，见《宋史》卷二一四《宰辅表》。

何梦然故祖已赠太子太傅于特赠少傅制
（景定二年十二月六日后）

立政惟用常人，既登参预；逮事则讳王父，宜在显扬。申锡密章，丕昭醲渥。具官某故祖具官某，遂山林之高蹈，擅乡国之誉言。窦氏有义方，竞攀于丹桂；韦族以经教，非遗以黄金。今吾四辅之贤，为尔再传之嫡。转厅伊始，告庙尤荣。噫！古者置傅之官，遂跻于三少；君子抱孙之意，少慰于九京。可。

出处：《后村先生大全集》卷七五。

撰者：刘克庄

考校说明：编年据何梦然宦历补，见《宋史》卷二一四《宰辅表》。“于”，翁同书校秦氏石砚斋抄本作“松”，

何梦然故祖母和政郡夫人杜氏特赠永国夫人制
（景定二年十二月六日后）

弼臣之贵，既陟黄扉；王母之贤，宜书彤管。转厅伊始，表墓甚荣。具官某故祖母和政郡夫人杜氏，举案礼恭，断机训切。少始知学，教五子以义方；长为择交，友一乡之善士。众论称其闺门之懿，诸老发之金石之文。福虽啬于生前，报每丰于身后。噫！荒零陵郡，重拜于新封；表泷冈阡，何慙于前辈！

出处：《后村先生大全集》卷七五。

撰者：刘克庄

考校说明：编年据何梦然宦历补，见《宋史》卷二一四《宰辅表》。

何梦然故父已赠太子太师逮特赠少师制
(景定二年十二月六日后)

今立政立事之臣,尔其大者;不在身在子之论,朕有感焉。慰其陟屺之思,赠以表阡之爵。具官某故父具官某,家世之所积累,师友之所讲明。若郑老无毡,未免寒于座客;使温生入幕,肯图利于大夫。以微羔而休官,宁终身而求志。赵岐遗令,预题逸士之称;杜牧自铭,不假他人之笔。是生秀杰,滋拜疑丞。远寻积庆之源,推本教忠之善。噫!圣有立身扬名之训,何惜追荣;古者二公洪化之官,斯为极品。可。

出处:《后村先生大全集》卷七五。
撰者:刘克庄
考校说明:编年据何梦然官历补,见《宋史》卷二一四《宰辅表》。

何梦然故母饶阳郡夫人张氏特赠惠国夫人制
(景定二年十二月六日后)

予嘉乃绩,参秉国均;子慰母心,追加妇爵。具官某故母饶阳郡夫人张氏,高华著氏,澹薄从夫。祀先祖于牖下之时,采蘋及藻;窥宾客于屏间之日,刬稿为刍。生也俭勤,殁而尊显。兹未周于岁籥,复申畀于宸纶。罗浮两山,有璇室瑶房之胜;汤沐大国,侈鱼轩象服之荣。可。

出处:《后村先生大全集》卷七五。
撰者:刘克庄
考校说明:编年据何梦然官历补,见《宋史》卷二一四《宰辅表》。

何梦然故母饶阳郡夫人厉氏特赠惠国夫人制
(景定二年十二月六日后)

政地之臣,参吾国论;祢庙之配,畀尔隧章。具官某故母饶阳郡夫人厉氏,志行淑均,功言肃敬。持家以约,著高节于辟纑;训子甚严,凛义方于断织。虽莫留于鼎养,亦屡锡于纶恩。作室勤哉,启国荣矣。昔者择邻于邹邑,无如母贤;今焉表墓于泷冈,果以子贵。可。

出处:《后村先生大全集》卷七五。

撰者:刘克庄

考校说明:编年据何梦然宦历补,见《宋史》卷二一四《宰辅表》。

何梦然故妻历阳郡夫人陈氏特赠会稽郡夫人制
(景定二年十二月六日后)

朝廷之上,进德则尊;闺门之中,潜美可录。具官某故妻历阳郡夫人陈氏,持聘经之三宝,应班诚之七篇。相安藿臼之清贫,为日久矣;不祥稿砧之华显,谓天何哉! 人谁无伉俪之思,国则有哀荣之典。昔疏□邑,已尝颁纶綍之言;今赐镜湖,惜莫续筓珈之咏。可。

出处:《后村先生大全集》卷七五。

撰者:刘克庄

考校说明:编年据何梦然宦历补,见《宋史》卷二一四《宰辅表》。

何梦然今妻济阳郡夫人郑氏封安定郡夫人制
(景定二年十二月六日后)

公辅间两社之尊,朕意所属;妇人有三从之义,夫贵为荣。采彤管之徽音,颁彩纶之新命。具官某妻济阳郡夫人郑氏,中全和顺,外履靖恭。荆练隐约之中,素全四德;筓珈华显之后,惟守一谦。贤哉无出梱之言,荣矣值转厅之拜。乃更支郡,载锡脂田。噫! 立于王朝,岂无资于内助;相在尔室,尚益谨于淑仪。可。

出处:《后村先生大全集》卷七五。

撰者:刘克庄

考校说明:编年据何梦然宦历补,见《宋史》卷二一四《宰辅表》。

赐江万里辞免除依旧端明殿学士提举
洞霄宫恩命不允诏
（景定二年十二月十四日后）

敕万里：朕于进退大臣，每致其厚。若夫负当世重望，谟谋庙堂，曾几何时，乃卷怀而去，朕察其不可留也，俾以端殿领洞霄焉。历观群公先正离合去就之际，皆无几微见于言面，其去也以六月息，其来也则七日复矣，此卿所素讲者。朕令不反，奚以辞为！

出处：《后村先生大全集》卷五六。
撰者：刘克庄
考校说明：编年据《宋史》卷四五《理宗纪》补。

皇太子册妃慈宪夫人全氏曾祖安民不仕
特赠太保追封唐国公制
（景定二年十二月十五日后）

朕加厚友恭，有怀慈宪。恩施左戚，既钟庆于一门；贵极上公，又追荣其三世。具官某游心坟典，屏迹丘园。为善恐人知，信矣耳鸣之谕；阴德有阳报，甚于响应之加。爰及孙曾，实生贤媛。朕察鸰原之念母，喜鹤禁之册妃，方隆慈孝之至情，岂限褒崇之常典。噫！周立太保，列面槐之班；唐有冀方，锡分茅之壤。是为殊渥，庸阐幽光。可。

出处：《后村先生大全集》卷七三。
撰者：刘克庄
考校说明：编年据文中所述史事补，见《宋史》卷四五《理宗纪》。同集以下十八制均作于同时。

慈宪夫人全氏曾祖母边氏特赠唐国夫人制
（景定二年十二月十五日后）

储极好逑，既沂庆源于慈宪；曾门加惠，并褒内则之淑贤。乃出丝纶，以大歼。某氏勤生苦澹,励志静专。有伯鸾妇之风,肯为隐髻;有于陵妻之操,靡厌辟纑。竟能遂夫子之高,不及羊孙女之贵。鹤禁甫谐于嘉耦,鱼轩宜贲于外姻。噫!揭阡表于南阳,恩徽尤异,疏沐封于东武,伉俪俱荣。可。

出处:《后村先生大全集》卷七三。

撰者:刘克庄

慈宪夫人全氏祖份已赠武翼郎特赠太傅追封豫国公制
(景定二年十二月十五日后)

朕友于朱邸,施及青宫。慈爱最隆,眷外家而尤厚;哀荣两尽,岂王父之可遗?具官某温恭德人,宽厚长者。欸段下泽,清贫不改于儒癯;文驷雕轩,贵盛实基于祖德。属储妃之封拜,宜世庙之褒崇。噫!太傅周官,面槐阴之峻;豫州荆地,叶松梦之祥。冥漠有知,对扬无憾。可。

出处:《后村先生大全集》卷七三。

撰者:刘克庄

慈宪夫人全氏祖母单氏已赠恭人特赠豫国夫人制
(景定二年十二月十五日后)

慈颜已远于崇藩,庆钟犹子;公爵既加于祖庙,媲合从夫。某氏秉性幽闲,奉身冲约。素励庞嫂、莱妻之操,安于清贫;曾有许负、唐举之伦,异其风骨。果孙枝之贵盛,嗟宰木之老苍。属皇家举希阔之仪,于戚畹厚褒崇之典。赐粉田于大国,品极鱼轩;燎黄诰于寒原,光生马鬣。既验异人之奇中,永为外氏之美谈。可。

出处:《后村先生大全集》卷七三。

撰者:刘克庄

慈宪夫人全氏父大节已赠庆远军节度使
特赠太师追封徐国公制
（景定二年十二月十五日后）

储妃选慈宪之宗，亲亲之意也；祢庙峻公师之爵，贵贵之义焉。乃赐恩言，以旌潜德。具官某信道甚笃，好善最优。平昔旦评，着美名于里闾；一朝天定，钟余庆于门楣。兹作媲于元良，亦柬贤于华族。既谐吉礼，追奖义方。噫！建节封侯，鹤表之题已久；分茅胙土，膺扬之拜维新。焘尔后人，钦予休命。可。

出处:《后村先生大全集》卷七三。

撰者:刘克庄

慈宪夫人全氏妣南阳郡夫人王氏赠徐国夫人制
（景定二年十二月十五日后）

顾复甚勤，报德之心罔极；幽明虽异，荣亲之意则同。爰多国封，以光泉夎。某氏俭慈是宝，礼法自闲，孝敬着于藩房，长厚闻于州里。攻苦食淡，盖隐君子之令妻；隤祉发祥，实王夫人之贤母。并全四德，胡不百年！然一门贵仕于天朝，而奕叶联姻于帝室。属者储君选俪，犹子来嫔，端由世积而然，咸曰母仪之力。噫！彭城汤沐，增拓于户租；防墓封崇，有光于宿草。可。

出处:《后村先生大全集》卷七三。

撰者:刘克庄

慈宪夫人全氏伯已赠忠训郎思聪赠潭州观察使制
（景定二年十二月十五日后）

王者无私之言，岂非公论；圣人尽伦之至，必用吾情。具官某前辈典刑，逸民标致。求之耆旧，惟庞德公近之；称为善人，如马少游足矣。有贤犹子，实王夫人。属重缔于国姻，并追荣其尊行。昔加勇爵，殊未慰于九原；今陟廉车，盖视仪于两禁。可。

出处:《后村先生大全集》卷七三。

撰者:刘克庄

慈宪夫人全氏伯母赠安人王氏赠硕人制
(景定二年十二月十五日后)

朕眷棣华之外氏,重缔国姻;考彤管之内言,载嘉世母。肆加殊渥,追奖徽音。尔礼法自持,功言咸备。毋以贫故,少隳举案之恭;教之义方,微示断机之意。芝生庭户,玉映闺房。兹选立于储妃,乃褒崇其尊行。始占吉梦,允符女子之祥;终锡嘉名,无愧《硕人》之咏。可。

出处:《后村先生大全集》卷七三。

撰者:刘克庄

慈宪夫人全氏伯已赠宣教郎大中赠银青光禄大夫制
(景定二年十二月十五日后)

朕于私亲,靡不用情而加厚;尔其伯父,固宜越格以追荣。具官某书蟠胸中,志抗事外。郡国无举孝兴廉之诏,徒修于家;山林有游仙招隐之诗,乃遁于野。逮储妃之贵盛,叹族老之凋零。噫!金紫惟亚一阶,足彰尊宠;燎黄以从二品,聊发幽潜。可。

出处:《后村先生大全集》卷七三。

撰者:刘克庄

慈宪夫人全氏伯母赠安人陈氏赠高平郡夫人制
(景定二年十二月十五日后)

册拜储妃,甚矣庆源之远;封加世母,旌其尊行之贤。某氏谦柄力持,礼防自守。辟纑织屦,相安衡泌之贫;服冕乘轩,不见门闾之大。兹来嫔于元子,亦遴选于华宗。溥锡恩徽,宁分存殁?秩高银信,宜从夫子之阶;诏侈金花,追贲小君之号。可。

出处:《后村先生大全集》卷七三。

撰者:刘克庄

慈宪夫人全氏兄已赠和州防御使纯夫
赠保宁军节度使制
(景定二年十二月十五日后)

朕友于同气,若为慰念母之心;远矣慈颜,犹仰体爱兄之意。乃疏殊渥,以贲重泉。具官某廉甚取名,勇于求志。短檠细字,积勤不偶于生前;叠组重珪,余庆徐观于身后。介弟笃舅甥之谊,储妃续姑侄之姻,兹为尔家稀阔之荣,可限有司褒崇之典?噫!出纶告墓,徒悲风木于泷冈;授钺登坛,尚应星躔于宝婺。谅而精爽,歆此宠光。可。

出处:《后村先生大全集》卷七三。

撰者:刘克庄

慈宪夫人全氏嫂赠令人赵氏赠淑人制
(景定二年十二月十五日后)

朕念介弟之孝思,恩其自出;择储妃于望族,谊亦因亲。爰出纶言,以旌壶范。某氏荆练性澹,巾帨礼严。族称丘嫂之贤,睦于妯娌;天厚善人之报,宜尔子孙。谐吉礼于春宫,分宠光于夜壤。噫!管彤垂世,何惭列女之书;燎黄告阡,谁谓若人之不淑!可。

出处:《后村先生大全集》卷七三。

撰者:刘克庄

慈宪夫人全氏堂弟武翼郎昭孙赠金紫光禄大夫制
(景定二年十二月十五日后)

慈宪笃友恭之谊,恩宁厚于弟昆;元良谐窈窕之逑,情莫亲于父子。出纶告第,施泽漏泉。具官某博雅好修,精明练事。久仪上阁,两牧专城,所至有甘棠之成阴,其归虽薏苡而不载。家无甔石,初靡求于人知;女作门楣,亦可观于天定。

甫成告礼,追奖义方。噫! 金紫之穸,遂超迁于二品;燎黄以白,犹照映于九泉。可。

出处:《后村先生大全集》卷七三。

撰者:刘克庄

慈宪夫人全氏弟妇孺人赵氏赠新兴郡夫人制
(景定二年十二月十五日后)

朕孔怀王邸,敢遗外氏之姻? 择配储宫,乐得高门之女。恪共妇职,追奖母仪。某氏挺秀宗姬,来嫔儒族。以女公事慈宪,自牧谦卑;从夫子出蕃宣,备尝险阻。笃生贤媛,实俪元良。谁独无锡尔类之心,世安有遗其亲之理? 噫! 鹤禁凤辇,方以三朝而问安;象服鱼轩,胡不百年而介福! 宜歆殊渥,永播徽音。可。

出处:《后村先生大全集》卷七三。

撰者:刘克庄

慈宪夫人全氏亲属王氏特赠淑人制
(景定二年十二月十五日后)

朕素笃友恭,念外姻之族;颇闻贤淑,亦母党之亲。属拜储妃,追荣邦媛。尔以慈为宝,以礼自防。与同气有连,朱邸之所甚厚;然内言不出,彤管莫得而详。生无浮荣,殁有潜德。际春宫之吉礼,分夜壤之宠光。噫! 列女之传所书,难求逸事;淑人其仪不忒,爰锡嘉名。可。

出处:《后村先生大全集》卷七三。

撰者:刘克庄

荣文恭王亲属赠奉直大夫钱沆赠龙图阁侍郎制
(景定二年十二月十五日后)

常棣贵介之亲,朕尤加厚;乔木世臣之后,尔独能贤。兹谐吉礼于储宫,爰锡愍章于姻党。具官某辩智而闳达,敏惠而恭宽。生仁皇大长主之家,不移于居养;傅宁考昭文相之嫡,尚有于典刑。向使未璧埋于幽冥,必共享玉润之富贵。宛其死矣,何以赠之？噫！追荣麒麟卧冢之墟,信为希阔;候对龙马负图之阁,宁不哀荣！可。

出处:《后村先生大全集》卷七三。

撰者:刘克庄

考校说明:"龙图阁侍郎"当是"龙图阁待制"之误。

荣文恭王亲属赠安人陈氏特赠令人制
（景定二年十二月十五日后）

朕孔怀予季,加厚所亲,属进拜于储妃,并追荣其近属。徽章之异,赠典所希。尔匦盥礼严,荆练性俭。姻联藩邸,身如居衡泌之间;德着乡间,言不出梱帏之内。惜莫祥春宫之吉礼,犹俾分夜壤之宠光。曩限常彝,固已列于命妇;今加美号,孰谓无于令人。可。

出处:《后村先生大全集》卷七三。

撰者:刘克庄

荣文恭王堂侄赠朝奉郎与华特赠容州观察使制
（景定二年十二月十五日后）

朕惟《尧典》垂亲族之训,《鲁经》着追命之文。未能忘在原之情,是用霈漏泉之泽。具官某雁行挺秀,麟族称贤。乡党恂恂,卑以自牧;宫庙肃肃,容止可观。胡为夭公子之妙年,不及见储宫之吉礼。噫！汉宗室之属籍,予岂忘之;唐容管之廉车,尔无憾矣。可。

出处:《后村先生大全集》卷七三。

撰者:刘克庄

荣文恭王堂侄妇虞氏封硕人制
（景定二年十二月十五日后）

朕诵《棣华》之诗，有怀群从；美《柏舟》之志，无愧古人。因储妃初拜之时，旌近属甚高之行。尔盛矣阀阅，媚于藩房，荣华不羡于笄珈，蘋藻克共于锜釜。凛若靡它之誓，焕乎非常之恩。噫！节妇还珠之吟，汔全雅操；硕人衣锦之咏，遂享令名。可。

出处：《后村先生大全集》卷七三。
撰者：刘克庄

赐贾似道第宅家庙诏
（景定二年十二月二十九日）

朕惟我朝褒表功德，具有彝典，如赵普有翊戴之元勋，则赐第宅于建隆；文彦博有弼亮之伟绩，则赐家庙于至和。今丞相贾似道忠贯日月，身佩安危，涤除妖氛，再造王室，其元勋伟绩，不在赵普、彦博下，宜赐第宅、家庙，令有司条具以闻。

出处：《咸淳临安志》卷一〇。又见《宋史全文续资治通鉴》卷三六。
考校说明：《咸淳临安志》卷一〇系于景定三年正月。

赐太傅右丞相贾似道辞免赐第宅家庙令
有司条具以闻恩命不允诏
（景定二年十二月二十九日后）

敕似道：朕以卿勋侔创造，为之卜潭潭之居；志在显扬，为之作奕奕之庙。况有累朝之旧比，未闻先正之力辞。卿爵高而志愈谦，功大而心转小，惓惓拜疏，缕缕陈情，谓杭方岁俭而民饥，越则州贫而财乏，傥并兴于二役，必胥动于群言。无广厦芘万间之心，有大臣虑四方之志。朕念尔德未报，何官可酬！昔宇宙翻覆，殆哉岌岌乎；今江沱宴安，是谁之力也？虽庙谟宏远，固无庸去病之家为；然世德深长，讵可效王珪之复祭！其祇涣渥，不必渎词。

出处:《后村先生大全集》卷五六。

撰者:刘克庄

考校说明:编年据《宋史全文续资治通鉴》卷三六补。

御药院关乞撰太傅右丞相鲁国公贾似道家庙奉安预赐祭器金器币银绢口宣
（景定二年十二月二十九日后）

鲁新庙之成,桷楹有奕;汉尚方之赐,器币维多。稽故实于先朝,褒殊勋于上宰。美哉轮奂,奏匠石之傔功;享以骍刚,奉豆笾之常礼。朝廷异数,家国同荣。

出处:《后村先生大全集》卷五九 。

撰者:刘克庄

考校说明:编年据《宋史全文续资治通鉴》卷三六补。

御筵喜雪口宣
（淳祐六年冬或景定元年冬或景定二年冬）

霏霙应候,叶气致祥,特光纪腊之期,昭示有年之兆。可以燕衎,以奖爕调。

出处:《后村先生大全集》卷五九。

撰者:刘克庄

考校说明:编年据刘克庄任两制时间、标题所述"喜雪"补。

姚希得沿江制置使知建康府江东安抚使兼行宫留守制
（景定二年冬）

朕慨览舆图,特隆阃寄。第从臣之论思献纳,望高八座之联;谋元帅以礼乐诗书,喜动三军之众。乃出纶而疏渥,遂建纛而启行。具官某秀杰而粹温,魁闳而密察。讲明有素,可居四科九德之间;植立尤高,不在八俊三君之下。早慕袁高之涂诏,晚从裴度之视师。名节暴乎朝廷,勋业著于方面。藉甚桂、鄞之政,蔼然羊、陆之风。属朕兴听鼙之思,辍卿由曳履之列。西清学士宠矣,东方诸侯属焉。轻裘缓带而总中权,帕首腰刀而衔诸将。隔一带水,讵容持天堑之雄;如七尺身,盍预护风寒之处。江头宫殿,管钥有严;塞下城池,伴图取决。居留之任至重,事会之来无穷。宜减户租以厚晋阳之民,宜损军市以飨邯郸之卒,宜长驾远驭,宜广益集思。赖尔宣劳,副予注意。噫!上武侯远离之表,曾靡惮劳;歌吉甫来归之诗,会当饮至。钦承异眷,益懋壮图。可。

出处:《后村先生大全集》卷六五。又见《宋四六选》卷四。

撰者:刘克庄

考校说明:编年据《景定建康志》卷四四补。

知严州钱可则升直华文阁制
（景定二年十二月）

严为郡负山而濒江,常有水患,而去岁特甚。尔职思其忧,有拯溺之劳而无凝香之乐,视涝救荒,家至户到,郡无流徙,达于朕听,用是晋职二等,以劝列城。夫九仞亏功者常情也,一日必葺者善政也,尔其谨终如始,以对扬休命。可。

出处:《后村先生大全集》卷六六。

撰者:刘克庄

考校说明:编年据《景定严州续志》卷一二补。

赐马光祖诏
（景定二年）

卿忠勤一节,中外具知,长江天堑,赖以安妥。前岁之援上流,旧岁之筑宜城,又近绩之最著者,朕甚嘉之。洊览来奏,欲释阃寄,非朕所乐闻也。增秩甫新,倚重正切,愿毋遄心,嗣对光宠。

出处:《景定建康志》卷三。

资政殿学士中大夫知温州林存明堂恩可依前资政殿学士知温州长乐郡开国侯加食邑三百户制

（景定二年后）

朕涓选于沉砀之秋，祼献于明槐之夕。肃肃在庙，备禋祀之禭容；峨峨奉璋，列辟公而显相。念尝该辅，可后均厘？具官某罗星宿于胸中，鼓风雷于笔下。进居两地，固已赞紫枢之严；归擅一丘，未肯为朱轓而出。属当骍享，阻与骏奔。升车执玉辂之绥，昔承清问；援笔草金鸡之诏，实获我心。兹哀柴燎之休，宜厚租畚之锡。吁俊以尊上帝，对越益虔；共政惟图旧人，登庸未晚。可。

出处:《后村先生大全集》卷七五。

撰者:刘克庄

考校说明:编年据刘克庄任两制时间、林存宦历、南宋明堂大礼时间补，见弘治《温州府志》卷八。

理宗度宗恭帝朝卷二十　景定三年(1262)

赐试尚书工部侍郎杨栋辞免兼中书舍人
行下房文字恩命不允诏
(景定元年九月至景定三年正月间)

敕杨栋:卿昔以小冢宰兼内史,文辞行乎中朝,今乃以不能退托,窃所未喻,然则前日之受非耶? 况起部之事简于铨综,掖垣之职在于翰墨,青毡旧物,岂必辞逊? 朕观卿根茂而实遂,无老壮之异,齿宿而意新,何枯涸之有? 虽嘉冲挹,宜亟对扬。

出处:《后村先生大全集》卷五五。

撰者:刘克庄

考校说明:编年据刘克庄任两制时间、杨栋宦历补,见《宋史全文续资治通鉴》卷三六等。

赐试尚书工部侍郎杨栋辞免兼直学士院恩命不允诏
(景定元年九月至景定三年正月间)

敕杨栋:汉命司马相如视草,扬雄待诏承明之廷,唐见李白于金銮殿,先朝用臣轼、臣辙、臣祖禹、臣璧,朕擢臣皇臣了翁直禁林,皆蜀珍也。卿西州之彦,奥学瑰文,简古而蔚,尤宜为诰,当仁之举不必逊,惟行之命不可反,朕方延仁,卿可钦承。

出处:《后村先生大全集》卷五五。

撰者:刘克庄

考校说明:编年据刘克庄任两制时间、杨栋宦历补,见《宋史全文续资治通鉴》卷三六等。此诏当在同集同卷《赐试尚书工部侍郎杨栋辞免兼中书舍人行下房文字恩命不允诏》之后,见《宋史》卷四二一《杨栋传》。

赐杨栋辞免除权刑部尚书兼职依旧恩命不允诏
(景定元年九月至景定三年正月间)

敕杨栋:名满九牧,身兼数器。盖园、绮之羽翼,严、徐之议论,羽、侨之润饰,班、马之述作,或得其一,足以名世传后,卿乃材全美具。昔人谓陆机,"人患才少,君患其多",此言殆为卿发也。秋卿虽号剧曹,以卿为之,绰乎有余地矣。况文昌台斗之贵,妙选而授,何以辞为?

出处:《后村先生大全集》卷五五。
撰者:刘克庄
考校说明:编年据刘克庄任两制时间、杨栋宦历补,见《宋史全文续资治通鉴》卷三六等。此诏当在同集同卷《赐试尚书工部侍郎杨栋辞免兼直学士院恩命不允诏》之后,见《宋史》卷四二一《杨栋传》。

赐龙图阁学士提举兴国宫陈垲乞引年休致不允诏
(景定元年九月至景定三年正月间)

敕陈垲:昔在开禧、嘉定,召彼故老,一时如臣游、臣钥、臣大中、臣达,接武于廷,惟臣万里、臣颖不至。先皇知其不可强起,就加褒崇焉。前朕命卿冠西清学士之列,主洛社耆英之盟,犹此意也。某水某丘,寻钓游之旧;在朝在野,仰廉退之风。岂必引年谢事而后为高乎?以德则尚有就问于家之礼,以齿则未及�_箴儆于国之年。勉为朕留,毋遽请老。

出处:《后村先生大全集》卷五五。
撰者:刘克庄
考校说明:编年据刘克庄任两制时间、陈垲宦历补,见《宋史》卷四五《理宗纪》等。

赐权刑部尚书杨栋辞免国子祭酒恩命不允诏
（景定元年九月至景定三年正月间）

　　敕杨栋：师儒必极天下之选，然后士无异论。卿西州魁彦，有德有言，出藩入从，风节不挠。缙绅相语，曰是为善类主夏盟者；韦布聚谈，曰是为公论立砥柱者。适大司成弄印，不属之卿而谁属乎？卿顾以职繁力分引辞，夫课试讲说，僚寀之事，卿直以道德典刑使诸生观之化耳。朕言不再，其即钦承。

出处：《后村先生大全集》卷五六。
撰者：刘克庄
考校说明：编年据刘克庄任两制时间、杨栋官历补，见《宋史全文续资治通鉴》卷三六等。此诏当在同集卷五五《赐杨栋辞免除权刑部尚书兼职依旧恩命不允诏》之后，见《宋史》卷四二一《杨栋传》。

赐权刑部尚书杨栋辞免除权礼部尚书日
下供职兼职依旧恩命不允诏
（景定元年九月至景定三年正月间）

　　敕杨栋：礼官之长，在有虞氏为秩宗，在周为大宗伯，至本朝而其官尤重。朕不暇远引，如臣轼、臣裳、臣璧、臣了翁，皆以蜀珍，践乎台斗。卿负伦魁之望，有诸老之风，若古六卿，既居其二矣。夫礼刑相为表里，又曰制礼止刑，与其劳烦卿以吕侯、苏公之事，不若位置卿于伯夷、后夔之选。朕志先定，奚以辞为！

出处：《后村先生大全集》卷五六。
撰者：刘克庄
考校说明：编年据刘克庄任两制时间、杨栋官历补，见《宋史全文续资治通鉴》卷三六等。此诏当在同集同卷《赐权刑部尚书杨栋辞免国子祭酒恩命不允诏》之后，见《宋史》卷四二一《杨栋传》。

赐杨栋辞免除礼部尚书兼职依旧恩命不允诏
(景定元年九月至景定三年正月间)

　　敕杨栋:以大宗伯持天下文衡之职也,亦故事也。自臣轼之后,少继之者。朕付卿此事,所以期望之者深矣。卿帅其属,能体朕意,以关洛之理学,革场屋之文弊,一榜之间,得士为盛。夫闿棘而贵主司之公,撤棘而旌主司之劳,此累圣重科举、优近臣之意,秩宗真拜,朕非滥予。况卿号儒宗魁彦,受之岂为泰乎?

出处:《后村先生大全集》卷五七。
撰者:刘克庄
考校说明:编年据刘克庄任两制时间、杨栋宦历补,见《宋史全文续资治通鉴》卷三六。

孙附凤右谏议大夫兼侍读制
(景定二年八月至景定三年正月间)

　　有献告后,每陈忠臣五义之言;以谏名官,遂冠天子七人之列。出于亲擢,孰不耸闻!具官某塞直刚大于两间,达智仁勇之三者,自更大化,遍历紧官。见无礼于君,真有如鹰鹯逐鸟雀之志;距邪说害政,不下驱虎豹放龙蛇之功。凡冰山倚势之人,若金谷望尘之友,抨弹略尽,窟穴一空。既振职于柏台,直登贤于蒲省。汲黯入禁闼,可寝淮南之谋;阳城伏延英,不待昌黎之论。匪曰序迁之典故,兹为柄用之权舆。噫!荷良臣美名,卿有魏郑公之素愿;事圣君无谏,朕疑荀卿子之失言。其益进于忠规,以钦承于眷奖。可。

出处:《后村先生大全集》卷六四。
撰者:刘克庄
考校说明:编年据刘克庄任外制时间、孙附凤宦历补,见《宋史全文续资治通鉴》卷三六。

张济之太府丞制
（景定二年八月至景定三年正月间）

为列郡选牧守难，为本朝进英俊尤难。尔由儒科，邑最登畿，一再迁，尝执经而傅朱邸，亦将建牙而坐黄堂矣。顾内与外孰重轻？其辍虎符，入仪鹓序。朕之外府既无珠玉玩好良货贿之藏，所职不过九贡九赋惟正之供，与夫兵吏之券旁、醝茗之钞引而已。其佐而长修举职业，以俟明陟。可。

出处：《后村先生大全集》卷六四。
撰者：刘克庄
考校说明：编年据刘克庄任外制时间、张济之官历补，见《南宋馆阁续录》卷七。

杨栋权礼部尚书制
（景定二年八月至景定三年正月间）

虞典三礼，有秩宗之名；周建六官，重春卿之职。履声虽旧，瑰望益崇。具官某生靖恭诸杨之宗，钟峨眉太白之秀。大对明董生之道谊，功利羞称；微言闻夫子之性天，文章抑末。由其根深而蒂固，是以枝敷而叶繁。扈跸则才过严、徐，辅储则功高园、绮。腹稿成而群吏脱腕，口义出而诸儒手抄。在日月献纳之班，已巍峨于台斗；然凤夜寅清之地，尤华要于秋官。览壁记之旧题，踵蜀珍之芳躅。凡并、汾诸子所不能对，与齐、鲁两生所未及为，自昔无传，于今有望。噫！端委而治《周礼》，缅怀季子之贤；绵蕝而草《汉仪》，一洗叔孙之陋。益殚素蕴，庸副异知。可。

出处：《后村先生大全集》卷六六。
撰者：刘克庄
考校说明：编年据刘克庄任外制时间、杨栋官历补，见《宋史全文续资治通鉴》卷三六。

杨文仲太学正制
(景定二年八月至景定三年正月间)

先汉五经各置博士,世有专门之讥,然讲凡例之精,守师说之严,其专也不贤于涉猎乎! 以太学之大,师儒之众,适无治《春秋》者,尔抱遗经而究终始,亦已久矣。擢置成均,为朕招诸生而诲之。可。

出处:《后村先生大全集》卷六六。
撰者:刘克庄
考校说明:编年据刘克庄任外制时间、杨文仲官历补,见《宋史》卷四二五《杨文仲传》等。

量移丁大全吴潜党人并永不录用诏
(景定三年正月一日)

阳春肇始,宜布宽条。如丁大全、吴潜误国之罪固不可贷,其与为死党者当与同科,若一时嗜荣进而争附丽者,宁无轻重? 可斟酌所犯,远者量移,近者放还,并不录用。

出处:《宋史全文续资治通鉴》卷三六。

奖谕陈垲等诏
(景定三年正月三日)

周尊黄耇,忠厚所基;汉事三老,录养无阙。陈垲、林彬之、史季温凤被擢用,今皆耆年,奉祠岁久,宜示奖崇。陈垲授端明殿学士,彬之宝谟阁待制,史季温直华文阁,各因其祠。

出处:《宋史全文续资治通鉴》卷三六。

林彬之除宝章阁待制依旧提举江州太平兴国宫制
（景定三年正月五日）

《书》称耆寿俊，古之所严；《诗》曰典刑人，今其余几？乃眷论思之旧，久安寂寞之滨，尝列迩联；宜疏异渥。具官某凌云逸气，揭日贵名。射罍相之弓，众人有扬觯而去者；奏《阿房》之赋，诸公争擂笏而诵之。拔于时髦，付以风宪。青蒲讽议，惓惓法家拂士之言；白简指陈，凛凛君子小人之辨。遂繇紧路，径上禁除。方眷注之郅隆，何疑嫌而勇退！双溪叠嶂，难忘桐乡炙尝之思；二顷一区，不恨汾曲田庐之薄。朕念其侵寻八袠，留滞十期，因汉殿之称觞，法虞朝之上齿。颁昕廷一礼之宠，陟奎阁四松之班，以敬高年，以华晚节。噫！归洛而会真率，深嘉知足之风；临雍而拜老更，尚有乞言之礼。可。

出处：《后村先生大全集》卷六八。

撰者：刘克庄

考校说明：编年据《宋史》卷四五《理宗纪》补。《宋史全文续资治通鉴》卷三六系于景定三年正月三日庚申。"宝章阁待制"，《宋史全文续资治通鉴》卷三六作"宝谟阁待制"。

陈垲除端明殿学士依旧提举江州太平兴国宫制
（景定三年正月五日）

尊事黄耇之礼，从古已然；魁磊白首之臣，于今有几！乃疏异渥，以奖耆英。具官某源委深长，风标峻洁。持身接物，圣之清、圣之和；事上临民，古之直、古之爱。曩诸贤共游于洛下，今旧人仅存于灵光。有柴门而常关，非蒲轮所能致。晋鄙之俗，薰阳先生；畏垒之民，祝庚桑子。朕以其年开九袠，名重一时。虽国人瞻仪，莫不愿其归衮；然老者筋力，恐不屑于给扶。昔元祐界轼以端明，熙宁处光以崇福。卿童髦一节，辉映二贤，因列辟以奉觞，逮大廷而出綍，以见公朝优异之意，以倡天下廉退之风。噫！汾水之曲，疏属之南，曾不改王通之乐；江湖之上，魏阙之下，谅未忘子牟之心。尚告远猷，以永终誉。可。

出处：《后村先生大全集》卷六八。

撰者：刘克庄

考校说明:编年据《宋史》卷四五《理宗纪》补。《宋史全文续资治通鉴》卷三六系于景定三年正月三日庚申。

朝奉大夫新除宝章阁待制提举江州太平兴国宫林彬之特授朝散大夫依所乞守本官职致仕制
(景定三年正月五日后)

侍对高华,方举褒崇之典;引年恳切,载嘉止足之风。加厚徽章,重违雅趣。具官某端方而有执,粹美而无疵。突兀百官之班,耸观直节;芬芳万世之后,赖有谏书。每密告于辰猷,乃不容于时宰。力辞宝婺,俄牧宣城。腾叔度来暮之歌,政声籍甚;寻兴公《遂初》之赋,归兴浩然。朕念其尝陪上雍之联,垂及钓璜之岁,久即安于东里,就进律于西清。缁衣好贤之心,初无厌斁;赤松从游之志,不可挽回。宜疏迁秩之恩,曲狥垂车之请。噫! 可以仕,可以止,允矣全人;俾尔寿,俾尔昌,保兹晚福。顾如耆德,宁有退心! 可。

出处:《后村先生大全集》卷七〇。

撰者:刘克庄

考校说明:编年据林彬之官历补,见《宋史》卷四五《理宗纪》。

马天骥除资政殿大学士依旧知福州福建安抚使制
(景定三年正月七日)

朕惠顾瓯闽,眷怀师帅。以前执政之贵,勤于拊绥;加大学士之名,奖其安静。事权增重,宠数一新。具官某学贯古今,名垂宇宙。所陈三策,岂非通务之儒哉;兼综九流,可谓圆机之士矣。出藩宣于四国,入唯诺于一堂。智略足以图回,力量足以负荷。鼎将覆𫗧,安能为伴食而留;瑟既调弦,尚不改考槃之乐。属福唐之弄印,起旧弼而建牙。以清修苦节而裕财,无疾声大呼之骇物。昔蔡襄罢酒禁,尔能生万户之春;常衮兴文风,尔方升三舍之俊。既腾绩效,乃下玺封。冠书殿之遄严,为闽垣之表倡。噫! 期月可也,信如夫子之格言;舆人诵之,可见国侨之遗爱。谅惟拱北,岂久滞南! 可。

出处:《后村先生大全集》卷六八。

撰者:刘克庄

考校说明:编年据《宋史》卷四五《理宗纪》补。

赐资政殿学士知福州马天骥辞免职事修举特升
除资政殿大学士职任依旧恩命不允诏
(景定三年正月七日后)

敕天骥:卿以旧弼,往镇全闽,下车属耳而治声流入京师,古所谓五月报政者,于卿见之矣。朕惟七聚,土瘠民贫,累朝无管榷之征以厚其生。临遣之初,盖尝谕指。卿推朕德意志虑,布之条教,专以廉俭而饬己,不为缪巧以生财,与一路吏民相安于无事,凡寓其里,游其校,耕其野,皆翕然誉之,如出一口,虽始之疑子产者亦歌之矣。大学士之拜,于以见朕褒表循良之意,奚以辞为?

出处:《后村先生大全集》卷五六。
撰者:刘克庄
考校说明:编年据《宋史》卷四五《理宗纪》补。

太傅右丞相府家庙祭器等款识
(景定三年正月八日)

维景定三年正月乙丑诏:太傅、丞相贾公似道奕世勋劳,再造王室,其赐家庙于行都,乃作俎豆,或是簠簋,则云"簠器"、"簋器",余皆仿此。俾奉时荐,万子孙永宝之。

出处:《后村先生大全集》卷五三。
撰者:刘克庄

赐皇女周汉国公主辞免令所司择日
备礼册命恩命宜允诏
(景定三年正月十一日后)

敕皇女周汉国公主:父子主恩,既加异数;典册备物,合举常彝。载披循墙之辞,乞寝临轩之礼。虽涣汗不反,朕无戏言;然谦尊而光,尔有懿识。宜从忱请,姑略弥文。所辞宜允。

出处:《后村先生大全集》卷五六。

撰者:刘克庄

考校说明:编年据《宋史》卷四五《理宗纪》补。

赐太尉保康军节度使吕文德辞免除开府仪
同三司职任依旧恩命不允诏
(景定三年正月十三日后)

敕文德:自吾有狄患,而尔有智勇,自奋于兵间,周旋三边,大小百战。昔援蜀,今复泸,其功尤伟。调卒转饷,皆宣威幕自任,不以烦朝廷。使人人皆如尔之忠忧体国,朕岂忧此虏哉!使相之拜,良不为过焉,而来奏方谦谦然为诸将叙劳,尤见不矜功伐能之意。昔人比战胜于猎,归功于发踪指示者,今猎者各分所获,尔欲辞发踪指示之赏,可乎? 所辞宜不允。

出处:《后村先生大全集》卷五六。

撰者:刘克庄

考校说明:编年据《宋史》卷四五《理宗纪》补。

改泸州为江安州仍降为军事诏
(景定三年正月十七日)

泸自晋以来为郡,至本朝始升节镇,地望加重。属时多故,调守稍轻,畔将据城,旅拒累月。朕命宣、制二阃声罪致讨,所至克捷。逆整穷蹙,溃围鼠窜,遂入其郛,金汤俨然,不改旧观。痛念城中衣冠士民,或阖门死义,或绝城献策,虽为其迫胁者,亦不忘国恩,延颈以待王师之至,慨然不已。惟是此邦,既罹污染,盍稽旧典,改锡嘉名,以昭朕与郡人更始之意。其以泸州改为江安州,仍降为军事。故兹诏示,想宜知悉。

出处:《后村先生大全集》卷五三。

撰者:刘克庄

考校说明:编年据《宋史》卷四五《理宗纪》补。

收复泸州奖谕宣制两阃立功将帅诏
（景定三年正月十七日）

朕愤逆整之孤恩,据坚城而拒命,劫持官吏,屠害忠良。饥噬饱扬,真养成于鹰虎;毁冠裂冕,甘下拜于犬羊。朕拊髀而嗟,投袂而起。必讨叛臣之罪,必复宁人之疆。虽无见万里之明,讵欲治一方之痛。内则麒麟第一功之佐,指授于庙堂;外则熊罴不二心之臣,旬宣于边塞。制阃悉赋舆而旁谋,统戎建旗敆而长驱,合群帅之智谋,作三军之勇气。水陆并进,雨雪载涂。或筑堡以逼其城,或巡江以护吾饷,或出奇以焚其积粟,或尽锐以勤其援师。彼鱼游沸鼎之中,乃燕委危巢而去。指麾而定,宛如五月之渡泸;肉薄而登,速于半夜之入蔡。通嘉、渝之梗塞,厚沅、播之藩篱。竹帛有光,金汤如故。狂悖夺符置戍之地,复归版图;驱迫被发左衽之民,重返华服。虽飞平岳、鄂,青定邕、宜,以今比方,未易优劣。倏腾露布,深慰宵衣。嘉将率之忠勤,念吏士之暴露。军志谓无赏不往,何惜辇财;古训云有功见知,讵容刓印!除军前喝犒官资钱物外,已饬攸司按复城姓名功状,各分等第,别加醲渥,以奖战多。故兹奖谕,各宜知悉。

出处:《后村先生大全集》卷五三。
撰者:刘克庄
考校说明:编年据《宋史》卷四五《理宗纪》补。

赐太尉保康军节度使京湖安抚制置兼屯田大使四川宣抚使兼知鄂州兼马军都指挥使湖广总领吕文德上奏辞免除开府仪同三司恩命不允诏
（景定三年正月十七日后）

敕文德:复泸之役,卿功第一,巽函初上,谕卿勿辞。前诏未至,遽腾再疏,谦谦然有冯异、贾复之风,非以高爵为荣者。然赏不逾时,武志也,令出惟行,君命也,卿乌得而执一至之见乎!昔李靖、郭子仪,唐之名将,皆富贵寿考,然则天相卿之耆庞福艾必矣,又何冒宠逾分之虑!

出处:《后村先生大全集》卷五七。

撰者：刘克庄

考校说明：编年据《宋史》卷四五《理宗纪》补。

陈淳祖除右曹郎官制
（景定三年正月）

朕择廷臣之有人望者出为监牧，又择监牧之有治绩者入为尚书郎，于以核名实而劝事功。尔自着廷建外台，风采疏劲，一时属望。右扶水灾，吴兴最甚，就以常平使者兼领郡绂。尔于荒政皇皇汲汲，倾困倒廪不足，则劝分以续之，郡人德焉，身虽劳而所全活者众矣。地官之属，右曹尤剧，应宿之选，舍尔其谁！朝方急才，岂久滞于省户者？可。

出处：《后村先生大全集》卷六七。

撰者：刘克庄

考校说明：编年据同治《湖州府志》卷五补。

陈淳祖直秘阁仍旧浙西提举兼安吉州制
（景定三年正月）

朕以元日命汝为郎，已播告矣，顾饕墨之吏方凛凛革心，灾伤之民尚嗷嗷望惠，倘移麾节于他人之手，是夺婴孩于慈母之怀。其加隆名，俾仍旧贯。昔者佚出使，人以为福星，璟出牧，人以为阳春，尔虽淹留，民则全活，朕亦岂久劳尔于外服哉！可。

出处：《后村先生大全集》卷六七。

撰者：刘克庄

考校说明：编年据同治《湖州府志》卷五补。

张济之除秘书丞制
（景定三年正月）

馆阁皆号天仙，惟丞与著作尤高，有径擢二监二史者，平迁亦郎潜矣。尔则奏赋第一，父子联名雁塔，科目之盛，才学之高，器识之远，讵可远烦尔以吏事乎！

朕有美官在风日不到之处,非尔其谁宜为? 昔在汉儒,或以读未见书为喜,或有清净寂寞之嘲,然则青藜下照,反不若长檠高张乎! 朕方储英材于是中,尔益雍培,以需甄拔。可。

出处:《后村先生大全集》卷六八。
撰者:刘克庄
考校说明:编年据《南宋馆阁续录》卷七补。

吴湜除广东提举制
（景定三年正月）

朕于当世知名士,必详试而后用之。尔内丞奉常,外陈臬事,资历高矣。朕念东广监曩笑沛然有余,今枵然筑底,岂时异事殊,不可返乾、淳之旧耶? 将由嘉熙增钞所致耶? 抑官吏洗手奉公者少而染指营私者众耶? 安得一刚介有守、清修无欲之士往将使指哉! 大臣以尔充选,其为朕正己律人以澄其源,体国爱民以养其本,革去苞苴私觌则窘态纾,不以膏脂自润则元气复,此皆尔所优为。至于钞法之因革,有当权时之宜,商榷归于是者,其草奏驰驿以闻,朕将择而罢行焉。可。

出处:《后村先生大全集》卷七一。
撰者:刘克庄
考校说明:编年据康熙《新修广州府志》卷一八补。

贾似道乞罢赐第宅家庙答诏
（景定三年正月）

卿茂建元勋,超轶千古,社稷宗庙亦嘉赖之,第宅家庙之赐,犹未足以竟朕褒尚之意。今卿免椟屡陈,乃以劳民重费,其体国一念及此,益用敬叹。特从所请,仍以集芳园为赐,可令封桩库支拨缗钱百万展拓规模,就建家庙,遂雅志也。

出处:《咸淳临安志》卷一〇。

贾似道乞辞建家庙答诏
（景定三年正月后）

赐卿邸第家庙，朕之初意也，以卿执谦过甚，力控逊牍，朕不得已，有苑囿缗钱之赐。卿乃复以给降之夥，而有"未安厥心"之语。卿盍思曩者妖氛未息，天下大势何如也，自卿建此不世之殊勋，民赖之而保其居，朕赖之而保其国，今虽竭公帑之储，犹未足以酬卿之万一。缗钱百万，尚奚足惜耶！卿宜祗服休命，毋复赘词。

出处：《咸淳临安志》卷一〇。

赐参知政事兼权知密院皮龙荣乞解机政不允诏
（景定三年二月前）

敕龙荣：卿以鸿硕，兼干钧枢，其闻望则本朝倚重，其德度则善类属心，而况鼎鼐之味甚和，岩石之瞻尤峻，忽求勇退，良咈眷怀。苏、湖歉而尚费厥赈荒，淮、蜀捷而未容于弛备，方将与卿等力行好事，申儆国人，以凝前功，以毖后患。卿所谓二宜去，朕谓不然。廉谨非细行也，将毋就养至荣也，乌得以是而辞位乎！

出处：《后村先生大全集》卷五六。
撰者：刘克庄
考校说明：编年据皮龙荣官历补，见《宋史》卷二一四《宰辅表》。

赐皮龙荣再上奏乞解机政不允诏
（景定三年二月前）

敕龙荣：勇退之章，却而复至，且颟以亲闱为辞。夫狄公顾云为不违将母言也，赤母请粟为不足于养言也。卿奉安舆来，非不违矣；以列鼎养，非不足矣。今欲辞贵盛而味澹泊，舍安佚而就跋履，岂承颜养志之道哉？勉为朕留，勿复有请。

出处：《后村先生大全集》卷五六。
撰者：刘克庄

考校说明：编年据皮龙荣官历补，见《宋史》卷二一四《宰辅表》。

<h1 style="text-align:center">知临江军俞掞除湖南提刑制</h1>
（景定二年八月至景定三年二月间）

湘中曩被兵者三郡，潭岌岌仅自保，而属邑之境兽蹄鸟迹皆至焉。朕闵湘民之祸至此极矣，勤恤犹恐其伤，固结犹恐其离，淑问犹恐其冤，孰能推朕之德意志虑于一路者！尔宰南昌有弦歌之爱，牧清江承锋镝之余，乃能左支右吾，铢积寸累，变荆棘瓦砾为官府市区，甫朞而郡复旧观，朕贤其人。湘臬弄印，无以易尔。必访民疾苦，必去吏饕残，前所谓勤恤、固结、淑问者，乃临遣祥刑使者之意也。钦哉钦哉！可。

出处：《后村先生大全集》卷六四。

撰者：刘克庄

考校说明：编年据刘克庄任外制时间、俞掞官历补，见光绪《湖南通志》卷二七七。

<h1 style="text-align:center">皇侄乃裕特授检校少保依前保宁军节度使
天水郡开国公加食邑食实封制</h1>
（景定三年二月一日）

门下：朕治本齐家，仁先睦族。拥节袭棣华之庆，将阅十期；进班视棘位之仪，通称三少。载诹刚日，明告大昕。具官某挺卓雅之资，有信厚之德。隆儒好古，富藏河间之书；从师受诗，能世元王之学。言行可以法则，翰墨特其绪余。美名素着于藩房，真乐常存于几案。朕尽伦之至，少者怀之；立爱惟亲，欲其贵也。而况建旐之久，其加进律之荣。历考前闻，每优近属。任城嗣为善之训，受汉分封；汝阳有好学之称，为唐礼异。矧情谊特隆于同姓，则班联宜亚于贰公。仍旧镇之油幢，拓新畬之采食。呜呼！朕于兄弟之子，岂诏爵之独遗；古有孤保之官，可历阶而序进。钦承殊渥，益勉令猷。可。

出处：《后村先生大全集》卷五四。

撰者：刘克庄

考校说明：编年据《宋史》卷四五《理宗纪》补。

赵乃裕加恩口宣
（景定三年二月一日）

有敕：爱隆犹子，恩渥有加；秩视孤卿，班联尤峻。节旄不改，纶綍惟新。祗服宠光，益有忠报。

出处：《后村先生大全集》卷五四。
撰者：刘克庄
考校说明：编年据《宋史》卷四五《理宗纪》补。

皮龙荣除资政殿学士知潭州制
（景定三年二月一日）

诗书谋元帅，孰知近辅之贤；富贵归故乡，兹狥养亲之志。出纶疏宠，建纛启行。具官某材全而德不形，任重而道亦远。岩廊赓载，端委而准百僚；翘馆招延，握发而进千贽。内宏开于正路，外尽返于侵疆。方资文武之全才，共翊丕平之景运。乃缘慈侍，浩然念归。求解繁机，留之不可。朕惟礼大臣之义，为择便安；卿方将寿母而行，尤宜优异。就开相阃，俾奉潘舆。若昔拯牧合肥，曾临青社，皆以公清而赋政，至乎久远而见思。戟卫森严，未忘恭桑梓之意；门庭洗扫，自然绝瓜李之嫌。惟仁可以苏凋瘁之民，惟廉可以洗饕墨之俗。噫！锦衣所至，谅多夹道之观；衮绣以归，何待三年之久！可。

出处：《后村先生大全集》卷六八。又见《宋四六选》卷四。
撰者：刘克庄
考校说明：编年据《宋史》卷四五《理宗纪》补。

赐乃裕辞免特除检校少保依前皇侄保宁军节度使天水郡开国公加食邑实封恩命不允诏
（景定三年二月一日后）

敕乃裕：我国家怀族之恩过于前代，至于疏属，莫不比肩显融，况尤亲而近者，其可无以宠异之乎？尔朕之犹子，清修好学，建纛既久，使之视仪亚保，其迁不为骤,其贤不为忝,循墙之请,过矣过矣。朕言不再,尚克钦承。

出处:《后村先生大全集》卷五六。

撰者:刘克庄

考校说明:编年据《宋史》卷四五《理宗纪》补。

赐皮龙荣辞免除资政殿大学士知潭州恩命不允诏
(景定三年二月一日后)

敕龙荣:望钦一时,任重二府,朕惜其去,留之不可。念圣经有礼大臣之训言,国朝有镇乡部之典故,乃如相阃,方阙岁臣,盖汝父母之邦,受予刍牧之寄。夫拊创残之俗,必访问其疾苦;继挨剥之后,必蠲除其苛细。意卿倍道疾驰,如救焚拯溺然,顾方抗章巽避,非所望于卿也。其祗成涣,不必劳谦。

出处:《后村先生大全集》卷五六。

撰者:刘克庄

考校说明:编年据《宋史》卷四五《理宗纪》补。

赐皮龙荣再辞免除资政殿大学士知潭州恩命不允诏
(景定三年二月一日后)

敕龙荣:湖湘自比年以来,数易帅守,前之不能厚保彰以卫民,后之徒能因科调以剥下,寇至而蹂践甚广,痛定而愁叹未苏。夫连十余城之守,任四千石之重,宁无它人?以卿坐庙堂之久,念乡国之切,遂用先朝名臣帅本道故事,烦卿一行。如卿所谓流离憔悴者,孰无来暮之想,岂谦巽时哉!况春阳载熙,将母行迈,彩衣画绣,父老欢迎,有足乐者,奚以辞为!

出处:《后村先生大全集》卷五六。

撰者:刘克庄

考校说明:编年据《宋史》卷四五《理宗纪》补。

赐杨栋等诏
（景定三年二月十一日）

朕试天下士于春官，凡十有三诏矣，名公巨卿项背相望，胥此途出。朕又表章儒先，崇尚理学以薰陶之，涵养培埴之久，莫非夙夜疆学以待问，怀忠信以待举，力行以待取者。比既谨简名流，执斯文之柄，亦能极一时之选。如世之所病，剿句断章以命题，牵合破碎以害理，与夫言理不切乎事，论事不根于理，皆必无之。然不患有司之不明，但患有司之不公。明自公出，公之至则明所从生。苟至于公，则真才实学当如烛照数计，毫芒莫能遁，言刘其楚，庸玉于成，斯为不负朕作人之意尔。则命陆贽而可得韩愈，命欧阳修而可致巩、轼，则予一人汝嘉。

出处：《咸淳临安志》卷一二。又见《宋史全文续资治通鉴》卷三六，《后村先生大全集》卷五三。

考校说明：本诏初稿乃刘克庄所草，文字有所区别，见《后村先生大全集》卷五三。刘克庄按语曰："壬戌省试前，余当爆直，得旨令拟此诏。既进章矣，及引试则是御制一诏，中间说文弊及戒典举处略采进本，然辞意皆经圣笔刊润，始悟余所草者近于厌薄程文，而御制浑厚，有君师作成人才之量，非小儒意度所及。既归里，因治旧稿见之，漫存于此，以见陛下圣学高妙、肆笔成书之盛。景定甲子十月题。"

赐叶梦鼎辞免除兵部尚书兼职依旧恩命不允诏
（景定三年二月十一日后）

敕梦鼎：朕选用儒英，典司文柄。方其入而较艺也，则戒以公明；及其出而撒棘也，又观其去取。卿藻鉴精而权度审，凡所品题、所模索者，多隽才佳士。故事发榜之后，主司或大用，或峻迁，历历可数。况卿以粹德雅望，久冠履班，因春闱而贤劳，峻夏卿之真拜，朕意犹以为薄，卿故欲辞之乎？夫及间暇，图修攘，如卿所云，正大司马九伐之任；宜践言，宜举职，有文事者必有武备，朕所望于通儒也。

出处：《后村先生大全集》卷五七。

撰者：刘克庄

考校说明：编年据《宋史全文续资治通鉴》卷三六、《宋史》卷四一四《叶梦鼎传》

补。此诏当在同集卷六八《叶梦鼎除兵部尚书兼职依旧制》之后。文中所述"故事发榜之后，主司或大用，或峻迁……因春闱而贤劳"当指景定三年正月叶梦鼎同知贡举事，"峻夏卿之真拜"指同年叶梦鼎由权兵部尚书迁兵部尚书。

赐新除兵部尚书叶梦鼎辞免升兼修国史实录院修撰恩命不允诏
（景定三年二月十一日后）

敕梦鼎：述作其难事乎！前辈言唐《实录》惟顺宗一朝，我宋《实录》惟英宗一朝，出韩愈、王安石一手，故辞省而事备。共惟宁考三十余年之治，史官纂述，仅成初草，至于讨论修饰润色之任，必属鸿儒，故事以官高望重者提其纲。卿多士所宗，六官之长，其往为朕铺张扬厉，以对茂陵在天之灵。循墙之请，非朕敢知。

出处：《后村先生大全集》卷五七。

撰者：刘克庄

考校说明：编年据《宋史全文续资治通鉴》卷三六、《宋史》卷四一四《叶梦鼎传》补。此诏当在同集同卷《赐叶梦鼎辞免除兵部尚书兼职依旧恩命不允诏》之后。

杨栋除礼部尚书兼职依旧制
（景定三年二月十一日后）

新进士策名之盛，举无遗才；大宗伯衡文之公，宜有懋赏。甫题毡墨，即播丝纶。具官某色正而芒寒，根茂而实遂。长杨馆之赋古，一洗篆雕；靖恭坊之谱蕃，相承冠冕。早簉严、吾之列，晚陪园、绮之游。遂长仪曹，俾司俊造。以唐文三变为己任，以洛学四书为指归。模索得之，注脚不轻于墨笔；品题严甚，点头奚待于朱衣。喜水监之至明，峻台斗之真拜。平掌故议郎之聚讼，剖经生学士之群疑。履班益穸，柄用伊迩。噫！虞书典三礼，古以命官；汉制参六官，今宁求野！可。

出处：《后村先生大全集》卷六七。

撰者：刘克庄

考校说明：编年据《宋史全文续资治通鉴》卷三六补。文中所述"新进士策名之盛，举无遗才"指杨栋知贡举事。

叶梦鼎除兵部尚书兼职依旧制
(景定三年二月十一日后)

春闱以行艺造士,拔其英华;夏卿有文武全才,付之衡尺。属方峻事,爰命为真。具官某学者师模,儒之鸿硕。尝典三礼,古之伯夷、后夔;及拥双旌,今之阳城、元结。最先诸老而召,来从吾儿之游。遂陟文昌,俾司俊造。入伯乐厩,无非冀野之龙媒;号陆氏庄,不下唐朝之虎榜。卿亦劳止,朕甚嘉之。襃鉴裁而出纶,冠履班而叠组。及闲暇而简稽军实,以公平而甄叙人材。苟匪名流,曷膺高选。噫!时方经武,固资祈父之爪牙;官曰纳言,无愧尚书之喉舌。所优为者,其往钦哉。可。

出处:《后村先生大全集》卷六八。
撰者:刘克庄
考校说明:编年据《宋史全文续资治通鉴》卷三六补。文中所述"春闱以行艺造士,拔其英华"指叶梦鼎同知贡举事。

同知枢密院事兼浙西安抚使马光祖生日诏
(景定三年二月十四日)

任重枢机,叶赞中兴之运;祥开弧矢,适逢初度之辰。乃眷耆庞,方隆委寄,京邑起袴襦之咏,尚方厚酒饩之颁。式对宠光,益绥寿暇。

出处:《后村先生大全集》卷五三。
撰者:刘克庄
考校说明:"景定三年"据马光祖宦历补,见《宋史》卷四五《理宗纪》、卷二一四《宰辅表》。辛更儒《刘克庄集笺校》(中华书局,二〇一一年,第二六二〇页)系于景定二年,误。

刘坰除宝章阁待制致仕诏
(景定三年二月十四日)

吏部侍郎刘坰累历繁使,备着循良,晚入从班,多所裨益。今乞引年致仕,特除宝章阁待制,依所乞予祠,仍赐金带。

出处:《宋史全文续资治通鉴》卷三六。

吕文德特授开府仪同三司依前保宁军节度使京湖安抚制置大使四川宣抚使兼知鄂州兼湖广总领霍丘郡开国公加食邑食实封制
（景定三年二月十六日）

门下:朕览周家戎捷之诗,兴师而讨叛;考汉代仪同之制,出爵以赏功。眷言宣力之臣,方上献俘之奏,其敷大号,以告广廷。具官某挺特起之英豪,抚方来之事会。韬略传渭滨之叟,不假兵书;声名与吴下之蒙,相辉族谱。夷险一致,经营四方。筑呰而思、播之备严,燔梁而嘉、渝之围解。信拜大将,盖从萧相之言;度朝京师,代领蔡方之任。塞北之尘不惊,汉东之水无波。属整乱常,撄城旅拒。孰肯狗国家之危急,俾就开幕府以旬宣。过师缘鱼贯之崖,转斗万里;漕粟泝马高之峡,屡费千金。此推锋贾勇而前,彼漏刃游魂而遁。视诸葛渡泸之举,何其壮哉;自崇文克辟以来,未之有也。金汤险在,笳鼓凯旋。再安参井之墟,壹洗岷峨之祲。阵堂堂,旗正正,卿既累于战多;绶若若,印累累,朕犹慙于赏薄。昔者闻皇祖之训,尤其靳使相之官,以此褒崇,宁非稀阔?於戏!李愬破贼城而入,益着威声;曹彬平僭垒而归,不忘谦谨。勉旃忠力,对越宠光。可。

出处:《后村先生大全集》卷五四。
撰者:刘克庄
考校说明:编年据《宋史全文续资治通鉴》卷三六补。

吕文德加恩口宣
（景定三年二月十六日）

有敕:朕愤叛将之孤恩,命宣威而致讨,取彼郛郭,归之版图。行役逾于三时,捷奏来于万里。宜加使弼,以奖勋臣。

出处:《后村先生大全集》卷五四。

撰者:刘克庄

考校说明:编年据《宋史全文续资治通鉴》卷三六补。

改涟水军为安东州诏
(景定三年二月二十四日)

涟水昔为县,建炎始升军,其城据要,环之以水,承、楚之屏蔽也。乃者边吏不戒,容易失险,朕当馈不怡,与大臣密筹之。内而将帅上禀成算,外而豪杰不忘本朝,举侵疆而归版图,返华服而奉正朔,不顿一兵,不戮一人,成此隽功。朕念此邦其山川形胜可恃,其军民忠勇可用,渌复之初,宜升郡望,以重牧守之权,以辑安静之福。其涟水军改为安东州。故兹诏示,想宜知悉。

出处:《后村先生大全集》卷五三。

撰者:刘克庄

考校说明:编年据《宋史》卷四五《理宗纪》补。

收复涟州奖谕制招二阃诏
(景定三年二月二十四日)

顷者边城弛备,涟水受兵,险要轻指,藩篱浸薄。朕痛惜河湟之失,隔于彼疆;孰能返济汶之侵,归之至会! 久焉坚壁以养重,间亦推锋而直前。岂振槁之不能,欲取果于既熟。赖元老之猷益壮,而本朝之化素深,制垣运决胜之筹,招阃号冠军之勇,上禀成算,共恢远图。俟我来其苏,彼讴吟之尤切;闵士战甚苦,此寒暑之屡更。豪杰效归疆之忠,父老争开关而纳。靡遗一镞,坐复三城。宵旰之忧顿宽,山河之景不异。恩交义结,不烦辨士之下齐;檄走书飞,已报王师之入蔡。朕嘉元帅折冲之略,念征夫况瘁之情,趣幕府之上功,命有司而行赏,务从醲厚,以劝勤劳。故兹奖谕,想宜知悉。

出处:《后村先生大全集》卷五三。

撰者:刘克庄

考校说明:编年据《宋史》卷四五《理宗纪》补。

李坛效顺本朝归涟海献山东奖谕诏
（景定三年二月二十四日）

中国帝王所自立，由古以至今；一统天地之常经，暂分而复合。然必有非常之豪杰，乃能成不世之功名。卿英特禀之于天，忠孝根其所性。不幸处南北隔绝之际，未尝忘国家招徕之恩。用夏变夷，厌衽发侏离之俗；归疆请吏，慕衣冠礼乐之风。涟海开关，青齐同轨。岂特山东父老闻汉诏而愿观，将见河北士民迎晋师而归附。欲极殊勋之报，遂加异姓之王。拥双节以指麾，合数路而董统。足以展丈夫之气概，足以慰尔考之营魂。缅想忠劳，益深嘉叹。故兹奖谕，想宜知悉。

出处：《后村先生大全集》卷五三。
撰者：刘克庄
考校说明：编年据《宋史》卷四五《理宗纪》补。"李坛"，《宋史》等书作"李璮"。

涟水三城已遂收复赦文
（景定三年二月二十四日）

首　词

天所助者顺，不劳因垒之师；民惟惠之怀，尚感本朝之化。侵疆自返，率土均欢。清涟自失险以来，边地皆戒严之日。丁壮苦馈粮于千里，吏士不解甲者三年。非难取即墨之城，何忍烈崑岗之火！惟招携怀远，古有明训；而背夷向华，谁无是心？朝廷主恩交义结之谋，边阃竭师武臣力之助。被发左衽，英雄耻胡服之归；箪食壶浆，父老迎王师之入。无亡矢遗镞之费，有凭轼下城之功。然念干戈之余，户口能几，士农失其业次，商贾丧其货财，或乱离之死节未旌，或攻取之战多未赏，创残满目，疮痍疢怀。宜敷旷荡之恩，以慰来苏之望。

尾　词

於戏！圣经大一统，将尽复于舆图；中国有至仁，俾重霑于王化。悉从更始，同底丕平。

出处:《后村先生大全集》卷五三。

撰者:刘克庄

考校说明:编年据《宋史》卷四五《理宗纪》补。

赐保信宁武军官吏军民僧道耆寿等敕书
(景定三年二月二十四日)

　　敕保信、宁武军官吏军民僧道耆寿等:朕以李坛慕义向风,去逆效顺,奉汶阳之侵地,归之版图;筑泲水之斋坛,授之印节。惟兹土之多豪隽,喜若人之立功名,闻其拥麾,莫不动色。今特授李坛保信宁武军节度使、督视京东河北等路军马、齐郡王、食邑三千户、食实封一千户。故兹示谕,想宜知悉。

出处:《后村先生大全集》卷五三。

撰者:刘克庄

考校说明:编年据《宋史》卷四五《理宗纪》补。

李坛特授保信宁武军节度使督视河北京东
等路军马齐郡王制
(景定三年二月二十四日)

　　李坛效顺本朝,请赎父过,既归涟海之境土,复献山东之版图。义概忠忱,古今鲜俪,节镇王爵,恩宠宜优。可特授保信宁武军节度使、督视河北京东等路军马、齐郡王。其故父全特与追复官爵,改正日历,令所属讨论施行。门下:臣子之情,尊君而爱父;《春秋》之法,内华而外夷。载嘉盖世之豪,首决归朝之策。凛义概英风之鲜俪,超勋阶爵级之常彝。诞播丝纶,肆颁印节。李坛关河间气,淮海俊人。市骏骨而捐金,招徕遗轶;闻鸡鸣而起舞,寤寐功名。感辛有为戎之言,抱鲁连蹈海之志。慨思尔考,被遇先皇,属边吏之疏庸,致勋臣之跋疐。朕迹旧事,谅丹赤之初心;尔效肤公,欲雪清于前垢。既举涟海归职方氏,复奉淄青入王会图,无疆界彼此之分,有车书混同之渐。王猛发正朔相承之论,勿晋为图;马援知帝王有真而来,于汉专意。英雄所见,今古略同。是用加两镇元戎之荣,峻三府督师之拜。珍草地之逋房,分茅土而胙齐。少慰立身扬名之心,并下改史复官之诏。於戏!吴起守西河而事魏国,未闻并拥于斋旄;太公表东海而封营丘,孰若径疏于王爵。永肩忠荩,式对宠光。可。

出处：《后村先生大全集》卷五四。又见《永乐大典》卷一三五〇六。

撰者：刘克庄

考校说明：编年据《宋史》卷四五《理宗纪》、《宋史全文续资治通鉴》卷三六补。此题原无，而以今题后一段序文为题，不妥，故据文意改拟。"李坛"，《宋史》等书作"李璮"。《宋代诏令全集》误系于景定三年二月十九日乙巳（第四八四三页）。

<h1 style="text-align:center">李坛除官口宣</h1>
（景定三年二月二十四日）

有敕：卿择主之谊高，归疆之功大。拥将旄于淮蜀，胙王社于青齐，以励英豪，以奖忠孝。兹为异渥，益懋壮图。

出处：《后村先生大全集》卷五四。

撰者：刘克庄

考校说明：编年据《宋史》卷四五《理宗纪》、《宋史全文续资治通鉴》卷三六补。"李坛"，《宋史》等书作"李璮"。

<h2 style="text-align:center">李全特追复彰化保康军节度使开府仪同三司
京东镇抚使依旧京东忠义诸军都统制制</h2>
（景定三年二月二十四日）

门下：君记人之功，不瑕疵于往事；子扬父之美，盖伦纪之至情。家庭有特起之豪，泉壤禀如生之气。差辰出綍，疏渥还毡。故具官某海岱奇才，风云壮概。率齐地陷蕃之众，归于本朝；立堂门勲房之勋，书之盟府。加卿子冠军之号，极使相元戎之荣。雄心方鹜于白檀，异梦奄罹于黑㠀。豹留皮之志，非不践言；狼跋胡而然，岂其获已？是生英嗣，雅慕华风，自拔衽发之中，来献版图之旧。昔周封蔡仲，忘郭邻之愆；汉爵□□，原马邑之责。既奖肯堂而裂土，乃令告第而复官。□改汗青，用昭宗赤，以尉霜露焄蒿之感，以坚关河□附之心。呜呼！剖符分功臣之封，不及亲于子贵；结草亢辅氏之役，必能报于国恩。可。

出处：《后村先生大全集》卷五四。

撰者：刘克庄

考校说明:编年据《宋史》卷四五《理宗纪》补。《宋代诏令全集》误系于景定三年二月十九日乙巳(第四四四二页)。

赐李璮节钺诏
(景定三年二月二十四日)

李璮效顺本朝,请赎父过,既归涟海之境土,得献山东之版图,可特授保信宁武军节度使、督视京东河北等路军马、齐郡王,仍赐金镀银印二、金带朝服,绣鞍马,以金带牙笏各十五付李璮,分赐将帅。

出处:《宋史全文续资治通鉴》卷三六。

资政殿学士沿海制置使厉文翁生日诏
(景定三年二月二十五日)

授历而殷仲春,候届中和之月;赐履而表东海,祥开初度之辰。乃眷荩臣,方膺隆委,加尚方之锡赉,为颛阃之宠光。益茂勋庸,永绥寿嘏。

出处:《后村先生大全集》卷五三。
撰者:刘克庄
考校说明:"景定三年"据厉文翁宦历补,见《宋史》卷四五《理宗纪》。

赐保康军官吏军民僧道耆寿等示谕敕书
(景定三年二月)

敕保康军官吏军民僧道耆寿:朕以杨蕃孙奕世联姻,有子尚主。国之肺腑,其贵仕固宜;王之爪牙,非信臣不可。兹宣麻于文德,俾授钺于房陵。既昭予笃近之心,亦示尔仁远之意。虽牙纛未尝临远,然氓倪莫不闻风。今特授杨蕃孙保康军节度使,提举佑神观,免奉朝请,进封淳安郡开国侯,加食邑五百户,食实封贰百户。故兹示谕,想宜知悉。

出处:《后村先生大全集》卷五三。
撰者:刘克庄

考校说明:编年据同集卷一一二《杂记》补。

杨蕃孙特授保康军节度使提举佑神观免奉朝
请进封淳安郡开国侯加食邑食实封制
(景定三年二月)

　　门下:朕念先皇太母之恩,厚于戚畹;擢累将重侯之族,登之斋坛。庶慈孝之两全,亦亲贤之并建。咨尔在列,听予作猷。具官某奕世忠勤,一门仁逊。萤囊雪案,有儒生刻苦之风;麈柄唾壶,无贵介奢华之习。朕惟乃祖父,重之婚姻,感舅氏如存之诗,行王姬下嫁之礼。乐尔孥,宜尔室,惟无是心;于吾母,用吾情,欲报之德。过庭有自来矣,筑馆适我愿兮。嘉贵主虒封之言,疏少府出节之宠。房陵古郡,笑谈拥上将之旄;京辇贡祠,萧散执化人之袂。仍蠲朝谒,俾遂便安。以慰恭圣在天之灵,以示眇躬厚伦之意。呜呼! 若古有训,曰不期侈不期骄;惟天可谦,可长守富长守贵。顾如恪谨,必克对扬。可。

出处:《后村先生大全集》卷五四。
撰者:刘克庄
考校说明:编年据同集卷一一二《杂记》补。

杨蕃孙加恩口宣
(景定三年二月)

　　有敕:麻卷已敷,节旄随至。侈舅家之贵盛,增主第之宠光。其即钦承,以昭殊眷。

出处:《后村先生大全集》卷五四。
撰者:刘克庄
考校说明:编年据同集卷一一二《杂记》补。

赐杨蓄孙再辞免特除保康军节度使
提举佑神观恩命不允诏
（景定三年二月后）

卿洊控表章而辞宠,朕非轻名器以假人。上则念先后援立之恩,下则嘉爱女回驰之请。亦既备筑坛之礼,岂容执避席之谦！彼三揖而进者,观美之常;若再命而偻者,为恭之过。受之则是,止勿复言。所辞宜不允,仍断来章。

出处:《后村先生大全集》卷五七。
撰者:刘克庄
考校说明:编年据同集卷一一二《杂记》补。

赐杨蓄孙再辞免恩命不允口宣
（景定三年二月后）

有敕:属朕出纶,命卿仗钺,洊辞成涣,毋乃劳谦,情宜相孚,汗不可反。

出处:《后村先生大全集》卷五七。
撰者:刘克庄
考校说明:编年据同集卷一一二《杂记》补。

赐皇弟乃裕再辞免特授检校少保恩命不允诏
（景定三年二月后）

属有亲疏,固难概论,君于卿相,时有异恩。乃如再疏所陈,必欲十年之待,此廷臣辞逊之常礼,岂家人唯诺之至情！所辞宜不允,仍断来章。

出处:《后村先生大全集》卷五七。
撰者:刘克庄
考校说明:编年据同集卷一一二《杂记》补。

赐赵乃裕再辞免检校少保不允口宣
（景定三年二月后）

有敕：朕加惠近臣，通班亚保，既告廷矣，可循墙乎？已戒攸司，毋纳来奏。

出处：《后村先生大全集》卷五七。

撰者：刘克庄

考校说明：编年据同集卷一一二《杂记》补。

赐刑部侍郎兼太子左庶子徐经孙
辞免升兼太子詹事恩命不允诏
（景定三年三月前）

敕经孙：汉初士立功名者甚众，及羽翼元子则属之园、绮辈人，岂非谈经义、傅储德，以宿望不以新进耶？卿自资善初开，从吾儿游，迨春宫肇建，以谕德召，其问辨齿宿而意新，其诵说辞约而理尽，为元良直谅之友，繄老成典刑之人。进之宫端，托以国本，盖选抡之素定，勿谦逊之徒烦。

出处：《后村先生大全集》卷五七。

撰者：刘克庄

考校说明：编年据《宋史》卷四一〇《徐经孙传》补。此诏当在同集卷六八《徐经孙除刑部侍郎兼职依旧制》之后。

刘应龙农少仍兼说书制
（景定二年八月至景定三年三月间）

乃者风宪之臣，一迁他官，率不肯拜，往往遂听其去。朕病其然，必维之縶之，与相终始，于以见朕容受忠言之意。尔为御史，奏篇鲠亮，庶几不负亲擢者。卿选吾所甚重，非外更麾节、内历郎监不轻授。兹由六察，径升九列，一以擢才，一以赏谏，于尔加厚矣。矧巍冠旂厦，亲近如故，天下事有可言者尔第言之，朕将虚己以听。可。

出处:《后村先生大全集》卷六四。
撰者:刘克庄
考校说明:编年据刘克庄任外制时间、刘应龙宦历补,见《宋史》卷四二五《刘应龙传》等。

右谏议孙附凤磨勘转承议郎制
(景定二年八月至景定三年三月间)

两制之高,出于亲擢;三年而计,必以序升。兹惟古今之常,亦自贵近而始。具官某靖共而好直,刚毅而近仁。仲山甫无畏强御之心,群憸震慴,陆敬舆有本仁义之谏,千载流传。擢置上坡,号为紧路。孰不羡九迁之衮衮,岂其较一秩之区区!顾审官之法则然,考绩其来已久。噫!当雷霆独立,耸闻造辟之言;以日月为功,深愧待贤之意。钦承新渥,嗣有殊褒。可。

出处:《后村先生大全集》卷六四。
撰者:刘克庄
考校说明:编年据刘克庄任外制时间、孙附凤宦历补,见《宋史》卷二一四《宰辅表》。

徐经孙除刑部侍郎兼职依旧制
(景定二年八月至景定三年三月间)

式敬尔狱,久烦阅实于祥刑;明试以功,乃命为真于法从。畴咨伟望,申锡赞书。具官某介而能通,仁者必勇。生汉高士之里,抗志尤清;有唐司训之风,持论近厚。出处了无所附丽,始终莫得而磷淄。伟衣从鹤禁之游,尽忠于辅导;浓墨批鸾台之敕,见惮于贵权。凡有论思,居多补益。箴谏明洊雷之示戒,囊封应元日之求言。自跻从班,实掌宪部。民有矫虔奸宄,无忿戾之心;吏或磨淬角圭,失哀矜之意。朕方钦恤,卿每平反。乃出綍以落权,且锡鞶而抗宠。噫!职分《周典》,皆云帅属于贰卿;书列《皋谟》,孰谓不俦于三后!可。

出处:《后村先生大全集》卷六八。
撰者:刘克庄
考校说明:编年据刘克庄任外制时间、徐经孙宦历补,见《宋史》卷四一〇《徐经孙传》。

孙附凤除端明殿学士签书枢密院事兼太子宾客制
(景定三年三月九日)

论谏本仁义,既久馨于忠嘉;道德成安强,遂进登于宥密。畴咨硕辅,敷告路朝。具官某学造精微,气函刚大。遍居风宪,愈峻霜稜。进则伏蒲,盖屡抗犯颜之疏;退而焚草,未尝漏造膝之言。邦无邪朋,国有公是。属春闱之造士,以时望而衡文。虎榜翩联,经品题而佳矣;鹄袍翘楚,皆摸索而识之。朕嘉其通材,擢之共政。厥今虏直郅支、呼韩之运,齐归汶阳、济西之疆,幸四鄙之稍宁,庶中原之复合。然可取孰可守,乃国老之至言;所忧重所欣,亦昔人之长虑。虽寄安危于元宰,尤资寅协于弼臣。筹帷幄而贰鸿枢,伟衣冠而陪鹤禁。肆升端殿,并陟文阶。嘻! 予欲裨赞庙谟,尔尚希于淹弼;予欲辅导储贰,尔奚愧于震冲! 眷倚方深,对扬无斁。可。

出处:《后村先生大全集》卷六七。
撰者:刘克庄
考校说明:编年据《宋史》卷四五《理宗纪》补。

赐孙附凤辞免兼同提举编修经武要略
并授朝奉郎恩命不允诏
(景定三年三月九日后)

敕附凤:朕延登儒硕,俾执事枢,军国之务、帷幄之筹,皆举而属之矣。今警遽少息,事会方来,所望同心夹辅之臣,共修攘夷复古之政。昔汉、唐中兴,曰枢机周密,曰措置得宜,而兵财不与焉。朕责成于卿等如此,至于笔削武志,特兼职之一,迁转文阶亦旧典之常,其奚以辞为哉!

出处:《后村先生大全集》卷五七。
撰者:刘克庄
考校说明:编年据文中所述"朕延登儒硕,俾执事枢,军国之务、帷幄之筹,皆举而属之矣"补,见《宋史》卷四五《理宗纪》。

朱熠仍旧观文殿学士知平江府兼淮浙发运大使制
（景定三年三月十七日）

农业首八政，方将活青州之饥；大臣虑四方，其可安绿野之趣？起弼谐之旧德，总牧鄟之重权。具官某学贯九流，材周万变。伏青蒲而焚谏稿，忠爱之谊深；持色线而补帝裳，弥缝之功大。辅政于国家多虞之际，乞身于中外庶定之余，出处付之无心，进退绰乎有裕。虽燕燕居息，与造物而共游；然岩岩具瞻，遁生民而未可。属时吴会，积困涝伤，近则鸿雁之谋稻粱，远则貔貅之待刍粟，兼此二任，畀之全材。节载来迎，台府并建。必集思广益，罢行务合于群情；必安富恤贫，扶抑悉归于公是。使四境咸无捐瘠，而连营不至乏兴。昔伊尹之泽被于匹夫，萧何之功及于万世，赖卿区画，宽朕顾忧。噫！荒政救饥民之穷，人谅褓负；仁人后天下而乐，行以衮归。可。

出处：《后村先生大全集》卷六七。又见《永乐大典》卷一三五〇七。
撰者：刘克庄
考校说明：编年据正德《姑苏志》卷三补。

赐观文殿学士提举洞霄宫朱熠辞免依旧
职知平江府兼淮浙发运大使恩命不允诏
（景定三年三月十七日后）

敕朱熠：吴会为今右扶风，地望素重，自大尹兼都漕以来，视昔为重。属兹弄印，起卿于午桥绿野，非以麾节烦吾重臣之行也。念积贮竭而荒政无以继，馈饷急而歉岁未易籴，上下交病，孰宽顾忧！惟卿资长者有恻怛之意，通世务者有康济之材，牧鄟之寄，无以易尧，而来奏乃谦巽太过，何也？夫臣弼青社、臣镇宛丘之事远矣，如臣琪、臣熹、臣德秀赈荒之政，岂可无举而行者？若籴事则朕减之又减矣。卿其叱驭疾驱，以趋一方之急，以见体国爱民之义。

出处：《后村先生大全集》卷五六。
撰者：刘克庄
考校说明：编年据正德《姑苏志》卷三补。

赐朱熠再辞免依旧职知平江府淮浙发运大使恩命不允诏
（景定三年三月十七日后）

敕朱熠：前诏谆谆，谓宜趣驾；来章罪罪，尚费循墙。畿氓甚泽雁之流离，内沟方切；边戍待木牛之飞挽，减灶未能。此为何时，顾拘常礼！惟体国乃大臣之义，而活民亦仁者之心。谅幡盖之行春，慰袴襦之来暮，伫腾治最，式副眷怀。

出处：《后村先生大全集》卷五六。
撰者：刘克庄
考校说明：编年据正德《姑苏志》卷三补。

汪立信除华文阁知江州主管江西安抚司公事制
（景定三年三月二十一日）

察州畿辅之内，风采耸闻；谋帅翼轸之墟，事权采重。峻其贴职，锡以命书。尔平实而蕴奇谋，深沉而达机变。昨陈臬事，适值涝伤。丛棘冤清，于门有容驷之兆；发棠功大，禹甸无为鱼之灾。朕监成宪于思陵，移中权于浔浦，遴礼乐诗书之选，属文武威风之人。辍霄汉之绣衣，下青冥之斧钺。彤弓卢矢，方伯奉而专征；帕首腰刀，小侯见以军礼。陋六代画江之陈迹，广中兴建阃之宏模。击楫誓洪流之中，赐履包长淮之右。彼骑千群而奚用，险固可凭；此舟一物之不牢，咎将谁执？算多则何战不胜，守坚则无暇可攻。谅素定于胸中，初不胶于纸上。噫！江涛恬息，伏波无下濑之劳；幕府从容，庾亮有登楼之暇。对扬新渥，勉励壮图。可。

出处：《后村先生大全集》卷七〇。
撰者：刘克庄
考校说明：编年据《宋史》卷四五《理宗纪》补。

徐复除秘书少监制
(景定三年三月)

国家设清望官,以名胜士为之。朕自庚申改纪,去凶举相,拔士满朝,而于所谓清望官者尤遴其选。尔由前御史勇去,巷处且二十年。他人能立初节,久之不堪,率自贬而求合。尔独壮老不变,于要路无一迹,于权门无一字。尝佩龙溪左符,一清如水,公帑露积,归装琴鹤而已,朕闻其风而贤之。群玉山人间仙地,尔昔为青藜学士,今为白头老监,岂非馆阁之嘉话、朝廷之盛举欤!涂辙既清,向用未已。可。

出处:《后村先生大全集》卷六八。
撰者:刘克庄
考校说明:编年据《南宋馆阁续录》卷七补。

赵孟传依旧秘阁修撰除提举福建市舶兼知泉州制
(景定三年三月)

互市置使,非宝远物也,所以来远人也,后之居是官者失其意。彼愚民以命易货于鲸波万里之外,幸登于岸,重征焉,强买焉,或陷之罪而干没焉,商贾失业,民夷胥怨,朕弄印久之,不知所付。尔清吏也明使指,近属也知朕意,集台之选,无以易尧。玉之在郑商者可勿买,珠之去合浦者可复还矣。可。

出处:《后村先生大全集》卷六九。
撰者:刘克庄
考校说明:编年据乾隆《泉州府志》卷二六补。

王世杰宗学博士制
(景定二年八月至景定三年四月间)

自先帝复创宗庠,课试一视三舍之法,麟趾公子彬彬秀出,欲与素士相颉颃,而博士班于国子先生之上。尔邃于理而耆于儒,其为朕推所以训迪诸生者而淑艾公族,庶几作成之下,有能奏《七略》之书而奉三雍之对。可。

出处:《后村先生大全集》卷六五。

撰者:刘克庄

考校说明:编年据刘克庄任外制时间、王世杰宦历补,见《南宋馆阁续录》卷八。

陈尧道除右正言兼侍讲制
(景定二年八月至景定三年四月间)

南台执法,号为敢言;西省拾遗,得于已试。置彼七人之高选,异乎百辟之序迁。具官某劲节昂霄,贵名揭日,勇退于群阴用事之际,来仪于九成合奏之初。未尝躁求,遂被亲擢。居风宪纪纲之地,久峨豸冠;于是非褒贬之间,壹用麟笔。严君子小人之界限,正外夷内夏之经常。奉白简而前,吾闻其语矣;伏青蒲之上,今未可言欤!黯愿输禁闼之忠,吉获侍细旃之讲。我明告子,尔交修予。扶公是于清时,留直声于异日。噫!圣朝无阙事,奚取从谀之言;天子有争臣,直进格非之论。可。

出处:《后村先生大全集》卷六七。

撰者:刘克庄

考校说明:编年据刘克庄任外制时间、陈尧道宦历补,见《宋季三朝政要》卷三。

曹孝庆升直宝章阁除浙东提刑制
(景定三年四月二十二日前)

朕仰宪庆历选监司之意,而于诸道刑狱使者尤不轻授,况浙水东乃朕之丰沛乎!尔以才学自奋,践更中外,端介而不苟从,韬晦而不亟售。顷列省闼,向用矣,遽罹风木之艰而去,朕常怀之。兹御祥琴,出节起家。尔其奉辛酉元日之诏,广咨诹以通下情,公举刺以清吏习,多平反以雪狱冤,使越人皆曰朕为帝乡间求朕使如此,则无负于临遣矣。可。

出处:《后村先生大全集》卷七一。

撰者:刘克庄

考校说明:编年据《宝庆会稽续志》卷二补。

欧阳守道除秘书郎制
(景定三年四月)

汉唐皆以馆阁储才,及以史考之,有三世不徙官者,有十年不调者。虽飞腾速化非士君子之意,然英隽久淹亦宰物者之责。尔策名早,取世廉,未尝汲汲于进,而朕所为汲汲于尔者,将以愧躁竞而奖靖退也。中秘书高于是正校雠矣,昔瀛州学士后皆为名公卿,尔其以贞观诸贤自勉也。可。

出处:《后村先生大全集》卷六八。
撰者:刘克庄
考校说明:编年据《南宋馆阁续录》卷八补。

王世杰除秘书郎制
(景定三年四月)

自昔清华之涂,有二馆学而已。然世南号行秘书,终不在孔颖达辈师儒之列;韩愈叹博士之冗,有"羡郑涵校理"之句。尔前典教宗庠以行谊选,兹为郎秘监以才学进,清资华贯,尔迭居之,比之是正校雠步武高矣。培风而上者九万里,所至讵可量哉! 可。

出处:《后村先生大全集》卷六九。
撰者:刘克庄
考校说明:编年据《南宋馆阁续录》卷八补。

刘良贵除秘书丞兼金部郎官制
(景定三年四月)

自六朝以秘书丞为第一官,瀛洲诸学士莫敢望,非老于文学,其谁宜为! 尔通伦类而明体用,前由丞郎拜牧守,拥麾而不果行。时方急材,起家册府,遂亚长贰,士林之选也。叠组珍部,实掌出纳,郎舍之剧曹也。人效一官而不足,尔兼二者而有余。

出处:《后村先生大全集》卷七〇。又见《永乐大典》卷一三五〇七。

撰者:刘克庄

考校说明:编年据《南宋馆阁续录》卷七补。

赐徐经孙辞免除刑部侍郎兼职依旧恩命不允诏
(景定三年正月至五月间)

敕经孙:古人有明试之法,为未用者言也;儒者有已试之效,为既用者言也。尔昔入为御史有直声,出为廉使方伯有嘉绩。朕置之华近,察其忠实;秋卿谳□,多所平反;夕琐封还,凛然风采。虽恬靖靡求于速化,然贤劳宜峻于真除。矧望实之素孚而论思之有补,予非滥授,卿勿牢辞。

出处:《后村先生大全集》卷五七。

撰者:刘克庄

考校说明:编年据徐经孙官历补,见《宋史全文续资治通鉴》卷三六。

程元凤疏乞外祠御旨
(景定三年四月)

卿奥学重德,简在朕心,延伫肯来,庶资启沃。累诏趣发,辞则如初。陈情既真,高节难挽。勉遂雅志,俾奉外祠,少须康强,嗣有光宠。

出处:《明良庆会》卷上。

潘墀少府兼太子侍讲制
(景定二年八月至景定三年五月间)

士大夫好直喜节者固不乏人,然有躬行不逮其言者,有一鸣而遂嘿者,有能暂而不能久者,朕常于此观人焉。尔立朝铁石之刚,作郡玉雪之清,践其言矣;郎省之疏切于宝祐,转对之疏切于郎省,非一鸣矣;华途在前,澹然无躁心,壮老一致,可以久矣。汉人所谓白首骨鲠、唐人所谓清苦守节者也。惟月之班联峻,前星之僚寀清,箴儆王朝,辅导储禁,所望于耆英也。钦哉,无替朕命!

出处:《后村先生大全集》卷六六。

撰者:刘克庄

考校说明:编年据刘克庄任外制时间、潘墀官历补,见《南宋馆阁续录》卷七。"少府",翁同书校秦氏石砚斋抄本作"府少"。

陈纬武学博士彭方迥武学谕制
(景定二年八月至景定三年五月间)

朕求文武如不及,群天下英隽而教育于国学,师儒皆极天下之选。尔纬乡国之善士,尔方迥科目之胜流,其为朕往教右庠。昔山涛不学孙、吴,暗与之合,先儒张载始亦好论西事,盖有名士而谈兵者矣。其淑艾而作成之。可。

出处:《后村先生大全集》卷六九。

撰者:刘克庄

考校说明:编年据刘克庄任外制时间、彭方迥官历补,见《南宋馆阁续录》卷九。

钱可则除吏部员外郎制
(景定三年五月一日)

右扶环象日之畿,左铨冠应宿之列。更出迭入,所以均劳佚、劝事功也。尔生相阀而有谨厚之风,联戚畹而无贵介之累,其牧桐江,见谓廉平。朕方求一佳吏部郎俾佐选事,尔其人矣。与其复驾朱旛而出守,孰若径幞青绫而入直! 益勤职业,以副眷知。可。

出处:《后村先生大全集》卷七〇。

撰者:刘克庄

考校说明:编年据《景定严州续志》卷一补。

赐天基圣节道场乳香口宣四道
(景定二年五月五日前后或景定三年五月五日前后)

皇太子位居储贰,情笃君亲。逢绕电之休符,表前星之善颂。欲周沙界,爰锡宝薰。殿司解谷春回,节临金鉴;周庐宿卫,天近觚棱。可无一瓣之薰,以助三呼之祝！步司双阙春回,三衙地近。步骑之分虽异,箕翼之祝则同。乃锡奇薰,载嘉忱意。马司六龙天御,启运千龄;万骑云屯,同声三祝。共辍一铢之赐,溥薰四表之和。

出处:《后村先生大全集》卷五九。
撰者:刘克庄
考校说明:编年据刘克庄任两制时间、文中所述史事补。

赐尚书省满散天基圣节道场乳香口宣
（景定三年五月五日前后）

书正月以次王,适临诞节;领众皇而拱极,共集胜因。持此一铢,散诸六合。

出处:《后村先生大全集》卷五九 。
撰者:刘克庄
考校说明:编年据刘克庄任两制时间、文中所述史事补。

赐密院满散天基节道场乳香口宣
（淳祐十一年五月五日前后或景定二年五月五日前后
或景定三年五月五日前后）

南极现祥,适当震夙;西枢率属,同祝寿祺。其分锡于名艻,以助成于胜果。

出处:《后村先生大全集》卷五九 。
撰者:刘克庄
考校说明:编年据刘克庄任两制时间、文中所述史事补。

季镛除将作监制
（景定三年五月九日）

会稽朕之丰沛,顷者融风扇沴,阛阓为墟,朕为之蹙然不怡。尔谋帅于仓卒之中,建梐于荒残之后,而能视民疾苦,如身恫瘝。比及岁余,化荆棘之区为甍栋,措涂炭之民于管簟。然以佚道使民,无疾声急呼也;以苦节裕财,不重征苛敛也。军府遂还旧观,而尔绸缪拮据之力至矣。朕美其绩效,察其忠勤。昔汉褒龚遂,召拜水衡。今缮监盖古大臣,班高而职清,卿从之储也,于以见朕重循吏、劳还帅之意。可。

出处:《后村先生大全集》卷七〇。

撰者:刘克庄

考校说明:编年据《宝庆会稽续志》卷二补。

季镛除升直焕章阁依旧知绍兴府兼
主管两浙东路安抚司公事制
(景定三年五月十一日)

汉黄霸有言:"数易长吏,送故迎新之费及奸吏缘绝簿书盗财物,公私费耗甚多,皆当出于民,所易新吏又未必贤,或不如其故。"霸为西京循吏之冠,其论如此,可谓天下之名言矣。朕以尔帅越有治理,故以大匠召,昔人选表于郡国之意也。然未再岁三调守,送故迎新,得无费耗公私乎? 吏得无缘绝簿书为奸乎? 所易新吏又未必贤乎? 夫为寺监择长官易,为一路择守帅难,是用进律奎阁,姑为越人少留,庶几吏守成规,民拜终惠。麦之两歧、禾之同颖者可食,棠之蔽芾者可勿剪,且以慰郑人歌侨、河内借徇之意。可。

出处:《后村先生大全集》卷七〇。

撰者:刘克庄

考校说明:编年据《宝庆会稽续志》卷二补。

钱可则升直徽猷阁除浙东提举制
(景定三年五月十一日)

浙水东,今之左冯,汉家近亲萃焉,或者以谓难治。然天下惟道理最大,法行自贵近而始,孰谓帝乡之不可问哉! 尔为仁皇大长主、茂陵昭文相之孙,早有贤誉,出典辅郡,入冠望郎矣。奎阁隆名,轺车华遣,非直烦以煮摘之事,民利疾皆得以兴除,吏臧否皆得以按举。《诗》不云乎:"不侮鳏寡,不畏强御。"朕所望于尔者如此。可。

出处:《后村先生大全集》卷七一。

撰者:刘克庄

考校说明:编年据《景定严州续志》卷二补。

魏克愚除太府少卿兼知临安府主管浙西安抚司公事制
(景定三年五月十六日)

六飞都杭以来,尹、漕皆治辇下,皆以名卿为之,尹阙则漕次摄,或就拜,列圣相承皆然。尔岷峨之英,文靖之子。得于天者高,故心通而神悟;讲于家庭者熟,故见广而闻多。使之陈枭事,主漕计,无击断之迹,有治办之实。朕察其才有余而用未究者,京兆弄印,无以易尧。其以卿少行大尹事。先朝多命儒臣领开封,所以示表倡而厚根本也,岂必若赵广汉辈,设鉥箭钓距以察为明乎!或谓今之京邑至难者有二,曰籴价,曰物估。盖昔之长于心计者惟刘晏,史称其能权万货重轻,使无甚贵贱而物常平。然则平其末减之价,下其甚高之估,尔必有以处此。孟子曰:"若夫润泽之,则在子矣。"尔其勉之!可。

出处:《永乐大典》卷一三五〇七。

撰者:刘克庄

考校说明:编年据《咸淳临安志》卷四九补。

赐马光祖辞免除依旧观文殿大学士知福州恩命不允诏
(景定三年五月十六日后)

敕光祖:卿经营四方,夷险一致,召从颙闓,入赞本兵,以见执政之尊,行大京兆之事。帷幄之中制胜,虑远忧深;辇毂之下无哗,令行禁止。予夺公而靡知强御可畏,应接勤而不以贵重自居。若时都人,称此贤尹。卿鞠躬尽力,自笺迟暮而求闲;朕序情闵劳,为择便安而均秩。乃延恩之书殿,付长乐之帅藩,盖今日七聚之乐郊,亦中兴名相之补处。暂还粉社,少候瓜时。谅深惬于雅怀,尚何烦于多逊!

出处:《后村先生大全集》卷五七。

撰者:刘克庄

考校说明:编年据《宋史》卷四五《理宗纪》补。《宋代诏令全集》称"考《宋史》卷四五《理宗纪》五,马光祖此除命在景定三年五月十四日己巳"(第四三〇二页),误。

赐马光祖再辞免依旧观文殿学士知福州恩命不允诏
（景定三年五月十六日后）

敕光祖:辞受之谊,惟其当而已。卿释枢府而返书殿之班,去神皋而需闽阃之戍,所谓辞尊而居卑,辞富而居贫。巽函再上,欲并辞旧毡新纛,翛然从赤松子游。在卿远势避权之举高矣美矣,岂朕闵劳贪贤之意哉! 夫可以取,可以无取,取伤廉辞之可也,今朕所以锡命者,皆卿券内之物,奚以辞为!

出处:《后村先生大全集》卷五七。

撰者:刘克庄

考校说明:编年据《宋史》卷四五《理宗纪》补。

皇帝旧名一字勿复避诏
（景定三年五月十九日）

周公作诗不避昌、发,孔子不偏避二名。朕旧名一字,乃理学至要,五常百行,非诚非也,无之可乎? 先朝如益字、实字见之群臣表章,此尤可证。自今其勿复避。

出处:《宋史全文续资治通鉴》卷三六。

李献可除司农寺丞兼国史制
（景定三年五月二十三日）

古史官必世其业,自重黎下至谈、迁、向、歆、彪、固皆然。惟尔先人史学名世,在京师者家有其书,藏名山及屋壁者或未之见。朕患祐陵长编之繁芜也,方命诸儒裁订,皆言尔有父风,兹以扈农起家,实将属史籍焉。尔其疾驱,以叶成一代之大典。可。

出处:《后村先生大全集》卷七一。

撰者:刘克庄

考校说明：编年据《庸斋集》卷四《缴赵以夫不当为史馆修撰事奏状》补。

赐进士闻喜宴锡御书诗口宣
（景定三年五月二十四日后）

王多吉士，观国之光；我有嘉宾，式燕以乐。既举琼林之典，可无镐邑之诗？

出处：《后村先生大全集》卷五九 。

撰者：刘克庄

考校说明：编年据刘克庄任两制时间、南宋科举时间补，见《宋史全文续资治通鉴》卷三六。

赐进士闻喜宴御筵花酒果口宣
（景定三年五月二十四日后）

名标金榜，喜仙桂之搴枝；宴洽琼林，分宫花而剪彩。共歌《既醉》，均被湛恩。

出处：《后村先生大全集》卷五九 。

撰者：刘克庄

考校说明：编年据刘克庄任两制时间、南宋科举时间补，见《宋史全文续资治通鉴》卷三六。

秘书郎曹元发卓得庆并除著作佐郎制
（景定三年四月、五月）

二着馆职之高选，日历国史之张本，非老文学而谙典故，孰可秉此笔哉？尔元发知名士也，尔得庆甲科郎也，其志同，其道同，其官又同，兹由中秘书佐太史氏。朕尝叹史院初草，吏文居十之九，所为命尔两生，欲实事求是，欲订讹纠缪，欲削繁趋简，使他日作述一经者有所稽据，可以传信万世矣。可。

出处：《后村先生大全集》卷六九。

撰者：刘克庄

考校说明:编年据《南宋馆阁续录》卷八补。据《南宋馆阁续录》卷八,曹元发除著作佐郎在景定三年四月,卓得庆除著作佐郎在景定三年五月。

赵与可除直秘阁两浙运判制
(景定三年五月)

今二浙,古三辅也,其寄公多势要,其大吏多贵近,奉使畿内者以行忠振职为难。朕欲为南阳、洛阳解不可问之嘲,环顾在廷,孰将隆指!尔宗英也有天才,望郎也有风力,桐川之政,舆人诵之。宠之以中秘清华之职,付之以两路按察之任。求民之莫,必询度之周;当官而行,何强御之畏!昔人《皇华》之诗,为远使言也。尔弭节辇下,美政嘉绩接朕见闻。严六条之问,获五善之报,将先诸道采而受上赏矣,何待四牡之遄归哉!可。

出处:《后村先生大全集》卷六九。
撰者:刘克庄
考校说明:编年据《咸淳临安志》卷五〇补。

文天祥除校书郎制
(景定三年五月)

新进士唱第前,举首必召,故事也。尔以陟岵之故,稽登瀛之擢,一旦来归,如麟获泰時,凤集阿阁,甫翻黄本,俄映青藜,在他人为速,在汝为晚矣。昔人云不可及者年也,不磨者名也。至哉,天下乐者书也!朕将老汝之才而极其用焉。可。

出处:《后村先生大全集》卷七〇。又见《莆阳文辑》卷五。
撰者:刘克庄
考校说明:编年据《文山先生全集》卷一七《文山先生纪年录》补。

吴坚除起居郎徐复除起居舍人制
(景定三年五月)

朕考累朝之记注,嘉先正之忠贤。襄授台端,纲条不渗,良贵叱对班之久,臣铨攻和议之非。虽异时各极腾上之荣,然万世犹壮直前之举。乃登雅望,以继高风。尔坚珪璧其身,端介不容于瑰质;尔复玉雪之操,清贫无改于儒胶。亦既于于而来,未尝汲汲于进。居然为曲台道山之重,进之侍玉阶香案之傍。戏言出于思,当谨剪桐之际;大事书之策,可无执简之人!眇躬有赖于论思,元子亦烦于辅导。噫!《祈招》诗未远,良史不知之乎;起居注不书,天下亦记之矣。祗若予训,益修尔官。可。

出处:《永乐大典》卷一三四九九。

撰者:刘克庄

考校说明:编年据《南宋馆阁续录》卷七补。

潘墀除秘书监兼国史兼太子侍读制
(景定三年五月)

自唐世尤重大蓬之选,贞观初以征、世南辈人为之。尔貌不逾中人,而奏疏剀切如征;外若不胜衣,而议论持正如世南。然则佩水苍玉,典领群儒而上石渠,非尔其谁哉!今储德日进,赖众宫僚辅导;史帙山积,赖诸学士笔削。尔以耆德雅望照映其间,所谓有□□进则朝廷尊者,岂独为道山蓬莱之重而已!可。

出处:《后村先生大全集》卷七〇。

撰者:刘克庄

考校说明:编年据《南宋馆阁续录》卷七补。

赐新除礼部尚书杨栋辞免升兼修
国史实录院修撰恩命不允诏
(景定三年六月前)

敕杨栋:朕方选司马迁、班固之才,属之纂述;卿乃援刘知几、韩愈之语,形诸逊辞。寻绎卿说,政自未然。知几以三长自任,然犹叹十羊九牧;愈始者诛奸发潜之志甚壮,既而曰"今馆中非无人,必将有作者"。夫知几、愈之意,良以不得专汗青之任尔。卿以大宗伯提纲此事,同馆学士如堵墙以观落笔,与唐朝所以命几、愈者异矣。卿而不可,当谁可者?

出处:《后村先生大全集》卷五七。

撰者:刘克庄

考校说明:编年据杨栋宦历补,见《宋史》卷四五《理宗纪》。

范纯父除侍御史兼侍读制
(景定二年八月至景定三年六月间)

横榻剧雄,冠风宪纪纲之列;细旃密勿,读典坟丘索之书。爰播明纶,以旌直节。具官某芒寒而色正,表和而里刚。自结主知,遍司言责。扶持世运,崇阳抑阴之甚严;愤嫉邪朋,拔本塞源而后已。爰善类如祥麟威凤,去贪吏如鸷兽毒蛇。载嘉髃论之陈,特峻首端之拜。虽朝廷无大奸慝,卿其可废于评弹;然道路有公是非,朕每欲通于壅蔽。出则纠绳于柏府,入而启沃于华光。辰告尤亲,风稜愈峻。噫!古有法家拂士,盖谓争臣;今无大夫中丞,遂长御史。益殚忠说,式副眷知。

出处:《后村先生大全集》卷六七。

撰者:刘克庄

考校说明:编年据刘克庄任外制时间、范纯父宦历补,见《宋史》卷四五《理宗纪》。

杨栋除端明殿学士同签书枢密院事兼太子宾客制
(景定三年六月六日)

二三执政,朕方寄以安危;第一流人,孰有如于魁彦!延登瑰望,播告纶言。具官某古柏后凋,神蓍先见。其文献接乎诸老,故体用该;其学问本之四书,故源流正。发梗概于言议风旨,推绪余于号令辞章,冠冕秩宗,领袖储寀。朕简求哲辅,翊赞洪枢。晋未可图,以有伟人之故;鲁安得削,由是真儒而然。试平时素修之方,对今日可治之证,以祈天永命,以尊主庇民。胡运百年而衰,横行易耳;王师万全而出,尝试可乎!必广益集思,必深谋远虑,定鼎复还于郏鄏,归疆何止于郓讙!伟绩可书,令名不朽。噫!君陈曰我后德,尚告尔之谋猷;绮季从吾儿游,汔烦公之调护。益恢经济,式对眷知。可。

出处:《后村先生大全集》卷七〇。

撰者:刘克庄

考校说明:编年据《宋史》卷四五《理宗纪》补。

赐孙附凤辞免除兼权参知政事恩命不允诏
(景定三年六月六日后)

　　敕附凤:先朝置两参与共管几务,故有"文学问修、典故问概"之语,今虚其一可乎? 朕每览卿谏书,嘉其有指佞触邪之勇;察卿心事,知其有尊君亲上之忠。不次拔擢,俾登宥密,帷幄有人矣。朕惟折冲自强本始,外攘自内修始。今纪纲未肃,条章未备,蠹弊未清,非止一事。然则曰兵柄,曰政本,卿才多多,独不可以共二与! 成命已敂,执文宜略。

出处:《后村先生大全集》卷五七。

撰者:刘克庄

考校说明:编年据《宋史》卷四五《理宗纪》补。

赐杨栋辞免除端明殿学士同签书枢密院事
兼太子宾客恩命不允诏
(景定三年六月六日后)

　　敕杨栋:朕登进辅臣,必先德望,非若它官可以序升而次补。卿研寻理学,据依名节,仕无附丽,世莫磷淄,德足于已矣。愈拜祭酒,劝诲诸生,赞典贡举,多得名士,望孚于一人矣。况代言而典册鲜俪,辅储而调护甚忠,朕察其才堪大任,俾执事枢。天下喁喁望治,卿宜激昂奋发,与吾大臣同心合德,智谋经画其远者大者,方且雍容辞巽,顾今何时,宁不失事机而旷天工乎! 其即就列,朕言不再。

出处:《后村先生大全集》卷五七。

撰者:刘克庄

考校说明:编年据《宋史》卷四五《理宗纪》补。《宋代诏令全集》称杨栋此除命在景定三年六月四日戊子(第四三〇四页),误。

赐孙附凤辞免兼同提举编修敕令依旧同提举编修经武要略恩命不允诏

(景定三年六月六日后)

敕附凤:西都尚黄老者,以刑法为司空城旦书,而韩愈亦有理官不俦三后之论。然本朝设金科,创敕局,以朝士删修,侍从详定,而宰辅提其纲焉,岂非曰淑问、曰审克,乃皋陶、吕侯辈人之事,否则一狱吏所决,何至烦吾公卿乎!朕既擢卿共政,机务余间,从其长暨乃僚,以虞之五刑、周之八法、汉之三章讲贯而修明之,使昭揭如日星,易避如江河,亦仁人之所乐也,奚以辞为!

出处:《后村先生大全集》卷五七。
撰者:刘克庄
考校说明:编年据文中所述"朕既擢卿共政"补,见《宋史》卷四五《理宗纪》。

赐杨栋辞免除提举编修经武要略恩命不允诏

(景定三年六月六日后)

敕杨栋:得御戎之上策,莫若本朝;缉《经武》之一书,丕昭洪烈。虽曰群僚之执简,允资硕辅之提纲。卿以杰魁,位于宥密,既其政能为其大,若兼职乌得而辞?强本折冲,朕方重枢机之任;诏久传远,卿宜公笔削之权。涣号已扬,需章为赘。

出处:《后村先生大全集》卷五七。
撰者:刘克庄
考校说明:编年据文中所述"朕方重枢机之任"补,见《宋史》卷四五《理宗纪》。

赐杨栋再辞免除端明殿学士同签书枢密院事兼太子宾客恩命不允诏

(景定三年六月六日后)

洊辞宥密,备见悃忱。凡卿所云,皆朕未谕。上宰集思而广益,冀商榷于帷筹;同列协恭而和衷,可调胹于鼎实。宜讲周家修禳之政,宜赓虞廷喜起之歌,以副朕知,以答舆望。与其守难进之志,谦谦于宠荣;孰若及可为之时,汲汲于事业。姑停巽牍,毋旷繁机。

出处:《后村先生大全集》卷五七。

撰者:刘克庄

考校说明:编年据《宋史》卷四五《理宗纪》补。《宋代诏令全集》称杨栋此除命在景定三年六月十八日甲寅(第四三○五页),误。

赐杨栋再辞免恩命不允口宣

(景定三年六月六日后)

有敕:经纶重望,方赖折冲;辞逊浮文,宁无妨要! 宜乎前诏,奚必牢辞!

出处:《后村先生大全集》卷五七。

撰者:刘克庄

考校说明:编年据《宋史》卷四五《理宗纪》补。

端明殿学士通议大夫同佥书枢密院事兼太子宾客杨栋故曾祖已赠和州防御使光庭特赠太子少保制

(景定三年六月六日后)

羊舌氏累百世,久著源流;龙飞榜第二人,今登辅弼。畀曾门之赠典,示政地之异恩。具官某故曾祖具官某,禀眉山之英,传靖恭之谱。大父参涪翁诗笔,不忧党祸之株连;乃翁赞老种义旗,欲救中原之版荡。生仅总戎于一道,殁能食报于百年。乃峻文阶,于昭善庆。噫! 璧埋黄壤,昔尝哀百夫之防;爵列青宫,今遂进贰公之秩。可。

出处:《后村先生大全集》卷七四。

撰者:刘克庄

考校说明:编年据杨栋宦历补,见《宋史》卷二一四《宰辅表》。

杨栋故曾祖母令人程氏特赠虢郡夫人制
（景定三年六月六日后）

两□之臣,宠光特异;三世之庙,伉俪兼荣。具官某故曾祖母令人程氏,得氏高华,来嫔豪俊。如宾相敬,昔尝炊㸑廖而烹雌;有子不忧,后乃高门闾而容驷。虽徽音之浸远,顾善庆之有余。贵由孙曾,爵视公辅。怀薰蒿之余怆,已隔故丘;启汤沐之新封,遂荒佳郡。可。

出处:《后村先生大全集》卷七四。
撰者:刘克庄
考校说明:编年据杨栋官历补,见《宋史》卷二一四《宰辅表》。

杨栋故祖已赠吉州刺史知章特赠太子少傅制
（景定三年六月六日后）

同寅协恭,资庙谟之夹辅;报本反始,原祖德之自来。乃播明纶,以华幽㝥。具官某故祖具官某,分岷峨之秀,秉河洛之清。授榖城之一编,独得要领;览鱼腹之八阵,小试绪余。郁志士之壮图,笃曾孙之嘉庆。乃兹登辅,命以进封。噫!疏傅睸宗族之心,不谐于昔;于公大门闾之语,始验于今。可。

出处:《后村先生大全集》卷七四。
撰者:刘克庄
考校说明:编年据杨栋官历补,见《宋史》卷二一四《宰辅表》。

杨栋故祖母宜人宋氏特赠犍为郡夫人制
（景定三年六月六日后）

安危之寄,系于弼臣;哀荣之文,及其王母。具官某故祖母宜人宋氏,有言有德,能顺能柔。濡染书香,清矣荆钗之节;据依箴笔,炜如彤管之言。惟上善之力行,故后人之嘉赖。乃颁徽典,以慰幽魂。噫!始嫔故家,建鼓旗而拜大将;兹揭新表,宜笲珈而称小君。可。

出处：《后村先生大全集》卷七四。

撰者：刘克庄

考校说明：编年据杨栋宦历补，见《宋史》卷二一四《宰辅表》。

杨栋故父任武德郎已赠正议大夫端仲特赠太子少师制
（景定三年六月六日后）

运筹决胜，允资庙算之良；委质教忠，实本庭闻之异。爰加赠典，以奖义方。具官某故父具官某，志抗云霄，评高月旦。生严君平、李仲元之后，远企前修；游陈元方、郑康成之间，饱参诸老。浮沉薄宦，郁积壮图。蜀无他扬之家，华崇特盛；窦有一椿之老，桂子能芳。兹峻陟于枢庭，乃追崇于祢庙。噫！驾朱辐而剖符竹，尚谈州牧之贤，燎黄诰而白松楸，兹拜宫师之峻。哀荣之极，今昔所稀。可。

出处：《后村先生大全集》卷七四。

撰者：刘克庄

考校说明：编年据杨栋宦历补，见《宋史》卷二一四《宰辅表》。

杨栋故母淑人史氏赠清江郡夫人制
（景定三年六月六日后）

国用儒真，莫重于本五兵之仕；母以子贵，莫荣于间两社之初。具官某故母淑人史氏，谱出名门，礼行中阃。俭慈为宝，若老氏之所云；言德可书，恨班昭之不作。勤勤举按之际，切切断机之时。懿范孔嘉，愍章式称。噫！万钟五鼎，伤哉为养之心；副笄六珈，祭以如生之礼。可。

出处：《后村先生大全集》卷七四。

撰者：刘克庄

考校说明：编年据杨栋宦历补，见《宋史》卷二一四《宰辅表》。

杨栋故妻淑人孙氏特赠高平郡夫人制
(景定三年六月六日后)

进紫枢之迭列,允赖弼谐;叹赤管之内言,追荣伉俪。具官某故妻淑人孙氏,积勤丝枲,荐敬蘋蘩。井臼同操,能相安于淡薄;笄珈盛饰,不偕老于显融。可无徽章,以赉幽穸?噫!书楼著姓,悲手泽于旧庐;泽邑相攸,移沐封于新邑。可。

出处:《后村先生大全集》卷七四。
撰者:刘克庄
考校说明:编年据杨栋宦历补,见《宋史》卷二一四《宰辅表》。

杨栋今妻淑人孙氏特封信安郡夫人制
(景定三年六月六日后)

儒者在朝,仕莫隆于共政;妇人无爵,礼固许于从夫。具官某妻淑人孙氏,生文懿之名门,嫔靖恭于华胄。昔一村二姓,执妇礼之谦卑;今四世五公,见夫家之鼎贵。载稽旧典,加礼弼臣。既祖祢之追荣,岂闺门之可后?噫!一樽二盏,前淡泊之相安;副笄六珈,后显融而非泰!可。

出处:《后村先生大全集》卷七四。
撰者:刘克庄
考校说明:编年据杨栋宦历补,见《宋史》卷二一四《宰辅表》。

太府寺丞郭自中知严州制
(景定三年六月八日前)

桐庐郡有汉严光之清风,先臣仲淹之遗爱在焉,吾甚重其符竹,不以轻授。尔奕世之积累深,过庭之讲贯熟,谏臣其伯父也,处士其严考也,典刑文献于是乎在。新定调守,毋以易汝。夫有地千里,足以行志;去天尺五,易于报政。挹钓濑以自洁,览壁记而怀贤,可以为侯度,可以致民誉,可以不坠先训矣。可。

出处:《后村先生大全集》卷六七。

撰者:刘克庄

考校说明:编年据《景定严州续志》卷二补。

公主下嫁驸马都大所关乞撰六月十二日宣系宣答词
(景定三年六月十二日)

朕念贵主之及笄,选外姻而筑馆,涓辰宣系,率旧典章。谅母族之增光,与皇家而同庆。

出处:《后村先生大全集》卷五九。

撰者:刘克庄

考校说明:"景定三年"据刘克庄任两制时间、周国公主(后进封周汉国公主)出嫁时间补,见《宋史》卷四五《理宗纪》。

董槐特授特进依前观文殿大学士许国公
致仕加食邑食实封制
(景定三年六月十五日)

门下:宅百揆以当朝,尝着奋庸之效;辞三公而就第,忽腾告老之章。耄期久薄于宦情,舆论尤高其晚节。咨尔在列,听予敷言。具官某研几而极深,守约而施博。凡所植立,得之讲明。伊洛之书盛行,独以身而体蹈;莘渭之事虽远,常望古而慷慨。堂堂玉帐之折冲,壤壤银台之批敕。借旋斡洪钧之日远,然流传黄阁之风清。孔明如稗之心,居然服众;仪休拔葵之操,端可矫贪。既释化权,益穷性学。寻故乡之游钓,却长乐之麾幢。物外逍遥,方且挹浮丘之袂;世间屈曲,遂求挂弘景之冠。念顷位于冢司,盖超加于特进,易封旧许,仍拓新番,以慰岩石之具瞻,以旌急流之勇退。于呼! 鸿飞归公无所,岂如就国之安;龟厌不我告猷,殊匪爱君之义。虽云谢事,尚冀输忠。可。

出处:《后村先生大全集》卷五四。

撰者:刘克庄

考校说明:编年据《宋史》卷四五《理宗纪》补。

赐观文殿大学士提举洞霄宫吉国公董槐乞
生前致仕不允诏
（景定三年六月十五日后）

敕董槐：古训有之，曰尊高年，曰敬大臣，朕于二者尤致其厚。卿以年则国之耆俊，以位则朕之前揆也。矧祝厘无机务之烦，居里有考槃之乐，胡为抗疏，遽乞垂车！夫富贵人之所欲，卿却邑租祠廪而甘一尊二簋，解葱珩孟劳而返深衣大带，所谓不以万钟动其心、三公易其介者。辞周召之任，享松乔之寿，必然之理也，阴阳岂为能寇哉！勉亲汤液，何恙不已，谢事之请，非朕敢知。

出处：《后村先生大全集》卷五七。
撰者：刘克庄
考校说明：编年据《宋史》卷四五《理宗纪》补。

申严叙理等事诏
（景定三年六月二十二日）

吏部、刑部申严叙理等事，一遵旧制，仍令台谏、监司守臣自今指实劾奏，庶几罚称其罪。

出处：《宋史全文续资治通鉴》卷三六。

安南国陈威晃特授静海军节度处置等使特进封安南
国王食邑三千户食实封一千户特赐效忠顺化功臣制
（景定三年六月二十六日）

门下：周建诸侯之国，锡以山川；汉封异姓之王，及其苗裔。美矣家传于恭顺，俾之世袭于蕃宣。奄赐履之旧疆，疏出纶之新渥。具官某挺姿英毅，秉性忠纯。在邦在家，终始安民而和众；是父是子，后先作室而肯堂。过庭虽命以继承，驰驿尚勤于奏禀。际天所覆，乡风慕文轨之同；重译而来，效贡忘梯航之远。载嘉忠恪，爰示宠褒。爵超五等之崇，秩视三公之贵。旆节长安之本邑，锡盾珋戈；名号凌烟之元功，高冠长剑。分茅如故，食采有加。益坚屏翰之心，庸报君亲之德。于呼！众星北拱，仰瞻象纬之垂；百川东之，孰谓鲸波之隔。钦承恩遇，永底荣怀。可。

出处：《后村先生大全集》卷五四。

撰者：刘克庄

考校说明：编年据《宋史》卷四五《理宗纪》补。

范纯父殿中侍御史制
（景定二年八月至景定三年七月间）

续谏垣之集，霜简盛传；提宪府之纲，风棱来峻。宜加显擢，以示至公。具官某中有操存，外无附丽。卿取诸世者廉矣，朕选于众而得之。顷列鸳行，晋峨豸角，字字中愊人之肺腑，言言切时政之膏肓。芟夷本根，铜山之贼扫迹；推求甲乙，金谷之友散群。论赈荒如拯溺救焚，请去贪必明目张胆。乃繇七争，晋二一台。昔讽议优游，尚且伏青蒲而谏；今事权雄剧，皆当奉白简以闻。奏篇之稿常存，公议之责亦厚。噫！古人仗下马之喻，予岂讳言；先贤殿上虎之风，尔宜举职。益殚忠告，以副眷知。可。

出处：《后村先生大全集》卷六四。

撰者：刘克庄

考校说明：编年据刘克庄任外制时间、范纯父官历补，见《宋史》卷四五《理宗纪》。

觉察州县官贪状诏
（景定三年七月二日）

令御史台觉察，其有违戾，许属部官于离任日诉于台省，计赃论罪。

出处：《宋史全文续资治通鉴》卷三六。

观文殿学士知平江府朱熠生日诏
（景定三年七月六日）

森戟敷条，采风谣之甚美；垂弧绝瑞，得秋气之至清。方烦旧弼之镇临，宜厚尚方之锡赉。其祗眷渥,永介寿祺。

出处:《后村先生大全集》卷五三。
撰者:刘克庄
考校说明:"景定三年"据朱熠宦历补,见正德《姑苏志》卷三。

亲属杨鉴杨铎杨钥为周汉国公主遗表各转一官制
(景定三年七月十六日后)

选尚未几,襫华奄逝,朕念恭圣冈极之恩,感爱女垂殁之言,既加恩于镇之重亲,三季皆镇同胞,各进华秩。噫!朕于伦纪之际,可谓厚矣。可。

出处:《后村先生大全集》卷七一。
撰者:刘克庄
考校说明:编年据周汉国公主卒年补,见《宋史》卷四五《理宗纪》。

秘书郎王世杰宗学博士黄应春为周汉国
公主遗表各转一官制
(景定三年七月十六日后)

朕乃者馆甥,为之择友,尔世杰文律高古,尔应春诗学名士,于是烦耆寿隽傅佳公子。凡闺门雍睦、琴瑟静好者,亦尔辅导之功。曾谓襫华,遽至奄忽,遗奏来上,怆然予怀。加恩府僚,各迁一秩,以昭朕厚伦崇儒之意。可。

出处:《后村先生大全集》卷七一。
撰者:刘克庄
考校说明:编年据周汉国公主卒年补,见《宋史》卷四五《理宗纪》。

文武臣陈乞叙复诏
(景定三年七月二十四日)

文武臣陈乞叙复,令吏、刑部具元犯上于尚书省斟酌施行。

出处:《宋史全文续资治通鉴》卷三六。

文及翁彭方迥并除秘书省正字制
（景定三年七月）

百执事惟正字与馆职试而后命,今正字径除,惟馆职必试,重其选也。尔及翁龙泉太阿之气,尔方迥秋涛瑞锦之文,声价素定,奚待给札! 及奏篇来上,则又恳切输忠,调直无隐,览者以为朝阳之鸣。并擢是正,益养德望。朕得两生,石渠、东观中有人矣。可。

出处:《后村先生大全集》卷七一。
撰者:刘克庄
考校说明:编年据《南宋馆阁续录》卷九补。

赐权史书修撰兼太子詹事叶梦鼎辞免
除吏部尚书兼职依旧恩命不允诏
（景定三年八月前）

敕梦鼎:朕以卿出处有本末,论思有补益,由夏卿拜天官。虽出独断,亦采众誉,而除目适与卿祠请同日。卿遂温前疏,并辞新命,且援孟轲之言,陈谊甚高。夫轲之意,为知进而不知退、可以无取而取者设也。若卿之贤,闻于天下,不求而得,既得而不患失,何礼义之有愆? 积望之厚而取数之廉,非辞受之失据。钦承涣渥,勿上需章。

出处:《后村先生大全集》卷五七。
撰者:刘克庄
考校说明:编年据刘克庄任两制时间、叶梦鼎官历补,见《宋史》卷二一四《宰辅表》。

赐尚书省御筵酒果口宣
（淳祐六年十月至十二月间或淳祐十一年四月
至闰十月间或景定元年九月至景定三年八月间）

祥开甲观,宴洽镐京。辍御府之黄封,分瑶池之丹实,俾沾锡赉,庸奖弥谐。

出处:《后村先生大全集》卷五九 。

撰者:刘克庄

考校说明:编年据刘克庄任两制时间补。

赐枢密院御筵酒果口宣
(淳祐六年十月至十二月间或淳祐十一年四月至闰十月间或景定元年九月至景定三年八月间)

虹流华渚,燕启瑶池。天上流霞之觞,海中如瓜之枣,薄言锡予,昭示宠嘉。

出处:《后村先生大全集》卷五九 。

撰者:刘克庄

考校说明:编年据刘克庄任两制时间补。

谢奕昌特封祁国公制
(景定元年九月至景定三年八月间)

门下:朕谨司名器,并用戚贤。虽朝家隆贵贵之恩,而跻棘位;然经训有亲亲之谊,何爱茅封? 咨尔在廷,听予作命。具官某褆身端重,秉性静夷,洵美由天分之高,谦谨验躬行之际。言乎相阀,晋群谢之伦;求之后家,汉二冯之匹。素志靡欲居于宠利,长才惜不见于事功。茸䙆衮衣,人门之荣至矣;珍台闲馆,物表之趣超然。朕修齐资内德之贤,待遇加外姻之礼。矧既班于亚保,宜进爵于大邦,以奖忠勤,以昭眷注。仅有吴瑰之前比,后未闻焉;至如杜衍之旧封,久无继者。兹为异数,匪曰常彝。於戏! 樊侯以明哲保身,乃先民之懿识;阴氏云富贵有极,亦近古之雅言。皆所习闻,奚烦谆告! 可。

出处:《后村先生大全集》卷五四。

撰者:刘克庄

考校说明:编年据刘克庄任两制时间、谢奕昌官历补,见《宋史全文续资治通鉴》卷三六等。

谢奕昌特封祁国公口宣
(景定元年九月至景定三年八月间)

　　有敕:朕以椒涂之内助,加茅土于近亲,况列孤卿,宜荒大国。是为殊渥,其即钦承。

出处:《后村先生大全集》卷五四。

撰者:刘克庄

考校说明:编年据刘克庄任两制时间、谢奕昌宦历补,见《宋史全文续资治通鉴》卷三六等。

赐宝章阁学士提举江州太平兴国宫陆德舆
辞免除宝谟阁学士知泉州不允诏
(景定元年九月至景定三年八月间)

　　敕德舆:卿昔以天官夕拜代官劝读遗近矣,去而帅闽,七聚之人安之。属困谗舌,栖迟衡泌,朕既采公论,雪前诬,而焚中山之箧矣。温陵调守,徒得君重,谓已佩二千石印绶,需函来上,若重于南辕者。夫民之情伪卿知之矣,卿之条教民习之矣,亟其叱驭,为朕一行。噫! 自先朝至今,牧是邦者不知其几,惟襄,惟十朋,惟思,惟德秀,其民尸而祝之,朕之望于卿者如此。

出处:《后村先生大全集》卷五五。

撰者:刘克庄

考校说明:编年据刘克庄任两制时间、文中所述"卿昔以天官夕拜代官劝读遗近矣,去而帅闽"补,见万历《福州府志》卷一四。

赐直秘阁主管鸿禧观时暂主奉祭祀赵与泽辞免
除福州观察使提举佑神观嗣秀王不允诏
(暂系于景定元年九月至景定三年八月间)

　　敕与泽:安僖王国之近属,宜百世祝,尔于次宜袭爵,前议刻印,而雅尚冲挹,若不欲就封者,姑令主祭。朕每入孝宗庙,未尝不惕然也。子曰:"必也正名乎?"

兹授尔廉车,昨尔茅土,典故则然,非朕创始。及披来奏,乃以季父伯氏当封辄殁为辞。夫殀寿定数也,继续大义也。朕闻天道福善而益谦,尔行己居官,强于为善,辞荣避宠,退然好谦,曰贵曰寿,必然之理。嗣安僖者,非尔而谁?

出处:《后村先生大全集》卷五五。

撰者:刘克庄

考校说明:编年据同集前后文时间补。

赐少保保宁军节度使充万寿观使谢奕昌
再上奏辞免特封祁国公不允诏
（景定元年九月至景定三年八月间）

敕奕昌:朕前诏谆谆,意卿已对扬矣,需章复上,犹以无例无名为辞。夫公爵一也,有郡国之分则有一品二品之异,卿所为再命而偻者,岂以是故耶?然位峻孤卿,固已极一品也;升郡为国,犹稍下于一品,何以谦巽为哉?况见诸故府,宁免拘例,蔽自朕志,岂曰无名?亟拜恩言,勿烦词费。

出处:《后村先生大全集》卷五五。

撰者:刘克庄

考校说明:编年据刘克庄任两制时间、谢奕昌官历补,见《宋史全文续资治通鉴》卷三六等。

赐礼部侍郎詹文杓乞补外不允诏
（暂系于景定元年九月至景定三年八月间）

敕文杓:朝廷清要官曰言路,曰柱史,曰说书、侍讲,曰春官、宗伯,卿前后遍为之。靖共而和平,谦悫而重厚,有常人吉士之风。属方进律,奚遽引去!夫所谓更迭出入之制,非以待侍从言语之流,援楚为词,殆于未可。朕昔以近臣之勇退,有留行之言,卿与众君子而同升,何妨贤之有?

出处:《后村先生大全集》卷五五。

撰者:刘克庄

考校说明:编年据同集前后文时间补。

赐赵崇嫐辞免除吏部侍郎兼职依旧恩命不允诏
（暂系于景定元年九月至景定三年八月间）

敕崇嫐：昔之善典选者，曰清介，曰平允。清则不狥乎私，介则不挠于势，平则如秤之于轻重，允则犂然当于人心。魏晋之毛玠、山涛，唐之裴、马，不过率是道尔。朕于近臣中察卿熟矣，长都曹，贰地官，士大夫称其刚劲有守，府史胥徒惮其严明难犯。夫如是，则长榜注官之人，操纵予夺一听于小宰而不受抑于主事令史矣。此卿所优为也，毋庸多逊。

出处：《后村先生大全集》卷五六。
撰者：刘克庄
考校说明：编年据同集前后文时间补。

赐徽猷阁直学士通奉大夫新知建宁府陈显伯
辞免召赴行在恩命不允诏
（暂系于景定元年九月至景定三年八月间）

敕显伯：朕初改纪，卿首赐环，其眷注在诸臣之右。卿屡以疾来谂，为之进西清之直，需南邦之次，以俟药喜，又岁余矣。贤路既开，孔鸾毕集，而目中久不见卿，乃于阳复之日，驰驿再召，侧席久之，巽函复至。夫难进易退，固朕所敬，昔病今愈，独不可趣造于朝乎！环顾在列，年事盖有先于卿者，其为朕幡然一来，天棐忠忱，何恙不已！况近臣从容讽议足矣，岂必以筋力为礼哉！

出处：《后村先生大全集》卷五六。
撰者：刘克庄
考校说明：编年据同集前后文时间补。此诏当在同集卷六四《陈显伯徽猷阁学士知建宁府制》之后。然此诏称陈显伯为"徽猷阁直学士"，卷六四则作"徽猷阁学士"，两者疑有一误。

赐知建康府陈昉辞免除户部侍郎兼
权刑部尚书恩命不允诏
(景定元年九月至景定三年八月间)

敕陈昉:诸侯入为王卿士,周也;公卿有阙,选表于郡国,汉也,其来久矣。尔前帅鄞、福,民到于今称之;起牧建安,期月之政而有百年之思。周家所谓廉能,汉人所谓治平第一,于尔见之。持橐听履之除,将以为剖符拥麾者之劝。况群贤毕至,独旧德雅望久劳于外,人得以议朝廷之遗忘矣。宜疾其驱,以远猷告。

出处:《后村先生大全集》卷五六。

撰者:刘克庄

考校说明:编年据刘克庄任两制时间、陈昉宦历补,见弘治《八闽通志》卷三一。标题"知建康府"当为"知建宁府"之误,文中所述"起牧建安"即是明证。此诏当在同集卷六六《陈昉户部侍郎兼权刑书制》之后。

赐宝章阁直学士王克谦辞免除宝谟阁学士
依旧佑神观仍奉朝请恩命不允诏
(景定元年九月至景定三年八月间)

敕克谦:士大夫之有闻于时、有劳于国与民者,虽倦游或微恙,朕犹维之絷之,不听而去。尔之一门,二惠竞爽,皆尝贵近矣,又弱一个焉。尔用未尽才,顾因足弱,久废朝谒,兹以真学士奉内祠,维之絷之之意也。昔者病,今日愈,则造于朝矣。成命已颁,毋庸多逊。

出处:《后村先生大全集》卷五六。

撰者:刘克庄

考校说明:编年据刘克庄任两制时间、王克谦宦历补。此诏当在同集卷七五《王克谦除宝章阁学士提举佑神观制》之后。"宝章阁直学士","直"字疑衍。

赐提举洞霄宫徐清叟辞免依旧职提举佑神观
兼侍读恩命不允诏
（景定元年九月至景定三年八月间）

敕清叟：老成者国之典刑，德齿者古所尊敬。元正朝会，群公在列，目中乃不见卿，所以申前岁予环之诏。闻卿虽开九秩，而言议风旨不减昔时，研寻论著，皆有新意，夫岂安洛社之乐而无巍阙之心者！况珍台闲馆，非敢劳卿以事；细旃广厦，雍容谈经而已。纵卿耆艾，朕独不能给扶耶？其就蒲轮，以慰延伫。

出处：《后村先生大全集》卷五六。

撰者：刘克庄

考校说明：编年据刘克庄任两制时间、徐清叟官历补，见《宋史》卷四五《理宗纪》、卷四二〇《徐清叟传》。《宋代诏令全集》："按《宋史全文续资治通鉴》卷三六，徐清叟提举佑神观兼侍读在开庆元年十二月二十四日壬戌，此诏或在景定元年初。"然此时刘克庄并未任两制。《宋史》卷四二〇《徐清叟传》："开庆元年，召赴阙，以旧职提举佑神观兼侍读。出知泉州，复提举佑神观。景定三年，转两官致仕，卒，赠少师，谥忠简。"此诏当作于徐清叟"复提举佑神观"之时。据《宋史》卷四五《理宗纪》，徐清叟于景定元年六月出知泉州。

赐少保观文殿学士充醴泉观使鲁国公赵葵
再上表乞引年致仕不允诏
（景定元年九月至景定三年八月间）

敕赵葵：前已却谢事之请，兹复陈知足之情。信斯言也，是渭滨之叟可以勿归于周，淇澳之老不必箴敬于国矣。朕惟士大夫以辞荣为高，当无事之世，倡勇退之风可矣；时方多故，卿之勋德，其身进退，系国重轻，奈何致为臣而去乎！昔裴度虽老，尚佩安危，先臣彦博逾八袠而不得谢。纵卿有遐心，不造于朝，国有大疑，朕犹将就访于家也。其孚此意，勿复有言。

出处：《后村先生大全集》卷五六。

撰者：刘克庄

考校说明：编年据刘克庄任两制时间、赵葵官历补，见《宋史》卷四五《理宗纪》、卷四一七《赵葵传》。

赐观文殿学士徐清叟再辞免依旧职提举
佑神观兼侍读恩命不允诏
（景定元年九月至景定三年八月间）

敕清叟：朕仄席以待耆英之至，而卿再疏，若重于一出者，其说有二：曰引年，曰知止。朕以为未然。申公八十而议明堂，武公九十而作《抑》戒，岂必皆以谢事遗荣为高乎！古之人有杖于朝者，先朝待元老大臣有命子孙扶掖者，朕甚慕之。宜疾其驱，慰此渴想。

出处：《后村先生大全集》卷五七。
撰者：刘克庄
考校说明：编年据刘克庄任两制时间、徐清叟宦历补，见《宋史》卷四五《理宗纪》、卷四二〇《徐清叟传》。

赐包恢辞免除礼部侍郎兼职依旧恩命不允诏
（景定元年九月至景定三年八月间）

敕包恢：汉儒惟申公、辕固年最高，学最正，然屡聘召而皆不究于用，至今议者为汉惜之。卿年与学亦今之申、辕也，岁晚来归，虽已华皓，而精悍不衰，贰秩宗则肃朝仪，侍迩英则守师说，造膝之语，绝口不传。朕敬其典刑，察其忠实，为真之拜，及今已晚，然朕之待卿岂不厚于汉之待申、辕乎？辞之过矣。

出处：《后村先生大全集》卷五七。
撰者：刘克庄
考校说明：编年据刘克庄任两制时间、包恢宦历补，见《宋史》卷四二一《包恢传》。

赐洪勋辞免兼侍读恩命不允诏
（景定元年九月至景定三年八月间）

敕洪勋：自天子至于庶人，未有不须友以成者。朕在宥滋久，典学一念始终不替。尔昔以词臣开卷丹地，亲且近矣；去而将指，自我不见，于今三年，每御迩英,常渴典刑。召以夏卿,欲告猷于禁闼也;进之劝讲,欲温故于旗厦也。前已颁趣行之命,巽函过矣,止勿复言。

出处:《后村先生大全集》卷五七。

撰者:刘克庄

考校说明:编年据刘克庄任两制时间、洪勋官历补,见《景定建康志》卷四四《蜀三大神庙记》。

赐兵部侍郎兼侍讲洪勋辞免兼直学士院恩命不允诏
(暂系于景定元年九月至景定三年八月间)

敕洪勋:自昔以世掌丝纶为美谈。朕不暇远引,如臣皓之有适、遵、迈,臣宗召之有贵谊,皆父子相踵禁林,为衣冠盛事。卿之先人,朕之内相,黄麻紫诰,天下传诵,卿复以大手笔继之。摛文堂,起草台,乃其旧游,出于亲擢,所以增我家典册之光,岂特为卿文户之荣哉! 尚体眷怀,毋为谦巽。

出处:《后村先生大全集》卷五七。

撰者:刘克庄

考校说明:编年据同集前后文时间补。

赐礼部侍郎兼侍讲包恢兵部侍郎兼直院兼侍讲洪勋
辞免经筵进读唐鉴终篇并特转行一官恩命不允诏
(景定元年九月至景定三年八月间)

敕包恢、洪勋:昔唐太宗有以古为鉴,朕三复而允蹈,不知唐治最近本朝。祖禹又评三百年之事,最切于治体,是以日临迩英,命诸儒更迭开卷。卿固守师说,世之耆儒。洪侍郎云“单传家学,国之端人”。旗厦密勿,凡所开说,多与祖禹暗合,朕深嘉叹。彻章进秩,厥有旧比,亦奚以辞为哉!

出处:《后村先生大全集》卷五七。

撰者:刘克庄

考校说明:编年据刘克庄任两制时间、包恢官历补,见《宋史》卷四二一《包恢传》。

赐户侍陈昉辞免除权户部尚书恩命不允诏
(暂系于景定元年九月至景定三年八月间)

敕陈昉:边备未弛,兵费愈阔,国甚贫矣。前世类加赋于民以赡经用,朕非惟不忍也,方且仰宪元祐用李常为版书之意,命尔进长地官。惟尔简要而非清淡,密察而有实用,庶乎能以道御取予者。其即钦承,勿劳辞逊。所辞宜不允。

出处:《后村先生大全集》卷五七。

撰者:刘克庄

考校说明:编年据刘克庄任两制时间、陈昉官历补,见《宋史全文续资治通鉴》卷三六。

赐赵崇嫩辞免除权刑书兼职依旧恩命不允诏
(暂系于景定元年九月至景定三年八月间)

敕崇嫩:六卿各治其事,而秋卿所治之事,天下之民命系焉。昔人有言,奏当之成,虽皋陶听之,以为有余辜,言深文巧锻之可畏也。惟精明者能烛暗,惟密察者不受欺,卿真其人。文昌台斗之拜,遂付之以吕侯、苏公之事。卿其以所施于省闼铨曹者,为朕蔽天下之狱。已颁涣渥,勿上巽函。所辞宜不允。

出处:《后村先生大全集》卷五七。

撰者:刘克庄

考校说明:编年据同集前后文时间补。

入内内省申乞撰皇弟嗣荣王到阙赐银合茶药
并传宣抚问口宣
(暂系于景定元年九月至景定三年八月间)

卿枌榆暂返,棣萼孔怀,忽闻诣阙之期,深动在原之喜。特兹郊劳,锡以邦彝。尚其疾驱,慰此渴想。

出处:《后村先生大全集》卷五九。

撰者:刘克庄

考校说明:编年据同集前后文时间补。

讲筵所关撰进读唐鉴终篇赐宰执侍读侍讲
说书修注官御筵口宣
（暂系于景定元年九月至景定三年八月间）

朕览祖禹之书,监有唐之事。嘉硕辅庞臣之博古,览前师后诵之积勤。有补就将,宜均燕衍。

出处:《后村先生大全集》卷五九 。

撰者:刘克庄

考校说明:编年据同集前后文时间补。

御药院关撰进呈孝宗实录宣答提举官礼仪使以下词
（暂系于景定元年九月至景定三年八月间）

总领诸儒,勒成钜典。论国体,述时务,何慙良史之才;扬鸿烈,章缉熙,丕显皇家之懿。奏篇来上,直笔可嘉。亦既览观,不忘叹赏。

出处:《后村先生大全集》卷五九 。

撰者:刘克庄

考校说明:编年据同集前后文时间补。

武功大夫淮东总管孙立柳世隆淮西总管金之才
两淮制司帐前都统制孙应武武略大夫淮西副总
管吴思忠武义大夫淮西副总管朱世英为涟水戍
役功赏并除带行合门宣赞舍人制
（景定元年九月至景定三年八月间）

涟水之役,吾将士暴露战甚苦,三年然后克之。阃臣以尔六人者功状来上,吾尤重合职,命尔兼领。益殚忠力,以报国恩。可。

出处:《后村先生大全集》卷七一。又见《永乐大典》卷一三四九九。
撰者:刘克庄
考校说明:编年据同集前后文时间补。

王克谦除宝章阁学士提举佑神观制
(景定元年九月至景定三年八月间)

履曳星辰之上,识老尚书;翚飞奎璧之躔,拜真学士。辉煌异数,度越常彝。具官某冲澹而好修,端凝而有守。南阳亲近,了无唾盂麈尾之骄;北阙眷留,但意笔牀茶灶之乐。脱屣而去八座,拄笏而对千岩。昔贺乞镜湖,官不移于蓬监;陆吟笠泽,职仅止于松阶。陟宝阁之迩联,为锦乡之佳话。噫!精调丹鼎,勉加辅导之功;行拂尘冠,有唤归之诏。可。

出处:《后村先生大全集》卷七五。
撰者:刘克庄
考校说明:编年据刘克庄任两制时间、王克谦官历补。此制当在同集同卷《宝章阁直学士大中大夫提举佑神观王克谦明堂恩可依前宝章阁直学士提举佑神观会稽县开国男加食邑三百户制》之后。

杨瑱除权户部侍郎制
(暂系于景定元年九月至景定三年八月间)

奉常起朝仪,尤高九列;司徒掌邦教,莫重贰卿。所急者才,何拘于格?具官某端凝不挠,刚介无私。予旧学之臣,惟甘盘有道德者;尔名父之子,若敬之生文章家。使畿辅则宣外台之劳,掾省闼则清中书之务。乃超时彦,遂长礼官。所谓玉帛云乎之言,固资雅望;乃若钱谷几何之问,必属通儒。以奖贤劳,以昭眷注。噫!昔者辞以疾,喜聆勿药之功;俾尔寿而臧,茂对特荷之渥。可。

出处:《后村先生大全集》卷七五。
撰者:刘克庄
考校说明:编年据刘克庄任两制时间、同集前后文时间补。此制当在同集同卷《杨瑱除右文殿修撰知宁国府制》之前。

杨填除右文殿修撰知宁国府制
（景定三年八月前）

　　访葛洪之丹砂,确乎雅尚;怀买臣之印绶,宠以隆名。莫得而留,乃华其出。具官某昔子云之远裔,吾甘盘之旧家。赞左右丞之劳,日无停笔;副礼乐卿之事,时谓清才。甫擢禁严,偶亲汤液,方耸闻于献纳,乃力乞于便安。畀澄江如练之州,小需华次;访天台采药之径,暂返故乡。进退裕如,眷怀浓甚。噫！峻升论撰,为外法从之美除;陬想风谣,叹新使君之来暮。可。

出处:《后村先生大全集》卷七五。

撰者:刘克庄

考校说明:编年据刘克庄任两制时间、杨填宦历补,见《宝庆会稽续志》卷二。

陈显伯除端明殿学士提举佑神观制
（暂系于景定元年九月至景定三年八月间）

　　翰林逼华盖之地,在改纪以初除;朝廷半老儒之时,独加璧而莫致。庸升书殿,俾佚琳宫。具官某冠冕三山之胜流,领袖诸贤于禁路。润色之妙,非世叔、子羽之所能;调护之功,在绮季、黄公之未至。若鹄举鸿冥而避弋,无猿惊鹤怨之移文。日月之翳虽除,风云之怀不入。诏无匪旨,诗有遐心。冯道云学士两人,盖艰兹选;若水下神仙一等,姑遂其高。可。

出处:《后村先生大全集》卷七五。

撰者:刘克庄

考校说明:编年据刘克庄任两制时间、陈显伯宦历补。此制当在同集卷五六《赐徽猷阁直学士通奉大夫新知建宁府陈显伯辞免召赴行在恩命不允诏》之后。

陈显伯赠银青光禄大夫制
（暂系于景定元年九月至景定三年八月间）

　　侧席有怀,招以虞旃而不至;垂车未几,伤哉魏鉴之已亡。爰陟穹阶,以华幽壤。具官某,其学根茂而实遂,其文体大而思精。润色皇猷,久擅常、杨之誉;羽翼储德,最先园、绮之游。士锋方炽而拂衣,化瑟虽更而袖手。昔疾今愈,渐闻药裹之疏;旰食宵衣,尚冀蒲轮之就。云胡仙去,曾不慭遗! 帝成玉楼,既有李贺之召;朕颁银信,不见郏侯之归。可。

出处:《后村先生大全集》卷七五。

撰者:刘克庄

考校说明:编年据刘克庄任两制时间、陈显伯官历补。此制当在同集同卷《陈显伯除端明殿学士提举佑神观制》之后。

宝谟阁直学士正奉大夫提举江州太平兴国宫
袁商依前宝谟直学士转宣奉大夫致仕制
（景定元年九月至景定三年八月间）

黄冠均佚,缅怀听履之贤;皓首辞劳,力请垂车之适。莫回雅尚,爰锡恩言。具官某襟度粹和,议论宏达。早传奥学,鲤趋亲得于孔庭;晚际明时,豹尾久参于汉雍。方抟九万里而上,稳下百尺竿而来。已及钓璜之年,每安考槃之乐。朕尚歆有谋则就,尔乃致为臣而归。陟左光禄之旧阶,休官甚宠;奉先正献之遗训,继志有光。可。

出处:《后村先生大全集》卷七五。

撰者:刘克庄

考校说明:编年据刘克庄任两制时间、袁商官历补。此制当在同集卷七三《宝谟阁直学士正奉大夫提举江州太平兴国宫奉化郡开国侯食邑一千二百户袁商明堂恩加食邑三百户制》之后。

袁商赠特进制
（景定元年九月至景定三年八月间）

履班旧老,乐三径以归兮;函奏遗言,嗟一鉴之亡矣。乃加优渥,以奖幽潜。具官某早接胜流,晚为名从。父兄传箕裘之素,相继起家;伯仲参笔砚之联,惜皆即世。独优游而华发,众景慕其清标。饭不忘君,虽栖迟于衡泌;耄而称道,尚简记于朝廷。还笏之志甚坚,拖绅之语不乱。载嘉定力,宜厚愍章。慭遗一老之哀,凄其追悼;特进群公之表,用以饰终。可。

出处:《后村先生大全集》卷七五。

撰者:刘克庄

考校说明:编年据刘克庄任两制时间、袁商宦历补。此制当在同集同卷《宝谟阁直学士正奉大夫提举江州太平兴国宫袁商依前宝谟直学士转宣奉大夫致仕制》之后。

故通议大夫右文殿修撰致仕戚士逊赠宣奉大夫制
(景定元年九月至景定三年八月间)

持荷既久,迫耄及之期;还笏未几,何天夺之速! 恻其遗奏,陟以崇资。具官某杰作金声,长身玉立。唐初瀛洲学士,虞、褚之伦;汉家甘泉从臣,严、徐其选。论思有补,出处无疵。属既厌于承明,乃归乘于下泽。雅意钓游之乐,俄兴殄瘁之悲。噫! 起耆旧于九原,典刑已远;亚光禄之一等,冥漠有知。可。

出处:《后村先生大全集》卷七五。

撰者:刘克庄

考校说明:编年据刘克庄任两制时间、戚士逊宦历补,见《宋史全文续资治通鉴》卷三五。

故通奉大夫宝章阁待制致仕陈振孙赠光禄大夫制
(暂系于景定元年九月至景定三年八月间)

疏傅贤哉,方遂挥金之乐;魏公逝矣,可胜亡鉴之悲! 于以饰终,为之揽涕。具官某其文秋涛瑞锦,其姿古柏寒松。早号醇儒,得渊源于伊、洛;晚称名从,欲辈行于乾、淳。若凤仪麟获而来,以鳣舞狐嗥而去。生刍一束,莫挽于退心;宝带万钉,少旌于耆德。尚期难老,胡不慭遗! 噫,德比陈太丘,素负海内之望;官如颜光禄,用为宰上之题。可。

出处:《后村先生大全集》卷七五。

撰者:刘克庄

考校说明:编年据刘克庄任两制时间、同集前后文时间补。陈乐素推测陈振孙卒于景定二、三年之间(陈乐素《略论陈振孙〈直斋书录解题〉》,《中国史研究》一九八四年第二期)。何广棪则认为此制作于景定三年三月,"后村景定元年九月兼权中书舍人,十一月除兵部侍郎兼中书舍人;二月八月再兼中书;三年三月,除权工部尚书,升兼侍读。是其撰作《外制》诸文字,最早不应超过景定元年九月,而最迟不应后于景定三年三月……《故通奉大夫宝章阁待制致仕陈振孙赠光禄大夫》一篇既置于《外制》之末,即排在前述诸制之后,则其作年最早亦在景定三年壬戌(1262)三月之时"(何广棪《陈振孙生卒年新考》,《文献》二〇〇一年第一期)。此说恐不确,《后村先生大全集》所收外制多有作于景定三年三月之后者即是明证。

贾似道依前太傅右丞相兼枢密使兼太子少师鲁国公加食邑千户食实封四百户制

(景定二年正月至景定三年八月间)

门下:朕推忧宅揆,定计建储。惟王董正治官,实诏赏诛之柄;烦公调护太子,讫成羽翼之功。群僚咸被于涣恩,上宰独陈于谦志。却循墙之章而复上,避维垣之秩而不居。与之邑以旌贤,扬于庭而作命。具官某钟河岳之秀,有莘渭之材。虏昔投鞭,众皆失呲。以衮衣绣裳之重,临攒砲冲梯之危。吴未可图,良以彼有人尔;鲁安得削,岂非儒无敌哉!既汎扫于边烽,遂更张于化琴。谓元子夙成宜豫建,谓名臣欲画宜急求。筑台以致乐毅、剧辛,安军以迎园公、绮季。若时鹤禁,莫匪鸿儒。朝寝门而问安,两宫慈爱;入国庠而齿胄,六馆作兴。绵皇家箕翼之期,繇贤相范模之力。属周岁篇,例进文阶。朕嘉元勋,何惭师尚父之拜;卿抗高志,远希范宣子之风。重违恳切之言,曲狥回驰之请。冠麟阁之丹青图画,奄龟蒙之山川土田,以奖冲虚,以昭眷遇。於戏!姬公一百年卜洛,永奠于周京;子房三万户封留,首安于汉嗣。乃惟盛美,复掩前闻。可。

出处:《后村先生大全集》卷五四。

撰者:刘克庄

考校说明:编年据刘克庄任两制时间、贾似道宦历补,见《宋史》卷二一四《宰辅表》。

贾似道加恩口宣
（景定二年正月至景定三年八月间）

有敕：青禁从游之贤，进迁之恩溥；黄阁调元之老，模范之功高。累控需章，力辞极品。谅难回于谦志，俾加拓于履封。

出处：《后村先生大全集》卷五四。

撰者：刘克庄

考校说明：编年据刘克庄任两制时间、贾似道宦历补，见《宋史》卷二一四《宰辅表》。

贾似道依前太傅右丞相枢密使兼太子少师
鲁国公加食邑一千户食实封四百户制
（景定二年正月至景定三年八月间）

门下：朕仰成名宰，豫建皇储。二年殚鸿翼之劳，褒崇非过；絫疏避鹰扬之拜，终始报谦。卿既牢辞，朕不能夺，仅有锡土田之礼，少酬安社稷之功。乃拣刚辰，诞扬显制。具官某镇浮之望山立，决胜之谋渊深。三代以来，有伊尹、傅说之学；千载而下，知孔明、公瑾之心。一清胡尘，再造王室。量包荒而茹纳广，心如秤而予夺公。周诗美辟国之勋，鲁史书有年之喜。顷登黄阁，首定青宫。招山中之老人，皆入侍矣；选天下之端士，以卫翼之。机务习于临大事决大议之时，德智长于见正事闻正事之际。垂裕及后昆之远，进官特故府之常。念尊祖人之至情，贵极三公之品；若訑恩国之令典，光生四世之阡。取之廉遂尔之高，报之啬重予之慊。兹仍旧宇，加拓新畬，以示朝廷之宠光，以垂臣子之轨则。於戏！贾傅教太子，端由师训之贤；鲁公荒大邦，益奄龟蒙之地。斯为盛举，夐掩前闻。可。

出处：《后村先生大全集》卷五四。

撰者：刘克庄

考校说明：编年据刘克庄任两制时间、贾似道宦历补，见《宋史》卷二一四《宰辅表》。

贾似道加恩口宣
(景定二年正月至景定三年八月间)

有敕:卿定储功大,进律赏微。贻官于下马之陵,如所请矣;加邑特存羊之义,为之慊然。申锡恩言,钦承休命。

出处:《后村先生大全集》卷五四。
撰者:刘克庄
考校说明:编年据刘克庄任两制时间、贾似道官历补,见《宋史》卷二一四《宰辅表》。

赐太傅右丞相贾似道再上奏乞赐罢免不允诏
(景定二年正月至景定三年八月间)

敕似道:"灾害之出,天心之仁",朕诵斯言而加惊;"阴阳不和,臣等之咎",卿丛其责以自归。远引三公燮理之文,近述四臣解罢之例,抗章愈力,申谕未回。朕惟古者占书,水潦阴类,内得无小人间君子之象? 外得无四夷侵中国之忧? 宜汜扫朝廷,宜绸缪牖户,宜丰积贮以备荒札,宜诏诛赏以赞阳明。赖卿老谋,壮国元气。乃敷予心腹,见上下交孚之情;傥移诸股肱,岂君臣相敕之义?

出处:《后村先生大全集》卷五五。
撰者:刘克庄
考校说明:编年据刘克庄任两制时间、贾似道官历补,见《宋史》卷二一四《宰辅表》。

赐安南国王陈威晃礼物敕书
(景定三年六月至八月间)

朕既抚履封,甫膺册命,爰侈尚方之赐赍,以为绝域之宠光。播之纶言,申以筐实。勉殚忠报,谨奉藩条。

出处:《后村先生大全集》卷五三。

撰者:刘克庄

考校说明:编年据刘克庄任两制时间、陈威晃官历补,见《宋史》卷四五《理宗纪》。

赐安南国王陈威晃景定肆年历日敕书
(景定三年六月至八月间)

颁正朔于中朝,朕方来远;奉藩宣于旧宇,尔既袭封。若时凤历之行,岂限龙编之阻。析因之序不爽于人时,耕凿之民安知于帝力? 用广暨南之教,益坚拱北之心。

出处:《后村先生大全集》卷五三。

撰者:刘克庄

考校说明:编年据刘克庄任两制时间、陈威晃官历补,见《宋史》卷四五《理宗纪》。

赐右丞相兼太子少师贾似道辞免敕令所修
进景定编类吏部七司续降了毕特与转两官
依例加恩恩命不允诏
(景定三年七月至八月间)

载览奏函,固辞迁秩。夫上道揆,下法守,乃世哲之训言;若次律令,定章程,亦大臣之职业。既群僚之皆进,岂端揆之独遗? 卿则云无阶之可升,朕则愧有功而不赏。科条森列,永遵萧相国之规;涣渥已行,勿效范宣子之逊。

出处:《后村先生大全集》卷五七。

撰者:刘克庄

考校说明:编年据刘克庄任两制时间、文中所述史事补,见《宋史》卷四五《理宗纪》。

赐贾似道辞免进书加恩不允口宣
(景定三年七月至八月间)

有敕:朕于庆赏,一视旧章;卿再谦扬,洊辞新渥。钦承温诏,庸体至怀。

出处:《后村先生大全集》卷五七。

撰者:刘克庄

考校说明:编年据刘克庄任两制时间、文中所述史事补,见《宋史》卷四五《理宗纪》。

赐同知枢密院事兼权参知政事沈炎辞免敕令所修进景定编类吏部七司续降了毕特与转两官依例加恩恩命不允诏
(景定三年七月至八月间)

涣号已行,需函未止。经曰懋功懋赏,盖以奖于贤劳;谚云经进经修,初不分于久近。况敕属各需异渥,岂柄臣独守一谦! 其体至怀,毋勤再请。

出处:《后村先生大全集》卷五七。

撰者:刘克庄

考校说明:编年据刘克庄任两制时间、文中所述史事补,见《宋史》卷四五《理宗纪》。

赐沈炎辞免进书加恩不允口宣
(景定三年七月至八月间)

有敕:卿与进书,适当初拜;朕方行赏,乌可独遗? 有旧典之具存,在执文之宜略。

出处:《后村先生大全集》卷五七。

撰者:刘克庄

考校说明:编年据刘克庄任两制时间、文中所述史事补,见《宋史》卷四五《理宗纪》。

赐右丞相贾似道再辞免进书转官依例加恩不允诏
(景定三年七月至八月间)

巽命重申,需章屡至。著为律,定为令,朕方喜于成书;撮其要,举其行,卿讵容于辞赏！井井乎法则驭官之别，谦谦然名器假人之言。宜拜新纶，式存旧典。所辞宜不允，仍断来章。

出处：《后村先生大全集》卷五七。
撰者：刘克庄
考校说明：编年据刘克庄任两制时间、文中所述史事补，见《宋史》卷四五《理宗纪》。

赐贾似道再辞免进书加恩不允口宣
（景定三年七月至八月间）

有敕：二秩之增，旧章是率；三命而俯，雅志未回。宜略拘文，毋旷机务。

出处：《后村先生大全集》卷五七。
撰者：刘克庄
考校说明：编年据刘克庄任两制时间、文中所述史事补，见《宋史》卷四五《理宗纪》。

贾明道都大坑冶制
（暂系于景定二年八月至景定三年八月间）

昔大防、纯仁光辅元祐，大忠、纯礼皆列外服，岂以兄弟之当国而废朝廷之擢才哉！尔以高才妙质，久于郎潜，累迁卿少，出为牧守，资历深矣。及丞相归衮，未之甄拔，非抑同产也，示天下大公也。朕以镕台命尔起家，非私丞相也，监我家成宪也。矧丞相尝莅是官，士民至今烝尝之，遵其成规，广其遗意，大小冯君之歌，不得专美于前矣。可。

出处：《后村先生大全集》卷六四。
撰者：刘克庄
考校说明：编年据刘克庄任外制时间补。题后原注：“自此以下再兼掖垣所作。”

赵崇嫩吏部侍郎兼检正制
(暂系于景定二年八月至景定三年八月间)

朕躬揽权纲,首严铨综。群趋左选,谁为寒畯之阶梯;妙选端人,俾掌天官之衡尺。舆情允惬,素望久孚。具官某凛凛百錬之刚,挺挺千寻之直。剸裁甚敏,耸观郢匠之斤挥;发摘如神,靡事汉臣之钩距。画筹而计省之职举,涉笔而中书之务清。迁选授之名司,峻论思之真拜。厥今士难得阙,吏或舞文。彼车载斗量,皆望山公之启拟;此镜明水止,专待行俭之公平。簪橐之联有光,履屐之间咸当。噫!古人设小宰之职,权重于列曹;先贤谓同姓之卿,心存于宗国。益殚忠荩,庸副简求。可。

出处:《后村先生大全集》卷六四。
撰者:刘克庄
考校说明:编年据刘克庄任外制时间补。

倪普监察御史兼殿讲制
(暂系于景定二年八月至景定三年八月间)

朕收比年倒持之柄以肃朝纲,进当世能言之流俾分台察,士有惬志,人无异词。尔负藉甚之名,养浩然之气。奉对丹墀之下,脍炙诸儒;给札玉堂之庐,驰骋十载。朕惟载之言不如见之事,幼而学固欲壮而行,擢自麟台,列之乌府。厥今虏暴特皮肤之浅患,民饥为心腹之近忧。蠲弛而调度繁兴,戒饬而风愆自若。惟有布端人于耳目,使之尽规;庶几起坏证之膏肓,舍是无策。方欲挽回于世运,岂惟纠逖于官邪。噫!《泰》道外小人,朕何幸阴消而阳长;《春秋》责贤者,卿当如日烈而霜严。其陈昌言,以快舆论。可。

出处:《后村先生大全集》卷六四。
撰者:刘克庄
考校说明:编年据刘克庄任外制时间补。

孙应凤将作监簿制
(暂系于景定二年八月至景定三年八月间)

朕惟祖宗朝如庠、祁,如敞、攽,如轼、辙,如巩、肇,皆比肩而立;中兴如鄱阳之洪、庐陵之曾,尤近者如蜀之李、建之徐,亦接武而进。此衣冠盛事也。尔一门二惠,珠联璧合,而仲氏遂为谏诤论思之臣。尔尤温良恬靖,既奏邑最、长饷幕、丞藩府矣,顾未开朝迹,可乎?簿正雊监,问津清要,广廷之下,文石之上,庶华萼之相映,亦埙篪之迭吹。

出处:《后村先生大全集》卷六四。又见《永乐大典》卷一四六〇八。
撰者:刘克庄
考校说明:编年据刘克庄任外制时间补。

徐经孙磨勘转中大夫制
(暂系于景定二年八月至景定三年八月间)

论思班俊,衮衮而登;考课法严,铢铢而较。虽如时望,必待年劳。具官某表和而里刚,出藩而入从。既贰秋卿之事,仍兼夕拜之司。正色而言,东省为之增重;涂归之语,外廷有所未知。竭其献替之忠焉,非必积累为功者。有虞陟明之典,久矣通行;先秦存古之官,岂其轻授!可。

出处:《后村先生大全集》卷六四。
撰者:刘克庄
考校说明:编年据刘克庄任外制时间补。

邓坰磨勘转中大夫制
(暂系于景定二年八月至景定三年八月间)

汉第从臣之颂,以观其材;周计群吏之功,必要诸久。盖虽贵近,不废故常。具官某典刑老成,礼乐先进。扈属车法驾,每行黄道之间;侍广厦细旃,密迩清光之侧。班爵已高于两制,铨衡当进于一阶。噫!隆古盛时,严三载陟明之典;本朝成宪,累七期实历之劳。祗服宠光,益肩忠报。可。

出处:《后村先生大全集》卷六四。

撰者:刘克庄

考校说明:编年据刘克庄任外制时间补。

杨瑱太常少卿制
(暂系于景定二年八月至景定三年八月间)

礼官必属之名士,卿选莫高于奉常。盖将以为论思献纳之储,非使之治制度文为之末。维尔显考,事予潜藩,方修代来之功,奄兴川逝之叹。赖有贤嗣,继收世科,行能尤高,中外详试。久烦以米盐簿书之事,乃进之玉帛钟鼓之间。出则典领曲台,入则弥纶左闱。昔齐鲁诸生知变,仅能就一代之仪;河汾高第逢时,终有愧明主之问。尔其讨论典故,损益古今,勿安起绝之卑,行陟持荷之峻。可。

出处:《后村先生大全集》卷六四。

撰者:刘克庄

考校说明:编年据刘克庄任外制时间补。

赵师光侍右郎官制
(暂系于景定二年八月至景定三年八月间)

选人自一命以上参注者,率挟势与力,惟小使臣贱无势,贫无力,多受抑于胥吏,淹留困厄于逆旅主人者鱼贯也,朕甚患之。尔老成畅练,牧三郡有甘棠之思,使五岭无薏苡之谤。岁晚归来,色夷气和,由棘寺擢兰省,则冯唐白首矣。惟更事多则能指吏奸,惟秉心公则能守铨法,使鹓弁无失职之叹,则尔有佳吏部郎之誉。可。

出处:《后村先生大全集》卷六四。

撰者:刘克庄

考校说明:编年据刘克庄任外制时间补。

吴君擢司封郎官制
(暂系于景定二年八月至景定三年八月间)

列宿之选甚重,非有名论、朝迹、郡最者,不可以超资越录而至。尔早收科第,与贵游异矣;尝历丞郎,其涂辙清矣;又出为牧守,其资历深矣。司封在列曹中职事尤简,昔多以名士为之,亦尔旧毡,还以命尔。勉之哉,进修贤业,涵养盛年,有汉家含香之荣,毋唐人观花之叹。可。

出处:《后村先生大全集》卷六四。

撰者:刘克庄

考校说明:编年据刘克庄任外制时间补。

陈栩国子博士制
(暂系于景定二年八月至景定三年八月间)

有列于成均者皆师儒也,而教胄子者独为博士之长。唐以韩愈辈人为之,然犹有冗不见治之叹,岂春诵夏弦之迂阔,不足以补朝齑暮盐之淡泊欤!尔自为诸生,每一篇出,纸价为贵,才高气刚,不能媚柔与□□□□□□□□念其留滞周南之久也,使之佐□□□□□□□□事皆属毕焉。孟轲曰乐得天下□□□□□□大有教育之乐则无冗与齑盐之□□□□□□□尔其需之。可。

出处:《后村先生大全集》卷六四。

撰者:刘克庄

考校说明:编年据刘克庄任外制时间补。

史绳祖直宝章阁江西提举制
(暂系于景定二年八月至景定三年八月间)

江右今岁幸而有秋,然郡县之创残者未复,田里之凋瘵者未苏,民力穷而粜事方兴,吏治偷而饕风尚在。朕于此时择常平使者,歌《皇华》之诗以送之,其任不亦重乎!尔西州之望,览辉而至。著书翼经学,奏篇切时弊,皆朕之所嘉奖。而白首郎潜,了无躁心。其进延阁之直,为朕揽辔一行,使江乡之人皆曰福星见于翼轸之区,则向之创残者、凋瘵者可还承平旧观矣,民之穷者吐气,吏之饕者革心矣。可。

出处:《后村先生大全集》卷六四。

撰者:刘克庄

考校说明:编年据刘克庄任外制时间补。

刘良贵知嘉兴府制
（暂系于景定二年八月至景定三年八月间）

迩者庐陵调守,询之外廷,皆曰无以易尧。既剖左符临遣,而中道顾以疾谂。朕察尔忠实非饰辞者,恬退非薄淮阳者,为之改命易地焉。二城均为望郡,嘉禾虽少需次,然巾车栗里,采药鹿门,无几何时东方千骑趣上矣。非惟慰尔欲便安之意,亦以示朕体群臣之心。可。

出处:《后村先生大全集》卷六四。

撰者:刘克庄

考校说明:编年据刘克庄任外制时间补。

郎伋前任茶盐检阅官卖盐增羡转朝散郎制
（暂系于景定二年八月至景定三年八月间）

国家大计十之九取诸煮海,欲钞引流通而无壅,必笋鞭画算之有人。尔前以才选,分司采石,醝息之入,有增无亏。尔不惮于宣劳,予岂容于吝赏! 可。

出处:《后村先生大全集》卷六四。

撰者:刘克庄

考校说明:编年据刘克庄任外制时间补。

赵孟博升秘撰制
（暂系于景定二年八月至景定三年八月间）

士大夫孰无森戟凝香之兴,及得千里之地,类颦蹙,曰未易为,或曰不可为,有鄙夷之心而无治理之效者十郡而九也。尔牧镡津期年,他人劫劫无余力,尔上供送使、禀兵禄吏未尝乏绝,然未尝牟利加赋而用足。郡人谓尔但饮此州水耳,日用百需皆取之于家,待百姓甚恩,御史卒甚严,朕闻而嘉之。论撰木天,职清地禁,以慰邦人借留之心,亦以见朕褒显循良之意。可。

出处:《后村先生大全集》卷六四。

撰者:刘克庄

考校说明:编年据刘克庄任外制时间补。

虞宓太学博士制
(暂系于景定二年八月至景定三年八月间)

朕患风俗之躁竞也,思擢孤立平进之士以挽回之。尔通经学古,尝奏邑最、开朝迹、佐藩条而佩二千石印绶矣,顾有厌哗喜静之意,其安恬靖重如此,可以坐皋比、横麈柄而谋,可以立诸生而诲之矣。朝廷清望官未有不繇学省进者,尔其勉旃。可。

出处:《后村先生大全集》卷六四。

撰者:刘克庄

考校说明:编年据刘克庄任外制时间补。

徐抡太社令制
(暂系于景定二年八月至景定三年八月间)

二令列属于奉常,其职清;累朝颛以待隽胄,其选遴。尔先人贤执政也,尔佳公子也,又内为掌故,外佐台阃,则涵养熟而更练多矣。靖共尔位,嗣有褒陟。可。

出处:《后村先生大全集》卷六四。

撰者:刘克庄

考校说明:编年据刘克庄任外制时间补。

知信州赵希訡转朝散郎制
(暂系于景定二年八月至景定三年八月间)

属者边吏不戒,狂獝偷渡,内地震扰,而上饶遂为传烽过师之地,萧然烦费。及氛祲扫清,则郡邑俱残敝矣。尔剖符于公私赤立之后,而能扶持败坏,访问疾苦,摩拊疮痍,牵补乏绝。兵民德之,转而上闻,其进一阶,庶几虞廷陟明、汉廷增秩之意。可。

出处:《后村先生大全集》卷六四。
撰者:刘克庄
考校说明:编年据刘克庄任外制时间补。

淮东提举章峒盐赏转一官制
(暂系于景定二年八月至景定三年八月间)

天下大计仰东南,而东南大计仰淮盐。尔为使者,鬻筴倍增,军国赖焉,非周家所谓廉能、汉人所谓有心计者乎! 爰晋一秩,以旌尔劳。可。

出处:《后村先生大全集》卷六五。
撰者:刘克庄
考校说明:编年据刘克庄任外制时间补。

杨铸除太社令制
(暂系于景定二年八月至景定三年八月间)

朕惟恭圣先后辅佐宁考,援立眇躬,有大造于我家。其族益蕃,而多才子,尔其庭户之芝兰也。社令之擢,遂开朝迹,盖以才选,不颛为恩。可。

出处:《后村先生大全集》卷六五。
撰者:刘克庄
考校说明:编年据刘克庄任外制时间补。

陈铸除司农卿仍兼右司制
(暂系于景定二年八月至景定三年八月间)

积贮天下之大命,古所谓九年之蓄者今无之矣,白粲之入不足以供赤帮之出,识者寒心焉。经常之费不可已,操切之术不可施,非通儒谁与领此! 尔家世清修,中外详议,才愈老而卿尚少。兹命尔晋长扈农,庶几汉人用郑康成之遗意。夫坐而论与作而行者之情常患难通,尔既弥缝省闼,与闻庙论,则仓庾氏之利病,可以建白而罢行之矣。咫尺两禁,岂婆娑于九列者哉! 可。

出处:《后村先生大全集》卷六五。
撰者:刘克庄
考校说明:编年据刘克庄任外制时间补。

金九万太学博士制
(暂系于景定二年八月至景定三年八月间)

在三之谊,师居一焉,然汉弟子有嘲师者,唐诸生有笑于列者,必也典型足以模楷,博约足以循诱,馥馨足以沾丐。尔三者备矣,坐皋比而执麈柄,非尔其谁! 岂曰无毡,行且重席。可。

出处:《后村先生大全集》卷六五。
撰者:刘克庄
考校说明:编年据刘克庄任外制时间补。

杜濬大理正制
(暂系于景定二年八月至景定三年八月间)

昔先清献爱立未久,山颓哲萎,天下至今谓其清忠粹德如光,亦谓尔濬底法父不忝父,有康之风。立乎本朝,冲泊自守,视荣进无躁心。李寺民命所系,朕不欲数迁改,由丞而正,若稍回翔者,然步武浸高,差并于惟月、平挹于列宿矣。可。

出处:《后村先生大全集》卷六五。

撰者:刘克庄

考校说明:编年据刘克庄任外制时间补。

刘燧叔朱挺大理丞制
(暂系于景定二年八月至景定三年八月间)

郡国狱掾至微也,非有考举人不轻授,况夫狱之重、丞位之高,而可畀之少不更事者哉?尔燧叔、尔挺皆宁考法从子孙,皆尝牧两郡有声绩,皆闲退拙进取,皆老成知情伪,皆慈恕不刻深。起之闵山,擢之李寺,以劝孤立平进之士,以广朕洗冤泽物之意。可。

出处:《后村先生大全集》卷六五。

撰者:刘克庄

考校说明:编年据刘克庄任外制时间补。

林希逸依旧宝谟阁广东运判制
(暂系于景定二年八月至景定三年八月间)

吾甚忧岭海之民,地远而天高也。地远则饕残易逞,天高则疾苦难愬。先朝部刺史,前有端颐,后有光朝,以儒学用,不以吏能进,至今士民称之。尔尝给札视草,文可思;尝拥麾持节,才可用。然能高甚众,往往蒙以虚诋而不考其实践。岁中再召,使尔乘私车而来,负谤篋而归,吾甚愧之。起家外台,尔其以玉雪洗五瘴,以冰蘖倡百城,使远民皆知吾用儒臣按部之意。可。

出处:《后村先生大全集》卷六五。

撰者:刘克庄

考校说明:编年据刘克庄任外制时间补。

范东叟江东提刑制
(暂系于景定二年八月至景定三年八月间)

除授部刺史,百城休戚系焉,贤则福星见,否则一路哭,盖朕所甚重。尔西州之望,元祐太史家之白眉,召归未久,朕贤其人,欲位置于清望官。顾以兄客江乡,力求外补,留之不可,揽辔之行,将以寻对牀之约,朕愈贤之。先儒有言:凡天下之疲癃残疾鳏寡孤独,皆吾兄弟之颠连无告者。尔推爱兄之心以加诸彼,必钦恤,必平反,则九郡数十县之民皆自以为不冤矣。使事有指,其听朕言。可。

出处:《后村先生大全集》卷六五。

撰者:刘克庄

考校说明:编年据刘克庄任外制时间补。

萧山则宗正丞制
(暂系于景定二年八月至景定三年八月间)

曩者有相,专进用尖新镌薄小人,而雅人修士例束之高阁。朕既改弦,首变此风,弓旌所及,野无遗贤,朝廷之上半老儒矣。汝亦当时雅人修士之一也,尝列鹓序而秉麟笔,何去之速,何来之迟!瑶编钜典,丞亚于卿一等,铺张扬厉,盖所优为。姑养汝望,朕固以清望官期汝。可。

出处:《后村先生大全集》卷六五。

撰者:刘克庄

考校说明:编年据刘克庄任外制时间补。

陶梦桂司农丞制
(暂系于景定二年八月至景定三年八月间)

国家之忧有二:兵无宿储也,民苦贵籴也。万口嗷嗷待哺,执事者皆知瓶罄罍耻之可虑,而诿曰筹画鞭算之无所施。尔于此时进丞扈农,难则难矣。往佐而长,共图其所以救弊纾急之策,挥利器于盘错,奏游刃于肯綮可矣。若谓吾所职者出纳之吝,则非朕擢才之意。可。

出处:《后村先生大全集》卷六五。

撰者:刘克庄

考校说明:编年据刘克庄任外制时间补。辛更儒《刘克庄集笺校》:"陶梦桂,《宝庆会稽续志》卷六:'绍定五年徐元杰榜,陶梦桂,廷俊孙。'雍正《江西通志》卷五〇:'嘉定十三年庚辰刘渭榜,陶梦桂,进贤人,朝请郎。'同书卷六七:'陶梦桂字德芳,进贤人,嘉定进士。历任至朝请郎、岳州通判,出入江淮荆蜀二十年,所至爱民,力修军政,有廉能称。退隐平塘,简淡自处,以寿终。'右二人同时同名,不知后村右制所指何人。"(中华书局,二〇一一年,第三〇七〇页)《平塘陶先生诗》卷三有进贤陶梦桂之墓志(《故知容州朝请陶公墓志铭》),可知进贤陶梦桂卒于宝祐元年,且未曾任司农丞,疑此制陶梦桂为会稽陶梦桂。

曹怡老大理司直制
(暂系于景定二年八月至景定三年八月间)

廷尉之属多以待明法者,惟司直颛以士人为之,古人敬刑之意于是乎在。尔名法从之子,尝宰邑监郡,资长厚而论平恕,犹有父风。使之秉谳笔以佐其长,可以活民命而长王国矣。若曰析律,岂无其人? 可。

出处:《后村先生大全集》卷六五。
撰者:刘克庄
考校说明:编年据刘克庄任外制时间补。

李埙军器丞制
(暂系于景定二年八月至景定三年八月间)

古之甲有寿三百年者,矢有穿七札者,岂非函人、矢人善于其事而然? 今边备未弛,以除戎器为急务,可不勤其官乎? 尔淳熙名执政之孙,兹以才选,晋丞戎监。若周室车械之备、汉家工技之精,作而行之者之责也,汝其懋哉! 可。

出处:《后村先生大全集》卷六五。
撰者:刘克庄
考校说明:编年据刘克庄任外制时间补。

洪穟大理寺簿制
(暂系于景定二年八月至景定三年八月间)

南渡而后,一门父子兄弟同时鼎贵,前则鄱阳洪氏,后则天目洪氏。尔其家之佳子弟也,官业邑最皆可书,擢由纶阁,列于李寺。曰淑问,曰审克,尔与闻焉,岂特簿正乎哉！可。

出处：《后村先生大全集》卷六五。又见《永乐大典》卷一四六〇七。

撰者：刘克庄

考校说明：编年据刘克庄任外制时间补。

王人英将作簿兼史馆校勘制
（暂系于景定二年八月至景定三年八月间）

先朝以童科擢士，如亿如殊，后皆为名卿相。尔妙龄美质，来游木天，与闻修纂亦已久矣。夫固使之读尽未见之书，而养成有用之器也，列属雄监，兼秉麟笔。《诗》不云乎，"景行行止"，杨、晏何人哉！可。

出处：《后村先生大全集》卷六五。

撰者：刘克庄

考校说明：编年据刘克庄任外制时间补。

知武冈军史椿卿在任政绩转一官制
（暂系于景定二年八月至景定三年八月间）

汉制：郡太守有治理效者，往往久于其官，或就赐金增秩，一则尽彼牧御之材，二则省吾迎送之费，朕甚慕之。尔所临之郡固湘中佳处，然他人为之寂寂无闻。尔期岁间修废饰盅，一城改观，省民峒丁，各守条约，不相侵犯，贵公子乃能办此，奇矣！朕欲趣还省户而又重于数易，姑迁一秩，以俟选表。可。

出处：《后村先生大全集》卷六五。

撰者：刘克庄

考校说明：编年据刘克庄任外制时间补。

陈懋钦国录制
（暂系于景定二年八月至景定三年八月间）

由掌故而学官，平进也；然未一岁再命，亦峻擢也。惟尔凝然端重，可以仰企前修；益然和粹，可以俯接后进。使教胄子，师道必有可观者，岂但课试词艺而已哉！可。

出处：《后村先生大全集》卷六五。

撰者：刘克庄

考校说明：编年据刘克庄任外制时间补。

董宋臣又为进书转翊卫大夫制
（暂系于景定二年八月至景定三年八月间）

书以传信，既鸿笔之先褒；赏不逾时，岂貂珰之独缓？具官某久陪宿卫，备罄忠勤。号内廷用事尊宠之臣，能藏于密；凡一代稽古礼文之类，皆见而知。虽儒绅会粹之劳，亦史局兵司之助。超资越录，兹叠承优异之恩；损满益谦，必深悟盈虚之理。可。

出处：《后村先生大全集》卷六五。

撰者：刘克庄

考校说明：编年据刘克庄任外制时间补。

邓峒磨勘转太中大夫制
（暂系于景定二年八月至景定三年八月间）

论思班政，与庶僚不同；考课法严，自近臣而始。具官某古之耆寿俊，今之老成人。属车在后，鸾旗在前，出而扈跸；广厦之下，细旃之上，入而谈经。兹陟文阶，亦循铨格。积日累月，适成周大计之时；自卑升高，加先汉超迁之秩。可。

出处：《后村先生大全集》卷六五。

撰者：刘克庄

考校说明：编年据刘克庄任外制时间补。

叶梦鼎磨勘转太中大夫制
（暂系于景定二年八月至景定三年八月间）

履声贵近,独高献纳之班;铨法森严,尤重超迁之秩。具官某璞玉浑金之器质,光风霁月之胸襟,出屡拥于节麾,入遍仪于笔橐。韩愈奏从官之技,无愧诗书;绮季从吾儿之游,有功储贰。然其序进,必以年劳。噫!周室设官,既长六卿而率属;虞廷考绩,适当三载之陟明。可。

出处:《后村先生大全集》卷六五。

撰者:刘克庄

考校说明:编年据刘克庄任外制时间补。

谢堂为磨勘转朝散大夫制
（暂系于景定二年八月至景定三年八月间）

候对之班,尤于天近;审官之法,必以年劳。具官某相阁挺生,天材轶出。伟中殿谦冲之德,倡外家损挹之风。巨镇名藩,退而袖轮扁之手;珍台闲馆,超然拍洪崖之肩。然考课之法尤严,虽论思之臣不废。面四松于奎阁,密迩清光;加一秩于冰衔,钦承新渥。可。

出处:《后村先生大全集》卷六五。

撰者:刘克庄

考校说明:编年据刘克庄任外制时间补。标题"为"字疑衍。

府丞游汶两易农簿制
（暂系于景定二年八月至景定三年八月间）

江左贤相称王、谢,然乌衣子弟有佩紫罗囊者,有挂笏看山不省马曹者。尔清献闻孙,好修克守于家法,练事不流乎清谈。扈农方以乏绝为忧,往勤乃职,朕方观尔之才焉。可。

出处:《后村先生大全集》卷六五。又见《永乐大典》卷一四六〇七。

撰者：刘克庄

考校说明：编年据刘克庄任外制时间补。

谢垫司农簿制
（暂系于景定二年八月至景定三年八月间）

以阀阅取人，其来远矣。尔槐庭闻孙，椒涂远属，其为京兆少尹，盖以才选，擢置农扈。等而上之，其进未已。可。

出处：《后村先生大全集》卷六五。

撰者：刘克庄

考校说明：编年据刘克庄任外制时间补。

司农簿谢垫两易太府丞制
（暂系于景定二年八月至景定三年八月间）

农扈视唱筹之劳以给待哺之众，日日少假。朕念尔方有子职也，外府之事稍简，为之改命焉。非惟慰亚保之心，亦以见朕体群臣之意。可。

出处：《后村先生大全集》卷六五。

撰者：刘克庄

考校说明：编年据刘克庄任外制时间补。

赵逢龙除将作监制
（暂系于景定二年八月至景定三年八月间）

书曰"人惟求旧"，《语》曰"吾从先进"，古之道也。尔议论接于诸老，德齿尊于一代，卷怀退处，若与世相忘者。朕闻其优游洛社，精悍未衰，召以大匠，将询猷而乞言焉。宜疾其驱，以副延伫。可。

出处：《后村先生大全集》卷六五。

撰者：刘克庄

考校说明：编年据刘克庄任外制时间补。

韩禾考功郎官制
（暂系于景定二年八月至景定三年八月间）

　　吏部郎各治一职，惟考功合四选而兼综之。士挟势利而挠法，吏长子孙而舞文，非清通而简要者不在列宿之选。尔以才学发身，昔游省户有能名，今陈枲事有风力。方众贤和朝，孔鸾咸集，察史谈之留滞，思贾生而召见，乃出新綍，复还旧毡，庶乎四选之弊可清，三尺之法可守矣。

出处：《后村先生大全集》卷六五。

撰者：刘克庄

考校说明：编年据刘克庄任外制时间补。

翁合侍左郎官制
（暂系于景定二年八月至景定三年八月间）

　　朕改纪以来，弓旌四出，士或浮湛闾里，栖遁岩穴，莫不弹冠而起，况学校之誉髦，馆殿之名胜，可使之留滞周南若是之久哉？尔擅凌云之笔，负冲霄之志，览辉而来，卷怀而出，其治郡有能名，刺部有风力，则不可得而揜。嗟夫！朕不见生久矣，属将有夜半之问，庶几闻朝阳之鸣。抑左铨剧曹也，尔合望郎也，惟刚则甄叙徇理而不徇势，惟明则予夺听法而不听吏。朕方不次擢士，尔岂淹翔于省户者！可。

出处：《后村先生大全集》卷六五。

撰者：刘克庄

考校说明：编年据刘克庄任外制时间补。

包恢磨勘转中奉大夫制
（暂系于景定二年八月至景定三年八月间）

　　六典设二卿，春官尤重；三年计群吏，古制则然。具官某异闻佩严考之绪余，精义聆先师之謦欬。帝曰伯夷典礼，咨汝钦哉；予与卜商言诗，起予可矣。虽当代耆英之望重，然有司考课之法严。噫！夙夜寅清，既班高于两禁；日月积累，姑序进于一阶。可。

出处:《后村先生大全集》卷六五。

撰者:刘克庄

考校说明:编年据刘克庄任外制时间补。

知建昌军魏峙职事修举转朝请郎制
(景定二年八月至景定三年八月间)

朕核核名实而严殿最,于郡国长吏稍汰其饕墨而罢软者,其有以廉能自着见,必尊显之。尔相家子,牧名城,无严刑峻令而雄狡服,不巧取豪夺而财用足,其士皆曰待我有礼,其民皆曰拊我有恩,一郡之废者兴,蛊者饬,朕闻而嘉之。夫陟明舜典也,增秩汉制也,尔既能善其始,又能不倦以终之,则可以对扬休命矣。可。

出处:《后村先生大全集》卷六五。

撰者:刘克庄

考校说明:编年据刘克庄任外制时间、魏峙官历补,见正德《建昌府志》卷一二。

周坦磨勘转朝请大夫制
(暂系于景定二年八月至景定三年八月间)

汉家听履之班,在廷莫及;虞朝考绩之法,历代通行。具官某琅琅然董子天人之篇,炳炳乎陆贽仁义之谏。虽藩条宣布,被阳春之泽而光辉;然官阀推迁,计日月之劳而积累。属当会课,爰命出纶。噫!台斗八座之高,卿维达贵;冰衔一阶之陟,予非滥恩。可。

出处:《后村先生大全集》卷六五。

撰者:刘克庄

考校说明:编年据刘克庄任外制时间补。

叶大有上遗表赠通奉大夫制
（暂系于景定二年八月至景定三年八月间）

子欲养，亲不留，叵堪致毁；人云亡，国殄瘁，深悯遗忠。曾未替于眷怀，爰加隆于恤典。具官某对策冠龟朋之前列，穷经为麟笔之素臣。繇大坡风稜之雄，践文昌台斗之贵。其建明务为平实，不喜尖新；其讥弹未尝刻深，终归浑厚。虽奉身而出昼，犹将母以行春。甫抱蓼莪之悲，忽惊梁木之坏。謇謇匪躬之故，恍如平生；琅琅垂绝之音，遂隔今古。仅成短梦，竟夭盛年。念尝列听履之联，宁致厚书棺之渥。噫！积善余庆，安知伯道之无儿；强谏不忘，尚冀臧孙之有后。谅惟精爽，歆此宠光。可。

出处：《后村先生大全集》卷六五。

撰者：刘克庄

考校说明：编年据刘克庄任外制时间补。

赵希悦工部郎官制
（暂系于景定二年八月至景定三年八月间）

尚书郎惟起部文书绝少，廷中才一二雁鹜，夸诩者病其无权，恬靖者喜其省事。尔自奋科第，问其居则西桥，叩其学则家庭，本其自出则考亭之外孙也。少之所濡染，壮之所讲明，晚之所成就，庶几卓雅不群矣。朕择清曹命尔，可以进德，亦可以养望，岂惟上应列宿而已哉！可。

出处：《后村先生大全集》卷六五。

撰者：刘克庄

考校说明：编年据刘克庄任外制时间补。

章炯左曹郎官制
（暂系于景定二年八月至景定三年八月间）

地官之属各治一事，而左曹所主天下户婚之讼。夫赋讼皆急务也，今长贰皇皇然会计钱谷之不暇，若讼牒则往往谦巽，属之郎舍。天下之大，讼不平者之众，孰宜秉此笔哉！尔以高材,更烦□使,所谓尝险阻而知情伪者。其悉而心,佐而长,讼至乎前,势夺理、情挠法者显绝之,官受欺、吏舞智者痛绳之,是非曲直易位者明办之。夫如是,则无一事之失平,一民之不获,无愧于设官分职之意矣。可。

出处:《后村先生大全集》卷六五。

撰者:刘克庄

考校说明:编年据刘克庄任外制时间补。

全清夫宝章待制提举佑神观仍奉朝请制
(暂系于景定二年八月至景定三年八月间)

民歌牧守,方憩于棠阴;国重亲贤,靡需于瓜熟。宜释朱轓之寄,径跻紫橐之联。具官某宣慈而惠和,辨智而闳达。惜阴书案,甚于孤寒士之勤;得隽词场,岂若恩泽侯之易? 在中朝吉士之目,有两京循吏之风。既至九卿而入承明,复把一麾而去江海。方且赋中和之政,不当夺慈惠之师。属以储闱正人伦之始,选诸戚畹得邦媛之贤。如卿行尊,盍主婚礼。辍宣城之半竹,面奎阁之四松。兹外族之殊荣,亦我家之旷典。必为闲燕,实可论思。噫! 东人欲留,出既宣于美化;西清候对,入尚告于嘉猷。可。

出处:《后村先生大全集》卷六五。

撰者:刘克庄

考校说明:编年据刘克庄任外制时间补。

邓峒权吏部侍郎制
(暂系于景定二年八月至景定三年八月间)

天官居六典之先,具严于八法;武部号三铨之剧,常选于贰卿。既叠组之甚宜,岂出纶之可后? 具官某德盛而仁熟,色夷而气和。挹其标致,有前辈之风;出其土苴,在吏师之目。汉公卿之论,每及邓先;晋名胜之流,亦推伯道。持橐而扈法驾,巍冠而侍细旃。孟子以仁义而敬王,武王既髦期而称道。朕惟鸠工事简,风斤之巧安施;鹗弁员多,水镜之明已试。若时少宰,宜属耆英。噫! 如申公、辕固之告君,老而益壮;如左雄、山涛之典选,公而忘私。谁其兼之,择斯二者。可。

出处:《后村先生大全集》卷六六。

撰者:刘克庄

考校说明:编年据刘克庄任外制时间补。"邓峒"当为"邓圯"之误。

常挺权工部侍郎制
(暂系于景定二年八月至景定三年八月间)

二史记时政,既高两省之班;六典阙冬宫,尤遴贰卿之选。延登胜彦,增重迩联。具官某文价今之抢魁,谏草古之遗直。始翔而集,方耸闻仪凤之鸣;俄卷而怀,不肯作饥乌之嚛。属中朝之改瑟,驰急驿而予环。师席之所作成,经帏之所启沃。或禁中片纸,奋笔以涂归;或楯前一砖,犯颜而抗议。忠嘉必告,补益甚多。久烦夹香案之傍,宜俾扈属车之后。噫!昔司言动,不过如史佚所书;今擢论思,何止责工垂之事!益殚美报,庸副眷怀。可。

出处:《后村先生大全集》卷六六。

撰者:刘克庄

考校说明:编年据刘克庄任外制时间补。

陈绮右文殿撰枢密都承旨制
(景定二年八月至景定三年八月间)

古太尉掾,均为公府之僚;今承旨厅,实长枢廷之属。粤自改元丰之新制,类多处法从之名臣。具官某智略辐凑于上前,麾节辙环于天下。心平气定,居然龙见而雷声;事至物来,甚于龟卜而烛照。治赋鄙牙筹之琐屑,听讼察齰箭之隐微。久劳烦以米盐簿书,且周旋乎亭幛堡戍。朕方修车备器,图回复古之功;孰能借箸运筹,俾赞本兵之地。与闻机密,稍亚论思。强本可以折冲,直前可以论事。噫!在元祐则安世由风宪除,在绍兴则刚中以功名显。益摅贤业,追企前修。

出处:《后村先生大全集》卷六六。又见《永乐大典》卷一三四九九。

撰者:刘克庄

考校说明:编年据刘克庄任外制时间、陈绮官历补,见《景定建康志》卷二六。

郑雄飞起居舍人制
（暂系于景定二年八月至景定三年八月间）

伯臣司宗,麟寺之班已峻;右史记事,螭坳之拜尤清。具官某默然知言,仁必有勇。对延和则犯颜敢谏,傅资善则执古据经。濡豪而遣使臣,威稜凛其;加璧而延诸老,颜发苍然。独倦倦忧爱之忠,见缕缕建明之疏。臣卿尚少,了无意于着鞭;君举必书,方有资于执简。非惟记注,亦可论思。必有以切劘君心,辅导储德。噫！既居迩列,密依日月之光;毋使傍观,或责《春秋》之备。可。

出处:《后村先生大全集》卷六六。

撰者:刘克庄

考校说明:编年据刘克庄任外制时间补。

何逢吉叙朝散大夫利路运判兼四川制参制
（暂系于景定二年八月至景定三年八月间）

自蜀有狄难,士大夫避地东南者众,几置乡国于度外矣。尔由策名解褐至拥麾持节,盖登畿之日浅而仕蜀之时多。中罣吏议,缩手袖间。朕惟人才实难,讵宜以一眚掩德,稍复雁门之踦,付以飞挽之任。制垣初建,就命尔参其军事。昔人被发缨冠以救乡邻之斗,尔其投袂而起,叱驭而行,以宽朕西顾之忧。可。

出处:《永乐大典》卷一三五〇七。

撰者:刘克庄

考校说明:编年据刘克庄任外制时间补。

叙复奉直大夫郑羽升直宝章阁淮东提举制
（暂系于景定二年八月至景定三年八月间）

淮盐之利甲天下,东南大计仰焉,闽、浙、蜀、广所产皆不及也。其选择使者,视他路为重。尔以才选,中外详试,前总饷未煖席,而责以偿数十年失陷之赋,废绌其身,荡覆其家,岂理也哉！论久而定,亦既为尔辨诬而复雁门之踦矣,乃今送以《皇华》,宠以奎阁,朕不以一眚而弃士,尔宜获五善以报君。若夫亭民之休戚,榷法之利病,尔优于心计,必有以称临遣之意。可。

出处:《后村先生大全集》卷六六。

撰者:刘克庄

考校说明:编年据刘克庄任外制时间补。

陈昉华文待制仍旧知建宁府制
(暂系于景定二年八月至景定三年八月间)

初潜重镇,最声直澈于九重;次对隆名,进律超加于二等。载嘉美绩,爰出新纶。具官某介而能通,澹乎无欲。六卿帅属,其进在一纪之先;四国于蕃,所至有百年之爱。籍甚建安之政,得之行路之言。一则为邦人之借留,二则重长吏之数易。噫!下玺书而褒黄霸,风厉其余,颁银信而召邺侯,遄归不远。可。

出处:《后村先生大全集》卷六六。

撰者:刘克庄

考校说明:编年据刘克庄任外制时间补。

陈昉户部侍郎兼权刑书制
(暂系于景定二年八月至景定三年八月间)

积多而有余,实天下之大命;刑成而不变,宜君子之尽心。招徕一代之英贤,登拜秋卿之长贰。具官某有仁者之勇,得圣人之清。孤竹风标,坐使懦顽之志立;紫芝眉宇,能令鄙吝之意消。众竞为于茧丝,尔勤求于刍牧。仁声载路,东欲留,西欲归;遗爱在人,社而稷,尸而祝。属群贤之汇进,岂宿望之独遗?以小司徒,兼太常伯,虽予环之已晚,然听履之益穹。版曹有待于阜通,宪部尤资于钦恤。噫!无三年之蓄非国,赖主计之才;有一夫之泣向隅,亦司刑之责。对扬眷简,愈罄惠嘉。可。

出处:《后村先生大全集》卷六六。又见《永乐大典》卷一三五〇七。

撰者:刘克庄

考校说明:编年据刘克庄任外制时间补。

贾德生除秘阁修撰制
(暂系于景定二年八月至景定三年八月间)

丞相勋在盟府,朕常恨无官可酬。远稽前代,近考本朝,且辅周室而伯禽拜后,浚佐中兴而杙赐龟紫。昔固有之,今亦宜然。尔前言往行熟讲于家,治法征谋与闻于内。幕有孝谨之誉,廷无贵介之风。涉木天论撰,奉竹宫香火,可以娱侍慈颜,涵养美质。前辈称门户之盛、子弟之贤,惟韩、吕二家,尔其勉哉! 可。

出处:《后村先生大全集》卷六六。
撰者:刘克庄
考校说明:编年据刘克庄任外制时间补。

贾德润除直秘阁制
(暂系于景定二年八月至景定三年八月间)

古之王者幼吾幼以及人之幼,况其宰相子乎? 尔生而颖异,虽未胜衣冠而趋拜朕前,有成人之风。擢之延阁,示嘉奖奇童之意。此日之拱把,它日之耸壑昂霄者也。益勤于学,以对宠光。可。

出处:《后村先生大全集》卷六六。
撰者:刘克庄
考校说明:编年据刘克庄任外制时间补。

贾德生妻赵氏封吴兴郡主制
(暂系于景定二年八月至景定三年八月间)

朕燕丞相寿母于禁中,尔以家妇从,礼度娴雅,容止可观,问其阀阅,则景献之家、忠惠之子也。其疏乡郡之汤沐,以旌闺壶之淑贤。可。

出处:《后村先生大全集》卷六六。
撰者:刘克庄
考校说明:编年据刘克庄任外制时间补。

贾蕃世妻赵氏封宜人制
（暂系于景定二年八月至景定三年八月间）

尔侍曾祖姑两国燕禁中,温恭肃敬,盖相门之贤妇,亦贵家之内则也。其锡新封,以昭异数。可。

出处:《后村先生大全集》卷六六。又见《永乐大典》卷二九七二。

撰者:刘克庄

考校说明:编年据刘克庄任外制时间补。

陈坚秘书监兼右谕德制
（暂系于景定二年八月至景定三年八月间）

汉起朝仪而齐、鲁两生皆辞不至,延儒学而伏生、辕固以老见遗。用不用于四士何加损,然所谓朝仪止于绵蕞之陋,儒学不过从谏阿世之流,汉之为汉则可惜也。尔立身有本末,顷当国讳言,举世澜倒,欲以只手挽而回之,虽退而名益重。朕既去凶举相,朝半老儒,野无遗贤,独尔辞安车之聘,安考槃之乐,此岂叔孙子之所能致、平津之所能客哉！蓬长所以领袖诸儒,宫僚所以辅导元子,朕虚清望官以待尔。君臣之义,如何废之,其贲然来思,以副延伫。可。

出处:《后村先生大全集》卷六六。

撰者:刘克庄

考校说明:编年据刘克庄任外制时间补。

留梦炎宗正少卿制
（暂系于景定二年八月至景定三年八月间）

本朝自叶祖洽以希合时好为举首之后,三岁一魁,未尝乏人。其间卓然以清风劲节照映千古者,前九成、后十朋而已。尔对策有直声,造膝有忠言,可得而能也。出秉麾节,以玉雪持身,以冰蘖倡官吏,它人口谈者尔躬行之,不可得而能也。改纪以来,孔鸾毕集,尔虽哀疚,朕怀其贤,亦既更素韠而御祥琴矣。麟寺鹤禁,皆尔旧游,其幡然一来,以究尔平昔之学,以慰朕久不见生之意。可。

出处:《后村先生大全集》卷六六。

撰者:刘克庄

考校说明:编年据刘克庄任外制时间补。

<h1 style="text-align:center">全槐卿太府卿制</h1>

(暂系于景定二年八月至景定三年八月间)

古之用人,右贤左戚,未尝限畛域,分流品,惟其才而已。尔仁厚而有智略,儒雅而通世务,居中补外,资望浸高。周旋数郡,不巧取豪夺而用足,无疾声大呼而事集,遗爱在人,去而见思,所谓慈惠之师、廉平之吏。朝廷方急士,其可使之需次东郡乎? 外府事简,九卿班峻,非特掌有司出纳之吝,盖将为法从论思之储。

出处:《后村先生大全集》卷六六。

撰者:刘克庄

考校说明:编年据刘克庄任外制时间补。

<h1 style="text-align:center">胡玘之将作监兼国史制</h1>

(暂系于景定二年八月至景定三年八月间)

史称文帝敬贤如宾,以其时考之,谊弃长沙犹曰少年之故,唐滞郎省不已白首乎? 且帝既知唐之贤矣,又止辇而问之矣,终不闻有大遇合,何也? 朕则不然,凡在列宿之选,莫不赐对以观其人。尔老成而有定见,恬澹而无躁心,亦今之冯唐也,可不急用之欤! 大匠班高事简,以处耆年雅望,《礼》所谓乞言、《书》所谓询猷者,朕将举行焉。可。

出处:《后村先生大全集》卷六六。

撰者:刘克庄

考校说明:编年据刘克庄任外制时间补。

林光世司农少卿制
（暂系于景定二年八月至景定三年八月间）

先朝虽重科目，然时有特起之士，如王昭素、徐复、常秩、韩驹之流，或以经术，或以文字，皆得之于科目之外，奋布衣，致通显，朕甚慕之。尔始以《易》学进，及试之以言则辨丽而博，授之以政则果艺而达。由史属至郎监，由牧守而至部刺史，若素官然。近览奏篇，明王体而通世务，切当朕心。锡之科第，擢之卿少，出于独断，不世之遇也。必靖共正直，必据依名节，以副朕度越拘挛、选择而使之意。可。

出处:《后村先生大全集》卷六六。
撰者:刘克庄
考校说明:编年据刘克庄任外制时间补。《宋代诏令全集》以《宝庆会稽续志》卷二为据系于景定二年十一月(第一七九〇页)，然检《宝庆会稽续志》卷二，似未见相关记载。

贾贯道赠大中大夫宝章待制制
（暂系于景定二年八月至景定三年八月间）

朕考先朝之故实，见名宰之同胞，绛拜头厅，综仅终于禁省，浚升次辅，滉因锡于儒科。虽夭寿之命受之于天，然哀荣之文岂不在我！有怀英爽，追锡恩徽。具官某世德深长，天材超轶。谚云父如龙，兄如虎，盛矣蓂加;《诗》谓伯吹埙，仲吹篪，少而竞秀。足以增光于严考，惜哉遽夺于长君。使小假灵椿之年，必及见常棣之贵。君臣际会，若为酬麟阁之功;昆弟急难，思少慰鸰原之念。燕赉均占于尊幼，龙光奚间于殁存！进槖列以表阡，出纶言而告第。褒崇之异，今昔所希。噫！明堂赖一柱之扶，朕敢忘于勋德;奎阁候四松之对，尔无憾于幽冥。可。

出处:《后村先生大全集》卷六六。
撰者:刘克庄
考校说明:编年据刘克庄任外制时间补。

魏克愚军器监制
(暂系于景定二年八月至景定三年八月间)

由尚书郎以上,非历麾节、著声绩者不可循序而进。尔陈浙左臬事,主京畿漕计,民德其宽,吏惮其严,皆曰文靖之美子、近世之肤使也。进之戎监,虽若平迁,时方艰虞,《易》所谓除戎器者为今急务。古有寿百年、二百年之甲,有中石没羽之矢,岂非工善其事而然欤! 以尔之才,往阅武库,必能修其当修者,备其未备者,以佐朕中兴之治。可。

出处:《后村先生大全集》卷六六。
撰者:刘克庄
考校说明:编年据刘克庄任外制时间补。

项公泽宗正丞制
(暂系于景定二年八月至景定三年八月间)

九卿之属丞为高,而三丞为尤高,尚书郎有阙则次补,常以处当世名流。尔由甲科、邑最开朝绩,累迁而至胄丞,佩玉徐行,异乎捷径窘步者矣。赞我司宗正,天近地禁,瑶编钜典属笔于尔,虽凡例有前修之可法,然铺张非老学其谁宜! 小烦汗竹之劳,平挹握兰之选。可。

出处:《后村先生大全集》卷六六。
撰者:刘克庄
考校说明:编年据刘克庄任外制时间补。

游义肃大理寺丞制
(暂系于景定二年八月至景定三年八月间)

朕延访群臣,优容谠论,或一时不遇而去,然他日必思其言。尔顷既登朝,适当赐对,颇条时弊,遂忤要权。值奸佞之窜投,起英髦于闲散。幸有奏篇之可覆,岂终谗谤之厚诬! 其上左符,俾丞丛棘,非独旌故家之直谅,抑以示公朝之清明。可。

出处:《后村先生大全集》卷六六。

撰者:刘克庄

考校说明:编年据刘克庄任外制时间补。

全允坚补承务郎直秘阁制
(暂系于景定二年八月至景定三年八月间)

　　朕为储宫选嫡妃,既告廷且成礼矣,加惠于妃之同产,亲亲之义也。尔早孤而嗜学,与女兄昔同其忧,今同其乐,不亦宜乎! 初补尔直中秘,不试而擢幕宾,是惟优恩。益勉进修,以基远大。可。

出处:《后村先生大全集》卷六六。

撰者:刘克庄

考校说明:编年据刘克庄任外制时间补。

游汶司农丞制
(暂系于景定二年八月至景定三年八月间)

　　朕于乔木故家之能象贤济美者,必甄拔而任使之。尔大父清献,朕之贤相,尔清献之贤孙也。外府大农,两烦簿正,迈往之韵,俯同群倅。朕欲益养其望而老其材,再转为丞。其恪共于司存,以光绍于祖烈。可。

出处:《后村先生大全集》卷六六。

撰者:刘克庄

考校说明:编年据刘克庄任外制时间补。

余尚宾太府丞制
(暂系于景定二年八月至景定三年八月间)

　　朕敬故而念旧,以厚其身者为未足,又厚其嗣续焉。昔尔二父,事朕初潜,今丰沛故人存者无几。尔传义方而席余庆,兹繇缮监,进丞外府,骎骎通显。再世遭逢如此,其何以报朕哉! 可。

出处:《后村先生大全集》卷六六。

撰者:刘克庄

考校说明:编年据刘克庄任外制时间补。

家坤翁枢密院编修官兼度支郎官制
(暂系于景定二年八月至景定三年八月间)

方今急政要务,非兵与财乎? 朕委任宰辅提其纲,又谨简乃僚治其目。西府之有编摩,计省之有度支,凡边防机密、国计盈虚,皆与闻焉,非止责以纂修经武之书,出纳有司之事。尔名法从之子,材而贤,县谱尤高,登畿有美誉,赞阃有婉画,其以太尉掾兼尚书郎。帷筹鞭算,必有以裨科琐、纾经费者,汝往钦哉! 可。

出处:《后村先生大全集》卷六六。又见《永乐大典》卷一三五〇七。

撰者:刘克庄

考校说明:编年据刘克庄任外制时间补。

周龙归国子监丞制
(暂系于景定二年八月至景定三年八月间)

成均之属,或教胄子,或诲诸生,惟丞兼之,学政皆属笔焉,选亦高矣。尔登畿致靖共之誉,监郡著关决之能,簿正麟寺,色怡气和,未尝汲汲于进。胄丞居三丞之次,班博士之上,肆以命尔。益养资望,向用未已。可。

出处:《后村先生大全集》卷六六。

撰者:刘克庄

考校说明:编年据刘克庄任外制时间补。

虞虙太常簿制
(暂系于景定二年八月至景定三年八月间)

官曹之清者,至圜璧曲台而止。尔昨教胄子,后夔之任也;今擢奉常,伯夷之选也。一代稽古礼文之事,皆得与博士议郎共讨论之,岂特簿正祭器而已哉！可。

出处：《后村先生大全集》卷六六。又见《永乐大典》卷一三五〇七。

撰者：刘克庄

考校说明：编年据刘克庄任外制时间补。

林经德太学博士制
（暂系于景定二年八月至景定三年八月间）

乾、淳间，邑最有径擢国子博士者，有入为紧官者。尔顷宰岩邑，剿盗卫民之功久而未录，登畿再迁，不离学省，"才名四十年无毡"之语殆为尔设。然尔素恬于进，昔通籍而请祠官，今入馆而诲诸生，必无冗不见治之叹。朕方崇奖廉退，靖共以俟。可。

出处：《后村先生大全集》卷六六。

撰者：刘克庄

考校说明：编年据刘克庄任外制时间补。

刘叔子将作监丞制
（暂系于景定二年八月至景定三年八月间）

本朝之制，史无专官，自修撰、检讨至校勘、检阅，率以他官兼之，不稍迁擢则滞矣。尔仕已至牧守，朕以其老于文学，使与闻汗青之事。久在馆下，用未尽才，于是晋丞大匠。夫舍麟笔而掌雉工，虽不如汗简之清，然犹可执艺而谏。可。

出处：《后村先生大全集》卷六六。

撰者：刘克庄

考校说明：编年据刘克庄任外制时间补。

叶寀太学博士制
（暂系于景定二年八月至景定三年八月间）

师者所以传道、授业、解惑，唐人犹有此论，其后专以课试程文为职，古意微矣。朕方新美士风,妙选师儒,尔昔尝训迪诸生,今再入广文馆,其作成人材必有在于课试之外者。可。

出处:《后村先生大全集》卷六六。

撰者:刘克庄

考校说明:编年据刘克庄任外制时间补。

赵纪祥转和州防御使制
(暂系于景定二年八月至景定三年八月间)

师直为壮,屡尝敌忾以效忠;战功曰多,焉可逾时而吝赏? 爰疏新渥,以奖前劳。具官某意气激昂,智谋沉审。有鞭弭周旋之志,欲并驾于群雄;赋箛鼓病竟之诗,亦足豪于一世。击贼之血衣犹在,解围之露布有名。遂陟州团,且提戎律。属当四郊多垒之际,岂计一资半级之时! 乃诏有司,进官如格。噫! 黄石一编之授,既将略之素优;仲行百夫之防,与使名而适称。可。

出处:《后村先生大全集》卷六六。

撰者:刘克庄

考校说明:编年据刘克庄任外制时间补。

殿撰都承旨陈绮磨勘转中大夫制
(暂系于景定二年八月至景定三年八月间)

导旨之班,贰卿接武;考绩之法,三载陟明。具官某敭历最深,行能尤异。与闻朝算,实参夙夜宥密之司;自结主知,遂置朝夕论思之地。既平跻于两禁,初何羡于一阶! 噫,先秦古官,盖朝廷之所重;成周大计,虽贵近而必行。益励猷为,钦承恩渥。可。

出处:《后村先生大全集》卷六六。

撰者:刘克庄

考校说明:编年据刘克庄任外制时间补。

李泽民赠朝奉郎制
(暂系于景定二年八月至景定三年八月间)

日虏掩我不备,上流震惊,尔以郢倅行边,能赞鄂守效死勿去,以待援师。及宣威金鼓从天而下,却虏全城,莫府上功,而尔已不及见,鄂人皆悲伤之。朕于勤事之吏,生荣死哀,两极其至,进官泽子,度越常格,以慰宿草之恨,以劝羽林之孤。可。

出处:《后村先生大全集》卷六六。
撰者:刘克庄
考校说明:编年据刘克庄任外制时间补。

龚集屯田员外郎制
(暂系于景定二年八月至景定三年八月间)

百执事皆可超迁,惟郎官非郡最不除,寺监长贰初除无对班,惟郎官得引见上殿,重其选也。尔着能声而练世务,由朝行而牧江乡,虽地褊小,用不尽才,然去天尺五,易于报政。兹奉甘泉之计,俾跻列宿之联,岂久滞于闲曹,行且膺于剧寄。可。

出处:《后村先生大全集》卷六六。
撰者:刘克庄
考校说明:编年据刘克庄任外制时间补。"龚集",同集卷六九作"龚溁"(《龚溁除刑部郎官制》),当以为是,见《至顺镇江志》卷一九等。

孙桂发国子监簿庄文教授制
(暂系于景定二年八月至景定三年八月间)

寺监皆有簿正,而列于胄庠者尤清,异时有就拜紧官者,壁记历历可数也。尔在场屋则韦布重其文,处家庭则宗族称其孝,出而仕则士大夫誉其贤者如出一口。才全而德备,是可以羽仪圜璧、辅导朱邸矣。益培清望,嗣有殊擢。可。

出处:《后村先生大全集》卷六六。

撰者:刘克庄

考校说明:编年据刘克庄任外制时间补。

黄伯訦除司农寺簿制
(暂系于景定二年八月至景定三年八月间)

朕惟嘉定初元,宁考总揽,一时名臣,多出亲擢。尔考于是时为谏官,为柱史,言论风旨闻于天下,朕不及识,追怀其贤。尔得传受于父兄、讲贯于师友者详矣,由列院而赞大农,以才选非直以家世也。虽孝子显扬,固不止此,然有司出纳,其可忽诸! 益殚贤劳,克绍先训。可。

出处:《后村先生大全集》卷六七。又见《永乐大典》卷一四六〇七。

撰者:刘克庄

考校说明:编年据刘克庄任外制时间补。

武功大夫带行御器械前改差知江阴军
张孙特换朝奉郎制
(暂系于景定二年八月至景定三年八月间)

朕于疏远羁旅之臣有能以才学自著见,往往度越拘挛,拔擢而任使之,况其亲近者哉! 尔文恭之甥,嗜学工文,再领漕荐,娴雅风流,一时籍甚,縻以勇爵,非其志也。顾官品已崇,且佩贰千石印绶矣,换班之命,蔽自朕心。虽员外之秩稍卑,然郎监之选甚清,先朝如米芾、如吴琚,皆以肺腑之亲而擅词翰之美,尔其勉哉,以对殊渥。

出处:《后村先生大全集》卷六七。

撰者:刘克庄

考校说明:编年据刘克庄任外制时间补。

张称孙除将作少监兼右曹郎官制
（暂系于景定二年八月至景定三年八月间）

人才各有所长，若其儒雅足与士大夫相颉颃，顾使之右橐鞬而左鞭弭，用违其材矣。尔以藩邸之姻，有士林之誉，屡上春官，铁砚欲穿，而壮心未已，岂与哙伍者哉？少匠、尚书郎皆高选也，可以展究尔之才学矣，往其钦哉！可。

出处：《后村先生大全集》卷六七。又见《永乐大典》卷一三五〇七。

撰者：刘克庄

考校说明：编年据刘克庄任外制时间补。

黄应春除宗正寺簿制
（暂系于景定二年八月至景定三年八月间）

麟寺名掌属籍，实以纂述瑶编为职，地清天近，非名流不轻授。尔经明而行修，年高而德邵，《书》所谓耆德、《语》所谓先进、《诗》所谓典刑人也。繇博士赞司宗，一代大典，皆与讨论焉。尔既兼史官学识之长，朕非责俗吏簿书之务。可。

出处：《后村先生大全集》卷六七。又见《永乐大典》卷一四六〇七。

撰者：刘克庄

考校说明：编年据刘克庄任外制时间补。

范丁孙除大理卿制
（暂系于景定二年八月至景定三年八月间）

范氏之望于蜀也久矣，其种德积善非一世，其象贤继志非一人。门户之盛，为衣冠美谈，典刑文献，于尔乎在。修于家则有礼有法，出而仕则有猷有守。累赞阃画，洊将使指，身逖乎西土而名动乎京师，朕将引以自近焉。先朝故家，万里出峡，宜有以宠异之，棘卿高选，一武禁除，尔其疾驱，以对简拔。可。

出处：《后村先生大全集》卷六七。

撰者：刘克庄

考校说明:编年据刘克庄任外制时间补。

谢坚除司农卿制
(暂系于景定二年八月至景定三年八月间)

郡国赋舆之广,朝廷廪兵、禄吏之众,而仓庾氏乃无宿储,使贾谊生于今日,见公私之积如此,其忧当何如哉!孰能为朕修九扈之职,以纾一时之急者?尔精明足以烛奸欺,密察足以防渗漏,锋锐足以投肯綮,朕所为选择而使也。夫包茅是问,逋租负殿,其来已久。然马力穷则舆骀,弓张不弛则弦绝,郡邑有贫富,灾伤有轻重。于斯时也,御取予以道,课殿最以公,尔必有以处此。算计见效,由九卿擢两制矣。可。

出处:《后村先生大全集》卷六七。
撰者:刘克庄
考校说明:编年据刘克庄任外制时间补。

林畴黄瑰除大理评事制
(暂系于景定二年八月至景定三年八月间)

司马迁有法家者流之目,韩愈有大理不列三后之论。信斯言也,《皋谟》、《吕刑》见黜于《书》矣。廷尉平佐其长决天下之狱,非中其科者不授。畴县谱、徯幕办皆有可纪,并升棘属。漱笔高下,民命死生系焉,其殚乃心,毋为迁、愈所议。可。

出处:《后村先生大全集》卷六七。
撰者:刘克庄
考校说明:编年据刘克庄任外制时间补。"黄瑰",辛更儒《刘克庄集笺校》作"黄环"(中华书局,二〇一一年,第三一四〇页),误。

朱子中除太社令制
(暂系于景定二年八月至景定三年八月间)

用门阀取人,非古也。然曰胄子,曰象贤,虞周盛时亦何尝不尚论世家乎!

尔辅臣之子,能读郖侯之书而遵万石君之训者,擢置周行,将以进其德而老其才也。尔其勉诸! 可。

出处:《后村先生大全集》卷六七。
撰者:刘克庄
考校说明:编年据刘克庄任外制时间补。

钱庚孙除将作监簿制
(暂系于景定二年八月至景定三年八月间)

国家用人,或取之素士,或取之世家,惟其才而已。尔奕叶贵盛,固不与寒畯争进,然鹓行鹭序,宜参用传世家文献、知台阁典章者。由郡丞佐缮监,益厚涵养,以待器使。可。

出处:《后村先生大全集》卷六七。又见《永乐大典》卷一四六〇八。
撰者:刘克庄
考校说明:编年据刘克庄任外制时间补。

迪功郎钱昌大授藉田令制
(暂系于景定二年八月至景定三年八月间)

选人开朝迹,殊擢也;藉令列奉常,清选也。尔家世贵盛,而能安于平进,选擢之异,盖以其尚有典刑之故。尔益熏沐,以对宠光。

出处:《后村先生大全集》卷六七。
撰者:刘克庄
考校说明:编年据刘克庄任外制时间补。

工部侍郎常挺除兼侍讲制
(暂系于景定二年八月至景定三年八月间)

陪细毡之列,久奉燕闲;加重席之荣,特优鸿硕。具官某凌云之赋籍甚,凝霜之简凛然。拂袖而素节无亏,予环而丹心不改。汝垂之命,非止鸠工;仲舒之文,尤宜为诰。方赖辰猷之告,俾超夕说之联。噫! 求王人之多闻,吾自乐此;得讲师之三昧,尔交修予。可。

出处:《后村先生大全集》卷六七。

撰者:刘克庄

考校说明:编年据刘克庄任外制时间补。

马世纶带行太府寺簿尚书省市舶所检阅官分司庆元府制
(暂系于景定二年八月至景定三年八月间)

鄞地濒海,夷琛辐凑,异时领以使者,后俾郡丞兼之,权稍轻矣。尔家学县谱,有闻于时,其以外府属往任互市之事。嗟夫! 宽征则海之贾可招,无欲则浦之珠可还也。选择而使,可不勉哉! 可。

出处:《后村先生大全集》卷六七。

撰者:刘克庄

考校说明:编年据刘克庄任外制时间补。

包恢磨勘转中大夫制
(暂系于景定二年八月至景定三年八月间)

秩宗之官,极寅清之高选;考课之法,必积累而序迁。具官某世之达尊,国之大老,持橐入侍已八十余,焚稿尽规凡再三告。士论咸推其晚节,吏铨适会其年劳,爰出新纶,俾升华秩。噫! 周小宗伯,初岂计于一阶,秦中大夫,今遂班于五品。

出处:《后村先生大全集》卷六七。

撰者:刘克庄

考校说明:编年据刘克庄任外制时间补。

赵与訔依旧宝章阁待制除江东路转运使兼淮西总领制
（暂系于景定二年八月至景定三年八月间）

职清地禁，顷已列于论思；师老财殚，今莫难于总漕。思其强敏，起之燕闲。具官某知微知彰，有猷有守。为诸道廉访使之首，肃乎若棱；合比年京兆尹而观，恢乎游刃。惓怀径去，注想未忘。厥今江沱之势稍安，塞下之积未实，甲士张颐之望切，计臣束手而技穷。缓则乏兴，急将聚怨。朕直为凛凛，孰能饱万灶之屯；尔益办多多，可并综二台之事。往任笻鞭之责，并提鹾茗之纲。渭滨之运法可寻，湟中之籴政宜讲。必民无加赋，必军有宿储，少纾识者之忧，不中缺。王旦云民力竭矣，有味其言；邵雍曰诸贤□□，□□之意。可。

出处:《后村先生大全集》卷六七。
撰者:刘克庄
考校说明:编年据刘克庄任外制时间补。

右武大夫陈天应团练有劳转左武大夫制
（暂系于景定二年八月至景定三年八月间）

功宜懋赏，讵容铨法之拘；官至横行，见谓武□□□。具官某以材自奋，遇事敢为。顷缘獯狁之侵，□□□隆之募。立表下漏，颇整肃于军容；执鞭属橐，□□□于环列。有司言状，如格进官。噫！朕居重御轻，严□□九重之制；尔自右迁左，盖古人二广之遗。可。

出处:《后村先生大全集》卷六七。
撰者:刘克庄
考校说明:编年据刘克庄任外制时间补。

谢垕除军器少监制
（暂系于景定二年八月至景定三年八月间）

朕方图攘夷复古之功，讲修车备械之政，凡□□□戎监者皆遴选也，况于帅其属者乎？尔槐□□□□椒涂之懿戚，倍清庙髦士，历京兆亚尹，皆□□□□戎之拜,去郎宿卿月。犹健者之登梯,可躐级□□□。

出处:《后村先生大全集》卷六七。
撰者:刘克庄
考校说明:编年据刘克庄任外制时间补。

赵孟窊除藉田令制
(暂系于景定二年八月至景定三年八月间)

朕于麟趾公子之信厚者,皆甄拔而器使之,□□□近属,尔尤修谨,可使之淹于常调乎! 置彼周□□□厚于宗藩之意。夫德以涵养而进,材以更□□□□除在前,靖共以俟。可。

出处:《后村先生大全集》卷六七。
撰者:刘克庄
考校说明:编年据刘克庄任外制时间补。

赵孟蚁除大理司直制
(暂系于景定二年八月至景定三年八月间)

朕惟安僖王国之近属,其后多佳子弟,尔于其间尤谨饬好修,擢之鹓序,非私之也,所以昭朕怀族之意、见尔为善之乐也。其益进德,益讲学,以奉三雍之对。可。

出处:《后村先生大全集》卷六七。
撰者:刘克庄
考校说明:编年据刘克庄任外制时间补。《全宋文》:"据制词,此人为安僖王赵子俦之子孙。查《宋史·宗室世系表》八,安僖王子孙无'孟蚁'而有'孟璞',蚁璞形近,疑为'璞'之误。"(第三二六册,第三七九页)恐不确。辛更儒《刘克庄集笺校》:"赵孟蚁,《咸淳临安志》卷五〇载临安府添差通判有赵孟仪,疑即此人。"(中华书局,二〇一一年,第三一五一页)

承议郎范昌世牙契赏转朝奉郎制
(暂系于景定二年八月至景定三年八月间)

中兴以来,养兵之费广,生财之道狭,而牙契所入遂为国之大利,与管榷并行。尔淳熙名执政之孙,善于其职,课以最闻,岂非会稽当而然欤! 俾进郎秩,以旌贤劳。可。

出处:《后村先生大全集》卷六七。
撰者:刘克庄
考校说明:编年据刘克庄任外制时间补。

史森卿除将作监簿制
(暂系于景定二年八月至景定三年八月间)

以世系论人物,自《左传》、迁《史》已然,至晋之王、谢,唐之崔、卢,本朝之韩、吕,则尤盛矣。尔生长名阀,胚胎前光,乃今簿正外府,骎骎华除。夫怒长不如盈科而进也,窘步不如佩玉而行也,尔其谦悫,以基远大。可。

出处:《后村先生大全集》卷六七。
撰者:刘克庄
考校说明:编年据刘克庄任外制时间补。

朝奉郎家遇以修浚静江府城池转朝散郎制
(暂系于景定二年八月至景定三年八月间)

先朝既平侬寇,首城桂州,厥后承平日久,城圮堑湮,恃陋不戒。尔佐阃幕,能与将士叶力筑浚,一旦寇至,卒能与城俱全,可以言智矣。俾进一秩,以酬前劳。可。

出处:《后村先生大全集》卷六七。
撰者:刘克庄
考校说明:编年据刘克庄任外制时间补。

奉议郎何铸以修筑广州城转承议郎制
（暂系于景定二年八月至景定三年八月间）

属者西寇震邻,东广戒严,城番禺乃所以援桂林、象郡而安扶胥、黄木也。尔佐阃幕,倡率吏士,躬板干之役,成金汤之势。帅臣上其贤劳,其可以吝赏哉! 可。

出处:《后村先生大全集》卷六七。
撰者:刘克庄
考校说明:编年据刘克庄任外制时间补。

李埙除太府寺丞制
（暂系于景定二年八月至景定三年八月间）

再转为丞,若平进者,然自监而寺则稍高矣。尔席华腴之胄,有儒素之风,岁中屡迁官,虽以名家之故,亦以美才而用,尔其懋哉! 可。

出处:《后村先生大全集》卷六七。
撰者:刘克庄
考校说明:编年据刘克庄任外制时间补。

迪功郎郑立道循承直郎制
（暂系于景定二年八月至景定三年八月间）

鹿矶之捷,盖吾上相指授,亦师武臣力也。幕府上功,尔以书生有劳其间,如格进秩,以劝来者。

出处:《后村先生大全集》卷六七。
撰者:刘克庄
考校说明:编年据刘克庄任外制时间补。

从政郎广东提刑司检法官林祖恭以韶州
筑城赏循文林郎制
（暂系于景定二年八月至景定三年八月间）

　　属者蛮鞑深入，韶甚岌岌矣，尔佐台幕，能与将士协力增陴浚壕，隐然有不可犯之势。宪臣言状，薄进一资，以旌尔劳。可。

出处：《后村先生大全集》卷六七。

撰者：刘克庄

考校说明：编年据刘克庄任外制时间补。

汪立信除将作监制
（暂系于景定二年八月至景定三年八月间）

　　朕具择望郎廉访诸道，及使事肤公，则又进之于朝，所以课事功、均劳逸也。尔使江表有风力，牧毗陵有仁闻，朕念吴中灾伤，俾之衣绣循行所部。尔于荒政如拯溺救焚，于臬事能洗冤泽物，可谓尽心焉耳矣。称觞造廷，朕甚嘉之。大匠亚九卿一等，肆以命尔，以旌行能，以为登车揽辔者之劝。可。

出处：《后村先生大全集》卷六七。

撰者：刘克庄

考校说明：编年据刘克庄任外制时间补。

汪立信除直宝章阁依旧浙西提刑制
（暂系于景定二年八月至景定三年八月间）

　　朕载拜尔大匠矣，已而思之，尔臬事荒政皆开端而未及竟，舍之而来，是一路狱冤不见雪于肤使也，是三郡民饥不见乳于慈母也。况人物眇然，非择一朝士之难而求一监司之难，今代能有几子骏乎！借雉监之望，为壮驾之行，且寓直奎阁以嘉宠之。尔其为吴人勉留，前所谓开端而未及竟者，有始有卒矣。尔往钦哉，毋废朕命。

出处:《后村先生大全集》卷六七。

撰者:刘克庄

考校说明:编年据刘克庄任外制时间补。

吕文焕特授中大夫亳州防御使依前职任制
(暂系于景定二年八月至景定三年八月间)

敌王所忾,既斩馘而献俘;振旅而还,乃策勋而舍爵。具官某见推勋阀,蚤总戎昭,传授六韬而起家,间关万里而赴援。朕拊髀思名将,一扫兵氛;尔束发战匈奴,屡腾凯奏。宜加品秩,以奖忠劳。噫!花卿绝世之才,孰如英概;针虎百夫之御,雅称使名。可。

出处:《后村先生大全集》卷六七。

撰者:刘克庄

考校说明:编年据刘克庄任外制时间补。

邓埛除宝章阁待制依所乞予祠仍赐金带制
(暂系于景定二年八月至景定三年八月间)

召彼故老,甫登要路之津;贤哉大夫,忽勇急流之退。乃疏殊渥,以奖高风。具官某内有操存,外无表襮。朕惟贵德尚齿之义,乐于招延;尔有爱君忧国之言,见之献纳。方眷怀之浓甚,胡归兴之浩然!夫挽留固上之至仁,止足亦士之大节。次对一如于真从,丛祠锡号于散人。一叶身轻,万钉带重。壮矣拂衣之决,过于行锦之荣。噫!访童子之钓游,深谐雅志;续耆英之图画,奚愧先贤!茂对宠嘉,永绥寿嘏。可。

出处:《后村先生大全集》卷六七。又见《宋四六选》卷四。

撰者:刘克庄

考校说明:编年据刘克庄任外制时间补。

朝奉郎谢奕楸以前任都大解发新钱纲及数转朝散郎制
（暂系于景定二年八月至景定三年八月间）

冶铸岁以十五万缗为额，及额者赏，其来久矣。尔建镕台，善于其职，新钱源源暴暴而至。有司上其功状如格，乃迁华秩，以旌贤劳。可。

出处:《后村先生大全集》卷六七。

撰者:刘克庄

考校说明:编年据刘克庄任外制时间补。

武经郎丘宗之秉义郎丘渊特理作军功出身制
（暂系于景定二年八月至景定三年八月间）

武爵重军功而卑入流，无换授法也。有司言鹿矶之捷，尔与有劳，俾之换授，非常之恩也，有出于法之外者矣。尔益奋厉，以报国恩。可。

出处:《后村先生大全集》卷六七。

撰者:刘克庄

考校说明:编年据刘克庄任外制时间补。

长入祗候殿侍卢进等换授保义郎制
（暂系于景定二年八月至景定三年八月间）

侍卫换授之法，以年劳，亦以才力。汝于二者应格，可以出而仕矣。可。

出处:《后村先生大全集》卷六七。又见《永乐大典》卷七三二六。

撰者:刘克庄

考校说明:编年据刘克庄任外制时间补。

陈铸除秘阁修撰枢密副都承旨制
(暂系于景定二年八月至景定三年八月间)

自改官制以来,导旨官不必备,顾今甲兵之问犹至庙堂,科琐日不暇给,然则都副并置,亦集思广益之义。尔明而恕故论主正平,介而通故事无凝滞。历仕东西二府,与闻军国大议,亲密于州平、幼宰,弥纶之义弘矣。索虏垂尽,侵疆来归,朕欲及闲暇之时讲修攘之政。尔虽已列九卿,其以论撰亚太尉椽。孟时事惟侍立可咨访,边机惟同堂合席可筹度也。方将引尔自近,继有殊擢。可。

出处:《后村先生大全集》卷六七。又见《永乐大典》卷一〇一一六。
撰者:刘克庄
考校说明:编年据刘克庄任外制时间补。

右武大夫徐安民昨知峡州半年间运米三十六万石上夔特授左武大夫依前带行御器械知江陵府制
(暂系于景定二年八月至景定三年八月间)

漕粟于边,从古通患,汎舟之役,泝江尤难。既能体国以服勤,焉可逾时而吝赏?具官某为将则颇、牧,牧民则龚、黄。顷守夷陵,有劳饷道。三峡倒流之险,跬步莫前;万船连樯而来,衔尾不绝。马腾士饱,师克凯还。虽旌麾移于渚宫,然功状上于幕府。噫!进之左广,峻品秩于横行;畀以中权,托藩宣于连率。可。

出处:《后村先生大全集》卷六七。
撰者:刘克庄
考校说明:编年据刘克庄任外制时间补。

朝散大夫谢堂磨勘转朝请大夫制
(暂系于景定二年八月至景定三年八月间)

侍汉雍之祠,特高侯对;考虞廷之绩,可缓陟明?具官某风致幼舆,才华康乐。授钺建牙于冯翊,焜耀绣行;簪笔持橐于甘泉,雍容彩戏。虽在列莫如其贵近,然还官不废于故常。噫!奎阁岊然,固已班于两禁;冰衔清甚,初何计于一阶！可。

出处：《后村先生大全集》卷六七。

撰者：刘克庄

考校说明：编年据刘克庄任外制时间补。

史能之贞州分榷倍增转朝奉郎制
（暂系于景定二年八月至景定三年八月间）

宿师于边,财殚粟竭,朕知管榷之病民而未能弛也。尔以选往莅其事,所入倍蓰,然未尝有析秋毫之谤,可谓才矣。晋秩外郎,益勉事功。可。

出处：《后村先生大全集》卷六七。

撰者：刘克庄

考校说明：编年据刘克庄任外制时间补。"贞州"疑为"真州"之误。

右武大夫高州刺史特添差江南西路马步军副
总管范用特授拱卫大夫州团练使仍旧任制
（暂系于景定二年八月至景定三年八月间）

执讯获丑,累奏战多；序情闵劳,超加勇爵。具官某勋名之志慷慨,忠义之胆轮困。镕缆蜀江,虏歼半渡；回戈鄂渚,城解重围。既奏恺而班师,宜第功而行赏。乃加穹秩,并陟遥团。噫！东骛西驰,昔摧锋而敌忾；中权后劲,今蓄锐以总戎。可。

出处：《后村先生大全集》卷六七。

撰者：刘克庄

考校说明：编年据刘克庄任外制时间补。"州团练使"前疑脱一字。

武节郎夏荣显殁于王事特赠吉州刺史更与一子恩泽制
（暂系于景定二年八月至景定三年八月间）

朕览《国殇》之篇而哀死节之士。尔自淮援蜀,忠州之战,矢刃中唇及左右支而陨，可以愧怯战偷生之人矣。追赠遥刺，又于格外录其孤儿，魂如有知，可以无憾。可。

出处：《后村先生大全集》卷六七。

撰者：刘克庄

考校说明：编年据刘克庄任外制时间补。

虞处除监察御史兼崇政殿说书制
（暂系于景定二年八月至景定三年八月间）

国有君子，允为时望所归；台无长官，均任风闻之责。畴咨胜彦，断自亲除。尔萧然泽癯，屹若山立。横经圜水，甘郑老之无毡；议礼曲台，陋叔孙之起蕝。未尝趋捷径以窘步，惟知遵大道而徐行。朕急于求言，孰堪明目张胆之选；俾之执法，安用呈身识面之流？内出姓名，外新观听。方今边遽宽而守备未弛，国是定而坚凝实难。抵巇之徒尚繁，复隍之渐可虑。必排奸指佞，凛风霜击搏之威；必陈善闭邪，殚日月就将之学。朕稽于众而后用，人将于尔而求全。噫！无阙事，希谏书，未为笃论；举明主，建长策，益进昌言。可。

出处：《后村先生大全集》卷六七。

撰者：刘克庄

考校说明：编年据刘克庄任外制时间补。"虞处"当为"虞虑"之误。

包恢除礼部侍郎兼职依旧制
（暂系于景定二年八月至景定三年八月间）

礼有崇卑，于以肃君臣上下之分；国所尊事，其可无老成典刑之人？亦既优为，宜加真拜。具官某闻师密授，得父单传。逮精舍之久荒，俨灵光之独在。和顺所积，居然有德而有言；精悍不衰，靡烦祝哽而祝噎。虽奴隶知为清白，非磨涅所能磷缁。晚就蒲轮，径持荷橐。囊封应诏，凛然言议风旨之间；绵蕝草仪，出于制度文为之外。所谓药石爱我，夫岂玉帛云乎？积望推重于一时，落权奚待于满岁？噫！刺经作制，可以洗诸儒聚讼之讥；析句分章，未若陈大人格非之说。顾如耆隽，宁假训辞。可。

出处:《后村先生大全集》卷六八。

撰者:刘克庄

考校说明:编年据刘克庄任外制时间补。

廖莹中除大理寺丞制
(暂系于景定二年八月至景定三年八月间)

自古大幕府多奇才,汉魏则班固、王粲、陈琳、阮瑀,晋则阮修、孟嘉、孙楚、袁宏,唐则石洪、温造、杜甫、杜牧,□本朝则强至、谢绛、尹洙、李之仪之流,皆以文墨议论望此府。尔镡津名族,代有异人,载笔从戎车之后,辙环三边、愈风之檄、贺捷之表,多出其手,可谓之奇才矣。寺监之属,丞为高选,而棘丞尤高,肆以命尔。益养资望,以对甄擢。可。

出处:《后村先生大全集》卷六八。

撰者:刘克庄

考校说明:编年据刘克庄任外制时间补。

翁合除直秘阁浙西提刑制
(暂系于景定二年八月至景定三年八月间)

士大夫多重内轻外。萧、汲皆汉名臣,然望之则雅意本朝,黯则愿出入禁闼;至唐则召者有登仙之美,出者有粗官之叹。其来久矣,朕思所以矫之。尔多士所宗,留滞周南,岁晚归来则冯唐白首矣。方有清望官之拟,属吴中灾伤,朕数下宽恤之诏,而官吏饕残,老弱转徙自若,思得王尊、范滂辈人,付以劳来咨诹之任。木天隆名,绣衣华遣,一日并命,使大夫国人皆知修名娇节如尔合者,而肯为此行,庶乎外台加重矣。少须右扶风无捐瘠之民,有革心之吏,朕又当出节召汝。可。

出处:《后村先生大全集》卷六八。

撰者:刘克庄

考校说明:编年据刘克庄任外制时间补。

皮明德除太社令制
（暂系于景定二年八月至景定三年八月间）

古者造士自国子始，自贵游子弟始，见于《书》于《周官》者如此。尔辅臣之子，孝谨惟肖。社令列于奉常，盖虞廷命乐卿教胄子之意也。尔其益进于学而由于礼，则而父有子矣。可。

出处：《后村先生大全集》卷六八。
撰者：刘克庄
考校说明：编年据刘克庄任外制时间补。

拱卫大夫福州观察使带行御器械新差知
和州阳孝信为白鹿矶赏转翊卫大夫制
（暂系于景定二年八月至景定三年八月间）

有功见知，人情则悦；无赏不往，军志之言。具官某积雁塞之威，与鹿矶之捷。尔执鞭弭，实从大幕府之行；朕闻鼓鼙，深惜故将军之勇。超横行之穹秩，佩共理之左符。噫！精神强而折冲，方咨牧御；髀肉生而兴叹，益勉勋名。可。

出处：《后村先生大全集》卷六八。
撰者：刘克庄
考校说明：编年据刘克庄任外制时间补。

吴坚除太常丞制
（暂系于景定二年八月至景定三年八月间）

昔舜命伯夷，其辞寂寥简短，曰"直哉惟清"而已，此非选礼官之法欤！汉初齐、鲁两生良亦其人，汉不能致，使叔通辈为之。通而知礼，必不改缝掖为短后，必不捃摭秦仪以希合世主之好。本朝礼制大备，如南北郊、明堂、辟雍，如庙议，如谥法，微而冠昏丧祭之类，或参订于诗书，或折衷于儒宗，或求之远野，皆著为令，定为法。而奉常典司之卿选久虚，少行长事，侍从阙则次补，常以待天下名流。尔以直道立朝，以清规矫俗，是真可以典虞朝之礼，而异于汉野外之仪矣，岂玉帛云乎哉！可。

出处:《后村先生大全集》卷六八。

撰者:刘克庄

考校说明:编年据刘克庄任外制时间补。

陈存除尚左郎官制
(暂系于景定二年八月至景定三年八月间)

皇祖有训,非郡最不除郎,自乾、淳至今未之有改。太末三辅之剧郡也,素难治;尚左列宿之长所也,尤遴选。尔由馆阁出牧,憩棠有循吏之爱,拔薤有仁者之勇,二年而舆人歌之。尔于难治之郡,既恢乎游刃;朕于遴选之官,乌得而刓印哉！古之善典选者曰清通简要,今寒畯觅官率受吏操纵,鱼贯索米于长安市皆是也。往佐而长,抑吏奸而伸士气,则朕为知人,尔为称职。可。

出处:《后村先生大全集》卷六八。

撰者:刘克庄

考校说明:编年据刘克庄任外制时间补。

陶梦桂除大宗正丞制
(暂系于景定二年八月至景定三年八月间)

朕以介弟典大宗正,而又选庶姓之朝士佐焉。尔以儒发身,然试之事则通而无滞,敏而有功。其在外府、屈农皆然,进之司宗,可谓不负丞哉之选。郎宿有阙,朕将以次选择。可。

出处:《后村先生大全集》卷六八。

撰者:刘克庄

考校说明:编年据刘克庄任外制时间补。

李仁永除太府丞制
(暂系于景定二年八月至景定三年八月间)

士大夫求速化者多,安平进者少,朕于用人常以是为权度。尔淳熙参与之孙,有恬靖之趣,无贵介之累,秀眉黄发,老于常调。擢置周行,所以旌故家、尊高年也。进用差晚,犹胜不遇。可。

出处:《后村先生大全集》卷六八。

撰者:刘克庄

考校说明:编年据刘克庄任外制时间补。

刘梦高除司农丞制
(暂系于景定二年八月至景定三年八月间)

人才实难,持文墨议论者易得,而有志于功名与事业者难值,朕所以有临事乏使之叹也。尔奋起诸生,周旋当世,尝著县谱,部郡符,参闿画,皆有能声。扈农数告乏绝,尔于是时转而为丞。夫公私之积多可哀痛,朕与大臣之责;出纳之吝谓之有司,非长贰与其属之职乎?朕方于此观汝。可。

出处:《后村先生大全集》卷六八。

撰者:刘克庄

考校说明:编年据刘克庄任外制时间补。

章鉴除太常博士制
(暂系于景定二年八月至景定三年八月间)

士君子立身大节,常于离合去就之际见之。尔揭贵名而挟高科,尝有列于朝矣。出而倅袁,凶相方以多簿录、穷隐寄、广连逮为富强,堂檄三倅,各行一郡。尔当之衡,独不肯受风旨,且昌言其非,遂触相嗔罢去,其大节有可观者。使之横经,进之掌礼,非曰为尔光宠,顾今奉常古夷、夔之任,宜属之清流。夫《仪礼》盖曲台淹中诸家聚讼之案祖也,谥笔亦华衮斧钺只字褒贬之遗意也,人将于尔有考焉。可。

出处:《后村先生大全集》卷六八。

撰者:刘克庄

考校说明:编年据刘克庄任外制时间补。

舒有开除军器监丞制
(暂系于景定二年八月至景定三年八月间)

朕于用人,有所誉必有所试。尔自策名以来,宰边邑,倅藩府,参阃画,试之详矣。部钥戎丞,政未酬劳。昔读《周官》,见其造弧矢及戈殳戟矛之属,莫不有制,虽寻尺长短,该括详备,然后知先王戒不虞之意如此,其可诿曰百工之事哉?等而上之,进用未已。可。

出处:《后村先生大全集》卷六八。

撰者:刘克庄

考校说明:编年据刘克庄任外制时间补。

周应合危昭德并除史馆检阅制
(暂系于景定二年八月至景定三年八月间)

史官惟其才而已。昔曾巩辟陈师道,当时以师道未解褐寝而不行。至朕度越拘挛,有自山林布衣为史长者,有起诸生为属者。尔应合,尔昭德,皆场屋知名,科目命士,尝游幕府而秉橄笔。属予留意史事,既命诸老提其纲领,又致两生,俾操简牍而从焉。其益竭于三长,庶有光于千载。可。

出处:《后村先生大全集》卷六八。

撰者:刘克庄

考校说明:编年据刘克庄任外制时间补。

侍右郎官赵师光升郎中制
(暂系于景定二年八月至景定三年八月间)

均之郎潜而有员外、正之异,可以积劳而升,不可以一蹴而至也。尔出为一路福星,入应六曹列宿,有司上尔资考应格,宜正含香握兰之秩,少酬持衡典铨之劳。益殚乃心,以振厥职。可。

出处:《后村先生大全集》卷六八。
撰者:刘克庄
考校说明:编年据刘克庄任外制时间补。

陈仲昉除工部郎官制
(暂系于景定二年八月至景定三年八月间)

日卿陛辞之潮,去京且三千里。朕深维体群臣之义,不欲烦耆年远役也,为择便安焉。起部职清事简,亦尔旧游。挽之使留,优恩也;引以自近,美意也。重陪汉廷含香之班,毋发唐人看桃之叹。可。

出处:《后村先生大全集》卷六八。
撰者:刘克庄
考校说明:编年据刘克庄任外制时间补。

赵希哲辟知琼州制
(暂系于景定二年八月至景定三年八月间)

琼管控驭海南四郡,调守尤遴。前此官吏激黎之变,而欲以补救为功。尔以元僚奉檄书,涉鲸浸,谈笑而事平。帅臣推其功于尔,就剖左符以镇临之。昔季康子患盗,子曰:“苟子之不欲,虽赏之不窃。”以廉化贪也。渤海多盗,暴胜之衣绣持斧不能胜,龚遂使民卖剑买牛而盗熄,以仁胜暴也。尔其典听朕言,一意绥抚,溪洞皆吾赤子,岂以黎母山为恨哉!可。

出处:《后村先生大全集》卷六八。
撰者:刘克庄
考校说明:编年据刘克庄任外制时间补。

亲卫大夫和州防御使左卫大将军知安庆府池州都统制苏刘义为昨在重庆全城却敌特授五官制

（暂系于景定二年八月至景定三年八月间）

曩腾戎捷，坐收全取胜之功；今奖战多，殊愧不逾时之义。虽禀元臣之方略，亦资群帅之忠勤。具官某顷提师干，往援井络。金城全璧，数州脱鬼簿之危；毡帐陨星，万里载帝耙而去。相既归衮，尔亦拥麾。及兹践信赏之言，示不忘前劳之意。噫！武爵重横行之秩，旧典可稽；廉车祛法从之班，中权增重。可。

出处：《后村先生大全集》卷六八。又见《永乐大典》卷一三五〇六。

撰者：刘克庄

考校说明：编年据刘克庄任外制时间补。

右武大夫高州刺史左卫大将军权知蕲州王益为守黄援鄂功特授左武大夫依旧职任制

（景定二年八月至景定三年八月间）

昔臧质以盱眙拒佛狸，杜弢以泗州却庞勋，朕怀其人，孰继之者！具官某顷牧齐安，虏犯鄂渚，震于其邻矣。尔且战且守，能以孤垒自全，隐然为上流声势。有司上其功状，升左广之秩，畀专城之寄，非以华尔也，将以劝疆埸勤事之臣也。可。

出处：《后村先生大全集》卷六八。

撰者：刘克庄

考校说明：编年据刘克庄任外制时间、王益宦历补，见《宋史》卷四五《理宗纪》。

陈坚除宝章阁待制致仕制

（暂系于景定二年八月至景定三年八月间）

典东壁之图书，力辞华近；陪西清之笔橐，渴想老成。谅雅志之由衷，挹高风而起敬。具官某顷以师儒而掌教，适逢鬼质之盗权。恶投匦之多言，方植碑而深刻。当路防民之口，既着为于丹书；司成去国之身，欲挽回于清议。追兹调瑟，首命予环。以世南长秘书，烦绮季辅元子。出纶已久，侧席甚勤。地禁职亲，夫岂招之不至；昔病今愈，庶几扶以造朝。胡为抗章，必欲谢事！叹耆英之莫致，加法从之峻迁。噫！对松阶之班，用华晚节；饮菊潭而寿，永保庞眉。可。

出处：《后村先生大全集》卷六八。

撰者：刘克庄

考校说明：编年据刘克庄任外制时间补。

赵崇绚除将作监制
（暂系于景定二年八月至景定三年八月间）

由郎官以上皆为卿从之储，常以待糜节之有声者。尔牧古括，舆论称其廉平；郎宪部，谳笔多所全活。久于省户非滞也，所以老其岁月、厚其资望也。大匠班高而事简，兹以命尔。昔汉宣中兴，史臣述其行事，首曰枢机，次曰品式，微如工技，亦曰咸精其能，则缮监所掌，顾可以薄物细故而忽之乎！益勤鸠僝，以对宠光。可。

出处：《后村先生大全集》卷六八。

撰者：刘克庄

考校说明：编年据刘克庄任外制时间补。

知南康军赵与厦职事修举转一官制
（暂系于景定二年八月至景定三年八月间）

朕重于数易长吏，其有治理效者，必旌异而借留焉。尔尝有朝迹，屡奏郡最，星渚之政达于朕听，玺书增秩，汉制也。先民有言，"不倦以终之"，又曰"坚凝之难"。尔其勉旃，毋废前劳。可。

出处：《后村先生大全集》卷六八。

撰者：刘克庄

考校说明：编年据刘克庄任外制时间补。

胡侁仍旧直秘阁知泉州制
(暂系于景定二年八月至景定三年八月间)

朕惟温陵邑屋繁雄,军府殷实,素号闽之乐土。今之郡犹昔之郡也,而谈者类曰凋匮不可为,安得一廉平之守往佩二千石印绶哉!尔向列于朝,累十三迁始擢台察,侍迩英,然又不久而去,既去萧然巷处。其于名利之际淡泊如此,推以治郡,必能励冰檗之操,变珠犀之俗,必能还殷富之旧而洗凋匮不可为之谤矣。可。

出处:《后村先生大全集》卷六八。
撰者:刘克庄
考校说明:编年据刘克庄任外制时间补。

张晞颜除监察御史兼崇政殿说书制
(暂系于景定二年八月至景定三年八月间)

若稽祖宗,尤重风宪。以人望进,如庆历之亲除;由邑最升,则淳熙之故事。孰膺是选,兹得其人。尔蹈君子之中,有仁者之勇。斗间紫气,所禀得造化之清;日下色云,其应为科名之瑞。峝江三异之美,粤俗百年所无,至今行人口碑之言,皆谓宰君琴调之古。朕广开贤路,欲正百官先肃一台;仰法阜陵,有自列院径分六察。不待呈身而柬拔,冀闻造膝之忠嘉。今西北必至之患稍纾,中外可言之事尚众。况有法筵龙象,耸听于举扬;虽每当道豺狼,宜防其覆出。密勿华光之诵说,森严柏府之威棱。噫!台无长官,旨哉唐御史之论;国必有故,仰止乡先生之风。可。

出处:《后村先生大全集》卷六八。
撰者:刘克庄
考校说明:编年据刘克庄任外制时间补。

郑雄飞除权户部侍郎制
(暂系于景定二年八月至景定三年八月间)

夹香案以视朝,甫登清切;扈属车而上雍,遂簉禁严。苟当选抡,奚拘久近!

具官某闻曾子之勇矣,养孟氏之浩然。所信古书,可谓直谅之友;及摹世务,庶几通达之儒。告上敢言人所难,立身不枉道而进。是良史也,方资倚相之能;不亟用之,将恐柬之之老。超拜论思之列,渴闻启沃之忠。仕有逢时,举宁待次。噫!小材积日,不离于卑官;君子竞辰,方观于晚节。可。

出处:《后村先生大全集》卷六八。

撰者:刘克庄

考校说明:编年据刘克庄任外制时间补。

奉议郎行太学博士林经德昨任建宁宰平寇转一官制
（暂系于景定二年八月至景定三年八月间）

朕前命邑令皆以尉、寨兵军正系衔,所以备不虞也。尔所莅邑近寇巢穴,一旦突如其来,众惊欲溃。于斯时也,尔一举足则民社墟矣。既与其孥誓死勿去,又能举军正之职,激励戍兵孤卒,馘渠魁而走余党。台阃上其功状,朕甚嘉之。孟子曰:"舍岂能为必胜哉,能无惧而已。"乃增华秩,以为临难无惧者之劝。可。

出处:《后村先生大全集》卷六八。

撰者:刘克庄

考校说明:编年据刘克庄任外制时间补。

朝散大夫前绍兴府许彪祖寄居于泸逆整诱之使降
朝服以拜天地祖先率一家由少而长自绞而死可特
赠中奉大夫直秘阁除致仕恩泽外更与一子恩泽制
（景定二年八月至景定三年八月间）

朕遭时艰虞,思古忠义。卞侍中父子同罹寇锋,颜平原兄弟继陨国难。乃若阃门之守节,尤为旷世之罕闻。尔西州抡魁之家,茂陵名从之子,安榆枌而重徙,释符竹而闲居。属整不臣,胁尔从逆,一城偷生者众,十口视死如归。被发左衽为夷,忍污于贼虏?稽首再拜乃卒,不负于君亲。行路涕洟,临朝震悼。进文阶而寓直,越常格而推恩。喟然悯焉,嗟何及矣。噫!指壁下之殡,壮哉遗言;求袴中之孤,冀其有后。可。

出处:《后村先生大全集》卷六八。

撰者:刘克庄

考校说明:编年据刘克庄任外制时间、标题所述"逆整"(刘整)补,见《宋史》卷四五《理宗纪》。

保义郎廉节可赠忠训郎与一子进武校尉制
(景定二年八月至景定三年八月间)

尔怀阃檄籴麦于泸,整于是时已蓄异志,增价争籴,恶其从傍掣肘也,一旦遂甘心焉。然尔于身谋虽甚疏,于王事则甚忠矣。进秩录孤,以劝来者。可。

出处:《后村先生大全集》卷六九。

撰者:刘克庄

考校说明:编年据刘克庄任外制时间、文中所述史事补,见《昭忠录》。

武功大夫淮西副总管庐州驻札仍厘务御前强勇
右军统制王友直为戍守嘉定特与带行閤门宣赞
舍人职任依旧制
(暂系于景定二年八月至景定三年八月间)

日虏深入,蜀腹背受敌,殆哉岌乎矣。尔总戎赴援,且战且守。使嘉定孤垒屹然全壁,谁之力也!阃臣以闻,华以阁职,俾将偏师。尔尚奋励,以大功名自勉。可。

出处:《后村先生大全集》卷六九。

撰者:刘克庄

考校说明:编年据刘克庄任外制时间补。

进勇副尉两雄军总辖权江西路分刘信□
为兴国战功赠承信郎制
（暂系于景定二年八月至景定三年八月间）

房犯武昌，尔自庐陵溢浦泝流赴援，遇贼江中，握拳犹战，陨于飞矢。及丞相金鼓从天而下，扫清氛祲，班师奏凯，而尔不及见矣。赠官录孤，以旌尔节，以识予哀。可。

出处：《后村先生大全集》卷六九。

撰者：刘克庄

考校说明：编年据刘克庄任外制时间补。"两雄军"疑为"南雄军"之误。

武功郎带行阁门宣赞舍人重庆府驻札御前诸军
都统制王达为泸城战捷特授□州刺史依旧带行
阁门宣赞舍人制
（暂系于景定二年八月至景定三年八月间）

去岁贼将据泸，我师环而攻之，尔在诸将中劳绩尤著，遥刺阁职，一日并命。夫事会宁有终极，而将相宁有种哉！勉立隽功，予有醲赏。可。

出处：《后村先生大全集》卷六九。

撰者：刘克庄

考校说明：编年据刘克庄任外制时间补。

秉义郎淮东副总管卢青为取东海力战
赠武义郎与一子恩泽制
（暂系于景定二年八月至景定三年八月间）

攻海之役，尔肉薄先登，以身死之。夫贪生怖死，人之常情。然彼怯战而生，奄奄如九泉下人；尔力战而死，凛凛有生气矣。赠官录孤，以昭予哀。

出处:《后村先生大全集》卷六九。

撰者:刘克庄

考校说明:编年据刘克庄任外制时间补。

武功大夫京西南路兵马钤辖均州驻札仍厘务史伯英
为应援鄂城特授带行閤门宣赞舍人依旧任制
(暂系于景定二年八月至景定三年八月间)

朕赏援鄂之功,尤致其厚。阃臣言尔欲以阶官易閤职,朕乌得而刓印哉!总戎亚于帅,武当邻于塞,尔既为阃臣爱将,戍国家要郡,宜思所以上报主恩、下报己知者。可。

出处:《后村先生大全集》卷六九。

撰者:刘克庄

考校说明:编年据刘克庄任外制时间补。

洪勋除兵部侍郎制
(暂系于景定二年八月至景定三年八月间)

汉刺史六条,最既优于七聚;周司马九伐,任尤重于贰卿。还尔旧毡,出予新綍。具官某英伟天目之间气,名节家廷之嫡传。负荷斯文,底法乃父。风雷鼓舞于天上,耸动四方;毫芒流落于人间,光焰万丈。典册则元祐学士,封驳则熙宁舍人,每抗论而陈谟,皆有功于改纪。厌承明劳侍从,靡贪上雍之荣;送礼乐有光华,谁谓八闽之远。于管榷不祖孔、桑笼夺之智,于举刺庶几尊、滂激扬之风。朕念史谈之滞留,思贾生而召问。从容禁橐,冀献可替否之忠;密勿细旃,赖温故知新之助。不见也久,何来之迟!噫,五材谁去兵,虽幸边烽之浸息;六官各帅属,宜勤军实之简稽。可。

出处:《后村先生大全集》卷六九。

撰者:刘克庄

考校说明:编年据刘克庄任外制时间补。

朝奉郎京西南路安抚大使司参议官魏崃
为鄂城功赏转一官制
（暂系于景定二年八月至景定三年八月间）

鄂渚解围，凡有劳其间者，朕皆不敢忘也。尔以相家子游边，姓名见于守臣、阃臣所上功状，爰进一阶，以劝城郭封疆之臣。可。

出处：《后村先生大全集》卷六九。

撰者：刘克庄

考校说明：编年据刘克庄任外制时间补。

龚涤除刑部郎官制
（暂系于景定二年八月至景定三年八月间）

乃者秋卿长贰数以择郎吏为言，朕非刓印也，念天下之狱至宪部而止，民冤伏于隐微，吏文极其深巧，拟笔轻重之顷，囚之死生系焉，其选不亦艰乎！求之郎舍，尔明而恕可以雪幽枉矣，勤而练可以烛奸欺矣。往佐而长，凡奏当之上，疑者谳之，诬者雪之，以广朕好生之德。可。

出处：《后村先生大全集》卷六九。

撰者：刘克庄

考校说明：编年据刘克庄任外制时间补。

刘汝砺除太常丞制
（暂系于景定二年八月至景定三年八月间）

百司惟礼官尤清，三丞惟奉常尤高，率以待天下胜流。尔有士誉，有邑最，入为博士、议郎，出为散人、傲吏，喜愠不形于色，安义命而齐得丧，有足嘉者。颂台乃尔旧游，起家为丞，非惟奖恬靖之风，且以重寅清之选。可。

出处：《后村先生大全集》卷六九。

撰者：刘克庄

考校说明：编年据刘克庄任外制时间补。

中奉大夫新知抚州吴焯特授直秘阁守本官致仕制
（暂系于景定二年八月至景定三年八月间）

士大夫徐行平进，不汲汲宦达，固有之矣。若夫壮老一致，终身不改其度，未见其人焉。朕囊视朝，有金紫而班于百僚之底者，问其姓名则尔焯也。于是始开朝迹，稍迁丞郎，出于亲擢，非由启拟。晚以专城起家，昔之人或耄毛不谢，或自诡尚堪一行，尔独援礼经，愿上二千石印绶而致其事，出处之际可谓全矣。木天寓直，非以华尔，将以愧躁竞之人而倡廉退之风。可。

出处：《后村先生大全集》卷六九。
撰者：刘克庄
考校说明：编年据刘克庄任外制时间补。

吴君擢除将作监兼侍左郎官制
（景定二年八月至景定三年八月间）

尔自雪守召还郎舍也，朕命大臣择职业可以自见者试尔之才，乃掾公府，甚宜其官。属夏享原庙，序进群僚，朕惟大匠最清，左选尤剧，尔以有余之材治甚清之职，直易易耳。铨曹持衡尺裁量天下选人，官失其柄，使主令得以施其伯州犁之手，贤愚同滞，孤寒失职，识者病之，所为选择而使子也。以清局兼剧曹，庶乎益有以自见矣。可。

出处：《后村先生大全集》卷六七。又见《永乐大典》卷一三五〇七。
撰者：刘克庄
考校说明：编年据刘克庄任外制时间、文中所述"尔自雪守召还郎舍也"补，见同治《湖州府志》卷五。

朱文炳除军器监仍旧四川都大提举川秦茶马兼报发御前军马文字兼夔路提刑提举制

（暂系于景定二年八月至景定三年八月间）

全蜀盛时，茶马使者权力埒于制总；乱离以来，司存非昔日矣。尔授任于残创之余，宣劳于风寒之处，凡贼虏动息、将帅功罪，无巨细皆驰驿以闻，使朕明见万里之外，尔有力焉。戎监卿从之储，班联最高，事权加重。朕闻明数者言，蜀乱当先定，惟此时为然。益殚忠勤，勉建勋绩，朕将不次用尔。可。

出处：《后村先生大全集》卷六九。

撰者：刘克庄

考校说明：编年据刘克庄任外制时间补。

谢垫除太府寺丞制

（暂系于景定二年八月至景定三年八月间）

自昔人材萃于一门，不多见也，萃于一门而又萃于一时，尤为不多见。尔家廷之内，璆琳琅玕，辉彩相映，虽汉阴、马，晋王、谢，何以加诸！朕登进髦士，戚贤并用，如尔秀发，擢丞外府，益自磨砺，以对休宠。可。

出处：《后村先生大全集》卷六九。

撰者：刘克庄

考校说明：编年据刘克庄任外制时间补。

赵时辠除大理寺丞制

（暂系于景定二年八月至景定三年八月间）

廷尉属多取法家者流，然必参用温良长厚之人，盖曰淑问，曰审克，有在于司空城旦书之外者。尔更事多而用法平，再丞李寺。勉之哉！可以长王国，亦可以高门闾矣。可。

出处：《后村先生大全集》卷六九。

撰者:刘克庄

考校说明:编年据刘克庄任外制时间补。

陈梦发除诸王宫教授制
(暂系于景定二年八月至景定三年八月间)

朕惟宗藩亲无如介弟,朝夕所与讲习而亲炙者,一二宾友而已。尔置周行有贤誉,入太学有师道,使之开黄卷,傅朱邸,可以广元王受《诗》之意而助东平为善之乐矣。可。

出处:《后村先生大全集》卷六九。

撰者:刘克庄

考校说明:编年据刘克庄任外制时间补。

陈大中除史馆校勘制
(暂系于景定二年八月至景定三年八月间)

朕于史官尤遴其选,有以郎监而兼校勘者。尔策名二十余年,历官不苟,积誉尚微,一旦侪之瀛洲学士之列而与闻汗青之事。夫述作才也,遇合命也,人将观尔之书法焉。可。

出处:《后村先生大全集》卷六九。

撰者:刘克庄

考校说明:编年据刘克庄任外制时间补。

杨起萃除宗学谕制
(暂系于景定二年八月至景定三年八月间)

中兴以来,士有已奉对南廊而复传胪集英者,往往贵盛。在绍兴则德元,在端、嘉则大同,岂非郁积之久,腾上之速,乘除之理然欤! 尔荆楚奇材,晚擢鼎魁,当求士如不及之时,乃久滞于外。召置周行,非直使之训迪麟宗而已,清资华贯于焉权舆。可。

出处:《后村先生大全集》卷六九。

撰者:刘克庄

考校说明:编年据刘克庄任外制时间补。

吴势卿除军器监依旧淮东总领制
(景定二年八月至景定三年八月间)

总饷之难久矣,重以去岁涝伤,围田之入亏四十余万斛。戍不可撤也,灶不可减也,赋不可加也,识者为此寒心。尔授任未几,适丁是时,洗手奉公,悉心营职。虽朝廷不辍补助,然尔左支右吾,斡无为有,于财殚粟竭之际,收士饱马腾之效,可谓有用之才、通务之儒矣。夫持空谈易,课实用难,尔已能底绩如此,进之戎监,班序益高,事权加重,以昭朕奖贤劳、劝事功之意。可。

出处:《后村先生大全集》卷六九。

撰者:刘克庄

考校说明:编年据刘克庄任外制时间补、吴势卿官历补,见《至顺镇江志》卷一七。

吴势卿籴足五十万石特转朝奉大夫制
(暂系于景定二年八月至景定三年八月间)

连营待哺,仓庾氏无以继,至于籴以足之,势不容已,非得已而不已也。然籴固难,而籴于歉岁尤难。尔承泽竭之余,当水毁之后,招诱有方,措置得宜,无疾声大呼,不低估高量,而岁额五十万斛告足。世之自诡功名者多能言,惟尔能践其言,信乎有劳于国矣。其进一阶,以劝使于四方不辱君命者。可。

出处:《后村先生大全集》卷六九。

撰者:刘克庄

考校说明:编年据刘克庄任外制时间补。

林希逸除考功郎官制
(暂系于景定二年八月至景定三年八月间)

朕爱惜人才如珪璧,而于当世知名之士尤致其厚。尔老学雄辞,昔尝开卷丹地、执笔玉堂矣。一收朝迹,坐阅五闰,居常有久不见生之叹。改纪以来,再予环,一出节,止或尼之,于朕心终不释然。尚书郎尔前御,馆阁尔旧游,叠组起家,出于简记。《缁衣》之诗曰敝者三,曰改者三,朕于尔可谓得诗人好贤之义矣,尔其可安安而居、徐徐而来乎? 可。

出处:《后村先生大全集》卷六九。

撰者:刘克庄

考校说明:编年据刘克庄任外制时间补。

李伯玉除尚右郎官制
(暂系于景定二年八月至景定三年八月间)

我朝崇科目而重名胜,朕率由旧章而加厚焉。尔乙未魁亚,尝历馆阁、掾省闼,言议风旨闻于天下。法当腾上久矣,顾留落江湖,虚老岁月。朕并致诸贤,独遗大雅,宁非阙典? 尚书郎尔旧毡也,姑借是起家耳。出处有义,遇合有命,惟贤者安之,唐人玄都观桃花之叹陋矣。尔其疾驱,以副延伫。可。

出处:《后村先生大全集》卷六九。

撰者:刘克庄

考校说明:编年据刘克庄任外制时间补。

洪焘除宝谟阁待制知太平州制
(暂系于景定二年八月至景定三年八月间)

怀绥需会稽之戍,阃寄固专;易麾为姑熟之行,江防尤重。笔橐之班加峻,金汤之势增雄。具官某宣慈而惠和,辨智而闳达,典刑肖乎先德,事功着于当时。作郡国会计之图,弛张有道,赋京兆神明之政,剖决如流。眷怀方赖于论思,雅志力求于更迭。朕惟西瀍东涧,密迩周畿;右扶左冯,均为汉辅。出纶谋帅,衣锦过家。属险要护风寒之冲,难于调守;若文武可畏信之彦,无以逾卿。乃超松阶之高华,以壮采石之形胜。噫! 临淮于营垒麾帜之末,初无改更;尹铎于保障茧丝之间,能有决择。益固根本,以宽顾忧。可。

出处:《后村先生大全集》卷六九。

撰者:刘克庄

考校说明:编年据刘克庄任外制时间补。

赵孟玠除军器少监制
(暂系于景定二年八月至景定三年八月间)

《记》曰:"君子不可不早有誉于天下也。"尔少而英妙,长而温雅,有佳公子之目。昔人有以四十专城为荣,尔未四十而两佩二千石印绶矣。有已试之能,顾使之需未及之成,岂急才之义乎? 戎监长贰,亚于九卿,靖共尔位,以俟进擢。可。

出处:《后村先生大全集》卷六九。

撰者:刘克庄

考校说明:编年据刘克庄任外制时间补。

吴洁除将作监致仕制
(暂系于景定二年八月至景定三年八月间)

乃者温陵调守,畴咨在列,皆言尔尝监郡,识民夷情伪,知财货源流,遂使之佩二千石印绶。久之,部使者言尔不治,无几何又以危笃闻矣。嗟夫,岂郡果不可为耶? 抑卧病闭阁,神明已耗而然耶? 朕于戚畹常致其厚,不欲使尔有加膝坠渊之叹,擢大匠,进文阶,俾致为臣而归,以昭朕终始待遇之意。可。

出处:《后村先生大全集》卷六九。

撰者:刘克庄

考校说明:编年据刘克庄任外制时间补。

赵时橐除户部郎官制
(暂系于景定二年八月至景定三年八月间)

袁在江右,昔称乐土,属者寇震于邻,四封告警,调度繁兴。尔当偻扰之余,任牧御之寄,乃能以安静拊摩凋瘵,以节缩支吾乏绝,境内称治。昔吴公于河南,文翁于蜀,霸、遂于颍川、渤海,或以治平,或以儒雅,或以循良,为当时奖擢。朕召尔以尚书郎,犹汉家选表之意也,亦烈祖非郡最不除郎之制也。可。

出处:《后村先生大全集》卷六九。

撰者:刘克庄

考校说明:编年据刘克庄任外制时间补。

奉直大夫新差知泰州姜虎臣昨因应援怀远以解
重围特转朝议大夫制
(暂系于景定二年八月至景定三年八月间)

怀远吾必守之地,寇环而攻之,尔以制阃元僚提兵赴援,突围而入,解围而出。昔有上马击贼、下马草檄者,其若人之流欤!阃臣言状,进阶一列,以劝功名之士。可。

出处:《后村先生大全集》卷六九。

撰者:刘克庄

考校说明:编年据刘克庄任外制时间补。

赵日起除检详制
(暂系于景定二年八月至景定三年八月间)

今边犹宿师,士未解甲。为朕运筹制胜者,大臣也;为大臣图事揆策者,公府掾也。尔以蜀珍参诸老,游三边,兵机敌情料之审矣,王体国论讲之详矣。当甲兵问庙堂、文书盈几格之时,强敏足以应接,精明足以检泥,见于已试,进之为真。虑患必万全,商事必十反,是为称职。可。

出处:《后村先生大全集》卷六九。

撰者:刘克庄

考校说明:编年据刘克庄任外制时间补。

黄应春除宗学博士制
(暂系于景定二年八月至景定三年八月间)

我朝学制大备,中兴仅创太、武学而宗庠犹未之及。先皇慨然经始,壹如承平盛时,英才彬彬辈出,与寒畯等,其师氏之选尤遴。尔齿发之宿,德义之尊,可以辅导朱邸而作成青衿矣。《诗》不云乎:"尚有典刑。"可。

出处:《后村先生大全集》卷六九。
撰者:刘克庄
考校说明:编年据刘克庄任外制时间补。

潘凯除华文阁待制知漳州制
(暂系于景定二年八月至景定三年八月间)

朕视邦选侯,重南国藩宣之寄;惟人求旧,起西清宿老之贤。乃陟隆名,式资共理。具官某精金百炼,直干千寻。顷被亲除,首陈谠议。攻南昌而请剑,奚慭攀槛之云;论公孙如发蒙,独惮在廷之黯。鸣阳之疏不朽,出昼之身甚轻。属予调瑟之初,念汝考槃之久。乃开宣室,以访贾生;忽厌承明,莫留严助。尹漕之政,真古遗爱;瓯闽之俗,至今去思。人才实难,居常当馈而兴叹;名臣欲尽,讵容袖手而傍观!班冠四松,符分半竹,盖前辈高登之里,有故侯朱熹之风。噫!朕览元结春陵之行,岂轻调守;尔有萧生本朝之意,谅不忘君。治绩转闻,追锋踵至。可。

出处:《后村先生大全集》卷六九。
撰者:刘克庄
考校说明:编年据刘克庄任外制时间补。

冯梦得除宗正寺簿制
(暂系于景定二年八月至景定三年八月间)

昔人以大幕府为小朝廷,谓人材之所聚也。从吾大臣援蜀者多矣,尔其一焉。甫开朝绩,卷怀而去。起参淮阃军事,俄而青、齐拓土,济、汶归疆矣。夫有磨盾作檄之才,必能秉检玉泥金之笔,朕以瑶编初草付尔笔削,将极文章之用。陈琳、阮瑀之事浅矣,尚勉其远者大者。可。

出处:《永乐大典》卷一四六〇七。
撰者:刘克庄

考校说明：编年据刘克庄任外制时间补。

郭德安除兵部郎官制
（暂系于景定二年八月至景定三年八月间）

士大夫当以事功自见，垂长衣、横麈柄者，坐谈客耳，如事功何？尔奋儒科，仕边地，表淮里江之形势知之审矣，老校退卒之见闻访之详矣。朕合两淮建梱，尔以刑狱使者参其军事，耀兵涟海，三年克之，贤宾主之勤劳至矣。朕既命制臣贰夏卿，又命尔为郎，盖汉人拜龚遂水衡、以议曹丞水衡之意。增重观风之寄，径班应宿之躔。可。

出处：《后村先生大全集》卷六九。

撰者：刘克庄

考校说明：编年据刘克庄任外制时间补。

郭和中除大理寺丞制
（暂系于景定二年八月至景定三年八月间）

朕读《左氏传》，于"强谏有后"之语而有感焉。尔考嘉熙谏臣，言议风旨闻于天下，为诸贤存命脉，为万世扶纲常，所谓殁而不朽者。尔典刑惟肖，有美誉而无躁心，擢丞李寺，朝迹浸高。朕每于对班观人，百执事皆得以尽言无隐。尔勉之哉！父谏观鱼，子谏纳鼎，罔俾臧孙专美于鲁。可。

出处：《后村先生大全集》卷六九。

撰者：刘克庄

考校说明：编年据刘克庄任外制时间补。

右武大夫左领军卫将军知无为军节制军马吴日起乞将景定元年三月三日随大丞相行府于藤草坪杀贼功赏封赠父母制
(暂系于景定二年八月至景定三年八月间)

藤草坪之捷,与前代之赤壁、合淝水、南渡之采石、皂角林相望于千载,凡从丞相于是行者,论功行赏有差。尔子日起独请以其官赠父封母。夫敌忾忠也,荣亲孝也,尔有子而我亦有臣矣。可。

出处:《后村先生大全集》卷六九。
撰者:刘克庄
考校说明:编年据刘克庄任外制时间补。

朝请大夫试尚书兵部侍郎洪勋磨勘转朝议大夫制
(暂系于景定二年八月至景定三年八月间)

磨勘法行,由三百六旬而积;论思望峻,何八十一士之拘。具官某忠清之节传家,典雅之文行世。于高原下隰,歌《皇华》而周咨;扈法驾属车,第侍臣之嘉颂。虽班爵极显荣之宠,然铨衡有考课之常。乃出新纶,俾迁崇秩。噫!佩荷囊而从上,宁计官资;对蒲璧以封男,仍开乡国。可。

出处:《后村先生大全集》卷六九。
撰者:刘克庄
考校说明:编年据刘克庄任外制时间补。

宝章阁直学士朝请大夫知徽州军州事周坦磨勘转朝议大夫制
(景定二年八月至景定三年八月间)

上同洪侍郎。具官某贵名揭日月而行,谏纸挟风霜之气。听尚书履,冠常伯之迹联;怀太守章,践先儒之补处。虽班爵极显融之宠,然铨衡有考课之常。

下同。

出处:《后村先生大全集》卷六九。

撰者:刘克庄

考校说明:编年据刘克庄任外制时间、周坦宦历补,见弘治《徽州府志》卷四。

叙复朝请郎新除华文阁待制改差知太平州
军州事潘凯磨勘转朝奉大夫制
(暂系于景定二年八月至景定三年八月间)

国家待法从之臣,固难用例;祖宗立审官之制,必论积劳。具官某有万丈光 燄之文,有百篇仁义之谏。持橐陪甘泉之献纳,入馨忠嘉;建牙护呆石之风寒,出 分忧顾。然考课其来尚矣,虽贵近何可废哉!乃下新纶,俾迁华秩。噫!见德业 之久大,益懋远图;计班资之崇卑,谅非雅志。可。

出处:《后村先生大全集》卷六九。

撰者:刘克庄

考校说明:编年据刘克庄任外制时间补。

武翼郎荆湖北副总管统援蜀诸军黄仲文可特赠
武显郎除致仕恩泽外更与一子恩泽制
(景定二年八月至景定三年八月间)

昔郦琼举合肥降虏,独乔、张二大将不屈而死,庙食至今,名标史册。尔驻兵 于泸,贼整献城,强以从逆。尔握拳嚼齿,骂不绝声,宁折首而不肯屈膝于虏。茶 马使者为朕言其状,与乔、张死节先后相望,是可以列忠义之传而寒乱臣贼子之 胆矣。进五秩,录孤儿,英爽凛然,歆此休命。可。

出处:《后村先生大全集》卷六九。

撰者:刘克庄

考校说明:编年据刘克庄任外制时间、文中所述史事补,见《昭忠录》。

郑大有除军器少监制
(暂系于景定二年八月至景定三年八月间)

昔先忠定,予之甘盘、阿衡也。厥子早世,有孙而贤,由鹓序剖虎符,吏士且来迎矣。尔深念王母大耋之年,惮于修阻;朕不夺孝子顺孙之志,处之便安。擢贰戎监,班联浸高。尔其奉轻轩板舆,就养京师,以慰朕怀旧傅、思名宰之意。可。

出处:《后村先生大全集》卷七〇。

撰者:刘克庄

考校说明:编年据刘克庄任外制时间补。

郑大节升直宝章阁添差沿海制置司参议官制
(暂系于景定二年八月至景定三年八月间)

朕于故家隽胄皆甄录而器使之,况旧学前揆之再传乎?尔丞外府,修谨自将,朕方贤郑公之孙,尔乃抗令伯之表,去为军谘,将以娱侍。然奉潘舆来越,岂若鄞阃之尤便安乎?奎阁清资,制垣上介,出筹笔草檄,入拥笏垂鱼,忠于长,孝于亲,则德进而誉起矣。可。

出处:《后村先生大全集》卷七〇。

撰者:刘克庄

考校说明:编年据刘克庄任外制时间补。

文及翁除太学录制
(暂系于景定二年八月至景定三年八月间)

朕搜罗贤隽,士有占小善、名一艺,莫不闻风而至,然科目、学问、节概如尔及翁者,乃独留滞于外,几于掇星宿而遗羲娥者。使之入太学,诲诸生,大夫国人皆有矜式矣。可。

出处:《后村先生大全集》卷七〇。

撰者：刘克庄

考校说明：编年据刘克庄任外制时间补。

王华甫除兵部员外郎制
（暂系于景定二年八月至景定三年八月间）

　　近岁士大夫多谓郡不可为。赤城畿内佳处，亦趋于坏，调守多矣，譬之族庖屡更刀而屡折。尔为之期年而治，二年而大治。廉如公仪休，惠如子产，不畏强御、不侮鳏寡如仲山甫，崇德而尚贤，先教而后政，未尝急赋而上供、送使、廪兵、禄吏未尝乏绝，然则天下岂有不可为之郡哉！朕甚嘉之。选于所表，汉制也；非郡最不除郎，祖训也。其上二千石印绶，来游省户。可。

出处：《后村先生大全集》卷七〇。

撰者：刘克庄

考校说明：编年据刘克庄任外制时间补。

臧元哲除太府寺簿制
（暂系于景定二年八月至景定三年八月间）

　　今弊事胶轕，人物衰少，常有临事乏使之叹，朕所为兼收而并蓄也。尔承先人之绪，在才子之目，使之缩手袖间，老岁月于长史、司马，可惜也。簿正外府，骎骎得路，益自磨砺，以需器使。可。

出处：《后村先生大全集》卷七〇。

撰者：刘克庄

考校说明：编年据刘克庄任外制时间补。

陈淳伯除武学博士孙炳炎除武学谕制
（暂系于景定二年八月至景定三年八月间）

　　朕并用文武，右庠英俊彬彬辈出，其射策廷中、举幡阙下者，与太学诸生相颉颃，模范之选，必属名流。尔淳伯由璧水，尔炳炎由金耀，擢之师氏，倡其名节之风，作其功名之气，毋徒曰角课试、媒利禄而已。可。

出处：《后村先生大全集》卷七〇。

撰者：刘克庄

考校说明：编年据刘克庄任外制时间补。

赵孟仪除将作监丞制
（暂系于景定二年八月至景定三年八月间）

有列于朝，率久而后迁。尔秉平反之笔于李廷，未久而迁者，以其为国近属也，以其为佳公子也。大匠之事简，丞之班高，益厚涵养，以对简擢。可。

出处：《后村先生大全集》卷七〇。

撰者：刘克庄

考校说明：编年据刘克庄任外制时间补。

牟巘除大理司直制
（暂系于景定二年八月至景定三年八月间）

司直班于廷尉评之上，由掌故升者为殊擢。尔之才学，汉人所谓家之珍宝、国之英俊者，秉平反之笔以广哀矜之意，非尔其谁宜为！可。

出处：《后村先生大全集》卷七〇。

撰者：刘克庄

考校说明：编年据刘克庄任外制时间补。

余鳌除司封郎官制
（暂系于景定二年八月至景定三年八月间）

人材以用而后见，端坐而谈治忽者，平居可以谐世取名，用则泥矣。尔以淮海之俊、场屋之彦，出佐大阃，尤长策画。入掾二府，与闻机要，朝迹深而郡最高，盖有实用而非事清谈者。当贤哲驰骛不足之际，袖手傍观可乎？召还省户，以待器使。可。

出处:《后村先生大全集》卷七〇。

撰者:刘克庄

考校说明:编年据刘克庄任外制时间补。

余鳌除浙西提刑制
（暂系于景定二年八月至景定三年八月间）

右扶旧岁涝伤之后,临遣使者非直取其风力霜稜,必求恳恻忠厚之人,使之兼举劳来咨诹之谊,其选不亦重乎！尔居中补外,类有可纪,以敏识禅内修外攘之政,以宽条柔易动难安之民。予环而来,把绣而去,良以一路荡析者望安集,阻饥者望全活,青社之事,可举而行。使尔有山岳动摇之名,岂若为朕销田里愁叹之声！使事有指,尔其典听。可。

出处:《后村先生大全集》卷七〇。

撰者:刘克庄

考校说明:编年据刘克庄任外制时间补。

王起晦除知宜州制
（暂系于景定二年八月至景定三年八月间）

唐置五管,宜居其一,后改支郡,地望犹雄。尔奋起场屋,周旋幕府,岁月深而才识老。不惮瘴茅之远,肯分半竹而行。夫蹉骏之法屡变,财未易生也;侬鞑之寇两至,兵未易强也。所恃者人心耳,尔尚勤而拊之,以无负朕封疆之寄。可。

出处:《后村先生大全集》卷七〇。

撰者:刘克庄

考校说明:编年据刘克庄任外制时间补。

武功大夫右领卫将军建康府驻札御前诸军副都统制施谋特授右武大夫依前职任制
（暂系于景定二年八月至景定三年八月间）

执讯获丑,既收鏖战之勋;序情闵劳,宜授横行之赏。具官某素谙边事,分总戎昭。力解重围,虓怒而截淮浦;气劘贼垒,长歌而入汉关。嘉吏士之上功,览阃臣之言状。噫!今之赴敌,孰勇于先锋;古者制兵,尤亲于右广。其加命秩,以劝贤劳。可。

出处:《后村先生大全集》卷七〇。
撰者:刘克庄
考校说明:编年据刘克庄任外制时间补。

吴大圭除国子正制
(暂系于景定二年八月至景定三年八月间)

□□秩者必试邑,法也;不待试邑而登畿者,擢才于法之外也。尔以甲科郎滞于侍郎选,恬然有安时处顺、穷经考古之乐。朕为六馆诸生求师儒,尔无愧于是选矣,往钦哉!可。

出处:《后村先生大全集》卷七〇。
撰者:刘克庄
考校说明:编年据刘克庄任外制时间补。

武功大夫左屯卫将军权发遣高邮军事张世杰
白鹿矶功赏转右武大夫依旧职任制
(暂系于景定二年八月至景定三年八月间)

渔舟透渡之变,可谓危机;鹿矶夺桥之功,各霑醲赏。具官某于是役也,尝有劳焉,其度越有司之拘挛,以激昂壮士之勇敢。噫!良将守要处,专城既剖于左符;男儿重横行,穿秩宜加于右广。可。

出处:《后村先生大全集》卷七〇。
撰者:刘克庄
考校说明:编年据刘克庄任外制时间补。

武功大夫忠州刺史左屯卫将军京湖制置大使司
计议官周鼎戍泸及援重庆功赏转右武大夫升带
右屯卫大将军依旧任制
（暂系于景定二年八月至景定三年八月间）

赴援解围,虽元戎之方略;摧锋陷阵,亦群帅之忠勤。具官某昨者戍泸,勇于捍塞,倍道趋古渝之急,挺身居诸将之先。及既班师,讵容吝赏？武爵重横行之秩,是以出纶;皇家列右广之屯,使之叠组。可。

出处:《后村先生大全集》卷七〇。

撰者:刘克庄

考校说明:编年据刘克庄任外制时间补。

右武大夫高州刺史左领卫大将军吕师龙将藘草坪
所得两官及父文德回授两官转左武大夫制
（暂系于景定二年八月至景定三年八月间）

藘草坪之捷,隽功也;横行之秩,上赏也。具官某既有隽功,宜受上赏,况乃翁又以二秩回赐乎！可。

出处:《后村先生大全集》卷七〇。

撰者:刘克庄

考校说明:编年据刘克庄任外制时间补。

左武大夫高州刺史左领卫大将军吕师龙将节次
所得参官特与转行遥郡团练使制
（暂系于景定二年八月至景定三年八月间）

唐尤重戍团,尝横于郡国矣,故晋州男子三十字中,乞罢团练居其一焉。厥后但为寄禄官而无事权,然勇爵积累至此,亦岂易哉！具官某一门之中,将才萃见,视苏、辛父子著名山西殆相颉颃。甫陟左广,又与遥团,以战功不以例册也,国家于尔厚矣。益自奋励,朕有醲赏。可。

出处:《后村先生大全集》卷七〇。

撰者:刘克庄

考校说明:编年据刘克庄任外制时间补。

吴蒙除司农寺丞制
(暂系于景定二年八月至景定三年八月间)

士有抑于暂而伸于久者。尔早以才业自见,更历中外,向用矣,止或尼之。退而里居者累年,有汾曲讲学之乐,无周南留滞之叹。屡剖左符,甘需久戍。兹访求遗才而得尔焉,入丞农扈,姑用是起家耳,朕方将任汝以事。

出处:《后村先生大全集》卷七〇。

撰者:刘克庄

考校说明:编年据刘克庄任外制时间补。

吴蒙除刑部郎官制
(暂系于景定二年八月至景定三年八月间)

朕念天下民命系乎秋官,既命苏公、吕侯之伦任长贰之事矣,然奏当之上,轻重高下必先属之拟笔,遇尚书郎弄印,常难其人。尔明恕足以洗冤泽物,密察足以摘伏发奸,往佐尔长,尽心阅实,彼舞文法、长子孙,欲施其伯州犁之手者,无所容其巧矣。钦哉钦哉,毋替朕命。可。

出处:《后村先生大全集》卷七〇。

撰者:刘克庄

考校说明:编年据刘克庄任外制时间补。

刘叔子除太府寺丞制
(暂系于景定二年八月至景定三年八月间)

尔丞匠监未久,朕以其才业优而资历深,又进之外府焉。夫丞一也,然寺则高于监矣,继是又有高于外府者以待汝。可。

出处:《后村先生大全集》卷七〇。

撰者:刘克庄

考校说明:编年据刘克庄任外制时间补。

赵时愿除太常博士制
(暂系于景定二年八月至景定三年八月间)

朕于甲科郎多拔擢而尊显之。尔麟趾公子,大廷对策第五,一收朝迹,十有三载,虽剖左符,尚需远戍。昔号英妙,今亦老苍,以奉常召,所以搜遗逸、拔滞淹也。昔之为议郎者,国有大典礼或据经以对,或引谊以争,不止于绵蕤朝仪若叔孙子而已,尔其勉诸! 可。

出处:《后村先生大全集》卷七〇。

撰者:刘克庄

考校说明:编年据刘克庄任外制时间补。

孙桂发除太常寺簿兼太子舍人制
(暂系于景定二年八月至景定三年八月间)

朕于士之怀才抱艺者,惟恐不知之,既知之惟恐其伏于下僚,而腾上之不速也。尔修于家庭,人无间言,行乎州里,立乎本朝,士无异论,所谓达才成德者。礼官清于学省,储寀要于藩邸,朕为官择人,非为尔择官也。尔其懋哉,以对殊擢。可。

出处:《后村先生大全集》卷七〇。

撰者:刘克庄

考校说明:编年据刘克庄任外制时间补。

翁孟桂除国子监簿制
(暂系于景定二年八月至景定三年八月间)

成均之属,各有分职,博士、正、录掌学之数,丞、簿掌学之政,均之为国子先生,其选尤遴。尔奋儒科,开朝迹,出为阃属、郡丞无躁心,入为王官无喜色。由奏邸擢胄监,涂辙清矣,岂簿正云乎哉! 益养资望,进擢未已。可。

出处:《后村先生大全集》卷七〇。

撰者:刘克庄

考校说明:编年据刘克庄任外制时间补。

朱埴除太学博士万道同除太学录制
(暂系于景定二年八月至景定三年八月间)

古之所谓师者,传道、授业、解惑也,今惟课试而已。然因今之法寓古之意,则存乎其人。尔埴,尔道同,南宫集英之前列,使海六馆诸生,为朕分任升俊造士之责,有讲义非传道乎? 有命题、发策,非授业、解惑乎? 范模之下,必有观而化者。可。

出处:《后村先生大全集》卷七〇。

撰者:刘克庄

考校说明:编年据刘克庄任外制时间补。

鲍成祖除军器监簿制
(暂系于景定二年八月至景定三年八月间)

《易》曰除戎器,戒不虞,为平世言也,况多事之秋乎! 均之为弓,有挽六钧者;均之为矢,有穿七札者,不曰工善于其事欤! 尔奋儒科,通世务,幕画、邑最,恢乎余刃。列于监属,凡材革出入、工徒众寡,皆得以簿正焉,朕于是观尔之才。可。

出处:《后村先生大全集》卷七〇。又见《永乐大典》卷一四六〇八。

撰者:刘克庄

考校说明:编年据刘克庄任外制时间补。

谢奕楸除直宝谟阁知漳州制
(暂系于景定二年八月至景定三年八月间)

清漳佳郡,俗淳而事简,南渡以处内相,淳熙以处大儒,朕屡以处法从,不轻畀也。尔出为廉使,入为望郎,庶乎知稼穑之难与民生之不易者,于保障、茧丝二者辨之审矣。进直延阁,以华其行。夫烈祖紫云楼之言及朕训廉戒贪之诏,尔盘行几杖间,不可斯须离也。能如是,则毋负朕临遣之意。可。

出处:《后村先生大全集》卷七〇。

撰者:刘克庄

考校说明:编年据刘克庄任外制时间补。

曾镐除尚右郎官制
(暂系于景定二年八月至景定三年八月间)

士大夫谋利计功、干进务入者多,而修身谨行、安时处顺者,盖绝无而仅有也。尔退居而里人熏其德,历官而民间饮其惠,立朝而舆论称其贤,畀之麾则容与而未上,予之环则逡巡而不至,其于一世之所羡慕者不浸近而愈疏。朕阅士多矣,如尔所立,非盆盎,中古罍洗乎!尚书郎虽尔旧毡,朕方借尔以重列宿之选。昔晋武饷山涛常少,其言曰:"将由欲者不多,遂使与者忘少。"朕于尔亦云。可。

出处:《后村先生大全集》卷七〇。

撰者:刘克庄

考校说明:编年据刘克庄任外制时间补。

常挺唐鉴彻章转朝议大夫制
(暂系于景定二年八月至景定三年八月间)

朕高拱燕间,博延鸿硕。以古为监,文皇言炳于蓍龟;其人若存,太史论严于衮斧。兹及彻章之际,载嘉执卷之劳。具官某色夷而气和,德盛而仁熟。以少常伯,兼中书君。今进读迩英之编,昔授说先贤之作。朕率光尧圣训,宝之尤甚谏书;卿于祖禹格言,合者殆如符券。顾凉德方资于三益,故旧章宜陟于一阶。噫!览贞观金镜之书,唐祚所由兴也;陈永平印绶之赐,汉儒不亦鄙哉! 尚赖交修,勉殚忠告。可。

出处:《后村先生大全集》卷七〇。

撰者:刘克庄

考校说明:编年据刘克庄任外制时间补。

王镕职事修举除直秘阁仍旧福建提刑制
(暂系于景定二年八月至景定三年八月间)

朕患部使者之不行部、不按吏也,遂有辛酉元日之诏。尔自朝列临遣,乘传入闽,安居之日少而驱驰原隰之日多,所至咨询诹度,情伪尽知,审克平反,幽枉必察,凡大吏之有凭恃而饕墨者、小吏之无忌惮而恣睢者,皆驰驿以闻,风力甚劲。朕欲召归,顾难其代,晋直木天,以为使于四方、不辱君命者之劝。可。

出处:《后村先生大全集》卷七〇。

撰者:刘克庄

考校说明:编年据刘克庄任外制时间补。

胡太初职事修举除直秘阁仍旧知饶州制
(暂系于景定二年八月至景定三年八月间)

仕者类曰番不可为,他郡阙守,人竞趋之,惟番多惮往者,往辄弗绩。尔雅士也,词臣也,为之期年,外则剜肉补疮以供亿王人急急之符檄,内则节衣缩食以廪禄州家嗷嗷之兵吏。勤劳甚矣,然其为政不失儒者指归,有唐元结、阳城之遗风。进直木天,以上媲虞庭陟明、汉朝选表之意。尔其谨终如始,以慰朕心。可。

出处:《后村先生大全集》卷七〇。

撰者:刘克庄

考校说明:编年据刘克庄任外制时间补。

赵希汾除湖南提举兼知衡州制
(暂系于景定二年八月至景定三年八月间)

吾甚重部使者之选,或采之士誉,或拔之郡最。尔顷牧上饶,当警遽未宁、调度繁兴之际,而有酬酢之智、拊摩之具,舆人诵之,达于朕听。夫台使按察之权大于专城,湘民兵烬之祸烈于内地,孰能为朕劳来而安集之欤! 庚节郡符,岂无他人,顾以命尔,惟其才也。尔其以昔治上饶者治一路,绳束饕残之吏,使之革心,振德疮痍之民,使之复业,以副朕不次擢用之意。

出处:《后村先生大全集》卷七一。

撰者:刘克庄

考校说明:编年据刘克庄任外制时间补。

武功大夫淮西副总管御前武胜左统制李贵为
鄂城功赏除带行阁门宣赞舍人制
(暂系于景定二年八月至景定三年八月间)

鄂城之围,尔当东隅,且战且守,不解甲者百余日,血衣犹在,吝赏可乎? 既升总戎,兼领阁职,以旌劳绩,以倡勇敢。可。

出处:《后村先生大全集》卷七一。又见《永乐大典》卷一三四九九。

撰者:刘克庄

考校说明:编年据刘克庄任外制时间补。

新定郡夫人陈氏赠泰国夫人制
(暂系于景定二年八月至景定三年八月间)

小君锡命,未歇芳华;大数有终,奄归冥漠。爰颁恤典,以播徽音。具位陈氏选自良家,长于禁掖。居常辇从,见推鱼贯之联;俄顷琴亡,忽操鸾离之曲。念久执盥匜之礼,讵容无簪履之情? 宜改沐封,用光泉壤。噫! 诗人之美容服,委佗有若于山河;释氏之喻色空,变灭乃如于露电。谅惟慧性,必悟浮荣。可。

出处:《后村先生大全集》卷七一。

撰者:刘克庄

考校说明:编年据刘克庄任外制时间补。

游文除枢密院编修官制
(暂系于景定二年八月至景定三年八月间)

本朝名相家多佳子弟,不惟韩、吕二氏而已。尔先清献当国之日虽浅,然开忱布公之量休然有容,进贤退不肖之辨凛然甚严,至今朝野推重,以为名宰。尔在家庭,早有贤誉。清献之丧,愿解铜墨,居庐三年。世有陟岵而谋起复者,闻之尔风,可以少愧矣。由农官擢枢掾,岂特编摩云乎哉!清献帷幄之筹岁月未远,尔其以膝下所闻、手泽所记,历历为吾大臣言之,于以见世家文献之存,亦可为省闼弥纶之助。可。

出处:《后村先生大全集》卷七一。

撰者:刘克庄

考校说明:编年据刘克庄任外制时间补。"游文"当为"游汶"之误,见同集卷六五《府丞游汶两易农簿制》、《两浙金石志》卷一三《宋天童寺别山智禅师塔铭》等。

舒有开除枢密院编修官制
(暂系于景定二年八月至景定三年八月间)

编摩列于枢掾,然官制既行,或以选人为之。至茂陵而其选浸重,有朝下除目夕兼台郎者,与三丞二着等矣。尔丞戎监未久而有此授,岂不以其老成详练、通世务而知边事乎!昔丙吉闻有警奏,乃始科琐边吏。《传》曰"事豫则立",又曰"有备无患",必待警奏然后科琐,则已晚矣。吾大臣方忧边思职,尔其竭忠益而佐庙谟焉。可。

出处:《后村先生大全集》卷七一。

撰者:刘克庄

考校说明:编年据刘克庄任外制时间补。

杨锜除太社令制
（暂系于景定二年八月至景定三年八月间）

二令高选，今为奉常之属。尔左畹之才子也，昉开朝迹，荣除在前，益懋进修，以对简拔。可。

出处：《后村先生大全集》卷七一。

撰者：刘克庄

考校说明：编年据刘克庄任外制时间补。

郑砆除大理评事制
（暂系于景定二年八月至景定三年八月间）

朕患夫明法者之少也，尔尝中其科，试邑称治，寺评虚席，舍尔其谁！今天狱久虚，然郡国犹繁于刑，奏当之上，盈于几格。以不忍之心秉平反之笔，则可以无冤民矣。可。

出处：《后村先生大全集》卷七一。

撰者：刘克庄

考校说明：编年据刘克庄任外制时间补。

张称孙除军器监兼权右曹郎官兼删修敕令制
（暂系于景定二年八月至景定三年八月间）

朕以尔通于方，左右具宜，使之副大匠，郎剧曹，兼敕局，皆优为之，异乎晋人清谈不省何曹者。夫才以用而见，循故常、守尺度则进取之途狭，越拘挛、任事功则材智之士出，朕厉世磨钝之微权也。擢长戎监，小却亦平揖九乡矣，尔其益养望举职，以副朕拔尤取颖之意。可。

出处：《后村先生大全集》卷七一。

撰者：刘克庄

考校说明：编年据刘克庄任外制时间补。

叶寏除国子监丞制
（暂系于景定二年八月至景定三年八月间）

儒官之属,博士、正、录掌学之教,惟丞掌学之政,丝粟事必涉笔焉。尔涵泽宫有师道,对延和有忠告,昔惟课试诸生,今位亚长贰,学之教法政令皆与闻之矣。培养益厚,进擢未已。可。

出处:《后村先生大全集》卷七一。
撰者:刘克庄
考校说明:编年据刘克庄任外制时间补。

金九万除国子博士兼庄文教授制
（暂系于景定二年八月至景定三年八月间）

博士为儒者高选,唐以韩愈辈人为之。官虽冷矣,然以道义私淑诸生,以文字膏馥沾丐后学,天下之至乐也。唐人见愈滞于其官,有国学频频之嘲,岂知愈者哉！尔在学省久矣,今兹国子先生之授亚于长贰,必能践传道、授业、解惑之言,必无冗不见治之叹,朕将不次用尔。可。

出处:《后村先生大全集》卷七一。
撰者:刘克庄
考校说明:编年据刘克庄任外制时间补。

王镕除侍左郎官制
（暂系于景定二年八月至景定三年八月间）

朕读《诗》至《四牡》、《皇华》之章,其遣也以礼乐送之,其来也又陈诗劳之,盖先王待臣下其厚如此。尔乘传入闽,禽逋寇,雪冤狱,绳大吏,风采竦然,差强人意。久任王尊叱驭之役,岂忘子牟存阙之心！《诗》所谓劳使臣之来者,不可缓矣。朕惟选人屈伸通塞,系于吏部郎之笔,尔昔兼领,既善其职,今遂真拜,益公乃心。时方急才,岂久滞于省户者！可。

出处:《后村先生大全集》卷七一。

撰者:刘克庄

考校说明:编年据刘克庄任外制时间补。

陈懋钦杨文仲并除太学博士制
(暂系于景定二年八月至景定三年八月间)

选师儒与选百执事异,百执事以才,师儒以学以望,其选顾不遴欤!尔懋钦一封投匦,直声响撼;尔文仲万里出峡,贵名日起。朕求经明行修、可为人师者,而得两生焉。尔其进弟子员而私淑之,使人人有士君子之行。可。

出处:《后村先生大全集》卷七一。

撰者:刘克庄

考校说明:编年据刘克庄任外制时间补。

曾颖茂除宝章阁待制依旧江西转运使兼知隆兴府制
(暂系于景定二年八月至景定三年八月间)

职兼牧餫,久烦荷橐之英;诏奖贤劳,俾陟松阶之峻。仍其封部,宠以事权。具官某机圆而流略通,才高而盘错解。出驰华隰,所至澄清;入从甘泉,遂参献纳。褰帷而行赤县,众谓神明;拂衣而归丹霞,独寻仙隐。朕顾念襟期切矣,卿欲安槃涧可乎?重乘使轺,并绾郡绂。彼房兽蹄鸟迹所过,悉返耕锄;吾民鸡鸣犬吠相闻,绝无桴鼓。但有贪吏解印而去,不使长官负弩而迎。皦皦远瓜李之嫌,谦谦尽桑梓之敬。载嘉美绩,乃出新纶。噫!南国憩棠,勿剪之阴常在;西清簪笔,候对之班最高。毋为久居,行且趣召。可。

出处:《后村先生大全集》卷七一。

撰者:刘克庄

考校说明:编年据刘克庄任外制时间补。

杨修之除直秘阁潼川运判兼提刑提举制
（暂系于景定二年八月至景定三年八月间）

尔者胡运浸衰，蜀难稍纾，然整居之寇虽去，而负固之叛自若。此皆吾之故臣旧民也，孰能为朕以忠义勉其豪杰，以恩信怀其部曲，以宽大拊其黎庶，岂非部使者之责乎！尔西州之彦，外历四麾二节，内再为郎，艰难险阻备尝之矣。兹以延阁起家，将指而西。一路馈饷事权不轻，虽司存暂寓于古渝，然号令实行于属部，尔其叱驭以趋乡国之急，以毋负朕丁宁告戒之意。可。

出处：《后村先生大全集》卷七一。
撰者：刘克庄
考校说明：编年据刘克庄任外制时间补。

文林郎杨潮南盗赏循儒林郎制
（暂系于景定二年八月至景定三年八月间）

乃者盗起宁远，延及零陵，二邑之民骚然失宁。既而遂讨平之，虽阃臣之功，亦幕僚之助，尔潮南与焉。其进一资，以奖尔劳。可。

出处：《后村先生大全集》卷七一。
撰者：刘克庄
考校说明：编年据刘克庄任外制时间补。

朝奉郎新除监察御史兼崇政殿说书韩□常
特授朝请郎守本官致仕制
（暂系于景定二年八月至景定三年八月间）

士大夫砥名砺行，或不为上之人所知，若夫知之矣，又用之矣，而夺之之速，是可悲已。始初改纪，召尔峨豸，尔亦感慨许国，幡然而起。朕渴闻辰猷之告，众耸听朝阳之鸣，遽以疾谂，一夕奄忽，乌乎亡之，命矣。迁秩二等，以昭朕惜贤之意。可。

出处:《后村先生大全集》卷七一。

撰者:刘克庄

考校说明:编年据刘克庄任外制时间补。

周龙归除太常寺丞兼沂靖惠王府教授制
(暂系于景定二年八月至景定三年八月间)

奉常之属皆以待当世名流,丞亚于卿少,其选尤遴。尔立朝有贤声,教胄子宗藩有师道,擢置颂台,凡朝家稽古礼文之事,上可与长官,下可与议郎、博士讨论而修饰之,岂特周旋揖逊于玉帛钟鼓间哉! 直哉惟清,以对简擢。可。

出处:《后村先生大全集》卷七一。

撰者:刘克庄

考校说明:编年据刘克庄任外制时间补。

赵逢龙除司农少卿兼太子侍读制
(暂系于景定二年八月至景定三年八月间)

隆古之世,贵德而尚齿。孟子虽以爵德齿为三达尊,又曰乌得有其一以慢其二,然则有天下国家者之所贵尚宜孰先哉? 尔德尊一代,人之师表,年开九秩,国之耆俊,其清介虽顽夫兴起,其精悍虽少年不及,使事岂可久烦吾黄发之老乎! 司农,郑康成之官也;储寀,园公、绮季之选也。朕久侧席,尔毋俟驾。可。

出处:《后村先生大全集》卷七一。

撰者:刘克庄

考校说明:编年据刘克庄任外制时间补。

朝散郎直宝章阁新权发遣池州军州事赵潪承事郎添差通判信州军州事赵淇为白鹿矶第二功各转两官制
(暂系于景定二年八月至景定三年八月间)

淝水之役,晋赏群谢。鹿矶之功不下淝水,潪也淇也,以宰相子与焉,健旗来上,姓名联翩,有群谢之风矣。各进二秩,以劝有志功名者。可。

出处:《后村先生大全集》卷七二。

撰者:刘克庄

考校说明:编年据刘克庄任外制时间补。

留梦炎除秘阁修撰福建提举制
(景定二年八月至景定三年八月间)

朕重名流而敬端士。召尔而未至也,侧席以待之;且至也,虚柱史经筵以处之。然尔虽翔而未集,将览辉而不果下,则又为之怅然太息。昔王仲舒厌事,不乐在京师,愿得一道以自见,此朕命乘使者车之意也。闽为郡八,负山之民剽悍,濒海之民贫窭,牧伯多显人,郡邑少良吏。尔其叱驭而往,为朕拊柔其剽悍者,振德其贫窭者,而绳其强御不受令、汰其饕墨不奉法者,则在外犹居中也。方今名流端士指不多屈,朕前以表郎储寀召尔而莫致,后以乡部漕节畀尔而辞行。士风不竞久矣,如尔之所自立,韵高而识远,一代不数人耳。洪都距尔寓里接壤,岿然大藩,命尔部符焉。有需次岁月少休息,有故乡水丘可钓游,吏士以瓜熟告,则文老幡花、儿童竹马迎于境上矣。然朕每念久不见生,岂必果为此行哉! 可。

出处:《后村先生大全集》卷七一。

撰者:刘克庄

考校说明:编年据刘克庄任外制时间、弘治《八闽通志》卷三〇补。

雷宜中除广东提刑制
(暂系于景定二年八月至景定三年八月间)

昔臣光相元祐,以十科拔士,而监司一科必以聪明公正者充选,岂非聪明则无壅蔽,公正则有风力欤! 尔曩为诸生,举幡累疏,有符融、郭泰之名;晚为宰士,拟笔十反,有州平、幼宰之忠。偶以风闻而去,事久论定,朕怀其贤,起陈臬事。岭民多贫薄,地恶也;南官鲜廉白,天远也。尔其褰帷露冕,勤求隐瘼,饮冰食檗,痛戢饕残。平反多则囹圄无冤囚矣,诛求少则岭海如近甸矣。夫如是,则无愧于元祐选监司之意,亦可对扬朕辛酉元日之诏。可。

出处:《后村先生大全集》卷七一。

撰者:刘克庄

考校说明:编年据刘克庄任外制时间补。

牟子才除宝章阁待制知温州制
(暂系于景定二年八月至景定三年八月间)

朕惟东嘉之名郡,择牧良难;有西清之旧臣,佥言其可。庸峻松阶之陟,以增竹使之华。具官某经济之英,论思之老。入而持橐,从警跸于甘泉;出而建牙,护风寒于采石。卷舒以道,出处何心。朕既焚中山之谤书,尔宜得康乐之补处。列之次对,置之近畿。虽需次之小淹,然起家之甚宠。噫!望之试冯翊之政,犹待考详;子牟存魏阙之心,不忘忠爱。可。

出处:《后村先生大全集》卷七一。

撰者:刘克庄

考校说明:编年据刘克庄任外制时间补。

魏洪除知安吉州制
(暂系于景定二年八月至景定三年八月间)

右扶风去秋之水,苦雪为甚,今岁乃大熟,前之阻饥者含哺鼓腹,流徙者襁负复业,拊摩而绥安之,非良二千石责乎?尔秀出故家,早有贤誉,其为朕往镇雅俗。昔诗人颂鲁僖公,曰"周公之孙,庄公之子",尔勉之哉!使愁叹之民吐气,饕残之吏革面,则郡人必曰是淳熙贤相之孙、淳祐名从之子。最声转闻,嗣有褒擢。可。

出处:《后村先生大全集》卷七一。

撰者:刘克庄

考校说明:编年据刘克庄任外制时间补。

刘震孙除太常少卿制
(景定三年正月至八月间)

汉起朝仪,两生莫致,其言曰:"礼乐必积德百年而后可兴。"此论为汉初发也。我家祖功宗德重熙累洽三百余年,异于五载而成帝业者,使两生值今日,幡然入关矣。尔学识节守为皇祐丞相诸孙,家文献与国基祚相为长久。朕屈指端平朝士凋零无几,惟尔巍然殿后,沃醅而歌《皇华》,岂若使之端委而治风礼哉!擢贰颂台,今而后聚讼者有所折衷,求野者有所稽据,法从有阙,当以次补。可。

出处:《后村先生大全集》卷七一。

撰者:刘克庄

考校说明:编年据刘克庄任外制时间、刘震孙宦历补,见《宋史》卷四七四《丁大全传》。

故朝议大夫新除权户部侍郎致仕郑雄飞赠通议大夫制
(暂系于景定二年八月至景定三年八月间)

荷囊进律,遽闻汤液之亲;草奏辞荣,竟推衣冠而去。尝陪迩列,宜陟崇资。具官某有古君子之风,在时闻人之目。螭坳初擢,方渴遂良之言;鹤禁未开,已学韩维之拜。功既多于调护,论亦馨于忠嘉。扈跸甘泉,甫参于法从;巾车栗里,骤返于仙游。岂富贵之逼人,抑修短之有数。噫!怀贤亡鉴,莫起于地中;迁秩书棺,俾题于宰上。可。

出处:《后村先生大全集》卷七五。

撰者:刘克庄

考校说明:编年据刘克庄任两制时间、郑雄飞宦历补。此制当在同集卷六八《郑雄飞除权户部侍郎制》之后。

知嘉兴府谢奕焘升直敷文阁制
(景定三年正月至八月间)

去岁水灾,右扶尤甚。尔牧嘉禾郡,视民札荒若己饥溺,虽赈赡之力不足,然恻怛之心有余。检放而众无哗,劝分而民顺令。郡人饮其惠,部使者上其状,晋职二等,以旌贤劳,且以劝有土有民者。今距食新尚远,朕忧未歇,尔其谨终如始,毋废前功。可。

出处:《后村先生大全集》卷六六。

撰者:刘克庄

考校说明:编年据刘克庄任外制时间补、文中所述"去岁水灾,右扶尤甚"补,见《宋史》卷四五《理宗纪》。

周汉国公主府从人叶氏封恭人制
（景定三年正月至八月间）

古之称女妇之贤者,必归功于保姆。尔执事贵主左右,昔见其衣褟,今见其筑馆,可以言劳旧矣。其锡温恭之号,俾霑优渥之恩。可。

出处:《后村先生大全集》卷六七。

撰者:刘克庄

考校说明:编年据刘克庄任外制时间、周国公主进封周汉国公主时间补,见《宋史》卷四五《理宗纪》。

马廷鸾除军器监制
（景定三年正月至八月间）

弧矢之威见于《易》,殳矛之制训于《周官》。车马器械修备而周中兴,干戈斧钺朽钝而唐不竞,然则所谓除戎器者,亦今日之急务也。尔由科目进而为瀛洲学士,又进而为公府掾,持文墨议论与吾大臣可否大政事,清且要矣。戎监若非所以处尔,顾今兵未可弭,有文事者必有武备,使有司所藏皆良劲,不亦可以信国威、壮军容乎！往其试哉,继有显用。可。

出处:《后村先生大全集》卷六八。

撰者:刘克庄

考校说明:编年据刘克庄任外制时间、《宋史》卷四一四《马廷鸾传》补。

赵崇绚除直秘阁知婺州制
（景定三年正月至八月间）

朕于支郡偏垒,调守必惟其人,况左冯名藩,去天尺五！曩以处贵近之均佚者,近岁号称难治,郡县则曰贵豪以输赋为耻,田里则曰官吏因实产肆扰,朕弄印不知所属。尔前治括有声，今独不可移之于婺乎！华以延阁，往佩左符。昔儿宽为左内史，负租当殿，民恐其去，大家牛车，小家负担，课更以最。尔能为宽，安有不肯输之赋！国侨为政，褚其衣冠，伍其田畴，舆人诵之，惟恐后人之不能继。尔能为侨，安有不可实之产！先汉于循良之吏，或下玺书褒美，或以补公卿之阙，尔其勉旃，毋忽朕命。可。

出处：《后村先生大全集》卷六八。

撰者：刘克庄

考校说明：编年据刘克庄任外制时间、万历《金华府志》卷一〇补。

李与赵与檡并升直华文阁与赵潼川提刑提举兼运判
与檡成都路提刑提举并权四川制参制
（景定三年正月至八月间）

自蜀有狄难，而识者预言其乱先定，至此而泸叛平，虏之整居于内者皆去。虽天道福华而祸夷，亦吾师武臣力所致。尔与赵以西州之彦，与檡以属籍之英，观风一道，参画大阃，宣劳既久，进职因任。尔其思载驰周咨之义，勿置四方而不问；赞拓里撑表之策，勿使外邪之再入。则参井之墟有高枕之渐，朕宽顾忧，尔为能臣矣。可。

出处：《后村先生大全集》卷六九。

撰者：刘克庄

考校说明：编年据刘克庄任外制时间、文中所述"至此而泸叛平"补，见《宋史》卷四五《理宗纪》。标题"李与赵"为一人，"与檡"为另一人，即赵与檡。

马廷鸾除国子司业兼太子谕德制
（景定三年正月至八月间）

朕惟后世士有科举之累，虽韩愈以师道自任，其诲人犹不离于言语文字。惟阳城首以忠孝教诸生，明日谒城还养者二十辈，孝秀德行者升之，不省亲、不率教者斥之，若咈众而泥古矣。及城去，诸生何蕃等二百人顿首阙下请留城。噫！城何以使人至此哉，所谓不言而躬行者耶？少司成弄印，朕以尔身端行治，足以表率，辍从省闼，领袖辟雍，尔其以城、愈遗意推而明之，将有孝秀德行者出焉。可。

出处:《后村先生大全集》卷七一。

撰者:刘克庄

考校说明:编年据刘克庄任外制时间、《宋史》卷四一四《马廷鸾传》补。此制当在同集卷六八《马廷鸾除军器监制》之后,见《宋史》卷四一四《马廷鸾传》。

林彬之赠中大夫制
(景定三年正月至八月间)

惟兹四人,甫峻松阶之陟;慭遗一老,忍闻薤露之歌! 其进崇资,以旌旧德。具官某中而不倚,介而能通,乡评称其善人,舆论谓之长者。殿前作赋,脍炙一时;袖中弹文,芬香十载。持橐方浓于主眷,辞麾远避于相嗔。朕思耆寿俊之贤,爰加异数;卿惓归去来之兴,自佚高年。曾不少留,为之深悼。噫! 候西清之对,实参雍从之华;题南阳之阡,咸羡秦官之古。可。

出处:《后村先生大全集》卷七一。

撰者:刘克庄

考校说明:编年据刘克庄任外制时间、林彬之官历补,见《宋史》卷四五《理宗纪》。此制当在同集卷七〇《朝奉大夫新除宝章阁待制提举江州太平兴国宫林彬之特授朝散大夫依所乞守本官职致仕制》之后。

孙应武武略大夫淮西副总管吴思忠武义大夫
淮西副总管朱世英为涟水戍役功赏并除带行
閤门宣赞舍人制
(景定三年二月至八月间)

涟水之役,吾将士暴露战甚苦,三年然后克之。阃臣以尔六人者功状来上,吾尤重阁职,命尔兼领。益殚忠力,以报国恩。可。

出处:《后村先生大全集》卷七一。又见《永乐大典》卷一三四九九。

撰者:刘克庄

考校说明:编年据刘克庄任外制时间、文中所述"涟水之役……三年然后克之"

补,见《宋史》卷四五《理宗纪》。

赐参知政事兼太子宾客皮龙荣辞免以皇太子宫
满岁推恩特转一官恩命不允诏
(景定三年八月五日后)

敕龙荣:储宗满岁晋秩,旧典礼经然也,况居夔、禼之任而冠园、绮之列者乎!卿以参与大臣从吾儿游,辅导之德深,调护之功高,序迁一阶,予心犹以为薄,抗章巽避,宁不损事体而废邦彝哉! 卿言有大而能谦,朕令惟行而不反。

出处:《后村先生大全集》卷五六。

撰者:刘克庄

考校说明:编年据《宋史全文续资治通鉴》卷三六补。

赐同知枢密院事兼权参知政事兼太子宾客沈炎辞免
以皇太子宫满岁推恩特转一官恩命不允诏
(景定三年八月五日后)

敕沈炎:朕为宗社万世计,豫定国本,于兹一年,储学日益,储德日进,皆卿等羽翼调护之力也。年劳迁转,凡有职于春宫者莫不然,矧居园、绮之列,安得而独辞乎? 卿于从游之际,议政之顷,思其远者大者以辅导吾儿,辞官小廉,毋劳固请。

出处:《后村先生大全集》卷五六。

撰者:刘克庄

考校说明:编年据《宋史全文续资治通鉴》卷三六补。

赐签书枢密院事兼太子宾客何梦然辞免以
皇太子宫满岁推恩特迁一官恩命不允诏
(景定三年八月五日后)

敕梦然:朕豫建国本,妙简储僚,自宫端而下皆当世之耆儒宿学,惟宾师之任则以一相及二三执政为之,尤重其选也。然以西府之望,从东宫之游,谈经议政之际,所以辅导吾儿,厥功茂焉。年劳增秩,有列于鹤禁者皆然,卿虽牢辞,朕不反汗。

出处:《后村先生大全集》卷五六。

撰者:刘克庄

考校说明:编年据《宋史全文续资治通鉴》卷三六补。

赐太傅右丞相兼太子少师贾似道辞免以
皇太子宫满岁推恩特转一官恩命不允诏
(景定三年八月五日后)

敕似道:元良天下之本,前朕命相多矣,莫为国家定大计者。自卿宅揆,与朕同心同德,首建春宫,而又招聘耆儒端人以辅翼之。参决久而益智习事,讲贯熟而发言当理。近以其所学于宾友者成书来上,由岁月启迪之善,开社稷灵长之基。太公望赐履而封,未闻力巽;正考父循墙而走,毋乃太谦。宜略挚文,钦承茂渥。

出处:《后村先生大全集》卷五七。

撰者:刘克庄

考校说明:编年据《宋史全文续资治通鉴》卷三六补。

赐参知政事兼太子宾客何梦然辞免以
皇太子宫满岁特迁一官恩命不允诏
(景定三年八月五日后)

敕梦然:黄阁逢辰,夙际风云之会;青宫满岁,例露雨露之恩。卿为国疑丞,实傅储贰。积劳久矣,迁秩宜然,云何鸣谦,乞寝成涣!朕令不反,尔言未通。盖从游吾儿,固不止于一世;傥独为君子,何以处于群公!

出处:《后村先生大全集》卷五七。

撰者:刘克庄

考校说明:编年据《宋史全文续资治通鉴》卷三六补。

赐签书枢密院事兼权参知政事兼太子宾客孙附
凤辞免以皇太子宫满岁特转一官恩命不允诏
（景定三年八月五日后）

敕附凤：弼臣共政，赖辰告之忠；储宬迁官，以年劳之故。既出纶而溥及，奚抗疏而力辞！况论德则先群公，而序爵则间两社。盖自端尹而下，莫不承恩；乃如宾师之尊，讵容避宠！

出处：《后村先生大全集》卷五七。
撰者：刘克庄
考校说明：编年据《宋史全文续资治通鉴》卷三六补。

赐端明同签书枢密院事兼太子宾客杨栋辞免
以皇太子宫满岁特转一官恩命不允诏
（景定三年八月五日后）

敕杨栋：朕顷建春宫，择天下耆德名儒居羽翼之任，首得卿焉。于兹三年，使吾儿学问日精诣、德誉日宣昭者，卿力居多。岁籥再周，储宬迁秩，旧典然也，辞之何谓！固有朝共政而夕拜恩者，况昔尹今宾，名位愈重乎！朕令不反，卿词勿费。

出处：《后村先生大全集》卷五七。
撰者：刘克庄
考校说明：编年据《宋史全文续资治通鉴》卷三六补。

赐右丞相兼太子少师贾似道辞免皇太子宫
满岁特转一官恩命不允诏
（景定三年八月五日后）

德隆者任重，劳大者报丰。曩卿宅揆之初，赞朕建储之策。既从游于宫省，亦议政于朝堂。成吾儿仁孝恭俭之名，皆相君模范典刑之力。年劳序进，旧比俱存，繇宫端而下皆迁，岂师氏之尊可后？循常锡命，恨莫酬鸿翼之功；陈义引辞，宁欲避鹰扬之拜！其祗涣渥,毋咈眷怀。所辞宜不允。

出处:《后村先生大全集》卷五七。

撰者:刘克庄

考校说明:编年据《宋史全文续资治通鉴》卷三六补。

赐贾似道辞免皇太子宫满岁加恩不允口宣
(景定三年八月五日后)

有敕:储僚服采,满岁迁官;师氏执谦,笺天避宠。卿虽陈于雅志,朕难废于彝章。

出处:《后村先生大全集》卷五七。

撰者:刘克庄

考校说明:编年据《宋史全文续资治通鉴》卷三六补。

宣赐太傅右丞相贾似道生日御书扇子金器匹物等口宣
(景定二年八月八日前后或景定三年八月八日前后)

瑞纪垂弧,恩隆赐扇。钧枢重任,佩裴令之安危;器币多仪,介鲁公之燕喜。兹为殊锡,其即钦承。

出处:《后村先生大全集》卷五九 。

撰者:刘克庄

考校说明:编年据贾似道官历及生日补,见《宋史》卷二一四《宰辅表》、《齐东野语》卷一二。

拨田隶淮东总所以助军饷诏
(景定三年八月十五日)

昨赐公主田以秀丰庄二万九千有奇,充影堂祭祀,余悉拨隶淮东总所,以助军饷。

出处:《宋史全文续资治通鉴》卷三六。

付刘克庄御笔
(景定三年八月)

览卿来奏,求退甚勇。词垣经幄,方资文儒,辅情甚真,难夺雅志。特除宝章阁学士、知建宁府,赐玉柄宝箧。

出处:《后村先生大全集》卷一九五《后村先生墓志铭》。又见同书卷七七《辞免除宝章阁学士知建宁府奏状》、卷一九四《刘公行状》。

蠲绍兴府火灾之民所贷钱诏
(景定三年闰九月二十五日)

绍兴府昨因延燎,令仓司给贷居民钱,今经两年,民贫可悯,可悉蠲之。

出处:《宋史全文续资治通鉴》卷三六。

金书枢密院事杨栋乞以特转一官回赠
故姊杨氏得旨赠安人制
(景定三年十月十一日后)

士大夫恩䌷于父母若王父母若昆弟则有之矣,回䌷女兄,自吾枢臣。尔始生靖恭杨之裔,媲曲江张之孙,贤而不寿,宰木已拱,而枢臣尚右之感如新,岂非畴昔女婴之戒灵均、道辐之勉幼度者,不止于怡愉而已,有切偲之益焉。其加妇爵,以昭友恭之谊。可。

出处:《后村先生大全集》卷七一。又见《永乐大典》卷二九七二。
考校说明:编年据杨栋官历补,见《宋史》卷二一四《宰辅表》。刘克庄此时未任两制,此制或为《后村先生大全集》误收。

蠲诸路州县折纳苗币诏
（景定三年十一月四日）

蠲诸路州县折纳苗币，不许阳减阴取，违坐绍兴条例。

出处：《宋史全文续资治通鉴》卷三六。

赐史宇之银合腊药敕书
（景定三年冬）

卿以三槐之旧德，镇九曲之名邦。斗柄北指而天下皆冬，仁风南驰而闽地犹燠。其颁上剂，往助生经。尚资肘后之良，立起沟中之瘠。

出处：《碧梧玩芳集》卷九。
撰者：马廷鸾
考校说明：编年据史宇之宦历、文中所述“腊药”补，见《四明文献集》卷五《史宇之墓志铭》。

谕程元凤诏
（景定三年）

天地祖宗之佑，中外将士之力，济朕于艰。诸有忠摅于国，卿宜悉心以告。徽、歙控扼，方藉团结民兵，密为堤备，卿所居坐，便与守臣恪意成之，朕所望也。故兹批谕，想宜知悉。

出处：《明良庆会》卷上。

陈日㷱特赐效忠顺化保节守义怀德归仁慕治奉正致恭履信崇礼安善功臣特授检校太师特封安南国太国王加食邑实封制

(景定三年)

门下:朕诞膺景命,初履鸿图。四海之内皆徕臣,既锡普天之泽;九州之外世壹见,讵遗出日之区。虽高怀于爵禄亦可辞,然宠数在朝廷而有典。播之明命,贲尔遐方。具官某,早殚恪勤,晚恬冲挹。心存帝室,尝率职以无违;业绍家庭,益效忠而不替。每念输忱之素,尤嘉高蹈之风。属此纂承,诞敷庆赐。是父是子,宜均拜于徽章;来享来王,盖协循于常度。优加功号,增衍畲租。兹爰举于邦彝,庶有光于蕃服。於戏!带黄河,砺岱岳,朕方申固于勋盟;挹浮丘,拍洪崖,尔尚永绥于寿祉。勉而奕世,拱我明时。可。

出处:《碧梧玩芳集》卷六。

撰者:马廷鸾

考校说明:编年据《宋史》卷四八八《交阯传》补。"安南国太国王",《宋史》卷四八八《交阯传》作"安南国大王"。

理宗度宗恭帝朝卷二十一　景定四年(1263)

陈宗礼除秘书监制
（景定四年前）

朕顾瞻周行，钦迟直士。宜得骨鲠魁垒之彦，以备论思献纳之储。岂招之不来？必进以其道。尔科级鼎峙，学殖渊涵。澹然廉靖而寡求，卓尔坚挺以有立。虎豹怒九关之守，汝既逢尤；凤凰览千仞之辉，汝方翔集。兹由刺部，促使造朝。中秘萃乃英儒，大蓬邻于禁从。枕书自适，庶同居易之雍容；持论不阿，盖有世南之抗烈。整而召屡，答我敷纶。可。

出处:《碧梧玩芳集》卷四。

撰者:马廷鸾

考校说明:编年据《宋史》卷四二一《陈宗礼传》补。

令侍从等举才诏
（景定四年正月一日）

令侍从、台谏、给舍、卿监、郎官以上及制总监司各举所知，不拘员限，以待量才擢用。后不如所举，则连坐之制宜在必行。

出处:《宋史全文续资治通鉴》卷三六。

吴潜丁大全党与远者量移近者还本贯诏
(景定四年二月一日)

吴潜、丁大全怀奸误国,既速天诛,朋附实繁,迁谪亦久,宜示宽恩。令尚书省日下具两党人斟酌轻重。

出处:《宋史全文续资治通鉴》卷三六。

买官田法俟秋续议施行御批
(景定四年二月七日后)

永免和籴,无如买逾限之田为良法。然东作方兴,权俟秋成,续议施行。

出处:《齐东野语》卷一七。
考校说明:编年据刘良贵、陈尝宦历补。据原书所叙,此文作于刘良贵任官田所提领、陈尝任简阅官之时。据《宋史》卷四五《理宗纪》,刘、陈任此二官在景定四年二月七日。

虞虑张晞颜与在外差遣诏
(景定四年二月八日)

祖宗之制,察官邪之外,点检所隶簿书,有司稽迟者,赴台理诉,未尝许信偏词予夺刑名也。兹览临安府所勘台吏案款,违法背理,不一而足,至于刑人杀人之事亦复干预。察官失所知闻,尚且不可,惟吏是听,至作访闻押帖,使善良受害乎?苟不示惩,何以戒后?台官虞虑、张晞颜并与在外差遣。

出处:《宋史全文续资治通鉴》卷三六。

端明殿学士正奉大夫签书枢密院事兼权参知政事兼太子宾客杨栋宣奉大夫加恩制
（景定三年十月至景定四年三月间）

朕永惟邦本，肇建储闱。首招绮园，领四人而入侍；旋倚望御，参三少以与游。荐逢华橐之周，宜峻穹阶之陟。盖念终始典于学，岂积日月以为功？是彰纶綍之新，式奖范模之旧。具官某，德直方大，学纯粹精。选众举皋陶，暨益稷而同列；敬王如孟子，非尧舜以不陈。吾求千载而上之真儒，欲起三代以前之善政。与贤者共，方将筑太平之基；从吾儿游，又以翼仁孝之德。琢磨令范，斧藻大猷。岂无端人正士之后先，道之教训；必有元老大臣之领袖，重于典刑。贤圣蔼闻，温文炳著。时考则可矣，遹观三年之成；爵与尔縻之，何辞一秩之宠？仍增陪于井赋，并申锡于涣纶。以昭殊恩，以奖懋绩。噫！春秋冬夏无非教，既酬岁会之庸；师保疑丞惟其人，更觊日新之益。尚资鸿翼，以永燕诒。可。

出处：《碧梧玩芳集》卷六。
撰者：马廷鸾
考校说明：编年据杨栋官历补，见《宋史》卷二一四《宰辅表》。

讨论官买逾限之田诏
（景定四年三月一日）

官买逾限之田，盖欲永免和籴，仓卒取具，奸弊滋多，可严立赏罚，讨究归并，庶几步亩无私，易于摘买。

出处：《宋史全文续资治通鉴》卷三六。

李廷芝除权兵部侍郎依旧两淮安抚制置使知扬州制
（景定四年三月七日）

班师振旅，嘉元戎十乘之还；舍爵策勋，峻司马九伐之拜。爰疏异渥，以奖隽功。具官某学以辅其天资，儒而通于世务。商隐楚南之檄，俯视飞卿；正封郾城之诗，可肩韩愈。聚米图山川之险易，投醪同士卒之苦甘。既环辙周行于三边，乃授钺独当于一面。考室筑爰居之百堵,民始有巢;并兵攻未下之二城,士不解甲。其勤劳也至矣,果谈笑而得之。因垒降崇,侵疆归鲁。奏捷既腾于夜报,第功岂陟于夏卿!朕惟羊、陆之所怀徕,务先施于恩信;殷、褚之所营综,有可乘之事机。鉴陈迹之在前,恢远图而淑后。厚培根本,宏立规模。噫!谋元帅以诗书,示加重中权之意;儆国人而箴训,盍务为外患之防。可。

出处:《后村先生大全集》卷六八。

考校说明:编年据《宋史》卷四五《理宗纪》补。"李廷芝",《宋史》等书多作"李庭芝"。刘克庄此时未任两制,此文或为《后村先生大全集》误收。

买逾限田当始于浙西诏
(景定四年三月七日)

买逾限田,以免和籴之害,自是良法美意。要当始于浙西,庶他路视以为则。但所在利病不同,亦难拘以一律,令三省参酌施行。

出处:《宋史全文续资治通鉴》卷三六。又见《齐东野语》卷一七。

吕文德辞免宁武保康军节度使仍旧职恩命不允诏
(景定四年三月七日后)

惟我国家之典,最崇将帅之勋。出爵酬劳,无越六旄之贵;有功进律,尤隆双节之荣。肆考绍兴,厥有成宪。岁序再迁,勤劳备至,光世所以被优恩;连摧巨敌,继上殊勋,吴玠所以承异宠。卿以古名将之略,为吾良边陲之臣。荆楚为西门,式倚金城之固;岷峨横太白,重清玉垒之昏。懋尔多庸,华之兼镇;兹为旷典,宜体至怀。暨览奏陈,尚形逊避。上书不自伐,卿诚高汉将之风;出令必惟行,朕则有《周官》之制。所乞宜不允。

出处:《碧梧玩芳集》卷二。
撰者:马廷鸾
考校说明:编年据《宋史》卷四五《理宗纪》补。

封刘锜扬威侯天曹猛将之神诏
（景定四年三月八日）

　　国以民为本，民实比于干城；民以食为天，食尤重于金玉。是以后稷教之稼穑，周人画之井田，民命所由生也。自我皇祖神宗列圣相承，造兹奕叶，朕嗣鸿基，夙夜惕若。迩年以来，飞蝗犯境，渐食嘉禾，宵旰怀忧，无以为也。黎元咨怨，未如之何。民不能祛，吏不能捕，赖尔神力，扫荡无余。上感其恩，下怀其德。尔故提举江州太平兴国宫、淮南江东浙西制置使刘锜，今特敕封为扬威侯、天曹猛将之神，尔其甸抚黎庶，血食一方。故敕。

出处：《崑新两县续修合志》卷一〇，光绪六年刻本。又见嘉庆《清平县志》建置图第二，《江苏金石记》卷一八，民国《续修博山县志》卷六。

杨栋辞免同知枢密院事兼权参知政事不允诏
（景定四年三月二十日后）

　　朕迪遵彝典，寅祀总章。天日清明，岂朕德致感通之效？夙夜宥密，伊臣邻殚寅亮之功。晋翊鸿枢，仍参大政。匪直酬庸于使范，盖将加重于本兵。安事执章，历陈归志？履信思顺，朕方克享于帝心；恶满好谦，卿乃欲循于天道。岂熙事之告备，忘远猷之是经。文武兼资，式彄万邦之宪；君臣相敕，盍图千载之安。所辞宜不允。

出处：《碧梧玩芳集》卷二。
撰者：马廷鸾
考校说明：编年据《宋史》卷二一四《宰辅表》补。

截拨吕文德帑府所积二百万充今年制总籴本诏
（景定四年四月十五日）

　　吕文德分阃上游，宽朕西顾，疆场之事，知无不为，帑府所积，久而愈厚，今其子师夔禀陈，欲备公上取用。朕但闻阃外仰费于朝廷，未闻朝廷取费于阃外，所请既切，难违其意。可于内截拨二百万充今年制总籴本。

出处:《宋史全文续资治通鉴》卷三六。

王应麟除行太常博士制
(景定四年五月)

奉常,汉乐官也,博士皆以专经选。今惟礼乐是司,视成均尤重,且率为紧官要辙之储。尔以词学进身。文誉滋著,亦既任师儒之责矣。明禋秩典,召而归之,讲明圭币之文,品齐俎豆之事,往殚尔职,嗣听异除,文字官非尔谁属!

出处:《深宁先生年谱》。

汤汉除太常少卿制
(景定四年五月)

东壁之有二星,久映图书之府;奉常之冠九列,独高礼乐之司。朕远览古今,慨怀制作。往而不反,孰能还河海之工?招之不来,莫克致齐鲁之士。斯道未坠,得人则兴。庶几先王,以俟君子。尔以洁静精微之学,有广博易良之风。文不在兹乎?既总提于册府;礼为国何有?宜参贰于容台。官修其方,民用丕变。致中和之理,岂徒玉帛钟鼓云哉?立太平之基,安在簿书狱讼而已?盖笾豆司存之事,惟搢绅先生能言。噫!叔孙号稷嗣君,朝廷之陈无取;桓荣居太常府,储学之益为多。勉尔直清之规,迪我温文之懿。可。

出处:《碧梧玩芳集》卷四。
撰者:马廷鸾
考校说明:编年据《南宋馆阁续录》卷七补。

杨栋辞免进书转官不允诏
(景定四年六月二十二日后)

朕临政愿治,惟日有万几而必勤;立武足兵,岂天生五材而能去?是以信史有表年之记,善经存辑略之文。诒厥子孙,布在方策。以卿耆彦,为朕提纲。虽资儒馆之编摩,实赖政涂之举要。作今上本纪,固将藏名山而副京师;佐周室中兴,良已嘉《车攻》而采吉日。遂差谷旦,迄奏华编。使范肃而仪罔愆,钜典成而文足证。稽唐虞盛际,无惭上古之书;得齐鲁大臣,有异叔孙之礼。其膺显秩,靡事执章。所辞宜不允。

出处:《碧梧玩芳集》卷二。

撰者:马廷鸾

考校说明:编年据文中所述史事补,见《宋史》卷四五《理宗纪》。

吏部具诸路见阙知县许人指射诏
(景定四年七月六日)

吏部具诸路见阙知县,不拘常格,限十日许人指射;限满无人注者,令监司郡守列衔奏辟一次。

出处:《宋史全文续资治通鉴》卷三六。

封灵泽孚济侯敕
(景定四年七月二十七日)

台州天台县广袤山灵泽侯:苍山之下,聚雨九渊,鼓肤寸之云而能济一方者,尔龙神之所宫乎! 乡人有祷必应,悉具灵迹以闻。宜加侯封,以侈神贶。可特封灵泽孚济侯。

出处:《天台山方外志》卷一四,光绪刻本。

考校说明:原书末句后有:"奉敕如右,牒到奉行。景定四年七月二十七日。"

牟子才辞免除礼部尚书不允诏
(景定四年九月十四日前)

祀明堂,宣皇风,属严大礼;刺六经,作《王制》,允属耆儒。时命有申,乃进其等。卿以华皓,再仪禁涂。措之乎严徐侍从之间,魁然有齐鲁大臣之望。齐明盛服,正立执绥。卿无愧供王,祈永命之忱;朕庶几吁俊,尊上帝之意。然则太常伯之陟,何事正考父之共? 往哉汝谐,朕命不易。所辞宜不允。

出处:《碧梧玩芳集》卷二。

撰者:马廷鸾

考校说明:编年据牟子才官历、南宋明堂大礼时间补,见《宋史》卷四五《理宗纪》、卷四一一《牟子才传》。

祀明堂赦文
(景定四年九月十四日)

寅恭宏图,祗若成宪。称秩元祀,率先申以蒐仪;于昭明堂,历吉辛而展采。然礼之大者,非无可称,而神之格者,惟德是歆。亿万年敬修之心,秩然咸叙;四十载忧勤之治,常谨持盈。赖两仪之储祥,荷列圣之垂祐。阴阳和而物无疵疠,雨旸若而岁比丰登。青海归疆,咸讴歌于西北;黄旗协道,盛温厚于东南。方且却远人之贡,以昭德心;减明年之租,以纾民力。往于攸济,迄可小康。尔休尔游,当知申命之自;我将我享,益申报本之恩。先一日而致齐,极三日之俨恪。如见所祭,不显亦临。款谒真宫,入祼太室。载鸾旗,乘玉辂,匪棘匪徐;披龙衮,执镇圭,有严有翼。乃酌郁鬯,乃荐中坛。亚献芬芳,昭震子之主器;显维雍穆,萃髦士之奉璋。笾豆静嘉,羽毛纷盛。美光服觌,众星留俞。月波日耀之宣明,乾端坤倪之轩豁。加荐享矣,清明畅矣。维天佑之,福履绥之。缅怀乾德癸亥赐赦之书,顺考皇祐季秋肇禋之诏,一以无私之义法天地,一以大公之道服臣民。炳如日月,允矣垂训。敬其夙夜,奉以畏威。惟熙事之告成,可朕躬之专享。敛时五福,普及万方,可大赦天下云云。於戏!惟天付予有家,朕必思于兼覆;本朝以仁立国,朕必广于好生。尚赖辅弼必恭之臣,小大承统之寄,具宣实意,式迓昇平,共跻仁寿。

出处:《徐文惠公存稿》卷三。

撰者:徐经孙

考校说明:编年据徐经孙任两制时间、南宋明堂大礼时间补,见《宋史》卷四五《理宗纪》。

杨栋该遇明堂大礼加恩制
（景定四年九月十四日后）

惟我仁宗，备法驾而严宗祀；有臣贻永，典仪仗以参使华。霖晦为之霁明，辰象于焉炳着。备承熙事，肃倡和声。天惟休于前人，既昭假尔；我式至于今日，亦右享之。聿观庆成，咸被慈告。具官某，行高当世，才比先民。道宗洙泗之间，孔子乃所愿学；文遡巴江而上，扬雄最其善鸣。久自禁涂，峻登政地。深惟虞周盛际，莫谨类禋；吾有齐鲁大臣，可兴礼乐。衰时景觊，稽古旷文。本朝以癸亥祀南郊，肇皇基之亿万年；汉人以辛巳祠泰畤，现景光于十一月。爰命宗工，式昭使范。伟山立而玉色，导星陈而天行。摄以威仪，涤以祼献。同其福禄，锡之土田。溥三神之厘，厚九重之眷。噫！伊陟暨臣扈，咸陈格帝之功；君奭旅周公，恪尽供王之敬。以祈永命，惟有历年。可。

出处：《碧梧玩芳集》卷六。

撰者：马廷鸾

考校说明：编年据南宋明堂大礼时间补，见《宋史》卷四五《理宗纪》。

同知枢密院事杨栋曾祖已赠太子太保光庭特赠少保制
（景定四年九月十四日后）

朕载览《甘泉》锡羡之赋，庶几《清庙》显相之诗。蜀无他杨，枢辅岂同其苗裔？周有大赍，曾门爰贲之宠荣。宜刻恳书，以昭馈泽。具官某故曾祖具官某，世业传渭滨之略，家声冠汾阳之科。援枹鼓而忘身，独怀忠概；执干戈而卫社，夙负壮图。抚躬淹志士之发扬，裕后启贤人之久大。遂相九筵之典，乃疏三庙之封。拱木为之高华，班棘于焉通显。噫！祭十伦而同福禄，孰加古少保之官？德百世而推源流，尚食晋太傅之邑。可。

出处：《碧梧玩芳集》卷六。

撰者：马廷鸾

考校说明：编年据南宋明堂大礼时间补，见《宋史》卷四五《理宗纪》。

杨栋曾祖母历阳郡夫人程氏特赠和国夫人制
（景定四年九月十四日后）

精禋帝祖，福既被于八埏；加惠臣邻，爵必通于三世。可无国典，以耀母仪。具官某故曾祖母具位某氏，德茂以明，性柔能正。越若掾曹之祖，力争狱户之囚。下无冤民，盖有廷尉平之誉；家多阴德，并及外曾孙之贤。方册以为美谈，云礽享其余庆。登吾右府，乂尔后人。有来相予，既备成于熙事；亦其福汝，爰申锡于愍章。锡号小君，已正鱼轩之贵；易封成国，更增马鬣之荣。识爽未沦，顾歆休渥。可。

出处：《碧梧玩芳集》卷六。
撰者：马廷鸾
考校说明：编年据南宋明堂大礼时间补，见《宋史》卷四五《理宗纪》。

杨栋曾祖母历阳郡夫人程氏赠和国夫人制
（景定四年九月十四日后）

精禋帝祖，福既被于八埏；加惠臣邻，爵必通于三世。可无国典？以耀母仪。具官某故曾祖母具位某氏，柔嘉处躬，专静持则。传称继室克嗣元妃之芳，诗咏宜家载衍闻孙之庆。参裁密务，显相宗祈。属兹熙事之成，可后庆条之举？遂荒列国，亦曰君夫人；垂佑后人，则无遗寿耇。可。

出处：《碧梧玩芳集》卷六。
撰者：马廷鸾
考校说明：编年据南宋明堂大礼时间补，见《宋史》卷四五《理宗纪》。

杨栋祖已赠太子太傅知章特赠少傅制
（景定四年九月十四日后）

九筵秩祀，所以配天；两社均厘，则知尊祖。宜颁愍锡，以发幽潜。具官某故祖具官某，秀禀岷山，书传渭水。倘询智略，可以借前箸筹之；俾捍边陲，知其贤长城远矣。惜不酬于壮志，宜衍庆于后人。子又生孙，峻膺兵本之寄；圣能飨帝，爰殚使范之宜。乃广灵禠，载申赠典。噫！群公相予肆祀，合敷祭泽之华；少傅兹曰三孤，永作泉涂之贲。可。

出处：《碧梧玩芳集》卷六。

撰者：马廷鸾

考校说明：编年据南宋明堂大礼时间补，见《宋史》卷四五《理宗纪》。

杨栋祖母和政郡夫人宋氏赠惠国夫人制
（景定四年九月十四日后）

惟典神天，必严宗祀。洎界祖姒，爰宠辅臣。宜以徽章，羡于幽祔。具官某故祖母具位某氏，秉心温靓，率履柔嘉。无蜀他杨，既得名家之配；必宋之子，良钦懿范之贤。钟尔闻孙，为吾硕辅。秩九筵而相礼，于三世以均厘。宠涣鱼轩，已正小君之号；荣增马鬣，更开成国之封。耀尔下泉，享于新邑。可。

出处：《碧梧玩芳集》卷六。

撰者：马廷鸾

考校说明：编年据南宋明堂大礼时间补，见《宋史》卷四五《理宗纪》。

杨栋父已赠太子太师端仲特赠少师制
（景定四年九月十四日后）

朕虔恭帝祖于九筵，慨念君臣之一体。泪落庙俎，不胜予严父之思；尘侵莱衣，亦揆尔显亲之志。眷枢廷之相祀，于祢庙以追荣。具官某故父具官某，胸虽常贮于甲兵，手不停披于玄草。人生五马，焉能使予不遇哉？庭植三槐，必知吾子有兴者。衮绣果荣于后嗣，旂常克相于精禋。乃衷神厘，用敷愍册。噫！上有泽，下及其惠，式旌《祭统》之十伦；子能仕，父教之忠，斯冠《周官》之三少。是有庆矣，其与享之。可。

出处：《碧梧玩芳集》卷六。

撰者：马廷鸾

考校说明：编年据南宋明堂大礼时间补，见《宋史》卷四五《理宗纪》。

杨栋母琅琊郡夫人史氏赠通国夫人制
(景定四年九月十四日后)

以配上帝,国家既谨于奉先;爰有寒泉,辅弼亦勤于念母。宜衰神贶,用刻愍书。具官某故母具位某氏,柔顺积中,闲和率性。昭其女训,凤渐渍于令仪;宜为母师,有汪洋之淑问。庆钟子舍,位陟枢庭。兹拜贶于明堂,遂徙封于望国。彤管有炜,浸扬竹帛之芳;象服是宜,可作斧堂之贲。营魂不昧,勿替引之。可。

出处:《碧梧玩芳集》卷六。
撰者:马廷鸾
考校说明:编年据南宋明堂大礼时间补,见《宋史》卷四五《理宗纪》。

杨栋母博平郡夫人朱氏赠义国夫人制
(景定四年九月十四日后)

以配上帝,国家既谨于奉先;爰有寒泉,辅弼亦勤于念母。宜衰神贶,用刻愍书。具官某故母具位某氏,庄重凝姿,幽闲植性。元妃之有继室,嗣昭鸿案之仪;邦君之称夫人,益艳鱼轩之宠。庆钟子室,位陟枢庭。兹拜贶于明堂,遂徙封于望国。彤管有炜,浸扬竹帛之芳;象服是宜,可作斧堂之贲。营魂不昧,勿替引之。可。

出处:《碧梧玩芳集》卷六。
撰者:马廷鸾
考校说明:编年据南宋明堂大礼时间补,见《宋史》卷四五《理宗纪》。

杨栋故妻文安郡夫人孙氏特赠吴兴郡夫人制
(景定四年九月十四日后)

国家之敷祭泽,无远近幽深;辅弼之念中闱,有死生契阔。往昭庙祐,其侈纶言。具官某故妻具位某氏,惠问蔼存,芳猷凤著。其仪不忒,是为女妇之师;而生有涯,莫炳公台之贵。兹覃饯惠,是锡愍书。安且吉兮,改界苕溪之望郡;殁不朽矣,尚昭藻涧之潜光。可。

出处:《碧梧玩芳集》卷六。

撰者:马廷鸾

考校说明:编年据南宋明堂大礼时间补,见《宋史》卷四五《理宗纪》。

杨栋今妻通义郡夫人孙氏特封同安郡夫人制
(景定四年九月十四日后)

燔燎炀晨,国家严精禋之典;采蘋供祀,辅弼有宗糈之承。茂辑灵禔,以华中闱。具官某妻具位某氏,闲和中节,温惠成仪。君称之曰夫人,早正筓珈之美;妇能勉其君子,无惭竹帛之传。兹拜觊于合宫,遂易封于望郡。锡龙舒之嘉号,允有邦彝;祗象服之褒章,益隆闺范。可。

出处:《碧梧玩芳集》卷六。

撰者:马廷鸾

考校说明:编年据南宋明堂大礼时间补,见《宋史》卷四五《理宗纪》。

叶梦鼎该遇明堂大礼加恩制
(景定四年九月十四日后)

朕涓选吉辛,肇修宗祀。旂常婀娜,盛供帐之皇仪;羽卫周张,肃卤簿之使领。孰膺隆委?我有近臣。盖乾德之命张昭,实癸亥亲郊之始;皇祐之诏庞籍,亦庚寅大飨之初。既庆熙成,咸被慈告。具官某,佐王事业,经国谋猷。选自三雍,海流道德之富;间于两社,山立廊庙之才。既殚基命之勤,斯懋格天之绩。相予肆祀,赉我思成。法驾安行,先三日而雨卷雾霁;明庭对越,秩九筵而月穆日华。神来宴娭,祭则受福。敢朕躬之专向?于政路以均厘。多井倍加,真腴申衍。噫!吉蠲而诵天保,甫膺如川方至之休;旅命而作嘉禾,已有异亩同颖之瑞。惟上下之勤恤,庶天人之充和。可。

出处:《碧梧玩芳集》卷七。

撰者:马廷鸾

考校说明:编年据南宋明堂大礼时间补,见《宋史》卷四五《理宗纪》。

洪勋该遇明堂大礼加恩制
(景定四年九月十四日后)

朕恪修宗祀,屡奏孝熙。明堂在国阳,款殊庭而日华月穆;司马掌邦政,备法驾而星陈天行。有嘉宣劳,宜均拜胙。具官某,家擅文章之录,人推典刑之宗。东马齐飞,视草世丝纶之美;夔龙接武,纳言超笔囊之英。予卜秋辛以荐上仪,汝掌夏官而司内制。太宰之赞王命,卿士民庶,肃然有闻;祝史之奉正辞,天地祖宗,临之在上。十二驾龙之整雅,三千组练之训齐。迄底熙成,实多显相。宜颁惠泽,申衍新畬。噫!《戴经》之叙十伦,必施爵赏;《周官》之命诸子,爰启封疆。祇服宠灵,益殚献纳。可。

出处:《碧梧玩芳集》卷七。
撰者:马廷鸾
考校说明:编年据南宋明堂大礼时间补,见《宋史》卷四五《理宗纪》。

洪勋洪焘父谥忠文已赠特进咨夔赠少保制
(景定四年九月十四日后)

朕严恭帝祖,均惠臣邻。五室九筵,称秩元祀;一翁二季,尚有典刑。昭予祭泽之敷,慰尔孝思之切。具官某故父具官某,崇论竑议,欲起端拱、咸平之治功;全节高风,不愧庆历、元祐之君子。集兹嘉庆,是启象贤。兄为元方,弟为季方,并登禁路;子执穀璧,男执蒲璧,咸侈国风。因竣事于合宫,并追荣于祢庙。噫!亮天地而贰公弘化,虽仅见于愍书;显父母以立身扬名,犹足昭于义训。可。

出处:《碧梧玩芳集》卷七。
撰者:马廷鸾
考校说明:编年据南宋明堂大礼时间补,见《宋史》卷四五《理宗纪》。

洪勋洪焘母吴郡夫人阮氏赠吉国夫人制
(景定四年九月十四日后)

馂君之余,必有露萧之泽;无母何恃? 以纾风木之悲。具官某故母具封某氏,德合箓图,行隆闺阃。于彼行潦,生而躬藻涧之勤;爰有寒泉,殁益重棘心之感。二惠竞爽,九原有光。已贲鱼轩,尝以郡封而赐沐;兹申鸾诰,肆由国壤以疏纶。尚其淑灵,克歆愍典。可。

出处:《碧梧玩芳集》卷七。

撰者:马廷鸾

考校说明:编年据南宋明堂大礼时间补,见《宋史》卷四五《理宗纪》。

牟子才父已赠太中大夫桂特赠通议大夫制
(暂系于景定四年九月十四日后)

贤者在朝美政,既陟崇阶;君子笃亲兴仁,宜加愍册。肆俾从班之老,特追祢庙之荣。具官某故父具官某,仙井钟奇,儒科擢秀,文声藉甚;江汉炳灵,世载其英,谊概卓然。松柏后凋,不改其操。如用之贤长城远矣,乃不及取一障乘之。畸于人而侔于天,非其身而在其子。崇论闳议,忠言嘉谟。擢登星履之华,式霑露萧之泽。宜加一秩,以贲九原。噫!子牟存阙之心,凛其未泯;狐突教忠之报,于此有光。可。

出处:《碧梧玩芳集》卷七。

撰者:马廷鸾

考校说明:编年据南宋明堂大礼时间补,见《宋史》卷四五《理宗纪》。

牟子才妻恭人喻氏赠令人制
(暂系于景定四年九月十四日后)

夫尊于朝,莫峻陟明之典;妇叹于室,靡谐偕老之期。乃以徽章,布诸沈施。具官某故妻某氏,柔嘉宅志,专静处躬。青衫陋公卿,犹勉以正;象服宜君子,不逮于存。用锡美称,以华幽壤。庶吾八座之老,毋重五噫之怀。忘泣牛衣中耶?既莫同于通显;有若马鬣者矣,其尚格于杳冥。可。

出处:《碧梧玩芳集》卷七。

撰者:马廷鸾

考校说明:编年据南宋明堂大礼时间补,见《宋史》卷四五《理宗纪》。

姚希得该遇明堂大礼加恩制
（景定四年九月十四日后）

从昆仑而拜祀，既峻事于圜宫。横大江兮扬灵，肆均厘于制阃。乃推饯惠，式茂徽章。具官某，蜀珍颙卬，和璧瑰伟。有贯穿古今之学，有酬酢事物之才。十国为连，莫重高牙之寄；两都相望，实兼留钥之雄。马腾于槽，民狎其野。黄旗紫盖，厚培王气之休嘉；玉瓒黄流，交閟景光之震澹。其均拜胙，庸示疏纶。辨等以正仪，加地而进律。噫！王入太室，既殚我将我享之忱；伯执躬圭，爰锡尔公尔侯之祉。哀时之对，克壮其猷。可。

出处：《碧梧玩芳集》卷七。
撰者：马廷鸾
考校说明：编年据南宋明堂大礼时间补，见《宋史》卷四五《理宗纪》。

李庭芝该遇明堂大礼加恩制
（景定四年九月十四日后）

汶上明堂之图，式谨圜宫之祀；淮浦王师之所，有嘉专阃之英。其敷宠章，以昭饯泽。具官某，山岳淳峙，圭璋粹温。晏婴仁人，坐制两楹之胜；柳浑儒者，足知万里之情。以高牙大纛而镇全淮，如缓带轻裘之临古岘。十乘之行先启，允赖壮猷；九筵之祀丕崇，迄成熙事。倘匪戎亭之虚候，曷由太室之精禋。观载驰驱，犹骏奔走；有隆赐胙，式表均厘。噫！帝临中坛，光十一月而拜祀；男执蒲璧，邑三百户以疏恩。祗膺启宇之恩，益茂干方之略。可。

出处：《碧梧玩芳集》卷七。
撰者：马廷鸾
考校说明：编年据南宋明堂大礼时间补，见《宋史》卷四五《理宗纪》。

李庭芝父唐臣赠朝奉大夫制
（景定四年九月十四日后）

明堂九筵，甫毕合宫之祀；元戎十乘，眷怀专阃之臣。宜以徽章，贲其祢庙。

具官某故父具官某,处躬素履,玩心黄中。盘谷林泉,自适丈夫之进退出处;汉东典籍,钟为元帅之礼乐诗书。乃其嗣人,为国良翰。属告成于禋祀,方饮福于臣邻。能仕而父教忠,既足当于一面;欲养而亲不待,其加宠于九原。服我茂恩,以华幽壤。可。

出处:《碧梧玩芳集》卷七。

撰者:马廷鸾

考校说明:编年据南宋明堂大礼时间补,见《宋史》卷四五《理宗纪》。

<h2 style="text-align:center">李庭芝母张氏赠硕人制</h2>
(景定四年九月十四日后)

　　国家严父之礼,克配彼天;臣子念亲之怀,靡依匪母。宠予方阃,贲厥姚筵。具官某故母具位某氏,迪德温恭,宅心慈恕。相其夫子,不辞井臼之勤;裕乃后人,克任藩垣之寄。兹因馂惠,复峻徽章。淮海维扬州,式资良翰;寒泉在浚下,尚慰孝思。可。

出处:《碧梧玩芳集》卷七。

撰者:马廷鸾

考校说明:编年据南宋明堂大礼时间补,见《宋史》卷四五《理宗纪》。

<h2 style="text-align:center">李庭芝妻宜人徐氏特赠硕人制</h2>
(景定四年九月十四日后)

　　在国之阳,属举精禋之典;配天其泽,肆颁惠术之彝。时维方阃之英,盖有中闺之助。兹因祭馂,申锡恩言。具官某妻具封某氏,有壶彝之清规,为禁从之良配。敬而宗祀,勤南涧祭祀之供;助我元戎,任东阃藩宣之寄。适均厘于宣室,爰锡祉于庶邦。硕人其顾,无愧锦衣之赋;君子偕老,有华象服之宜。祇佩徽章,益昭淑范。可。

出处:《碧梧玩芳集》卷七。

撰者:马廷鸾

考校说明:编年据南宋明堂大礼时间补,见《宋史》卷四五《理宗纪》。

吕文德依前官职加恩制
(景定四年九月十四日后)

门下:朕恪修宗祀,涓选吉辛。崇明堂而度九筵,丕视郊丘之盛礼;属大事而当一面,兴怀疆场之元勋。况抚师承德以良勤,岂受脤执燔而有异?其敷祭泽,式奖戎昭。具官某,智勇冠时,忠忱许国。如飞如翰,如江如汉,岂惟收淮浦之功?非龙非彲,非虎非罴,盖屡奋磻溪之略。万人吾往,四方既平。剪叛而帅三军,有崇文克蜀江之险;坚边而筑百堵,用李勣贤朔方之城。比稽上古之彝仪,爰谨季秋之大报。灭风卧鼓,喜虚候于戎亭;奉币执珪,获严禋于太室。战则克而祭受福,外无患而内以宁。纷旗常之拱北辰,独节钺之镇南纪。师象山则,每嘉将良兵利之奇;胪骧天歌,亦念士饱马腾之盛。既成熙事,斯锡神厘。是丰多井之输,仍衍真腴之入。於戏!圣人之祭见爵赏,矧酬卫社之劳?天下之将通神明,益懋干方之烈。必君仁而臣敬,斯天祐以人从。永肩一心,思皇多祜。可。

口宣

有敕:宗祀明堂,既受帝祉。大赉四海,肇敏戎公。申衍丰租,式均惠馂。益侈在师之锡,无忘拜胙之恭。

出处:《碧梧玩芳集》卷七。
撰者:马廷鸾
考校说明:编年据南宋明堂大礼时间补,见《宋史》卷四五《理宗纪》。

江万里该遇明堂大礼加恩制
(景定四年九月十四日后)

朕获执珪币,恪恭神人。明堂秩九筵,昭予肆祀;公辅间两社,怀我迩联。用颁馂泽之新,以宠枢庭之旧。矧嘉良翰,诞锡明缛。具官某,斯文羽仪,学者师表。色正芒寒之始,鸿名已塞堪舆;根茂实遂之余,大论可着廊庙。乃眷七闽之钜镇,特烦二府之元臣。其自时配天,属举路庭之礼;虽尔身在外,宜均宣室之厘。申衍爱田,用昭惠术。噫!先王望祀为百姓,朕敢怀专向之私?天子嘉礼在大臣,尔尚体同福之意。祗膺帝贶,益告辰猷。可。

出处:《碧梧玩芳集》卷七。

撰者:马廷鸾

考校说明:编年据南宋明堂大礼时间补,见《宋史》卷四五《理宗纪》。

江万里曾祖瑛赠太子太保制
(景定四年九月十四日后)

朕登延旧弼,翊赞鸿枢。我仪图之,既进贤于密勿;德积载也,乃原始于高曾。具官某故曾祖具官某,抱节陆沈,怀材蠖屈。浑金璞玉,乡里称为善人;枕石漱流,山林遂其隐操。一门所积,三世其昌。宜尔子孙,为予硕辅。陟储宫之上保,载锡之光;贲私庙之懋章,乃终有庆。可。

出处:《碧梧玩芳集》卷七。

撰者:马廷鸾

考校说明:编年据南宋明堂大礼时间补,见《宋史》卷四五《理宗纪》。

江万里曾祖母齐郡夫人沈氏赠清源郡夫人制
(景定四年九月十四日后)

位陟副枢之列,本我五兵;恩疏刻密之章,及其三世。念兹重祖之配,可后九原之荣。具官某故曾祖母具位某氏,淑慎为仪,令柔作则。传称成德,敬冀缺以如宾;史著芳名,与梁鸿而俱隐。庆钟未艾,善积有余。宜尔闻孙,为予硕辅。学士尊祖,况追贲于曾门;夫人起家,用申荣于泉户。懿灵如在,茂渥其承。可。

出处:《碧梧玩芳集》卷七。

撰者:马廷鸾

考校说明:编年据南宋明堂大礼时间补,见《宋史》卷四五《理宗纪》。

江万里曾祖母恩平郡夫人叶氏赠安定郡夫人制
(景定四年九月十四日后)

位陟副枢之列,本我五兵;恩疏刻密之章,及其三世。念兹重祖之继室,可后九原之愍书?具官某故曾祖母具位某氏,禀性惠和,修身淑谨。同夫偕隐,何愧褐裘?与佛有缘,自翻贝叶。庆钟未艾,善积有余。宜尔文孙,为予硕辅。学士尊祖,况追赉于曾门;夫人起家,用申荣于泉户。懿灵如在,茂渥其承。可。

出处:《碧梧玩芳集》卷七。

撰者:马廷鸾

考校说明:编年据南宋明堂大礼时间补,见《宋史》卷四五《理宗纪》。

江万里祖璘赠太子太傅制
(景定四年九月十四日后)

后德惟臣,况延登于枢辅;人本乎祖,宜申锡于愍书。具官某故祖具官某,学本师心,迹同辟世。濯沧浪之水,足以洁身;居畏垒之山,从而厉俗。对圣贤而自乐,知爵禄之可辞。善则有余,庆宜未艾。兹予近辅,乃尔闻孙。太傅在前,遂陟储宫之贵秩;贤者有后,斯为奕祀之宠光。精爽如存,歆承不昧。可。

出处:《碧梧玩芳集》卷七。

撰者:马廷鸾

考校说明:编年据南宋明堂大礼时间补,见《宋史》卷四五《理宗纪》。

江万里祖母信安郡夫人巢氏赠安康郡夫人制
(景定四年九月十四日后)

体貌大臣,追荣私庙。炁畀祖妣,申锡泉扃。是加刻密之章,以达含饴之报。具官某故祖母具位某氏,宅心渊静,植德温柔。节媲鸿妻,隐深山之裘褐;慈如陶母,馔前荣之宾亲。流庆甚长,有孙而显。再陟紫枢之峻,申加彩诰之华。起家而称夫人,用易新封之汤沐;逮事而讳王母,增光故壤之松楸。可。

出处:《碧梧玩芳集》卷七。

撰者:马廷鸾

考校说明:编年据南宋明堂大礼时间补,见《宋史》卷四五《理宗纪》。

江万里父华赠太子太师制
（景定四年九月十四日后）

门令容盖，古人固有阴功；庭自植槐，近世以为佳话。必若尽在三之义，其惟教不贰之忠。我有近臣，追荣縠海。具官某故父具官某，学深源委，性质直方。仕而轻结绶之荣，柔不茹，刚不吐；居则谨佩韦之戒，语有法，默有思。蹈前修之典刑，揭后学之师表。位不满德，实浮于名。宜吾廊庙之英，出尔阶庭之彦。噫！两社为公辅，载扬家训之遗芳；九原从大夫，宜对宫师之殊宠。可。

出处:《碧梧玩芳集》卷七。

撰者:马廷鸾

考校说明:编年据南宋明堂大礼时间补，见《宋史》卷四五《理宗纪》。"华"，清翰林院抄本作"烨"，当以为是，见《宋史》卷四一八《江万里传》。

江万里母普宁郡夫人陈氏赠永宁郡夫人制
（景定四年九月十四日后）

惟我有臣，既荐登于两地；靡依匪母，宜重感于九原。推其至情，锡之愍典。具官某故母具位某氏，令仪可则，柔范有闻。内睦外姻，蚤着闺闱之肃穆；夫荣子贵，晚观门地之显融。既缠风木之深悲，莫觌斗枢之盛事。采蘋有报，易汤沐之新封；吹棘是怀，贲松楸之故壤。可。

出处:《碧梧玩芳集》卷七。

撰者:马廷鸾

考校说明:编年据南宋明堂大礼时间补，见《宋史》卷四五《理宗纪》。

江万里妻通义郡夫人黄氏赠南康郡夫人制
（景定四年九月十四日后）

臣事君以忠，入跻枢管；妇从夫之爵，下及闺门。虽不幸而悼亡，亦必申之愍锡。厚之至也，荣孰大焉！具官某故妻具位某氏，赋性柔明，持身专静。勉其君子，蚤输謇谔之忠；宜厥家人，允极睦姻之美。迹此延登之贵，追怀内助之贤。已锡鱼轩，申加鸾诰。义莫崇于伉俪，恩宁间于幽明。惟其有之，斯致鹊巢之应；如可作也，尚荣马鬣之封。可。

出处：《碧梧玩芳集》卷七。
撰者：马廷鸾
考校说明：编年据南宋明堂大礼时间补，见《宋史》卷四五《理宗纪》。

史宇之该遇明堂大礼加恩制
（景定四年九月十四日后）

朕合宫致飨，宣室受厘。礼重九筵，既迪熙成之盛典；恩均二府，有怀勋烈之嗣人。宜布新荣，以旌夙望。具官某，处躬笃厚，履行粹夷。永言宣孟之忠，为善有后；能复周公之宇，其德克明。出殿藩维，入仪公辅。不显亦世，是谓乔木之臣；所去见思，绰有甘棠之政。慈养优游于里第，穹班峻陟于殿庭。兹衍赋畲，以昭祭泽。噫！书于旂常彝鼎，朕靡忘先正之勋；锡之山川土田，尔益懋象贤之业。可。

出处：《碧梧玩芳集》卷七。
撰者：马廷鸾
考校说明：编年据南宋明堂大礼时间补，见《宋史》卷四五《理宗纪》。

李曾伯该遇明堂大礼加恩制
（景定四年九月十四日后）

朕合宫致飨，宣室受厘。礼重九筵，既迪熙成之典；恩均二府，有怀寿俊之臣。宜布新荣，以旌夙望。具官某，赋资凝重，植量恢洪。十乘元戎，尝倚千方而佐辟；四郊多垒，辄勤敌忾以折冲。壮怀蚤际于风云，暮齿自安于泉石。瞻言耆德，简在深衷。其自时配天，式展亲祠之敬；虽尔身在外，共霑拜胙之华。用锡涣纶，申加井赋。噫！四海来格，灵褫已霈于蓼萧；三寿作朋，文献尚存于乔木。茂膺帝赉，益告辰猷。可。

出处：《碧梧玩芳集》卷七。
撰者：马廷鸾

考校说明:编年据南宋明堂大礼时间补,见《宋史》卷四五《理宗纪》。

马光祖该遇明堂大礼加恩制
(景定四年九月十四日后)

朕获执珪币,恪恭神人。明堂秩九筵,昭予肆祀;公辅间两社,怀我近臣。用颁饬泽之新,以宠枢庭之旧。式彰褒律,诞锡明缗。具官某,肃括而洪深,精明而果毅。高牙大纛,出而成方召之勋;玄圭衮裳,入则箙夔龙之列。伟绩两都之尹正,至忱四辅之寅恭。其自时配天,属举路庭之礼;虽尔身在外,宜均宣室之厘。申衍爰田,用昭惠术。噫! 先王望祀为百姓,朕敢怀专向之私? 天子加礼在大臣,尔尚体同福之意。祗膺帝贶,益告辰猷。可。

出处:《碧梧玩芳集》卷七。
撰者:马廷鸾
考校说明:编年据南宋明堂大礼时间补,见《宋史》卷四五《理宗纪》。

徐复该遇明堂大礼加恩制
(景定四年九月十四日后)

堂崇九筵,圣惟能飨;网去三面,民不自冤。顾如司刑之臣,可后均厘之典。其敷祭泽,以宠禁涂。具官某,恦恦无华,靖恭有守。笃厚知大体,有汉庭长者之风;老成重典刑,盖周家献臣之望。玉乘鸾辂,金揭鸡竿。既相祀于甘泉,复奉书于丹凤。式敬尔狱,俾裕我民。锡以涣纶,加之井赋。噫! 合宫之听,总章之访,朕式体于前猷;太末之里,姑蔑之墟,尔复开于故国。可。

出处:《碧梧玩芳集》卷七。
撰者:马廷鸾
考校说明:编年据南宋明堂大礼时间补,见《宋史》卷四五《理宗纪》。

赵葵依前少保观文殿大学士充醴泉观使加恩制
(景定四年九月十四日后)

朕斋洁精禋,眷怀宿望。注想待元老,时维将相之英;富贵归故乡,均拜神明之胙。爰敷馂泽,式涣新纶。具官某,天挺壮猷,家传义概。父灾子播,夙高当世之勋;仲雪伯霜,独擅一门之誉。尝慷慨奋安边之略,其经营陋画江之图。雪耻除凶,有封狼居胥之志;执讯获丑,有截鲸奔沛之功。虽四方不已于行,然三公不易其介。廊庙江湖之心靡间,园林钟鼓之乐未央。明堂度九筵,属称元祀;公辅间两社,慨念旧臣。望乔木之犹存,宜蓼萧之首被。大国易三河之名壤,真畲陪多井之殊恩。以昭灵禔,以崇徽数。於戏! 昔仁祖御图之日,当皇祐亲飨之年。稽古礼文,肇举国南之典;眷时勋旧,载新冀北之封。尚企前猷,永绥寿履。可。

##　　口　　宣

类帝禋宗,既斋明而秩祀;出将入相,于耆旧以均厘。丕衍多田,进封大国。其承涣渥,益介殊祥。

出处:《碧梧玩芳集》卷八。
撰者:马廷鸾
考校说明:编年据南宋明堂大礼时间补,见《宋史》卷四五《理宗纪》。

赵葵曾祖太师冀国公世勋赠豫国公制
(景定四年九月十四日后)

朕修钦天事地之彝典,既竣事于合宫;眷出将入相之旧臣,俾均厘于曾庙。肆颁馂泽,追贲懋章。具官某故曾祖具官某,实浮于名,位不满德。门间有兴者,蓄已验于肥家;乡里称善人,盖素怀于济物。积有余庆,燕及重孙。再世临边,既身为于羊陆;一堂辅政,尝武接于夔龙。属典礼之熙成,遡渊源而锡祉。噫! 冀之北土,夙开成国之封;豫界南河,申析大邦之壤。宠光优渥,英爽歆承。可。

出处:《碧梧玩芳集》卷八。
撰者:马廷鸾
考校说明:编年据南宋明堂大礼时间补,见《宋史》卷四五《理宗纪》。

赵葵曾祖母吴国夫人朱氏赠豫国夫人制
（景定四年九月十四日后）

备钦柴之礼,臣馂君之余;申锡沐之封,妇崇夫之爵。均厘旧弼,追贲曾门。具官某故曾祖母具位某氏,秉德和柔,宅心慈恕。祀谨蘋蘩之职,可以承先;庆钟梁栋之臣,是能焘后。肆秩九筵之熙事,爰崇三世之愍书。噫! 稽汶上之图,既昭灵贶;析河南之壤,益侈旧封。苗裔有光,炽昌未艾。可。

出处:《碧梧玩芳集》卷八。
撰者:马廷鸾
考校说明:编年据南宋明堂大礼时间补,见《宋史》卷四五《理宗纪》。

赵葵祖太师徐国公棠赠荆国公制
（景定四年九月十四日后）

明堂秩九筵,备成熙事;大夫祭五鼎,厥有彝章。嘉台衡勋旧之臣,锡祖庙追荣之典。具官某故祖具官某,高怀磊落,壮志慨慷。师友渊源,蚤事南阳之大老;圣贤指趣,晚交广汉之醇儒。其存者长,所渐愈远。是生名子,守边崇方召之勋;燕及闻孙,辅政篪皋夔之列。属奏熙于宗祀,必同福于大僚。愍典被之,庆源深矣。噫! 遂荒徐宅,名邦已肇于始封;至于荆山,大国宜加于申命。可。

出处:《碧梧玩芳集》卷八。
撰者:马廷鸾
考校说明:编年据南宋明堂大礼时间补,见《宋史》卷四五《理宗纪》。

赵葵祖母燕国夫人杨氏赠荆国夫人制
（景定四年九月十四日后）

类于帝,禋于宗,元祀秩九筵之礼;过其祖,遇其姚,大僚追再世之荣。具官某故祖母具位某氏,简澹无华,温恭有度。于彼沼沚,是共祀藻之虔;生于阶庭,茂格孙兰之庆。眷近臣之同福,于王母以疏恩。熙事既成,彝章可后? 噫! 学士尊祖,所宜馂泽之均;夫人起家,永作泉涂之贲。可。

出处:《碧梧玩芳集》卷八。

撰者:马廷鸾

考校说明:编年据南宋明堂大礼时间补,见《宋史》卷四五《理宗纪》。

赵葵父太师汉国公谥忠肃方赠潭国公制
(景定四年九月十四日后)

朕寅祀神天,均厘勋旧。上有泽,下及其惠,厥有彝章;子能仕,父教之忠,是颁憝典。具官某故父具官某,邦之良翰,国之宝臣。十载元戎,其贤长城远矣;一时残寇,可折尺棰笞之。嗟义概以犹存,凛遗勋其未泯。卓哉人杰,所谓南方之强;裕乃父功,尤幸西平有子。属成熙事,载锡徽章。噫!昔岘首临边,兴怀羊祜之烈;兹长沙开国,益明吴芮之忠。英爽如存,庆源有衍。可。

出处:《碧梧玩芳集》卷八。

撰者:马廷鸾

考校说明:编年据南宋明堂大礼时间补,见《宋史》卷四五《理宗纪》。

赵葵母雍国夫人胡氏赠潭国夫人制
(景定四年九月十四日后)

国家严父,对皇天后土之临;臣子念亲,有凯风寒泉之感。宰席眷勋劳之旧,姝筵加憝锡之新。具官某故母具位某氏,生自儒家,嫔于胜士。能勉其君子,元戎集疆场之勋;称之曰夫人,象服有山河之德。阶庭余庆,廊庙旧人。属臻熙事之成,宜贲徽章之宠。昔荒秦雍,已开大国之封;兹易衡湘,益侈本邦之锡。淑灵不昧,肸蝫其承。可。

出处:《碧梧玩芳集》卷八。

撰者:马廷鸾

考校说明:编年据南宋明堂大礼时间补,见《宋史》卷四五《理宗纪》。

赵葵妻德国夫人李氏赠邓国夫人制
(景定四年九月十四日后)

　　三事均厘,允极夫尊而妻贵;九原慭锡,永念生荣而死哀。方推旧弼之殊恩,爰锡中闺之赠典。具官某故妻某氏,体柔明之度,躬幽闲之风。生也有涯,既不恨牛衣之泣;殁而不朽,亦庶几象服之宜。饯泽式颁,徽章有侈。噫! 亲祠泰畤,既流秬鬯之馨;赐沐南阳,永作松楸之贲。淑灵如在,光宠知歈。可。

出处:《碧梧玩芳集》卷八。

撰者:马廷鸾

考校说明:编年据南宋明堂大礼时间补,见《宋史》卷四五《理宗纪》。

刘克庄该遇明堂大礼加恩制
(景定四年九月十四日后)

　　朕严禋上帝,第颂侍臣。宣室方坐受厘,每怀思谊;周南不与从事,颇忆滞谈。宜有徽章,以昭惠饯。具官某,词华宿老,献纳迩联。闻正始之音,大雅为之复作;下建中之诏,斯文可以中兴。甫听履而上星辰,旋把麾而去江海。比崇宗祀,缅想旧儒,赐文武之胙以必均,岂严吾之列而可后? 车回丹凤,当年语妙于恩书;竿揭金鸡,今日宠荣于耆德。申陪井赋,诞锡涣纶。噫! 王搢大圭,既秩九筵之礼;子执谷璧,载加五等之封。昼接用康,辰猷允告。可。

出处:《碧梧玩芳集》卷八。

撰者:马廷鸾

考校说明:编年据南宋明堂大礼时间补,见《宋史》卷四五《理宗纪》。

刘克庄母方氏赠鲁国夫人制
(景定四年九月十四日后)

　　国家严父,对皇天后土之临;臣子念亲,有凯风下泉之感。肆恩禁路,追贲姻筵。具官某故母具位某氏,庄重凝姿,幽闲植性。采蘋而于沼沚,可以承先;听履而上星辰,是能裕后。叠此象轴锦韬之贵,积为松阡栢家之华。粤予既荐于馨香，繄尔申加于汤沐。噫！祀于洛邑，方将第《清庙》之诗；保彼鲁邦，亦何歉《閟宫》之颂？淑灵未昧，愍典其承。可。

出处：《碧梧玩芳集》卷八。

撰者：马廷鸾

考校说明：编年据南宋明堂大礼时间补，见《宋史》卷四五《理宗纪》。

刘克庄继母林氏赠魏国夫人制
（景定四年九月十四日后）

朕搜奉高之上仪，眷甘泉之法从。泪落庙俎，虽未助予恻楚之怀；尘侵莱衣，岂不念尔显扬之志？其广露萧之泽，以纾风木之悲。具官某故继母具位某氏，生自义门，嫔于胜士。严于闺阃，钟郝之礼法有稽；课以图书，班马之史编尤熟。母仪甚伟，禅悦更深。辉华蹙绣之帟，杂沓泥金之诰。既有子逮千钟之养，复从夫享五鼎之荣。比举精禋，申加愍典。大邦锡宠，不侈汾曲之封；后嗣能贤，自草泷冈之表。可。

出处：《碧梧玩芳集》卷八。

撰者：马廷鸾

考校说明：编年据南宋明堂大礼时间补，见《宋史》卷四五《理宗纪》。

刘克庄妻硕人林氏赠淑人制
（景定四年九月十四日后）

严恭帝祖，昭予宫庙之丕钦；均惠臣工，俾尔室家之同福。既失涧苹之助，用为冢栢之荣。具官某故妻具位某氏，生中兴忠义之门，蹈名家礼法之训。父母舅姑之所，曾无间言；搢绅儒先之流，指为内则。与岁皆逝，其生有涯。贤哉大夫，簪橐之荣至矣！厘尔女士，井臼之感何如？兹属熙成，肆颁惠馂。君子宜偕老也，虽不幸而悼亡；淑人其仪一兮，尚克歆于愍锡。可。

出处：《碧梧玩芳集》卷八。

撰者：马廷鸾

考校说明：编年据南宋明堂大礼时间补，见《宋史》卷四五《理宗纪》。

陈威晃依前安南国王加恩制
（景定四年九月十四日后）

门下：朕肇称元祀，涓选吉辛。其自时配皇天，既迪熙成之典；推而放诸四海，式均大赉之仁。眷时南服之英，世慕中华之美。载敷灵贶，爰锡徽章。具官某，浴义浸仁，履谦蹈信。父灾子肯播，嗣分茅土之荣；臣事君以忠，时谨梯航之贡。无替厥服，曰笃不忘。属时景运之隆，丕讲精禋之盛。先以雨而殷裔裔，大明升空；委如山而瑞穰穰，嘉禾同颖。庶邦丕享，四极爰臻。帝歌卿云烂兮，远占华旦；天无烈风久矣，遐想至仁。载嘉象译之来，焕发鸿胪之诏。有庆则益地，申衍赋租；惟名不假人，用增勋号。以大九围之式，以昭三神之厘。於戏！惠宗公而罔时怨恫，斯霈露零之泽；劳天下而无私覆载，靡遗日出之区。祇服宠荣，永肩恭顺。可。

出处：《碧梧玩芳集》卷八。
撰者：马廷鸾
考校说明：编年据南宋明堂大礼时间补，见《宋史》卷四五《理宗纪》。

赐安南国王陈威晃敕书
（景定四年九月十四日后）

精禋阳馆，锡祉南乡。骏奔执筮，虽侍祠之莫预；象来致福，实共祭之是资。载考庆条，诞敷惠术。肆增封而衍食，仍加号以表功。祇服邦荣，恪遵侯度。

出处：《碧梧玩芳集》卷九。
撰者：马廷鸾
考校说明：编年据南宋明堂大礼时间补，见《宋史》卷四五《理宗纪》。

叶梦鼎辞免签书枢密院事不允诏
（景定四年九月十七日后）

明堂宣皇风，曷底受厘之盛；斗枢经天纬，允由基命之严。爰自金同，俾专赞贰。卿谋犹廊庙，密勿枢机。绥我思成，极天地神明之察；相予肆祀，殚臣邻陪辅之勤。逼观厥成,乃进厥位。是特唯阿之相告,亦何辞受之足云?民宇攸宁、边兵尚宿。既尽我将之飨,益恢常武之规。其蠲执章,以承眷意。所辞宜不允。

出处:《碧梧玩芳集》卷二。

撰者:马廷鸾

考校说明:编年据《宋史》卷四五《理宗纪》补。

吕师夔特与换朝奉大夫诏
(景定四年九月十八日)

吕文德乞以大礼所得京官恩泽改奏次子夔,已从其请。朕思文德忠勤,岂在中兴功臣之下,师夔已除知阁,且屡典边郡,但换京官,亦非朕所以待忠臣之意,今特与换朝奉大夫。

出处:《宋史全文续资治通鉴》卷三六。

贾德生特叙复元官予祠诏
(景定四年九月十九日)

贾德生去岁不能防闲所使,丞相忠于体国,不私其子,必欲示惩。朕嘉其严训,姑从削秩,天下皆明知大公之意。今已及期,可特叙复元官予祠。

出处:《宋史全文续资治通鉴》卷三六。

文武官因风闻致罪许申理于朝诏
(景定四年十月十九日)

应内外文武官因风闻致罪者,许申理于朝,参酌改正。犯赃私者,令监司核实来上。

出处:《宋史全文续资治通鉴》卷三六。

资政殿大学士知庆元府沿海制置使马天骥
除观文殿学士依旧任制
（景定四年十月）

朕视邦东表之雄，选侯右府之旧。连帅长十国，莫如古鄞之名藩；学士象四时，尤峻延恩之邃殿。既腾治最，爰锡玺封。具官某，识敏而深，学闳以博。擢高科，登显仕，早冠伊皋之徒；腾茂实，蕈英声，中接夔龙之武。予其懋简，尔尚交修。借箸以筹，用翰神兵之柄；褰裳而去，坐逢鬼质之谋。属化瑟之久更，即建牙而起隐。闽岭多推于善政，鄞江易镇于大城。郭伋并州再临，恩信素著；翁归东海大治，奸猾为清。三农之稿事告丰，万里之鲸波息警。王省惟岁，民功曰庸。予怀紫枢之近臣，克勤绥抚；时则清规之峻职，庸示褒嘉。有赫宠名，增崇事任。噫！维今嵎夷旸谷之境，视昔扶风冯翊之间。我泽如春，常思笃近而举远；尔身不外，其惟固本以宁邦。祗服丝纶，益图保障。可。

出处：《碧梧玩芳集》卷五。
撰者：马廷鸾
考校说明：编年据《宝庆四明志》卷一补。

吕师夔往沿江阅视屯兵营屋诏
（景定四年十一月一日）

度支郎官吕师夔往沿江阅视屯兵营屋，招募新军，仍督未备者具奏来上。

出处：《宋史全文续资治通鉴》卷三六。

群臣五日一轮对诏
（景定四年十一月三日）

群臣遵依旧制，五日一轮对。如遇羔，则痊日补对，不许推托求免。

出处：《宋史全文续资治通鉴》卷三六。

皇太子讲读事诏
（景定四年十二月三日）

皇太子宫詹事以下讲读外，日轮一员，辰入酉出，以备咨问，以称辅导之实。

出处：《宋史全文续资治通鉴》卷三六。

诸路宪司索上所部州军大辟狱案详情论决诏
（景定四年十二月十日）

诸路宪司索上所部州军大辟狱案详情论决，毋使滞淹，其干连者酌量释之。

出处：《宋史全文续资治通鉴》卷三六。

诫约州县刑狱不许惨酷棰楚诏
（景定四年十二月十三日）

刑部下诸路宪司，所部州县刑狱不许惨酷棰楚，及毁除非法狱具。违者重置于罚。

出处：《宋史全文续资治通鉴》卷三六。

巢军使从沿江制司节制诏
（景定四年十二月二十日）

无为军巢县已升为镇，巢军使从沿江制司节制，其月收坊场、河渡钱，分项起解支遣。

出处：《宋史全文续资治通鉴》卷三六。

朱貔孙除侍御史制
（景定四年前后）

朕恢洪至道,察纳雅言。王多吉人,所重法家拂士;汝长御史,实贰大夫中丞。属方执法于殿庭,爰俾提纲于台院。具官某,学探元本,体涵中和。气貌则威凤祥麟,节守则严霜烈日。义方对仗连叱,去凶最为有功;唐介乘驿重来,言事益无所避。兹峻跻于横榻,仍密侍于细毡。无服谗搜慝之能容,有谠论嘉谟而入告。台纲丕振,国势愈尊。噫!毋云天下本无事之秋,是乃明主纳忠言之日。他山之石可攻玉,惟仁义足以沃心;当道之豺不问狸,使奸邪为之落胆。邦其时乂,汝永有辞。可。

出处:《碧梧玩芳集》卷四。

撰者:马廷鸾

考校说明:编年据朱貔孙宦历补,见《宋史》卷四一一《朱貔孙传》、《宋史全文续资治通鉴》卷三六。

陈宗礼除直龙图阁淮西转运使制
（景定四年后）

朕解瑟而更,招弓四出。《卷阿》言求士,每怀朝阳高冈之鸣;宣室不见生,未奉夜半前席之问。特峻渊图之直,俾华冰漕之行。尔行己无磷缁,立朝有本末。荣进素定,固知要路之在前;介特自持,讵忍挠节而速化?悼邪朋之欺蔽,嘉正论之指陈。起之山林,畀以原隰。中遭烦啧,久已照知。念尔滞留,再膺临遣。噫!转关中之漕,莫如淮浦之事优;督渭上之耕,宜使边庭之略足。勉将明指,岂汝遐遗?可。

出处:《碧梧玩芳集》卷五。

撰者:马廷鸾

考校说明:编年据《宋史》卷四二一《陈宗礼传》补。

理宗度宗恭帝朝卷二十二　景定五年(1264)

朝议大夫宝章阁待制江西运使知隆兴府
洪焘磨勘转中奉大夫制
(景定四年至景定五年间)

国家品式备具,莫严八柄之权;侍从献纳论思,亦考三年之会。肆升卿秩,以宠禁涂。具官某,风猷敏明,材业隽茂。一翁二季,相承文字之传;三江五湖,尤稔政声之美。若稽积阀,爰进穹阶。于簪笔持橐以有华,与增秩赐金而何异?噫! 授官而累日月,有愧待贤;闻问而对《春秋》,式观奉最。可。

出处:《碧梧玩芳集》卷五。

撰者:马廷鸾

考校说明:编年据洪焘官历补,见万历《新修南昌府志》卷一二。

崇经术考德行诏
(景定五年正月一日)

朕粤稽盛帝明王制治保邦,曷尝不以人材为先务,盖虽尧舜之法度,文武之方策,苟非得人是迪是懋,则亦徒法而已。故必赖济济之贤,蔼蔼之士,布列中外,道德一而风俗同,然后可望其举行不悖,相维于长久也。我国家因唐之旧,进士一科得人为盛,三百年间所以保乂王家,垂休亿载者,厥功茂哉! 弊久蠹滋,迩年尤甚,非无佳士颖出由此其选,然穷经学古者或病于词华,植德砺行者难究其蕴奥,高才大器者往往局于纤悉绳墨之末。是以官甚冗而才愈乏,家殊俗而风益漓。至于冒国法以苟营,假儒冠以挟册,俚言乱雅,剿说趋时,使习之者反贼其良,而取之者莫任其咎。人情至此,咸欲变通。盖尝披阅先朝名臣奏议,其论取士之法非一,惟程颢、颐兄弟深知治道,酌古通今,纲条详明,用意纯切,令三省详议参酌其可行者,条具以闻。务于科举令甲无大更张,以妥安士心;而于进士举之外所以崇尚经术,考察德行,选用材能之道立为一代之典,陶成四方之风,庶几丰芑之仁,垂之万世,顾不美欤!

出处:《宋史全文续资治通鉴》卷三六。又见《宋史记》卷一三,《南宋书》卷五,《宋史新编》卷一三,《宋元通鉴》卷一二〇。

朱应元直徽猷阁浙东提刑兼提举制
(景定五年正月五日)

朕视东浙,如古左冯。乃积乃仓,常忧百姓之不足;宜岸宜狱,尤期一道之无冤。盖儒者惟知厚民,而仁人可以听讼。就以双节,畀之能臣。尔宽闳而疏通,详练而平实。湖湘使还之日,尝登汝以九列矣。浙河择使,复俾乘轺。庚政汝优为之,而七郡嘉师,狱法繁伙,惟明慎者尽心焉。峻之贴职,以华其行。往钦哉,使仓廪盈而囹圄空。虽古肤使,其犹劣诸。四牡劳来,宜有显擢。可。

出处:《碧梧玩芳集》卷五。
撰者:马廷鸾
考校说明:编年据《宝庆会稽续志》卷二补。

汤汉除秘阁修撰知福州制
(景定五年正月二十四日)

朕内谘宿儒,外建良牧。在朝美政,莫肯为王留行;视邦选侯,庶几与我共理。兹入典奉常之礼乐,乃出敦元帅之诗书。尔学有渊源,行无缁磷。名早立而身易退,操久幽而志不渝。甫谐盍簪之期,览辉而下;屡起褰裳之兴,拜疏不休。既谅乃忱,姑徇其请。特峻蓬山之论撰,往颛闽阃之蕃宣。昔揽辔登车,无惮大吏;今开府作牧,用康小民。何必立朝,乃能报国?噫!仲舒厌事,虽不乐于京师;子牟存心,岂顿忘于魏阙?伊身名之俱泰,斯中外以无殊。往则及瓜,召无俟驾。可。

出处:《碧梧玩芳集》卷六。
撰者:马廷鸾

考校说明：编年据《宋史》卷四五《理宗纪》补。

沿江两浙制帅监司不许差军功借补挟术游谒
等人权摄诏
（景定五年正月二十五日）

沿江、两浙制帅监司不许差军功借补、挟术游谒等人权摄害民。如州郡阙员，则差曹职官，属县阙员，则差丞簿尉时暂兼权，仍催正官之任。或有违戾，令台臣觉察以闻。

出处：《宋史全文续资治通鉴》卷三六。

禁约都司诏
（景定五年二月一日）

昨者谏疏戒饬，百司尽公守法，指缄封事目最为病源，深中累年积习之弊。迩日劾及都司，具有实状，所当申严禁戢，俾各自爱，毋陷匪彝，以速厥辜。

出处：《宋史全文续资治通鉴》卷三六。

申严州县斛面之禁诏
（景定五年二月二十二日）

诸路申严州县斛面之禁，豁除义仓陈腐米数，桩积边郡三年军饷。

出处：《宋史全文续资治通鉴》卷三六。

梁椿选除右正言兼侍讲制
（景定五年二月二十六日）

察事行马外，盍闻对仗之弹；拜疏延英门，耸观伏阁之诤。盖欲措朕躬无过之地，是必资天下敢言之人。以尔秉心端夷，植学醇正。昔褰裳以去，良由魑魅啸凶之时；迨峨冠而来，竟行獬豸触邪之事。首除贪浊，务戢奸回。不为御史，必为谏官,盖酬凤望;今之小坡,古之遗补,匪直序迁。仍晋侍于细毡,靡惮攀于折槛。名将留远,职在格非。今得正人,岂待着诤臣之论;后有良史,当续书谏苑之篇。可。

出处:《碧梧玩芳集》卷三。

撰者:马廷鸾

考校说明:编年据《宋史全文续资治通鉴》卷三六补。

季镛依旧秘阁修撰知绍兴府浙东安抚使制
(景定五年二月)

合两道而建台,已课输将之绩;分十连而置帅,尤资牧御之材。爰属帝乡,密藩行阙。况重临于并部,宜愈治于颍川。尔温雅而精明,端亮而笃实。久宣劳于中外,亦浸历于清华。千里曰王畿,既任挽粟飞刍之事;六廉察吏治,殊高饮冰食蘖之风。朕道本爱民,任先宅牧。尔以脂膏之身而不润,吾于股肱之郡以得人。欲慰丰枌之民,式广召棠之政。仍联中秘府之论撰,以示东诸侯之表仪。噫! 非有所闻,岂屡试萧生于冯翊? 与我共理,庶几赞汉业之中兴。可。

出处:《碧梧玩芳集》卷五。

撰者:马廷鸾

考校说明:编年据《咸淳临安志》卷五〇补。

观文殿学士提举临安府洞霄宫马光祖依前职特授沿江制置大使兼知建康府兼江东安抚大使兼行宫留守制
(景定五年三月六日)

朕简求近弼,重镇陪京。念昔全江淮以济中兴,允资硕望;矧今崇诗书而谋元帅,讵舍旧人? 起之燕闲,付以居守。爰疏茂渥,申锡赞书。具官某,器伟量闳,资凝猷远。炳蓍龟之先见,凛松柏之后凋。方叔元老,克壮其猷,历蕃宣于四国;君陈嘉谋,入告尔后,尝唯诺于一堂。顷以荩臣,荐分江阃。投鞭欲渡,有飚回雾塞之显忧;杖钺以先,助霆击电扫之胜势。威名犹在,义概可嘉。朕慨念留都,控扼天堑。虽千群奚用,已屹立金汤之形;然一物不牢,敢少息衣袽之戒? 孰宽忧顾,无若老成。兵将素服其抚循,民吏夙安其条教,龙蟠虎踞,山川不易于镇临。鱼钥麟符,麾帜一新于号令。以壮外攘敌人之略,以恢北定中原之规。噫!校以清修,固再临于益部;琦以勋辅,尚三典于相台。勉企前修,益光贤业。可。

出处:《碧梧玩芳集》卷五。

撰者:马廷鸾

考校说明:编年据《宋史》卷四五《理宗纪》补。

马光祖辞免除沿江制置大使兼江东安抚
知建康府行宫留守不允诏
(景定五年三月六日后)

惟今江阃,内护留都。每辍将相大臣,往任保厘重寄。卿硕肤厚德,典刑宿儒。其威名荐著于镇临,其惠泽素覃于牧守。兹谋元帅,无逾老臣。昔黄霸颍川,前后八年而愈治;郭伋并部,儿童数百以来迎。成命既颁,俾民大悦。人惟求旧,初何疑于重临? 事不辞难,亦胡为而多逊? 所请宜不允。

出处:《碧梧玩芳集》卷二。

撰者:马廷鸾

考校说明:编年据《景定建康志》卷一四补。

马天骥依前观文殿学士通奉大夫
知庆元府沿海制置使制
(景定五年三月)

朕简畀大僚,蕃宣东表。政方成而欲待以久,莫如因任之宜;吏数易则不安者多,孰慰借留之望。无烦易辙,其就敷纶。具官某,识虑精明,器资宏远。入则间两社,辅公室,盖尝造辟而言;出则倡九牧,阜兆民,庶几与我共理。自闽山而易镇,于鄞水以殿邦。广中国之至仁,海波息警;去帝城而不远,河润蒙休。比念右扶,更求贤牧。惟王者视邦选侯之计,岂惮改为? 然长吏迎新送故之间,实惟滋弊。徒得君重,毋俾民劳。噫! 召奭之典南邦,不改棠阴之蔽芾;郭伋之临并部,宁须竹骑之欢迎? 益懋抚绥,嗣膺宠渥。可。

出处:《碧梧玩芳集》卷五。

撰者:马廷鸾

考校说明:编年据《宝庆四明志》卷一补。

赐管景谟会子三十万诏
(景定五年四月二日)

管景谟屡立战功,为时名将,妻孥陷殁,效忠愈坚。闻平时所得俸赐率以抚恤将士,遂至穷空,此尤可嘉,特赐十七界会三十万,以示旌劝,仍赐金带,许令服系。

出处:《宋史全文续资治通鉴》卷三六。

讲行乡饮酒仪诏
(景定五年四月七日)

礼部下诸路州县讲行乡饮酒仪,以复古意,仍以已行仪式上于尚书省。

出处:《宋史全文续资治通鉴》卷三六。

赐皇太子生日诏
(景定三年四月九日或景定四年四月九日或景定五年四月九日)

阳居大夏,允属嘉辰;震为长男,欣逢初度。承邦家之积庆,绵宗社之丕基。日就月将,温文以怿;星晖海润,纯嘏尔常。兹爱举于彝章,乃诞颁于赐式。祗膺兹眷,用届寿祺。

出处:《碧梧玩芳集》卷二。
撰者:马廷鸾
考校说明:编年据马廷鸾任两制时间、宋度宗("皇太子")生日补,见《宋史》卷四六《度宗纪》。

观文殿学士提举临安府洞霄宫李曾伯
依旧职知庆元府沿海制置使制
(景定五年四月二十五日)

朕以槃涧硕人,盖久安于闲燕;海滨赤子,兹选畀于贤良。眷言外执政之旧臣,宜付东诸侯之重寄。有光作屏,特侈扬纶。具官某,精敏而疏通,宽闳而沈毅。允文允武,克壮其猷;自东自西,不遑宁处。早已奋干方之略,中尝收敌忾之勋。惟受任于时艰,则利钝岂能逆睹?匪观人于岁晏,则是非岂易遽齐?居闲久之,志念深矣。爰下青冥之斧钺,起从绿野之园林。朕思根本当培,固莫如于甸服;尔幸精神未减,犹足偃于魏藩。仍职延恩,往临古鄮。惟良牧为能厚下,惟老成可以折冲。苛征一洗于茧丝,威望坐开于鲸浸。内绥百粤,外控三韩。噫!率汉千艘,尚想伏波之壮意;尽齐四履,茂扬表海之高风。可。

出处:《碧梧玩芳集》卷五。
撰者:马廷鸾
考校说明:编年据《宋史》卷四五《理宗纪》补。《宝庆四明志》卷一系于景定五年四月二十四日。

端明殿学士知建宁府兼福建运使江万里
除资政殿学士依旧任制
(景定五年四月二十五日)

汉褒循吏,下郡国之玺书;唐宠藩臣,赐便殿之衣物。矧我阜陵之潜邸,付之枢管之旧儒。亮采有邦,治理着惟良之效;式序在位,宠名高特置之班。具官某,学自丘轲,道陈尧舜。文章行世,则江河万古之流;论谏忧时,则仁义百篇之奏。积由人望,擢在政涂。同寅协恭,凤已间两社而辅公室;宣德流化,又烦倡九牧以阜兆民。闽之奥枢,建为盛府。大僚贵倨,汝则平易近民;浮俗夸奢,汝则清修苦节。治有异等,人无间言。既奏最于雄藩,合升华于秘殿。事权增重,恩数又新。噫!朕皆知之,无曰建州之云远;民之望也,姑为颍土而借留。益懋旬宣,嗣膺简注。可。

出处:《碧梧玩芳集》卷六。

撰者：马廷鸾

考校说明：编年据《宋史》卷四五《理宗纪》补。

江万里再辞免除资政不允诏
（景定五年四月二十五日后）

朕界矜闽部，适困民艰。申锡重臣，俾仍牧守。岂直少旌于治理，盖将嗣课于康功。荐览来章，力辞成涣。大夫求牧，何乃欲反诸人欤？赤子阻饥，忍不得乳其母也。宜承初诏，毋事再陈。

出处：《碧梧玩芳集》卷二。

撰者：马廷鸾

考校说明：编年据《宋史》卷四五《理宗纪》补。

再赐马光祖辞免不允诏
（景定五年四月）

敕光祖：省所再上奏辞免依旧除沿江制置大使、兼江东安抚大使、兼知建康府行宫留守恩命事具悉。己丑诏书，谕卿至矣，胡犹未孚朕意。昔臣仲淹事我仁祖于再抚陕西之日，有惊破贼胆之谣。顾今秣陵为国钜镇，表淮里江，而分阃所赖，折冲中权，后劲之得人，孰若图旧？是用起卿家食，司钥陪都。若夫遮蔽风寒之规摹，绸缪牖户之知略，驾轻就熟，固饶为之。毋但以膂力既愆辞，速就国可也。所辞宜不允，不得再有陈请。故兹诏示，想宜知悉。春暄，卿比平安好，遣书指不多及。

出处：《景定建康志》卷三。

姚希得除兵部尚书兼侍读制
（景定五年正月至五月间）

嘉元戎十乘之绩，自镐来归；正司马九伐之权，于周受命。非时隽望，曷副金俞？具官某，机猷硕肤，风概方整。儒宗堂堂不挠，尚于中行；介臣休休有容，可以大受。繄汝入从出藩之久，助予内修外攘之规。平淮而韩愈在行，迄奏鹅池之捷;表海而吕望赐履,载澄鲸浸之波。辍尔论思,付之居守。两都相望,坐底江淮之晏清;三年而归,宜副公卿之选表。列在五兵之长,还其八座之尊。仍侍经帷,有华从橐。噫! 必求诸道,其惟讲毡上之唐、虞;谁能去兵,孰若咨禁中之颇、牧? 有猷告后,无竞维人。可。

出处:《碧梧玩芳集》卷四。
撰者:马廷鸾
考校说明:编年据姚希得宦历补,见《宋史》卷四五《理宗纪》、卷四二一《姚希得传》。

朱应元除右正言兼侍讲制
(景定五年五月三日)

法筵第一义,已高攀槛之风;诤臣有七人,亟晋伏蒲之选。允为异擢,匪直序迁。尔笃实恢闳,刚方沉毅。对仗奋闻于独击,时论翕归;乘骢更喜于重来,风稜愈劲。奚独乌台之振职,径从骑省以升班。输禁闼之忠,有猷则告;侍细毡之讲,非道不陈。汝宜戒于面从,朕方引以自近。事圣君者无谏,奚取荀卿之言? 惟大人能格非,盍体孟轲之训。愈增谅节,益简清衷。可。

出处:《碧梧玩芳集》卷三。
撰者:马廷鸾
考校说明:编年据《宋史全文续资治通鉴》卷三六补。

饶应龙除监察御史制
(景定五年五月三日)

朕兴起治功,恢张言路。惟纪纲振饬,莫严六察之司;必中外践扬,斯妙一时之选。宜求瑰望,以副亲除。尔圭璧粹温,笙镛纯绎。登畿结绶,端人正士之雍容;服岭分麾,小国寡民之绥抚。比酬郡最,擢掾枢庭。与其笔经武之编摩,庶有裨于庙算;孰若冠惠文而弹治,以正大于台纲。噫! 明主可为忠言,天下岂曰无事? 召从远外,既非呈身识面之流;茂馨忠嘉,无愧明目张胆之地。仁听皂囊之剀切,益留青史之芬芳。可。

出处:《碧梧玩芳集》卷四。

撰者:马廷鸾

考校说明:编年据《宋史全文续资治通鉴》卷三六补。

却还安南所进象及华靡之物诏
（景定五年五月二十二日）

安南国表贡方物,其所进象及华靡之物,令有司却还,仍优赐答之。

出处:《宋史全文续资治通鉴》卷三六。

选差廉能官分司管干公田所诸庄砧基诏
（景定五年五月二十五日）

平江、嘉兴、安吉各一员,常州、江阴、镇江共一员,未作县人充干办公事,已作县人充主管文字,系衔,仍令条具合行事宜来上。

出处:《宋史全文续资治通鉴》卷三六。

申严入宿之制诏
（景定五年五月三十日）

每日学士与讲官照旧例诣院宿直,并申严六曹郎官入局部宿之制。

出处:《宋史全文续资治通鉴》卷三六。

王应麟除行秘书郎制
（景定五年五月）

郎于秘府,职亚南宫,非得名流,曷称□□? 尔应麟见闻弹洽,学殖渊源,尝登词翰之科,则宜游宏达之林矣。雍容册府,盖将养资望、培器业,以大其所成就也。赋三都,奏二汉,无取焉。勉尔猷为,对予宠渥。

出处:《深宁先生年谱》。

考校说明:月份据《南宋馆阁续录》卷八补。

朝请大夫试兵部侍郎两淮制置使兼知扬州
李庭芝除宝章阁直学士依旧任制
(景定五年六月十一日)

元帅崇诗书,久干方而佐辟;学士备顾问,爰进律以褒功。迪惟英儒,允称茂
渥。具官某,经纶学富,绥御谋长。材能空冀北之良,人物挺汉东之秀。正封从
军之句,蓋欲驱海若而逐天狼;德裕筹边之图,可以扼吐蕃而控南诏。五年制闃,
两道抚师。齐人章章而归鲁疆,申伯蕈蕈而维周翰。率彼淮浦,贤于长城。春尔
条桑,秋尔涤场,坐喜边民之复业;文能附众,武能威敌,畴非帅闃之成劳。伊功
伐之可称,属倚毗之方厚。登华邃阁,增重禁涂。仍资固圉之谋,嗣奋折冲之略。
噫!宁人有指疆土,永言宝宇之储;贤者能立邦家,在固金瓯之业。式宽忧顾,益
懋绥怀。可。

出处:《碧梧玩芳集》卷五。又见《永乐大典》卷一三四九九。

撰者:马廷鸾

考校说明:编年据《宋史》卷四五《理宗纪》补。

汪立信除秘阁修撰枢密副都承旨依旧沿江
制置副使江西安抚使制
(景定五年六月十一日)

长江为天限,久分堑于中流;北斗斡神枢,俾亲承于密旨。嘉乃干方之烈,昭
予进律之恩。必也正名,为之申命。具官某,赋资平实,受材恢宏。九流之学圆
机,千人之英脱颖。有慷慨大志,匪章句儒;以文武威风,当方面寄。眷言外屏,
允藉通材。镇临莫重于浔阳,备御远周于淮浦。中权后劲,辑万灶之云屯;上遡
下沿,抚千艘之水击。岂投鞭之可遏?纵呼橄以不来。爰奖茂庸,肆颁殊渥。峻
道山之论撰,赞宥府之訏谟。兼正使名,增崇闃制。吁!尔不可厌也,所宜谨护
于风寒;吾有以待之,靡俟绸缪于阴雨。钦予辰告,赖尔秋防。可。

出处:《碧梧玩芳集》卷五。

撰者:马廷鸾

考校说明:编年据《宋史》卷四五《理宗纪》补。

勉谕王钥洪天锡赴阙诏
(景定五年六月十三日)

王钥、洪天锡控辞甚力,令各州守臣以礼勉谕,勉其赴阙。

出处:《宋史全文续资治通鉴》卷三六。

申严祖宗戒饬赃吏之制诏
(景定五年六月二十日)

百姓为赃吏患苦,至此已极,朕甚痛之! 指挥务在必行,勿复文具。

出处:《宋史全文续资治通鉴》卷三六。

彗出令中外臣僚直言诏
(景定五年七月五日)

朕以寡昧,统临兆民,居多历年,祗畏天戒,如一日常恐不德。谪见于上,乃七月甲戌,彗出柳宿,谴告孔昭,目所共睹。鉴临有赫,咎在朕躬。岂朝多阙政,未当人意,吏不宣化,莫安民生,狱讼弗清而多冤,贪酷未除而贻害? 遂至乖戾,上干天和。朕将避殿减膳,应中外臣寮并许直言,其合施行等事,有司条具以闻。

出处:《宋史全文续资治通鉴》卷三六。

出封桩库会子赈恤军民诏
(景定五年七月五日)

出封桩库十八界会二十万赈都民,三衙诸军亦如之,内司宿卫应奉人并特给犒一次,以示优恤。

出处：《宋史全文续资治通鉴》卷三六。

资政殿学士知建宁府兼福建运使江万里依
前职知福州福建安抚使制
（景定五年七月六日）

朕惠顾瓯闽，简求师帅。一州敛惠，既烦两地之旧臣；十国为连，就付三山之巨屏。具官某，鼎轄王臣之威重，斗山儒者之宗师。皋陶为帝谟，庶明励翼；申伯缵王事，四国于藩。枢管望尊，建府地大。我与共理，岂夸增秩赐金之荣；时方阻饥，克任求牧与刍之责。谅欢传于歌袴，宜就界于建牙。士曰时哉，必兴其贤能者；民亦劳止，又从而振德之。用式南邦，以藩东越。噫！敏中以大臣临重镇，事必尽心；常衮以文词进小民，俗宜皆化。繄予隽老，奚俟训词？可。

出处：《碧梧玩芳集》卷六。

撰者：马廷鸾

考校说明：编年据《宋史全文续资治通鉴》卷三六补。

少师保宁军节度使卫国公致仕谢燮昌
特赠太保追封淮海郡王制
（景定五年七月二十一日后）

朕载稽典彝，用宏姻睦。九原叹逝，追怀戚畹之英；三太崇终，并侈王封之贵。式昭宠数，申锡愍书。具官某，济美槐庭，联辉椒屋。兄弟式相好矣，有韡鄂华；国家礼亦宜之，莫崇位棘。愻若温恭之懿，澹然夷雅之资。居里第而避远势权，饬家庭以迪闻诗礼。朕欲基二南之王化，有《关雎》《麟趾》之风；尔能仪四姓之族姻，无流水游龙之习。甚念睦亲而民归厚，讵期殄瘁而人云亡？眷惟中闱，素笃同气。不遗一老，曷舒则友之情？岂伊异人，弥重孔怀之感。刻密跋上公之品，苴茅列异姓之王。以慰营魂，以华恤典。於戏！知足不辱，知止不殆，曾寿考之难期；其生也荣，其死也哀，庶幽冥之不隔。冀而英爽，歆我情文。可。

出处：《碧梧玩芳集》卷八。

撰者：马廷鸾

考校说明：编年据《宋史》卷四五《理宗纪》补。"谢燮昌"当作"谢奕昌"。"太保"，

《宋史》卷四五《理宗纪》作"少保"。

令侍从两省举堪充监司郡守者诏
（景定五年七月二十四日）

令侍从、两省于内外官举堪充监司郡守者，疏其实以闻，令中书籍记，遇有阙官，精加审察，取旨擢用，如犯赃私，当正谬举之罚。

出处：《宋史全文续资治通鉴》卷三六。

为士人上书劾贾似道宣谕检院敕
（景定五年八月前）

星变求言，照典故祗及中外大小臣僚，见之诏书可考。近来诸学士人不体旧规，以前廊为首，乃有怀私意动摇大臣者。不知祖宗三百年间，曾有士人上书而去宰相者乎？今后切宜详审，然后投进。

出处：《齐东野语》卷一七。

牟子才辞免兼给事中不允诏
（景定四年九月至景定五年八月间）

朕顾瞻献纳之臣，绰著老成之望。学士大手笔，甫用旧人；儒者给事中，复出新命。以卿夙持刚直，夙邕忠嘉。平居恂恂，在严徐之列；临事謇謇，有袁李之风。纪纲之司，封驳攸赖。予违汝弼，宜无惮于涂归；朕心乃知，盖乐闻于纠正。奚逊厥职，尚勉乃猷。所辞宜不允。

出处：《碧梧玩芳集》卷二。
撰者：马廷鸾
考校说明：编年据牟子才宦历补，见《宋史》卷四一一《牟子才传》等。

诚约秋试作弊诏
（景定五年八月三日）

壬戌别院董试,台臣纵游士假手,物论喧哗,今春铨闱复然,尤为无忌。秋闱在迩,可令御史台严为关防,毋踵前弊。

出处:《宋史全文续资治通鉴》卷三六。

宣奉大夫杨栋特授资政殿学士知建宁府制
（景定五年八月五日）

执政吾股肱,尝共一堂之寅协;郡守民师帅,尚资九牧之阜成。陟秘殿之穹班,抚儒书之旧国。具官某,钩深致远,实大声闳。君子多识前言,茂明古学;儒者在朝美政,屡告宸猷。自秉事枢,晋陪机务。本精神之相得,亦礼貌之未衰。有政其与闻之,吾方倚重;责言不可偿也,人或求全。升之隆名,付以钜镇。盖曲全于进退,仍允赖于蕃宣。噫! 考亭义理之源,上沂关洛;建安文物之郡,远比泗洙。平时既熟于讲明,今日遂施于教化。卿优为矣,朕有望焉。可。

出处:《碧梧玩芳集》卷六。又见《永乐大典》卷一三五〇六。
撰者:马廷鸾
考校说明:编年据《宋史》卷四五《理宗纪》补。

师在舆别与差遣诏
（景定五年八月二十八日）

师在舆陛辞,精神不如昔。盖郴州溪洞所系,可别与差遣,以优其老。

出处:《宋史全文续资治通鉴》卷三六。

赐皇弟生日诏
（景定三年八月或景定四年八月或景定五年八月）

少皞帝之仲秋，时登稿宝；孟侯弟之初度，庆辑杕华。位极师垣，势隆宗翰。式相好矣，肆颁台馈之彝；礼亦宜之，用致门弧之喜。永绥寿嘏，庸对眷怀。

出处：《碧梧玩芳集》卷三。
撰者：马廷鸾
考校说明：编年据马廷鸾任两制时间、文中所述"少皞帝之仲秋"补。

集英殿修撰江东运副兼淮西总领陆景思
特授权户部侍郎淮东总领制
（景定五年九月前）

朕嘉与儒臣，精求国计。《周官》以小司徒掌教，惟人民土地之稽；本朝以四总领供军，有钱谷甲兵之问。孰膺隆委，允属通材。具官某，学该体用之源，家擅文章之录。凤鹔骏望，早上通涂。四禁代言，允兹润色；十连为帅，式倚蕃宣。察其器能政理之长，不在语言文字之末。虽精笔妙墨，扬雄最其善鸣；然画筹算边，刘晏本于道御。既勤转漕，并总赋舆。惟六官服采，而版部最劳；四鄙宿兵，而大农益耗。量入为出，计臣所以阜邦财；自西徂东，王人均于领饷事。其升从橐，仍驾使轺。谅无乏兴，庶几宿饱。噫！振甘泉之珮，既高献纳之迹联；济京口之航，宜赞誓清之远略。可。

出处：《永乐大典》卷一三五〇六。
撰者：马廷鸾
考校说明：编年据《至顺镇江志》卷一七补。

王爚辞免召赴不允诏
（景定五年正月至九月间）

朕当元日会汉京之朝，感昔人发晋樽之意。兴怀硕望，近隔涛江。爰出特招，起之泉石。正俟贾生之前席，忽闻考父之循墙。王言出如纶，令弗惟反；君命不俟驾，礼有宜然。盍归乎来，遄不谓矣。所辞宜不允。

出处：《碧梧玩芳集》卷二。

撰者：马廷鸾

考校说明：编年据光绪三十一年《谷来王氏宗谱》卷七《王公爚行状》补。

龙图阁学士王爚除端明殿学士提举佑神观兼侍读制
（景定五年正月至九月间）

朕监观祖宗，登用鸿硕。升之端殿，何殊元祐待苏轼之规？处以内祠，盖用绍兴起张焘之典。仍晋陪于诏读，兹涣发于纶言。具官某，笃厚而靖夷，端庄而俨恪。国之耆艾，魁垒能通古今；朝之宿儒，大人可备顾问。曩上星辰之履，旋持江海之麾。既纾民沟壑之忧，亦遂尔山林之乐。白驹在空谷，每怀嘉客之逍遥；鸣凤于高冈，常企吉人之翔集。峻班秘殿，趣侍经筵。无官职之闵劳，殊庭容与；有谋猷之入告，重席敷陈。式昭眷倚之新，增重论思之旧。噫！畎亩之中乐尧舜，宁如亲见于君民；旐厦之际论唐虞，良欲考求于仁圣。亟承简注，懋对仪图。可。

出处：《碧梧玩芳集》卷四。

撰者：马廷鸾

考校说明：编年据光绪三十一年《谷来王氏宗谱》卷七《王公爚行状》补。本制时间当晚于同集卷二《王爚辞免召赴不允诏》。

方逢辰除尚书吏部员外郎诰
（景定五年九月十日）

敕朝请郎方某：本朝除郎之路虽广，其要有三：曰馆阁，曰寺监丞，曰监司郡守。近自乾、淳以来，郎非监司郡守不可得。虽然，岂所以待伦魁者乎！尔以清文奥学，崇论抗议，对策大廷，朕尝亲擢，以冠多士。入仪班着，凤稔直声，行己非磷缁，立朝有本末，朕未尝不怀其贤也。去把郡麾，又淹家食，起之槃涧，俾佐铨衡，于是得一佳吏部矣。洁齐以俟，朱绂方来。可依前朝请郎、特授尚书吏部员外郎。

出处:《蛟峰外集》卷一。

赐叶梦鼎生日诏
(景定三年九月或景定四年九月或景定五年九月)

月维建戌,时属生申。弧矢以射四方,有华在户;帷幄之策千里,密借前筹。往续修龄,是颁彝式。体貌有加于近辅,载锡之光;精神宜折于遐冲,俾耆而艾。

出处:《碧梧玩芳集》卷三。
撰者:马廷鸾
考校说明:编年据马廷鸾任两制时间、文中所述"月维建戌"补。

又赐叶梦鼎生日诏
(景定三年九月或景定四年九月或景定五年九月)

月纪肃霜,近金行之弭节;星垂大昴,参玉铉以赞元。庆属门弧,宠加台馈。式燕且喜,其茂对于眷怀;俾寿而昌,以共扶于昌运。

出处:《碧梧玩芳集》卷三。
撰者:马廷鸾
考校说明:编年据马廷鸾任两制时间、文中所述"月纪肃霜"补。

刘克庄特授焕章阁学士致仕制
(景定五年秋)

朕优礼旧儒,愍烦官职。请麾以出,冀闻善养老而来;拜疏不休,迄欲致为臣而去。喜尔得全于明哲,怅予未厌于典刑。式奖高风,爰颁坦制。具官某,词章远辈于修、轼,学问上接于乾、淳。仰之弥高,山斗一时之望;行而必远,江河万古之流。予解弦而更张,尔览辉而来下。还居两制,其代王言;擢长六官,盖先民誉。进退有裕,表里无瑕。擅名笔于本朝,他学士阁不得下;瞻耆英于下国,一灵光岿然独存。乃复抗章,力祈谢事。雅志深嘉于疏傅,涣恩峻陟于尧章。增西清荷橐之荣,示东路角巾之宠。乡里蒙三老之教,子孙下万石之门。噫!巨源出京师之初,供帐孰多于祖送;居易辞同州之后,挂冠未羡于保厘。尚猷询兹,遄不谓矣。可。

出处:《碧梧玩芳集》卷九。

撰者:马廷鸾

考校说明:编年据《后村先生大全集》卷一九四《刘公行状》补。

答贾似道乞祠御笔
(景定五年秋)

言事易,任事难,自古然也。使公田之策不可行,则卿建议之始,朕已沮之矣。惟其上可以免朝廷造楮币之费,下可以免浙右和籴之扰,公私兼济,所以命卿决意举行之。今业已成矣,一岁之军饷,皆仰给于此。若遽因人言而罢之,虽可以快一时之异议,其如国计何? 如军饷何? 卿既任事,亦当任怨,礼义不愆,何恤人言? 卿宜安心奉职,毋孤朕倚毗之意。

出处:《齐东野语》卷一七。又见《宋季三朝政要》卷三。

赐朱貔孙手诏
(景定五年十月前)

览奏具知。卿台纲不随不激,凡所论奏,悉契朕心,何嫌何疑,乃欲引去! 况今忠纯平实之士如卿者,殆不多得也。宜安厥职,以副朕怀。二十八日辰时付朱貔孙。

出处:道光《浮梁县志》卷二一,道光刻本。

考校说明:编年据朱貔孙官历补,见《宋史》卷四一一《朱貔孙传》。

陈梦斗依旧右文殿修撰知镇江府制
(景定五年十月前)

吴楚之南,大江为之外屏;晋宋而下,京口实其要冲。分国顾忧,属时耆旧。苟得良牧,贤于长城。尔恢宏而宽通,廉平而笃实。早胜繁使,见谓长材。徊翔守刺之间,更迭中外之久。出膺阃制,入赞帷筹。慷慨时艰,无盘根错节;典刑岁晚,不易叶改柯。兹仍邃殿之清班,爰付价藩之旧镇。蔚棠阴其未改,谨竹骑以来迎。封植闾阎,辑和壁垒。本根用壮,其惟强北府之兵;机会可图,必有叩中流之楫。祗膺妙简,亟懋嘉庸。可。

出处:《碧梧玩芳集》卷五。

撰者:马廷鸾

考校说明:编年据《至顺镇江志》卷一五补。

洪勋辞免权兵部尚书恩命不允诏
(景定三年至景定五年十月间)

朕念尔先人,助予初政。赞陈兵事,老谋若蓍龟之明;轶长禁林,英词如河汉之丽。人鉴之亡远矣,家笭之在依然。惟我有臣,克庸济美。卿懿文承考,风烈践猷。升堂而闻正音,获聆雅颂;入国而望乔木,尚有典刑。比自闽陬,再还禁路。荐班掌武,仍直摛文,久此佩囊,晋之曳履。《周官》大司马之政,无竞维人;端平小元祐之风,不显亦世。益肩远略,奚事执章? 所请宜不允。

出处:《碧梧玩芳集》卷二。

撰者:马廷鸾

考校说明:编年据马廷鸾任两制时间、文中所述"朕念尔先人,助予初政"补。

洪勋乞祠不允诏
(景定三年至景定五年十月间)

朕惟端平亲政之初,庶几元祐得人之盛。繄尔显考,日陈嘉谟。尝叹魏征之遽亡,殊喜臧孙之有后。于是卿以渊源之学,仍擢科级;以典丽之笔,嗣掌丝纶。岂惟克家? 端且华国。而况入从出藩而践扬久,表夷里粹而望实孚。星履纳言,厦毡劝诵。甫藉多闻之益,曷兴厌直之思? 遽览来章,未悉雅志。尔念先人之绪业,既践世官;朕于更化之忠贤,每怀旧德。勉安厥位,益告尔猷。所请宜不允。

出处:《碧梧玩芳集》卷二。

撰者:马廷鸾

考校说明:编年据马廷鸾任两制时间、文中所述"朕惟端平亲政之初,庶几元祐得人之盛。繄尔显考,日陈嘉谟"补。

汤汉依旧秘阁修撰改知隆兴府制
(景定五年正月至十月间)

十国为连,既勇辞于闽府;一麾出守,兹改界于洪都。仍其论撰之名,付以蕃宣之事。尔志尚洁雅,理趣深微。嚅道真,泳圣涯,渊源所渐者远;抗浮云,崇高蹈,爵禄可得而辞。司礼乐于容台,伟衣冠于储寀。陈情自列,拜疏不休。式绥牙纛之行,莫夺林泉之兴。眷言南浦,凤号价藩。为尔择地,则为邻邦;为吾选侯,则得贤牧。无以易此,其往钦哉! 登楼读韩愈之雄词,民乐湖山之外;扫榻延徐穉之清节,士知廉耻之维。以此为邦,斯能报国。可。

出处:《碧梧玩芳集》卷五。
撰者:马廷鸾
考校说明:编年据马廷鸾任两制时间、汤汉官历补,见《宋史》卷四五《理宗纪》、卷四三八《汤汉传》。

革楮弊诏
(景定五年十月二十四日)

物贵原于楮轻,楮轻原于楮多。今以见钱关子复中兴旧法,每百七十七足陌,以一准十八楮三千,革钱楮亏折之弊,其官吏诸军券请,并以见钱关子全给。

出处:《宋史全文续资治通鉴》卷三六。

求医诏
(景定五年十月二十五日)

朕体违和,服药未效,如草泽有能治疗得或痊者,白身除节度使,有官人及愿就文资者并与比附推恩外,更支赐钱十万贯、田五百顷。三省出榜晓谕,许径赴丽正门外自陈,差内侍二员收接文字,即时闻奏。

出处:《宋史全文续资治通鉴》卷三六。

大赦文
（景定五年十月二十五日）

朕顾畏民嵒，祗膺帝监。朝乾夕惕，迪惟遗大投艰，日迈月征，永念志懃道远。若临深而履薄，迄去危而就安。幸国步之小康，乃朕躬之少爽。端由积虑，以致愆和。宜特持于刑章，庶助收于药喜，集于多福，答尔群情，可大赦天下。於戏！人莫不欲生，冀道迎于善气；天所助者顺，永孚佑于丕图。咨尔多方，体予至意。

出处：《宋史全文续资治通鉴》卷三六。

程起龙特补登仕郎诏
（理宗朝）

西都郎多得人，间以赀入，乾、淳名士亦有借此与计偕者，固不以为嫌也。今颇更定旧式，俾以登仕郎就漕闱群试，而拔其尤，庶收廉能，以广得士之效，特与补登仕郎，不理选限。

出处：同治《乐平县志》卷首。

请昙印禅师说法诏
（理宗朝）

和尚蕴道西山，超宗上地，祚国导民，多所饶益。遣内侍王福荣驰谕，愿聆法要，宁望来仪。

出处：《西天目祖山志》卷四。

赐奕昌敕
（理宗朝）

规春倚年，璧月迎圆。天姻森列戟之辉，《皇览》记六蓬之瑞。若稽彝典，爰有匪颁。式邕恩华,往绥寿祉。今赐卿生日羊、酒、米面等,具加别录,至可领也。故兹诏示,想宜知悉。赐奕昌羊一十三口,法酒六瓶,法糯酒六瓶,糯酒六瓶,秔米十石,面十石。

出处:《东山志》卷九。

考校说明:据文中所述"天姻森列戟之辉","奕昌"当是谢奕昌。

赐卢孝孙御札
(理宗朝)

省所嘉言,敷陈诂训,集周、程、张、朱之众说,明《语》、《孟》、《学》、《庸》之四书。得其旨归,该贯义理。卿之陈列备矣。观览以还,所益实多,简在朕心,故兹嘉奖。

出处:康熙《广信府志》卷二八,雍正八年补刻本。又见同治《广信府志》卷一一,道光《贵溪县志》卷三一。

景定五年十月丁卯诏
(景定五年十月二十六日)

朕嗣守基图,君临区㝢,历四十一年,内揆菲凉,罔敢暇逸。荷高穹之眷命,蒙列圣之遗休,洪济艰难,图惟康乂。岁事荐登,而民生底定;沴气即弭,而边尘浸清。朕方益勉修攘,居怀儆戒。积勤爽豫,有加无瘳,乃至大渐,恐不得负扆见群臣。皇太子温文夙著,仁孝有闻。升储副者五年,久参裁于庶务,宜自春宫而嗣服,允符至道之旧章。可于枢前即皇帝位。皇后佐佑朕躬,章明坤载,可尊为皇太后。应军国事务,并听皇帝处分。尔其式遵成宪,诞受多方,益奉母仪,恪遵慈训。皇帝成服,三日听政。丧纪以日易月,群臣共为宽释,勿过摧伤。百官入临,并随地之宜。诸道州府长吏以下,三日释服。在京禁音乐百日,在外一月。无禁祀祠嫁娶,缘边不用举哀。山陵制度,务从俭约,应中外诸军支赐及其他不在诏中者,并听皇帝处分。於戏! 人羡久生,奈盈虚之有数;天惟纯佑,繄付托之得人。更赖股肱之元臣,文武列辟,交修不逮,协赞丕平。咨尔群伦,体予至意。

出处:《碧梧玩芳集》卷二。又见《宋史全文续资治通鉴》卷三六。

撰者:马廷鸾

考校说明:本诏即宋理宗遗诏。

皇帝登宝位赦文首尾词
(景定五年十月三十日)

　　门下:帝王统群生,实任抚绥之寄;《春秋》正五始,况承付托之初。仰惟先皇,丕昭前烈。继序十有三圣,光绍宁宗;享国四十一年,远几仁祖。视民若保,事帝如临。以江海之量,优容群言;以雨露之恩,渗漉九有。时和屡格,敌难坐消。日引月长,久于其道;夤朝晏罢,通求厥宁。圣躬莫惮于焦劳,冲候遂愆于节适。兴言菲质,恭侍宸庭。解带靡遑,所期日间;抱弓何及,讵意天摧。惊闻凭几之言,俾奉缵图之重。恪承慈极,勤抚多方。创钜痛深,且嬛嬛而在疚;投艰遗大,尤栗栗以弗胜。惟天地之德好生,惟祖宗以仁立国。矧属君临之初政,式循覃沛之旧章。可大赦天下。於戏! 天付有家传在予,必稽谋而疾敬德;父有天下归于子,惟永念而弗弃基。庶能慰六军万姓之同心,于以答中国四夷之望治。尚赖忠贤硕辅、文武具僚,协济康功,共扶休运。布告中外,咸使闻知。

出处:《碧梧玩芳集》卷三。

撰者:马廷鸾

考校说明:编年据《宋史》卷四六《度宗纪》补。

文天祥除尚书礼部员外郎制
(景定五年十月)

　　吾甚遴郎选,尤重儒科。倘以抢魁为表,郎其庶矣乎! 尔藻思清新,词华敏茂。荣进素定,匪徒诧于高名;慷慨敢言,盖已观其初节。擢从郡最,登之郎闱。夫立乎人之本朝,而培养器业以答扬光宠者,必有在矣,岂直百日掌纶言、十年至两制之谓乎? 大车以载,务积厥中。朱绂方来,以艾尔后。可。

出处:《碧梧玩芳集》卷四。

撰者:马廷鸾

考校说明:编年据《文山先生全集》卷一七《文山先生纪年录》补。

赐江万里银合腊药敕书
(景定五年十月至十一月间)

有怀二府之重臣,分牧七闽之钜镇。地虽燠若,时属寒凝。其颁彝赐之珍良,往助和倪之宝嗇。茂承主眷,厚抚民瘝。

出处:《碧梧玩芳集》卷九。

撰者:马廷鸾

考校说明:编年据江万里宦历、文中所述"腊药"补,见《宋史》卷四五《理宗纪》、卷四六《度宗纪》。

赐两镇敕
(景定五年十一月六日后)

朕承太母之徽音,遵先皇之治命。时维叔父,翕颂宗贤。德言盛,礼言恭,谦光愈渥;圣尽伦,王尽制、涣号宜加。怅先志之未酬,俾冲人而申锡。仍洋川之旧组,增夔国之新麾。时庸展亲,谕远民而胥契;丕应徯志,闻成命以咸欣。

出处:《碧梧玩芳集》卷九。

撰者:马廷鸾

考校说明:编年据文中所述史事补,见《宋史》卷四六《度宗纪》。

文武百寮贾似道等上表奏请皇帝听政不允批答
(景定五年十一月十五日前)

朕初服斩衰,躬承灵几。晬颜永闳,泪血长潜。有父亲,有君尊,天罔极而德欲报;其创钜,其痛甚,日虽久而愈自迟。苟达此情,何陈是渎?匪惟成涣之难反,抑亦彝典之有稽。批谕已勤,陈请未止。虽张良雅志,但愿足于留侯;然疏广清风,岂终辞于汉傅?毋烦屡避,宜即钦承。所辞宜不允,不得更有陈请。

出处:《碧梧玩芳集》卷九。

撰者:马廷鸾

考校说明：编年据文中所述史事补，见《宋史》卷四六《度宗纪》。本文后半文字显属对某人辞官之批答，与题不符。

答常懋请为济王立后御笔
(景定五年十一月十五日前)

济王生前之官，先帝已与追复，尚有未复所赠官，尝曰留以遗后人，即仁皇践祚，赠秦王太师、尚书令之典也。所宜继志，以慰泉壤。可追复太师、保静镇潼军节度使。仍令所属讨论坟茔之制，日下增修。余照先帝端平元年六月十二日指挥。

出处：《齐东野语》卷一四。
考校说明：月、日据《宋史》卷四六《度宗纪》补。

封广惠侯敕
(景定五年十一月十五日)

敕处州缙云县显应庙神：朕惟神之聪明正直，有功烈于民者，悉隶祀典。尔神閟迹缙云，厥灵炳著，旱干水溢，无感不通。谓非有功烈，可乎？邑人有请，爰启侯封。尚宏其休，芘及遐迩。

出处：《栝苍金石志补遗》卷三。

求言诏
(景定五年十一月十五日)

朕荷列圣之储休，膺先皇之传祚，顾惟菲质，获缵丕图。烛理昧而何以周知群情，更事浅而何以裁成庶务。继犹判涣，其如多难之未堪；不遑康宁，永惟万事之有阙。肆初临听，合广咨询。天难忱斯，孰为迓续之本？民亦劳止，孰为绥靖之方。上而朕躬之愆违，次而朝政之得失，外则边陲之利害，下而田里之戚休。惟言路之宏开，为新政之急务。用求忠说，期底敉宁。若昔大猷，盖有辟门之典；闵予小子，敢忘谋庙之诗。言而可行，则匪徒容纳；试之既效，则宜示宠嘉。悉意以陈，尔无惮于后害；虚心而听，朕方伫于嘉谟。咨尔多方，体予至意。

出处:《碧梧玩芳集》卷二。

撰者:马廷鸾

考校说明:编年据《宋史》卷四六《度宗纪》补。

赐侍读侍讲说书官诏
(景定五年十一月十五日)

朕以菲质,夙承义方。先皇帝贻厥孙谋,莫详资善之一记;予小子兹迪彝教,俾亲博雅之群儒。勉奉遗谟,初承大统。感畴昔之问安视膳,予惟见于墙、见于羹;矧今日之发政施仁,且欲观其志、观其行。傥非讲学,何以绍图?王人求多闻,必精研于古训;天下治在道,宜深究于理源。惟对贤士大夫之时常多,则于古先帝王之道有得。由尧舜禹汤而汲汲,犹恐失之;论唐虞仁圣以訢訢,我自乐此。肆因初服,首辟经帷。既登进于旧游,且旁延于时望。惟端平亲政,读《衍义》之成书;惟景祐盛时,陈正说之丕训。稽累朝谟烈之懿,暨七篇仁义之陈,六经之道与同归,百世俟圣而不惑。自求自趣,开予以厌饫优柔;所知所行,迪我于高明光大。锐期磋切,周广缉熙。庶君德之日强,则治功之益进。予其自勉,尔尚交修。

出处:《碧梧玩芳集》卷二。

撰者:马廷鸾

考校说明:编年据《宋史》卷四六《度宗纪》补。

赐先朝故老大臣诏
(景定五年十一月十五日)

朕纂承先帝之丕图,注想朝廷之故老。天下大器,念付托之惟艰;旧德元龟,方咨诹之是急。眷言勋辅,式燕殊庭。曩属时艰,屡膺事柄。入则谋谟廊庙,出则控驭边陲。中国四夷,每想闻其风采;元侯宿将,尝禀听其指呼。岂惟朝廷之周知,盖亦帷筹之熟讲。凡修攘之大政,有老成之远谋。惟天全付予有家,欲恢先绪;乃心罔不在王室,宜罄忠猷。

出处:《碧梧玩芳集》卷二。

撰者:马廷鸾

考校说明:编年据《宋史》卷四六《度宗纪》补。

与芮特授武康宁江军节度使依前太师判大宗正事嗣荣王加食邑实封制
(景定五年十一月十五日)

　　门下:朕初绍丕图,恪遵慈训。棠棣孔怀之爱,仰体先皇;行苇内睦之仁,孰加叔父? 摭绍熙一时之令典,有宪靖双节之殊褒。友则因心,昔未酬于素志;言犹在耳,今爰属于眇躬。如对思颜,用孚群听。具官某,晖联皇极,德重宗磐。元王帝弟之最尊,多阅义理;河间宗室之大雅,独备温仁。厚叙亲贤,时维昭考。耸民瞻之赫赫,莫重建旄;训公族之振振,有华袭爵。式相好矣,礼亦宜之。粤予宅恤之初,追感尽伦之义。求而弗得,望而弗至。恶乎用情,敬其所尊,爱其所亲,庶几达孝。况承治命,具有旧章。是用端策涓辰,扬庭涣号。衮衣赤舄,仍冠公槐。寿甲琱戈,加崇将钺。旧组不移于洋水,新麾增焕于云安。顺考邦彝,三公进兼两镇;特优宗老,累朝曾不数人。并衍爰田,申陪真食。敢云驭贵,惟以笃亲。於戏! 稽汉制之兼郡连城,用彰殊礼;慨唐宗之大衾长枕,能不怆怀? 式介蕃厘,以绥茂渥。可。

　　赐告口宣

　　有敕:统绍先皇,恪承遗训;行尊叔父,式茂殊褒。兼两镇以升华,肃群工而诞告。对扬前烈,祇服明缗。

出处:《碧梧玩芳集》卷三。又见《咸淳遗事》卷上。

撰者:马廷鸾

考校说明:编年据《宋史》卷四六《度宗纪》补。

追复济王元赠少师保静镇海军节度使御批
(景定五年十一月十五日)

　　予惟章圣嗣统之初,复秦王官爵,盖太宗意,而章圣克承之。故济王生前之官,先皇已自追复,而有未复所赠官爵,乃留以遗之后人,即章圣践阼赠秦王太师中书令之典也。所当继志,以慰永怀。可追复元赠少师、保静镇海军节度使。仍令所属讨论坟茔之制,目下增修。余照先帝端平元年六月十二日指挥。

出处:《咸淳遗事》卷上,粤雅堂丛书本。
考校说明:编年据《宋史》卷四六《度宗纪》补

追复济王制
(景定五年十一月十五日)

朕绍膺丕图,蒐举缺典。率时昭考,友不得以因心;遗我后人,孝莫先于继志。乃若秦邸之事,当其涪陵之时,太宗悼之,已首叙旧恩,章圣承之,遂尽复元爵。矧亲聆于诏命,而可缓于愍章?故皇叔、巴陵郡公竑,胄出帝家,昨分王社。子而能孝,宜怀不憾之心;臣若克忠,肯犯无将之戒?恭惟圣父,笃叙天伦。尺布斗粟之谣,自诒伊阻;大衾长枕之乐,岂不尔思。故每于家庭之间,而念及泉壤之下。谓事关社稷,虽天不能违时;使泽漏坟茔,他日毋忘追叙。且宝庆所显膺之异数,在端平亦稍慰其沈魂。何为屯膏,正待涣汗。对越葺涂之新屋,悉还茅土之故封。是用秩冠孤卿,节仍两镇。守冢置二千石,合修上雍之仪;乘车共七十人,尚广封蔡之意。傥犹存归地之魄,其往谢在天之灵。可追复少师、保静镇潼关军节度使、济阳郡王,仍令所司备礼改葬。主者施行。

出处:《隐居通议》卷二一。
撰者:翁合
考校说明:编年据《宋史》卷四六《度宗纪》补。

显谟阁待制两浙路转运赵与訔特授
尚书户部侍郎兼知临安府制
(景定五年十一月十六日)

唐户部之用李回,取其治办;汉京兆之命刘德,多所平反。嗟古人各擅于一长,匪宗隽孰兼于二任?具官某,材猷敏敏,智略通明。象贤为秀邸之英,大雅轶河间之誉。岂无他人,不如同姓。见谓亲贤,用于昔日。称之曰能,简知先帝。治常赋者民部,建首善者京师。命以真除,皆其素历。朕式敷德惠,善继先猷。以庶邦惟正之供,悉却奉宸之献;则百姓孰与不足,冀宽天下之民。非属宗英,畴知予意?噫!嗣王求助,莫先论思献纳之联;宗子维城,首课蕃宣屏翰之续。钦承明训,益励嘉庸。可。

出处:《碧梧玩芳集》卷五。

撰者:马廷鸾

考校说明:编年据《咸淳临安志》卷四九补。

访故相程元凤手诏
(景定五年十一月二十二日)

以予冲子,方纂绍于丕图;作我先生,用畴咨于故老。眷言旧弼,光辅慈皇。道本含章,有大臣之德度;智能密察,烛庶事之几微。昉此听临,加之谘度。朝章国典,岂无昔者之已行;邦本政源,亦有今焉之急务。虚心以访,展意无遗。念昔忠臣,志不忘于藜藿;矧如硕辅,识盖洞于蓍龟。尚期告我后之嘉猷,亦可追先帝之殊遇。昨日览程逢辰申状,所谓留成大理者太半物故,自大理出汉,合是驱掳诸蛮以为之用,饥困死伤,已非初年之比。若能协心,未有不成擒者。今蜀兵单弱可知,近闻人言,去相令党人行贿于要地,其谋甚密。尤熺常对人言,当权之人大开纳贿之门。此指诸而言,卿有所闻否。二十二日申时。

出处:《明良庆会》卷上。

同知枢密院事叶梦鼎除参知政事制
(景定五年十一月二十四日)

朕以眇质,初绍鸿基。天全付有家,孰堪多难?王图任共政,无若旧人。久协赞于机筹,宜晋陪于宰籍。式彰枋用,乃播纶言。具官某,识洞万几,道该众妙。简知圣考,贻厥燕谋;初建储闱,训于旧学。属抱遗弓之痛,具宣奉珥之勤。佐佑冲人,罔负先皇之顾托;镇定大事,欲绍前哲之声猷。终仰丕成,以光初政。稽用师言之锡,聿参台路之元。永建乃家,藉垣墉之保;以辅台德,资羽翼之良。朝有老成,国其康乂。噫!尧在万世,孰能慰羹墙之思?舜钦四邻,其必赖股肱之助。顾惟宿望,奚俟多辞。可。

出处:《碧梧玩芳集》卷三。

撰者:马廷鸾

考校说明:编年据《宋史》卷二一四《宰辅表》补。

签书枢密院事姚希得除同知兼参政制
（景定五年十一月二十四日）

朕未有艾，率昭考以继犹；王用丕钦，图旧人而共政。晋贰三军五兵之本，并参一日万几之繁。乃播纶言，式彰枋用。具官某，德全方大，望着顒卬。参帷幄之谋，先帝早加于大用；伟衣冠之侍，冲人尚及于从游。怅杞国之悲摧，悼周家之降割。敬保元子，克酬弘济之言；敷求哲人，不负维艰之托。迪惟初服；式仰丕成。边尚宿师，朝方莅政。彻彼桑土，孰先事以绸缪；莫予荓蜂，畴后患之惩毖。宜资贤老，周缉化几。臣人显哉，必嘉谋嘉猷之入告；孺子王矣，惟立政立事以自今。可。

出处：《碧梧玩芳集》卷三。又见《永乐大典》卷一三五〇七。

撰者：马廷鸾

考校说明：编年据《宋史》卷二一四《宰辅表》补。

新除秘阁修撰洪天锡特授侍御史制
（景定五年十一月二十四日）

朕以眇躬，丕膺大统。元祐嗣服，用刘挚居台端；隆兴初年，擢十朋长御史。爰考两朝之成宪，特招先帝之直臣。具官某，学问渊深，风采凝峻。秋霜始击，尝励志于鹰鹯；岁寒后凋，不改柯于松柏。迪惟烈考，嘉奖端良。外咨礼乐之光华，内典图书之清重。翔而后集，盍归乎来？肆朕纂承，首加号召。惟初政之得失，关言路之重轻。今无大夫中丞，合峻跻于横榻；古有法家拂士，宜密侍于细毡。君德缉熙，朝纲肃穆。唐介论事，益无避于重来；苏轼陈言，冀有闻于入侍。增而亮节，对我宠光。可。

出处：《碧梧玩芳集》卷四。又见《永乐大典》卷一三五〇六。

撰者：马廷鸾

考校说明：编年据《宋史》卷四六《理宗纪》补。

令学士院降制加嗣荣王两镇恩数御批
（景定五年十一月）

恭禀慈训，先帝尝欲照故太师、崇献靖王加两镇恩数于太师嗣荣王，治命不可违也。令学士院择日宣锁降制。

出处：《咸淳遗事》卷上。

蠲岁贡诏
（景定五年十一月）

京师，诸夏根本，民气宜纾。先帝罢诸行，厚之使弗困也。尝云：帅、漕两司，既无科抑，难应供需，他日必有复为民病者。除祖例内库窠名外，合蠲近例岁贡，以补助其乏阙，然后可以责其不病民事。惜未行。所当继志，以副先帝培护根本之意。

出处：《咸淳临安志》卷四一。又见《宋史记》卷一四，《南宋书》卷六。

林存辞免知潭州湖南安抚使恩命不允诏
（景定三年至景定五年十二月间）

南楚上游，星沙重地。一襦五袴，所贵选侯；大纛高牙，尤严置帅。以卿词华哲匠，政路旧人，粤予解瑟而更张，屡俾剖符而出守。纡东嘉之绂，既留召舍之咏思；辞建安之麾，难浼魏藩之息偃。起之衡泌，镇我湖湘。虽园林胜事，钟鼓清时，尔何心于岳牧？然庭户令行，湖山民乐，吾重倚于翰维。宜蠲执章，亟承眷意。所辞宜不允。

出处：《碧梧玩芳集》卷二。
撰者：马廷鸾
考校说明：编年据马廷鸾任两制时间、林存官历补，见《莲塘诗话》卷上。

即位改元诏
（景定五年十二月一日）

　　皇天眷祐下民，而作之君王者，改元视始而正其本。朕以菲质，获承至尊。罔不在初，永为嗣德之义；悠未有艾，益谨继绳之谋。蠲贡式以清化原，施旷恩而导和气。内则收召众正，以立邦家之基；外则抚循三军，以固封疆之守。期底宁于方夏，用固毖于成功。率循旧章，靡遑他务。将更端于嗣岁，因改历以纪年。永惟冲人，祗遹丕宪。奉显谟而缵服，实同英庙之初；躬达孝以尽伦，爰法寿皇之制。况咸平、淳熙之际，皆泰和极盛之时，乃辑嘉名，式新纪历。庶几咸乐利而致天下和平之福，一风俗而延运祚长远之休，嘉与咸生，共陶圣化。其以明年正月一日改为咸淳元年。

出处：《咸淳遗事》卷上。
考校说明：原书系于十月，据《宋史》卷四六《度宗纪》改。

戒赃吏绝贡羡余诏
（景定五年十二月二日）

　　朕嗣临大统，承保先帝受命，民为邦本所关，务先惠养。惟郡国贪残之吏，旧染于习，茧丝之取，不尽不止，痛哉！甚者矫虔奉贡，称曰羡余，此又借公上之名，以甚其毒者。我朝自艺祖乾德之诏，列圣守以为家法，朕用宝之，以警无良。继自今如赃吏之罪无所贷，敢有修贡羡为名者，以盗赃之罪罪之。

出处：《咸淳遗事》卷上。
考校说明：编年据《宋史》卷四六《度宗纪》补。

赐文武百僚三上表请皇帝圣节名批答
（景定五年十二月四日前）

　　朕观唐世以暨本朝，有王者兴，必建诞弥之节。今冲子嗣，尝思继序之难，惟列圣之彝章，烦群公之固请。敢因凉德，而咈舆情。执三年之丧，方此遵行于达孝；上千岁之寿，讵容遽正于隆名？当毕钜忧，徐议嘉礼。故兹谕答，宜体至怀。

出处:《碧梧玩芳集》卷九。

撰者:马廷鸾

考校说明:编年据文中所述史事补,见《宋史》卷四六《度宗纪》。

王应麟转朝奉郎制
（景定五年十二月）

生民立君,故尊居于大宝;惟辟作福,斯溥锡于湛恩。兹予一人践阼之初,是人臣委质之始,粤从京秩,递进华阶。臣事君以忠,宜勤厥职;官量能而授,嗣选尔劳。

出处:《深宁先生年谱》。

王应麟除行秘书著作佐郎制
（景定五年十二月）

书省有位,非元元本本殚见洽闻者,不得与于斯文也。尔应麟精笔妙墨,蚤擢词科,记事纂言,见谓博识,文采炳蔚,学殖深长。读中秘书,既竝游于东观;摄名表印,尝草奏于南宫。序迁史筵,益观□笔。缅怀元丰更官初,皇祖大训,以为非苏轼不可,兹岂直取人于词艺间哉? 尚企前修,益培远业。

出处:钱大昕《深宁先生年谱》。

考校说明:月份据《南宋馆阁续录》卷八补。

赐吕文德银合腊药敕书
（景定三年冬或景定四年冬或景定五年冬）

凝沍届时,嘉平纪节。念上流之巨屏,倚大将如长城。尝遣雪裘,式昭眷注。载颁腊剂,往辅冲和。军怀挟纩之温,士有同袍之喜。祗承朕命,勤抚尔师。

出处:《碧梧玩芳集》卷九。

撰者:马廷鸾

考校说明：编年据马廷鸾任两制时间、文中所述"腊药"补。

赐李庭芝银合腊药敕书
（景定三年冬或景定四年冬或景定五年冬）

淮冰未合，汉腊初临。眷予两道连帅之臣，独任三边风寒之寄。宝奁颁剂，玺诏封泥。助养冲和，益优抚恤。

出处：《碧梧玩芳集》卷九。

撰者：马廷鸾

考校说明：编年据马廷鸾任两制时间、文中所述"腊药"补。

赐汪立信银合腊药敕书
（景定三年冬或景定四年冬或景定五年冬）

冬日烈烈，三戌届期；江流滔滔，十连倚重。眷言副阃，密接上游。常怀阴雨之防，益谨风寒之护。式资宝啬，爰锡珍良。壮尔精神，固予保障。

出处：《碧梧玩芳集》卷九。

撰者：马廷鸾

考校说明：编年据马廷鸾任两制时间、文中所述"腊药"补。

赐刘雄飞银合腊药敕书
（景定三年冬或景定四年冬或景定五年冬）

卿锐却北氛，远宽西顾。三戌既届，乃汉家用腊之辰；六甲重开，又皇朝下蜀之岁。兹颁宝剂，往助珍调。壮尔精神，拓予疆理。

出处：《碧梧玩芳集》卷九。

撰者：马廷鸾

考校说明：编年据马廷鸾任两制时间、文中所述"腊药"补。

赐都统孙虎臣等银合腊药敕书
（景定三年冬或景定四年冬或景定五年冬）

朕身居九重,念关四塞。霜露所坠,皆予经理之区;雨雪载涂,感尔征戍之苦。兹颁腊剂,爰谨岁常。益增卫生之经,厚抚将屯之众。

出处:《碧梧玩芳集》卷九。

撰者:马廷鸾

考校说明:编年据马廷鸾任两制时间、文中所述"腊药"补。

赐诸阃银合腊药敕书
（景定三年冬或景定四年冬或景定五年冬）

朔风凛冽,江国严凝。眷想大僚,服勤专阃。药囊珍赍,验鸿宝之秘方;玺检细书,饬嘉平之故事。挟纩已孚于仁气,看题用佐于生经。

出处:《碧梧玩芳集》卷九。

撰者:马廷鸾

考校说明:编年据马廷鸾任两制时间、文中所述"腊药"补。

赐诸阃银合腊药敕书
（景定三年冬或景定四年冬或景定五年冬）

朔方气劲,当冰须雪胫之时;南纪地雄,有金城铁壁之势。藉风寒之卫护,先阴雨以绸缪。眷我宝臣,赐之珍剂。用致熙和之助,益宣捍御之忠。

出处:《碧梧玩芳集》卷九。

撰者:马廷鸾

考校说明:编年据马廷鸾任两制时间、文中所述"腊药"补。

赐诸闻银合腊药敕书
(景定三年冬或景定四年冬或景定五年冬)

雨雪三冬,况邻朔塞。风寒两道,尽护全淮。锡以玺书,将之珍剂。看题检药,尚遵宝苑之方;挟纩抚军,益壮金城之卫。

出处:《碧梧玩芳集》卷九。
撰者:马廷鸾
考校说明:编年据马廷鸾任两制时间、文中所述"腊药"补。

赐李庭芝银合腊药敕书
(景定三年冬或景定四年冬或景定五年冬)

三冬戍腊,两道风寒。眷吾从臣,兼筹戎事。轻裘制阃,而髦头之色浸清;挟纩抚军,而龟手之方不试。式资宁辅,是有颁彝。

出处:《碧梧玩芳集》卷九。
撰者:马廷鸾
考校说明:编年据马廷鸾任两制时间、文中所述"腊药"补。

赐吕文德银合腊药敕书
(景定三年冬或景定四年冬或景定五年冬)

朕念关汉塞之风寒,恩重唐朝之腊赐。眷吾勋杰,正倚旬宣。镇国上流,迫隆冬至。其颁宝剂,往助珍调。壮灵旗武帐之精神,扫雪胫冰须之妖祲。

出处:《碧梧玩芳集》卷九。
撰者:马廷鸾
考校说明:编年据马廷鸾任两制时间、文中所述"腊药"补。

赐汪立信银合腊药敕书
(景定三年冬或景定四年冬或景定五年冬)

维大江西,迫隆冬至。眷言外阃,服乃中权。阴雨绸缪,备殚劳勚;风寒拥护,诞锡珍良。善抚民瘝,厚固吾圉。

出处:《碧梧玩芳集》卷九。

撰者:马廷鸾

考校说明:编年据马廷鸾任两制时间、文中所述"腊药"补。

广西靖江屯田诏
(景定间)

广靖江屯田小试有效,其邕、钦、宜、融、柳、象、浔诸州守臣任责措置,经略安抚以课最,仍条具来上。

出处:康熙《桂林府志·屯田》,清抄本。

理宗度宗恭帝朝卷二十三　咸淳年间(1265—1274)

朝请郎守御史朱貔孙特授右谏议大夫制
(景定五年十月至咸淳元年正月间)

朕纂绍基图,恢张言路。采苏轼封章之语,以历宪臣;有阳城伏阁之风,斯为谏长。甫颁亲笔,亟下除书。具官某,正论回天,忠气贯日。粤受知于穆考,俾重列于紧官。诘当道之豺,台纲甚耸;灌托社之鼠,宫省为清。本圣主之可为忠言,亦直臣之不畏强御。昉新临听,式广咨询。辟门达聪,方导人而使谏;明目张胆,岂有责而不言? 惟谏省虚常侍以弗除,故上坡自杂端而径陟。内箴王阙,外儆官邪。尔乃慎则有嘉谋,其惟入告;予其惩而毖后患,无使拚飞。可。

出处:《碧梧玩芳集》卷三。

撰者:马廷鸾

考校说明:编年据朱貔孙官历补,见《宋史》卷四六《度宗纪》、卷四一一《朱貔孙传》。"守"字后疑脱"侍"字。

谕群臣诏
(咸淳元年正月一日)

予以寡昧,嗣承基绪,惧德弗类,以为忧危。永惟古今天下治乱何常同,道同事因,各有攸召,然未有用君子而不治,用小人而不乱者。《泰》《否》二卦,着此审矣。要其所以为泰否者,特小大之一往一来,阴阳之一内一外,其机甚可畏也。今予初服,正《书》所谓"自贻哲命"之时。曰"自"云者,夫岂阶于外哉,是忧在我。惟有爱护善类如元气,屏绝憸壬如邪沴,庶几自贻之道。因念我朝以贤立国,自咸平作兴培植以来，大者光明俊伟，小者靖共岂弟，数世流衍，邦家尊安，非熙丰而后一起一仆，讫为奸慝所胜，长治可也。逮至孝皇，尤为笃意，由乾道及淳熙，彬彬辈出，号为极盛，不惟在上者为人物之依归，而在下者又为儒学之表倡，正人正道，相为彪炳。虽绍熙、庆元、嘉定间犹用之不尽，又皆此时涵养之功，治象于此可以概见。予荷丰芑贻谋之泽，环视在列，罔匪俊彦，实先帝柬拔以敷遗者，若不待梦寐以求，则涧阿空谷矣。繄尔服休服采之臣，尚体予志，必保固凝聚无遐心，必搜采荐达无隐情。必主于立政而毋专于立名，必勤于相规而毋至于相厉。使根植壮而有益蕃之望，气类合而无可乘之隙。闻风于下者，皆知今日杜群枉之门，开众正之路，莫不怀忠信、砺廉隅以待举，而士大夫之习为之丕变焉，是亦正人心之一机也。审尔，则奚愧于咸淳之纪元？可方二祖之盛际，惟予以怿。

出处：《咸淳临安志》卷四。又见《咸淳遗事》卷上。

答吕文德乞归田里奏诏
（咸淳元年正月六日）

省所奏乞归田里事，具悉。昔周元臣年九十，犹秉旄钺；晋之宅牧上流者，临边四十一载。威信以久而益孚，勋绩以久而益茂。眷我贰公之彦，凤隆方面之功。定江汉以告成，兼益荆而用武。臂指列屯之听令，精神千里之折冲。朕每谓贤于长城，卿乃曰未能保障。冯异不伐，虽嘉陈谊之高；方叔壮猷，难徇逊能之谓。秋防伊迩，勉为朕留。所请宜不允。

出处：《宋史·度宗纪》。
考校说明：月、日据《宋史》卷四六《度宗纪》补。

赐皇叔太师武康军节度使判大宗正事嗣荣王辞免以充山陵礼仪使照典故兼中书令加食封恩命不允诏
（咸淳元年正月后）

丕惟叔父，祇事先皇。卜远有期，慎终为大。追念同生之爱，恪奉钦仪；协酬罔极之恩，用端使范。宣勤备至，已事而竣；爰议疏荣，可轻论报。虔致东朝之命，进兼中令之尊。盖国朝登拜于亲贤，在今日讲行于典故。阜陵、秀邸之后，未举彝章；祥符、天禧以前，率多故事。顾如谦志，乃控执词。父党无容，敢仰勤于冲逊;母命惟谨,愿俯鉴于恳忱。所辞宜不允。

出处:《碧梧玩芳集》卷二。

撰者:马廷鸾

考校说明:编年据文中所述史事补,见《宋史》卷四六《度宗纪》。

与芮特授中书令制
(咸淳元年正月后)

门下:朕丕惟叔父,追仰先皇。兄弟孔怀,素笃同生之爱;礼仪既备,茂宣往送之勤。穆陵届竣事之期,慈极促报功之典。欲酬使范,宜峻朝章。襄德第劳,邦彝未之有改;先意承志,亲命不得而违。式隆专席之荣,具谂垂绅之听。具官某,躬全明德,地极茂亲。一体先朝,符开元羽翼之颂;示仪宗室,陶《周南》信厚之风。藩卫尊强,磐维巩固。迪维冲子,克绍庆基。文帝应大横,初协缵图之兆;元王为季父,实依秉德之陪。瞻望轩台,肇营禹会。永言孝思,孝思维则,何胜陟岵之悲;因心则友,则友其兄,恪赴在原之急。念昔欢承于棣萼,乃今怆奉于菆涂。反也如疑,遽不陵节。龙輴凤翣,初就因山之形;玉座黄陵,载迄羡封之役。其仪不忒,而哀有余。若稽秀邸之亲贤,克奉阜陵之襄事。尝以紫微令之重,兼为大父行之华。盖虽天下之达尊,勿替先王之敬典。增隆岩石,申衍圭畬。惟三省长官之罕除,盖中兴百年而再见。凤称华重,允极褒崇。於戏!同姓之国五十三,周尊康叔;中书之考二十四,唐重汾阳。邦家有荣,古今鲜俪。愿膺茂渥,永介繁禧。可。

出处:《碧梧玩芳集》卷三。

撰者:马廷鸾

考校说明:编年据赵与芮宦历补,见同集卷二《赐皇叔太师武康军节度使判大宗正事嗣荣王辞免以充山陵礼仪使照典故兼中书令加食封恩命不允诏》。此制时间当稍早于同集卷二《赐皇叔太师武康军节度使判大宗正事嗣荣王辞免以充山陵礼仪使照典故兼中书令加食封恩命不允诏》。

赐少保观文殿大学士充醴泉观使冀国公
赵葵上表辞免乞致仕不允诏
（景定三年至咸淳元年二月间）

朕惟继体守文之君,必询黄发而咨故实;年耆德明之佐,虽无壮事而有老谋。卿出入三朝,仪刑列辟。师尚父九十而秉钺,张昭所以见屈于吴人;卫武公百年而作箴,申公所以受责于楚相。方将任事,未始引年。矧今极衣绣之荣,奚必羡悬车之乐? 若不得谢,具在礼经。克壮其猷,无惭诗雅。宜蠲执疏,式体眷怀。所请宜不允。

出处:《碧梧玩芳集》卷二。
撰者:马廷鸾

考校说明:编年据马廷鸾任两制时间、赵葵官历补,见《四明文献集》卷四《赵葵特授少傅依前观文殿大学士充醴泉观使冀国公加食邑食实封仍令所司择日备礼册命制》。

赵葵特授少傅依前观文殿大学士充醴泉观使冀国公
加食邑食实封仍令所司择日备礼册命制
（咸淳元年二月三日）

门下:朕祗遹燕谋,丕承鸿业。祐民作君而相上帝,惟怀永图;贰公弘化而弼一人,式序在位。眷言硕望,首锡茂恩,晋左棘之穹班,涣大廷之显册。少傅具官赵葵,宽闳而肃括,俊伟而光明。文武宪于万邦,有应变折冲之略;忠恂迪于九德,有庇民尊主之心。出则秉斧钺以董师,入则践枢衡而穆綝。谦谦终吉,塞塞匪躬。愿从赤松,进退合于礼义;非谓乔木,老成重于典刑。肆予绍休,若古访落。追先帝之遇,谅怀欲报之忠;贻哲命之初,靡忘用德之训。诞敷沛泽,可后耆英! 昔宁皇之登至尊,命必大而升亚傅。有嘉雅操,允蹈前闻。夏篆通檀,峻跻特揖,祥源使组,仍冠延恩。增多邑于采封,衍真畬于圭食。以笃股肱之旧,以昭体貌之隆。於戏! 世服劳,纪于大常,凤懋屏毗之绩;身虽外,心在王室,尚遵寅亮之谟。永肩远猷,益介纯嘏。可。

出处:《四明文献集》卷四。

撰者:王应麟

资政殿学士江万里上表再辞免同知枢密院事不允断来章批答诏
(咸淳元年二月七日后)

省表具知。朕惟文事必有武备,圣人经纶之学,《易》为之原,于《萃》曰"戒不虞",于《既济》曰"思患豫防"。以几深之略,图久大之规,卿素学也。在我烈考,未究远猷,用敷遗于冲人,登贰宥密,庶几本强而精神折冲。厥有嘉言,以教告朕曰:戎情之往来叵测,边备之科琐当严。乃言维服,尚式《萃》、《既济》之训,协谋筹幄,日申儆以讨军实,时闲暇以明政刑。率惟敉功,昭乃辟之有乂,亦有无穷之闻。懋哉,钦予时命。所辞宜不允,仍断来章。

出处:《四明文献集》卷二。
撰者:王应麟
考校说明:编年据《宋史》卷二一四《宰辅表》补。

贾似道归私第促还朝御笔
(咸淳元年三月十六日后)

予夜不安枕,未明求衣,专俟师相归,处分万几之事,今兹三日矣。所降谕旨,今差牟源,用致予意。勉促师相速回,宜谅深衷,毋事皋缓。

出处:《咸淳遗事》卷上。
考校说明:编年据贾似道宦历补,见《宋史》卷二一四《宰辅表》。

贾似道归私第再促还朝御笔
(咸淳元年三月十六日后)

师相镇安区夏,绥抚生民,怡然泰和之世。今师相舍机政而归锦里,谁与予膺镇安抚绥之任?此岂泛泛悠悠?越日与时,从臣犹未有的回之报,更命陈昉亲行,代予勉谕师相,速还朝堂。至意所在,幸冀矜体。

出处:《咸淳遗事》卷上。

考校说明:编年据贾似道宦历补,见《宋史》卷二一四《宰辅表》。

贾似道依前太傅右丞相兼枢密使加食邑制
(景定五年十月至咸淳元年四月间)

门下:朕祗遹宁考,率由旧章。惟王发政施仁,续周家忠厚之脉;命相布德和令,辑《汉书》宽大之文。董时官修,綮我宰辅。裁成义类,等百世莫之能违;谦避恩徽,以三公不易其介。肆陪井赋,敷锡涣纶。具官某,宏材周事物之几微,粹学洞古今之源委。读书不读律,欲致君于尧舜之隆;治法与治人,常慨世于周秦之敝。以勤劳穆天绨,以公恕秉国钧。四方既平,念昔抢攘而非甚有纪;百度维正,及今闲暇而屡省乃成。禁罔阔则宁漏于吞舟,经制定则靡容于亡楫。谓《鱼丽》法度缺矣,不几小雅之尽隳;若《行苇》福禄成焉,盖本我家之世积。信令皎如日月,宽条沛若江河。上纪先朝,式至今日。乃光烈考,圣谟洋而嘉言彰;予临兆民,历年多而施泽久。前为律,后为令,小作纪,大作纲。洽民心而不犯有司,式显有虞氏好生之德;宣主恩而建立明制,是资仲山甫将明之材。总齐悉上于群书,褒赏宜申于绝席。一成而不变,既昭昭象魏之垂;三命兹益共,顾恳恳师垣之避。凛莫逾于素守,姑申衍于真畬。庶几表大臣兴谦崇逊之风,可以厉人心立经陈纪之外。於戏!六典之建为民极,尔尚式时周公;一夫不获曰予辜,时则有若伊尹。勉摅素学,俪美古人。翳我宗工,奚烦多训。可。

口　宣

卿寅亮天工,综裁邦宪。维师避宠,姑曲徇于一谦;成涣疏恩,兹申陪于多井。祗承茂眷,永翊丕基。

出处:《碧梧玩芳集》卷三。

撰者:马廷鸾

考校说明:编年据文中所述"朕祗遹宁考,率由旧章"、贾似道宦历补,见《宋史》卷二一四《宰辅表》。

赐银青光禄大夫参知政事叶梦鼎
上札子乞朝假访医不允诏
(咸淳元年正月至四月间)

园陵祗役,政地宣勤。执锸九扬,既毕送终之事;回车再宿,遽腾引疾之章。得非犯毕陌之埃尘,抑或冒征途之风露。会言近止,庶可序情闵劳;企予望之,犹冀陈力就列。如云与告,则匪欲闻。寅奉皇舆,将反虞而祔于庙;载瞻行阙,必无归而造于朝。所请宜不允。

出处:《碧梧玩芳集》卷二。
撰者:马廷鸾
考校说明:编年据叶梦鼎宦历补,见《宋史》卷二一四《宰辅表》、《宝庆四明志》卷一。

贾似道再拜右丞相御批
(咸淳元年四月十五日前)

师相忠存体国,志切爱民。比造阙庭,来游经幄,国势底定,人心翕孚。予惟机务不可以久旷,朝野佥期于再入,合延新命,严肃具瞻。师相可依前太师、右丞相、兼枢密使、魏国公、仍加恩,令学士院日下宣锁。

出处:《咸淳遗事》卷上。
考校说明:编年据《宋史》卷二一四《宰辅表》补。

贾似道辞太师御批
(咸淳元年四月十五日后)

公衮来归,朝绅迎候。群臣有请,宜遵仁庙之旧章;师相力辞,且援先朝之近例。欲成谦志,宜徇忧辞。

出处:《咸淳遗事》卷上。
考校说明:编年据《宋史》卷四六《度宗纪》、卷二一四《宰辅表》补。

银青光禄大夫参知政事叶梦鼎特授资政殿学士知庆元军府事兼沿海制置使制

(咸淳元年四月)

朕临御初元,优礼近弼。间两社而辅公室,不果为王留行;倡九牧以阜兆民,庶几与我共理。用敷涣号,允穆师虞。具官某,厚德镇浮,明谟经远。被遇昭考,登进大僚。瞻帝乡之云,怆陈末命;升旸谷之日,协赞重明。卜远攸先,送终为大。躬复土之役,甫告因山之成;陈负薪之忧,忽勇急流之退。遐不谓矣,乃从维之。朕念大臣为股肱之良,人主有体貌之敬。访予落止,不能造朝;卧而治之,犹可任郡。眷言瀛海,实迩天台。姑令近甸之建牙,何异故乡之衣锦?升班邃殿,申衍租畬。噫!儒以道得民,往布维新之泽;王任人共政,敢忘求旧之图?倘海表之怀仁,则京师之蒙福。可。

出处:《碧梧玩芳集》卷三。

撰者:马廷鸾

考校说明:编年据《宝庆四明志》卷一补。

赐马光祖丐祠不允诏

(咸淳元年四月)

敕光祖:省所奏乞畀丛祠事,具悉。卿曩事先帝,为股肱臣,简注不忘,起之家食,重付北门之管,屹为长江之防。曾未几时,龙湖僊去,所留以遗予冲眇者,一二臣外,尤藉卿以宽顾忧焉。昔人有卧总留台者,岂得遽以疾谂乎?如云满岁,渐欲引年,兹固未可尔。其体眷倚,益懋壮犹,是亦卿所以报先帝之遇也。所请宜不允。故兹诏示,想宜知悉。夏热,卿比平安好?遣书,指不多及。

出处:《景定建康志》卷三。

赐银青光禄大夫叶梦鼎辞免除资政殿学士
知庆元府沿海制置使恩命不允诏
(咸淳元年四月后)

初就穆陵,促还近辅。昔者辞以疾,不能造朝;今予祗命公,爰分居里。眷言古鄮,实迩天台。有鸡犬之闻,地无改辟;靡鲸鲵之戮,海不扬波。公辅倚藩,京师蒙福。何其濡滞,方复恳辞。殊咈眷怀,未悉雅志。会且归矣,无牵松菊之犹存;卧而治之,迄镇沧波之浩荡。式遵眷意,用展明谟。所辞宜不允。

出处:《碧梧玩芳集》卷二。
撰者:马廷鸾
考校说明:编年据叶梦鼎宦历补,见《宝庆四明志》卷一。

贾似道依前太师镇东军节度使魏国公
醴泉观使兼侍读仍奉朝请御批
(咸淳元年五月十八日)

贾似道援引故事,毅然去国,极力勉留,累疏恳切,渡江归里。其以数从臣宣召者亦既至再,亲笔由庚置往者日不下六七,端殿从臣朝列今已八遣。回阙之期未闻,纳禄之请随至。所赖师相力勉陈请,又必以得祠为期。予亟欲师相之还朝,姑为雅志之是徇。可依前太师、镇东军节度使、魏国公、醴泉观使、兼侍读,仍奉朝请,令学士院降制。

出处:《咸淳遗事》卷上。
考校说明:编年据《宋史》卷二一四《宰辅表》补。

赐贾似道御笔
(咸淳元年五月十八日后)

师相盛烈元勋,允合维垣之显拜;高怀雅志,今因宅揆而力辞。陈请甚坚,执谦难夺。予惟成王初政,方有赖于经邦;周公为师,曾何嫌于作辅。至勤累疏,再徇陈辞。虽重咈于予衷,然愈成于厚德。姑仍旧品,益壮贤猷。式慰仰成,弥深嘉叹。

出处:《咸淳遗事》卷上。

考校说明:编年据贾似道宦历补,见《宋史》卷二一四《宰辅表》。

褒谕贾似道诏
(咸淳元年五月十八日后)

惟冲人之凉菲,倚师相以经纶。洊秉台衡,益隆朝栋。笃前人光烈,作周孚先;暨乃僚同心,惟说纳诲。资良猷之忠告,慕庆历之盛时。欲推车之必行,若和羹之相济。此开忱布公之道,而集思广益之规。顾机务贤劳,或俾当于谒告;则疑丞佐列,宜无废于在朝。嘉叹昌言,亟从来请。

出处:《咸淳遗事》卷上。

考校说明:编年据贾似道宦历补,见《宋史》卷二一四《宰辅表》。此诏时间当稍晚于同书同卷《赐贾似道御笔》。

王持垕除著作郎制
(咸淳元年五月)

自我高皇帝崇重三馆,招延天下之英材,有臣十朋,实以忠言谅节,来游着廷。一时人物之盛,后世犹可想见。若尔垕者,非其苗裔与? 学素深茂,人有典刑。去国累年,朕每有第几人王某之思。还尔旧官,以昭风烈。可。

出处:《碧梧玩芳集》卷四。

撰者:马廷鸾

考校说明:编年据《南宋馆阁续录》卷八补。王持垕咸淳元年五月初除著作郎(马廷鸾时以礼部尚书兼直学士院),咸淳二年三月再除著作郎(马廷鸾时任签书枢密院事),《宋代诏令全集》系于咸淳二年三月(第一八二二页),恐误。

奖谕李庭芝诏
（景定三年至咸淳元年闰五月间）

王公设险,以守封疆;哲夫成城,是资智策。眷言淮左,有若滁阳。自五代之际,迄百年以来,虽人民城郭之或非,尚陵阿泉池之不改。艺祖肇基王迹,所纪戎功;先皇敷遗后人,欲固吾国。有嘉阃制,能体庙谟。百堵皆兴,不愆于素;五月而毕,迄溃于成。比峻嶭之凭陵,望崇墉而却走。周平玁狁,必先朔方之城;唐备西陲,允藉临泾之筑。本元戎之硕画,暨群下以同心。伻图具谂于成劳,亟诏用申于奖叹。昔先王受命,既复宏规;于前人图功,益恢远略。

出处:《碧梧玩芳集》卷二。

撰者:马廷鸾

考校说明:编年据马廷鸾任两制时间补。

朱熠乞归田里不允诏
（景定三年至咸淳元年闰五月间）

朕调牧守,将令润九里以及京师;卿为迩臣,盖尝间两社而辅公室。维今吴郡,视古右扶。起为股肱之良,任我蕃宣之寄。昔群鸿集泽,未免由己之饥;今九扈登场,可以与民同乐。得非政平讼理,所以时和岁丰。不缘不竞而宜人,则予以怿;何嫌何疑而谢病,匪我攸闻。为民少留,姑徇颍川愿借之志;勿药有喜,无起彭泽赋归之怀。有不如章,难乎从欲。所请宜不允。

出处:《碧梧玩芳集》卷二。又见民国《平阳县志》卷七七。

撰者:马廷鸾

考校说明:编年据马廷鸾任两制时间补。

李庭芝乞巫俾追服不允诏
（景定三年至咸淳元年闰五月间）

中国之势,无竞维人;人臣之义,无以有己。念卿往年之受任,盖沿古谊以夺情。护两道之风寒,底四郊之日靖。蕃宣是力,眷倚方深。夫既以义断恩,则必谨终如始。政使冠衣毕制,曷纾三年过隙之余哀?宁如樽俎折冲,可立千古不磨之伟绩。勉就明扬之孝,将酬敌忾之庸。所请宜不允。

出处:《碧梧玩芳集》卷二。

撰者:马廷鸾

考校说明:编年据马廷鸾任两制时间补。

姚希得乞归不允诏
(景定三年至咸淳元年闰五月间)

卿二年制阃,一意公家。知无不为,迨天之未阴雨;事乃有备,如人之护风寒。式资允文允武之才,兼任足食足兵之寄。师屯联络,天堑尊安。有稽人之成功,无疆吏之来告。眷怀绩用,良所叹嘉!胡为抗章,遽欲解组?念河冰之未合,正吾先时预防之秋;俾江水兮安流,岂卿计考求去之日?无怠尔事,勉为朕留。所请宜不允。

出处:《碧梧玩芳集》卷二。

撰者:马廷鸾

考校说明:编年据马廷鸾任两制时间补。

高达乞祠不允诏
(景定三年至咸淳元年闰五月间)

朕思固封陲,责成帅守。重湖之北,正倚中权;夷陵以西,复资远略。是乃安边立功名之地,未当阃门养威重之时。遽谂祈闲,讵容从请。太白出高,敢战者吉,况属盛秋?匈奴未灭,何以家为?益肩壮志。

出处:《碧梧玩芳集》卷二。

撰者:马廷鸾

考校说明:编年据马廷鸾任两制时间补。

赵与可除金部员外郎制
(景定三年至咸淳元年闰五月间)

国家钱谷出入,典以民曹;财货本末源流,详于珍部。与其用新进之才,而试以烦剧;孰若酬已试之效,而还之班联。尔绰著才能,夙称宗隽。更尝既熟,足以知天下之利源;明敏而通,庶几合古人之心计。涣予新渥,畀尔旧官。其检括于簿书,以参裁于舆赋。深图国计,益厚民生。朕惟节用爱人,则百姓孰与不足?尔念生财有道,以庶邦惟正之供。可

出处:《碧梧玩芳集》卷四。

撰者:马廷鸾

考校说明:编年据马廷鸾任两制时间补。

太中大夫兵部尚书兼直学士院兼修玉牒官 兼侍读洪勋特授通议大夫依前职制
(景定三年至咸淳元年闰五月间)

镂白玉之牒,迄奏钜编;易黄门之阶,式跻显秩。宜有扬纶之宠,以增曳履之荣。具官某,学深孔孟之渊源,词掞卿云之河汉。尚书践台斗,峻居古纳言之官;国朝盛文章,独擅大手笔之作。有三长誉,成一家言。予怀帝籍之登阆,尔率儒绅而纂辑。大事书之策,通观厥成;众美效之君,焕焉可述。序进其等,式遵乃彝。噫!伟绩编诗书,视六经而无愧;大夫掌论议,增一秩以何辞?既好爵之尔縻,尚嘉猷之我告。可。

出处:《碧梧玩芳集》卷四。

撰者:马廷鸾

考校说明:编年据马廷鸾任两制时间补。

李芾除尚书兵部员外郎制
(景定三年至咸淳元年闰五月间)

维我孝宗,甚遴郎选。非历守刺,不在选除。然必以居官久、治行高者为之。

朕之初政,仰法淳熙,其于用人,宜守成宪。以尔识高才闳,资凝履劲,践扬既久,绩用有闻。司杲京畿,擢置朝序。文昌诸曹皆望郎,而佐兵尤为名部。其赞尔长,以修我戎。稽名数于有司,整规模于暇日。尔之任也,尚往钦哉。可。

出处:《碧梧玩芳集》卷四。

撰者:马廷鸾

考校说明:编年据马廷鸾任两制时间补。

吴舜龙除大理卿制
(景定三年至咸淳元年闰五月间)

朕立政用人,其惟四方之狱勿误;制刑明辟,毋使天下之平一倾。爰得儒流,晋居卿列。尔澹如自守,温其可亲。送以皇华,咨度诹谋之既审;付之丹笔,浅深轻重以必宜。朕之初元,法用中典。兹选良士,以惠嘉师。恢然宽大之朝,泽以《诗》《书》之味。迪皋陶之祗叙,民用不犯于有司;积定国之阴功,尔亦有辞于永世。可。

出处:《碧梧玩芳集》卷四。

撰者:马廷鸾

考校说明:编年据马廷鸾任两制时间补。

谢垕除大理少卿制
(景定三年至咸淳元年闰五月间)

朕法大禹卑宫之事,监成周空圉之隆。畴若予工,岂作无益害有益?式敬尔狱,亦曰明刑期无刑。肆从大匠之班,进列理官之贰。尔温乎后家之隽,卓尔相门之英。悉其聪明,勿惧皋陶之法;习于厚重,端有释之之风。选贤与能,岂疏逾戚。毋曰阶庭兰玉之秀,不读司空城旦之书。下无冤民,尔有令誉。噫!大理不列于三后,夫岂成言?岁中超迁至九卿,要为殊渥。可。

出处:《碧梧玩芳集》卷四。

撰者:马廷鸾

考校说明:编年据马廷鸾任两制时间补。

韩禾行司农少卿兼国史兼侍读制
（景定三年至咸淳元年闰五月间）

朕爱登儒臣，以贰稼政。两司农传授家法，是为汉代之经师；中都官除用士人，亦有皇祖之谟训。尔识中原之文献，接诸老之典刑。师友渊源，渐者远矣；词章闳肆，浩乎沛然。自典三雍，擢仪九扈。学既周于体用，理何间于精粗？赞此剧繁，资其通敏。钱谷问出入之数，莫严宝稿之司；厦毡考仁圣之风，宜卒金华之业。可。

出处：《碧梧玩芳集》卷四。

撰者：马廷鸾

考校说明：编年据马廷鸾任两制时间补。

翁合除国子祭酒制
（景定三年至咸淳元年闰五月间）

朕崇化厉贤，继志述事。掌成均之教法，有祭酒之尊称。荀卿以古赋鸣，庸俾修列大夫之阙；韩愈为诸儒倡，实甚宜国子监之师。尔词源深长，风节端亮。奋自桥门之冠带，还为学省之范模。人有典刑，士咸厌服。举酒以祭，用旌馆下之招；历阶而升，宜冠堂上之席。法常、杨之文而草制，秉迁、固之笔以绅书。允谓儒荣，式符舆望。丰水有芑，是皆先王培养之余；中阿育材，宜迪初元新美之化。可。

出处：《碧梧玩芳集》卷四。

撰者：马廷鸾

考校说明：编年据马廷鸾任两制时间补。本制时间当晚于同集同卷《翁合除国子司业制》。

翁合除国子司业制
（景定三年至咸淳元年闰五月间）

朕乐育英才，有味周人之雅；简求师氏，宜如阳子之流。尔密擅文声，与江汉秋阳同其皎洁;中持节守,非风雨寒暑所能变移。入则望郎,出为肤使。不见生久,每思夜召而席前;以教人为,可使晨招于馆下。除书之出,士誉翕然。师立则善人多,足以展孔、孟行世之学;事久而公论定,庶几洗聃、非同传之羞。所宜疾驱,以对亲渥。可。

出处:《碧梧玩芳集》卷四。

撰者:马廷鸾

考校说明:编年据马廷鸾任两制时间补。

韩禾除国子司业制
(景定三年至咸淳元年闰五月间)

朕谨简儒官,涵育士类。太学兴而英俊得,允藉作成;师道立则善人多,宜先表率。尔气醇履粹,学广闻多。尝登乾淳诸老之门墙,尚接中原文献之绪论。科为宏博,昔取之以日光玉洁之文;人重老成,今用之于霜降水涸之后。久翔省户,宜贰成均。噫! 入馆下,招诸生,朕既重之于韩愈;表儒门,碣遗爱,尔无多逊于阳城。可。

出处:《碧梧玩芳集》卷四。

撰者:马廷鸾

考校说明:编年据马廷鸾任两制时间补。

史绳祖升直焕章阁江东提举制
(景定三年至咸淳元年闰五月间)

朕询求民隐,临遣儒英。乃积乃仓,无复西江之辙涸;爰咨爰度,尚虞东国之杼空。以尔人有典刑,学探渊缊。繙十二经以说,仰屋著书;以六百石之官,乘轺刺部。重巽申命,自西徂东。焕乎有文章,仍直宝储之峻;节之以礼乐,弥增英簜之华。噫! 考常平置使之规,验熙宁设官之意。六条之察,国家之成宪不逾;一分之宽,儒先之格言有味。维予隽老,奚待训词。可。

出处:《碧梧玩芳集》卷五。

撰者:马廷鸾

考校说明:编年据马廷鸾任两制时间补。

洪勋特授华文阁学士知宁国府制
(景定三年至咸淳元年闰五月间)

双溪叠嶂之清,古多贤守;一札十行之宠,今用词人。眷予太常伯之尊,列在东诸侯之上。假侍从清华之职,为近臣出处之光。具官某,行有典刑,文谐律吕。家学克承于堂播,父教之忠;词垣继掌于丝纶,世济其美。践扬既久,声实俱孚。每嘉簪橐之论思,有味厦毡之启沃。屡勇辞于豹尾,俄深逝于弋鸿。谅其进退之宜,畀以蕃宣之寄。噫!听尚书履,暂违严、徐近侍之班;怀太守章,往续朓、白诗人之赋。歌襦孔迩,召屦斯还。可。

出处:《碧梧玩芳集》卷五。又见《永乐大典》卷一三四九九。
撰者:马廷鸾
考校说明:编年据马廷鸾任两制时间补。

赵日起除右文殿修撰沿江制置副使兼
知江州江南西路安抚使制
(景定三年至咸淳元年闰五月间)

北斗之斡神枢,帷幄方裨于庙算;长江之限天堑,藩垣莫重于中流。兹辍儒英,式分阃寄。其敷诏绥,以重帅牙。具官某,趣操端方,风猷敏劲。吾珍庄也,凤见取于蜀材;独何蕃与,早有闻于唐馆。自收儒级,浸熟兵筹。治法征谋,雍容幕府;藩条使节,敻历边关。俾据宥庭,晋承密旨。眷浔阳之镇守,兼淮浦以捍防。上遡下沿,抚千艘之水击;中权后劲,辑万灶之云屯。民庸茂课于州麾,朝序增崇于书殿。噫!访予落止,朕方谨于继犹;干不庭方,尔宜思于佐辟。可。

出处:《碧梧玩芳集》卷五。
撰者:马廷鸾
考校说明:编年据马廷鸾任两制时间补。

江万顷除福建市舶制
（景定三年至咸淳元年闰五月间）

　　海市分珍，裨于国计；辀轩锡宠，予以使权。尔父兄之学克传，缙绅之望尤伟。顷登藩最，益无愁叹之声；迨列班行，有不吐茹之节。冰蘖自厉，水镜其明。言曳朝裾，往司集货。允藉不贪之宝，庶还既去之珠。服此训词，增而绩用。可。

出处：《碧梧玩芳集》卷六。

撰者：马廷鸾

考校说明：编年据马廷鸾任两制时间补。

吕文德特授少保职任依旧加食邑实封制
（咸淳元年正月至闰五月间）

　　朕绍丕图，眷时英杰。属大事当一面，久著绩于干方；立少保曰三孤，首疏恩于进律。况辑瑞于颁朝之日，乃听鼙而思帅之初。爰简刚辰，诞敷列辟。具官某，沈雄有守，英果无前。家传筹略于渭滨，世擅勋名于江表。左护军陈计纳策，下南郡以定荆州；大司马清身奉公，分武昌以督右部。岂其苗裔？念兹戎功。顷清汉鄂之氛埃，再洗岷峨之凄怆。据荆出益，未尝忘北方之图；首蜀尾吴，亟欲重上流之势。锡之双节，整我六师。足食足兵，惟征惟筑。寇行如鬼，临江复拟于投鞭；将通于神，答敌不劳其折棰。兹岁华之晏粲，喜边信之平宁。朕临莅方新，仡毗维旧。惟孝祖初膺于大统，惟吴璘特表于殊庸。绣绋在裳，焕贰公之典册；珥戈导节，兼旧镇之威仪。申衍户封，陪当邑采。壮矣军容之重，焕乎命数之隆。式循昭代之彝章，勿替先皇之殊遇。於戏！惟明于任人者善继其志，惟忠于事主者不贰其心。历观古人，可验今日。周亚夫将兵再世，迄能守节以有勋；郭子仪受命先朝，惟以效忠而永誉。予欲固封疆之备，尔思承阀阅之劳。茂对宠光，益恢远略。可。

赐告口宣

　　卿久专阃寄，克静边虞。昨开两镇之雄，兹陟贰公之峻。体予初服，祗我明纶。

撰者:马廷鸾

出处:《碧梧玩芳集》卷六。又见《咸淳遗事》卷上。

考校说明:编年据马廷鸾任两制时间、《咸淳遗事》卷上补。

汤汉以进书赏转官回赠本生父严特赠奉直大夫制
(景定三年至咸淳元年闰五月间)

荀淑行高,故八龙俱有伟望;陈寔道广,故二方悉着贤名。士生斯时,岂能自为才贤也哉?必其父灾子播,极一门积累之深;是以昆令季强,有再世显融之美。用彰潜德,爰锡愍书。尔以学识自通乎古人,以义理自抗乎流俗。在韦布有忧天下之志,居陋巷如对上帝之临。实大声铉,克开厥后。畴昔有立朝典州而风节显著,拾遗补过而言行纯明,皆汝子也。其季曰汉,卓有特操,似其先人。典秘府,贰容台,浸光显矣。一日自列,愿以史赏一秩,与之回貤,无忝所生。亟赐之允,以塞其念亲报本之诚请,尚慰汝课忠责孝之素怀。可。

出处:《碧梧玩芳集》卷八。

撰者:马廷鸾

考校说明:编年据马廷鸾任两制时间补。

汤汉母董氏特赠硕人制
(景定三年至咸淳元年闰五月间)

妇人之行,如玉在渊,视其家庭,以占内德。非深仁懿识,不能娠裔嗣之贤;非孝子慈孙,无以昭壸彝之美。尔以恭俭信顺相其夫,则独高山林隐德之风;以慈和严翼训其子,则俱为海内知名之士。汉之回貤,出于诚请。母氏圣善,庶几令德之传;硕人其颀,尚服愍章之锡。可。

出处:《碧梧玩芳集》卷八。

撰者:马廷鸾

考校说明:编年据马廷鸾任两制时间补。

洪勋故父咨夔赠特进制
（景定三年至咸淳元年闰五月间）

文昌之列八座，既峻陟于禁涂；特进之表群公，肆褒崇于祢庙。喜家毡之能复，悲人鉴以如新。具官某故父具官某，高风辈庆历之数公，大节肩元祐之诸老。解弦之日，八元咸集于舜朝；峨冠而来，百怪莫逃于禹鼎。国有立政，天不慭遗。哲人其萎，自关世道；贤者有后，式继尔猷。兹阶庭践维斗之华，乃泉襚贲亚台之典。噫！人云亡，邦殄瘁，怅莫作于九原；子能仕，父教忠，尚垂休于奕世。可。

出处:《碧梧玩芳集》卷八。

撰者:马廷鸾

考校说明:编年据马廷鸾任两制时间补。

洪勋母阮氏特赠吴郡夫人制
（景定三年至咸淳元年闰五月间）

有子而贤，既峻登于八座；无母何恃？乃弗逮于千钟。纾而风木之悲，广我露萧之泽。具官某故母具位某氏，令仪懿行，吉德纯忱。鸿案如宾，真君子之配；熊丸教子，有古人之风。兹升笔橐之华，弥重栖桊之感。昔荣保鲁，今贲临吴。虽不及夫人之肩舆，必预识尚书之践斗。尚歆异渥，以启方来。可。

出处:《碧梧玩芳集》卷八。

撰者:马廷鸾

考校说明:编年据马廷鸾任两制时间补。

洪勋故妻张氏赠淑人制
（景定三年至咸淳元年闰五月间）

命汝纳言，要必夫尊而妻贵；与子偕老，乃或生荣而死哀。质之邦彝，是有赠典。具官某故妻某氏，蔚以女士，嫔于英儒。青衫陋公卿，犹勉以正；象服宜君子，不逮于存。用锡美称，以华幽壤。庶吾八座之老，毋重五噫之怀。可。

出处:《碧梧玩芳集》卷八。
撰者:马廷鸾
考校说明:编年据马廷鸾任两制时间补。

陈昉初除尚书母齐国夫人林氏赠鲁国夫人制
(景定三年至咸淳元年闰五月间)

八座升华,班路已高于北斗;千钟弗洎,庭闱空恋于南陔。其施露叶之流,少慰风枝之恨。具官某故母具位某氏,柔嘉宅志,严静处躬。生中兴名德之家,源流远矣;为先朝词臣之配,闺阃肃然。每持熊胆以助勤,弗逮鱼轩之迎侍。矧已跻荣于笔橐,独怀深感于梧槚。噫!有子而称愿然,既识郑尚书之履;念母之不见也,宜应鲁夫人之文。加而汤沐之封,歆此泉涂之宠。可。

出处:《碧梧玩芳集》卷八。
撰者:马廷鸾
考校说明:编年据马廷鸾任两制时间补。

陈昉生母令人施氏赠淑人制
(景定三年至咸淳元年闰五月间)

人代天工,莫重纳言之任;母以子贵,特荣淑德之封。具官某故所生母具位某氏,隐约自持,谦柔维则。乐有子矣,是生凤穴之奇;瞻望母兮,蚤奉兰陔之养。兹跻荣于笔橐,宜兴感于梧槚。芳尘遽掩于斑衣,沈施特加于紫诰。噫!欲称觞而为寿,顾有风弗停之悲;因曳履以疏恩,庶酬天罔极之德。可。

出处:《碧梧玩芳集》卷八。
撰者:马廷鸾
考校说明:编年据马廷鸾任两制时间补。

陈昉故妻令人林氏赠淑人制
(景定三年至咸淳元年闰五月间)

夫尊于朝,已跻荣于八座;妇叹于室,其孰起于九原。宜有特恩,以昭愍锡。

具官某故妻具位某氏,性专静肃,德禀柔嘉。家谱芬芳,凤传于祖;闺仪严整,善事其姑。生而不恨于牛衣,殁乃有加于象服。噫! 为尚书妇,亦少慰于蘋蘩;曰君夫人,必进承于袆翟。芳魂不昧,茂宠其歆。可。

出处:《碧梧玩芳集》卷八。

撰者:马廷鸾

考校说明:编年据马廷鸾任两制时间补。

陈垲除资政殿学士致仕制
(景定三年至咸淳元年闰五月间)

朕餕惠先猷,尊宠耆德。昔孝宗淳熙之世,有刘章、胡铨其臣。繇从班而陟殿帷,初示优贤之礼;自延康而拜资政,用为告老之荣。虽保身喜明哲之独全,亦谋国惜典刑之得谢。其颁坦制,以奖高风。具官某,受材恢宏,制行清谨。峄阳之桐,泗滨之磬,何风韵之独高? 新甫之柏,徂徕之松,有岁寒而不变。自簪搢绅之列,遍仪藩从之华。矗着廉能,今为宿齿。平生冰蘖,有一琴一鹤之风;晚岁山林,适某水某丘之趣。比疏异渥,以宠耆英。欲遵汉世访伏生之规,亦念吴人称尚父之语。从以孙子,固将下万石之里门;其在朝廷,犹可授三老之几杖。屡抗章而有请,期纳禄以自怡。惟尊贤固人主之明,而从欲亦圣人之恕。峻升秘渥,涣发恩纶。家既有于安车,门遂施于行马。以昭体貌,以歆燕闲。噫! 九秩而膳饮从游,式遵礼典;百年而威仪自警,尚听诗箴。谅惟存阙之忠,无废告猷之益。有谋则就,俾寿而臧。可。

出处:《碧梧玩芳集》卷九。

撰者:马廷鸾

考校说明:编年据马廷鸾任两制时间补。

周坦特授中奉大夫守宝章阁直学士致仕制
(景定三年至咸淳元年闰五月间)

持江海之麾,会且归矣;上星辰之履,止或尼之。方深侧席之思,遽览悬车之奏。具官某,学全素履,躬擅大名。琅琅天人之奏篇,矗魁多士;炳炳仁义之论谏,独冠七人。台斗之望浸高,山林之日滋久。比更大化,念尔宿儒。尝令佩印绥以为邦,不复随弓旌而造阙。俄上遗荣之请,为颁增秩之恩。噫!进退岂不裕余,尚服孟轲之训;止足可以长久,庶几老氏之风。茂对宠光,益绥寿嘏。可。

出处:《碧梧玩芳集》卷九。
撰者:马廷鸾
考校说明:编年据马廷鸾任两制时间补。

中奉大夫方来特授太中大夫守宝章阁待制致仕制
(景定三年至咸淳元年闰五月间)

朕瞻言耆旧,候对严凝。惟适之安,方挹浮丘之袂;何恙不已,欲挂神武之冠。特出明缗,以华晚节。具官某,英姿山立,奥学渊涵。正色而言,早登谏苑;嘉谋则告,继上禁涂。去佩郡章,并流民誉。虽仲舒厌事,每不乐于京师;而灵光独存,犹足镇于下国。遗荣荷橐,亟请悬车。可无褒升,以嘉止足。噫!超迁贾谊,嗟何及于少年;即拜申公,怅莫迎于故老。可。

出处:《碧梧玩芳集》卷九。
撰者:马廷鸾
考校说明:编年据马廷鸾任两制时间补。

谢堂特授华文阁待制提举佑神观免奉朝请制
(景定三年至咸淳元年闰五月间)

十连为帅,方预谋专阃之英;三命益共,竟莫遏循墙之请。巍阁特升于候对,珍台仍领于内祠。谦柄有光,涣敷示宠。具官某,风猷明浚,材术疏通。生重侯累将之门,岂轩冕之为贵?得经生学士之趣,有诗书以自娱。察其理人御众之长,付以开府,作牧之事。南闽之寄甚重,岂漫迁抡?东山之志不渝,叠形冲逊。吾汗为反,汝志良嘉。得非高牙大纛之荣,不易彩服斑衣之乐。松阶峻陟,仰瞻虞帝之华;蕊馆自怡,独挹浮丘之袂。并蠲朝请,庸表宠嘉。噫!共理而无愁恨之民,朕方课汉循吏之绩;逊职而有愍懃之疏,尔乃希晋贤戚之风。益勉令猷,嗣膺殊渥。可。

出处:《碧梧玩芳集》卷九。又见《永乐大典》卷一三五〇六。

撰者:马廷鸾

考校说明:编年据马廷鸾任两制时间补。

王坚致仕加恩制
（景定三年至咸淳元年闰五月间）

门下:朕念边陲控带之邦,倚勋杰捍城之力。老当益壮,方图将军之功;归不待年,忽致大夫之仕。甫赖整师于淮浦,讵期谢病于频阳。莫遏雅怀,其敷异数。具官某,性根忠义,资禀沈雄。结发而战匈奴,髣髴而号飞将。念昔铜梁之绩,重清玉垒之昏。冲梯舞云,莫夺墨家之守;枯泉飞液,咸敬汉德之神。西师歌心胆之寒,北道裹糇粮而去。径登斋钺,来护周庐。乃眷历阳,实维钜镇。外峙边头之保障,内增江面之藩篱。宜宣老熊当道之威,遽览神虎挂冠之奏。昔盱眙奋剑,力全臧质之城;今南郡赐金,孰愈吕蒙之疾?何恙不已,鲜我方将。仪辨三孤,乃参华于亚傅。爵冠五等,仍进列于群公。并衍圭租,俾安药石。於戏!听磬思封疆之烈,靡忘着令以称忠;悬车传子孙之荣,犹可阖门而养重。尚其冲啬,对此褒庸。可。

口　宣

有敕:卿有负薪之疾,莫得而留;职参位棘之班,以华其老。祗承恩宠,茂介寿祺。

出处:《碧梧玩芳集》卷九。

撰者:马廷鸾

考校说明:编年据马廷鸾任两制时间补。

李庭芝乞归田里不允批答
（景定三年至咸淳元年闰五月间）

卿自膺推毂之求,蚤奋折冲之略。一节匪懈,累年于兹。王事不遑,起居念南仲朔方之役;我行固已永,久怀吉甫太原之归。兹览封章,遂祈解组。朕思皇祖烈,敉宁武功。关南之任汉超,山西之留郭进。美成在久,无竞维人。矧吾全淮,今委儒帅。灭烽卧鼓,期永底于肃清;缓带轻装,尚益资于镇抚。祗若予训,无弃尔成。所辞宜不允。

出处：《碧梧玩芳集》卷九。
撰者：马廷鸾
考校说明：编年据马廷鸾任两制时间补。

太中大夫常挺授宝章阁学士知漳州制
（景定三年五月至咸淳元年闰五月间）

朕参稽师言，如持衡尺；爱惜臣子，如护珪璋。苟能守道守官，允藉为纲为纪。虽责言不可偿也，然有过人皆见之。断自上恩，优之外服。假侍从清华之职，为近臣进退之光。具官某，蚤擢高科，浸登华贯。自论思献纳，峻升文石之班；繇润色讨论，遂陟黄扉之秩。既优居于三省，爰宠畀于一麾。王道无党无偏，本乎至正；君子或出或处，初亦何常？噫！南漳名藩，西清妙选。及瓜而代，尚观千里之歌襦；与环则还，何待三年之奉计？增而亮节，体我眷怀。可。

出处：《碧梧玩芳集》卷六。又见《永乐大典》卷一三五〇六。
撰者：马廷鸾
考校说明：编年据马廷鸾任两制时间、常挺官历补，见《宋史》卷四二一《常挺传》、《宋史全文续资治通鉴》卷三六。

奖谕安南国太国王陈日㷆诏
（景定三年六月至咸淳元年闰五月间）

国永存而及裔，尝申带砺之盟；父教忠以事君，益谨梯航之贡。眷言外屏，凤奉中朝。伯成之辞诸侯，视如脱屣；龙面之随父爵，荷乃析薪。有嘉高蹈之风，爰锡褒崇之典。无替厥服，荐览囊封。不懈益虔，复来琛献。盖修方之再至，知慕义之一忱。予怀慎德之规，不宝远物；尔有成享之节，敬识多仪。兹下玺书，特颁金币。永惟恭顺，益用叹嗟。

出处：《碧梧玩芳集》卷二。又见《宋四六选》卷一。
撰者：马廷鸾
考校说明：编年据马廷鸾任两制时间、陈日㷆上表乞传位于陈威晃时间补，见《宋史》卷一一九《礼志》。本诏又见《宋四六选》卷一,作者系于慕崇礼。陈日煚(又名陈煚)即陈太宗,其于陈朝元丰八年(南宋宝祐六年)逊位于太子陈晃(即陈圣宗),此诏作者当非慕崇礼。

又奖谕安南国太国王陈日煚诏
(景定三年六月至咸淳元年闰五月间)

　　藩服输忱,家庭授政。言惟作命,尝进爵以示褒;史不绝书,乃修方之弥谨。用循赐式,以示恩徽。

出处:《碧梧玩芳集》卷二。
撰者:马廷鸾
考校说明:编年据马廷鸾任两制时间、陈日煚上表乞传位于陈威晃时间补,见《宋史》卷一一九《礼志》。

奖谕安南国王陈威晃诏
(景定三年六月至咸淳元年闰五月间)

　　朕修和有夏,惠顾南邦。开国承家,美肯播肯堂之绩;尊君亲上,嘉来王来享之仪。比锡命于节旄,俾绍封于茅土。邈是鲸波之迥隔,曷为象译之再勤。式彰拱极之忱,诞致充庭之贡。载循恭顺,良用叹嘉。惟时成周,盖未遑于缳质;迪我高后,亦酌取于献程。颁金币以言还,锡玺书而用劝。柔远能迩,朕益广于绥怀;资父事君,尔弥坚于忠孝。

出处:《碧梧玩芳集》卷二。
撰者:马廷鸾
考校说明:编年据马廷鸾任两制时间、陈日煚上表乞传位于陈威晃时间补,见《宋史》卷一一九《礼志》。

端明殿学士通奉大夫致仕洪勋特赠光禄大夫制
(景定四年九月至咸淳元年闰五月间)

　　山深林密,既还弘景之冠;道远年徂,俄易曾参之簀。慨其叹矣,眷焉顾之。

具官某,学渊博以造微,量宏深而经远。丝纶演润,端平故老之名家;笔橐论思,先帝侍臣之伟望。浸登要路,勇退急流。贤者考槃,独寐寤语;嗣王访落,不我告猷。甫徇垂车之荣,忽上拖绅之奏。死生亦大矣,等于浮云;谈笑而道之,居然委蜕。起九原而悼往,从二品以崇终。其人若存兮,无遗寿考;斯文未丧也,尚有典型。可。

出处:《碧梧玩芳集》卷八。

撰者:马廷鸾

考校说明:编年据马廷鸾任两制时间、洪勋宦历补,见同集卷七《洪勋该遇明堂大礼加恩制》。本制时间当晚于同集卷四《太中大夫兵部尚书兼直学士院兼修玉牒官兼侍读洪勋特授通议大夫依前职制》、卷五《洪勋特授华文阁学士知宁国府制》。

季镛除右文殿修撰依旧知绍兴府制
(景定五年二月至咸淳元年闰五月间)

会稽太守,古尤重于价藩;南阳帝乡,今特雄于辅郡。既得惟良而作牧,毋庸数易以病民。尔从容以和,缜密以栗。饮冰食蘖,夙持洁己之声;求牧与刍,无负宅生之寄。克施有政,甚宜其民。浙水东七州,有嘉治理;殿阁十三等,莫重集仙。肆升论撰之华,以奖中和之效。镇临惟旧,宠渥又新。怀印绶归,吏免迎买臣之役;以《春秋》对,朕无诘严助之书。祗服训词,勉建多绩。可。

出处:《碧梧玩芳集》卷五。又见《宋四六选》卷四。

撰者:马廷鸾

考校说明:编年据马廷鸾任两制时间、季镛宦历补,见同集同卷《季镛依旧秘阁修撰知绍兴府浙东安抚使制》。

季镛除大理卿制
(景定五年二月至咸淳元年闰五月间)

朕肇营禹会,崇建尧陵。哲王在天,既毕因山之奉;卿士惟月,积酬藩翰之勤。尔惺愊无华,廉隅有守。以愿恪祗王事,以宽易课民庸。比镇左冯,助襄大事。上宰劬躬而办护,元侯率职以驰驱。县官供亿之需,人徒发召之役。输而勤勤,塞我悲摧。及兹竣事之余,宜举陟明之典。式序在位,姑进长于理官;有功见知,盖已邻于禁路。益肩猷念,用答宠光。可。

出处:《碧梧玩芳集》卷四。

撰者:马廷鸾

考校说明:编年据马廷鸾任两制时间、季镛官历补,见《宝庆会稽续志》卷二、《咸淳临安志》卷五〇。此制时间当晚于同集卷五《季镛除右文殿修撰依旧知绍兴府制》。

赐贾似道辞免兼监修国史日历提举编修玉牒提举国史实录院提举编修经武要略不允诏
（景定五年十月至咸淳元年闰五月间）

位冢宰,正百官,载图宅揆;总群书,奏七略,乃属提纲。无废前劳,迄成钜典。矧予初服,祗遹先皇。食见于羹,坐见于墙,尽循尧道;大书之策,小书之简,丕显文谟。必有房乔领史务以监修,必有魏相奉故事而条奏。于以举宏纲而撮机要,于以扬鸿烈而章缉熙。作唐一经,第付诸儒之润色;建周六典,备烦上相之持衡。亟赖综裁,毋勤谦逊。所辞宜不允。

出处:《碧梧玩芳集》卷二。

撰者:马廷鸾

考校说明:编年据马廷鸾任两制时间补、文中所述"矧予初服,祗遹先皇"补。

谢方叔辞职不允诏
（景定五年十月至咸淳元年闰五月间）

朕嗣先人宅丕后,兹庙谟之云初;惟大臣虑四方,在里居而何间? 眷言旧弼,光辅慈皇。历算周思,尝赞万几之务;超览渊识,洞明庶事之源。昉此听临,用申咨宪。安石之志,虽不渝于东山;子牟之心,岂遽忘于魏阙? 毋云谢事,不我告猷。所辞宜不允。

出处:《碧梧玩芳集》卷二。

撰者:马廷鸾

考校说明:编年据马廷鸾任两制时间、文中所述"朕嗣先人宅丕后,兹庙谟之云初……眷言旧弼,光辅慈皇"补。

包恢免除权刑部尚书恩命不允诏
(景定五年十月至咸淳元年闰五月间)

朕元旦视朝,思皇多士。发德音,下明诏,方于俊乂以旁招;无老成,有典刑,何况耆英之在服。卿侍言帝幕,帅属春官。虽屡请致为臣而归,每申以不得谢之诏。载稽仁祖之世,有若臣拯其人。绝故人干请之书,见称峭直;杖京府受赇之吏,犹谓平宽。卿之云为,岂其苗裔。渊源所渐远矣,风采殆且过之。昔贰仪曹,儒者守礼;今长宪部,哲人惟刑。皋陶克明,孰谓理官非三后之列? 苏公式敬,能使周家绵八百之基。往布好生之仁,体吾春朝之命。尚何以逊为? 所辞宜不允。

出处:《碧梧玩芳集》卷二。
撰者:马廷鸾
考校说明:编年据马廷鸾任两制时间、包恢官历补,见《宋史》卷四二一《包恢传》。

与怿特授保宁军节度使制
(景定五年十月至咸淳元年闰五月间)

门下:朕丕承圣绪,厚睦天枝。封同姓以旂,式严周典;建诸王为辅,益广汉恩。眷言秀邸之宗英,上系昌陵之祚嗣。仁先笃近,爱必惟亲。况资历之既深,孰褒扬之可后? 登于斋钺,涣以明纶。具官某,德度粹夷,才猷肤敏。高阳苗裔,纷其有此修能;河间诗书,卓尔近乎大雅。顷蠡帝胄,服在官联。立朝推中垒之简廉,事上极汝阳之谨洁。黔水之民康乂,浙河之使光华。已跻郎秩之荣,斯陟戎班之峻。留朝列邸,又阅再期。朕鉴在《角弓》,庇怀《葛藟》。厥有彝宪,以旌九族之亲;岂无他人,难比诸姬之近。特加异数,固匪私恩。是用辍自承流,宠之植屏。十连为帅,超居上将之元;百世不迁,永毖大宗之祀。优游寿馆,衍拓真畬。於戏! 人道尊祖故敬宗,天道好谦而恶满。亲之欲贵,有如尔祖宪靖之贤;高而不危,尚服先朝淳熙之训。肃听朕教,追孝文人。可。

出处:《碧梧玩芳集》卷三。
撰者:马廷鸾

考校说明：编年据马廷鸾任两制时间、文中所述"朕丕承圣绪，厚睦天枝"补。

守太府卿兼国史史季温特授起居郎制
（景定五年十月至咸淳元年闰五月间）

朕光履基图，乐亲耆艾。武帝问治道，蒲轮甫起于申公；成王无戏言，桐叶岂书于史佚。登而鸿硕，立我螭阶。具官某，蚤以蜀珍，见推国器。越在外服，既茂着于嘉庸；立乎本朝，亦峻登于显序。山林独往，松柏后凋。粤予纂绍之新，还尔班行之旧。可使耆老大夫之久次，实为典刑宿士之超迁。天子有史官，密赖绳愆而纠缪；《春秋》书大事，庶几广记而备言。毋惮直前，是为报上。可。

出处：《碧梧玩芳集》卷三。
撰者：马廷鸾
考校说明：编年据马廷鸾任两制时间、文中所述"朕光履基图，乐亲耆艾"补。

起居郎兼权工部侍郎兼国史兼侍讲李伯玉
特授权礼部侍郎兼职如故制
（景定五年十月至咸淳元年闰五月间）

朕嗣承圣绪，擢拜从臣。左史记言，感先帝御朝之旧；秩宗典礼，际冲人嗣服之初。用播丝纶，以华笔橐。具官某，风猷端亮，学问宏深。以大对起诸生，亚端平抡魁之选；以谠论先众俊，辈元祐人物之英。收膏反液，而德誉愈隆；明目张胆，而直节故在。昔承华之讲学，多所发明；今迩英之亲儒，尤资启沃。已摄承于事典，其进贰于仪曹。资夙夜寅清之贤，在朝夕论思之地。公卿幸得遭遇，式仁建明；丈夫何以假为，倚需真拜。有猷则告，维乃之休。可。

出处：《碧梧玩芳集》卷四。
撰者：马廷鸾
考校说明：编年据马廷鸾任两制时间、李伯玉宦历补，见《宋史》卷四二四《李伯玉传》。

试礼部尚书兼直学士院兼给事中兼修史牟子才
特授翰林学士知制诰兼职依旧制
（景定五年十月至咸淳元年闰五月间）

朕追怀先帝，优宠词臣。宸翰作歌，冠中兴之盛典；銮坡访事，参暮召之前规。兹予履帝位之初，进尔登禁林之长。疏纶已试，正席久虚。具官某，素履珪璋，正声《韶》《濩》。考四海而为隽，道德蜀珍；与三代以同风，文章汉制。久奏从官之技，兹摄学士以来。若涉春冰，嗟予未艾；尚询黄发，非尔其谁？宜上词垣，仍兼琐闼。以新政之谋猷翼乃后，臣人惟良显哉；以初元之诏书诒远民，圣主一见决矣。谅非耆德，曷称殊知？噫，建中闻陆贽而亟置翰林，长庆知德裕而遂令典诰。古有光于初服，今惟用于旧人。繄我宗工，实惟烦浩。可。

出处：《碧梧玩芳集》卷四。
撰者：马廷鸾
考校说明：编年据马廷鸾任两制时间、牟子才宦历补，见《宋史》卷四一一《牟子才传》。

陈宜中除国子录制
（暂系于景定五年十月至咸淳元年闰五月间）

先帝时崇学校以育英才，重科目以延俊义。于是名公钜卿、伟人雅望，胥此焉出。尔宜中学问邃深，气节端亮。慷慨举幡之谊，六馆在其下风；春容奏篇之言，大庭擢居亚选。径从幕府，来纠贤关。昔元祐之初，学省喜于得佳士；周颐之论，师道立则多善人。益展儒猷，嗣有明陟。可。

出处：《碧梧玩芳集》卷四。
撰者：马廷鸾
考校说明：编年据马廷鸾任两制时间、文中所述"先帝时崇学校以育英才，重科目以延俊义"补。

两淮安抚制置使兼知扬州李庭芝特授
宝章阁学士依旧任制
（景定五年十月至咸淳元年闰五月间）

　　朕祗膺遗训，嗣守丕图。见尧于墙，敢忘继承之志？维周之翰，肆酬藩屏之庸。嘉乃殊劳，畀予新渥。具官某，忠忱一节，文武兼资。被遇先皇，久临制阃。王师截淮浦，所期徐土之清；诸将收山东，坐使齐疆之复。狼烽灰冷，木柝声沈。我陵我阿，有艺祖兴王之境；实庸实鬘，拓中兴用武之区。越自绍统之初，式倚干方之绩。兹崇褒律，以起骏功。焕乎文章，固已陟穹班于宝庋；戒我师旅，其惟固全业于金瓯。可。

出处：《碧梧玩芳集》卷五。

撰者：马廷鸾

考校说明：编年据马廷鸾任两制时间、文中所述"朕祗膺遗训，嗣守丕图"补。

汪立信除集英殿修撰依旧枢密副都承旨沿江
制置副使知江州江西安抚使制
（景定五年十月至咸淳元年闰五月间）

　　朕祗膺遗训，嗣守丕图。见尧于墙，敢怠继承之志？维周之翰，肆酬藩屏之庸。嘉乃殊劳，畀予新渥。尔忠忱一节，文武兼资。被遇先皇，久临江阃。势连全楚，控荆鄂之上流；境接长淮，固蕲黄之外屏。塞烽息警，边柝沈声。粤惟绍统之初，实倚干方之绩。兹崇褒律，以起骏功。十三等殿阁之班，官分冷热；数千里江防之寄，职护风寒。勉建嘉猷，答扬休命。可。

出处：《碧梧玩芳集》卷五。

撰者：马廷鸾

考校说明：编年据马廷鸾任两制时间、文中所述"朕祗膺遗训，嗣守丕图"补。

右文殿修撰知镇江府陈梦斗特授集英殿修撰依旧任制
(景定五年十月至咸淳元年闰五月间)

朕视邦建侯,莫难择牧。得人因任,何必改弦? 维吾耆旧之良,允穆军民之寄。晋升热撰,申锡温纶。具官某,人有典刑,国之耆艾。饮冰食蘗,早已炳于廉声;援钺典藩,晚不移其素守。维今京口,实重江防。以平易近民,谅无猛政;以宽靖镇物,足畅威灵。乃陟穹班,仍临旧治。慨祖逖中原之志,对此山川;坚尹铎晋阳之规,厚其保障。可。

出处:《碧梧玩芳集》卷五。
撰者:马廷鸾
考校说明:编年据马廷鸾任两制时间、陈梦斗官历补,见《至顺镇江志》卷一五。

印应雷除右文殿修撰知福州制
(景定五年十月至咸淳元年闰五月间)

朕设张初政,轸念遐方。视邦选侯,况有十连之重寄,襟山带海,孰如七聚之名蕃? 宜择循良,往敷慈惠。尔抱能甚裕,更事孔多。缓带轻裘,尝懋干方之绩;杜门扫轨,屡稽造阙之行。维东瓯之奥区,以长乐为会府。华之论撰,命以镇临。士曰时哉,咸迪熏陶之化;民亦劳止,翕归摩抚之仁。亮采有邦,祗若予训。可。

出处:《碧梧玩芳集》卷六。又见《海虞文征》卷一,《虞邑遗文录》卷一。
撰者:马廷鸾
考校说明:编年据马廷鸾任两制时间、文中所述"朕设张初政,轸念遐方"补。

翰林学士知制诰兼给事中兼修史牟子才
特授端明殿学士与宫观制
(景定五年十月至咸淳元年闰五月间)

朕惟哲宗元祐之初,嘉范镇老成之望。陟延康之秘殿,锡以恩华;赋崇福之真祠,遂其安逸。用颁汉制,并奖蜀珍。具官某,人有典刑,学深源委。顷从剑栈,来瑞朝廷。忠言嘉谟,伟论岂殊于轼、辙? 精笔妙墨,英词未逊于渊、云。被遇先皇，久登法从。比缵鸿图之始，实倾黄发之询。肆畴学士之真，孰若禁林之老。以疾来谂，拜疏不休。劳侍从而厌承明，具殚恳切；专精神而辅医药，宜听优游。超畀涣纶，式稽故典。入关而性多病，已遂留侯之高风；在亩而忠不忘，毋替更生之直节。可。

出处：《碧梧玩芳集》卷九。又见《永乐大典》卷一三五〇六。
撰者：马廷鸾
考校说明：编年据马廷鸾任两制时间、牟子才宦历补，见《宋史》卷四一一《牟子才传》。本制时间当在同集卷四《试礼部尚书兼直学士院兼给事中兼修史牟子才特授翰林学士知制诰兼职依旧制》之后、同集同卷《牟子才特授资政殿学士致仕制》之前。

牟子才特授资政殿学士致仕制
（景定五年十月至咸淳元年闰五月间）

朝廷尚德，方峻陟于延康；君子遗荣，忽听违于神武。欲全雅志，乃进穹班。具官某，秀禀蜀珍，蚤推国器。嘘海岱而出云雨，忠言若炳于丹青；濯江汉而暴秋阳，大节靡渝于华皓。朕之初政，朝有老臣。甫倾萧艾之周询，独味山林之长往。何恝不已？式遄其归。顾令自适于养恬，忽复力祈于谢事。念文献之无几，慨典刑之有存。用升规殿之荣名，以侈耆儒之晚遇。噫！召彼故老，嗟何及于咨询？贤哉大夫，庶自全于止足。勉而嘉遁，服我宠章。可。

出处：《碧梧玩芳集》卷九。
撰者：马廷鸾
考校说明：编年据马廷鸾任两制时间、牟子才宦历补，见《宋史》卷四一一《牟子才传》。本制时间当晚于同集同卷《翰林学士知制诰兼给事中兼修史牟子才特授端明殿学士与宫观制》。

太常少卿汤汉特授起居郎兼职仍旧制
（景定五年十一月至咸淳元年闰五月间）

朕初承基绪，渴想典刑。戏言出于思，立之史佚；旧学遹于野，显乃甘盘。具官某，造诣宏深，操守纯固。慷慨望古，志独得于幽寻；博雅通今，道固期于兼善。

昔予幼学,夙得良师。首陪翊善之讲明,继箧承华而卫翼。起商芝之隐,久矣从游;却齐蒿之邪,引之当道。兹予临莅,迟汝归来。动则左史书,必纂言于玉陛;学为王者事,尚卒业于金华。细听嘉猷,以裨初政。可。

出处:《碧梧玩芳集》卷三。

撰者:马廷鸾

考校说明:编年据汤汉官历补,见《宋史》卷四六《度宗纪》、卷四三八《汤汉传》。

起居郎兼权中书舍人兼国史兼侍讲汤汉
特授权兵部侍郎兼职依旧制
（景定五年十一月至咸淳元年闰五月间）

甘盘商之旧学,肯从河亳以来归;祈父周之夏官,无使爪牙之转恤。有华笔橐,用播丝纶。具官某,奥学造微,雅怀经远。如玉在佩,动之斯和;惟木从绳,粹然出正。叠逢昭考,俾迪冲人。粤予初绍于鸿图,迟汝来仪于螭陛。心乎爱矣,具闻药石之箴言;时而扬之,耸听厦毡之劝诵。辍班记注,晋列论思。岂惟贰司马掌政之联,良欲展近臣尽规之益。外振修攘之务,内殚献纳之忠。五材民用之,敢忘经武? 一正国定矣,是在格非。馨汝嘉猷,对予妙简。可。

出处:《碧梧玩芳集》卷四。

撰者:马廷鸾

考校说明:编年据马廷鸾任两制时间、汤汉官历补,《宋史》卷四六《度宗纪》、卷四三八《汤汉传》。此制时间当晚于同集卷三《太常少卿汤汉特授起居郎兼职仍旧制》。

陈宗礼除殿中侍御史兼侍讲制
（景定五年十一月至咸淳元年闰五月间）

朕惟言路之重轻,实关初政之得失。予惩后患,无为菲蜂而允桃虫;国有忠臣,斯若猛兽之卫藜藿。既膺妙选,用答佥谐。尔叠列英躔,浸高时望。凤推鲠直,见谓朝阳之鸣;中困挤排,不改岁寒之节。迪惟先帝,嘉奖直臣。昔召对席前,思庚生久矣;今宜居禁闼,如汲黯近之。其执法于殿中,复横经于毡上。以裨帝学,以纠官邪。增予初服之光,展尔平生之素。翔而后集,宜亟副于钦翘;言之必行,固无难于听纳。可。

出处:《碧梧玩芳集》卷四。

撰者:马廷鸾

考校说明:编年据马廷鸾任两制时间、陈宗礼宦历补,见《宋史》卷四六《度宗纪》、卷四二一《陈宗礼传》。此制时间当早于同集卷四《殿中侍御史兼侍讲陈宗礼特授权吏部侍郎兼国子祭酒制》。

留梦炎除吏部右侍郎兼职仍旧制
(咸淳元年正月至闰五月间)

朕畴咨魁望,综叙右铨。王者必有史官,久付《春秋》之笔削;天官其贰小宰,爰资朝夕之论思。具官某,方厚凝猷,中和植性。洛阳之条政事,诸老生未能言;颖川之对天人,子大夫袭为首。直声凤扬于表著,嘉绩茂㟁于节旄。韩琦于职事甚勤,可占远器;王旦谓荣进素定,岂有竞心? 蹈九关之虎以逢尤,翔千仞之凤而高举。暨解弦而号召,复揽辔以驱驰。贲然来思,亦集爰止。朕所亲擢,蚤已冠皋伊之徒;汝独徐趋,亦合籦严吾之列。并演西垣之纶綍,仍陪东禁之衣冠。噫!吏奸如山,以一切之法而舞弊;官曹积水,惟三班之地为滞材。藉汝清勤,副予简拔。可。

出处:《碧梧玩芳集》卷四。

撰者:马廷鸾

考校说明:编年据马廷鸾任两制时间、留梦炎宦历补,见《宋史》卷四六《度宗纪》等。

殿中侍御史兼侍讲陈宗礼特授权吏部侍郎
兼国子祭酒制
(咸淳元年正月至闰五月间)

朕招徕正人,措施初政。知无不言,言无不尽,大明风宪之纪纲;德钧以才,才钧以劳,径付天官之衡尺。少旌直节,弥企嘉猷。具官某,澄之益清,澹如自守。访予落止,欲闻往行前言;国有人焉,是在法家拂士。奏书如湍水之赴壑,重朝若猛兽之在山。嘉其不阿,引以自近。人物各为目,山涛雅善于题才;学者必有师,韩愈深宜于祭酒。密勿燕闲之侍,从容鸿硕之咨。噫！禁路献纳论思,况亲广厦;贤关兴礼崇化,又播新畲。勉汝交修,对予妙简。可。

出处:《碧梧玩芳集》卷四。

撰者:马廷鸾

考校说明:编年据马廷鸾任两制时间、陈宗礼宦历补,见《宋史》卷四二〇《李曾伯传》、卷四二一《陈宗礼传》。

中大夫吴坚特授华文阁待制福建路计度转运使制
(咸淳元年正月至闰五月间)

朕治本爱民,仁宜举远。眷七闽之奥壤,孰任澄清？咨两禁之近臣,式勤谞度。起之家食,送以皇华。具官某,博识通材,清文赡学。从涂笔橐,先朝峻列于严徐;储寀衣冠,东禁尝参于黄绮。王乃初服,尔惟旧人。兹振迹于丘园,俾驰声于原隰。既输尔载,靡弹晋监之藏;用告乃猷,仍俟汉松之对。倘宣使指,斯究民瘼。刺史问事有六条,允资按察;建州去京八千里,尚克将明。务绥远民,以称茂简。可。

出处:《碧梧玩芳集》卷五。

撰者:马廷鸾

考校说明:编年据马廷鸾任两制时间、弘治《八闽通志》卷三〇补。

朝散大夫曹孝庆特授集英殿修撰知隆兴府
兼江西转运使制
(咸淳元年正月至闰五月间)

襟江带湖之府,重于洪都;飞刍挽粟之权,付之大漕。孰堪守刺之隆委,我有侍从之旧臣。具官某,赋质温醇,受材明敏。翱翔班路,盖尝揽辔登车;慷慨言坡,以至簪笔持橐。进退有裕,宠辱不惊。兹予缵服之初,畀汝起家之命。眷言统府,凤重潜藩。大纛高牙,控上流而镇守;木牛流马,护江右之转输。匪藉通材,曷共二任？其升华于热撰,爰申锡于温纶。迁表公卿,朕欲稽汉循吏之故事;令修庭户,尔其遵唐观察之宏规。可。

出处:《碧梧玩芳集》卷五。又见《永乐大典》卷一三五〇七。

撰者:马廷鸾

考校说明:编年据马廷鸾任两制时间、万历《新修南昌府志》卷一二补。

赐少傅观文殿大学士充醴泉观使冀国公
赵葵乞守本官致仕不允诏
（咸淳元年二月至闰五月间）

卿早擅威名,晚推肃义。年耆德邵,方升亚傅之联;名遂功成,欲致大夫之事。载披来疏,具谂高风。顾方雍容燕居,自乐午桥之钟鼓;何必慷慨陈谊,欲挂神武之衣冠? 咨宪方勤,恳情难徇。所请宜不允。

出处:《碧梧玩芳集》卷二。

撰者:马廷鸾

考校说明:编年据马廷鸾任两制时间、赵葵宦历补,见《四明文献集》卷四《赵葵特授少傅依前观文殿大学士充醴泉观使冀国公加食邑食实封仍令所司择日备礼册命制》。

方逢辰转朝散大夫诰
（咸淳元年六月一日）

敕朝奉大夫、新除司封郎官方逢辰等:生民立君,既尊居于大宝;惟辟作福,斯溥锡于湛恩。兹予一人践祚之初,亦尔群臣委贽之始。粤从京秩,递进华阶。臣事君以忠,宜勤厥职;官量能而授,嗣选尔劳。方逢辰可特授朝散大夫、行尚书司封郎官。

出处:《蛟峰外集》卷一。

方逢辰除司封郎诰
（咸淳元年六月十五日）

敕朝奉大夫方逢辰。记有云:"好贤如缁衣",以其改为改造不替夫善善之初心也。尔逢辰先朝伦魁,植学有渊源,立朝有本末,气节端亮,议论激昂。叠畀州麾,屡造省户。虽有滞南之叹,弥殚拱北之忧。爰以勋曹,致汝班列,是诗人之意也。肆酬嘉庸,尚有显序。可依前朝奉大夫、特授行尚书司封员外郎。

出处:《蛟峰外集》卷一。

建理宗皇帝显文阁诏
（咸淳元年六月十八日）

朕惟理宗皇帝在宥四十一年,垂休亿万余载。日务缉熙之学,天开经纬之文。泝道统于洙泗之前,崇理学于伊濂之后。铿锵韶濩之作,昭回云汉之章。自惟冲人,获承先训,凡厥心侍之要,得于面命之余。尧曰大哉,彰"焕乎其有"之美;文所为也,形"于乎不显"之诗。宝阁功成,奎文具列。用体《中庸》之垂教,以昭《下武》之继文。其阁恭以显文为名,置学士、直学士、待制、直阁等官,以待儒英,式彰鸿烈。着在令典,用饬攸司。

出处:《咸淳临安志》卷二。
考校说明:编年据《宋史》卷四六《度宗纪》补。

赐马光祖丐祠不允第二诏
（咸淳元年六月）

敕光祖:省所奏乞畀祠廪以便养疴事,具悉。维周之隆,率东诸侯者以六师申豫防之戒,报诰则曰:尔身在外,心在王室,上下交修,用答扬光训。访予落止,亦惟股肱宣力之臣,追先帝殊遇,治于闲暇之时,作周匹休。卿有方叔克壮之犹,膺毕公保厘之寄,以国为家,以民为身,其可属负兹而忽彻桑土?商飚浸劲,江防为先,惜分阴以护风寒,精神折冲,徒得卿重。从容裒带,斯可养恬。无弃尔成,懋乃攸绩。所请宜不允。故兹诏示,想宜知悉。夏热,卿比平安好?遣书,指不多及。

出处:《景定建康志》卷三。

王应麟除著作郎制
（咸淳元年七月）

昔神宗谓著作郎非苏轼不可,圣眷厚矣,然轼未尝一日安其位。其为名表郎、为翰林学士,则皆元祐初年也。尔种学绩文,遂登朝列,今由少着升大著,且一日尽践轼所居官,望尔厚矣。其益以轼之文章节义自勉,以称予意。

出处:《深宁先生年谱》。

禁掊克田租诏
（咸淳元年八月二十二日）

有司收民田租,或掊克无艺,监司其严禁戢,违者有刑。

出处:《宋史》卷四六《度宗纪》。

温严等州升府制
（咸淳元年八月）

敕门下:朕嗣宅丕后,诞保受民。皇天全付有家,敢怠继承之敬;干元首出庶物,聿怀潜跃之初,念圣考之诒谋,择价藩而赐履。严陵龙水之镇,授节斋坛;永嘉忠南之封,分茅王社。眷言屏翰之重,允协讴歌之归。汉舆地之上图,若稽先典;周旧邦之新命,并锡府名。以永万年之观,亦尚一人之庆。其温州改升瑞安府,严州改升建德府,宜州改升庆远府,忠州改升咸淳府。故兹诏示,想宜知悉。

出处:《景定严州续志》卷一。又见《咸淳遗事》卷上。

奖谕马光祖提师应援御札
（咸淳元年八月）

览奏,以寇迫舒城,元戎锐于一出,忠忱为国,威声慴敌,诸将有所倚赖,事功何患不集? 予甚嘉之。安庆城高池深,固无足虑,万一有窥江之谋,则豫防力遇,必使无透漏乃可。切宜勉旃,庶宽忧顾。

出处:《景定建康志》卷三。

赐马光祖丐祠不允第三诏

(咸淳元年秋)

　　敕光祖:省所再上奏乞祠廪事,具悉。周经营江浒,必召伯之有成;汉饷馈关中,惟鄧侯之专属。师旅以暇而整,威惠以久而孚。卿虽三命于居留,今甫逾年之宅牧。我戍未定,靡□归聘,宁不永怀旧人? 远省知若勤,岂宜易退? 阃寄不可数易,疆事毋恃不来。与其慕赤松之从游,孰若勉干木之偃息? 曷为浖奏,未烛予衷。不刚不柔而德修,足食足兵而民信。典听朕愆,图功攸终。所请宜不允,不得再有陈请。故兹诏示,想宜知悉。秋热,卿比平安好? 遣书,指不多及。

出处:《景定建康志》卷三。
考校说明:"秋"据文中所述"秋热"补。

赐马廷鸾等诏

(咸淳元年)

　　国家试士于南宫,名公钜卿胥此途出。矧自先皇帝表章儒先,崇尚正学,涵养熏陶之日久矣。济济多士,皆先朝培植以遗我后人者也。顾予在疚,未遑进之大庭而亲策之。爰柬儒彦,俾司文衡,载循申饬之旧章,敢忘勉厉之至意? 惟平乃心,惟竭乃力。取士必公,则可革场屋之私弊;擢才以实,则毋徇词艺之空文。理趣必深长,毋使浮靡获售;正气必昌达,毋使忠谠见遗。登崇俊良,新美初政,于以续先朝敷遗之仁,则予汝嘉。

出处:《咸淳临安志》卷一二。

程元凤特授少保依前观文殿大学士充醴泉观使新安郡开国公加食邑食实封仍令所司择日备礼册命制
（咸淳元年）

门下：朕仰惟前代训官，莫重贰公之任；永言孝思嗣服，聿怀有佐之贤。寅绍丕图，恪遵成宪。仁沾恩洽，用大赍于善人；谟明弼谐，实劻相于烈考。晋班孤棘，孚号明廷。特进具官程元凤，德厚而器闳，学醇而识邃。浩然养以直，尽责难陈善之恭；休焉如有容，得持美效君之体。辅赞而藏诸用，动静不失其宜。蔼闻藩翰之庸，自适丘园之佚。访予落止，敷时绎思。惟旧人知若勤，所以报先帝；有嘉猷则入告，罔不祗师言。繄我硕儒，可无异数！昔孝皇之盛际，重亚保之殊荣。臣浩以耆英而叙升，俊卿以宿望而延拜。兹率厥典，载锡之光。绋冕篆车，峻外朝之特揖；珍台闲馆，仍秘殿之隆名。申培采邑之封，益衍圭爵之实。非惟沾渥，式示褒章。於戏！罔以宠居成功，久遂伊尹告归之志；在厥初贻哲命，无忘召公为保之规。克迈前修，永绥多祉。可。

出处：《四明文献集》卷四。
撰者：王应麟
考校说明：编年据《新安文献志》卷七五《程公家传》补。

答吕文德复上表辞少保批答
（咸淳元年）

卿七年分阃，一忱为国，此予所深知也。近师相奏卿又结约成都之叛将，及勦除大理之残寇，畴昔之忠贯日月，功高古今，逾隆而逾著矣。安危系于一身，其可言去？来奏卷还，宜体眷意。

出处：《咸淳遗事》卷上。

吕文德乞罢少保归田里答诏
（咸淳元年）

览奏，能体予谕，不复以护送先帝灵驾为请，且为宽顾是图，备见忧爱之切。

亚保之除,予嗣服之初,礼貌旧勋之意。比已专使将旨,谅已深悉。

出处:《咸淳遗事》卷上。

谕士人御笔
(咸淳元年)

予嗣大历服,惟怀永图,学于古训乃有获,与治同道罔不兴。是用首辟经帷,示思先务。诸贤旧从游者,无非天下端士,比复旁起望于时者以益所学,而嘉谋启告,俾学日益而治日隆,则予以怿。

出处:《咸淳遗事》卷上。

赐胡梦昱谥诏
(咸淳初)

以直言求人,以直言罪之,岂朕心哉?御史称梦昱保护诸贤,扶持谠议,仗节秉义,足以寒乱臣贼子之胆。此梦昱之大节之表在人耳目,而公朝赐谥之本意也。谥法曰:强毅果敢曰刚,正直无邪曰简。若梦昱者,可谓刚而塞、简而廉者矣。有强毅正直之实,宜得强毅正直之名,庶几天下后世闻其谥而知其事,称其名而想其人,得之无愧,而名之非溢美也。

出处:《象台首末》卷五。

王应麟除守军器少监制
(咸淳二年正月)

朕妙拣臣工,分典戎器。以词臣领,率循神考之规;绵望郎进,有若阜陵之眷。尔精探力索,殚见洽闻。承明著作之庭,稽古礼文之事。大《易》辨问之学,两汉制诰之风,为邦之光,咨尔大雅。□国家明政必闲暇之时,而器械精能须文学之士。已若兹监,以修我戎,其课参军,而升像直。忠信为甲胄,可殚武库之材;文章瑞朝廷,尚懋儒林之业。

出处:《深宁先生年谱》。

赐马光祖丐祠不允诏
(咸淳二年正月)

　　敕光祖:省所奏乞畀丛祠事,具悉。卿以文武威风,三尹陪京,江浒经营,厥功茂焉。召伯有成,王心则宁,朕用宽北顾之忧。采薇出车之勤瘁,靡日忘之。今天堑虽既清,而阴雨之防不可忽。迨我暇矣,建威销萌,繄卿是赖。其可谓事几沓来,而图田里之安处? 谨护风寒,惟卿远虑。无恙于恤,成乃图功,亦惟旧人,丕克远省。昔元祐初,留籥洛师者未释位,诏喻之曰:视国如家,忠臣可以忘年。卿年至未也? 勉为国计,勿复怀归。所请宜不允。故兹诏示,想宜知悉。春寒,卿比平安好? 遣书,指不多及。正月。

出处:《景定建康志》卷三。

赐马光祖丐祠不允第二诏
(咸淳二年春)

　　敕光祖:省所再上奏乞畀丛祠事,具悉。朕闻任贤责成者悠久而不易,体国经远者华皓而益坚。角巾东第之言,未闻羊祜之从欲;卧护北门之寄,岂曰裴度之辞劳。矧卿克壮其犹,盍思不解于位。耆寿俊在服,讵宜止足之谋;樽俎间折冲,奚必驱驰之役? 傥使卿遂山林之志,孰为朕分疆场之忧。无逾老臣,罔或自介用逸;所报先帝,亦惟以敕图功。所请宜不允,不得再有陈请。故兹诏示,想宜知悉。春寒,卿比平安好? 遣书,指不多及。

出处:《景定建康志》卷三。
考校说明:“春”据文中所述“春寒”补。

贾似道上表乞并相不允御批
(咸淳二年春)

　　予先力勉师相,以佐天下之重,洪济艰难。先帝命元勋宅百揆,示委任之专也。一相经纶于上,众贤叶赞于下,庙堂有翕受之公,朝廷有肃和之美,景定之治,敷遗后人,此委任之效也。奏篇遽上,复以更命一相为请,予览悚惕。且并相之弊,先朝训戒,昭如日星,予其敢违先训?况师相守文应变之全才,开忱布公之宏模,谓如孤立无功,何太谦乎?予观泰否消长之机,惟体统一,则可以杜绝憸慝。《书》不云乎:任贤勿贰。幸念先帝垂裕之谨,思冲人仰成之忧,勿执谦逊,以一观听。宗社生灵,永永扶植,师相虽劳,而天下安矣。所请宜不允。

出处:《咸淳遗事》卷上。

<h2 style="text-align:center">贾似道乞退相位不允御批</h2>
(咸淳二年春)

元臣硕辅,惟祖宗之付予;惇德精忠,惟社稷以为悦。经纶万化,消伏群阴。纪纲正而君子有所依,精神强而远人知所畏。既克底定,遹观厥成。□□为相二十六年,岂曰成功即退;彦博维师书四十考,又何拘满之疑?屡谕衷忱,冀回冲守。四封安堵,而善治欲其迓续;众贤聚朝,而正脉欲其坚凝。矧予菲凉,倚重师相。如汉朝虑轻而赖有德,如周王思艰而惟旧人。期万年其永欢,此先帝之所属。可久则贤人之德,用翊相于升平;至公以天下为心,愿恒保于明哲。益隆柱石,增耀旂常。所请宜不允。

出处:《咸淳遗事》卷上。

<h2 style="text-align:center">答参政姚希得上表留贾似道御笔</h2>
(咸淳二年春)

辅臣列衔,请留师相,议论甚可畏,当破千载谬论之非也,此与予同一爱国之心。至于典礼,固为后世故事,然有时异事殊,不可同日语矣。师相勉为国事,留而辅予,以秉庶政,此亦可为后世法也。愿毋固执。

出处:《咸淳遗事》卷上。

姚希得辞潭州安抚不允御笔
（咸淳二年四月前后）

省卿所奏,具悉。惟长沙千里之雄;选以为屏,君子万夫之望,用之则行。卿以当代重臣,两朝硕德。有凭有翼,在前疑后丞之间;所试所瞻,皆方伯连帅之职。惟重湖通川陕之气脉,九郡控蛮猺之咽喉,于中兴以来,厥寄攸重,远则有珙,近则有葵,率以殿帷而领藩服。前修祖述,夫岂考槃在涧之时? 美政咸怀,尚体求牧与刍之意。朕命惟允,尔行勿迟。

出处:《咸淳遗事》卷上。

考校说明:月份据原书前后文补。

王爚乞解罢参政不允诏
（咸淳二年五月后）

朕若稽祖考彝训,谕至切矣,再渎恳辞以疾,尚以去为高哉! 二三执政犹吾股肱,其关于国体之重。乃者君臣一心,相与喜起,庶绩惟熙。今朕无斁其康事,尔惟求朕攸济,以救宁武图功,裨阙失而举纲维,勿俾征、珪专美于唐。朕言已再,卿其勉之。

出处:《咸淳遗事》卷上。

考校说明:月份据王爚宦历补,见《宋史》卷二一四《宰辅表》。

沿江制置使马光祖上表乞致仕不允御笔
（咸淳二年五月后）

朕观《采薇》《车攻》之诗,服勤王事,不敢怀归,忠臣之谊也。矧商飚既高,天堑当防,无日不申警,至于惜分阴,庶克有备无患。若曰保身之荣,于卿则得之矣,岂朕北门管钥之意乎? 蹇叔之方未惩,楚兵之谋始伏。益懋干方之略,勿陈知止之言。所请宜不允。

出处:《咸淳遗事》卷上。

考校说明：月份据同书前文所述"王爚乞解罢参政"补，见《宋史》卷二一四《宰辅表》。

方逢辰除秘书少监诰
（咸淳二年六月五日）

敕朝请大夫、行尚书司封员外郎、兼直舍人院、兼国史院编修官、实录院检讨官方逢辰：朕祗若先朝，哀是钜典。宏开史局，既董领以重臣；分判书林，宜精求于髦隽。尔种绩甚懋，植立不凡。正学以言，曾见洋洋之对；嘉猷则告，居多谔谔之风。顷即前行，用计群史。遂参联于六押，仍振棐于三长。甚宜厥官，式叙尔位。肆上帝群玉之府，俾贰其间；庶我宋一经之传，袭六可待。可依前朝请大夫、特授守秘书少监、兼直舍人院、兼国史院编修官、实录院检讨官。

出处：《蛟峰外集》卷一。

王应麟转朝散郎除将作监制
（咸淳二年九月）

梓庆之论，静心者能为；轮扁之言，读书者有取。欲观圣人之作，畴若匠氏之功。以尔振发纯英，滋渐名训。更日番入，时则赖以质疑；三年弗言，时则资之作命。往服乃事，以修我戎。甫兹视朔，宜尔陟序。朕奉苑囿无所资益，雄监遂号于简清；若室家惟其涂茨，鸿业正思于润色。靡有虚张之缮，可以大肆于文。直中绳，曲中规，尔尚助予而劝学；材有美，工有巧，朕方用汝以为良。若时超迁，嗣有殊渥。

出处：《深宁先生年谱》。

行郊祀礼诏
（咸淳二年十月）

礼修肆类，大舜所以致嗣位之恭；祀秩肇称，成王所以昭受命之敬。朕以菲质，仰绍庆基。粤从遗大以投艰，惕若临深而履薄。永惟万事，于今三年，常对明威，敢忘先训？式克勤劳王家，惟既增修国政。加璧以聘老，侧席以待贤。杜群枉以为明,令四方毋来献。我其夙夜,允怀济时之思;心之忧危,每轸奉诏之虑。疆场曷缘而庶定?年谷奚自以屡丰?罔知于兹,其何能淑?惟天惟祖宗之畀付,在上在左右之鉴观,曷揭虔于始郊,以答贶于初服?念其难其慎,曾微可告神明之功;而有报有祈,盍为大芘黎元之地?卜云日以至告,适当月而禅文。顾予何言,惟恐德弗类;考古之制,无以卑废尊。是用哀对刚辰,仪图款谒,躬斋精而殷荐,命誓戒以具修。惟帝孚佑下民,敢私祝厘归福之美?其尔典听朕命,各肩展采错事之忱。朕以今年十一月十七日款谒于南郊。咨尔攸司,各扬乃职,相予肆祀,毋或不恭。

出处:《咸淳遗事》卷上。

太史奏十一月十六日夜月食改郊诏
(咸淳二年十月)

朕嗣大历服,稽古礼文。敕命惟时几,益思谨宪;毖祀于上下,式敬在初。既孚号于前期,将蕆事于长至。念天威之明畏,常若鉴观;适月食之推占,敢忘儆戒!通观旧制,常改始郊。惟乾德上甲之肇祀,盖疑近晦;隆兴元日之展采,允叶履端。兹参二祖之规,克接三才之奥。哀对孟陬之吉,导迪嗣岁之和。肆类而遍群神,率循帝典;大报而就阳位,宜用夏正。载涓休辰,尚迪彝训。所有南郊行礼改用来年正月一日。其文武官封赠奏荐及诸军赏给等,并照隆兴二年典,于今年冬至日举行。

出处:《咸淳遗事》卷上。

赐显谟阁直学士两淮安抚制置使知扬州
李庭芝筑城奖谕诏
(咸淳二年十一月十三日)

敕庭芝:朕遹骏先猷,仪图外治。程伯之率淮浦,既立武以修戎;山甫之城东方,爰任贤而赋政。眷言扬土之屏翰,粤若相臣之旬宣。无竞维人,屹金汤而鼎立;有截其所,萃壁垒以星联。相攸西北之隅,哀时形势之要,允怀胜算,孰赞朕功。卿儒雅折冲,谋谟经远,增二万列屯之备,懋七年善政之勤。未雨而绸缪,无日不申儆。谓分营于箕翼,必设险于带襟。如山之苞,控仁愿三城之会;因地之利,仿仲淹大顺之规。实墉实壑而干方,乃疆乃理而筑室。不愆于素,伻来以图。召伯有成,王心则宁;载嘉尔绩,鲁侯之功。海邦是若,永乂我民。故兹奖谕。

出处:《四明文献集》卷二。

撰者:王应麟

考校说明:编年据《宋史》卷四六《度宗纪》补。

烈文仁武圣明安孝皇帝祔庙德音
（咸淳二年十二月二十八日后）

门下:朕永言孝思,以当大事。于乎皇考,维继序之不忘;瞻彼昊天,欲酬恩而罔极。丧饰三年之纪,葬遵七月之彝。龟筮告期,龙幰即路。天维显相,胥江之波涛不兴;民靡告劳,会稽之人徒毕集。甫临真域,式讫羡封。八翣五重,必诚必信;千秋万岁,既固既安。吉仗回虞,新宫登祔。嗟嬛嬛在疚之日,赖蹇蹇匪躬之臣。三公在朝,力请廞仪之办护;百官承事,咸遵命戒之驱驰。念虽循俭约之训言,顾宁免绎骚之烦费。蕝涂载启,京师同陟岵之悲;窀穸孔严,近辅奉因山之役。输勤惟谨,趋事敢稽?井赋缧囚,悉从宽宥;岳祇渎祀,咸与封崇。亟敷汤网之宽,少慰尧墙之见。时为旧典,匪我私恩。於戏!唐宗葬近桥陵,未忘孝敬;汉帝魂思沛邑,尚议复除。知予仰体于遗仁,咨尔具敷于德意。

出处:《碧梧玩芳集》卷三。

撰者:马廷鸾

考校说明:编年据宋理宗得谥号、庙号时间补,见《宋史》卷四五《理宗纪》。马廷鸾时任签书枢密院事。

咸淳三年郊祀大礼赦文
（咸淳三年正月一日）

首 词

门下:朕嗣受丕基,遹求彝宪。正月上日类于帝,率惟虞帝之初;昊天成命殚厥心,祇若周郊之始。永怀先烈,敷遗冲人。既付中国民,慨敉宁之非易;无疆大历服,凛持守之维艰。顾菲薄惧弗克胜,而兢业未知攸济。三垂庶定,益思戒备于不虞；八蜡虽通，犹虑丰穰之难必。无日不惕，赖天之灵，井洛奏勋，浸恢旧宇。腊灵呈瑞，实兆有年，汔可小康，敢曰能享。载稽隆兴之诏，仰法至道之规。维泰峙之肇禋，于孟春之朔旦，以大报本，式教用休。然念黍稷非馨，必至治而神明感；牲醴以告，必嘉德而民力存。其棐忱辞，惟予实意。盖尝崇节约之制，广赈贷之仁，屏远佥壬，申儆贪墨。凡立政立事，灼知厥若；庶在宫在庙，不显亦临。敷前人之大功，乃建鸿号；秩元祀之将礼，乃涓熙坛。相维辟公，初见宗祖，恭馆奉币，长发其祥，太室裸圭，遹追来孝。俪一纯而对越，辑众正以伴从。备金车五路之容，肃甘泉万骑之卫。鸣玉鸾于苍龙之驾，展锅律于青阳之歌。有本有文，尽物尽志。霁景格时旸之应，庆霄宣华旦之辉。迪惟寅畏之忧，用答缊纷之贶。于是被衮而荐胹，升邱而敛柴。合祫两仪，协乾坤之交泰；陟配二后，昭功德之兼隆。宾八乡于桂尊，穆东皇于瑶席。神鸡吉而高旂澹，星彤列而煴幄光。燕祉皇天，冯冯翼翼；介寿文母，怡怡愉愉。迄用有成，俾尔单厚。饬躬奉祀，以蒙嘉气，敢专享于藩厘；行庆施惠，以及兆民，盍丕承于鸿造。予其大赉，咸与维新。可大赦天下。

尾　词

於戏！相上帝宠绥四方，惟始和而观治象；建皇极敷锡五福，惟好生以洽民心。盖春者德之元，而祭者泽之大，尚赖股肱爪牙之励翼，岳牧侯卫之布宣。永敷万国之欢，勿替亿年之敬。

出处：《四明文献集》卷二。
撰者：王应麟

吕文德依前少保宁武保康军节度使荆湖安抚制置大使屯田大使兼四川策应大使兼荆鄂州军州事兼管内劝农营田使兼侍卫马军都指挥使霍丘郡开国公加食邑七百户食实封三百户制
（咸淳三年正月一日后）

门下：朕祗承景命，懋敬肇禋。定郊祀而允集坛，稽正月于汉典；见宗祖而躬执礼，参元日于唐仪。乾度昭清，坤仪肃穆。闻金支羽林之乐，时则兴鼛鼓之思；

观玉路辰旂之容,时则念旂常之绩。既辑敛柴之贶,趣申位棘之褒。扬于昕庭,敷我馂泽。具官某器资阔毅,志概忠纯。来旬来宣而告成,协济攘夷之略;有严有翼而共武,屡书敌忾之勋。乃兼双节之荣,乃践贰公之列。讨军实而申儆,克壮其猷;未阴雨而绸缪,以固吾圉。朕惟除戎斯致孝享,治外可告神明。幸甘泉弭夕烽之虞,而参旗驰月捷之奏。盖以本强于荆土,用能表拓于蜀疆。于粜图功,其绥多福。兹庸加劳而赐胙,亦如相祀之执膰。爰赋增封,真畚衍食。於戏!觐群牧而班瑞,朕率循肆类之初;敏戎公而锡田,尔尚迪对扬之祉。益恢茂烈,永乂嘉师。可。

出处:《四明文献集》卷四。
撰者:王应麟
考校说明:编年据南宋郊祀时间补,见《宋史》卷四六《度宗纪》。

上寿和皇太后尊号诏
（咸淳三年正月九日）

享帝于郊,祀既成于报本;介福于母,德莫大于鸿名。迪爱敬之丕彝,侈荣怀之钜庆。皇太后道参悠久,性秉宽柔。体仁静于躬行,咸宜履吉;广顺惠于内治,允叶坤元。丕徽范以厚伦,赞圣谟而与子。顾惟眇质,凤荷隆恩,严恭肆类于熙坛,孚训仰承于太极。受天佑而绳祖武,惟冲菲之弗胜;事地察而通神明,辑休嘉之并贶。实惟保佑,敢后尊崇?哀四海之欢心,稽累朝之盛典,用申景铄,祗上鸿称。叙畴曰寿以居先,亿年多祉;育物以和而为大,万宇皆春。式昭平格之功,永奉怡愉之乐。皇太后宜恭上尊号曰寿和皇太后,其令有司详具仪礼。

出处:《咸淳遗事》卷上。

赐太傅右丞相兼枢密使魏国公贾似道辞免以
理宗皇帝袝庙已毕照典故转官恩命不允诏
（咸淳三年正月十日后）

祗奉真游,妥灵清庙。神鸡安坐、对越在天。孝思永言,涕零如雨。昔勤办护,今相肃雝。维昭考不显亦临,在冲人无德不报。涣汗其号,方隆维石之瞻;谦尊而光,洊览循墙之疏。曷烦重请,祗恨难酬。所辞宜不允。

出处:《碧梧玩芳集》卷二。

撰者:马廷鸾

考校说明:编年据宋理宗得庙号时间、贾似道官历补,见《宋史》卷四五《理宗纪》、卷二一四《宰辅表》。据《宋史》卷二一四《宰辅表》,贾似道已于咸淳元年四月除太师,与本制"太傅"不合,待考。马廷鸾时任签书枢密院事。

赐太傅右丞相兼枢密使魏国公贾似道上表辞免以
理宗皇帝祔庙已毕照典故转官恩命不允批答
(咸淳三年正月十日后)

顾惟眇躬,倚赖上宰。靡瞻匪父,白云之驭浸遐;所存者神,清庙之灵方妥。允资辅相,克就仪文。兹陟褒纶,盖遵彝典。胡沴烦于抉疏,致屡控于忱词。岂同寅协恭,近辅且悉颁于成渥;而鞠躬尽瘁,上公乃独阙于湛恩。每览逊章,殊乖冲顾。朕未有艾,方将垂拱仰成;公勿替刑,何以他辞无受?所辞宜不允。

出处:《碧梧玩芳集》卷九。

撰者:马廷鸾

考校说明:编年据宋理宗得庙号时间、贾似道官历补,见《宋史》卷四五《理宗纪》、卷二一四《宰辅表》。据《宋史》卷二一四《宰辅表》,贾似道已于咸淳元年四月除太师,与本制"太傅"不合,待考。马廷鸾时任签书枢密院事。

赐太傅右丞相兼枢密使魏国公贾似道三上表辞免以
理宗皇帝祔庙推恩不允批答仍断来章
(咸淳三年正月十日后)

比殚谕答,仍断来章。祔庙推恩,先王未之有改;维垣正席,庶民将具尔瞻。义不当辞,礼无庸过。加劳赐而止一级,固匪殊荣;迪有禄而惟四人,曷尝专美?高风足仰,旧典难违。正考父之益共,于三末已;范宣子之终逊,其下若何?申劝已勤,奏陈宜止。所辞宜不允。仍断来章。

出处:《碧梧玩芳集》卷九。

撰者:马廷鸾

考校说明:编年据宋理宗得庙号时间、贾似道官历补,见《宋史》卷四五《理宗纪》、卷二一四《宰辅表》。据《宋史》卷二一四《宰辅表》,贾似道已于咸淳元年四月除太师,与本制"太傅"不合,待考。马廷鸾时任签书枢密院事。

上皇太后册宝册文
(咸淳三年正月十三日)

维咸淳三年岁次丁卯,正月某日,皇帝臣萀谨稽首再拜言曰:臣闻嗣宅丕后于前人,莫重于严大报以致享;聿怀多福于上帝,尤重于隆至眷以推尊。眷凉菲之弗胜,每寅畏以自度。繄我慈极,方寸之泽流于无垠;锡予昌期,景长之禄同于有载。属诹吉于元日,以有事于阳垓。曾徽明德以荐馨,时保小心而敬事。诅曰能格,愈不敢康。荷后皇之溥临,暨祖宗之孚佑。始为乂安百姓,冀蒙嘉气以获丰年;今已祀郊上元,盍推申休而尊明号。用昭积庆之本,恔纾归美之忱。皇太后殿下静专而柔明,端穆而厚裕。亦莫不庶,如《天保》之升恒;无为而成,同《中庸》之位育。遡正始,播二《南》之化;既垂宪,贻万世之传。兆开景运于艰难,实济先皇之兢业。汉家累治,固由衣练以称贤;周室复兴,端赖脱簪而有助。宜扬蕤于汗竹,式作则于涂椒。改纪以来,流徽深著。谋深丰水,而尤资母训之力;娶择盖山,而获同子职之供。恩斯勤斯,鬻以闵斯;至矣尽矣,不可加矣。迨夫全付所覆,遂求厥宁。越天棐忱,何由而顾諟;惟皇作极,何由而灵承。克俾冲人,率循丕式。自贻哲命,厥德之嗣在初;敷时绎思,于父之道无改。凡答扬先训之实,对兹迪彝教之功。方今远格迩安而治象熙,内修外攘而政理饬。宫中府中俱为一体,乡从民从是谓大同。奉祀事孔昭,其敢专乡于己;念亲恩惟后,尤当不忘于天。肇举鸿仪,祇宏嘉典。然极九州之奉,曷表中心;必加万世之名,庶昭懿则。乃诏礼氏,乃命宰臣,采实徽以揆殊光,笃熙序而申景铄。以寿为五福之首,而和乃百嘉所生,哀形容之辞,伸推崇之语,意存归胙,忱寓介眉。絫金相于未央,奉玉卮于长乐。辑是穰简,溢为怡愉。拊瑟戛球,声既昭于物备;函璧衮绣,瑞毕至而光舒。以俾耆艾而炽昌,以成元亨而利正。臣不胜大愿,谨奉玉册金宝,上尊号曰"寿和皇太后"。伏惟寿和皇太后殿下涣膺钜典,深巩丕基。慈者仁之原,惟仁则寿;元者一之谓,惟一斯和。备之则禄名位有兼隆之等,符天地而逾久;充之则声气形有交应之象,合宇宙以长春。远齐乔松之龄,如在唐虞之际。雍容拥佩,允观河清岳静之期;鞠跽称觞,同庆泉醴露甘之瑞。长居太极,祇奉欢颜。臣萀实欢实忭、稽首拜手谨言。

出处:《咸淳遗事》卷上。

考校说明:"十三日"据《宋史》卷四六《度宗纪》补。

皇太子妃全氏立为皇后制
(咸淳三年正月十五日)

　　门下:王位在德元,所以接千岁之统;后职听内治,所以形四方之风。朕肇总乾纲,仪图坤载。文王为世子,问安尝共至于寝门;太姒嗣徽音,思媚益仰承于京室。禀奉慈闱之命,延登中壼之贤。涓选刚辰,诞扬涣号。某氏冲嘉而淑茂,懿敏而静专。居勤图史之遵,动中环佩之节。仰惟圣父,谨择储妃。兴怀慈宪之家,我之所自出;爰得元良之配,因不失其亲。祎褕絷入觐之仪,衿帨盛来宾之礼。天作之合,人无间言。而能谦愻自将,柔恭有恪。寒温亲旨甘之适,夙夜期儆戒之成。汉观锡名,钟在太孙之爱;唐宫临澡,增益慈皇之欢。朕丕绍帝图,敬敷民则。怡怡愉愉而奉太后,兹惟即阼之初;雍雍肃肃而惠宗公,端属御家之始。矧明扬于亲训,仍申谕于眇躬。谓子事母,妇事姑,既无违礼;男正外,女正内,当举上仪。加重翟以玉笄,范盘螭而金玺。式遵隆指,茂建鸿名。於戏! 朕承长乐之颜,后则佐馂于东内;朕奉清庙之祀,后则亲蚕于北郊。《关雎》有正始之基,《葛覃》为节用之本。顺阴阳之义则家理,侔天地之行则物宜。胥示化原,永绥福履。可。

出处:《碧梧玩芳集》卷三。

撰者:马廷鸾

考校说明:编年据《宋史》卷四六《度宗纪》补。马廷鸾时任签书枢密院事。

升侑曾子子思诏
(咸淳三年正月)

　　惟孔子独称颜回好学,固非三千之徒所同也,而其学不传;得圣传者,独曾子传子思,子思传孟轲。"忠"、"恕"两语,深契一贯之旨,《中庸》一篇,丕阐前圣之蕴,而孔子之道益著。向非颜、曾、思、孟相继演绎,著书垂训,中更管、商、杨、墨、佛、老,几何其不遂泯哉! 今大成殿惟颜、孟侑食,曾、思不与,尚为阙典。先皇帝推迹道统之传,自伏羲以来着十三赞,孔子而下颜、曾、思、孟昭然具在,其非以遗我后人乎? 令礼官学官议其可如曾子、子思升侑,并议可升十哲者以闻。

出处:《咸淳临安志》卷一一。又见雍正《山东通志》卷一一之三。

邵雍司马光从祀孔子诏
（咸淳三年正月）

邵雍天挺人豪，英迈盖世；司马光有德有言，有功有烈。朱熹赞之，与周、张、二程俱。雍述《经世书》，发先天奥旨，而内圣外王之学，实关吾道。光着《通鉴》，贻后世治法，而真履实践之美，为时儒宗。岂与前代诸儒或以章句文词得祀于学者比？朕将临辟雍，因思朱熹所赞，以祀其四，而尚遗雍、光，非阙欤？其令学官列诸从祀，以示崇奖。

出处:《咸淳遗事》卷上。

幸学诏
（咸淳三年正月）

朕惟我朝以人文化天下，艺祖肇基于首善之地，独先幸临，实开我宋奎明之运。列圣率循，业益大以光。先皇帝在宥，临雍讲论，表章正学，菁莪乐育，于斯为盛。朕以凉菲，获承丕绪，永惟天地万物之始，宗庙国家之本，学校教化之原，有天下者莫先焉。乃者初见郊庙，罔不顾歆。惟元圣立教与天地并，人极攸建，万世是师，隆礼致敬，其曷敢后？爰以孟春谒歆原庙之翌日，躬拜舍菜于太学。礼成，俾儒臣执经，敷绎《中庸》之义，方领矩步，委蛇乎其中，甚称朕所以崇向之意。夫学以明人伦也，其为目有五，而为孝为忠，乃伦所由起，牖于天衷，率于秉彝，圣人作经，壹是皆以此为准。士惟先立乎其大者，而辅之以文，则措诸事业有余地矣。《诗》不云乎："追琢其章，金玉其相。"又不云乎："蔼蔼王多吉士，维君子使。"朕将培养以为无穷之用，子大夫尚勉之哉！

出处:《咸淳临安志》卷一一。

贾似道太师平章军国重事制
（咸淳三年二月七日）

三公坐而议政，莫先军国之宏纲；九经所以尊贤，丕奉朝廷之茂典。朕仰成元老，励相我家。卿养志不违，冀娱慈侍，留行虽切，未谕至怀。若稽勋德之殊褒，厥有平章之重事。通崇体貌，诞播丝纶。具官贾某心贯两仪，道高众望。安社稷以为悦，维建武之元重开；陈仁义而事君，繄贞观之言既效。上追先帝之遇，敬保冲人之初。简修进良而群枉消，开忱布公而百度饬。政刑明于闲暇，益固本根；德威成于安强，浸恢疆宇。曰雨曰旸之顺叙，宜郊宜庙之洽熙。综名实以新泰长之亨，治礼乐以介坤元之寿。有冯有翼，永言宗祐之焉依；惟孝惟忠，亦既君亲之兼尽。乃慕循陔之乐，屡辞宅揆之繁。朕惟柱石之臣可有遄心，彝鼎之功盍加异数。昔元祐之制治，倚彦博之维垣。视国为家，书四十之考；服人以德，慑万里之冲。其作孚先，罔俾专美。仍进公孤之秩，特为廊庙之游。三日一朝，以便彩衣之奉；多闻建事，更陪广厦之咨。理内御外，谋焉就之；赞元体国，识其大者。人才进退，国论否臧，凡系安危，率惟裁决。若时导教训之益，用以酬爵邑之恩。迈昔参、骞，为今衡、旦。於戏！国之将兴，尊师重傅，式隆四海之具瞻；天之欲治，舍我其谁，懋建万世之长策。以拟任贤勿贰之绩，以恢主善协一之规。光昭前闻，永扶昌运。可特授太师、平章军国重事。

出处：《咸淳遗事》卷上。
考校说明：月、日据《宋史》卷四六《度宗纪》补。

方逢辰除秘撰江东提刑诰
（咸淳三年三月十七日）

中秘藏四部书，班高论撰；外台奉三尺法，职重澄清。式表儒猷，以华使指。朝请大夫、主管成都府玉局观方逢辰，卓尔不群之意气，襃然为首之科名。凤毛批纶，见称占授之敏；螭头载笔，方俟直前之猷。胡进之难，其归也浩。朕惟人才培植之匪易，事功述作之方新，岂繄誉髦，而可家食。爰出少府之节，俾祥一道之刑。把绣斧而临芝山，大江东宜不究矣；冠绅珮而上蓬岛，弱水隔岂其远而。副予抡材之心，行尔泽物之志。可依前朝请大夫、特授秘阁修撰、权江南东路提点刑狱公事、兼本路劝农、提举河渠公事、提举弓手寨兵。仍借紫，候回日，却依旧服色。

出处:《蛟峰外集》卷一。

令给百官奉诏
(咸淳三年五月二十二日)

比尝命有司按月给百官奉。惟官愈卑,去民愈亲,仍闻过期弗予,是吏奉吾命不虔也,诸路监司其严纠劾。

出处:《宋史》卷四六《度宗纪》。又见《宋史新编》卷一四,《宋史记》卷一四。

杨淑妃制
(咸淳三年六月十七日)

门下:朕祇率邦彝,遹修内治。《周南》之得淑女,正王化而厚人伦;唐典之建列妃,赞后职而论妇礼。寅奉慈宸之训,爰登世阀之华。扬于昕朝,示我德选。美人杨氏凝姿敏惠,迪性柔嘉。图史有闻,钟袭紫传龟之庆;言容可度,蹈佩环鸣玉之龢。展如法相之良,温其内则之美。惟朕饬己以敬,齐家在初。眷《葛覃》《樛木》之诗,本原既正;凡茝若兰林之列,位号靡充。妙简壸仪,晋联宫秩。恪助《思齐》之至养,式孚长乐之徽音。谓象着四星,盍仰模于乾纬;而教行九御,畴协辅于坤闱。载锡茂恩,用光懿范。名超贤德,荣参揄翟之衣;品眂公台,绚采金章之绶。惟时异数,若昔令猷。於戏!王假有家,天被尔禄。朕怡愉而后佐馂,尔其承视膳之恭;朕节约而后亲蚕,尔其戒曳衣之侈。朝夕有无私之志,夙夜有相戒之心,益衍祉于紫庭,永流芳于彤管。可特进封淑妃。

出处:《四明文献集》卷四。
撰者:王应麟
考校说明:编年据《宋史》卷四六《度宗纪》补。

嗣荣王某赐诏书不名依前皇叔太师武康宁江军节度使判大宗正事嗣荣王加食邑一千户实封四百户制

（咸淳元年正月至咸淳三年八月间）

　　门下：朕式叙周宗，若稽汉典。姬公叔父，我国家礼亦宜；东平诏书，兼亲尊敬之至。眷师垣之领使，眠宪靖以疏恩。紫微令之华，屡陈冲避；前宁人有训，别议优崇。敷告治朝，申加异数。皇叔具官某，融明而迪德，宽厚而履和。文章规谏自防，粹然君子之美；仁义忠信乐善，不以人爵为高。一命衮而绍封，大宗翰而植屏。勋在王室如虢叔，天锡纯嘏如鲁邦。惟孝友于兄，允《行苇》之内睦；因心笃其庆，怆《棠棣》之孔怀。爱敬有余，礼仪既备。对越清庙在天之烈，遹遵阜陵复土之彝。长于西台，式是百辟。专席之拜岩岩，维民具瞻；阅理之深谦谦，以卑自牧。勉从频巽，曷称显庸？昔天圣初褒定王之硕望，越元祐际展徐邸之茂亲。凡赐丝纶，植隆体貌，有德爵齿之重，锡山土田之多。祗率徽章，丕昭殊渥。於戏！孔子称达孝之继志，敬其所尊；伊尹言诸父之不名，是谓大顺。增光简册，燕祉盘维。可。

出处：《四明文献集》卷四。

撰者：王应麟

考校说明：编年据王应麟任两制时间、赵与芮（"嗣荣王"）宦历补，见《宋史》卷四六《度宗纪》。

嗣荣王进封福王主荣王祀事加食邑一千户食实封四百户仍令所司择日备礼册命制

（咸淳三年八月十日）

　　门下：朕绍天骏命，若昔鸿猷。建令德以屏周，昭备物之典册；封近亲而辅汉，开大国之土疆。惟时叔父之尊，峻极帝师之贵，名位宜加于异数，山川犹袭于旧邦。长乐慈谦，谓褒崇之未称；先王笃爱，岂冲眇之敢忘？进爵分圭，涓辰涣綍。皇叔太师与芮，秉心宽裕，迪性高明。赤舄之德硕肤，乐善不倦；绿竹之文瑟僩，大盈若冲。阅理义以既多，服俭恭而惟一。羽翼圣考，表仪天支。韡韡《棠棣》之和，振振《麟趾》之厚。肆予承序，立敬在初。康叔之属独尊，助兹宅命；东平之恩莫比，诏以弗名。载锡宠光，未隆体貌，何以遹追于先志，盖尝参绎于前规。仁祖爱定邸之贤,更封于镇;哲庙殊曹国之眷,赐履于荆。皆由《下武》之孝思,推为《行苇》之内睦。率循彝宪,可后徽章。是用璪金玺而胙真王,焘赤社以介景福。三山寰宇,徽号肇新;双节斋坛,多仪惟旧。寅念寝园之奉,具严烝祫之修。盛德百世祀,虞丕衍统承之庆;眉寿千岁保,鲁茂迎昌炽之休。仍董正于宗盟,并丰陪于采邑。於戏!九经尊位以重禄,必先诸父之亲;万年惟王永保民,尚式庶邦之典。与宋无极,纯嘏是常。可。

出处:《四明文献集》卷四。
撰者:王应麟
考校说明:编年据《宋史》卷四六《度宗纪》补。

叶梦鼎右丞相制
(咸淳三年八月十六日)

太微上台之象,开德宣符;北垣次辅之躔,出度授政。朕上稽乾则,首正皇纲。实维阿衡,既任天下之重;仪图山甫,式遹东方之归。若时登庸,兹乃俾乂。念无逾于旧学,遂分理于繁机。载揆刚辰,诞扬丕号。具官叶某气和而德粹,识远而谟明。有公辅之才,当大事而能断;多保厘之绩,虽小物以克勤。简在先朝,扬于二府。是为耆艾骨鲠之望,允也股肱心膂之臣。习于正人,敢忘受业之后;率时昭考,爰念继绪之初。肆予思艰,往求攸济,密藏弥缝之用,迄底馈假之平。忠既报于原陵,曰宅乃牧;政遂成于青社,以粒我民。有嘉勤劳,深切注想。父臣不改,朕心乃知。方今建大政,兴太平,一本《春秋》尊上公之义;聚众思,广忠益,允赖旦夕弼厥辟之谋。必左右大夫国人皆曰贤,则朝廷百官远近正于一。久矣金瓯之覆,幡然衮衣之来。每怀朕即帝位之时,维公暨汝;兹当爰立作相之日,实帝赍予。君臣遇合,夫岂偶然;祖宗付托,庶其在此。笙镛斯叶,岩石具瞻。昔彦博提军国之纲,而臣光膺机衡之位。有谋则就,用成元祐之隆;同气相求,兹推西洛之老。乃延登于端揆,以光绍于前修。特超赐位之阶,仍总本兵之柄。申陪多赋,并衍真畚。於戏!先王敷求哲人,是为后嗣之辅;天子动无过举,必繇右弼之咨。适当四年既效之期,共翊万世无疆之业。予欲速法尧舜之道,汝亦昌言;予欲诞保文武之民,汝其猷训。同跻于治,惟暨厥心。可特进、右丞相兼枢密使。

出处:《咸淳遗事》卷上。又见光绪《宁海县志》卷一七。
考校说明:月、日据《宋史》卷二一四《宰辅表》补。

留梦炎枢密使制
(咸淳三年八月十六日)

朕图功于武,成务惟几。斗极一星,式应天枢之象;筹胜千里,允咨人杰之真。政途加已试之庸,使领陟久虚之选。诞扬垣綍,敷告大庭。具官留某端重而裕和,高明而密察。陈尧舜之道正,冠皋伊之伦魁。有猷有为,独得宽大之体;同爱同敬,尽根忠孝之心。重在本朝,间于两社。盖烈考所以燕翼子,而元老所以暨乃僚。一体相须,四方其训。于基命宥密之地,肆其靖之;若劝行仁义之言,亦既效矣。厥今遣《采薇》之成役,备《车攻》之修攘。主善为师,既谋谟于庙堂之上;爽邦出哲,尚绸缪于牖户之间。用集众师,爰庆同德。眷西枢之明陟,亚右揆以同升。二人深相知,在泰府表留之日;众贤罔不肃,有周家相逊之风。精神可以折冲,气运应于亨复。重我兵本,若时真儒。昔曾在景祐之元,庠在庆历之盛,皆以英彦而冠宥庭。遹追艺祖之□,用成今日之懿。相尊等尔,益增重于事权;国庶几乎,将永清于科琐。申陪井干,真衍圭畲。於戏!帝王之道出万全,莫先于理内以御外;《春秋》之义大一统,莫懋于远至而迩来。惟协心为能济谋,惟长虑为能立事。务行所学,以懋乃猷。可特授枢密使。

出处:《咸淳遗事》卷上。

考校说明:月、日据《宋史》卷二一四《宰辅表》补。

申饬诸边阃帅守诏
(咸淳三年八月)

朕夙夜惟边是忧,未尝不日讨军实而申儆之。眷尔列阃,暨于总戎守将,多先帝旧臣,所与戮力戡难者,平时好以众整,好以暇,亦罔或不戒,谋所以称意,岂待论而后行?然朕今每饭未尝不在钜鹿下,况谍闲衰凶鞠顽之久,欲逞志于我。朕惟风寒不止数处,一物不牢,俱受其弊,实允赖熊罴之士干城其民,用保乂于王家。尔尚一乃心,力求所以事事备,万一敌人昧于一来,决使之不能扬去,以雪削地丧师之耻,而朕忧以宽。时乃懋哉!

出处:《咸淳遗事》卷上。

文天祥除尚左郎官诰词
（咸淳三年九月）

苏轼有云："仁宗皇帝在位最久，得人最盛，进士高科，类至显位。"我理宗享国庶几仁祖，取士之数，却又伙焉。当时褒然之选，今其存者，无不登进。独尔以陈情之表，读礼之文，淹恤在外，尚迟向用。夫风之积不厚，则其负大翼无力，若尔之植立不凡，非特以高科也，而又益培厥栽，则其滋长也孰御？尚左高于郎位，其以是起家。方天之休，敬之哉！可。

出处：《文山先生纪年录》。
撰者：冯梦得
考校说明：编年据《文山先生全集》卷一七《文山先生纪年录》补。《宋代诏令全集》系于咸淳元年十二月（第一八二三页）。《文山先生全集》卷一七《文山先生纪年录》："（咸淳三年）九月除尚左郎官，辞免不允，十二月赴阙供职。"

王应麟除试秘书少监制
（咸淳三年十月）

我国治合古，则熠兴景化。五星聚奎之岁，兆于文明；上帝群玉之府，处以儒素。尔学醇而富，词丽以则。讲论经理，诸老生未能言；藻绘上命，古训诰无以过。今其命尔贰我书省，饰我王度。少蓬乃从臣之选，中禁非它司之比，所典领者重，对时嘉遇，尚克丕钦！

出处：《深宁先生年谱》。

王应麟升兼侍讲制
（咸淳三年十月）

朕惟我高宗绍开中兴，垂精典学，爰命臣震贰中秘监，执经讲幄，缉熙光明之盛，垂法万世，朕甚慕焉。以尔博综百氏之籍，自成一家之文。代言鳌禁，以润色皇猷；载笔螭坳，以谨书国典。雍容金华之晚席，发挥圣人之微言。朕日闻仁义之陈，庶几三益之友。是用一日二席，升侍细旃。尔其饱观天禄、石渠之藏，敷畅羲文周孔之秘,俾朕迪我高后之德,尔亦与有无穷之闻。

出处:《深宁先生年谱》。

贾似道上表引退不允批答
(咸淳三年十一月五日)

予恃师相如心膂,非特左右手。然风采犹昔,骇闻笃言,亟以亲笔导意,兹又复来奏,为之叹不能已。又周公之诗曰:恩斯勤斯。师相之勤劳于予父子者,惟天惟祖宗照临之久矣,予曩于侧侍耳熟焉。今又日亲相劢翼,期予亹亹者,固不待周公自为之声言也。苏辙之赞韩琦曰:"天之生是人也,将使之任天下之重,是宜终自处乎忧患之域,而行乎利害之涂矣!"予每以辙为知言。今举以方师相之劬瘁,师相不以予为知己乎?乃戊子之夕,天若儆予,为届练期,哀慕不宁,方将与师相共图所以侧身销变,尤未可舍我而去也。前书转意未白,兹亲染翰,并置来奏,须止嗣音,幸体至意。

出处:《咸淳遗事》卷上。

赐吕文德收复开州江面肃清奖谕诏
(咸淳三年十一月十一日)

敕文德:朕懋《采薇》治外之勤,谨彻桑未雨之备。日申儆军实,无竞维人;天毖我成功,所助者顺。狡焉狯寇,窃据开城。哀凶鞠顽,弗顾佛狸之谶;折冲厌难,靡忘钜鹿之思。卿策虑通于神明,忠忱卫于社稷。奋鹰扬之勇,卯诏辰行;率虎阚之师,风驱霆击。我环攻而气倍,彼株困而技穷。旃裘之援莫前,金汤之险旋复。朕公甚隽,胜势用张。巴夔西土之喉衿,既克救定;襄峡上流之屑齿,犹肆窥觇。恃吾有以待之,惟卿独能平尔。以身督战,先事候情。百将一心,凡履屦间当任;四牡三捷,从枕席上过师。运奇伐谋,并力逐北,俾投鞭之丑远遁,而阻隘之群一空。汔奏肃清之勋,深嘉捍御之略。荆州通蜀而用武,朕方观葛亮之规模;江浒出军而告成,卿尚图召虎之事业。益恢疆宇,丕耀旂常。故兹奖谕。

出处:《四明文献集》卷二。
撰者:王应麟

京西招抚司义士军正将兼统领程崧补进武校尉敕
（咸淳三年十一月十三日）

朕嗣膺大历，聿新文命之敷；施及小臣，亦俾武阶之陟。既逮事于先帝，复钦承于眇躬。宜涣异恩，各增一秩。兹惟邦庆，既均海宇之欢；若序岁勋，则有铨曹之格。

出处：弘治《休宁志》卷三一。又见《程氏贻范甲集》卷五。

王应麟除中起居舍人兼权中书舍人书行吏右礼工房制
（咸淳三年十一月）

朕观一阳之来复，登群献以同升。君举必书，古有太史友；王言作命，今为三舍人。尔博学精通，靖共正直。讲昭素之《易》，见遇于乾龙；类臣珪之文，可追于西汉。伊昔书《洪范》三德，上端拱一箴，介于两省之联，萃乃一家之懿。成尔显德，配前文人。是用擢置右螭，兼典西掖。事书之策，予将厪乎枢机；情见乎辞，亦尚思乎润色。庶几起居号令之重，常如准绳规矩之陈，则冈所愆，亦克用劝。

出处：《深宁先生年谱》。

王应麟经筵进读孝宗宝训终篇转朝请郎制
（咸淳三年十一月）

历代宝为训，于皇烈祖之谟；三王惟其师，允赖儒臣之益。爰肆开于经幄，用祗若于先猷。亦既彻篇，可后褒典？尔学博而有守，文赡而不浮。谈经得圣人之微，摛辞鼓天下之动。琅然细毡之讲诵，秩若成宪之昭明。予欲率由旧章，尔惟训于朕志。进升华序，将大多闻。治愿力行，敢替诒谋之德；学无止法，尚厪药石之忠。

出处：《深宁先生年谱》。

叶梦鼎上表乞罢相不允赐诏
（咸淳三年十一月）

朕惟雷主阳，君之象也，神光流于天道至教，所以儆戒眇躬，敬怒畏威，夕惕若厉，以干天和。在《易》之《震》曰恐惧修省，于《益》曰迁善改过。实赖旧学良弼，训于朕志。卿有协泰之谟，有思职之勤。若天棐忱，惟旦暨奭其济。乃述必大故事，引燮调之愆。朕闻淳熙之诏有曰：一人有过，岂宜移置大臣？克谨天戒，迪惟祖训是宪。卿其陈善格非，正朕不逮，仪图消渗导和之实。矧内外治孔殷，懋思时几相饬之义，毋复有陈。所请宜不允。

出处：《咸淳遗事》卷上。

褒奖贾似道十箴诏
（咸淳三年）

朕惟古者师道之教训，傅传之德义，是以熏陶涵养，日进日新。顾惟冲菲，夙夜兢兢，常恐羞先帝之休德，实赖师傅切劘规正，陈善格非，庶几日闻儆戒之言，辅其不逮。师相以元勋硕德，粹学鸿文，表仪庙堂，领袖旆厦，忠言嘉猷，沃于朕心。若《无逸》《立政》之书，周公所以诲成王者，惟日望之。《十箴》来上，肃容披诵。正大渊奥，表里六经，凡正心修身，闲邪存诚，克己复礼，端本澄源，所以防见闻之非，节嗜好之过，存畏惧之心者至矣尽矣。仰惟先帝求哲辅后之意，师相忠忱，对越在天，而渊源纲领，根极理要，岂六箴五规所能及？先儒程颐谓辅养君德，莫备于周公，可谓万世法，今于师相见之。尊其所闻，行其所知，朕曷敢不勉。谨当书绅佩服，列为屏障，以代韦弦。犹恐寡昧，未足以进于帝王之盛，更冀师相特惠药石之言，终始扶翼，俾万年其永观，是为冲人至望。眷言忠荩，载用褒嘉。

出处：《咸淳临安志》卷一。又见《咸淳遗事》卷上。

吕师夔超授朝奉大夫除正郎差遣御笔
（咸淳三年）

朕思文德忠勋，岂在中兴功臣下，宜与此授，而师夔已知阁门事，且屡典开

745

阃,绰著声称。其守汉阳,实当曹世雄闻变弃城之后,委有奇节,非其他保任比,若祗换授京官,不但师夔积阶累功竟成虚掷,亦非朕所以优待忠勋之意。畀自特恩,超授朝奉大夫、除正郎差遣。

出处:《咸淳遗事》卷上。

除淮蜀湖襄之民旧欠诏
(咸淳三年)

淮、蜀、湖、襄之民所种屯田,既困重额,又困苛取,流离之余,口体不充,及遇水旱,收租不及,而催输急于星火,民何以堪! 其日前旧欠并除之,复催者以违制论。

出处:《宋史》卷一七六《食货志》。

诫约近臣不得引去诏
(咸淳四年正月二十八日)

迩年近臣无谓引去以为高,勉留再三,弗近益远,往往相尚,不知其非义也。亦由一二大臣尝勇去以为众望,相踵至今。孟子于齐王不遇,故去,是未尝有君臣之情也,然犹三宿出昼,庶几改之。儒者家法,无亦取此乎。朕于诸贤,允谓无负,其弗高尚,使人疑于负朕。

出处:《宋史》卷四六《度宗纪》。又见《宋元通鉴》卷一二二,《宋史记》卷一四,《宋史新编》卷一四。

杨淑妃生皇子德音
(咸淳四年闰正月十六日)

朕以菲质,嗣宅绵区。天地祐我邦家,实兆无疆之业;祖宗施于孙子,永垂有道之基。每寅念于继承,曷克臻于蕃衍? 乃岁当丰茂,时属泰亨。先拊至以应期,繄熊占之叶梦。积善必有余庆,凤著天庭;命吉在厥初生,宜膺帝祉。维诏王居门之月,后烈祖流虹之辰,居然诞弥,允也显相。□太后之乐,将侈爱于绿车;

耸国人之观,佾备仪于采苣。夫重嗣续者礼必具举,辑荣怀者泽必旁流。丰水贻谋,仁已深于数世;孟春行庆,惠斯行于兆民。式契骊心,肆颁宥典。以笃非常之祜,以覃大赍之恩。隆诞皇子,依典礼可降德音。云云。於戏! 华封之请祝者三,胥有多男子之望;皇极之锡数维五,是亦作父母之心。聿同浃洽之霶,共庆延洪之盛。

出处:《咸淳遗事》卷下。

方逢辰除江西运使诰
(咸淳四年二月二十一日)

　　敕朝议大夫、集英殿修撰、权江南东路提点刑狱公事、兼本路劝农、提举弓手寨兵方逢辰:儒者守约施博,无所不通。刑狱钱谷,事殊理一,盖知所以爱惜民命,必知所以培养民力也。尔以先朝伦魁之望,初政倚柱之贤,顷一道祥刑,风采殊振,兹改界以输将之寄。自东徂西,盖取诸近,载驰千隰之驷,以活涸辙之鲋,则予汝嘉。可依前朝议大夫、集英殿修撰、特授江南西路计度转运副使、兼本路劝农使。仍借紫,候回日,却依旧服色。

出处:《蛟峰外集》卷一。

试进士策文
(咸淳四年五月)

　　天下之生久矣,邃古之初,绍天阐绎,由皇而帝,由帝而王,岂不同条共贯欤?而其大经大本,率惟自身而家,自家而国,其事可得闻欤? 人有常言,天下虽大,治之在道;四海虽广,治之在心。夫自道心一语,舜以命禹,实为千万世人主之心法,根于其心,发于其政,仁义礼乐皆其具也。当此之时,则至治已。《传》曰:善为化者,其道密庸,其功同大。大道为公,其是之谓同欤? 三代圣王,同得其全治之所由粹;汉唐诸君,同得其偏治之所由驳。或粹哉驳,吾将安考? 道不行,千载无善治;道不明,百世无真儒。而群圣人之道仅载之空言,岂心法不传,而治法随之欤? 惟我艺祖以何物最大,质之元臣,上接三圣传心之印,洞开诸门,正如我心,用肇造区夏,式于后之人。朕获承至尊休德,乃念为君之难,望道未见。顾惟万派一宗,异情同理,思与宇内共臻斯治。然志合而未治,躬化而未孚,其故安在？欲省赋敛而官与胥为民蠹，是上泽壅于下流，而莫之省忧也，何以厚民生？奸者舞法，贪者坏法，便文自营，非为公家忠计者也，何以饬吏治？见人才无可使者，特诏执事，非不荐人才也，应令者多，序绪者鲜；抑徼幸之门，戢浮竞之俗，非不正士习也，而一私缠绕，攘攘熙熙，利往利来，朕独安取？非不尊美屏恶也，今或以随声是非为公论，以纵释有罪为可喜；非不贱货贵德也，今或阴事于采撷，或常试于贡奉，是人心独未尝古也。关楮本以权钱也，币轻多奸，是奉吾教不谨也，今或官涎益馋，有因之以为利者矣；推排本以平赋也，旦暮吏来吾乡，并缘为奸，今或强宗巨室有不可问者矣。兴言在兹，未烛厥理，朕所为祗祗兢兢，夙兴晨虑，于今五年。每下诏书，凡以为民，而未有恩至，岂朕之心然，而千万人之心未之或然欤？心犹慊于道，故未能时措于理欤？昔孝祖龙飞策士，首及于循尧之道，期于不下堂而治。歉然于古之弗及，必以综核名实为大务。此朕家法也。繄欲立治以道，立道以心，举事事物物，一是为实之归，以庶几乎二祖之道德风烈，何若而可？今朕详延四方之士，始策于廷，子大夫其据古以对，靡有所隐，用宏理本，朕将亲览焉。

出处：《咸淳遗事》卷下。

刘克庄特除龙图阁学士仍旧致仕御笔
（咸淳四年五月）

刘某谢事先朝，年德俱高，特除龙图阁学士，仍旧致仕。

出处：《后村先生大全集》卷一九四《刘公行状》。

叶梦鼎上表乞归田里不允御笔
（咸淳四年六月一日）

师文王之大国，五年必为政于天下。朕临御愿治，于今五年。此正天命至难谌之日，民心罔常怀之时，君子小人消长之机，中朝外敌盛衰之候，一念及此，凛如渊冰！亚相受先帝之殊知，有大臣之雅量。爰自旧学，登于上台，仪刑百僚，箫勺群慝。辨章元老，总提宏纲；二三股肱，协规同力。延英盛夏，方欲讲天下之事；科琐防秋，尤宜先天下之忧。舍而去之，谁与领此？趋进有度，精神煜然，何嫌何疑，欲解机政？畏天命而悲人穷，聚君子以强中国，尽展所学，弼予一人，不但为政于五年,亦永右弼于万世。幸乎隆眷,勿复再陈。

出处:《咸淳遗事》卷下。

考校说明:月、日据《宋史》卷四六《度宗纪》补。

方逢辰转朝议大夫诰
(咸淳四年六月十三日)

敕朝请大夫、秘阁修撰、权江南东路提点刑狱公事兼本路劝农、提举河渠公事、提举弓手寨兵方逢辰:在仁宗朝有若韩琦,实进士第二人也,平日循循若不能为,逮帅真定,捍骄挺乱,琦独凝然不动,举十卒而歼焉。谓儒者不知兵,可乎?尔以先朝伦魁之彦,司臬江东,会上饶有脱巾之变,乃能拔取二士,布之州县,密伺奸谋,以俟机会,卒致草薙而禽弥之,可谓儒效章章矣! 论功行赏,爰进一阶。陞跻六品之荣,以为元士之望。可特授朝议大夫、依前秘阁修撰,差遣如故。

出处:《蛟峰外集》卷一。

方逢辰升集英殿修撰诰
(咸淳四年七月十四日)

敕朝议大夫、秘阁修撰、权江南东路提点刑狱公事、兼本路劝农、提举河渠公事、提举弓手寨兵方逢辰:淳熙间部使者有能究心狱事,多所平允,及我孝祖嘉之,进秩一等,又升阁职。尔以魁彦通才,司臬江左,亦既逾年,克殄凶顽,不动声色。顷尝赏以元士之阶,兹复华以论撰之职,有功而既见知矣。其祇朕命,益远乃猷。可依前朝议大夫、特升集英殿修撰、依旧权江南东路提点刑狱公事、兼本路劝农、提举河渠公事、提举弓手寨兵。仍借紫,候回日,却依旧服色。

出处:《蛟峰外集》卷一。

科举诏
(咸淳四年十月前)

敕门下:国家用儒之效,与三代比隆。朕绍休圣绪,于今四年。粤若恭默之时,亦既选士,未遑亲策,兹将进于庭而问焉。仰惟仁祖临轩之初,太史奏云瑞,名臣辈出,施之事业,硕大光明,朕甚慕之。先帝道久仁洽,凡今宗工献臣,莫非丰苣。涵濡之泽,燕诒我后。顾惟天下之才无穷,而对□之亦有无穷之用。思昔敷纳以言,明试以功,兴贤兴能,出长入治,所取皆有用之实。爰自以文设科,视古浸异,然经术词章所以觇济时之蕴,徒文乎哉!学问粹而器识宏,其文浑厚雅正,实用于是乎见。朕既临雍,表章儒先,首善崇化,以风四方。矧景运维新,协乎五纬聚奎之岁,尔多士其必跃然兴起矣。盖饬操履以培其本,明理义以浚其原,勿事穿凿,勿尚浮靡,以称作人之实意。群有司尚亦公尔考择,明尔鉴裁,俾抱负器能之士,惟朕时举,庶得贤立太平之业,式克迪前人光。其率朕志无斁。

出处:《四明文献集》卷二。又见《咸淳遗事》卷下。
撰者:王应麟

<h1 style="text-align:center">封显忠侯敕</h1>
(咸淳四年)

神生为烈士,殁为明灵,宜也。矧曰死于王事,可不表而出之?建炎初,金寇犯杭,汝时宰钱塘,鸠民兵邀击之,设奇疑敌,民得逃死,身中流矢,犹能扶伤尾袭,奋勇直前,竟以战殁。功烈如此,而爵命未加,非阙典与?民不能忘,合辞请于部使者,遂彻予闻,深用嘉叹。肇锡侯封,仍赍显号,以旌尔尊主庇民之功。

出处:《西湖志》卷一五,雍正十三年刊本。
考校说明:编年据《咸淳临安志》卷七二补。

<h1 style="text-align:center">封忠翊侯敕</h1>
(咸淳四年)

朕惟六飞南渡,举百二河山,无一人敌王。所忾尔神克奋孤忠,输募死士,得二将,率众三百,卒夺金人南下之盛气,而一境赖以安存。今经百有余年,二将已都显号,而神独无以旌其灵,可乎哉!进锡通侯,宜在以劳定国之典。

出处:《西湖志》卷一五。
考校说明:编年据《咸淳临安志》卷七二补。

赐雷宜中等诏
(咸淳四年)

国家右贤兴治,若古敷猷,其取士存乎法,所以取之存乎人焉。比年以来,法弊滋章,举场尤甚。今朕将亲策之始,详延四方之隽。永惟我朝,莫盛仁祖,春官辨等,并臻廉茂。若时申饬,深戒诡谲浮夸、雕镌靡曼之习,用复温纯雅正,务明先圣之道。洋洋圣谟,亦惟当时群有司罔不钦承,懋乃搜择,以成得人之盛。肆朕谨柬儒彦,职我选事,庶几乎仁祖之风烈。夫士有所抱负,多为虚伪者掩之,往往挟其外假能误衡文者。是必题目勿拘于字句,去取兼求于论策,索诸理以观其学,求诸气以觇其识,毋靡浮,毋穿凿,毋雷同。尚黜乃私心,厉而精鉴,悉我髦士,进之大廷,真才实能,式副甄擢,盖天之所以遗朕无穷之用者在此。咸体朕意,匪曰具文。

出处:《咸淳临安志》卷一二。

高达赴援襄阳奖谕诏
(咸淳四年)

朕惟总士卒之重,护九重之严,非有重望,孰寄心膂? 卿以忠义见称,督励将士往捍上流,敌忾为多。兹乃委以此任,卿其亟往,勿替朕命。

出处:《咸淳遗事》卷下。

贾似道上表乞巡边不允御批
(咸淳四年)

朕以凉菲,统理万方,率惟师相,一乃心德,力任天下重,用底于治。兹览来疏,遂以边上之行为请。师相一忠体国,靡殚于勤。图义思艰,尤见大节。然师相岂可一日而去? 朝廷经济西事,当在庙堂,自泉流灏,以感于天下。今军国大务丛于师相之身,坐运胜筹,用师袥席,师相平日计之熟矣。谢太傅指授,未尝临边,处置得宜,千里之外应之,何以逾度远计为辞? 况我朝制度,未闻以辨章巡边,正不可以裴度出使比也。师相其深长思之。虽跬步之近,亦不可舍去。谨勿复请,以重朕忧。

出处:《咸淳遗事》卷下。

王应麟除秘阁修撰主管建康府崇禧观制
(咸淳四年)

□□□□□□,□□□□;贤者出处之际,胡遽浩然。深慊予衷,用全体貌。尔性行端谨,问学淹该。缉熙光明,有类执经之益;讨论润色,无非宜诰之文。甫修立坳,乃怀居里。是用宠以书林撰次之职,供以祠馆恬养之真。载思丹地之代言,于斯为称;毋□碧山之不负,行矣遄归。

出处:《深宁先生年谱》。

显 功 庙 制
(咸淳四年)

朕惟六飞南渡,举百二山河无一人敌王所忾,每念为之忱焉。尔神克奋孤忠,输财募死士,得二将,率众三百,卒夺金人南下之盛气,而一境赖以安存。今经百有余年,二将已都显号,而神独无以旌其灵,可乎哉?进赐通侯,宜在以劳定国之典。

出处:《咸淳临安志》卷七二。又见雍正《浙江通志》卷二一七。

奖 谕 狱 空 诏
(咸淳五年正月)

刑期于无刑,讼必也无讼,凡为爽鸠氏者之所难也。尔奋繇学馆,尹正神皋,乃月正元日,能于地大物众之区,而奏圄空之效,岂其得大无讼之旨,用以成我无刑之治?惟乃之休,则予以怿。明道间,程琳尹开封,岁中十狱空者四五。今尔能以三狱而空,傥复能一岁常空,罔俾程琳专美于前矣。尚其式敬,以长我王国,则予一人益汝嘉。

出处:《咸淳临安志》卷四一。

赐贾似道御笔
(咸淳五年三月十五日)

今朕为师相,已命并相分理机务,师相可自今六日一朝,一月两赴经筵,此即师相所谓留而逸者也。

出处:《咸淳遗事》卷下。

江万里左丞相制
(咸淳五年三月二十三日)

国家所以兴,尊师而重傅;家庠所以立,佐主而经邦。闻昔上公,迪予明训,曰若稽于祖则,胥对秉于国成。猗我泰陵,号称盛际。三贤谋政,推重德以总宏纲;二人同心,维名臣而居左辅。眷时求旧,视昔承休。聿符考卜之谋,暨登厥典之望。诞扬赞册,敷告大庭。具官江某高邵而怀忠,魁宏而迪哲。其为人好善,有忧天下之风;将以道觉民,有思匹夫之志。克笃贤人之蕴,简在圣考之知。贻厥孙谋,访予落止。尚记衣冠从游之伟,再陪帷幄决胜之筹。尔有嘉谋嘉猷,我其立政立事,上下勤恤,夙夜浚明。告孺子以微言,皆《无逸》、《七月》之戒;诏长者以理效,犹神爵、五凤之时。用则有成,灼知厥若。岂予罔克,谓督弗忘。成汤初年,盖已得仲氏;吕尚既老,盍入相有周? 矧元勋尝暨于乃僚,而国人亦望其来相。体特勤于加旅,式遄其仪;归有赖于同舟,实相以济。维大人之能文,乃平生之素志。德无朋,比无援,其矫哉不倚;政为师,教为友,其休焉如容。旨哉乃言,观其所丽。是用登之端揆,赞我辨章;次乃分隶于治机,总持乎权柄。爰陟文阶之峻,同陪表海之封。丕绍前闻,允副兹选。於戏! 太平之辅,常思为国以持盈;有道之君,能使乐用而忘老。气类合则元祐之业可大,识虑定则绍圣之祸不萌。欲至万年,以遇交修之日;各秉大节,务培长治之基。往奋厥庸,同底于道。可特授金紫光禄大夫、左丞相、兼枢密使,依前南康郡开国公,加食邑一千户、食实封四百户。

出处:《咸淳遗事》卷下。
考校说明:月、日据《宋史》卷四六《度宗纪》补。

马廷鸾右丞相制

(咸淳五年三月二十三日)

星辰象观也,辅弼所以佐北斗之政;君臣同体也,股肱所以成元首之功。爰立听朝,率作兴事。咸有一德,既主善以为师;笃棐二人,尚敷心而悉命。繄汝惟允,于右实宜。载布明纶,扬于共著。具官马某行应世表,德茂儒宗。仁义与王言,皆本朝忠厚之懿;经术断国论,有前人淳灏之风。蚤迪今猷,式符昌历。祇遹文考,化成以观乎文;敷遗后人,辅翼以归诸道。暨予小毖,服在大僚,共济时艰,用乂厥辟。风云之会得再,时几之敕奚穷。惟予立武,四鄙用宁,岂忘绸缪之计;惟予立政,三隅用穆,奚仅畷假之求?乃贰筹帷,乃参政本。职近则委寄弥大,望隆故畀付甚严。今《春秋》尊上公,亦既任重;朝夕辅台德,尚赖协恭。思皇我家,莫盛元祐,咨师岩以大事,分宰辅以繁机。惟我有臣,兹率厥典。若时元老,称汝曰贤。惟周公、惟君陈,所期同底于道之治;举皋陶、举伊尹,兹为不仁者之惩。非正毋干其间,相逊乃和之至。爰登次辅,兼总本兵,以增秩益封,又同德度义。於戏!开忱而布公道,既会君子之真元;谋政而阶太平,是培国家之寿脉。尔其穆穆乃位,赞赞曰襄。惟德之明,彰有常之吉;惟识之裕,受无疆之休。勉思古人,以称朕意。可特授正议大夫、右丞相、兼枢密使,依前鄱阳郡开国公。

出处:《咸淳遗事》卷下。
考校说明:月、日据《宋史》卷四六《度宗纪》补。

赐赵孟坚手诏

(咸淳五年七月三日)

敕年官所应宗子孟坚:公族国子枝叶,枝叶茂所以庇本根。肆朕纂图,需泽自亲亲始。尔尝登名所应,奚以试为?特授初品右阶,待尔厚矣,尔其厚于自待,益茂远猷,以称朕亲亲之意焉。特授承信郎。

出处:《吴越所见书画录》卷四。

皇子宪封益国公制
（咸淳五年十月十二日）

受祉□于子,莫先名爵之荣;立爱始于家,莫大宫闱之庆。荷皇穹之锡羡,肆上圣之发祥。属逢岁籥之周,爰迪邦彝之懿。其颁赞册,以告昕庭。皇子赐名宪,体性茂淳,识知岐嶷。金相玉质,早占硕大之祥;络褓绮龆,日奉怡愉之乐。惟礼有册名于外寝,更宜屏植于胜衣。暨考我朝之彝,昉自神祖之盛。初带鞊而祀,式应于宫;及在褓而封,乃授以节。盖履帝之兆载风,建侯之仪斯皇。朕思宗庙之尊,培本根之辅,是用差穀旦,锡嘉名。言繐斯裳,亲秩杓星之位;有𫗧斯革,陈仪寿轸之都。封国若予之初,与邑介尔之禄。繄累圣之泽,太母之慈,衍厥庆源,衷时茂渥。於戏! 亲亲之重社稷,兹宁厥常;幼幼以御家邦,必授之职。有俶宗庙之建,尚加德器之成。祗对荣怀,永绥福履。可授检校太尉、武安军节度使、益国公、食邑三千户、实封一千户。

出处:《咸淳遗事》卷下。

考校说明:原书系于咸淳五年正月,文中皇子"宪"原作"㬎"。然此制之末所授官爵为"检校太尉、武安军节度使、益国公",《宋史》卷四六《度宗纪》载"(咸淳五年)冬十月甲申,子宪授检校太尉、武安军节度使、封益国公",与此制吻合,可知受制者实乃赵宪,而非赵㬎,降制时间在十月而非正月。赵宪乃赵㬎之兄,咸淳四年十月生,至此适周岁,故制文云"属逢岁籥之周,爰迪邦彝之懿"。赵㬎咸淳五年六月始生,与制文不合。

吕文德除少傅宁武保康军节度使进封崇国公制
（咸淳五年十月十七日）

周以宗祀来四方之仪,汉以明堂受诸神之祀。乃者躬饬厥典,着定其常。飨帝飨亲,允协孝思之则;尽情尽物,迄臻熙事之成。惟元祐有以分边阃而均厘,绍兴有以督诸将而颁饯。肆扬奖策,用洽旧彝。具官吕某忠毅沈雄,耆庞福艾。王事靡盬,天地可对此心;我武惟扬,边圉顿落其胆。于蕃四国,兹曰三孤。属以季秋,禋于路寝。皇矣上帝,溥临中坛;戎有良翰,越在外服。予阅羽旄翠旌之仗,则思秉节钺之劳;予登锡鸾和铃之车,则思纪斾常之绩。肆敌王忾,简在朕心。治外可告神明,敢忘加劳;除封斯致孝享,畴实由多。用肇锡于国封,仍申陪于邑采。诞敷觊施,特重褒康。於戏!有事于文武而赐齐侯,爰受之胙;来句于江汉而赐召虎,载扬于休。上公于五列最崇,师干以三命维吉。思答景觊,益展壮猷。可依前少傅、宁武保康军节度使、京湖安抚制置大使、兼屯田大使、兼四川策应大使、兼判鄂州州军、兼管内劝农营田使、兼湖广总领、兼侍卫马军都指挥使,进封崇国公,加食邑八千六百户、食实封二千九百户。

出处:《咸淳遗事》卷下。

吕文德特除少师依旧武宁保康军节度使
进封卫国公依所乞致仕制
(咸淳五年十一月二十六日)

经营江汉,允怀召虎之劳;图定荆襄,俄告吕蒙之病。若将革矣,良用惕然。垂车之请莫回,进律之恩宜厚。其颁言綍,以谂廷绅。具官吕某忠义本于天资,智勇谓之人杰。蓋从在渭,符非熊非罴、非虎非罴之占;亦既归周,负有冯有翼、有孝有德之望。曩自大将之召拜,许先帝以驱驰。险阻备尝,缓急可任。战城濮次于城濮,克虎牢戍于虎牢。八千捷淮沜,余众弃甲;五月渡泸水,深入不毛。今则画郊圻、固封守于方城汉水之间;执鞭弭、属囊鞬于夏口武昌之上。犄角此敌,折冲如神。用勚贤长城,惟天助顺取。辟告庙社,不日成功。朕每动鼓鼙之思,深念旂常之绩。黄河如带,顾申誓之莫穷;神武挂冠,胡抗章之太遽?营星未艾,卓地若何。是用遂尔雅怀,缓其佚景。孤卿之位,升以亚师;列爵之封,改而大夏。以旌其节,以介其年。於戏!定边事而角巾,与归东里;纳侯印而加绋,永痛博阳。尚体眷勤,勉亲医药。可特授少师、依旧武宁保康军节度使、进封卫国公致仕,食邑食实封如故。

出处:《咸淳遗事》卷下。

夏贵上表辞免沿江制置副使不允诏
(咸淳五年十二月二十日后)

充国之为汉将,已老而自谓亡逾;廉颇之思赵人,虽老而亦称可用。卿结发百战,贾勇三军,夙负壮猷,屡收多绩。辄从蜀右,往镇江干。护数处风寒,可无索裘之虑?第二层门户,兹为击柝之防。亡逾老臣,奚用多逊?

出处:《咸淳遗事》卷下。

考校说明:月、日据《宋史》卷四六《度宗纪》补。

吕文德赠太傅制
(咸淳五年十二月二十七日)

问将无逾老臣,云倚干方之略;遗奏不及家事,无忘纳书之忠。宜厚恤章,诞班恩綍。具官吕某一身是胆,束发从戎。计统兵权,应猎遇渭滨之兆;口占笺疏,有抚定荆州之劳。生聚十年,守卫中国,士卒同其甘苦,草木知其威名。锡盾瑂戈,双节总掌军旅;篆车黼冕,贰公是为孤卿。居然护江面之风寒,俄尔告营中之星陨。良翰凋谢,我心蠹伤。以功名自终,死且不朽;而禭赠加厚,礼亦宜然。进之正一品之崇,于以为九京之贲。噫!熟知疾状,莫如前代之视卫公;名堕泪碑,徒使故人之思羊祜。谅其英爽,歆此宠灵。可特赠太傅,余如故。

出处:《咸淳遗事》卷下。

贾似道奏乞巡边不许诏
(咸淳五年)

朕倚师相如左右手,岂可轻去?载览亲疏,所请以三月相期。机务之重,虽一日不可旷,况三月乎?师相畴昔宣力四方,至今边陲之民、诸大将已下固已惮威服德,制胜虽身在内,其敢有越厥志?况内外孰轻孰重?朕维内抚则外宁,一身而二任,则择其重者。且士大夫布满中外,诗书谋帅,若毂也可,师相一指顾闲足矣,何必远役耶!勿复重陈,以副朕怀。

出处:《咸淳遗事》卷下。

吕文德赐谥武忠诰
(咸淳六年正月十四日)

秉节钺,制军事,久宣维翰之劳;听鼓鼙,思帅臣,遽览告终之奏。诹自朕志,锡以美名。具官吕某结发从戎,奋身许国。入探虎穴,盛年吴下之蒙;出展龙韬,晚岁渭滨之望。营垒信其号令,草木知其威名。梯栈半空,扪参历井;舳舻千里,据水断桥。在洞庭则有掩敌之功,在夏口则有益城之助。捍我南国之纪,宽吾西顾之忧。惟能护数处之风寒,于是有十年之生聚。每思相度督战,授李愬入蔡州之方;犹望汾阳果存,庶回鹘知怀恩之诈。将星俄陨,予日慨思。既加之以公圭之封,复进之以帝傅之秩。厥惟节惠,可后涣颁?曰武者谓御侮以折冲,曰忠者谓忘家而虑国,合是二美,贲于九原。噫!李继隆之北伐有功,始膺显号;韩世忠之中兴佐命,乃副徽称。尚其爽灵,歆此休宠。

出处:《咸淳遗事》卷下。

举官诏
(咸淳六年正月)

继今谨择慈良,分命牧养,其有才堪选使,各表章以闻。内而侍从给舍、外而制总监司,各举所知,务抚其实,有缺则选。所举县令于民最近,讵宜阙官,比比皆然,为病甚矣,监司其亟选辟。苟非其人,议各官举者罪。

出处:《咸淳遗事》卷下。

奖谕狱空诏
(咸淳六年正月)

我国家以忠厚立国,汪汪乎丕天之大律,列圣继厥理罔不敬,于庶狱庶谨。永惟京师四方之本,浩穰于三辅尤为剧,民轻犯法,狴户滋丰。于是开封尹有以囹告空者,常制诏宠褒之,以风厉天下,然而不屡见也。朕承先帝休德,不忘元元,乃者元日,深诏执事,唯恐有冤失职者。卿以经术自辅其政,能沃其所滞,是能应于钦敬之意。去年奏上系无留文矣,今又复然。章闻于听,朕甚嘉之!卿自尹正神皋,居多善状,如代输民租,修复酒政,壹是廉之推也。夫吏廉则法平,政所蓄也,使郡邑之间皆如辇毂,吾民其庶几乎。

出处:《咸淳临安志》卷四一。

举廉吏诏
（咸淳六年三月十四日）

　　吏以廉称,自古有之,今绝不闻,岂不自章显而壅于上闻欤？其令侍从、卿监、郎官,各举廉吏,将显擢焉。

出处:《宋史》卷四六《度宗纪》。又见《南宋书》卷六,《宋史记》卷一四。

赣吉南安于要冲立四砦以御寇诏
（咸淳六年三月二十四日）

　　赣、吉、南安境数被寇,虽有砦卒,寇出没无时,莫能相救。宜即要冲立四砦,砦屯兵百,使地势联络,御寇为便,从三郡择将官领之。

出处:《宋史》卷四六《度宗纪》。

赐宝章阁大学士冷应澂敕
（咸淳六年三月）

　　皇帝敕曰:朕自御极以来,兢兢业业,不敢迨遑。图治思艰,每怀启沃之助;经邦勘乱,亟需文武之才。尔广南经略安抚使冷应澂尽瘁王事,夙著尔劳。出奇而制峒獠,一鼓弥变;不杀而平大寇,屡策安边。揽五司之纪纲,熙庶绩于明断。尔其乂安黎庶,辑宁邦家,朕深赖焉。钦哉！

出处:同治《义宁州志》卷首。

赐饶铉郑学翁等诏
（咸淳六年五月二十九日）

　　敕承务郎、新差监镇江府户部大军仓饶铉郑学翁等:生民立君,既尊居于大宝;惟辟作福,斯溥锡以湛恩。兹予一人践祚之初,亦尔群臣委质之始。粤从京秩,递进华阶。臣事君以忠,宜勤厥职;官量能而授,允迈尔劳。咸淳六年五月二十九日。

出处:民国《宁国县志》卷一二,民国二十五年铅印本。

考校说明:文中所述"兹予一人践祚之初"与咸淳六年似不合,待考。

贾似道乞闲不允御笔
(咸淳六年六月)

天生师相,助朕眇躬,师相当以国家为家,天下为身,以安社稷为悦。药饵有间,时游庙堂,家居之乐,无以异此。若必释辨章之□而遂内祠之奉,则朕与国人何所恃赖,一日二日万几宁无旷弛之虑? 师相其念之重之!

出处:《咸淳遗事》卷下。

奖谕狱空诏
(咸淳六年七月)

朕寅念先帝在宥四十一年,壹是以仁厚诞保受命民,深诏有司之牧夫,俾弗误于庶狱。京师众大之地,狱讼素号繁滋,而嘉熙、淳祐间狱以空告者,比岁叠见。夷考其时前后尹正实二人焉。卿以通务之儒,弹压辇下,比及二年,圄圆空虚,至于再、至于三,复掩前闻矣。夫刑狱不能无也,惟片言以折则狱可空,惟明谨不留则狱可空。卿发摘敏,剖决平,不戒以孚,民信之矣,狱之屡空也固宜。朕惟王畿四方之本,褒诏数下,非徒旌汝也,盖将使庶邦劝于朕钦恤之意。

出处:《咸淳临安志》卷四一。

拘催银钱关会事诏
(咸淳六年)

自咸淳七年为始,银、钱、关、会用咸淳三年起截中数拘催,䌷、绢、丝、绵、绫、罗用咸淳二年起截中数拘催。钱、关、会子二千四百九十五万八千七百四十八贯,银一十六万九千六百四十三两,䌷四万一千四百三十八匹,绢七十三万七千八百六十匹,丝九万五千三百三十三两,绵一百五万七千九百二十五两,绫五千一百七十九匹,罗七千三百五十五匹。户部遍牒诸路,视今所减定额起催。

出处:《宋史》卷一七九《食货志》。

钱塘嘉应侯神加封号敕
(咸淳六年)

韩愈有言:龙不得云无以神其灵,然则出云者山川也,是必有神也以司。凡近畿之地,渊泽井泉,泓沉深碧间者旱干之祷,油然沛然,龙乎神乎,虽变化有不可测,而民之受赐博矣。特申锡徽名,尚褒阴号。

出处:雍正《浙江通志》卷二一八。

召汤汉洪天锡赴阙诏
(咸淳七年正月一日)

朕欲耆寿咸在厥服,癏瘝以之,汤汉、洪天锡屡召不至,频以老以瞶辞,朕亦谅其德矣。听之舆论,乃其未能谅朕之德也。年高而德愈邵,听重而心实聪,尚其力扶疾,以副朕药石之意。仍令郡守臣以礼勉谕,俾勿固辞。

出处:《咸淳遗事》卷下。

皇子昰进封建国公制
(咸淳七年正月一日)

发祥帝武,毓秀天支。日角珠庭,挺生嶷嶷之质;画堂甲观,时奉愉愉之欢。若稽翦髦之辰,宜有植旄之典。子授之职,乃迟越于累年;父尚于慈,宁小卑于品秩。惟名以德命为义,道以谦尊而光。美哉始基,诒尔多福。是用远法祥符之正式,近取绍兴之徽章。太微钩陈之庭,周庐以翼;星纪须女之分,焘后攸宜。乃分金仗之班,乃畀环圭之宠。与之采邑,实以租腴,以成王室之强,以表人伦之彦。於戏! 天被与禄,□□□迪之蕃;蒙养圣功,遹观育德之茂。钦承猷训,益迓恩荣。可特授左卫上将军、进封建国公。

出处：《咸淳遗事》卷下。

奖谕狱空诏
（咸淳七年正月）

朕闻在唐虞时，则画象而民不犯；在成周时，则虚圄而刑不用。盖比屋可封，人有士行，治日多而历年久，朕甚慕之。卿自尹神皋，三年于兹，狱以空告者四，发摘精而慝罔伏，剖决敏而系不淹，朕心用贶。抑尝观古之人命司徒敬敷五教，正月则施教法于邦国都鄙，凡厥庶民乂于柔彝，靡有抵法冒禁之事。刑期无刑，辟以止辟，直易易耳。朕乃者命卿贰版部，即古司徒职也，倡九牧以阜民，典京师而首善。继自今将使天下断狱稀少，岂但屡岁狱空独见于辇下，庶丕惬于朕志。

出处：《咸淳临安志》卷四一。

王应麟除秘书监兼权中书舍人制
（咸淳七年七月）

内史掌王命，外史掌书志，□□□也，乃今合二命而畀一儒选，顾不重矣乎！以尔学广闻多，笔精墨妙，书林词披，昔尝从事于斯矣。顷守新安，亦既期月，治状云最，迭入为宜。兹命领褎大雅之群，仍兼代言之职，以蟠胸之典籍，为近古之训辞，顾不美欤！

出处：《深宁先生年谱》。

王应麟转朝散大夫解郡组造朝供职书行吏右礼刑房兼国史院编修实录院检讨官兼侍讲制
（咸淳七年十月）

王人求多闻，惟学逊志；群臣示显行，佛时仔肩。兹以尔汲古用功，绩文覃思。太守与我共理，歌乃袴襦；大雅于兹为群，职是□□。□□仪鸿之吉，宜侍清燕之闲。惟大学知修齐治平之方，而□□着古今得失之迹。资尔敷绎，迪朕就将。世南五绝之称，识其□□；祖禹三昧之誉，企其齐而。

出处:《深宁先生年谱》。

王应麟除起居郎仍权中书舍人兼权吏部侍郎制
(咸淳七年十一月)

书动有史,莫重于左坤;贰职守曹,莫剧于右选。共贰厥事,取诸其能。尔节劲气稣,学醇才粹。东壁图书之府,领袖儒流;中舍册奏之工,黼藻王度。望孚已久,明陟为宜。乃升侍极之华,仍摄廷臣之要。倚相能读坟典,可知纪录之公;王剧可掌钧衡,盖取品□之审。往钦乃职,毋逊前闻。

出处:《深宁先生年谱》。

叶梦鼎特授充醴泉观使兼侍读依前少傅观文殿
大学士信国公加食邑食实封如故制
(咸淳七年七月至十二月间)

门下:朕更张初政,率吁宿儒。询黄发则罔愆,闵劳宅牧之事;学古训乃有获,延登劝诵之联。惟尊德乐道以有为,庶遗大投艰其求济。勉从巽牒,诞有涣纶。具官某刚大而粹明,忠恂而闳裕。海滨大老,凛廉顽立懦之风;天下达尊,懋辅世长民之德。硕果表于群彦,灵光岿乎三朝。责难谓恭,陈尧舜之正道;不可则止,耻由求之具臣。肆予改弦,申命赐履。望公如望岁,允有甘棠之思;治民如治家,丕徯黍苗之泽。以楚邱之谋始壮,而东山之志不渝。股肱力汝为,不欲烦于方面;耆寿俊在服,其进疆于本朝。念冲人道问学之初,维大臣傅德义之益。绍兴旧弼,冠延恩之职而敷经;淳熙耆英,领祥源之使而诏读。若稽茂典,载锡优章,肯从我游,克迈乃训。於戏!问丹书之敬义,毋勤师尚父表海之行;瞻绿竹之琢磨,尚迪卫武公箴国之戒。有谋则就,盍归乎来。可。

出处:《四明文献集》卷四。
撰者:王应麟
考校说明:编年据王应麟任两制时间、《宋史》卷四一四《叶梦鼎传》补。

昝万寿特授复州团练使知嘉定府兼
成都府路安抚副使诰
（咸淳七年七月至十二月间）

敕具官某：率宁人，有指疆土，尤重嘉师；谨侯度，修尔戎兵，其惟良将。懋简折冲之绩，诞敷进律之褒。尔挺志忠纯，受才沈毅。壮谋定金城之略，雄棱憺玉门之关，统戎沔阳而威信孚，宅牧泸水而保障固。肆畴咨于虓虎，俾易镇于犍为，正秩戎团，仍贰帅闑。惟严于备御则江流靖，惟勤于抚绥则民心安。往奏肤公，祗若明训。可。

出处：《四明文献集》卷五。

撰者：王应麟

考校说明：月份据王应麟任两制时间补。

谢方叔特授特进依前观文殿大学士
惠国公致仕加食邑食实封制
（咸淳七年十二月九日）

门下：嗣德罔不在初，惟忠厚为家法；旧人丕克远省，惟爵齿为达尊。顾予缵图，受命施惠。敬休亿万载，燕及皇天；咨尔二三臣，既右烈考。乃眷垂车之佚，诞颁锡位之荣，绎于师虞，扬以涣号。金紫光禄大夫具官谢方叔，闳深而耆艾，忱裕而粹夷。经德不回，凛松柏后凋之操；秉心无竞，参珪璋特达之纯。曩宅揆以奋庸，善守文而持正。仲山之明且哲，以保其身；孟轲之致为臣，皆有所式。行愿素履之吉，受祉黄发之宜。法空谷之自持，藐浮云之何慕？惟今立政，稽古尚贤。未遑设几以须，若仁祖遇衍之礼；必有进官之宠，若哲庙待绛之彝。联华一品之阶，冠序群公之表。通观故事，实非上宰以不除；用奖耆儒，庶乎清风之咸耸。仍延恩之沓职，增奉邑之新畬。於戏！践阼而问丹书，朕既迪周王之训；箴国而作懿戒，尔益逾卫武之年。俾寿而臧，有猷则告。可。

出处：《四明文献集》卷四。

撰者：王应麟

考校说明：编年据《续宋宰辅编年录》卷二〇补。

赐方逢辰等诏
（咸淳七年）

我朝取士之途，惟进士一科得宾兴遗意，事莫重焉，出为世用者，台莱杞李之材相望也。近年士风盛而古意衰，习竞浮华，辞昧体要，真才不足以胜谀闻，雷同反得以蔽颖出，朕甚非之。尝于秋赋澄其源，且令覆引汰其谬，能者信矣。比复豫戒春闱，以论策定去取，经赋第高下，此则苏轼所谓以文章言论策为有用意也。兹柬儒彦，参典文衡，其既乃心，其详乃视，毋苟且，毋偏执，所置先后惟其当，不必以不自己出为嫌，为国得人，益绵丰芑之泽，则予一人以怿。

出处：《咸淳临安志》卷一二。

禁珠翠销金诏
（咸淳八年正月一日）

群臣之言崇俭者屡矣，朕听其言而行之者亦屡矣，其言犹不置，是不容不周思熟虑，求以置身于无过之地也。然必自宫掖始，斯可以息人言。其珠翠销金之饰，实崇俭之大者，远而艺祖以至列圣家法可考，一越乎此，皆祸所伏；近而先帝率而从之，尤表表在人耳目，朕乌可不仰遵诏诰！其自今宫禁敢以珠翠销金为首饰服用，必罚无贷；臣庶之家，亦宜体悉；工匠犯者，一如景祐之制，定从重典。

出处：《咸淳遗事》卷下。又见《宋史》卷四六《度宗纪》，《宋元通鉴》卷一二三，《宋史记》卷一四，《南宋书》卷六，《宋史新编》卷一四。
考校说明：编年据《宋史》卷四六《度宗纪》补。原书系于咸淳六年三月。

官不数易诏
（咸淳八年正月一日）

朕惟有虞之时，明功实以定德，久艺业以程能，官于其职者盖终身不易。而考察之法必于三载之后，又积而三之至九载，始进其有功者，而其不能者退之。兹万世不易之典。汉之为吏者长子孙，亦有遗意。朕既未能法于古，而博聚贤隽，制官授职，甚有望焉。比年吏习日偷，人怀一切，怠忽荒政，乃罔攸畏，岂独无一心劳职、不懈于位如古之人哉! 咎在夫计日待迁而任事之日浅也。夫任事日浅,则功不能成;计日待迁,则人无固心。以无固心之人,而乏功能之可纪,博观内外,胡可谓治? 天下之情,乐进陟而苦留滞,仅习其事,乃未克究,则又望而之他,于是吏胥习玩,益得以执其柄,而复有取足于愿欲惟恐不去之为急。私尔忘公,岂可以训? 虽欲任之,其能久乎! 终亦相率而为伪也。若稽祖武,自艺祖有罢岁月序迁之制,列圣相承,一是不越。如任中丞者十二年,班尚书者十年,典诰命者二十余年,居经筵、三司者各十余年,守齐州者十七年,前后守西山者二十余年,守河北者亦如之,盖不可一二数也。嘉祐百察能久其官者,元祐有再任乃升一职资序之法,以至绍兴九年、隆兴元年之诏,可谓深切著明。当是时,人无冗滞之叹,国享得人之效,何其盛也。兹当正岁,率作兴事,继今内而郎曹、外而牧守以上,更不数易,以隮实政,厥有治状昭著,自宜奖异,固无嫌于久也。凡未显擢者,固不以此限。咨尔有位,咸知朕意。

出处:《咸淳遗事》卷下。又见《宋史》卷四六《度宗纪》,《宋元通鉴》卷一二三,《宋史记》卷一四。

谢方叔特赠少师诰
(咸淳八年二月四日)

敕:旧人不远省,甫敷休复之恩;一老不憖遗,亟揽余忠之奏。聿怀耇彦,载锡愍章。具官某秉心纯明,制行果毅。振直声于言路,迪简先帝之知;耸雅望于政途,遂登上相之任。裕于进退,介以寿臧。致为臣而归,从容知止;虽尔身在外,注想询猷。念未逾卫武之年,曷弗瘳平津之疾。惟德爵齿昔所难兼,若耆成人今其余几。九京不可作已,亚师于以赠之。噫! 就珍从以乞言,嗟清规之已远;及生存而加绶,慨荣命之不先。礼貌其隆,始终无愧。可。

出处:《四明文献集》卷五。
撰者:王应麟
考校说明:月、日据《宋史》卷四六《度宗纪》补。

王应麟转朝请大夫制
（咸淳八年三月）

　　礼说庄敬恭俭，具存载籍之间；学有缉熙光明，允赖群儒之助。届时竟帙，懋赏有彝。尔业履粹□，文章蔚赡。螭坳载笔，仍参谦约之司；虎观谈经，□有切磨之益。乃若汉儒之《礼记》，无非孔氏之格言。三百三千，仪文悉备；多闻多见，考论无遗。虽明道未尝计功，然用德所以彰善。特颁褒颂，爰进文阶。大夫执圭，取彼春朝秋请之义；从臣第颂，弘我上嘉下乐之规。

出处：《深宁先生年谱》。

祀明堂诏
（咸淳八年四月）

　　崇节俭而国用犹绌，斥贪残而民瘼未苏。坚壁相持，虮虱生于介胄；连营久戍，牛马疲于转输。深恻于怀，未烛厥理。匪藉高穹之祐，曷臻广宇之安？卜用辛之吉，既有典常；戒先甲之期，罔不祇肃。我将我享，亦惟治内外而始忧勤；有报有祈，庶几去灾害而来福祉。朕以今年九月有事于明堂。咨尔攸司，各扬乃职，相予肆祀，毋或不恭。

出处：《咸淳遗事》卷下。
考校说明：原书曰"秋九月，祀明堂，诏曰……"，省略部分即此诏。然诏文称"朕以今年九月有事于明堂"，此诏时间当早于九月。《全宋文》校勘记曰"当在四月"（第三五九册，第四一三页），从之。

章鉴特授端明殿学士同签书枢密院事诰
（咸淳八年六月十一日）

　　敕：祇勤外治，劻勷中枢。以敉宁武功，倚群贤之强本；惟几康弼直，咨同德之合谋。迪简茂臣，诞扬明命。具官某器裕而守正，识融而履纯。中外不倚不流，得诸涵养之厚；学问如磨如琢，从我新益之游。俊心灼知，贤业可大，乃践争臣之列，乃仪常伯之联。绳愆格其非，出纳惟允；陈善谓之敬，就将有光。察其忠嘉,宜在宥密。念《采薇》守卫之策,正彻桑绸缪之时,风寒严护于江淮,月捷冀清于襄岘。有常立武,无竞维人。若颐浩由天官而升,若晏殊以宫寀之旧,俾陪借箸之画,式协推车之忱。班书殿而总要经,爵躬圭而增多邑。其赞帷幄筹之运,以成道德威之强。噫,在元祐则岩叟谠言,用君子而保国;在中兴则臣鼎远虑,申军律而治兵。共济民谟,克迈前哲。可。

出处:《四明文献集》卷五。

撰者:王应麟

考校说明:月、日据《宋史》卷四六《度宗纪》补。题后原注:"外制掖垣稿,以下同。咸淳八年。"

高斯得依前行起居舍人特授兼侍读诰
(咸淳元年正月至咸淳四年间或咸淳七年七月至咸淳八年七月间)

敕具官某:朕闻学于古训乃有获,询兹黄发则罔愆。在天圣时,臣奭以《尚书》劝讲;在元祐际,臣维因《宝训》进规。诞登耆儒,聿骏先烈。尔履粹而养以直,学醇而资之深。惟耇成人,肯来览德;曰太史友,命尔纪言。眷聚辨居行之勤,倚熏陶涵养之益。何相见之晚也,试垂听而问焉。百篇雅奥之文,中兴修攘之治,示我显行,率惟敉功。清闲之燕尽精思,朕乐观于凤望;温润之气可开道,尔念绍于前修。可。

出处:《四明文献集》卷五。

撰者:王应麟

考校说明:编年据王应麟任两制时间、高斯得宦历补,见《宋史》卷四〇九《高斯得传》。

勉留贾似道御笔
(咸淳八年九月)

乃者用卒大报,款原庙,祼太室,气景晏温,神祇祖考之安乐,于此可验。暨将事祀于总章,质明而雨,俄即开霁。至躬执圭币以展孝思,星月明洁,天宇肃清。神既介享,端闱昕御,霈泽滂流。朕方归福东朝,以奉怡愉之乐,忽览奏牍,师相乃以遇雨引咎,翩然出关。骇愕彷徨,罔知所指。乃若避法驾而不御,此朕所以尽寅畏之实,而不害其为熙成矣。师相岂可借以言去耶? 其勉为朕留。

出处:《咸淳遗事》卷下。

赐钱给沿江制置赵潜江防捍御诏
(咸淳九年四月十日)

襄阳六年之守,一旦而失,军民离散,痛切朕心。今年乾会节,其免集英殿宴,以钱六十万给沿江制置赵潜江防捍御。

出处:《宋史》卷四六《度宗纪》。

诫谕守臣诏
(咸淳九年四月十一日)

乃者边吏弗戒,致有襄难,将士频岁暴露,边民荡析离居,盡伤朕心。尔阃臣专征方面,宜身率诸将,宣扬国威,以赏戮用命不用命。尔守臣有土有民,宜申儆国人,保固封守。尔诸将尚迪果毅,一乃心力,各以其兵,敌王所忾。今朕多诰,尔其悉听明训,毋懈毋懔,习于故常。功多有厚赏,尔不克用劝,罚固不得私也。又如中外小大臣僚,有材识超卓、明控御之宜、怀攻守之略者,密具以闻,一如端拱二年制书,朕当虚心以听。

出处:《宋史》卷四六《度宗纪》。又见《宋史记》卷一四,《南宋史》卷六,《宋史新编》卷一四。

优赏杨春等诏
(咸淳九年四月二十七日)

南归人复有战功者予优赏,杨春、薛聚成、陈君谟、周海、周兴各补成忠郎,萧成、侯喜、丁甫、刘铸、郑归各补承信郎。

出处:《宋史》卷四六《度宗纪》。

赠范天顺定江军承宣使制
（咸淳九年四月）

贺兰拥兵，坐视睢阳之失；李陵失节，重为陇士之羞。今有人焉，得其死所，可无褒恤，以示宠绥？范天顺功烈虽卑，忠义莫夺，自均、房泛舟之役克济于艰，而襄、樊坐甲之师益坚所守。俄州刺史为降将军，尔乃不屈自经，可谓见危致命。

出处：《宋史》卷四五〇《范天顺传》。
考校说明：编年据《宋史》卷四六《度宗纪》补。

陈宜中辞刑部尚书乞闲不允诏
（咸淳九年六月后）

虚名误世，辞气若过于抑扬；实德服人，指意则有所归重。援是求去，非朕攸闻。

出处：《齐东野语》卷二〇。

陈宜中乞闲不允御批
（咸淳九年六月后）

卿以不必疑之言，而申必欲去之请，如国体何？前诏谓虚名实德，各有所指，盖尽之矣。书牍引嫌，勿书可也，何以去为。

出处：《齐东野语》卷二〇。

赐饶鲁敕
（度宗朝）

学圣惟贤，而全德之贤不概见；爱人以德，而希贤之德足伤怀。尔宿儒饶鲁据诸疏称，被仁服义，涵养孟、颜精神；羽传扶经，追踪程、朱脉络。卓尔隐耀东山，宜乎驰名北阙。兹闻沦谢，怛化殊深。怅九原之不作，幸三余之有存。敕葬虵封,永光邱墓。

出处:道光《万年县志》卷一四,道光七年刻本。

赐饶鲁敕
(度宗朝)

大道光昌,惟资名流羽翼;斯文灿著,必赖贤哲昭宣。立说等于泛常,则于斯文无补;著书精于纯正,实为大道攸关。宿儒饶鲁气象雍容,斑斑可录;践履平实,奕奕堪推。潜心名理,既养晦于山林;阒身幽室,应扬休于邦国。学有根柢,比肩濂、洛之班;德无瑕疵,接迹关闽之侣。合申恩典,以示褒荣。今朕嘉其明诚,旌曰"道学流芳",表振采于经帷,予专祠于祀典。继往之功莫泯,开来之学难忘。生前未膺宠擢,身后何惜荣施。

出处:道光《万年县志》卷一四。

赐陈藏一御批
(度宗朝)

令旨付藏一:所有陈世崇诗文稿都好,可再简几首来,在来日定要,千万千万! 四月五日辰初,付陈藏一。御押。

出处:元刘埙《水云村稿》卷七,影印文渊阁四库全书本。

哀痛诏
(咸淳十年十一月二十一日)

门下:先帝倾崩,嗣君冲幼,吾至衰鬒,勉御帘帷。曾日月之几何,凛渊冰之是惧。愤兹丑虏,闯我长江,乘隙抵巇,诱逆犯顺。古未有纯是夷虏之世,今何至泯然天地之经! 嘅国步之阽危,皆吾德之浅薄。天心仁爱,示以星文而不悟;地道变盈,警以水患而不思。田里有愁叹之声,而莫之省忧;介胄有饥寒之色,而莫之抚慰。非不受言也,而玩为文具;非不恤下也,而壅于上闻。靖言思之,出涕滂若。三百余年之德泽,入人也深;百千万姓之生灵,祈天之祐。亟下哀痛之诏,庶回危急之机。尚赖文经武纬之臣,食君之禄,不避其难;忠肝义胆之士,敌王所忾,以献其功。有国而后有家,胥保而相胥告。体上天福华之意,起诸路勤王之师。勉策勋名,不吝爵赏。故兹诏谕,想宜知悉。

出处:《文山先生纪年录》。又见《续宋宰辅编年录》卷二三。
考校说明:本文是谢氏以太皇太后身份发布的诏令。

勤王檄
(咸淳十年十二月二十一日)

洪惟艺祖,肇造我邦,至于高宗,爰宅吴会,以仁守位,以德配天,未尝行一不义,杀一不辜,而以质诸无疑,证诸不悖。理宗四十一年忠厚之泽,著在生民。先帝一十载恭俭之心,何负天下? 不念桓温群众,尚受卵翼之恩;李陵一门,初无毫发之损。国家厄运至于如此,人心忠义其孰无之? 太皇后七秩之圣躬行天下,孤惸之冲质在人情,犹知惜乡邻之老幼,岂臣子忍坐视君父之危阽? 宁无郡国忠臣,亦有江湖豪杰。若合倡义之旅,载驰勤王之师。如陶士行慷慨之征,以张魏公忠赤之志。救日之弓,救月之矢,便直指于旌旗;如砺之山,如带之河,尚永坚于盟誓。檄到诸路,咸使闻知。

出处:《续宋宰辅编年录》卷二〇。又见《三朝野史》。
考校说明:月、日据《宋史》卷四七《瀛国公纪》补。

收贵戚释道租税诏
(咸淳十年十二月二十三日)

边费浩繁,吾民重困,贵戚释道,田连阡陌,安居暇食。有司核其租税收之。

出处:《宋史》卷四七《瀛国公纪》。

理宗度宗恭帝朝卷二十四　德祐年间(1275—1276)

张起岩依前武功大夫复州团练使特升除带
御器械知夔州兼夔路安抚副使诰
（德祐元年正月前）

　　敕具官某：朕眷蜀道以注怀，属夔门之谋帅，敉宁武功于西土，迪简安边之良将。得猛士守四方，遹求固圉之绩。尔谋老事壮，知深勇沈。宅牧犍为，暨暨捍城之略；参华方面，洸洸敌忾之忠。畴咨折冲，乃命改镇。肆颁进律之渥，明陟凒带之联。其览平沙八阵之图，以护长江万里之险。可。

出处：《四明文献集》卷五。
考校说明：编年据张起岩宦历补，见《宋史》卷四七《瀛国公纪》。王应麟此时未任两制，此制或为《四明文献集》误收。

忠祐庙敕
（德祐元年正月十四日）

　　敕：太学环璧之宫，群才所萃；忠臣义士之气，千载如生。庸锡纶言，以光庙食。太学土地忠文王赤心贯乎日月，劲节凌乎云霄。江汉滔滔，武夫洸洸，曩感激驱驰于受任；璧雍汤汤，威仪抑抑，今聪明正直以动人。豪杰闻而作兴，懦夫为之有立。方今□□□□，边事未宁，想神力阴助于驱除，在圣朝宜有以褒异。爰因旧号，用辑新荣。忠则祖逖誓渌之心，文则诸葛出师之表。英灵如在，炳乎昭昭之灵；气概不磨，壮哉烈烈之勇。今□字以称美，为□□之宠□。幽为神，明为人，皆有关于□运；御大灾，□大患，其默相□国家。胙□□融，歆承无斁。□□□□文昭烈王。

出处：《两浙金石志》卷一三。

考校说明：原文末句后云："奉敕如右，牒到奉行。德祐元年正月十四日。"

高达特授少保依前宁江军节度使左金吾卫上将军荆湖北路制置副使兼安抚使马步军都总管兼知江陵军府事兼管内劝农营田使节制本府屯戍军马固始郡开国公加食邑食实封制

（德祐元年二月三日）

　　门下：朕倚重上游，图宁多难。命率以卫中国，伫闻执讯之勋；式公而弼一人，允迪保邦之训。酬劳进律，孚号扬廷。某雄深而尚谋，福艾而持重。廉颇为将，岂忧匈奴哉；充国善兵，无逾老臣矣。名著岘山之草木，计安鄂渚之金汤。慨彼相之忌功，不能早用；迨我围之孔棘，未尝辞难。命以江浒告成于王，镇于荆州用武之国。愤孟贼摇我疆之惨，投鞭断流；恃熊罴不二心之臣，若防制水。元戎十乘，以御侮于危急；二矛重弓，以协力于旬宣。维枢臣趋勤王之行，而阃寄专守圉之任。东连吴、西连蜀，尔为长城；卯受诏、辰出师，尔绍前烈。傒《采薇》三捷之奏，跻位棘亚保之班。在昔世忠暨于张俊，皆自仪同而序陟，用劝殊庸；今以校联而真除，时惟茂渥。盖注意隆则恩必厚，锡宠优则功可期。衍食真畬，增光斋钺。於戏！啴啴戎车，方叔率止，朕有嘉克壮之猷；烈烈征师，召伯成之，尔尚集既平之绩。祗承异数，懋建肤公。可。

出处：《四明文献集》卷四。

撰者：王应麟

考校说明：编年据《宋史》卷四七《瀛国公纪》补。

文天祥特授集英殿修撰枢密都承旨依旧江西安抚副使诰

（德祐元年二月）

　　敕具官某：多难维其棘矣，有嘉卫上之忠；来朝又何予之，载锡在师之宠。脂车趣驾，进律敷恩。尔才裕经纶，器兼文武。以皋伊冠伦之望，有管乐济时之猷。

纠合义师,欲以身任国家;感愤外患,不以贼遗君父。忧分阃,畀重弓,导旨预前,筹之画□。朕方旰食而虑,尔盍夜衣而行。知当缨冠投袂之时,正如奉瓮沃釜之急。用隮华于书殿,俾眠渥于从涂。修戈矛与同仇,亟其入觐;运帷幄而决胜,尚赖协谋。可。

出处:《四明文献集》卷五。

考校说明:编年据《文山先生全集》卷一七《文山先生纪年录》补。王应麟此时未任两制,此文或为《四明文献及》误收。

罢贾似道诏
(德祐元年三月三日)

大臣具四海之瞻,罪莫大于误国;都督专阃外之寄,律尤重于丧师。告九庙以奉辞,诏群工而听命。具官似道,小才无取,大道未闻。昔相穆陵,徒以边将而自诡;逮事先帝,又以国事而自专。谓宜开诚布公,以扶皇极,并谋合智,以尽舆情,乃恣行胸臆,不恤人言。以吏道沮格人材,以兵术剗裁机务。括田之令行,而农不得安于野;榷利之法变,而旅不愿出其途。矧当任阃之驰驱,不度戎事之缓急。战功旷岁而不举,兵事愒日而不修。纤悉于文法之搜求,阔略于边政之急切。遂令饮马,倏渡长江。乃者抗表出师,请身勘难。人方期以孔明之志,朕亦望以裴度之功。谓当缨冠而疾趋,何为奉头而鼠窜。遂致三军解体,百将离心。彼披甲之谓何,乃闻声而奔溃。孟子曰吾何畏彼,左氏云我不成夫。社稷之势缀旒,是谁之过?缙绅之言切齿,罪安得辞?姑示薄罚,俾尔奉祠。於戏!膺戎狄,惩荆舒,无复周公之望;放驩兜,殛伯鲧,尚宽《虞典》之诛。可罢平章军国重事、都督诸路军马。

出处:《续宋宰辅编年录》卷二一。又见《钱塘遗事》卷七,《西湖游览志余》卷五。

陈宜中特授右丞相依前兼枢密使都督
诸路军马加食邑食实封制
(德祐元年三月五日)

门下:朕思济多艰,畴咨硕望。惟尹躬有一德,右厥辟而宅师;惟说命总百官,置诸左而纳诲。嘉乃经纶之学,弼予宁牧之功。无竞维人,倚同心之辅政;式序在位,协鼎足之承君。延拜元台,诞敷垣制。具官某德秉乎弘毅,识造乎高明。知仁勇之资,治国家而有裕;刚大直之气,塞天地以无疑。简在先皇,俾辅后嗣。赞雷厉风飞之决,宗庙再安;开否消泰长之机,纪纲一正。定众志于缀旒之际,回治象于惊涛之冲。精神强而英隽聚朝,指授当而将士用命。忠贯皦日,未尝言房、杜之功;计安生民,将欲复文、武之境。乃若休休有容之度,蔼然济济相逊之风。盖开忱布公之心,犹恐无助;而应变守文之美,其惟协恭。若昔元祐之隆,登庸成德之彦。闵劳大事,咨重事之谋;仪图真儒,冠上相之任。祗遹先宪,增光前闻。六月薄伐而饬戎车,仍令督军之寄;千里决胜而运筹幄,聿严基命之谟。以尊冢宰掌邦治之权,以懋百揆熙帝载之绩。申陪邑采,丕耸岩瞻。於戏!四海既平,时靡有争,朕正倚修攘之略;三后协心,同底于道,卿益恢康济之猷。惟时惟几,以迓天休;惟和惟一,以凝国是。保大定功而干戈戢,更化善治而福禄来。乂我受民,钦若成烈。可。

出处:《四明文献集》卷四。

撰者:王应麟

考校说明:编年据《宋史》卷四七《瀛国公纪》补。

勉谕陈宜中诏
(德祐元年三月五日后)

　　吾惟艰危之时,卿以忠义之忱,扶持宗社,一日去位,吾如失左右手。惠然肯来,再登右揆,用景祐名相茂典,以遂谦冲之美。国事日棘,人心易摇,非卿谁与镇安?羽书狎至,诸将出师,非卿谁与指授?岂可以辞避之小节,忽安危之大计?俟边境肃清,国势底定,然后从容就养志之乐可也,今何如时,而欲辞位?趣承涣命,以副具瞻。

出处:《四明文献集》卷二。

撰者:王应麟

考校说明:编年据陈宜中宦历补,见《宋史》卷四七《瀛国公纪》。

唐震特赠华文阁待制诰
（德祐元年三月九日）

　　敕：事君能致身，封疆之寄为重；自古皆有死，忠义之名长存。慨国步之斯频，嗟臣节之未厉。载嘉砥柱之操，三叹磬声之思。具官某刚毅近仁，质直好义。河北诸郡，独有真卿；睢阳一城，莫救许远。孤垒危于朝露，劲气贯乎秋霜。壮矣结缨，白刃可蹈也；哀哉握节，犀轩三禩之。乃次对于松阶，俾庙食于栾社。锡以令谥，录其遗孤。□□□□，若中兴之褒唐重；九京可作，尚百世以祀番君。谅尔英魂，歆我愍典。可。

出处：《四明文献集》卷五。

撰者：王应麟

考校说明：编年据《宋史》卷四七《瀛国公纪》补。"庚辰"，《宋史》卷四七《瀛国公纪》作"庚申"，然此月并无庚申日，当为"庚辰"之误。

张世杰依前保康军承宣使枢密副都承旨特授
沿江制置副使知江阴军兼浙西策应使诰
（德祐元年三月十四日）

　　敕：阃外制将军，必有重弓之备；师中承天宠，趣颁三命之荣。朕植江表之藩篱，图浙河之屏翰，乃授西讨之略，以先元戎之行。具官某志节忠纯，才猷明果。帷幄决子房之胜，屡敌忾以献功；草木知万福之名，独解纷而排难。义概倡勤王之勇，雄稜壮御侮之威。愤妖垒之未平，虑狡谋之匪茹。悉楫电迈，有捕鹿掎角之形；虓旅飚驰，有击蛇首尾之势。涆腾月捷，大振天声。予欲严守御于澄江，以捍蔽近甸；予欲复疆理于京口，以进取列城。擢贰方面之权，兼绾郡符之寄，合汉将筹策之用，建唐使应援之名。运掉适宜，士气百倍；奇正迭出，虏祲一清。岂止日畿之安，庶几天堑之定。若昔臣俊，受任中兴。天惟悠我民，朕念绍于前烈；师以顺为武，尔呕奏于肤公。可。

出处：《四明文献集》卷五。

撰者：王应麟

考校说明：月、日据《宋史》卷四七《瀛国公纪》补。

令尚书省榜禁朝臣京官负国逃遁诏
（德祐元年三月）

　　孟轲谓"君视臣如草芥,则臣视君如国人",又谓"谏于其君而不听则去,穷其力而后止",识者犹以为非君臣之正谊。我朝三百余年,待士大夫以礼。吾与嗣君遭家多难,尔大小臣未尝有出一言以救国者,吾何负于汝哉？今内而庶僚畔官离次,外而守令委印离城。耳目之司既不能为吾纠击,二三执政又不能倡率群工,方且表里合谋,接踵宵遁。平日读圣贤书,自诿谓何？乃于此时作此举措,或偷生田里,何面目对人言语？他日死,亦何面见先帝？天命未改,国法尚存,可令尚书省具见在朝臣、在京文武,特转二官。其负国弃予者,令御史台觉察以闻,且榜朝堂,明吾之意。

出处:《续宋宰辅编年录》卷二一。又见《宋季三朝政要》卷五,《宋史》卷二四三《后妃传》,《西湖游览志余》卷六。

考校说明:本文是谢氏以太皇太后身份发布的诏令。

王应麟真除中书舍人兼直学士院制
（德祐元年三月）

　　彩笔代言,地莫重于修省；玉堂挥翰,职尤重于北门。妙选一儒,俾当两制。朝请大夫王应麟若古吉士,为今闻人。蕴藉宏深,富诸子百家之学；文章尔雅,有三代两汉之风。顷尝典于丝纶,见谓工于黼黻。矧当事机倥偬之会,兹乃词命填委之时。惟诰可以回迷民,惟诏可以戡悍卒。惟立马一挥之制,各得其体；惟狡兔三穴之语,切中其机。兹惟汝能,不匮厥指。昔在元祐,轼以紫薇而掌禁林；粤若建炎,藻以掖垣而兼翰苑。罔俾专美,其昌斯文！

出处:《深宁先生年谱》。

罢公田敕
（德祐元年春）

　　公田之创,非理宗之本意。稔恶召怨,最为民苦,截日住罢。其田尽给付原佃主,仰率租户、义兵,会合防拓。

出处:《齐东野语》卷一七。

<h1 style="text-align:center">江万里特赠太傅诰</h1>
(德祐元年四月三日前)

敕:多难维其棘,方加璧以趣来;一老不慭遗,怆《怀沙》而永逝。哀哉殄瘁,闻者尽伤。慨念精忠,时扬愍册。具官某文起八代之陋,学贯六经之传。休休其心有容,得宰相体;蹇蹇匪躬之故,先天下忧。九龄罹偓月之谋,诸梁深如岁之望。若涉渊冰求济,尚明保予;猷询黄发罔愆,惟克迈训。聿怀劝讲之助,骇闻遗札之言。寇至盍去诸,弗易子思之守;人莫我知已,宁从彭咸之居。凛一节之不渝,虽百身其莫赎。赉以苏轼之谥,襚以谢安之官。将兴百世而立懦夫,用张四维而厉臣节。噫!仁必有勇,嗟予失纳诲辅德之贤;义重于生,可以愧临难苟免之士。英魂未昧,茂渥其歆。可。

出处:《四明文献集》卷五。
撰者:王应麟
考校说明:编年据同集同卷《江万里特赠太师诰》补。

<h1 style="text-align:center">江万里特赠太师诰</h1>
(德祐元年四月三日)

敕:君子式黄发,莫重乎德齿之尊;圣人有金城,莫难乎节义之守。嗟予大老,逢此鞠凶,用震悼于朕心,肆表章其芳烈。具官某浩气刚直,德性高明。孤忠自持,屡堕林甫偓月之计;特立不倚,靡附贾充夕阳之奸。盍归乎来,克迈乃训。若金用砺,方咨汝说之贤;怀瑾握瑜,永慨灵均之恨。御事罔或耆寿,其天不吊慭遗。哀哉奸良,潜焉出涕。彼误国不死,适以遗臭万年;维杀身成仁,凛乎生气千载。襚师垣之极品,贲哀敛之殊荣。噫!三公唯其人,怅失扶颠持危之助;九原如可作,尚兴廉顽立懦之风。可。

出处:《四明文献集》卷五。
撰者:王应麟

考校说明:编年据清抄本、《宋史》卷四七《瀛国公纪》补。

辅烈侯诰
(德祐元年四月二十日)

敕忠烈庙神辅显侯程富:神之有功于人,能御大灾、捍大患者,非独其主之灵异而已也,亦其佐者有助焉。尔与享于庙,克相威灵,亦既列于侯爵矣,兹颁异数,易以嘉名。祗服宠光,益思助顺。可特封辅烈侯。德祐元年四月二十日。

出处:弘治《休宁志》卷三一。

忠壮公远祖元谭追封忠佑公诰
(德祐元年四月二十日)

敕世忠庙神忠烈显惠灵顺善应公程灵洗远祖东晋新安太守元谭:循良之臣,典礼宜祀;本原之义,幽明所同。尔当典午之朝,实领专城之命。遗爱不泯,赐地犹存。况有烈孙,久严庙食。善必基于累世,福恒施于一方。爰锡褒章,用广劝孝。尚庇尔后,以闶厥灵。可特封忠佑公。

出处:弘治《休宁志》卷三一。
考校说明:原文末句后云:"奉敕如右,牒到奉行。德祐元年四月二十日。"

忠护侯诰
(德祐元年四月二十三日)

敕世忠庙神忠烈题惠灵顺善应公子故陈谯州都督程文季:惟汉关寿亭及唐张睢阳,皆有令子世济其忠,侑食崇祠,应于祭法。惟尔生为名将,绰有忠壮之风;没显威灵,不愧神明之胄。肆疏封于列爵,爰纪绩于有司。尔其益恢阴功,以赞乃父,相我稼事,福我邦人。聿昭庙祐之光,称朕象贤之意。可特封忠护侯。

出处:弘治《休宁志》卷三一。
考校说明:原文末句后云:"奉敕如右,牒到奉行。德祐元年四月二十三日下。"

惠懿夫人诰
（德祐元年四月二十三日）

敕世忠庙神忠烈显惠灵顺善应公程灵洗妻董氏：惟尔秉德之贞，作神之配，以祔食于故乡之祠久矣。凡神之威灵赫奕，时雨旸而驱疫疠者，繄尔阴相之贤。肆颁命书，以从民请。尚时式享，永孚于休。可特封惠懿夫人。

出处：弘治《休宁志》卷三一。

考校说明：原文末句后云："奉敕如右，牒到奉行。德祐元年四月二十三日下。"

李庭芝特授参知政事依旧淮东安抚制置
大使兼知扬州兼淮西策应大使诰
（德祐元年四月二十六日）

敕：祗遹先猷，仪图哲辅。庆历彦博之参国，秉肃将河北之征师；绍兴臣鼎之预政，除擢綦江右之大阃。乃眷干方之绩，延登弼假之联，载锡褒纶，率循茂典。具官某洪深而肃括，硕大而光明。曰阃外制之，蕴知国知兵之略；言长城远矣，兼允文允武之才。属边琐之孔艰，严风寒之谨护。淮浦戒我师旅，率励勤王之忠；执政犹吾股肱，灼知体国之志。朕慨《采薇》治外之急，思集蓼莪患之谋。敕命惟时惟几，盍惜阴而攘却；继今立政立事，其揆策以赞襄。是用擢贰台衡，仍分阃钺，以协济日万几之务，以耆定月三捷之勋。旂全如光弼之增明，廊庙有德裕而益重。衍其采邑，壮乃威声。噫！东方毕公率之，虽身外而心王室；北伐张仲在矣，其武服以奏肤公。无竞维人，往敬用治。可。

出处：《四明文献集》卷五。

撰者：王应麟

考校说明：月、日据《宋史》卷四七《瀛国公纪》补。

王应麟赐紫金鱼袋兼同修国史实录院同修撰兼侍读制
（德祐元年四月）

朕监于成宪，惟敦学积厥躬；佛时仔肩，以光明示我德。妙柬多闻之彦，俾居劝诵之班。朝请大夫、试中书舍人、兼直学士院、新兼同修国史、实录同修撰、赐紫金鱼袋王应麟，高明而沈潜，闳通而博雅。造诣得儒先之奥，游夏渊源；文章为时人之宗，卿云河汉。岂惟言语妙天下，方将仁义陈王朝。爰跻进读之联，庶几纳诲之助。昔苏轼之在西掖，尝侍迩英；而德秀之入翰林，亦兼经幄。此乃我朝崇儒之意，而况新政访落之初。懋乃嘉猷，光乃前哲。正心诚意之说，朕所欲闻；陈善责难之恭，尔其素讲。殚尔忠荩，辅我缉熙。

出处：《深宁先生年谱》。

赐文天祥敕
（德祐元年四月）

文都承将所部人兵留屯隆兴，非但为隆兴守御计，异时随机用事，其为效与勤王等。今据文都承申，所部之兵皆土豪忠义，锐气方新，战斗可望胜捷，不可闭之城郭，词气甚状，此朝廷之所乐闻。札江西安抚副使、提刑、知赣州、殿撰文都承，且照累札，时暂驻隆兴府，续听行下，以图隽功。

出处：《文山先生纪年录》注。又见《续宋宰辅编年录》卷二三。

特起复授端明殿学士知庆元府沿海制置使诰
（德祐元年四月后）

敕：朕慨思时艰，申饬外治。陟禹迹至海表，其克诘于戎兵；命毕公厘东郊，以谨固于封守。眷论思之峻望，懋牧御之殊庸。赐齐履以重临，墨晋经而强起。某官学茂而识裕，志刚而气和。议论通古今，动众心，介然寒谔之操；文武有威风，知大体，展也经纶之才。以常伯简知于先朝，惟连率着勋于鄞水。黍苗之泽允洽，甘棠之爱不忘。虽孝思切舆榇之永怀，而民望期霸伐之再至。剪狼心之匪茹，严鲸沫之预防，牖户阴雨之备未修，戈船下濑之师多缺。人惟求旧，戎有良翰。弓钺之锡专征，趣为朕往；金革之事无避，难以家辞。仁庙咨臣靖镇桂林，孝祖诏臣介帅荆峡。事维孔棘，礼有从权。是用隮峻职于承明，耸雄稜于制阃。即里门而视印，冀溟渤之澄波。噫！精神强本折冲，既念移忠之义；喉舌赋政于外，益图敉武之功。勿迟其行，式克用乂。可。

出处:《四明文献集》卷五。

撰者:王应麟

考校说明:编年据《宋史》卷四〇五《刘黻传》等补。《宋代诏令全集》系于咸淳六年闰十月五日(第二四八三页),误。

责谕贾似道归里终丧诏
(德祐元年五月四日)

敕似道:吾闻忠孝臣子之大节,命义天下之大戒。卿受国家之殊遇,居将相之重任。迩者督师弗绩,蹙国债军,人言沸腾,欲正其罚。吾与嗣君念卿服劳王朝,务存体貌,俾归里终丧,用彰孝治。吾于待大臣之礼至矣。闻卿安处维扬,未即就道,公议坌涌,皆谓臧孙纥如防,《春秋》大义凛如霜日,君令臣从,焉可违也?吾维卿素以忠孝自负,必不固违吾命,以亏事君事亲之道。凡群臣所奏,姑惟置之。今归途未阻,可以退修初服,尽礼倚庐,而犹复翱翔淮堧,忠孝胥失,进退无据,大臣出处当如是乎?兹命李庭芝宣吾与嗣君忠厚之至意,卿其亟归丧次,以尽臣子之道,以弭公议之责,固当曲示保全。否则众论益甚,名教靡容,吾虽欲屈法伸恩,而不可得。卿尚明听吾言,善始以终,亦有辞于永世。故兹诏示。

出处:《四明文献集》卷二。

撰者:王应麟

考校说明:"四日",四库本、清抄本作"五日"。

王柏特赠承事郎诰
(德祐元年五月九日)

敕某:朕惟正学不明,士习颓靡,人心陷溺,稔成艰危。是用崇奖宿儒,使闻风兴起。尔祖为淳熙名流,尔远世其家,文献渊源,博以诸老之琢磨,养粹得深,卷道不试。从臣有请,追赉京秩。当孔棘之时,所以张四维、扶世教也。诏于幽扃,服享殊渥。可。

出处:《四明文献集》卷五。

撰者:王应麟

考校说明:编年据《宋史》卷四七《瀛国公纪》补。

勉谕王爚陈宜中诏
(德祐元年五月二十日)

遭家不造,狄难孔棘,民自择相,我兴授之。如光、公着皆中外之人望所冀,訏谟远猷,共济艰难。今人心浸回,援兵渐集,此二相协力经纶之功。夏已逾半,正当惜分阴以图攘却,时几易失,虏谋难测,吾朝夕凛凛。外议谓二相颇有不和之迹,览辅臣奏疏,忧爱恳切,谓定大计于危疑,诛大奸于仓卒,勋在王室,初无轻重,何嫌何疑而至是? 吾惟丙、魏同心,房、杜济谋,在平时犹然,况危急存亡之秋乎! 盍念国事之艰,协心同德,日入都堂,共议扶持宗社、拯救民生之策,勿以细故妨大计。

出处:《四明文献集》卷二。
撰者:王应麟

赐淮西制置大使夏贵奖谕诏
(德祐元年五月前后)

敕夏贵:朕惟盛夏逾半,分阴易流,诸路勤王兵已集,望卿奖三军以清江面。惟长淮以西,倚卿为金城,守庐复巢,通北江之咽喉。屡战屡捷,丑房胆寒,进师濡和,则建业、当涂有克复之期。奏六月之肤公,报先帝之殊遇,在此行也。卿谓水陆并进,随机用事,知勇明决,允契朕心。亟其合熊黑之士,扫蛇豕之穴,献俘清庙,饮至京师。宗社生民之福,岂惟予一人以宁。故兹奖谕。

出处:《四明文献集》卷二。
撰者:王应麟
考校说明:编年据文中所述史事补。

赐昝万寿诏
(德祐元年三月至六月间)

敕万寿:自丑房饮江,荐食近畿,国势岌岌。秋风已动,后忧方大。卿忠义谋略,名冠西川,房所畏者惟卿耳。缨冠投袂,以救国家之急,此卿之志也。吾与嗣君简注已久,屡颁手札,又谕丞相驰书,仍遣专使衔命趣召,未知使者已达吾意否乎? 诸将虽已进师,未有统帅,天其或者待卿以成肃清恢复之功。今再遣某官趣卿来。卿忠忱体国,必能提精兵,率良将,取间道鼓行而前,星驰入卫,以殄灭此虏为期。将士闻卿来朝,壮气百倍,虏不足平也。

出处:《四明文献集》卷二。

撰者:王应麟

考校说明:编年据王应麟任两制时间、昚万寿宫历补,见《宋史》卷四七《瀛国公纪》。

杨立依前右武大夫特授□州观察使依旧知涪州诰
(暂系于德祐元年三月至六月间)

　　敕:听鼓鼙,思将臣,欲济艰危之会;儆师徒,讨乱略,盍优奖擢之恩。其锡明纶,以旌壮概。具官某忠谊根于天性,知略习于边筹。砥柱蜀道之冲,贤长城远矣;汤池涪川之险,曰将军制之。独坚细柳之屯,屡奏《采薇》之捷,士气大振,虏胆为寒。修兵与偕行,久徯勤王之旅;出车维其棘,趣收殄虏之勋。宣力既多,陟明可后? 武爵峻隮于左广,使名超进于廉车。赏不逾时,益励熊罴之勇;师直为壮,遂清蛇豕之氛。亟成隽功,嗣封襃律。可。

出处:《四明文献集》卷五。

撰者:王应麟

考校说明:编年据王应麟任两制时间、杨立宦历补,见同集卷二《赐利西路安抚副使兼知涪州杨立诏》。

杨立特授翊卫大夫依前□州观察使升带行御
器械知涪州诰
(暂系于德祐元年三月至六月间)

　　敕:多难维其棘,缅思蜀道之艰;十乘以先行,式固涪江之守。慨蛇豕食上国之惨,恃熊罴不二心之臣。趣戒勤王之师,峻颁进律之宠。某雄姿果毅,义概魁闳。抚鸣剑驰伊吾,壮哉敌忾;饬戎车伐玁狁,伟矣折冲。玉关憺其威名,金城恃以屏翰。辑宁五郡,保障一方。天降割于我家,重以投鞭断流之患;心罔不在王室,挺然缨冠救斗之怀。遣将校而奉帛书,涉险阻而承羽檄。闻者兴起,发于忠忱。念江淮之巢窟未清,而荆益之襟喉犹梗,欲霆击而飚扫,盍卯命而辰行。是用升翊卫于横班,隮戹带于迩列。褒乃劲节,亟其疾驱。奖三军,攘奸凶,以报先帝;辟四方,彻疆土,肇敏戎公。投袂而来,侧席以俟。可。

出处:《四明文献集》卷五。

撰者:王应麟

考校说明:编年据王应麟任两制时间、杨立宦历补,见同集卷二《赐利西路安抚副使兼知涪州杨立诏》。本制时间当晚于《杨立依前右武大夫特授□州观察使依旧知涪州诰》。

<h1 style="text-align:center">日 食 求 言 诏</h1>
(德祐元年六月一日后)

敕门下:惟天降割我家,嗣君幼冲,未堪多难,吾以衰耄,勉同听政。明不能察奸臣之误国,仁不能救丑虏之殄民,德泽弗流,政令多失,乖气致异,适见于今。乃季夏月朔,日有食之既,阳微昼晦,变莫大焉。吾惟艰危之会,忧心如薰,重以灾异谴告,于何不臧,厥咎在吾,痛自刻责。贬损尊号,犹恐未尽应天之实,方与嗣君夙夜祗惧,省躬悔过。慨念奸臣专政之久,杜塞言路,蒙蔽天变,下情壅于上闻,祸至此极。今吾大警悟、大惩艾,虚心以改。惟人言所以达天意,咨尔百僚士庶,尽忠极言。凡凉菲之愆,政事之疵,黎元之疾苦,爰暨攘夷固圉之长策,可以销恶运、导和气者,毋有隐讳,将采择施行。人心悦而天怒解,庶其在此。布告中外,体吾至意。

出处:《四明文献集》卷二。

撰者:王应麟

考校说明:编年据文中所述史事补,见《宋史》卷四七《瀛国公纪》。

<h1 style="text-align:center">知枢密院事兼参知政事李庭芝妻徐氏特封永国夫人诰</h1>
(德祐元年六月十日后)

敕:朕称宗祀,遹求敉功。《常武》之修我戎,式倚筹帷之彦;《殷雷》之劝以义,载嘉阃范之贤。其锡纶言,用敷馈惠。具官某妻某氏,迪内则之训,蔼女士之芳。《鹊巢》夫人起家，助《召南》分陕之化；燕喜令妻受祉，集鲁邦膺狄之勋。《采薇》之捷既闻，《彤管》之褒可后？宜其家而有誉，贵于室而特封。翟茀鱼轩，赐沐湃溪之国；鸾书象轴，增光衮路之荣。可。

出处：《四明文献集》卷五。

撰者：王应麟

考校说明：编年据李庭芝宦历补，见《宋史》卷四七《瀛国公纪》。

王爚依前少保特授平章军国重事一月两赴经筵 五日一朝仍赴都堂议事加食邑食实封制 （德祐元年六月十五日）

门下：尊贤敬大臣，莫重乎老成典型之望；治国平天下，莫先乎内外修攘之规。眷予宅揆之英，允有经邦之略。二人同心之助，方共济于多艰；一日万几之繁，不欲劳以细务。优加异数，孚告明庭。少保具官王爚，清任而和，刚大以直。守文持正，至公以天下为心；尊主庇民，可久则贤人之德。行藏系善类之消长，出处关时运之盛衰。惟上帝眷予，爰立作相；维旧人远省，惠然肯来。定大计如砥柱之不移，折奸萌若元龟之先见。改纪其政，遹求厥宁。道德成乎安疆，国势复振；将相和则豫附，人心浸回。以救图功，丕应徯志。蹇蹇匪躬之故，允惟房、杜之济谋；休休其心有容，乃效皋、夔之相逊。朕若稽元祐，图任宿儒。一老时游庙堂，咨以大政；二相并秉钧轴，协于同寅。祗率彝章，参建硕辅。特崇耆艾之礼，俾居劳佚之间。举其宏纲，维《天保》、《采薇》之治；询兹黄发，有《访落》、《小毖》之谋。入开导于经帏，间从容于朝宁。圭脤申锡，体貌益隆。於戏！方叔克壮其猷，朕庶几复古之绩；伊尹自任以重，卿勿替格天之忠。寿俊在位则外患消，訏谟定命则治本立。懋乃一德，登于丕平。可。

出处：《四明文献集》卷四。

撰者：王应麟

考校说明：编年据《宋史》卷四七《瀛国公纪》补。

留梦炎特授宣奉大夫右丞相兼枢密使都督
诸路军马加食邑食实封制
(德祐元年六月十五日)

门下;选众而举皋陶,有虞所以凝庶绩;相右而命召奭,成周所以保受民。迪思先皇,敷遗哲辅。运筹决胜,惟简在上帝心;宅揆奋庸,其毖我成功所。告尔多士,扬于大廷。某官学醇而识宏,德厚而才裕,尊王秉礼之大义,深于《春秋》;救时行道之精忠,贯于日月。以少双寡二之望,为特立独行之儒。精神折冲,兼文武之略;夙夜基宥,冠枢机之谋。允具瞻之素孚,谓延登其已晚。栋隆不挠,硕果犹存。南国是式,作尔庸,懋乃攸绩;王事靡盬,不遑处,捍我于艰。欲经营四方以平夷,用奖率三军而兴汉。惟万民俟司马之之入,而上宰逊王曾之来。岂烦劝诵于经帷,咸望协熙于帝载。矧今天变未弭,国步未宁,明黜陟所以制治保邦,修政事所以攘夷复境。爰立作相,于粹图功。元祐并命三贤,若纯仁之跻次辅;绍兴总提二枋,若臣浚之督成师。陟序崇阶,衍赋多邑。庶几真儒无敌之效,丕展良弼辅德之谟。於戏!待裴度而开延英,时惟旧人图任;济房乔而断大事,尚冀乃僚同心。三后协可以泽生民,众正开可以杜群枉。指授当任则边氛静,处置得宜则国势强。式固尔猷,克迈乃训。

出处:《四明文献集》卷四。
撰者:王应麟
考校说明:编年据《宋史》卷四七《瀛国公纪》补。

李庭芝特授知枢密院事兼参知政事诰
(德祐元年六月二十日)

敕:思济多艰,畴咨硕辅。文附众、武威敌,懋时屏翰之勋;内修政、外攘夷,简在股肱之寄。图任亦惟求旧,折冲何必临边。爰登一贤,俾赞二枋。具官某才钜而识远,德粹而量宏。儒士知戎情,挺挺崇诗书之望;身外心王室,惓惓安社稷之忠。金城淮浦之要冲,砥柱广陵之巨镇,执讯获丑,屡奏肤公。协恭和衷,肆命予翼。慨念勤劳于疆圉,莫如谋画于庙堂。第一星曰天枢,晋陟筹帷之冠;间两社为公辅,复参台路之谟。若王淮之在淳熙,若昭先之于嘉定,迪惟注意,允矣兼资。趣侯圭而来朝,衍采邑而孔厚。噫,率有指疆土,朕思敉武以图功;其克诘戎兵,尔尚乂民而立政。懋展真儒无敌之略,适恢中兴复古之规。可。

出处:《四明文献集》卷五。

撰者:王应麟

考校说明:编年据《宋史》卷四七《瀛国公纪》补。

赐利西路安抚副使兼知涪州杨立诏
(德祐元年六月二十二日)

　　敕杨立:虏为不道,偷渡长江,似道督师,不战而溃,误国殄民,以至金陵、京口皆失守,妖氛延及近甸。冀四方忠臣义士,来救国难,以拯民命。赖天之灵,辅臣协图,屏黜似道,蠲除蠹国害民之政,人心顿回,尽力战守,叛将凶酋,相继殄灭,然后宗社仅安,京师稍定。天未悔祸,江陵之事又骇吾听。盖邮传阻隔,未知似道已黜,是以人无固志。惟卿智略辐辏,志气锴慨,秉忠仗义,董率精锐,进于三峡,奋勇鏖战,立功甚隽。吾与嗣君闻之嘉叹,有臣如此,可以灭虏朝食。望卿之来,以刻为岁。昔楚申包胥求救于秦,立庭墙勺饮不入口,况卿膺阃寄之重,必能投袂缨冠,赴国家之急。已擢卿正廉车之任,其亟星驰露次,救我艰危。或湖北路梗,盍取闲道,疾驰而来。勤王奏功,吾于高爵懋赏无所吝。故兹诏示。

出处:《四明文献集》卷二。

撰者:王应麟

考校说明:"德祐元年"据文中所述"虏为不道,偷渡长江,似道督师,不战而溃"补,见《宋史》卷四七《瀛国公纪》补。

赐四川制置副使兼知重庆府张珏诏
(德祐元年六月后)

　　敕张珏:吾拥佑嗣君,未堪多难,似道误国溃师,虏祸极矣,国事急矣。以卿忠忧壮概,著勋西蜀,用授节钺,联亚保,分蜀阃之寄。今戎氛逼近,其忧有重于蜀者。已出六月之师,趣诸将进讨,犹虑气势未合,如卿义勇奋发,吾望卿来,如望岁焉。同室有斗,缨冠往救;邻国有难,顿首出师。卿忠义质神明,其忍坐视国家之急乎?其亟奖率三军,星驰电迈。或湖北路梗,即从间道入援。《诗》曰:"王于兴师,修我戈矛,与子同仇。"吾所望于熊罴不二心之臣也。

出处:《四明文献集》卷二。

撰者:王应麟

考校说明:编年据张珏宦历、文中所述史事补,见《宋史》卷四七《瀛国公纪》。

黄万石依前资政殿学士特升江西制置大使兼江西转运使诰
(德祐元年三月至七月间)

敕:宣力四方汝为,既眠恩于政路;在师三锡承宠,盍增重于阃权。昔高庙之耆武功,命臣纲而镇江右,宏开制阃,特畀大名。祇率旧章,诞敷褒律。具官某经纶实学,开济远猷。吉甫文武宪邦,才周应变;孔明危难受任,志切救时。缨冠往以扶王事之艰,投袂起以赴乡邻之急。四郊若防制水,恃乃捍城;六师以修我戎,俟其卫社。慨天堑波涛之沸,凛风寒根本之忧。率四方诸侯,贲机衡之异渥;谋中军元帅,峻弓钺之专征。分陕之任益隆,珍虏之勋可冀,兼华漕节,植屏洪都。噫!元戎先十乘之行,朕欲壮中流之襟带;一贤制千里之难,卿其恢外御之规模。精神折冲则气势强,指授当任则将士励。既克有定,聿图尔庸。可。

出处:《四明文献集》卷五。

撰者:王应麟

考校说明:月份据王应麟任两制时间、黄万石宦历补,见同集卷二《勉谕江西制置大使黄万石置司隆兴府诏》。

勉谕江西制置大使黄万石置司隆兴府诏
(德祐元年七月五日)

敕万石:昔晋庾翼移镇乐乡,王衍谓江渚有虞,不相接救,方岳重将,当居要害之地,为内外形势,言兵者赘之。今天堑失险,深入堂奥,南昌为江西一都会,襟带中流。高庙命李纲为大使镇是邦,此中兴宏规也。卿志虑忠实,才猷开济,属大事当一面,吾以纲之任命卿,精神折冲,人心恃以不恐。闻卿驻兵临川,气势犹未翕合。商飚已动,分阴当惜,战守之计不容缓。卿其趣提师旅,开阃南昌,与守臣协图备御,乘机合谋,必以克复江池、肃清氛祲为期。《诗》曰:"戎车既驾,四牡业业。岂敢定居,一月三捷。"卿其懋哉!故兹勉谕。

出处:《四明文献集》卷二。

撰者:王应麟

考校说明:"德祐元年"据《宋史》卷四七《瀛国公纪》补。

赐夏贵诏
(德祐元年七月十一日)

卿以身殉国家之急,提兵力战,屡闻捷奏。比者丞相奏事,言卿素有勤王之志,欲率义旅入卫,惟江面未清,少迟其行。今秋风已动,国事孔棘,所忧在于根本。吾闻淮西之兵多忠勇,其民皆劲健,卿旧德宿望,诸将心服,以枢府董六师,吾事济矣。西阃之任,卿宜暂委参佐,亟戒徒驭,纠合熊罴之士,援枹誓众,星驰而前,以救危难。尚念两朝殊遇,朝闻夕道,吾之待卿,犹唐之待子仪也。

出处:《四明文献集》卷二。

撰者:王应麟

考校说明:"德祐元年"据文中所述史事补。

赐左相陈宜中勉谕造阙诏
(德祐元年七月二十四日)

敕宜中:丑虏凭陵,奸臣溃败,惟卿屹然为宗社之柱石。讨乱贼,去凶邪,收黎元之心,作将士之气,国势渐振,皆卿之功。彼何人斯,挟私肆毁。吾知此书诈也,卿何嫌何疑,翩然出关?命使者趣卿归造于朝,而出昼不少留。吾与嗣君朝夕徯望,忘寝废食。卿忠义贯日月,必恻然动心。矧秋风已动,虏谋日深,朝堂仅一右相,科琐边事,惟卿明习。守御孰缓孰急,将士孰勇孰怯,指授处置之方略,分阴不可缓,卿为国计,盍幡然而来?或不念吾老幼之茕疾,独不念先帝之殊遇乎!卿以安社稷自任,当危急存亡之秋,岂忍舍去?亟入政事堂,图所以攘夷复境之策。再命从臣勉谕,尚体吾恳切之意。

出处:《四明文献集》卷二。

撰者:王应麟

考校说明:"德祐元年"据陈宜中宦历补,见《宋史》卷二一四《宰辅表》。

赐李庭芝诏
(德祐元年七月二十四日)

吾拥佑嗣君,遗大投艰于身。丑虏凭陵,国步孔棘,妖巢狡窟,犹未扫除,西风已动,忧端方大。卿文武为宪,精神折冲,分钺十余年,威望具孚。卿尝有勤王之志,吾念淮堧为畿辅屏蔽,倚成攘夷复境之功。今虏氛未退,尤以根本为虑,运筹决胜,宜得知兵之儒,协赞庙谟。迩者命卿参预,意实在此。久当方面,练习兵事,无逾卿者,用遵庆历召琦、仲淹故事,趣卿入辅。指授当任,可以破坚,处置得宜,可以平蔡,其功倍于临边矣。已命夏贵宣威两淮,趣其入维扬。贵到,卿即率良将劲兵,星驾来朝。惟时惟几,分阴不可缓,卿其念之。

出处:《四明文献集》卷二。

撰者:王应麟

考校说明:年、月据《宋史》卷四二一《李庭芝传》补,"二十四日"据四库本、清抄本补。

陈文龙特授中大夫同知枢密院事兼权参知政事诰
(德祐元年七月二十六日)

敕:祈永命、开中兴,惟哲辅同心之助;诘戎兵、扬大烈,维世臣继美之能。永怀孝祖之圣谟,缅想乾道之贤佐。正色敢言之操,知为忠臣;赞元经远之猷,进贰宥府。天毖我成功所,予迪惟前人光。兹复见于魁儒,其聿遵于陟典。具官某识明而才裕,学粹而器闳。仁有勇、德有言,蹇蹇救时之志;和不流、中不倚,恢恢穆綷之谋。由首谏以畴咨,登中枢而共济。参翼《天保》、《采薇》之治,协图《蒸民》、《常武》之勋。慨四郊多垒之未清,凛一日万几之孔棘。若汎涛而求蒸楫,若支厦而萃良工。趣隮淳化名臣之官,峻升元丰执政之秩。乃兼翮假,用乂多艰,进爵侯圭,增封邑采,以隆股肱之眷,以计社稷之安。噫!子房决胜而运筹,盍益恢于长策;召公是似而锡祉,尚念绍于令名。朕方笃绳武之思,尔克迈象贤之训。可。

出处:《四明文献集》卷五。

撰者:王应麟

考校说明:编年据《宋史》卷四七《瀛国公纪》补。

汪立信特赠正奉大夫诰
（德祐元年七月二十六日后）

敕：名臣文武并尽，亦大惟艰；良士旅力既愆，不卬自恤。骇闻遗札，愍锡襚章。具官某谋猷川行，知略辏凑。贤长城远矣，才兼牧御之能；曰阃外制之，身佩藩翰之寄。慨怀危难，倚任攘除，击楫之志未酬，听鼙之思何及！纳书裒邑，跻三品之荣阶；鸣剑伊吾，想九原之生气。可。

出处：《四明文献集》卷五。
撰者：王应麟
考校说明：编年据汪立信卒年补，见《宋史》卷四七《瀛国公纪》。

赐淮东制置大使李庭芝奖谕诏
（德祐元年七月二十八日）

敕庭芝：惟天付予有家，冲眇未堪多难。蛇豕荐食，覃及畿甸。维扬截然中居，若防制水，恃以无恐。实惟礼乐诗书之帅，秉忠忱，翰王略，且战且守，屡奏肤公。迩者舟师不利，江氛未清，根本之谋，我用是急，趣卿入卫，强本折冲，庶几筹幄，可以决胜。奏章来谂，表撑里拓之虑甚密，申儆军实，招选劲兵，将有造国之期。朕惟宠嘉之。已命夏贵句宣两淮，卿候贵开阃，亟率将士星驰来朝。国人望卿，如望岁焉。商飙已肃，分阴当惜，戒我师旅，不留不处，罔俾《常武》之功，专美有周。故兹奖谕。

出处：《四明文献集》卷二。
撰者：王应麟
考校说明："德祐元年"据文中所述史事补，见《宋史》卷四七《瀛国公纪》。

王应麟除礼部侍郎兼中书舍人制
（德祐元年七月）

朕宏济时艰，旁求众正。夷典朕礼，所以立天下之经；说代子言，所以见王者之志。于昭并命，允谓得人。朝请大夫、试中书舍人兼直学士院、兼同修国史、实录院同修撰兼侍读、赐紫金鱼袋王应麟，肃括而宏深，高明而笃实。铜川之传远矣，厥有渊源；铁笔之操凛然，不淆泾渭。属更大化，服在迩联。其文字可独行于中朝，其论奏可昭示于当世。以崇礼劲节，并濯偃月之奸；以黼藻伟词，润色中天之业。□畴时望，进贰春卿。俾纶掖之兼行，示橐班之增重。粤若穆陵之初政，惟时建水之名儒，未及分六省之书，已擢置少常之列。乃今并锡，视昔有加。叠五组其辉扶，若余刃之恢拓。噫，礼信之士，则被庐伸蒐讨之威；赦令之孚，则山东兴忠愤之感。体予至意，懋尔远猷。

出处：清陈仅撰《王深宁先生年谱》，四明丛书本。
撰者：黄镛

王应麟辞免礼部侍郎兼中书舍人不允制
（德祐元年七月）

朕当国事多艰之时，命卿贰春官、掌西掖，岂缓于武而急于文哉？昔人谓班朝治军，非礼威严不行。诏书之下，能令武夫悍卒感泣，文事必有武备，岂不信然？卿文行粹明，论奏剀切，足以折奸朋之锋，植善类之帜。卿其为朕辨上下之分，以肃军容；敷心腹之告，以作士气。涣号已扬，需章为赘。所辞宜不允。

出处：陈仅《王深宁先生年谱》。
撰者：黄镛

再赐陈宜中诏
（德祐元年七月后）

吾自丞相出关，忧心如薰，屡遣使再下手诏，趣丞相造阙。闵闵如望岁，而未有来朝之期。谏臣抗疏，谓丞相当奸臣偾师之后，转危为安，勋在宗社，指授处置，诸将信服，狄难孔棘，此何时而可舍去？览之忱然。维危急之秋，一木支厦，罔不曰艰大，二相协力扶持，庶克有济。古社稷臣不轻于进退，矧受任艰难之际，不止身佩安危而已。前日之去，固知丞相之心有大不得已者。吾既察奸诬之迹，盍幡然而来？都人之瞻徯至切，将帅之意向易睽。其亟回公府，用图战守之计，迄成美功。

出处:《四明文献集》卷二。

撰者:王应麟

考校说明:编年据同集同卷《赐左相陈宜中勉谕造阙诏》、《宋史》卷四七《瀛国公纪》补。

李芾特授秘阁修撰枢密副都承旨依旧知潭州
兼湖南安抚湖北镇抚使诰
（德祐元年三月至八月间）

敕具官某:十国为连有帅,莫重于艰难之日;诸侯有功进律,莫先于守御之劳。尔忠义绍于儒先,器能济于世美。中立不倚,奸邪所忌,连蹇维谷,壮气不衰。宅牧星沙,分阃乡部。护风寒,奏月捷,精神折冲,使湘水无波,岳镇不摇。朕嘉乃勤,隮延阁绀书之职,贰宥廷导旨之联,文武二事兼之矣。时几孔棘,狡谋匪茹,惟事之备,以清氛祲,集粹功,用对扬我师中锡命之宠。可。

出处:《四明文献集》卷五。

撰者:王应麟

考校说明:编年据王应麟任两制时间、李芾宦历补,见《宋史》卷四七《瀛国公纪》。

夏贵特授两淮宣抚大使知扬州依前开府仪同三司
宁武军节度使左金吾卫上将军枢密副使兼侍卫马
军都指挥使加食邑食实封如故制
（德祐元年八月四日）

门下:听鼓鼙思帅臣,倚一贤而强本;戒师旅率淮浦,兼两路以宣威。朕逢时隐忧,注意宿望。授西讨之略,方屡奏于肤公;先元戎之行,趣往临于钜屏。王言作命,士听无哗。某官良实而忠纯,沈潜而果毅。属大事可当一面,草木莫不知名;□方略无逾老臣,樽俎足以却敌。有厌难折冲之壮志,有忧国爱民之盛心。慨王事之急则夜衣而行,愤狄难之炽则缨冠而往。风声鹤唳,策淝水之奇勋;士饱马腾,占郾城之胜气。贰枢列于西辅,仪台视乎三公。维元老之方叔,以饬师干;维黄发之尚父,以秉旄钺。戎容暨暨,趣咨筹幄之谋;淮水汤汤,尤重广陵之镇。念阃寄分任则气势弱,必事权合一则臂指从。欲表里撑拓之得宜,庶首尾运掉之相应。昔高庙之复古,命世忠而捍城;兹宏建于使名,俾灾攘于外侮。陕东西尽护于诸将,江南北严守于要冲,蔽遮甸畿,控御都会。式固吾圉,亟为朕行。於戏! 来旬来宣,告成于王,既任召虎平夷之计;有严有翼,共武之服,益懋吉甫宪邦之功。威信孚可以辑人和,号令明可以作士气。逼图耆定,汔济多艰。可。

出处:《四明文献集》卷四。

撰者:王应麟

考校说明:编年据《宋史》卷四七《瀛国公纪》补。

<h1 style="text-align:center">赐夏贵诏</h1>
(德祐元年八月四日后)

吾趣卿来朝,共济时艰,重惟秋风,虏寇未退,以卿英名宿望,精忠义概,故欲卿入赞帷幄,以壮根本。但念维扬屏蔽浙右,必淮堧保金汤之固,则丑虏有后顾之忧,畿甸可恃以无虞。今命卿旬宣之寄,兼领两淮。卿忠忧体国,宜星言夙驾,以副注倚之意。

出处:《四明文献集》卷二。

撰者:王应麟

考校说明:编年据文中所述"今命卿旬宣之寄,兼领两淮"补,见《宋史》卷四七《瀛国公纪》。

<h1 style="text-align:center">勉谕夏贵诏</h1>
(德祐元年八月四日后)

自丑虏饮江,国步孔棘,卿奖率三军,誓不与贼俱存,百战而气不衰,砥柱屹立于众流横溃之冲。肆命卿以宣威,开大阃于两淮,庶几首尾相应。兹览奏牍,知裕溪之役,行师失利。卿跋涉险阻,受任危难之间,劳瘁至矣。其拊劳将士,集收精锐,谨固秋防,以图再举。惟天助顺,有志竟成,机会可进,趣镇维扬,用集攘除之绩。

出处:《四明文献集》卷二。

撰者:王应麟

考校说明:编年据文中所述"肆命卿以宣威,开大阃于两淮"补,见《宋史》卷四七《瀛国公纪》。

张世杰依前保康军承宣使带行枢密都承旨
特授龙神卫四厢都指挥使诰
(德祐元年八月十九日)

　　敕:修甲兵与偕行,既懋干方之略;听鼓鼙而思帅,聿隆进律之褒。具官某果毅而尚谋,忠纯而好义。励击楫清中原之志,首敌忾以献功;膺推毂遣将军之权,独折冲而制胜。壮概为勤王之倡,雄稜期殄虏之勋。朕方赫濯威声,将攘除于戎丑;尔惟奖率义旅,庶清肃于江流。载考中兴之名臣,尤重厢部之陟典,内以严勾陈太微之卫,外以澄金陵北固之氛。噫! 定王国、奏肤公,式倚良翰之重;在师中、承天宠,嗣颁懋赏之荣。可。

出处:《四明文献集》卷五。

撰者:王应麟

考校说明:编年据《宋史》卷四七《瀛国公纪》补。

文天祥辞权工部尚书兼都督府参赞军事不允诏
(德祐元年八月十九日后)

　　三省进呈卿状,辞免工书兼督赞事,具悉。自吾有敌难,羽檄召天下兵,惟卿首倡大义,纠合熊罴之士,誓不与虏俱生。文而有武,儒而知兵,精忠劲节,贯日月,质神明,惟宠嘉之。投袂缨冠,提兵入卫,师律严肃,胜气先见,宗社生灵,恃以为安。颣少常伯,进长冬卿,未足以酬贤劳。相臣督师于外,命卿参佐,庶几集允文采石之功。夫移孝为忠,以国为家,古有明训,矧危急之秋,其往求朕攸济。理考亲擢魁彦,以贻孙谋,意其在此,又何逊乎? 故兹诏示,想宜知悉。

出处:《文山先生纪年录》注。又见《续宋宰辅编年录》卷二三。

赐文天祥辞免依旧权工部尚书都督府参赞军事江西安抚使除浙西江东制置使知平江不允诏
（德祐元年八月二十六日）

敕天祥：省所奏，具悉。朕未堪多难，疆圉孔棘，御事罔不曰艰大，天惄我成功所。惟时魁儒，秉忠倡义，奖率三军，入卫社稷。国势为之增重，人心恃以为安，精神折冲，文武是宪。若稽高庙，命臣颐浩开制阃于江浙，宏济中兴之业，眷定敉功。卿器度才猷，克迈前哲。惟长江之险要未复，畿甸之备守当严。命卿以太常伯兼领二使，表里撑拓，以固吾圉，东西运掉，以靖房氛。儒帅一临，士气百倍。用保乂我文祖受命民，兹惟丰芑诒谋之意，亟其祸牙，纾朕宵旰之忧。所辞宜不允。

出处：《四明文献集》卷二。

撰者：王应麟

考校说明：编年据《文山先生全集》卷一七《文山先生纪年录》补。

文天祥依前权工部尚书都督府参赞军事江西安抚使特授浙西江东制置使兼知平江府诰
（德祐元年八月二十六日）

敕：谋元帅、将中军，简在说礼崇诗之彦；分六卿、倡九牧，时维制治保邦之规。朕疚怀艰危，注意英隽。有嘉卫社之志，诞畀制阃之权。具官某硕大而光明，宏深而肃括。武文兼备，有经营四方之才；忠义自将，有奖率三军之略。惟硕望冠龙甲之选，盖皇祖为燕翼之诒。讨乱略以儆师，人百其勇；追殊遇而欲报，朕知乃心。资胸中甲兵之奇，付阃外弓钺之任。若高皇命重臣宅牧，合江浙以专征；若孝庙诏常伯夺情，念边疆之孔棘。总中权于方面，殿巨屏于吴门。内以护日畿之本根，外以复天堑之险阻。规模有素，勋业可期。噫！元戎十乘先行，共武服而国定；师中三锡承宠，以众正而民从。聿成攘狄之功，丕阐用儒之效。可。

出处：《四明文献集》卷五。

撰者：王应麟

考校说明：编年据《宋史》卷四七《瀛国公纪》、《文山先生全集》卷一七《文山先生纪年录》补。《宋代诏令全集》系于德祐元年九月(第二〇九六页),误。

赐知夔州张起岩奖谕诏
(德祐元年八月二十八日)

　　敕起岩:朕惟圣人有金城,所恃者节义之士。惟德不明,奸臣误国,分阃守圉之臣,接踵叛降,长江失险,延及上流。每叹国家三百余年,仁厚涵育,岂惟一颜平原哉! 自荆峡不守,蜀道未通,将士勤备御而不得抚劳,黎民苦兵革而不得拯救。乃眷西顾,宵旰弗皇宁。湖南帅臣芾以卿所奏帛书来上,知卿忠忱义概,坚守夔门,誓与军民赤心图报。中流砥柱,疾风劲草,于卿见之。方以久不闻蜀事为急,卿独间关险阻,驰奏于危急之冲。有臣如此,国势增重,彼负国卖降者真可愧死。卿又纠率义旅,剋复开州,斩使焚书,誓以灭贼为期。朕嘉叹不已,趣命授卿正任承宣使,领厢部之师,以示褒赏。天助者顺,师出有名,丑虏逆天,平殄有期。朕已去奸进贤,改纪其政,中外人心,踊跃思奋。卿其奖率军民,益严战守,如昔璘、玠之保蜀,敌忾献功,朕于节钺无所吝。卿之忠义,旂常竹帛有光焉。故兹奖谕。

出处:《四明文献集》卷二。

撰者:王应麟

考校说明:"德祐元年"据文中所述史事补,见《宋史》卷四七《瀛国公纪》。

文天祥辞依旧工部尚书兼督赞除浙西江东制置
使兼江西安抚大使知平江府事不允诏
(德祐元年八月二十八日)

　　三省进呈卿状,辞免权工部尚书、江东制置使、兼知平江府恩命事,具悉。朕未堪多难,疆圉孔棘,御事罔不曰艰大,天毖我成功所。惟时魁儒,秉忠倡义,奖率三军,入卫社稷,国势为之增重,人心恃以为安。精神折冲,文武是宪。若稽高庙,命臣颐浩,开制阃于江浙,宏济中兴之业,耆定戡功。卿器度才猷,克迈前哲。惟长江之险要未复,畿甸之备守当严。命卿以太常伯兼领二使,表里撑拓,以固吾圉,东西运掉,以清虏氛。儒帅一临,士勇百倍,用保乂我文祖受命民,兹惟丰芑贻谋之意。亟其秅牙,纾服宵旰之劳。所辞宜不允。

出处:《文山先生纪年录》注。又见《吴都文粹》续集卷四六,《续宋宰辅编年录》卷二三。

孙虎臣特授清远军节度使加食邑食实封制
(德祐元年三月至九月间)

门下:朕注意戎昭,疚怀边琐。赐诸侯弓钺,用进律于有功;建大将鼓旗,爰设坛而具礼。告尔多士,扬于明廷。具官某志概忠纯,器资宏毅。有御侮折冲之略,援桴鼓则忘身;有牧人御众之才,执干戈而卫社。式固吾圉,屡奏肤公。击楫誓中原之清,矫矫冠军之勇;鸣剑驰伊吾之志,洸洸敌忾之勋。愤犬羊之跳梁,率熊罴而攘却。表撑里拓,严保障于海陵;左弸右鞁,瞻威稜于江浒。庶几报彭衙之役,岂止复雁门之踦。淮浦修我戎,倚招携而讨叛;师中承天宠,盍懋赏以陟明。膺将军踔毅之荣,锡融水齐旄之命。增封多衍,食邑真畬。以旌细柳坚壁之勤,以恢《采薇》治外之绩。於戏!边境功名在良将,朕惟奖励于忠忱;兵事节度皆付公,尔亟肃清于氛祲。祗若兹训,捍我于艰。可。

出处:《四明文献集》卷四。
撰者:王应麟
考校说明:编年据王应麟任两制时间、孙虎臣卒年补,见《宋史》卷四七《瀛国公纪》。

田谨贤特授亲卫大夫福建观察使依旧知恩州
兼御前诸军都统制诰
(德祐元年九月四日)

敕:国家多难,正远臣敌忾之秋;节义大闲,嘉良牧效忠之志。趣提师而入援,爰进律以示褒。具官某性行端纯,器资果毅。附众威敌而兼文武,如穰苴之善兵;衔训嗣事以考度程,若宏正之济美。奕世守封疆之固,一心坚忠孝之传。愤獯狁之肆凶,率熊罴而奋勇。朕方驰羽檄以召勤王之士,尔乃飞驿书而励报国之忱。击楫誓清,缨冠往救。平原为金城之倡,恨未识真卿之贤;河西布玺书之明,尔用锡窦融之宠。陟崇阶于亲卫,隮峻秩于廉车。汝捍我于艰,其亟授桴鼓而进;功多有厚赏,以须赐旄钺之荣。可。

出处:《四明文献集》卷五。

撰者:王应麟

考校说明:编年据《宋史》卷四七《瀛国公纪》补。

杨邦宪特授亲卫大夫利州观察使依旧知播州
兼御前诸军都统制诰
(德祐元年九月四日)

敕:朕听鼓鼙而思帅,孰济时艰;修戈矛与同仇,载嘉义概。爰趣援师之至,诞扬褒律之荣。具官某植志忠纯,秉心宏毅。临机料敌,识明金版之六弢;御众牧人,威憺玉关之万里。奕世同封疆之守,一忱坚节义之闲。愤蛇豕之肆凶,合熊罴而奋勇。朕每食不忘于钜鹿,尔惟志常驰于伊吾。奖率劲兵,捍卫多难。真卿未识,独倡平原之盟;窦融来朝,宜锡河西之诏。思加增秩,檄召勤王。陟亲卫之崇阶,峻廉车之殊渥。天助者顺,亟其戒戎乘之行;师克在和,□则有斋钺之命。可。

出处:《四明文献集》卷五。

撰者:王应麟

考校说明:编年据《宋史》卷四七《瀛国公纪》补。

赐文天祥敕
(德祐元年九月七日后)

令文天祥不候朝辞,疾速前去之任。所有一行军兵,除已别议支犒外,其余诸项管军头目人合与优加推赏,及辟置官属,科降钱粮,一应合行事件,并仰逐项条具开申,以凭施行。

出处:《文山先生纪年录》注。

德祐元年明堂大礼赦文
(德祐元年九月十四日)

首　词

　　门下:朕嗣大历服,迪前人光。皇天既付中国民,敬事之心敢怠;明堂以教诸侯孝,肆祀之礼有常。惟怀永图,未堪多难。菲德弗类,上以累三光之明;柄任匪人,下以稔外夷之患。鸿雁哀嗷而靡集,蛇豕荐食以无厌。并告神祇,以与尔众请命;有指疆土,肆予冲人思艰。恃太母保右之慈,去屡岁凶邪之蠹,更化而行善政,吁俊以强本朝。黎元之心浸安,将士之气复振。往求攸济,曷惠其宁。祈永命惟在德元,敬明神宜无悔怒。念天地好生之初意,畀矜万邦;而祖宗不杀之至仁,垂裕亿载。有严大享,其棐忱辞。惟绍兴尚质从权,寅毖弭兵之祝;惟淳熙齐精蒇事,率循越绋之规。兹祢宁图于武功,乃仪式刑于文典。聿怀在疚之戚,矧当孔棘之秋。肇禋维清,大礼必简。屏黼绣周张之饰,儆霜露凄怆之思。命辅臣而款真宫,咨宗属而祼太室。心感通于三才之奥,躬陟格于九几之筵。报本合袷,尊祖并侑。圭币始荐,属属然如弗胜;萧脂载燔,洋洋乎如在上。牲醴之馨则无谗愿,粢盛之洁则曰丰穰。秩祜申锡无疆,并觊惟予有慕。月明星稀,用格熙成;乾清坤夷,庶克耆定。归酢介怡愉之寿,肆眚布宽大之条。聪明自民,盖上帝临下有赫;恭默思道,谓百姓有过在予。闵征戍之勤劳,恻边陲之荼毒,汔可小息,咸与维新。俾沐膏泽而镜至清,用开治源而导和气。可大赦天下。

尾　词

　　於戏!皇极敷言,于帝其训,敢专五福之膺;《我将》既享,畏天之威,永保四方之义。尚赖股肱咸一德之辅,熊罴不二心之臣,合谋计安,攘狄复境,协成顺信之助,丕集升平之勋。

出处:《四明文献集》卷二。
撰者:王应麟

资政殿大学士两浙镇抚使谢堂该明堂恩曾祖深甫
特赠太师进封鲁王诰
（德祐元年九月十四日后）

敕：肆祀有来雍雍，哀对宗祊之嘏；秉德其邻翼翼，肃将使范之恭。维贤相之流光，施曾孙之济美。式敷馂泽，申赍蜜章。具官某故曾祖某，德载鼎彝，功高廊庙。邓太傅佐中天之业，实钟长乐之祥；郭汾阳着贯日之功，丕衍具庆之祉。衮绣焜煌于三叶，旌繁炳燿于六符。助我明禋，锡以多祜。师垣王社，人爵之贵可加；赠策纶言，祖烈之传无斁。可。深甫相宁宗。

出处：《四明文献集》卷五。

撰者：王应麟

考校说明：编年据南宋明堂大礼时间补，见《宋史》卷四七《瀛国公纪》。

谢堂祖渠伯特赠太师追封魏王诰
（德祐元年九月十四日后）

敕：多士对越在天，咨政途而相祀；烈祖有秩斯祜，怀世德以敷恩。眷言棠笏之传，追贲松楹之享。具官某祖父，裳华文献，乔木声猷。高密之仁，至训而报益大；汾阳之烈，在暖而庆弥长。维《思齐》之功，有开必先；维立政之辅，垂宪乃后。约軷错衡之来假，和铃鞗革之有光。告于文人，仍维师真王之秩；介以繁祉，绵重珪累衮之休。可。

出处：《四明文献集》卷五。

撰者：王应麟

考校说明：编年据南宋明堂大礼时间补，见《宋史》卷四七《瀛国公纪》。

谢堂父奕昌特赠太师追封魏王诰
（德祐元年九月十四日后）

敕：《我将》式文王之典，资时使领之贤；《崧高》襃申伯之功，溥予祭馂之惠。惟宗祀以教孝，用笃亲而兴仁。具官某故父某，大盈若冲，其德而度。裳华有章矣,尚长君退让之风;缁衣之宜兮,遵邓侯法度之教。象贤联辉于政路,骏奔陪祀于合宫。嘉乃义方,锡之愍册。更康叔国,仍异姓王之荣;昨毕万封,衍后嗣人之庆。可。

出处:《四明文献集》卷五。

撰者:王应麟

考校说明:编年据南宋明堂大礼时间补,见《宋史》卷四七《瀛国公纪》。

谢堂母吴氏特赠齐魏国夫人诰
(德祐元年九月十四日后)

敕:《崧高》维翰之功,推本生贤之庆;《召南》积行之美,端由正始之风。朕命贤戚而镇京师,秩禋祀而敷馂泽。异数密联于政路,徽章申贲于母仪。具官某故母某氏,文献名臣之家,柔嘉女士之德。礼共蘩沼,屏流水游龙之华;教属芝庭,衍袭紫传龟之祉。蝉娟万石之赉,鸿渐两社之班。绥辑王畿,凝皇皇奠枕之绩;肃祗使领,俨峨峨奉璋之容。眷义训以有原,谅孝思之追远。锦囊象轴,大国兼齐魏之封;翟茀鱼轩,千载垂陶孟之范。告之祢庙,铭之鼎彝。可。

出处:《四明文献集》卷五。

撰者:王应麟

考校说明:编年据南宋明堂大礼时间补,见《宋史》卷四七《瀛国公纪》。

文天祥除端明殿学士制
(德祐元年九月十六日)

敕:元戎十乘先行,式倚真儒之望;师中三命承宠,遹隆方面之权。朕若稽先朝之旧章,最重承明之邃职。内以传畿廷之彦,外亦褒帅阃之贤。王素之牧平凉,程勘之莅益部,皆膺兹选,今得其人。某官实学济时,英猷纬国。文有武备,义概质于神明;儒知军情,忠忱贯于霜日。传檄召兵而志士奋,缨冠赴难而国势张。不负素定之猷,允谓寡二之略。予欲复江表之疆宇,命尔攘除;予欲壮浙西之翰藩,咨尔修捍。威稜耸前茅之令,夷虏折破竹之威。惟任之专者位必崇,惟名之至者功必集。乃跻班规殿之峻,以增华帅阃之严。噫!邦咸喜,戎有良翰,茂对陟明之渥;身虽外,心在王室,趣成敌忾之勋。

出处:《文山先生纪年录》注。又见《吴都文粹》续集卷四六,《续宋宰辅编年录》卷二三,同治《庐陵县志》卷四七。

孙虎臣特赠太尉诰
(德祐元年九月二十三日)

敕:国家多难,慨无死封疆之臣;节义大闲,是为卫社稷之本。嗟忠臣之玉折,锡愍册以衮褒。具官某英概雄深,壮怀卓荦。威谋制胜,早奏缚青宜结之功;焱勇冠军,常有封狼居胥之志。虏方投鞭而阚我,意欲折箠而笞之。江汤汤,武洸洸,属以讨叛之任,阵堂堂,旌正正,誓以灭虏为期。乃俾守符,乃授齐钺。关羽待士卒之善,尚忍负之;田布报君父之忠,惟有死耳。义重熊掌,身轻鸿毛。旃裘闻之寒心,营垒莫不流涕。朕拊几以叹,听鼙而思,骇闻遗札之言,怅失名将之隽。蜜印紫绶,追封尉府之崇;直盖犀轩,纳书廞禭之饰。哀百身之莫赎,凛千载之如生。噫!存弗居绛侯勃之官,殁尚享段秀实之赠。谅尔毅魄,歆我恤章。可。

出处:《四明文献集》卷五。
撰者:王应麟
考校说明:编年据《宋史》卷四七《瀛国公纪》补。

王应麟以明堂恩封鄞县开国伯食邑九百户制
(德祐元年九月)

嗟臣工而助祭清庙,所以颂于周;崇礼官而考文明堂,所以图于汉。若稽古谊,肇举宗禋。维时持橐之英,相我越绋之事。肆均骏惠,式协庆余。朝请大夫、试尚书礼部侍郎、兼中书舍人、兼直学士院、兼同修国史、实录院同修撰、兼侍读、赐紫金鱼袋王应麟,心正而气和,学博而识茂。钦予时命,皆亹典诏之文;咨汝秩宗,非屑玉帛之末。属中辛之飨报,于先甲以思恭。发帝之制则尔润色于皇猷,酌时之宜则尔讨论于玉律。于昭穆穆皇皇之祀,爰赖元元本本之儒。矧侍祠而肃然,咸秉聪而对越。神人欢洽,祉福函蒙。于邑始封,惟祭有泽。伯之食四一,兹循六典之□;礼之仪三千,其懋《中庸》之学。

出处：《深宁先生年谱》。

常楙特授端明殿学士提领户部财用诰
（德祐元年九月至十月间）

敕：八政食货为先，慨民生之寡遂；九式制用有节，念兵费之孔殷。欲斟酌于源流，必培护于根本。淳化命总计之使，建炎重提纲之权。聿遵旧章，简畀硕彦。具官某缜密而栗，从容以和。善教得民，有长者之风而不懦；儒雅饬事，有能吏之才而不苛。屡底绩于介藩，旋骞华于禁路。论思蔼严徐之誉，铨综推裴马之公。惟钱谷之入几何，懔兴师之弗给；而公私之积可痛，嗟足食之尤艰。颛其任则可以通有无，振其领则可以杞欹蠹。陟承明秘殿之峻，治板部邦计之繁，眡昔三司，冠仪八座。噫！国以义为利，朕方图损上益下之规；财者人之心，尔勉行爱民厚俗之政。惟正是乂，其永有辞。可。

出处：《四明文献集》卷五。
撰者：王应麟
考校说明：编年据《宋史》卷四七《瀛国公纪》、卷四二一《常楙传》补。

赐端明殿学士浙西江东制置使知平江府事文天祥手札
（德祐元年十月十一日）

卿秉忠忱以济时难，倡义旅以卫王室。经营四方如召虎，奖率三军如武侯。爰咨常伯之英，趣奋制阃之寄。将士用命，遂氾扫于虏氛；精神折冲，益振扬于胜气。有嘉体国之志，亟奏攘夷之勋。元戎启行，周邦咸喜，载加锡赉，式示眷怀。今赐卿金二十两注碗一副，金十五两盘盏一副，细色二十匹，缬罗二十匹，龙涎香三十饼，度金香盒一具十两，清馥香三十帖，龙茶十斤，至可领也。故兹札示，其体吾注倚之至意。

出处：《续宋宰辅编年录》卷二三。又见《吴都文粹》续集卷四六。
考校说明：本文是谢氏以太皇太后身份发布的诏令。

赐文天祥诏
（德祐元年十月十一日）

卿秉忠忧以济时难，倡义旅以卫王室。经营四方如召虎，奖率三军如武侯。爰咨常伯之英，赴奋制阃之寄。将士用命，遂汛扫于虏氛；精神折冲，益振扬于胜气。有嘉体国之志，亟奏攘夷之勋。元戎启行，周邦咸喜。载加锡赍，式示眷怀。今赐卿金二十两注戬一副，金十五两盘盏一副，细色二十匹，缬罗二十匹，龙涎香三十饼，度金香合一具十两，清馥香三十帖，龙茶十斤，至可领也。故兹札示，其体吾注倚之意。

出处：《文山先生纪年录》注。又见《续宋宰辅编年录》卷二三。

文天祥特授端明殿学士依旧江西安抚使
浙西江东制置使兼知平江府诰
（德祐元年十月十五日后）

敕：元戎十乘先行，式倚真儒之望；师中三命承宠，通隆方面之权。朕若稽先朝之旧章，最重文明之邃职，内以待畿廷之彦，外亦褒帅阃之贤。王素之牧平凉，程戬之莅益部，皆膺兹选，今得其人。某官实学济时，英猷纬国。文有武备，义概质于神明；儒知军情，忠忱贯乎霜日。传檄召兵而志士奋，缨冠赴敌而国势张。不图素定之营，允谓寡二之略。予欲复江表之疆宇，命尔攘除；予欲壮浙右之翰藩，咨尔修捍。威稜耸前茅之令，丑虏憺破竹之危。惟任之颛者位必崇，惟名之重者功必集，乃跻班规殿之峻，以增华制阃之严。噫，邦咸喜戎有良翰，茂对陟明之渥；身虽外心在王室，趣成敌忾之勋。可。

出处：《四明文献集》卷五。
撰者：王应麟
考校说明：编年据《文山先生全集》卷一七《文山先生纪年录》补。

文璧除直秘阁主管崇道观诰词
（德祐元年十月）

敕具官某：惟尔哲兄，以鸿儒硕望，倡义勤王，忠于为国，而不谋家，乃命制阃，修捍我难。尔竞爽有令誉，虞侍陔养，叔出季处，恩义两尽。寓直木天之峻，赋禄桐柏之祠，清且佚矣。孝友是亦为政，往其祗若。

出处：《文山先生纪年录》注。

王应麟辞除兼礼部尚书不允诏
（德祐元年十月）

《周官》有宗伯大小之职，大礼则小佐大之事，小礼则大如小之仪，大者倡而小者随，大者专而小者贰也。卿博学之识贯穿九流，浑灏之文斧藻两制。言论虽归于忠厚，封驳不避于权豪。爰陟贰卿，礼典具备；俾摄常伯，民誉必隆。《周官》大小之职，悉以付卿。昔叔孙不惮□□之难，虞廷不听秩官之逊，亟其祗受，奚以辞为？所辞宜不允。

出处：《深宁先生年谱》。

王应麟除礼部尚书兼给事中辞免不允诏
（德祐元年十月）

朕未有识知，博采群英。执司礼如珪之贤，负台斗望；执批敕如藩之正，号宰相材。以卿学质而文华，行端而履洁，在词垣则封驳有直气，居从列则献纳多嘉谋。是用酌之金言，贲以二命。能贰秩宗，必能长寅清之职；能还诰命，必能专封驳之长。镇之执五诏如初，轼之陈六事有益，伫闻忠告，何愧前修！矧国家艰难之时，非臣子辞逊之日。亟祗成涣，毋事冲谦。所辞宜不允。

出处：《深宁先生年谱》。

赐李庭芝奖谕诏
（德祐元年三月至十一月间）

敕庭芝:朕未堪多难,丑虏率我孟贼以来,荡摇我边疆,狡焉窥淮之谋,将塞馈饷之途。卿以股肱之良,任方面之重,激昂将士,指授方略。维时熊罴不二心之臣,合谋同力,人百其勇,誓必翦灭虏而朝食。师直为壮,天助者顺,大捷于湾头,再捷于淮安,三捷于宝应。执讯获丑,来奏肤公,威稜赫张,可以舒华夏之气,詟旃裘之胆。卿为东陲金城,修捍于艰,以集隽功,朕维宠嘉之。乘战胜之威,扫妖垒而空之,则卿之勋业暨诸将功名,昭垂竹帛,于《常武》淮浦之诗有光。其益励忠臣义士,坚守于内,力战于外,纠合精锐,霆击风驱,壹大治之,使匹马只轮无返者,用成攘夷复境之丕绩,朕所望于诗书之帅也。战多之赏,已眂功行之,指期肃清,高爵厚秩无所吝。比尔将士,咸体朕意。故兹奖谕。

出处:《四明文献集》卷二。

撰者:王应麟

考校说明:编年据王应麟任两制时间、文中所述"朕未堪多难"补。

赐文天祥诏
（德祐元年三月至十一月间）

卿倡义旅以卫王室,秉忠忱以济时艰,爰咨常伯之英,趣膺制阃之寄。将士用命,遂汛扫于虏氛;精神折冲,益振扬于胜气。孔嘉体国之志,亟奏攘夷之勋。元戎先行,周邦咸喜,载加锡赍,式示眷怀。

出处:《四明文献集》卷二。

撰者:王应麟

考校说明:编年据王应麟任两制时间、文中所述史事补。

奖谕张世杰诏
（德祐元年三月至十一月间）

卿首倡忠义,率旅勤王,屡收隽功,攘却外侮,英猷壮概,每怀嘉绩。叹虏谋叵测,□东淮之馈饷,窥右浙之腹心,我是用急。卿进兵江浒,焚其聚粮,牵制虏势,使不得逞。嘉乃茂绩,用锡褒书。其率励三军,乘胜电击,扫清贼垒,以定王国。

出处:《四明文献集》卷二。

撰者:王应麟

考校说明:编年据王应麟任两制时间、文中所述史事补。

翁合特授试尚书礼部侍郎诰
(德祐元年三月至十一月间)

敕:朕慨四维之未张,念多难之求济。为国天地与并,必辨上下以定民;典礼夙夜惟寅,必进英隽以强本。乃眷囊班之旧,诞敷环召之荣。某官内美修能,瑰意琦行。韶鸣玉洁,渊哉实好斯文;山立时行,纷独有此姱节。羽仪侍从之列,斧藻副诰之华。驹皎皎以莫维,凤缥缥其高遰。予未堪难,畴咨百君子之谋;尔有嘉猷,申命小宗伯之职。肃治军之仪,汝翼;□越绋之祭,汝明。聿成樽俎折冲之功,匪曰笾豆司存之末。相见何晚,周五礼有待而行;今急而求,鲁两生岂不能致? 式克用乂,惠然来思。可。

出处:《四明文献集》卷五。

撰者:王应麟

考校说明:月份据王应麟任两制时间补。

谢枋得特授秘书省著作郎兼权司封郎诰
(德祐元年三月至十一月间)

敕具官某:《春秋》成而乱贼惧,作执秩以正官,用能一战策勋。朕崇奖气节之士,兼史职郎选而命之,庶有厌难折冲之功。尔以鲠直忤大奸,义形于色,为一乡之望。广信控风寒要冲,惟季梁在随,楚不敢谋。忠信行乎州里,隐然金汤之固。是用进长承明,兼组主爵。凡抟力之法,捍城之备,暨守臣共图之。既克有定,谓尔来矣。可。

出处:《四明文献集》卷五。

撰者：王应麟

考校说明：编年据王应麟任两制时间、《元文类》卷六七《谢公神道碑》补。

姚訔特授带行太府寺丞依旧知常州诰
（德祐元年三月至十一月间）

　　敕具官某：毗陵控风寒之冲，浙河以西，若防之制水，恃为屏翰。狡虏侵轶亡谋，壹大治之，则可以固吾圉。厌难折冲，惟良二千石是赖。尔以世臣居是邦，即家剖符，义概奋发，且战且守，服劳维多。外府转丞，示我陟明之典。益坚捍御，亟奏肤公，朕将有懋赏。可。

出处：《四明文献集》卷五。

撰者：王应麟

考校说明：编年据王应麟任两制时间、姚訔官历补，见《昭忠录》。

赵孟传特授华文阁直学士沿海制置使知庆元府诰
（德祐元年三月至十一月间）

　　敕：朕申儆豫防，畴咨良牧。师保世祚表海，聿怀宗老之遗芳；孝恭尹兹东郊，迪简庭闻之令望。我有明命，贲于价藩。具官某质厚而器闳，心醇而才裕。以仁者勇协赞去凶之谋，为同姓卿独坚守节之志。若昔理祖，眷尔前人。京兆懋弹压之功，司徒敷宽和之教，绣游乡国，阃制沧溟。迨今甘棠之余思，复见裳华之趾美。尹神皋而曳履，既振家声；即里社以分弓，俾践先职。隋舜阁之遄直，耀汉绶之荣观，轶袁州再世之光，迈安阳奕叶之盛。水犀之师，尔其练习；佩犊之民，尔其镇绥。元帅说礼乐诗书，无忝象贤之助；州里行忠信笃敬，遹观报政之成。可。

出处：《四明文献集》卷五。

撰者：王应麟

考校说明：编年据王应麟任两制时间、赵孟传官历补，见《延祐四明志》卷二。

家铉翁依前直华文阁枢密副都承旨特授知
临安府浙西安抚使诰
(德祐元年三月至十一月间)

敕具官某:朕慨思时艰,迪简贤尹。商邑为四方之极,用谨固于本根;周官倡九牧之风,乃力辞于侍从。有嘉廉逊,载锡宠褒。尔粹学融明,素履修洁。和平之政,如古循吏所称;刚直之名,惟前文人是似。世济其美,人皆曰贤。肆予更政化之初,命尔导宥密之命,咨日畿浩穰之寄,陟地官论思之联。恬静之操不渝,忠谠之风可挹。予欲成奠枕皇皇之绩,尔惟有游刃恢恢之才。强本折冲,尤难于欧、蔡承平之日;流化自近,非但循赵、张发摘之规。可。

出处:《四明文献集》卷五。

撰者:王应麟

考校说明:编年据王应麟任两制时间、万历《杭州府志》卷九补。

杨文仲特授集英殿修撰知漳州诰
(德祐元年三月至十一月间)

敕:朕选渤海贤良之守,用乂嘉师;厌承明侍从之劳,难违雅意。眷漳浦价藩之重,有臣熹善政之余。今得其人,乃试以政。具官某鲁诸儒之学,周吉士之风。择乎中庸,玉瓒黄流之器;好是正直,朱弦清庙之音。出奏民庸,入议禁路。命时贰于起部,职简而清;咨绾长于国庠,士有所式。方群彦聚朝而共济,慨一贤补郡之独先。惟朕勉从,俾尔谨牧。越在外服,曷思自叶以流根;式是南邦,必图厚下而立本。勿谓闽土之远,亦若周畿之间。仁闻政声,毋替猷告。可。

出处:《四明文献集》卷五。

撰者:王应麟

考校说明:编年据王应麟任两制时间、《东山赵先生文集》卷五《虞公行状》补。

吕大圭特授秘阁修撰知漳州诰
（德祐元年三月至十一月间）

　　敕具官某:朕择选良吏而宅乃牧,嘉耆成人而遂其志,体臣子民之仁一也。尔学醇行粹,为时宿儒。访予落止,入说迩英,有涵养熏陶之益。司宗惟亚,典制典选,意新才壮,何求退之果也。漳浦价藩,尔居相迩,命尔怀二千石绶,以蓬阁论撰荣其归。身处江湖之远,名在奎壁之躔。《诗》云:"毋金玉尔音,而有遐心。"可。

出处:《四明文献集》卷五。
撰者:王应麟
考校说明:编年据王应麟任两制时间、吕大圭官历补,见《闽中理学渊源考》卷三三。

陆秀夫特授淮东提刑兼淮东制置使参议官诰
（德祐元年三月至十一月间）

　　敕具官某:古者兵刑一致,猾夏奸宄皆士官所惩,献馘献囚皆鲁泮之事。尔以通材敏议,久参阃画。淮东祥刑使者缺,命尔受我嘉师。察狱以情,斯可一战;乘轺飞檄,尔实兼之。审谳洗冤,筹边决胜,所以拯黎元之命者在此。往钦哉! 可。

出处:《四明文献集》卷五。
撰者:王应麟
考校说明:编年据王应麟任两制时间、陆秀夫官历补,见《宋史》卷四五一《陆秀夫传》。"淮东制置使参议官",四库本、清抄本作"淮东制置司参议官"。

张起岩特授宁远军承宣使龙神卫四厢都指挥使
依旧知夔州兼夔路安抚副使诰
（德祐元年三月至十一月间）

　　敕:艰危之际,恃节义为金城;忠良之臣,植封疆为砥柱。孝宽之保玉壁,真卿之守平原,今见其人,朕嘉乃绩。具官某秉心纯实,立志雄刚。草木知万福之名,帏幄决子房之胜。慨虏氛之甚恶,叹蜀道之至难。细柳坚壁之威,镇安夔路;劲草疾风之操,克复开江。诛伪使而焚其书,挫丑虏而夺之气。奏封来上,大节可嘉。峻隮容宫之承流,班亚齐钺;密联厢部之分卫,职近周庐。式昭褒赏之思,用为屏翰之劝。噫!当一面属大事,朕不忘固圉之勤;奖三军定中原,尔益励折冲之略。遄收隽捷,嗣对宠光。可。

出处:《四明文献集》卷五。

撰者:王应麟

考校说明:编年据王应麟任两制时间、张起岩官历补,见《宋史》卷四七《瀛国公纪》。

许文德特授□州观察使依旧知淮安州淮东安抚副使兼淮东策应副使诰
（暂系于德祐元年三月至十一月间）

敕:戒戎旅率淮浦,遄成却敌之隽功;承天宠在师中,载锡策勋之懋赏。有嘉敌忾,用劝戎昭。具官某识明而志忠,谋老而气壮。憺雄稜于阃外,如虎在山;殿重镇于淮阴,若罴当道。贤于长城矣,岂忧匈奴哉!慨狡虏之乱常,挟叛臣而犯顺,犬羊驱十万之众,蜩螗交四面之锋。维我屏翰之良,悉心战守之略。昼御宵击,保固金汤之疆;电扫风除,攘殄旆裘之丑。大奏《采薇》之捷,优奖前茅之劳。正使领于廉车,耸军容于方面。既酬茂绩,益励英猷。念多垒之未清,凛东陲之孔棘。用师观衅而动,乘胜气以荡平;击虏以灭为期,趣劲兵而应援。式克耆定,尚有殊褒。可。

出处:《四明文献集》卷五。

撰者:王应麟

考校说明:编年据王应麟任两制时间、许文德官历补,见《宋史》卷四二一《李庭芝传》。

姜才依前右武大夫特授□州防御使依旧
建康府驻札御前诸军都统制诰
（暂系于德祐元年三月至十一月间）

敕：安边境在良将，久宣敌忾之劳；共武服奏肤公，式厚策勋之宠。有嘉壮概，载锡褒章。具官某果锐而好谋，忱恂而尚义。隐若敌国，差强人意，洸洸卫上之忠；率彼淮浦，以修我戎，暨暨冠军之勇。狡焉丑类，梗我要冲，逞蛇豕以薄城，驱犬羊而犯顺。郊多垒辱也，独被发以缨冠；鼓三军进之，乃雄心而鸣剑。先锋麀战，入阵勤除，亟收破竹之勋，来献《采薇》之捷。威稜大振，赏典趣敎，陟使领于捍防，表戎昭之果毅。有功见知则说，用劝熊罴之臣；击虏以灭为期，尽清狐兔之穴。勉建殊绩，嗣有茂恩。可。

出处：《四明文献集》卷五。

撰者：王应麟

考校说明：编年据王应麟任两制时间、姜才官历补，见《昭忠录》。

苗再成特授拱卫大夫依前和州防御使除
带行御器械知真州诰
（德祐元年三月至十一月间）

敕：王事多难维其棘，师克在和；我武维扬伐有辞，功有厚赏。某鸣剑伊吾之壮志，坚壁细柳之英标。自守围于仪真，克执丑于江浒。率劲兵而勇往，径捣妖巢；燃列栅以无余，连收隽捷。忠忱足以振士气，义概足以愒戎心。赉褒律之殊荣，晋横班之峻秩。用锡尔祉，益殚拱扈之勤；立定厥功，嗣有宠褒之典。可。

出处：《四明文献集》卷五。

撰者：王应麟

考校说明：月份据王应麟任两制时间补。

刘师勇特授左武大夫依前濠州团练使带御器械平江府驻札御前诸军都统制诰
(暂系于德祐元年三月至十一月间)

敕:战功日多,莫难乎先锋之胜;赏国之典,莫高乎横列之阶。我有劲臣,时扬茂渥。具官某俶傥扶义,雄烈逸群。统率戈船,既振威于海道;训齐武旅,爰养锐于毗陵。趋潜师而进吕城,欲乘势而复京口。中权后劲,冒矢石以身先;彼竭我盈,眢绷裘而胆落。执讯获丑,敌忾献功。载嘉后亭桥之奇勋,峻隮东山阁之华秩。伫奏肃清之捷,嗣膺褒擢之恩。可。

出处:《四明文献集》卷五。

撰者:王应麟

考校说明:编年据王应麟任两制时间、刘师勇官历补,见《昭忠录》等。

印应雷特赠端明殿学士诰
(德祐元年三月至十一月间)

敕:赐弓钺以专征,凤懋干方之绩;听鼓鼙而思帅,载颁追命之褒。其敷言纶,用劝臣节。具官某宏才任重,实学济时。知仁勇之修身,文武为宪;刚大直之养气,精神折冲。戒我师以铺淮濆,虽在外而心王室。有严有翼,制胜樽俎之间;惟筑惟征,守围金汤之固。月捷方奏,星陨遽闻,怅召棠之余思,想羊碑之下泣。彼忌功而阻善,兹更化以怀贤。念国步多艰,朕安得颇、牧而用;若承明邃职,尔未膺光、镇之荣。植锡宠于密章,俾眠恩于政路。九原可作,千载如生。噫!刘毅不为三公,每深抚几之叹;许穆加赠二等,尚歆襚衮之华。奖其忠劳,闻者兴起。可。

出处:《四明文献集》卷五。

撰者:王应麟

考校说明:编年据王应麟任两制时间、印应雷卒年补,见《宋史》卷四二一《李庭芝传》。

赵与褫特赠朝请郎直华文阁诰
（德祐元年三月至十一月间）

　　敕具官某:王事多难,孰非全躯避祸患之臣;宗子维城,独效捍敌死封疆之节。听磬声而嘅叹,锡纶命以宠褒。尔振振周公族之英,塞塞楚同姓之操。志坚即墨之守,躬蹈井督之危。方免胄以卫民,竟结缨而徇义。伤哉贤令,罹此鞠凶。增十秩以追崇,嗟百身以莫赎。仍跻延阁,并录孤儿。俾庙食以旌忠,尚毅魂之殄房。可。

出处:《四明文献集》卷五。

撰者:王应麟

考校说明:编年据王应麟任两制时间、原书按语补。题后原注:"知宁国县。"文末按语曰:"按德祐元年取宁国县,知县赵与褫死之。"

夏松特赠保康军节度使诰
（咸淳元年正月至咸淳四年间或咸淳七年七月至
咸淳八年七月间或德祐元年三月至十一月间）

　　敕:事君能致身,封疆之臣尤重;自古皆有死,忠义之誉长存。聿怀磬声之思,载锡轩禭之典。具官某威名济于世美,兵略得于家传。裕父功惟我有臣,如李愬之在唐室;若内举皆堪为将,如曹玮之在本朝。慨丑虏之窥江,统师干而捍寇。搴旗者数矣,勇不顾身;缨冠而救之,志于殉国。嗟将星之遽殒,凛义气之如生,授齐钺以饰尔终,赐令谥以褒尔节。噫! 加等而葬许穆,重恻我心;登坛而拜淮阴,莫追既往。英魂未昧,茂渥其歆。可。

出处:《四明文献集》卷五。

撰者:王应麟

考校说明:编年据王应麟任两制时间补。

隆兴府靖安县管下利泽昭应普安王
特封利泽昭应普安清祐王诰
(咸淳元年正月至咸淳四年间或咸淳七年七月至
咸淳八年七月间或德祐元年三月至十一月间)

敕:古之烈士,精忠贯乎日星;没为明神,灵光射乎牛斗。维三闾之娇节,凛千载其信芳。于民有功,以德诏爵。某神清白正直,博謇好修。仍羽人于丹丘,已曾举太初之表;冠切云之奇服,犹不忘南国之思。惠绥黎元,消御灾沴。肆丕从于众吁,式敷贲于号荣。琼茅兮吉占,其歆两美;兰鞠兮终古,以续《九歌》。可。

出处:《四明文献集》卷五。

撰者:王应麟

考校说明:编年据王应麟任两制时间补。题后原注:"屈平。"

荆门军玉泉寺壮缪义勇武安英济王
特封忠壮义勇武安英烈王诰
(咸淳元年正月至咸淳四年间或咸淳七年七月至
咸淳八年七月间或德祐元年三月至十一月间)

敕:颇、牧为将,岂忧匈奴,每怀雄俊;廉、蔺虽死,常有生气,未昧英灵。载锡之光,亦克用劝。某神才高三杰,勇敌万人。盖尝乘汉水之溢而攻樊,几于震曹瞒之奸而徙许。功虽靡竟,志则不磨。其余威犹足寒戎心,非更封何以慰荆旅。用旌忠臣之节,丕显烈士之风。二名孔嘉,永贲传芭之祠楚;九京可作,尚能结草以抗秦。可。

出处:《四明文献集》卷五。

撰者:王应麟

考校说明:编年据王应麟任两制时间补。题后原注:"关壮缪。"

尹玉特赠濠州团练使麻士龙特赠高州刺史诰
（德祐元年十一月七日）

敕具官某：见危授命者义之先，致果杀敌者忠之大。迩者熊罴之士，进援毗陵，鼓三军，倡勇敢，尔玉以赣水之师，尔士龙以淮渍之旅，撄锋力战，殒于行阵，而丑房之殄歼甚众。尔身虽没，可以愧怯懦退却者，是用赠玉戎团之秩，赠士龙刺史之绶。英魄如生，尚克厉此房而翦灭之。仍录羽林之孤，俾忠义之臣咸劝。可。

出处：《四明文献集》卷五。
撰者：王应麟
考校说明：编年据《宋史》卷四七《瀛国公纪》补。

张世杰特授保康军节度使左金吾卫上将军浙西制置副使兼知平江府仍旧带行枢密都承旨扬州驻札御前诸军都统行枢督府总统一应军马加食邑食实封制
（德祐元年十一月二十七日）

门下：千里之内曰畿，莫首重乎根本之地；十国为连有帅，莫兼严乎弓钺之权。惟予冲人，未堪多难。出车王事棘矣，孰式遏于要冲；踶毂将军制之，爰畴咨于宿望。建淑旆而分阃，敷明绶以扬廷。某官雄毅而沈潜，忠良而笃实。帷幄决子房之胜，方略运于弢钤；草木知万福之名，威稜憺于边境。矫矫冠军之勇，惓惓卫上之忱。修戈矛与同仇，志殄歼于逆房；徼师徒讨乱略，躬奖率于颜行。忾缀斿之阽危，首投袂而入援。执讯获丑，《采薇》之捷屡书；披雾清氛，前茅之气大振。再念吴门之危急，尝劳师律之灾攘。却敌贤于长城，微卿民其左衽。今堂奥之寇浸迫，而藩篱之重当严。稽中兴名将之成规，膺右浙制垣之重寄。谨固保障则常润可复，汎扫妖祲则京师以宁。克壮其猷，用锡尔祉。斋坛授钺，领巨镇于房陵；吾臣司金，盛戎容于缇骑。以危难之间受任，以节度之事付公。兼升牧守之荣，益强屏翰之势。衍其采邑，明我茂恩。於戏！地利不如人和，朕遹求于多助；武服以定王国，尔趣奏于肤公。三军同力，以收复宇之勋；众志成城，以集安民之绩。俾金汤之不筸，永带砺之有光。可。

出处:《四明文献集》卷四。

撰者:王应麟

考校说明:编年据《宋史》卷四七《瀛国公纪》补。

吕文德进封和义郡王诰
(德祐元年十二月十日)

安边在良将,适中外之多艰;封爵劝有功,举国家之盛典。示昭眷注,罔间幽明。具位吕某沈毅有谋,忠勇无敌。挽天河而洗甲,乃其夙心;专方面而建麾,各有威绩。间关于百战之际,从容乎万全之谋。简在先朝,书于太史。既草木之威名尚在,岂山河之盟誓可忘?功大难酬,礼有阙典,爰进王封之秩,以隆上郡之名。和以表其全师保胜之功,义以明其殉国忘家之节。萃兹二美,贲于九原。噫!抚髀以思廉颇,虽莫追于既往;图形而颂充国,克懋劝于方来。英爽犹存,宠光未艾。

出处:《咸淳遗事》卷下。

考校说明:编年据《宋史》卷四七《瀛国公纪》补。《全宋文》系于咸淳六年(第三五九册,第四〇三页),误。

敕赵孟桂委曲赞助以成和议手诏
(德祐元年)

敕孟桂:吾老矣,不幸遭家多难,嗣君在疚,不谓似道失信北朝,致开边衅,生灵荼毒,宗社阽危,日夜思此,惟有流涕。忽览来奏,知尔身在边方,心存宗国,且拳拳以讲信为请,自非孝顺一念,发于天性,何克有此!得书喜幸,莫有云喻。已诏丞相遣使通问,以全两国生灵之命。尚赖尔委曲赞助,速成和议,以慰老怀。

出处:《西湖游览志余》卷六。又见《续宋宰辅编年录》卷二三。

考校说明:本文是谢氏以太皇太后身份发布的诏令。

罢公田复茶盐市舶法诏
（德祐元年）

十数年来,征赋繁急,而田里怨嗟;赏罚无章,而将士解体。吾深居宫中,亦罔闻知。属边事危急,人人离心,采之人言,为贾似道秉国以来,多行不恤之政,民甚苦之,如买公田,更茶盐市舶法,又其甚者。先帝幼冲居简,军国惟所专制,其害乃至于毒民误国,使吾与嗣君坐受其祸,兴言及此,痛悔何追！似道明正其罪,其诏有罢公田,复茶盐市舶法如故,诸不恤而害于民者,次第悉除之。

出处:《嘉定镇江志》卷五。
考校说明:本文是谢氏以太皇太后身份发布的诏令。

除冷应元广东提刑诰
（德祐元年）

朕惟广东僻在岭峤,惟良折狱,委任非轻。博访廉能,资其审克。尔以刚介特立,为时所推,俾司臬事,镇兹南土。继自今介而有通,刚而无亢,庶克有济,用宽忧顾,以长我王国,则予汝嘉。

出处:同治《武宁县志》卷二七。
考校说明:编年据同治《武宁县志》卷二三补。

除冷应元提刑福建知漳州诰
（恭帝朝）

朕敬保嘉师,惟重惟轻;司政典狱,其难其谨。七闽控山海之险,漳浦多萑苻之虞。澄察镇服,惟其廉能。以尔刚介有守,可停疑决滞,禁觑戕饕。命尔祥刑使兼秉郡纽。不欲所以弭盗,审克所以折狱。敷我德音,尚其钦哉！

出处:同治《武宁县志》卷二七。

降　表

（德祐二年正月十八日）

　　大宋国主㬎,谨百拜奉表于大元仁明神武皇帝陛下:臣昨尝遣侍郎柳岳、正言洪雷震捧表驰诣阙庭,敬伸卑悃,伏计已彻圣听。臣眇焉幼冲,遭家多难,权奸似道,背盟误国,臣不及知,至勤兴师问罪,宗社阽危,生灵可念。臣与太皇日夕忧惧,非不欲迁辟以求两全,实以百万生民之命寄臣一身。今天命有归,臣将焉往。惟是世传之镇宝,不敢爱惜,谨奉太皇命戒,痛自贬损,削帝号,以两浙、福建、江东西、湖南北、二广、四川见在州郡,谨悉奉上圣朝,为宗社生灵祈哀请命。欲望圣慈垂哀,祖母太后耄及卧病数载,臣茕茕在疚,情有足矜,不忍臣祖宗三百年宗社遽至殒绝,曲赐裁处,特与存全。大元皇帝再生之德,则赵氏子孙世世有赖,不敢弭忘。臣无任感天望圣,激切屏营之至。

出处:《续资治通鉴》卷一八二。

附金诏令

答夏国告和书
（正大元年十一月前后）

以生民为心，不以细故而忽生民之命。以天下为度，不以私忿而伤天下之功。惟我国家，奄宅中外，威制万里，恩结三方；高丽叛归，却而不受，孽宋既服，免其称臣。苟有利于生灵，有不较其名分。矧惟大夏，特我宝邻，盟誓既百年于兹，恩好若一家之旧。乃者北兵之大扰，因而东道之不通，岂意同盟，堕此奸计，俾我两朝之交赞，至于一矢之相加。幸上天开悔祸之期，使赤子有息肩之望。兹纡信使，特枉载书，忍以一朝之违，遽忘累世之好。审此辅车之势，属我唇齿之邦，与其厌外夷之陆梁，孰若结诸夏之亲昵。惟兹不类，乃我同仇。当人心厌乱之秋，见天道好还之意。众既乌合，罪复贯盈。彼物极则终衰，此数离面复合。且阋墙犹可御侮，况同舟何患异心。既省成言，当如来约。

出处：《滏水集》卷一〇。
撰者：赵秉文

许道真致仕制
（正大元年后）

安车蒲轮，天子所以厚优贤之礼；黄冠野服，人臣所以遂归老之心。其恩荣足以两全，而前后不可多得。有臣如此，如卿几人？具官道直以方，气刚而大，议论非世儒所到，名节以古人自期。擢自先朝，置之谏列。斥安昌窃位，已闻折槛之忠；及梁冀伏辜，方见埋轮之志。朕初即大位，稔闻直声。起之于田里退闲之间，超之于侍从论思之地。完备始终之节，从容进退之间。叹阳城之敢言，惜其

823

将去;念孔戣之既老,挽之莫留。特进一阶,荣跻四秩。华山拂袖,最是为世上之闲人;神武挂冠,犹不负山中之宰相。勉终晚节,益介寿祺。

出处:《滏水集》卷一〇。又见《中州集》戊集卷五。
撰者:赵秉文
考校说明:编年据许古(字道真)致仕时间补,见《金史》卷一〇九《许古传》。

答胥鼎诏
(正大三年七月前)

卿往在河东,残破孤危,殆不易保,卿一至而定。迄卿移镇,敌不复侵。何乃过为嫌避?且君臣均为一体,朕待下亦岂自殊,自外之语殆为过计。况余人才孰可副卿者。卿年高久旁于外,朕岂不知,但国家百年积累之基,河朔亿万生灵之命,卿当勉出壮图,同济大事。

出处:《金史》卷一〇八《胥鼎传》。

谕张汝翼诏
(正大五年)

牙吾塔资性素刚,非卿不能劝导。卿为参佐,而主张大事如此,朕甚嘉之。当益尽乃心,勉建功业,朕不汝忘也。

出处:《遗山集》卷二〇《张君神道碑》。

禁进珍禽异兽诏
(正大六年五月)

外方献珍禽异兽,违物性,损人力,令勿复进。

出处:《金史》卷一七《哀宗纪》。

明惠皇后谥册
（正大八年十一月八日）

维正大八年岁次辛卯十一月癸未朔初八日庚寅,哀子嗣皇帝臣言:昔我烈考宣宗皇帝,以裕陵元子,复受天命,还迁正统,绍复武元之大业。亦惟我大行慈圣皇太后,来嫔于京,天作之合,忧勤辅佐,用共济于艰难。厥初诞育眇躬,将正位号,以仁圣皇太后德冠六宫,曰娥英之贵一也,让而不居。逮元光末命,弗敢弭忘,曰此先帝之志也,乃居太上之尊,受养于长乐之宫。肆惟冲人,嗣无疆大历,未堪家难,思免厥愆,尚赖文母之慈训。不图昊天不愁,降此大丧,创巨痛殷,茕哀茹荼。追念宸仪虽闵,徽音尚存。慈仁赋性,劳勤夙夜,以国步方棘,忧心孔疚。顾黎民曰:念哉! 征戍劳止,汔可少休。吾母天下,忍瘳其子,凡诸疾祷,皆归福于元元。疾迨弥留,遗命薄葬。臣哀痛不忍从,重违顾命。伏念正位以定名,考谥以尊德,厥有旧章。倘非丕彰圣母之鸿休懿德,则何以对越在天之灵,慰孝思罔极之勤哉。深诏礼官,详议谥法,式稽古义,敢荐大名。伏以蕴先物之几,体怀冲之德,紫宫并耀,黄道偕升,兹不曰明乎。以载物之量,包逮下之仁,子惠无疆,坤仪攸赞,兹不曰惠乎。谨按谥法,独见先识曰明,恩能及下曰惠。肃涓谷旦,爰举上仪,谨奉玉册玉宝,上尊谥曰明惠皇后。伏冀圣灵,俯赐鉴临。歆受典册,垂裕无穷。呜呼哀哉! 谨言。

出处:《滏水集》卷一八。
撰者:赵秉文

前御史大夫张暐赠父萃卿诰
（明昌六年至泰和二年间或大安元年至正大九年间）

昔石建有醇德,而一家万石;袁氏著仁心,而四世五公。古有其人,今乃亲见。某以德行为世俭,以文学登世科。孙则尚书,子惟御史。门阀之懿,近代罕闻。推其从来,自尔素积。生而冠万人之高选,殁而膺一品之追崇。其有知乎? 亦足荣矣。

出处:《滏水集》卷一〇。

撰者:赵秉文

考校说明:编年据赵秉文任两制时间补,见《金史》卷一一〇《赵秉文传》。

回宋国贺正旦国书

(明昌六年至泰和二年间或大安元年至正大九年间)

春阳启序,适当献岁之辰,使驿弛缄,远予履新之庆。旅陈器币,备耨情文,具孚诚意之休,益缔前盟之好。

出处:《滏水集》卷一〇。
撰者:赵秉文
考校说明:编年据赵秉文任两制时间补,见《金史》卷一一〇《赵秉文传》。

回宋国贺万年节国书

(明昌六年至泰和二年间或大安元年至正大九年间)

阳和应律,适临姑洗之辰,使介弛轺,远贺诞弥之节。肃陈礼币,祗达近函。览诚意以具孚,保欢盟而益固。

出处:《滏水集》卷一〇。
撰者:赵秉文
考校说明:编年据赵秉文任两制时间补,见《金史》卷一一〇《赵秉文传》。

回夏国贺万年节国书

(明昌六年至泰和二年间或大安元年至正大九年间)

远驰使驲,来展贺仪,念誓好之方隆,故情文之俱尽,其为悦怿,曷罄敷陈。式属凉秋,善绥福履。

出处:《滏水集》卷一〇。
撰者:赵秉文
考校说明:编年据赵秉文任两制时间补,见《金史》卷一一〇《赵秉文传》。

参知政事李蹊授左丞诰
（正大四年十二月至天兴元年三月间）

君不借才于异代,所资者当世之英豪,天将降大任于是人,必付以大贤之事业。朕以寡昧,获绍基图。念祖宗开创之艰,思社稷久长之计,而四郊多垒,群生未宁,提封未入于版图,陵寝尚露于霜露,中夜以叹,兹心靡惶。期得英伟绝俗之才,以济险阻非常之运,畴若予采,今得其人。具位李蹊,器识迈伦,才猷经世。以文雅饰吏事,以术业赞庙谋,比长外台,薛宣之政事,已试召还。中省张镐之筹策甚良,是用贰我机衡,进之丞辖。於戏!承平之世,中庸谈笑而有余,多难之时,贤哲驰骛而不足。身济大业,力恢中原,幸得遭时,其任以天下之重,毋以有己。或负于人主之知。勉尽乃心,以称朕意。可改授尚书左丞、兼修国史,加上柱国,余如故。

出处:《滏水集》卷一〇。
撰者:赵秉文

赐国用安铁券文
（天兴元年闰九月一日）

皇帝若曰:咨尔内族英烈戡难保节忠臣、仪同三司、都元帅兼平章政事、充王完颜用安,大邦维屏,古有格言,王府藏勋,赏存旧典。卿台阶孕秀,海岳储灵,天赋忠贞,性资明敏。初为儿戏,营垒已成。长学神机,风云暗晓。方将提挈义旅,勤劳王家,服金革以不辞,冒矢石而有勇。顷遭逢于多垒,偶陷没于他邦,而能临事见机,去伪存正,变疾风雨,谋先鬼神,一举而患难珍歼,不时而州县皆复。听闻以此,叹嘱久之。朕方总揽英雄,兴建功业,体天地含弘之思,厚君臣始终之恩,胙尔以诸王之封,宠尔以上公之位,氏族已书于玉牒,勋业复纪于太常。同三司之威仪,建大将之旗鼓。盖欲宥及于十世,何嫌恩积于一门?泰山、黄河,永及尔裔,皇天后土,实闻斯言。肆申白马之盟,庸示丹书之约。呜呼!谓予不信,鉴诗人睨目之辞;弗与同心,如文公白水之誓,尚奉非常之渥,以保无疆之休。

出处:《秋涧集》卷九六。
撰者:李介然

曲赦蔡州诏
（天兴二年七月一日）

天方悔祸,少宽北顾之忧,人亦告劳,爰启南巡之议。惟今蔡郡,实古豫川,干戈以来,市井如故。久以孤墉而抗故,出于众力之输勤。爰闻临幸之初,逾谨奉迎之礼,人已至于垂泣,朕亦为之动怀。宣沛恩私,曲加慰浣。自天兴二年七月一日昧爽以前,据蔡州管内支郡属县杂犯死罪以下,并行释免。官吏军民,各覃恩两重,归德以南经过去处,曾经应办者迁一官。百姓逃亡户绝者抛下地土,听人恣耕,并免差税。自来拖欠官房地基军需等钱,俱免追征。连年兵饥,多有暴露骸骨,仰所在官司,如法埋瘗。呜呼! 奉畜尔众,敢辞毫邑之迁,时迈其邦,尚藐周家之助。咨尔有众,体予至怀,故兹诏示,想宜知悉。

出处:《汝南遗事》卷一。又见《大金国志》卷二六。

答恒山公武仙请诛魏璠诏
（天兴二年七月十三日）

得卿奏章,以魏璠专擅间牒君臣,请诛之以厉其余。朕非曲有此人,但以罪在赦前,赦不可失信。然朕迁蔡时,弃之睢阳。无复录用矣。

出处:《汝南遗事》卷一。

谕裴满阿虎带诏
（天兴二年八月）

宋人负朕深矣。朕自即位以来,戒饬边将无犯南界。边臣有自请征讨者,未尝不切责之。向得宋一州,随即付与。近淮阴来归,彼多以金帛为赎,联若受财,是货之也,付之全城,秋毫无犯。清口临阵生获数千人,悉以资粮遣之。今乘我疲蔽,据我寿州,诱我邓州,又攻我唐州,彼为谋亦浅矣。大元灭国四十,以及西夏,夏亡及于我,我亡必及于宋。唇亡齿寒,自然之理。若与我连和,所以为我者亦为彼也。卿其以此晓之。

出处:《金史》卷一八《哀宗纪》。

戒百官诏

（天兴二年九月九日）

国家自开创涵养汝等百有余年。汝等或以先世立功,或以劳效起身,被坚执锐,积有年矣。今当厄运,与朕同患,可谓忠矣。比闻北兵将至,正汝等立功报国之秋,纵死王事,不失为忠孝之鬼。往者汝等立功,常虑不为朝廷所知,今日临敌,朕亲见之矣,汝等勉之。

出处:《金史》卷一八《哀宗纪》。

谕乌林答胡土诏

（天兴二年十一月六日）

卿父子兄弟皆为帅臣,荣被国恩,不为不厚,顾卿岂有求降敌理耶。卿在洛阳,不即投降,而千里远来降于蔡,亦岂人情也哉!闻卿遇奴太察,且其衣食不甚丰腆,此自奴辈往求饱暖计耳,卿何慊为哉!

出处:《汝南遗事》卷三。又见《金史》卷一一一《乌林答胡土传》。

传位东面元帅完颜承麟诏

（天兴三年正月九日）

朕所以付卿者岂得已哉,以肌体肥重,不便鞍马驰突。卿平日矫捷有将略,万一得免,祚胤不绝,此朕志也。

出处:《金史》卷一八《哀宗纪》。

附元诏令

谕群臣下诏不杀掠
（太祖二十二年六月）

朕自去冬五星聚时,已尝许不杀掠,遽忘下诏耶。今可布告中外,令彼行人亦知朕意。

出处:《元史》卷一《太祖纪》。

遗 诏
（太祖二十二年七月十二日）

金精兵在潼关,南据连山,北限大河,难以遽破。若假道于宋,宋、金世仇,必能许我,则下兵唐、邓,直捣大梁。金急,必征兵潼关。然以数万之众,千里赴援,人马疲弊,虽至弗能战,破之必矣。

出处:《元史》卷一《太祖纪》。

谕薛阇
（太祖二十二年）

昔女真猖獗,尔父起兵,自辽东会朕师,又能割爱,以尔事朕,其情贞悫可尚。继而奸人耶厮不等叛,人民离散。欲食尔父子之肉者,今岂无人乎! 朕以兄弟视尔父,则尔犹吾子,尔父亡矣,尔其与吾弟孛鲁古台并辖军马,为第三千户。

出处:《元史》卷一四九《耶律留哥传》。

诏丘处机
（太祖朝）

成吉思皇帝敕真人丘师,省所奏应诏而来者,备悉。惟师道逾三子,德重多方,命臣奉厥玄曛,驰传访诸沧海,时与愿适,天不人违,两朝屡诏而弗行,单使一邀而肯起。谓朕天启,所以身归。不辞暴露于风霜,自愿跋涉于沙碛,书章来上,喜慰何言。军国之事,非朕所期,道德之心,诚云可尚。朕以彼酋不逊,我伐用张,军旅试临,边陲底定。来从去背,实力率之故然;久逸暂劳,冀心服而后已。于是载扬威德,略驻车徒。重念云轩既发于蓬莱,鹤驭可游于天竺。达磨东迈,元印法以传心;老氏西行,或化胡而成道。顾川途之虽阔,瞻几杖以非遥。爰答来章,可明朕意。秋暑,师比平安好指,不多及。

出处:《长春真人西游记》卷下。

谕也不坚歹
（太祖朝）

婚姻而论财,殆若商贾矣。昔人有言,同心实难,朕方欲取天下,汝亦乞列思之民,从孛秃效忠于我可也,何以财为!

出处:《元史》卷一一八《孛秃传》。

啖野马誓
（太祖朝）

使我克定大业,当与诸人同甘苦,苟渝此言,有如河水。

出处:《元史》卷一二○《札八儿火者传》。

改宿卫诏
（太祖朝）

朕初止有宿卫八十人,散班七十人。今蒙天祐,君长群部,其于各万户、千户、百户内,选万人为宿卫,以功臣十人分领之。出征则为前锋,平时宿卫,分四班,以四亲臣领之,惟扈帐殿御营,不许调发。

出处:《元史新编》卷一。

授皇弟皇子军诏
（太祖朝）

初立国者吾母,今与幼弟斡赤斤共分一万人,吾长子术赤与九千人,次子察合台八千,三子窝阔台、四子拖雷各五千,诸弟合萨尔四千,阿勒赤台二千,字勒古台千有五百。

出处:《元史新编》卷一。

蒙古子弟学汉人文字诏
（太宗五年六月九日）

道与朵罗觯、咸得不、绵思哥、胡士花小通事、合住、迷速门,并十役下管匠人、官人,这必阇赤一十箇孩儿,教汉儿田地里学言语文书去也。不选。但是,可以学底公事呵也。教学者,宣谕文字。但是你每官人底孩儿每,去底十八箇蒙古孩儿门根底,你每孩儿每内,更拣选二十二箇作牌子,一同参学文书弓箭者。若这二十箇孩儿内,却与歹底孩儿,好底孩儿隐蔽下底,并断案打奚罪戾。这孩儿每学得汉儿每言语文书会也,你每那孩儿亦学底蒙古言语弓箭也会也。粘哥千僧奴底孩儿亦一同学者,若学底会呵,不是一件立身大公事那甚么！教陈时可提领选拣好秀才二名管勾,并见看守夫子庙道人冯志亨,及约量拣选好秀才二,通儒道人二名,分作四牌子教者。虽已先禁治弓箭,军器去来,据这上项孩儿每底弓箭不在此限。你每各自鬭教者,看谁管者教底先会了也。据住定房舍者,那孩儿每教底文书,不拣历日辰,起盖夫子庙廊房,并去底孩儿每住的房舍者。那孩儿每教的文书,不拣是何文书,教都学者。教学施行的文书,疾识字的文书者,教的时分,孩儿每根底休教阑当者。若识字呵,背识背写者。教参学底时分呵,自是不蒙古言语去底孩儿每,只教汉儿语言说话者,会汉儿言语呵。若不汉时言语里说话,却蒙古言语里说话,一番一简子打者,第二番打两简子者,第三番打第三简子者,第四番打四简子者,这言语我亲省会与来也者。必阇赤每,比至会汉儿言语呵,说话仰胡土花小通事与两箇熟会言语的通事转言语者,这必阇赤内有不服教训难道底人呵,具写姓名,我根底奏将来者,我这里更不省会那甚麽。仍道与朵罗觰,仰于新拜降户内,每人拨与使唤的小孩儿一箇者,各人并教读人等,每人日支米面各一斤,肉一斤,本处官人每底孩儿不在此限。外据家粮每人日支米一升,这必阇赤孩儿每,晚后与解渴酒四瓶。如有爱愿就学书人等,仰本路课程所官验人数,每人日支米一升,不得因而夹带不是读书儒人冒请官粮,不得违错。准此! 蛇儿年六月初九日。

出处:《析津志辑佚》。

大会诸王百僚谕条令
(太宗六年五月)

凡当会不赴而私宴者,斩。诸出入宫禁,各有从者,男女止以十人为朋,出入毋得相杂。军中凡十人置甲长,听其指挥,专擅者论罪。其甲长以事来宫中,即置权摄一人、甲外一人,二人不得擅自往来,违者罪之。诸公事非当言而言者,拳其耳;再犯,笞;三犯,杖;四犯,论死。诸千户越万户前行者,随以木镞射之。百户、甲长、诸军有犯,其罪同。不遵此法者,斥罢。今后来会诸军,甲内数不足,于近翼抽足之。诸人或居室,或在军,毋敢喧呼。凡来会,用善马五十匹为一羁,守者五人,饲羸马三人,守乞烈思三人。但盗马一二者,即论死。诸人马不应绊于乞烈思内者,辄没与畜虎豹人。诸妇人制质孙燕服不如法者,及妬者,乘以骣牛徇部中,论罪,即聚财为更娶。

出处:《元史》卷二《太宗纪》。

崇道碑
（太宗七年七月一日）

　　皇帝圣旨：你已先成吉思皇帝圣旨里，道人每内中不吃酒肉无妻男底人告天者，不是那般底人，吃酒、吃肉、有妻男呵，仙孔八合识你不拣择出来那什么，你底言语不信底人你识者。梁米你每年依例送得来者。准此。乙未年七月初一日。

出处：《道家金石略》。

崇道碑
（太宗七年七月九日）

　　皇帝圣旨道与清和真人尹志平、仙孔八合识李志常：我于合剌和林盖观院来，你每拣选德行清高道人，教就来告天住持。仰所在去处赍发递送来者。准此。乙未年七月初九日。

出处：《道家金石略》。

神仙洞圣旨碑
（乃马真后称制四年正月）

　　皇帝圣旨里宣差莱登州长官都帅：伏见莱州神山洞乃古迹，观舍屡经兵革，未曾整葺。今者，幸有披云真人糺领道众，虔心开凿仙洞，刱修三清五真圣像，中间所费功力甚大。其山前侧佐一带山栏荒地除有主外，应据无主者尽行给付本观。无粮地三百亩，四圣大路。披云真人为主裨助缘事，诸人不得诈认冒占。据此须议给付者。右给付披云真人，准此。乙巳年正月日押。

出处：《北京图书馆藏中国历代石刻拓本汇编》第四八册。

北极观懿旨碑
（乃马真后称制四年五月十日）

皇帝福荫里公主皇后懿旨：道与卫州达鲁花、赤管民官、管匠人官员每者：据汲县城隍庙北极观、刘村岱狱观、山彪村长春观，俱〔系〕燕京大长春宫掌教真常李真人的宫观。那底俺每不是功德主那是么？教大众在意。住持与皇帝、皇后、太子、诸王、诸□告天念经、祈福祝寿万安者。应系有□〔檐〕地土、园果、房屋、孳畜，不得教人强行夺；□□过往一□使臣、往来军马并诸□□等，不得观中安下、搔扰。如有违犯人，照依先□皇帝圣旨治罪施行者。右付卫州汲县北极观常住收执。准此。乙巳年五月初十日，图刺里写来。

出处：《元代白话碑集录》。

葡 萄 园 宣 谕
（宪宗二年四月二十七日）

蒙哥皇帝圣旨里宣谕：倚付汉儿田地里应为底先生每底那延真人，悬带御前金牌。钦奉蒙哥皇帝御宝圣旨：拣数勾当等事，除钦依外，据解州安邑县。长春观宁志荣、马志全先于壬寅年献到葡萄园七十亩，充御用菓木，为此以曾行下本观看守去，迄今来滇合再下，仰本观李志玉等将前项葡萄园子务要在意看守，精懃起架，勿令分毫怠堕荒废，唯恐有误御用菓木，利害非轻。如至熟日，滇官尽数制造乾圆秤盘数目，前去平阳府计□道录院起发，前来长春宫送纳，准备□献，仍仰随处达鲁花赤管民官员人等照依。钦奉皇帝御宝圣旨：内节扶先生□大小莫发，地税、商税、铺马都休与者。他每有应遮么，甚么，休强争夺。要者，那公头与圣旨来。如有违犯之人，具姓名申来以依。故违圣旨，治罪施行不得违滞。须至札付者。右下李志玉等，准此。壬子年四月二十七日押。

出处：《山右石刻丛编》卷二四。

太平崇圣宫宣谕
（宪宗二年七月五日）

　　蒙哥皇帝旨里宣谕:倚付□儿田地里应有底先生每底官人□真□人悬带御前金牌。钦奉蒙哥皇帝御宝圣旨,□数勾当等事,除钦依外,据太原府平遥县太平崇圣宫提领燕志静状告:"□□今年六月内,蒙掌教宗师法旨,该清和大宗师法旨自燕京,今道众前来重修太平崇圣宫并张赵下院玉清观。住持勾当道司将本宫并下院一切差使已行除免外,若不呈告,诚恐已后别无执凭,乞详酌出给文字"事。得此文状,除别行外,已将本宫并下院差使行下道司除免去讫,仍仰本宫道众照依前项清和大宗师法旨,在意兴修。住持勾当所有执照须至出给者。右给付平遥县太平崇圣宫收执照用,准此。壬子年七月初五日押。

出处:《山右石刻丛编》卷二四。

谕姚枢
（宪宗二年）

　　汝昨夕言曹彬不杀者,吾能为之,吾能为之。

出处:《元史》卷一五八《姚枢传》。

责不只儿等杀无辜
（宪宗二年）

　　凡死罪必详谳而后行刑,今一日杀二十八人,必多非辜。既杖复斩,此何刑也。

出处:《析津志辑佚》。

诏谕忙哥撒儿之子
（宪宗三年冬）

汝高祖赤老温恺赤，暨汝祖搠阿，事我成吉思皇帝，皆着劳绩，惟朕皇祖实褒嘉之。汝父忙哥撒儿，自其幼时，事我太宗，朝夕忠勤，罔有过咎。从我皇考，经营四方，迨事皇妣及朕兄弟，亦罔有过咎。暨朕讨定斡罗思、阿速、稳儿别里钦察之域，济大川，造方舟，伐山通道，攻城野战，功多于诸将。俘厥宝玉，大赉诸将，则退然无欲得之心。惟朕言是用，修我邦宪，治我搜田，辑我国家，罔不咸乂。惟厥忠，虽其私亲，与朕嫔御，小有过咎，一是无有比私。故朕皇妣，迨朕昆弟，无不嘉赖。朝之老臣、宿卫耆旧，无不严畏。录其勤劳，命为札鲁忽赤，治朕皇考受民，布昭大公，以辨狱慎民，爰作朕股肱耳目，众无哗言，朕听以安。自时厥后，察哈台阿哈之孙，太宗之裔定宗、阔出之子，及其民人，越有他志。赖天之灵，时则有克薛杰者，以告于朕。汝父肃将大旅，以遏乱略，按赤台等谋是用溃，悉就拘执。朕取有罪者，使辨治之，汝父体朕之公，其刑其宥，克比于法。又使治也速、不里狱，亦克比于法。惟尔脱欢、脱儿赤：自朕用汝父，用法不阿，兄弟亲姻，咸丽于宪。今众罔不怨，曰"尔亦有死耶"，若有慊志。人则虽死，朕将宠之如生。肆朕训汝，尔克明时朕言，如是而有福，不如是而有祸。惟天惟君，能祸福人；惟天惟君，是敬是畏。立身正直，制行贞洁，是汝之福；反是勿思也。能用朕言，则不坠汝父之道，人亦不能间汝矣；不用朕言，则人将仇汝，伺汝，间汝。怨汝父者，必曰"汝亦与我夷矣"，汝则殆哉。汝于朕言，弗慎绎之，汝则有咎；克慎绎之，人将敬汝畏汝，无间伺汝，无慢汝怨汝者矣。又，而母而妇，有谗欺巧佞构乱之言，慎勿听之，则尽善矣。

出处：《元史》卷一二四《忙哥撒儿传》。

太平崇圣宫宣谕
（宪宗三年）

上阙里□□□宣谕：倚付汉地先生头儿那延李真人悬带□□金牌，掌管□□教门事，照得。钦奉到蒙哥皇帝御宝圣旨节文："汉儿田地里应有底先生每都教李真人识者。"除钦依外，今据太原府路平遥县太平崇圣宫提点李志端状告："伏为本宫自唐朝以来，有元住道士薛守玄重修兴建，额曰太平观，后至宋朝元祐年间改为清虚观,今自大朝兴国以来为本宫。兵革之后,殿宇房屋全无损坏,因此有本县长官梁瑜并万户梁瑛等经诣本府,乞改名额为太平兴国观,各有已立碑碑记。近蒙掌教大宗师真人师父再更为太平崇圣宫名□,心端依奉,已于壬子年七月十五日安置牌额,悬挂了当。在手别无文面,乞给赐凭验。"事得此文状,为此取覆。过奉掌教大宗师真人师父法旨前来,已曾亲书太平崇圣宫名额,付下去来。今既已建立名牌悬挂外,今准见告事,因合给与公据,付本宫主者,已久照用施行。仍仰提点李志端劝率道众,依时念经告天,祝延圣寿万安者,以报国恩,无得分毫懈怠。须议出给者。右给付太平崇圣宫主者准此。癸丑年月日押。

出处:《山右石刻丛编》卷二四。

增修文庙令旨
(宪宗四年五月二十八日)

长生天气力里,蒙古皇帝福荫里,忽必烈大王令旨里,道与赛典赤。据恁说将来底宣圣庙并赡学地土,已前牙鲁瓦赤、塔剌浑断事官每断定与秀才每来。其先生冯志亨实时当面说与情愿分付文字。如今冯志亨却行争占夺事,为此今与这文字去也。如委是实已前众断定来呵,又兼本人既有情愿分付文字,如何再争夺得?如今先依断定底庙舍土地分付与秀才每者,冯志亨先生每今后再不得争夺。准此。甲寅年五月二十八日六盘山口子里写来。

出处:《析津志辑佚》。

增修文庙令旨
(宪宗四年七月一日)

长生天气力里,蒙哥皇帝福荫里,忽必烈大王令旨里,使臣习敕必阇赤到来,于七月三十日就宣圣庙,会聚燕京儒人赵楠、马大昭等。对众口传,面奉到忽必烈大王令旨,道与燕京秀才每者。你每奏说底已前田地得了也,谢的笺文我都理会得也,文字说我教好人收者也。你说的道人执结文书,要那的则甚么?我先与来的文书,你每上了名也,不是依着已前皇帝大王体例,教以后万万年不朽,好名听都知也者。已后我与你每做主底令旨,不与去那做甚么?更道与使臣习南必阇赤:你上来下去,秀才每有的公事言语,你休怕,我根底奏将来者。

出处:《析津志辑佚》。

蒙哥皇帝圣旨
（宪宗五年九月二十九日）

那摩大师少林长老奏来:先生毁壊了释迦牟尼佛底经教,做出假经来有。毁壊了释迦牟尼佛底圣像,塑着老君来有。把释迦牟尼佛塑在老君下面坐有。共李真人一处对证问来。李真人道:我并不理会得来。今委布只儿众断事官,那造假经人及印板木,不拣是谁根的,有呵,与对证过。若实新造此说慌经,分付那摩大师者。那造假经底先生,布只儿为头众断事官一处当面对证倒时,决断罪过。要轻重,那摩大师识者。又毁坏佛像及观音像,改塑李老君底,却教那先生依前旧塑释迦观音之像,改塑功了。却分付与和尚每者,那坏佛的先生,依理要罪过者。断事官前立下证见,交那摩大师识者。若是和尚每坏了老子塑着佛像,亦依前体例,要罪过者。即乙卯年九月二十九日,君脑儿里行此圣旨。

出处:《元代白话碑集录》。

回鹘献水晶盆珍珠伞等物谕
（宪宗七年九月）

方今百姓疲弊,所急者钱尔,朕独有此何为。

出处:《元史》卷三《宪宗纪》。

谕吾也而
（宪宗七年）

自太祖时效劳至今者,独卿无愆。

出处:《元史》卷一二〇《吾也而传》。

遗诏
（宪宗九年七月）

我之婴疾为此城也。不讳之后，若克此城，当赭城剖赤而尽诛之。

出处：雍正《四川通志》卷四二。又见《河上楮谈》卷二。

答亲王穆哥请北归
（宪宗九年九月一日）

吾奉命南来，岂可无功遽还？

出处：《元史》卷四《世祖纪》。

登鄂城压云亭观战
（宪宗九年九月十一日）

贾似道率兵救鄂，事起仓促，皆非精锐。

出处：《元史》卷四《世祖纪》。

遣张文谦谕诸将
（宪宗九年闰十一月）

迟六日，当去鄂退保浒黄洲。

出处：《元史》卷四《世祖纪》。

答贾似道请和
（宪宗九年闰十一月）

汝以生灵之故来请和好，其意甚善，然我奉命南征，岂能终止。果有事大之心,当请于朝。

出处:《元史》卷四《世祖纪》。

召谓诸将
(宪宗九年)

汝辈平日自负鸷勇,及临敌,不能为朕立尺寸功。独李毅身犯矢石,摧锋陷阵,视敌篾如,言勇者,如毅乃可耳。

出处:《元史》卷一五〇《李守贤传》。

中统元年正月赦
(中统元年正月)

我国家烈祖肇基,先皇继统,惟图日辟于疆宇,未免岁耀于兵威。事有当为,时难遽已。朕获承丕祚,已降德音。念士卒暴露者久之,而人民离散者多矣。干戈载戢,田里俾安。不期同气之中,俄有阋墙之侮。顾其冲幼,敢启兹谋,皆被奸谗,相济以恶。彼既阶于祸乱,此当应以师徒。朕惟父母兄弟之亲,宗庙社稷之重,遣使敦谕,至于再三。乱纪执迷,曾无少革,以致宗族共怒,戈甲乃兴。重念兵方弭而复征,民甫休而再扰。危疑未释,反侧不安。讹误者至及于无辜,拘囚者或生于不测,非朕本意,蠹然伤心。宜推旷荡之恩,普示哀矜之意。於戏!悛心或启,忍加管蔡之刑;内难既平,迓续成康之治。

出处:《国朝文类》卷九。
撰者:王鹗

命王倎归国为高丽国王诏
(中统元年三月)

我太祖皇帝肇开大业,圣圣相承,代有鸿勋,芟夷群雄,奄有四海,未尝专嗜杀也。凡属国列侯,分茅锡土,传祚子孙者,不啻万里,孰非向之勃敌哉。观乎此,则祖宗之法不待言而章章矣。今也,普天之下未臣服者,惟尔国与宋耳。宋所恃者长江,而长江失险,所藉者川、广,而川、广不支。边戍自彻其藩篱,大军已驻乎心腹,鼎鱼幕燕,亡在旦夕。尔初以世子奉币纳款,束身归朝,含哀请命,良可矜悯,故遣归国,完复旧疆,安尔田畴,保尔室家,弘好生之大德,捐宿构之细故也。用是已尝戒敕边将,敛兵待命,东方既定,则将回戈于钱塘。迨余半载,乃知尔国内乱渝盟,边将复请戒严,此何故也?以谓果内乱耶,权臣何不自立,而立世孙?以谓传闻之误耶,世子何不之国而盘桓于境上也?岂以世子之归愆期,而左右自相猜疑,私忧过计而然耶?重念岛屿残民,久罹涂炭,穷兵极讨,殆非本心。且御失其道,则天下狙诈咸作敌;推赤心置人腹中,则反侧之辈自安矣。悠悠之言,又何足校。申命边阃,断自予衷,无以逋逃间执政,无以飞语乱定盟。惟事推诚,一切勿问。宜施旷荡之恩,一新遐迩之化。自尚书金仁㑺以次,中外枝党、官吏、军民,圣旨到日已前,或有首谋内乱,旅拒王师,已降附而还叛,因仇雠而擅杀,无所归而背主亡命,不得已而随众胁从,应据国人但曾犯法,罪无轻重咸赦除之。世子其趣装命驾,归国知政,解仇释憾,布德施恩。缅惟疮痍之民,正在抚绥之日,出彼沧溟,宅于平壤。卖刀剑而买牛犊,舍干戈而操耒耜,凡可援济,毋惮勤劳。苟富庶之有征,冀礼义之可复,亟正疆界,以定民心,我师不复逾限矣。大号一出,朕不食言。复有敢踵乱犯上者,非干尔主,乃乱我典刑,国有常宪,人得诛之。於戏!世子其王矣,往钦哉,恭承丕训,永为东藩,以扬我休命。

出处:《元史》卷二○八《高丽传》。

即 位 诏
(中统元年四月六日)

朕惟祖宗肇造区宇,奄有四方,武功叠兴,文治多阙,五十余年于此矣。盖时有先后,事有缓急,天下大业,非一圣一朝所能兼备也。先皇帝即位之初,风飞雷厉,将大有为。忧国爱民之心虽切于己,尊贤使能之道未得其人。方董夔门之师,遽遗鼎湖之泣。岂期余恨,竟弗克终。肆予冲人,渡江之后,盖将深入焉。乃闻国中重以金军之扰,黎庶惊骇,若不能一朝居者。予为此惧,驿骑驰归。目前之急虽纾,境外之兵未戢。乃会群议,以集良规。不意宗盟辄先推戴。左右万里,名王臣僚,不召而来者有之,不谋而同者皆是。咸谓国家之大统不可久旷,神人之重寄不可暂虚。今日太祖嫡孙之中,先皇母弟之列,以贤以长,止予一人。虽在征伐之间,每存仁爱之念,博施济众,实可为天下主。天道助顺,人谟与能。

祖训传国大典,于是乎在,孰敢不遵。朕峻辞固让,至于再三,祈悃益坚,誓以死请。于是俯循舆情,勉登大寶。自惟寡昧,属时多艰,若涉渊冰,罔知攸济。爰当临御之始,宜新宏远之规。祖述变通,正在今日。务于实德,不尚虚文。虽承平未易遽臻,而饥渴所当先务。略举其切实便民者,条列于后。於戏!历数攸归,钦应上天之命;勋亲斯托,敢忘列祖之规? 建极体元,与民更始。朕所不逮,更赖我远近宗族、中外文武,同心协力,献可替否之助也。诞告多方,体予至意。故兹诏示,想宜知悉。

出处:《大元圣政国朝典章》诏令卷一。

撰者:王鹗

抚军士诏
(中统元年四月六日)

大军每年征进,行者有暴露之苦,居者负输挽之劳,加之管军头目不知存恤,横派科敛,以致军前家中搔扰不安,朕甚悯焉。今后禁约诸路管军头目人等,凡事一新,毋得循习旧弊。若有军前曾立功劳者,速行迁赏,例从优厚。至于抚绥安养,使大军皆得休息者,朝廷别有区处。

出处:《大元圣政国朝典章》圣政卷一。

止贡献诏
(中统元年四月六日)

开国以来,庶事草创。既无俸禄以养廉,故纵贿赂而为蠹。凡事撒花等物,无非取给于民。名为己财,实皆官物。取百散一,长盗滋奸,若不尽更,为害非细。始自朕躬,断绝斯弊。除外用进奉军前克敌之物,并斡脱等拜见撒花等物,并行禁绝。内外官吏,视此为例。

出处:《大元圣政国朝典章》圣政卷一。

均赋役诏
（中统元年四月六日）

爰自包银之法行,积弊到今,民力愈困。朝廷立制,本欲利民,而反害民,非法之弊,乃人弊之也。加之滥官污吏,夤缘侵渔,科敛则务求羡余,输纳则暗加折耗。以致滥刑虐政,暴敛急征,使农夫不得安于田里者,为害非一,吾民安得不重困耶? 旧弊苟不悉除,新政安能有立,今后应科敛差发,斟酌民力,务要均平,期于安静,与吾民共享有生之乐而已。钦此。

出处:《大元圣政国朝典章》圣政卷二。

复降旨谕侂诏
（中统元年四月）

朕祗若天命,获承祖宗休烈,仰惟覆焘,一视同仁,无遐迩小大之间也。以尔归款,既册为王还国,今得尔与边将之书,因知其上下之情,朕甚悯焉。

出处:《元史》卷二〇八《高丽传》。

崇祭祀诏
（中统元年四月）

五岳四渎,名山大川,历代圣帝明王忠臣烈士,载在祀典者,所在官司,岁时致祭。

出处:《大元圣政国朝典章》圣政卷二。

惠鳏寡诏
（中统元年四月）

鳏寡孤独不能自存者,所在官司,于官仓内优加赈恤。

出处:《大元圣政国朝典章》圣政卷一。

中统建元诏
（中统元年五月十九日）

钦奉诏书节该:祖宗以神武定四方,涵德御群下。朝廷草创,未遑润色之文;政事变通,渐有纲维之目。朕获缵旧服,载扩丕图。稽列圣之洪规,讲前代之定制。建元表岁,示人君万世之传;纪时书王,见天下一家之义。法《春秋》之正始,体大《易》之乾元。炳焕皇猷,权舆治道。可自庚申年五月十九日,建号为中统元年。惟即位体元之始,必立经陈纪为先。故内立都省,以总权纲,外设总司,以平庶政。仍兴利除害之事,补偏救弊之方,随诏以豫,申画于后。於戏! 秉钧握枢,必因时而建号;施仁发政,期与物以更新。敷宣悃恻之辞,表着勤劳之意。凡在臣庶,体予至怀! 故兹诏示,想宜知悉。

出处:《大元圣政国朝典章》诏令卷一。又见《元史》卷四,《新元史》卷七。
撰者:王鹗

以阿里不哥反赦天下诏
（中统元年五月二十七日）

朕获承丕祚,已降德音。不期同气之中,俄有阋墙之侮,顾其冲幼,敢启兹谋,皆被凶谗,相济以恶。朕惟父子兄弟之亲,宗庙社稷之重,遣使敦谕,至于再三。乱党执迷,曾无少革,以致宗族咸怒,戈甲载兴。重念兵方弭而复征,民甫休而再扰,危疑未释,反侧不安。诖误者至及于无辜,拘囚者或生于不测,非朕本意,蠹然伤心。宜推旷荡之恩,普示哀矜之意。於戏! 悛心或启,忍加管蔡之刑;内难既平,式续成康之治。

出处:《新元史》卷七。

理冤滞诏
（中统元年五月）

凡有犯刑至死者,如州府审问狱成,便行处断,则死者不可复生,断者不可复

845

续。案牍繁冗,须臾决断,万一差误,人命至重,悔将何及。朕实哀矜,今后凡有死刑,仰所在官司,推问得实,具事情始末及断定招欵,申宣抚司,再行审复无疑,呈省闻奏,待报处决。钦此。

出处:《大元圣政国朝典章》圣政卷二。

求直言诏
(中统元年五月)

朕自即位以来,宵衣旰食,孜孜求治。然天下之大,万事之众,岂能徧知。自今凡政令之未便,人情之未达,朝廷得失,军民利害,有上书陈言者,皆得实封。呈献其在内者,呈省闻奏。其在外者,赴各处宣抚司投进缴申,赴省闻奏。若言不可采,并无罪责,如其可用,朝廷优加迁赏,以旌忠直。

出处:《大元圣政国朝典章》圣政卷一。

抚军士诏
(中统元年五月)

凡征进军人,临阵而亡者,被伤而死者,其家属理当优恤。仰各管头目用心照管,无致生受。仍仰各路宣抚司取会见数量,给衣粮优恤其家。

出处:《大元圣政国朝典章》圣政卷一。

杨庸教授三氏子孙制
(中统元年五月)

孔氏、颜、孟之家,皆圣贤之后也。自兵乱以来,往往失学,甘为庸鄙,朕甚悯焉。今以进士杨庸,教授孔氏、颜、孟子弟,务要严加训诲,精通经术,以继圣贤之业。

出处:《国朝文类》卷一一。

撰者:杨果

谕安南国陈诏
（中统元年十二月三日）

我祖宗以武功创业,文德未修。朕缵承丕绪,鼎新革故,抚绥万邦。遂以庚申岁,建元为中统元年。诞敷诏赦,次第颁行。其不泄迩不忘远,诚之所在,事有未遑也。适大理寺臣安抚职聂陌丁驰驿表闻尔邦向风慕义之诚,及念卿在先朝已归欵臣附,远贡方物,故颁诏旨,遣礼部郎中孟甲充安南宣谕使,礼部员外郎李文俊充副使,谕尔国官僚士庶,凡衣冠典礼、风俗百事,一依本国旧例,不须更改。况高丽比遣使来请,已经下诏,悉依此例。除戒云南等处边将,不得擅兴兵甲,侵掠疆场,挠乱人民。卿国官僚士民,各宜安堵如故。故兹诏示,念宜知悉。

出处:《安南志略》卷二。

谕郝经诏
（中统元年）

朕初即位,庶事草创,卿当远行,凡可辅朕者,亟以闻。

出处:《元史》卷一五七《郝经传》。

谕杨大渊诏
（中统元年）

尚厉忠贞之节,共成康乂之功。

出处:《元史》卷一六一《杨大渊传》。

急递铺兵诏
（中统元年）

随处官司,设传递铺驿,每铺置铺丁五人。各处县官,置文簿一道付铺,遇有转递文字,当传铺所即注名件到铺时刻,及所辖转递人姓名,置簿,令转送人取下铺押字交收时刻还铺。本县官司时复点刷,稽滞者治罪。其文字,本县官司绢袋封记,以牌书号。其牌长五寸,阔一寸五分,以绿油黄字书号。若系边关急速公事,用匣子封锁,于上重别题号,及写某处文字、发遣时刻,以凭照勘迟速。其匣子长一尺,阔四寸,高三寸,用黑油红字书号。已上牌匣俱系营造小尺,上以千字文为号,仍将本管地境、置立铺驿卓望地名,递相传报。铺兵一昼夜行四百里,各路总管府委有俸正官一员,每季亲行提点。州县亦委有俸末职正官,上下半月照刷。如有怠慢,初犯事轻者笞四十赎铜,再犯罚俸一月,三犯者决。总管府提点官,比总管减一等,仍科三十,初犯赎铜,再犯罚俸半月,三犯者决。铺兵铺司,痛行断罪。

出处:《元史》卷一〇一《兵志》。

谕来阿八赤
（中统元年）

当时若从此策,东南其足平乎。朕自鄂渚,日望上流之声势耳。

出处:《元史》卷一二九《来阿八赤传》。

谕廉希宪诏
（中统元年）

朕委卿以方面之权,事当从宜,毋居常制,坐失事机。

出处:《元史》卷一二六《廉希宪传》。

谕裕宗诏
（中统初）

明里,朕亲臣之子也,今以事汝,令典膳事。

出处:《元史》卷一六九《石抹明里传》。

谕侍臣诏
（中统初）

明里之祖曷鲁，事太祖、睿宗以及朕兄弟，尔时汝辈安在？顾谓后来耶！

出处：《元史》卷一六九《石抹明里传》。

立司天台诏
（中统二年五月）

据刘泽奏告，天受合罕皇帝圣旨。先为司天台人员，别无营运，不同民户为养赡。所有包银、差发、军校役、税银，毋得取受，乞换授事。准奏。今降圣旨：仰刘泽并司天台旧阴阳人员，凡有差发、军校役、税银，一切公事，照依已前体例行者，却不得将不会阴阳人当差发民户，虚行影占。钦此。

出处：《大元圣政国朝典章》礼部卷五。

恢办课程条画诏
（中统二年六月）

道与各路宣抚司并达鲁花赤、管民官、课税所官，不以是何投下军民、诸色人等随路恢办宣课。已有先朝累降圣旨条画，禁断私盐、酒、醋、麹、货匿税。若有违犯，严行断罪。今因旧制再立明条，庶使吾民各知所避。钦此。

出处：《大元圣政国朝典章》户部卷八。

禁治搔扰文庙诏
（中统二年六月）

道与大名等路宣抚司并达鲁花赤、管民人匠、打捕诸头目及军马使臣等，宣圣庙国家岁时致祭，诸儒月朔释奠，常令洒扫修洁。今后禁约诸员使臣军马，无得庙宇内安下、或聚集、理问词讼及亵渎饮宴；管工匠不得其中营造。违者，严行治罪。管内凡有书院,亦不得令诸人搔扰,使臣安下。钦此。

出处:《大元圣政国朝典章》礼部卷四。

谕将士举兵攻宋诏
(中统二年七月五日)

朕即位之后,深以戢兵为念,故年前遣使于宋以通和好。宋人不务远图,伺我小隙,反启边衅,东剽西掠,曾无宁日。朕今春还宫,诸大臣皆以举兵南伐为请,朕重以两国生灵之故,犹待信使还归,庶有悛心,以成和议,留而不至者,今又半载矣。往来之礼遽绝,侵扰之暴不已。彼尝以衣冠礼乐之国自居,理当如是乎?曲直之分,灼然可见。今遣王道贞往谕。卿等当整尔士卒,砺尔戈矛,矫尔弓矢,约会诸将,秋高马肥,水陆分道而进,以为问罪之举。尚赖宗庙社稷之灵,其克有勋。卿等当宣布朕心,明谕将士,各当自勉,毋替朕命。

出处:《元史》卷四《世祖纪》。

许衡为怀孟教官制
(中统二年八月十三日)

咨尔许衡,天资雅厚,经学精专,大凡讲论之间,深得圣贤之奥。受罚者恐陈君所短,为盗者畏王烈所知。所在向风,真堪正俗。可令于怀孟等处选拣子弟俊秀者,举归教育,取作范模。再令董子帷前有传授之弟子,重使王通门下皆经济之名臣。毋丧斯文,以弼予治。

出处:《国朝文类》卷一一。
撰者:杨果
考校说明:编年据《秋涧集》卷八二补。

权定条法诏
（中统二年八月）

事匪前定，无以启臣民视听不惑之心；政岂徒为，必当奉帝王坦白可行之制。我国家开建之始，禁网疏阔，虽见施行，不免阙略，或得于此而失于彼，或轻于昔而重于今，以兹奸猾之徒，得以上下其手。朕惟钦恤，期底宽平，迺立九章，用颁十道。据五刑之内，流罪似可删除，除犯死罪者依条处置外，其余递减一等，决杖不得过一百七。著为令。

出处：《新元史》卷七。

陕西四川行省存恤归附军民诏
（中统二年八月）

自今使臣有矫称上命者，有司不得听受。诸王、后妃、公主、驸马非闻奏，不许擅取官物。

出处：《元史》卷四《世祖纪》。

钱债止还一本一利诏
（中统二年八月）

道与中书省。近据诸王、驸马投下奏告，随路官员，少欠钱债，乞降圣旨取索事。为此，有已降诏书，难准所奏。为此，省谕各路宣抚司，如诸王并投下差人及债主取索钱债之时，仰备细照勘。若管民官，委系为民户欠少债，负照依已降圣旨并依倚阁之数，已后别行定夺。仰债主并不得取索外，据民间私借钱债，验元借底契，止还一本一利。其间虽有续倒文契，当官毁抹并不准使。若先有已定还数目，前后通同照算，止还一本一利。又照得先帝圣旨，如有为民借了，虽写作梯己文契，仰照勘端的为差发支使，有备细文凭，亦在倚阁之数。仰诸王投下取索钱债人员，须管于宣抚司与欠债人当面对证，照得委是己身私借钱债，别无异词，依一本一利归还。毋得径直于州县将欠债官民人等，一面强行拖拽人口头匹，准折财产，搔扰不安。如违，定是治罪施行。钦此。

出处:《大元圣政国朝典章》户部卷一三。

置诸路提举学校官诏
(中统二年九月十七日)

诸路学校久废,无以作成人才。今拟选博洽多闻之士以教导之。据王万庆、敬铉等三十人,可充诸路提举学校官,仍选高业儒生教授。严加训诲,务使成材,以备他日选擢之用。

出处:《新元史》卷七。

使臣驿内安下诏
(中统二年)

据往来使臣,城子里,没勾当的休入去。如有勾当入城去的使臣,仰于盖下的使臣馆驿内安下者。官员民户每的房子里,休得安下,这般圣旨有来。今再行省谕经过使臣,今后照依已前圣旨体例行者。若城外立站,在城别无勾当公事,仰速便倒换合骑铺马,前去勾当,并不得辄入城中,迁延迟滞。若委是城中合有勾当,仰于系官馆驿内安下,并不得于官员民户舍内安下,如违治罪。仍仰站赤人等,依理验视,应付铺马祗应,如违亦行治罪。无得违犯事。钦此。

出处:《大元圣致国朝典章》兵部卷三。

召问商挺
(中统二年)

卿在关中、怀孟,两著治效,而毁言日至,且同寅有沮卿者耶? 抑位高而志怠耶? 比年论王文统者甚众,卿独无一言。

出处:《元史》卷一五九《商挺传》。

诛王文统诏
（中统三年二月十一日）

人臣无将,垂千古之彝训;国制有定,怀二心者必诛。何期辅弼之僚,迺蓄奸邪之志。平章政事王文统,起由下列,擢置台司,倚付不为不深,待遇不为不厚,庶收成效,以底丕平。焉知李璮之同谋,潜使子荛之通耗。迩者获亲书之数幅,审其有反状者累年,宜加肆市之诛,以著滔天之恶。已于今月二十三日,将反臣王文统并其子荛,正典刑讫。於戏! 负国恩而谋大逆,死有余辜;处相位而被极刑,时或未喻。咨尔有众,体予至怀。

出处:《元史》卷二〇六《王文统传》。

文移入递诏
（中统三年三月二日）

非中书省文移及兵民官申省者,不许入递。

出处:《元史》卷五《世祖纪》。

禁使臣条画诏
（中统三年三月）

道与诸路达鲁花赤管民官、众百姓每:据中书省奏告,今体知得出征军马、往来使臣人等,内有不畏公法之人,村下取要饮食、马匹、草料,扯拽头匹,骚扰百姓不安,乞禁约事。准奏。年前为杀追阿里不哥,大军回程燕京住。冬有益都李总管反叛,不免降兵征讨,及令各处签军守把城池,皆因反城李璮,致使百姓坐受。今逐一区处下项事理。

出处:《大元圣政国朝典章》兵部卷三。

民户悉佥为军诏
（中统三年三月）

真定、彰德、邢州、洺磁、东平、大名、平阳、太原、卫辉、怀孟等路各处,有旧属按札儿、孛罗、笑乃觯、阔阔不花、不里合拔都儿等官所管探马赤军人,乙卯岁籍为民户,亦有佥充军者。若壬寅、甲寅两次佥定军,已入籍册者,令随各万户依旧出征;其或未尝为军,及蒙古、汉人民户内作数者,悉佥为军。

出处:《元史》卷九八《兵志》。

部曲犯重罪置法诏
（中统三年四月）

自今部曲犯重罪,鞫问得实,必先奏闻,然后置诸法。

出处:《元史》卷五《世祖纪》。

陕西行省乞以民代匠军困乏诏
（中统三年六月十八日）

军籍已定,不宜动摇。宜令贫富相资,果甚贫者,令休息一岁。

出处:《元史》卷五《世祖纪》。

谕安南国王诏
（中统三年九月）

卿既委质为臣,其自中统四年为始,每三年一贡,可选儒士、医人及通阴阳卜筮、诸色人匠,各三人,及苏合油、光香、金、银、朱砂、沉香、檀香、犀角、玳瑁、珍珠、象牙绵、白磁盏等物同至。

出处:《元史》卷二〇九《安南传》。

设立医学诏
（中统三年九月）

　　道与中书省忽鲁不花为头官员：据太医院大使王猷、副使王安仁奏告：医学久废，后进无所师受，设或朝廷取要医人，切恐学不经师，深为利害。依旧来体例，就随路名医充教授职事，设立医学，训诲后进医生勾当等事。仍保举到随路名医人等，充各路教授。准奏。仰随路已保教授专一训诲后进医人勾当。今差太医院副使王安仁悬带金牌前去，随路设立医学，据教授人员丝线、包银等差发，依例除免。所有主善一名，俸给及学校房舍，本处官司照依旧例吩咐，如教授盖非承袭职位，仰别行学。据医学生员，拟免本身检医差占等杂役，将来进学成就别行定夺。每月试以疑难，以所对优劣，量加惩劝，若有民间良家子弟，才性可以教诲，愿就学者听。仍仰本路管民官，不妨本职提学勾当，省诸人不得沮坏。钦此。

出处：《大元圣政国朝典章》礼部卷五。

谕山东东路经略司诏
（中统三年十月）

　　益都路匠军已前曾经金把者，可遵别路之例，俾令从军。

出处：《元史》卷九八《兵志》。

谕益都路大小管军官及军人诏
（中统三年十月）

　　先李璮怀逆，蒙蔽朝廷恩命，驱驾尔等以为己惠；尔等虽有效过功劳，殊无闻报，一旦泯绝，此非尔等不忠之愆，实李璮怀逆之罪也。今侍卫亲军都指挥使董文炳来奏其详，言尔等各有愿为朝廷出力之语，此复见尔等存忠之久也。今命董文炳，仍为山东东路经略使，收集尔等，直隶朝廷，充武卫军近侍勾当。比及应职，且当守把南边，堤防外隙，庶内境军民各得安业。尔等宜益尽心，以图勋效。

出处:《元史》卷九九《兵志》。

谕史天泽诏
(中统三年十一月二十三日)

朕或乘怒欲有所诛杀,卿等宜迟留一二日,覆奏行之。

出处:《元史》卷五《世祖纪》。

总管兼万户勿预军政诏
(中统三年十二月十一日)

各路总管兼万户者,止理民事,军政勿预。其州县官兼千户、百户者仍其旧。

出处:《元史》卷五《世祖纪》。

罢管民总管子弟分管州府司县等事务诏
(中统三年十二月十七日)

诸路管民总管子弟,有分管州、府、司、县及鹰坊、人匠诸色事务者,罢之。

出处:《元史》卷五《世祖纪》。

管民与管军官不相统摄诏
(中统三年十二月二十六日)

诸路管民官理民事,管军官掌兵戎,各有所司,不相统摄。

出处:《元史》卷五《世祖纪》。

免医人部役诏
（中统三年）

今差光禄大夫太医提点王子俊、提点许国真各悬金牌，太医大使王猷、副使王安仁，管领诸路医人惠民药局勾当，道与十路宣抚使并随处州城达鲁花赤管民官：圣旨到日，据医人每户下差发。除丝绵颜色、种田纳税、买卖纳商税外，其余军需铺马祗应，迎牛、人夫诸科名杂泛差役并行蠲免，若有诸投下官员人等，于本路医人处收买药物，依理给价，无得抑勒取要。据随路应有系官医人，每户照依年例科取，取包银三两，依例折纳无定交钞。仰王子俊斟酌贫富，品答科征供纳，随朝见承应太医人等用度，据征到银货起发来时，本处官司验轻重，用铺马、头口递运入站，据种糯米底三十户，除收到子粒，回易轻赍与医人包银子处送纳外，仰子俊除系官医人外，却不得将当差民户影占。钦此。

出处：《大元圣政国朝典章》礼部卷五。

汉军奥鲁毋隶万户管领诏
（中统四年一月）

以诸路汉军奥鲁毋隶各万户管领。其科征差税，山东、河南隶统军司，东西两川隶征东元帅府，陕西隶行户部。凡奥鲁官内有各万户弟、男及私人，皆罢之。

出处：《元史》卷五《世祖纪》。

告罪不得越诉诏
（中统四年正月）

诸告人罪者，皆须明注年月，指陈实事不得称疑。诬告者抵罪，反坐不得越诉，若有本处官司理断偏向及应回避者，许令赴部或断事官处陈告。

出处：《大元圣政国朝典章》刑部卷一五。

私造军器处死诏
(中统四年二月)

诸路置局造军器,私造者处死;民间所有,不输官者,与私造同。

出处:《元史》卷五《世祖纪》。

各官以子弟入朝充秃鲁花诏
(中统四年二月)

统军司及管军万户、千户等,可遵太祖之制,令各官以子弟入朝充秃鲁花。

出处:《元史》卷九八《兵志》。

卑幼不得私借债诏
(中统四年六月十三日)

据燕京路总管府同知郭汝梅奏告,本路官员百姓富家子弟,不问尊长,暗与财主作弊,取得债负及冒卖田宅,虚钱实契,一同非理使用,意尊长亡殁归还,以致临时破坏家业,乞行禁约事。准奏。仰尊长在日,卑幼不得私借钱债及典卖田宅人口,财主亦得与富家通同借与钱债。如违,其借钱人并借与人、牙保人一例断罪,及将元借钱物追没入官。仍仰中书遍行随路禁断施行。钦此。

出处:《大元圣政国朝典章》户部卷一三。

军人逃亡佥补诏
(中统四年八月)

近年军人多逃亡事故者,可于各奥鲁内尽实佥补,自乙卯年定入军籍之数,悉佥起赴军。

出处:《元史》卷九八《兵志》。

饬官吏诏
（中统五年八月四日）

诸县尹品秩虽下，所任至重，民之休戚系焉。往往任用非其人，致使恩泽不能下及，民情不能上通。掊克侵凌，为害不一。今拟于省并到州县内选差循良廉干之人以充县尹，给俸公田，专一抚字吾民，布宣新政。仍拟以五事考课为升殿。户口增，田野辟，词讼简，盗贼息，赋役平，五事备者为上选，内三事成者为中选，五事俱不举者黜。

出处：《大元圣政国朝典章》圣政卷一。

长行马斛酌盘缠诏
（中统五年八月四日）

今后诸路官吏，遇省部勾集，若骑长行马，斛酌定立起发盘缠，骑铺马者，不须应付。

出处：《大元圣政国朝典章》户部卷二。

获强窃盗给赏诏
（中统五年八月四日）

诸人告或捕获强盗一名，赏钞五十贯，窃盗一名，二十五贯。应捕人告或捉获强盗赏钞比诸人减半，犯人名下追征，犯人财产不及，官司补支。

出处：《大元圣政国朝典章》刑部卷一三。

路人验引放行诏
（中统五年八月四日）

诸脱斡商贾、凡行路之人，先于见住处司、县官司，具状召保，给公凭，方许他处勾当。若公引限满，其公事未毕，依所在倒给。如管民、管军官并其余诸投下人员,若无上司文面勾唤,欲往他处勾当,亦听以次人于本处官司告给文引,经过关津渡口,验此放行。经司、县呈押,如无司县于尉司或巡检呈押无公引者,并不得安下。遇宿止店户亦验引,明附店历,每上下半月,违者止理见发之家,笞二十七下。

出处:《大元圣政国朝典章》刑部卷一三。

商贾于店止宿诏
(中统五年八月四日)

往来客旅、斡脱商贾及赍擎财物之人,必须于村店设立巡防弓手去处止宿。其间若有失盗,勒令本处巡防弓手立限根捉。如不获者,依上断罪。若客旅斡脱、商贾人等,却于村店无巡防弓手去处止宿,如值失盗,并不在追捕之限。

出处:《大元圣政国朝典章》刑部卷一三。

盗贼刺断充警迹人诏
(中统五年八月四日)

强、窃盗不该死,窃盗除断本罪外,初犯者于右臂上刺强、窃盗一度字号。强盗再犯处死,窃盗再犯者,断罪外,项上刺字。虽会赦亦刺字。皆司、县籍记充警迹人,令村坊常切检察,遇有出处经宿或移他处,报邻佑知。若经五年不犯者,听主首与邻人保申除籍。如能告及捕获强盗一名,减二年,二名,除籍;窃盗一名,减一年。其附籍后,若有再犯,终身拘籍。应据警迹人除缉捕外,官司不得追逐出入,妨碍营生。钦此。

出处:《大元圣政国朝典章》刑部卷一一。

建国都诏
(中统五年八月十四日)

中书省奏开平府阙庭所在,加号上都外,燕京修营宫室,分立省部,四方会同,乞亦正名事。准奏,可称中都路,其府号大兴。布告中外,咸使闻知。

出处:《大元圣政国朝典章》诏令卷一。

弓手户免差税诏
(中统五年八月)

随处州府驿路,该置巡马及马步弓手。于本路不以是何投下当差户计,及军站人匠、打捕鹰房、斡脱、窑冶诸色人户计内,每一百户内,取中户一名充役,与免本户合著差发,其当差户,推到合该差发数目,却于九十九户内均摊。若有失盗,勒令当该弓手,立定三限盘捉。钦此。

出处:《大元圣政国朝典章》户部卷一〇。

禁 夜 诏
(中统五年八月)

随州府驿路,设置巡马及马步弓手,验民户多少定立额数。除本管头目外,其本处长官兼充提控官,其夜禁之法,一更三点,钟声绝禁人行;五更三点,钟声动听人行。有公事急速及丧病产育之类,不在此限。违者笞二十七下,有官者笞一下,准赎元宝钞一贯。钦此。

出处:《大元圣政国朝典章》刑部卷一九。

月 申 诸 物 价 直 诏
(中统五年八月)

雨泽分数,诸物价以钞为则,每月一次申部。

出处:《大元圣政国朝典章》户部卷一二。

放假日头体例二款诏
（中统五年八月）

京府州县官员，每日圆生商议词讼，理会公事，如遇天受、冬至，各给假一日；元正、寒日，各三日；七月十五、十月一日、立春、重午、立秋、重九、旬日，各给假一日。公务急速不在此限。钦此。

出处：《大元圣政国朝典章》吏部卷五。

绝户卑幼产业诏
（中统五年八月）

随处若有身丧户绝，别无应继之人，谓侄弟兄之类。其田宅浮财人口头匹，尽数拘收入官。召人立租承田，所获子粒等物，通行明置文簿，授本管上司申部。若抛下男女十岁以下者，付亲属可托者抚养，度其所需季给。虽有母，招后夫或携而适人者，其财产亦官知其数。如已娶或年十五以上，尽数给还。若母寡子幼，其母不得非理典卖田宅人口，放贱为良。若有须合典卖者，经所属陈告，勘当得实，方许交易。钦此。

出处：《大元圣政国朝典章》户部卷五。

拜光禄大夫太保参领中书省事制
（中统五年八月）

长生天气力里皇帝圣旨：咨尔刘秉忠，气刚以直，学富而文，虽晦迹于空门，每潜心于圣道。朕居藩邸，卿实宾僚，侧闻高谊，余二十年，出从遐方，几数万里。迨予嗣服，须汝计安。不先正名，何以压众？宜从师位，兼总政机。可特授光禄大夫、太保，参领中书省事。卿其勉辅朕躬，率先乃属。察朝夕之勤惰，审议论之是非。凡有施为，并听裁决。伫观成绩，别示宠章。准此。中统五年八月日。

出处：《藏春诗集》卷六。

站户全纳地税诏
（中统五年八月）

站户贫富不等，每户限四顷，除免税石，以供铺马祗应；已上田亩，全纳地税。

出处：《元史》卷一〇一《兵志》。

告罪不得称疑诏
（中统五年）

诸人告罪者，皆须明注年月，指陈实事，不得称疑。诬告者，抵罪反坐。如有论告本管官司者，许令直赴上司陈告，其余并不得越诉。如果有冤枉，屡告不理，以及决断不公者，亦许直赴上司陈告。钦此。

出处：《大元圣政国朝典章》刑部卷一五。

至元改元诏
（至元元年八月十九日）

应天者惟以至诚，拯民者莫如实德。朕以菲德，获承庆基，内难未戢，外兵勿戢，夫岂一日，于今五年。赖天地之畀矜，暨祖宗之垂裕，凡我同气，会于上都。虽此日之小康，敢朕心之少肆。比者星芒示儆，雨泽愆常，皆阙政之所由，顾斯民其何罪。宣布维新之令，溥施在宥之仁。据不鲁花、忽察、脱满、阿里察脱火思辈，搆祸我家，照依成吉思皇帝扎撒已正典刑讫。可大赦天下，改中统五年为至元元年。自至元元年八月十六日昧爽以前，除杀祖父母、父母不赦外，其余罪无轻重咸赦除之。开云云。於戏！否往泰来，迓续亨嘉之会；鼎新革故，正资辅弼之良。咨尔臣民，体予至意！敢以赦前事相告者，以其罪罪之。故兹诏示，想宜知悉。

出处：《大元圣政国朝典章》诏令卷一。又见《元史》卷五《世祖纪》。
撰者：王鹗

蒙古户种田诏
（至元元年八月）

蒙古户种田,有马牛羊之家,其粮住支;无田者仍给之。

出处:《元史》卷五《世祖纪》。

赐高丽历日诏
（至元元年十一月十七日）

献岁发春,式遘三阳之会;对时育物,宜同一视之仁。睠尔外邦,忠于内附;肇因正旦,庸展贺仪。方使介之旋归,须笏书之播告。今赐卿中统五年历日一道,卿其若稽古典,敬授民时。劝彼东嵎之民,勤于南亩之事。茂迎和气,迄用康年;时乃之休,惟朕以怿。

出处:《元朝典故编年考》卷三。
撰者:王鹗

杨大渊进贡诏
（至元元年）

所贡币帛,已见忠勤,卿守边陲,宜加优恤。今后以此自给,俟有旨乃进。

出处:《元史》卷一六一《杨大渊传》。

谕廉希宪
（至元元年）

吏废法而贪,民失业而逃,工不给用,财不赡费,先朝患此久矣。自卿等为相,朕无此忧。

出处:《元史》卷一二六《廉希宪传》。

谕廉希宪
（至元元年）

卿昔事朕王府，多所容受，今为天子臣，乃尔木强耶。

出处：《元史》卷一二六《廉希宪传》。

海都叛谕侍臣
（至元初）

朕以宗室之情，惟当怀之以德，其择谨密足任大事者往使焉。

出处：《元史》卷一三四《铁连传》。

谕铁连
（至元初）

此事非汝不可，然必先诣拔都蒙哥铁木王所，相与计事而后行。

出处：《元史》卷一三四《铁连传》。

僧人通经者诏
（至元二年二月）

僧人通五大部经者为中选，以有德业者为州郡僧录、判、正副都纲等官，仍于各路设三学讲、三禅会。

出处：《元史》卷六《世祖纪》。

军中犯法诏
（至元二年五月二十二日）

军中犯法，不得擅自诛戮，罪轻断遣，重者闻奏。

出处：《元史》卷六《世祖纪》。

自古名郡不须改并诏
（至元二年闰五月）

诸路州府，若自古名郡，户数繁庶，且当冲要者，不须改并。其户不满千者，可并则并之。各投下者，并入所隶州城。其散府州郡户少者，不须更设录事司及司候司。附郭县止令州府官兼领。括诸路未占籍户任差职者以闻。

出处：《元史》卷六《世祖纪》。

谕宋子贞诏
（至元二年）

卿气力未衰，勉为朕留，措置大事，俟百司差有条理，听卿自便。

出处：《元史》卷一五九《宋子贞传》。

立皇后册文
（至元三年三月）

帝王之道，齐其家而天下平；风教所基，正乎位而人伦厚。爰择配以承宗事，若稽古以率典常。咨尔弘吉剌氏，淑哲温恭，齐庄贞一。属选贤于中壸，躬受命于慈闱。晜帅来嫔，蹈榘仪之有度；动容中礼，谨夙夜以无违。兹表式于宫庭，宜推崇其位号。乃蠲吉旦，庸举彝章。遣摄太尉某持节授以玉册宝章，命尔为皇后。於戏！乾施坤承，克顺成于四序；日明月俪，久照临于万方。朕欲跻世于乂安，尔其助予之德化。共御亨嘉之运，益延昌炽之期。勉尔徽音，聿修内治。

出处:《元史》卷一一四《伯颜忽都传》。

禁收天文图书诏
（至元三年七月）

　　道与中书省,据随路军人匠,不以是何投下诸色人等,应有天文图书、及太乙雷公式七曜历、推背图,圣旨到日,限一百日,赴本处官司呈纳。后限满日,收拾前项禁书,如法封记,申解赴部呈省。若限外收藏禁书,并私习天文之人,或因事发露及有人告首到官,追问得实,并行断罪。钦此。

出处:《大元圣政国朝典章》礼部卷五。

赐日本国王书
（至元三年八月）

　　大蒙古国皇帝奉书日本国王。朕惟自古小国之君,境土相接,尚务讲信修睦。况我祖宗,受天明命,奄有区夏,遐方异域畏威怀德者,不可悉数。朕即位之初,以高丽无辜之民久瘁锋镝,即令罢兵还其疆域,反其旄倪。高丽君臣感戴来朝,义虽君臣,欢若父子。计王之君臣亦已知之。高丽,朕之东藩也。日本密迩高丽,开国以来亦时通中国,至于朕躬,而无一乘之使以通和好。尚恐王国知之未审,故特遣使持书,布告朕志,冀自今以往,通问结好,以相亲睦。且圣人以四海为家,不相通好,岂一家之理哉?以至用兵,夫孰所好。王其图之。

出处:《元史》卷六《世祖纪》。又见同书卷二〇八《日本传》。

越界私商及谍人等诏
（至元三年十二月）

　　诸越界私商及谍人与伪造钞者,送京师审覈。

出处:《元史》卷六《世祖纪》。

谕许衡
（至元三年）

安童尚幼，未更事，善辅导之。汝有嘉谟，当先告之以达朕，朕将择焉。

出处：《元史》卷一二六《安童传》。

河南等路验丁签军诏
（至元四年五月）

河南路验酌中户内丁多堪当军人户，签军四百二十名，归之枢密院，俾从军，复其徭役。南京路，除邳州、南宿州外，依中书省分间定应签军人户，验丁数，签军二千五百八十名，管领出征。

出处：《元史》卷九八《兵志》。

谕安南诏
（至元四年七月）

太祖皇帝圣制，凡有归附之国，君长亲朝，子弟入质，编民数出军役，输纳税赋，仍置达噜噶齐统治之。以数事请，表来附之深诚也。卿今来贡，不逾三年之期，其诚足知。故告以我祖宗之法，亦以诚谕也。且君长来朝，子弟入质，籍民定赋，出军相助，古亦有之，岂今日创为之哉？卿能备行数事，朕复何言。彼卒未能，朕亦不责卿行而全之也。略举出军一事，无以征行远戍为虑。但来使杨安养称，有占腊、山獠之患。彼二寇如能内附，复有何事。交兵之道，孰以为易，倘不用命，必当讨伐。况云南之驻兵于彼，汝即助军以其成功，又当来奏，尝有一家之言。今闻纳喇丹在彼，中多有回鹘禁约，不使交谈。果如所言，一家之礼岂有如是耶？君臣之义，实同父子，岂有臣子而背其君父者耶？朕若不言，是又不以诚待卿也。当熟思以全终始之好。

出处：《安南志略》卷二。

承荫诏
（至元四年十月）

诸官品正从分等，职官用荫，各止一名。诸荫官不以居官，去任、致仕、身故，其承荫之人，年及二十五以上者听。诸用荫者，以嫡长子。若嫡长子有废疾，立嫡长子之子孙，曾玄同。如无，立嫡长子同母弟，曾玄同。如无，立继室所生。如无，立次室所生。如无，立婢子。如绝嗣者，傍荫其亲兄弟，各及子孙。如无，傍荫伯叔及其子孙。诸用荫者，孙降子、曾孙降孙、婢生子及傍荫者，皆于合叙品从降一等。诸荫子入品职，循其资考，流转陞迁。廉慎幹济者，依格超升。特恩擢用者，不拘此例。其有不务廉慎，违犯礼法者，依格降罚，重者除名。诸自九品依例迁至正三品，止于本等流转，二品以上选自特旨。诸职官荫子之后，若有余子，不得于诸官府自求职事，诸官府亦不许任用。

出处：《元史》卷八三《选举志》。

谕安南诏
（至元四年）

朕即位以来，薄海内外亲如一家。夫任土作贡，古今常制。三年一贡，今已旅庭，事大以信，礼也。元遣达噜噶齐纳喇丹，卿等相安，其政所谐宜允。其余边境骚搅，以别戒敕，卿其知之。今回赐礼物，具诸别幅，至可领也。

出处：《安南志略》卷二。

谕高丽国王禃
（至元五年正月）

向请撤兵，则已撤之矣。三年当去水就陆，而前言无征也。又太祖法制，凡内属之国，纳质、助军、输粮、设驿、编户籍、置长官，已尝明谕之，而稽延至今，终无成言。在太宗时，王綧等已入质。驿传亦粗立，余率未奉行。今将问罪于宋，其所助士卒舟舰几何？输粮则就为储积，至若设官及户版事，其意谓何？故以问之。

出处:《元史》卷二〇八《高丽传》。

获贼随时解县诏

（至元五年二月）

该诸府州司县巡捕盗官,捉获贼人,随时发与本县公厅。推问是实,解赴本州府,再行鞫勘。不得专委人员官吏弓手拷问。

出处:《大元圣政国朝典章》刑部卷一三。

伪钞自免罪诏

（至元五年二月）

若同造伪钞人内,有悔过自首到官,与免本身罪。钦此。

出处:《大元圣政国朝典章》户部卷六。

直言诏

（至元五年七月）

台官职在直言,朕或有未当,其极言无隐,毋惮他人,朕当尔主。

出处:《元史》卷六《世祖纪》。

谕安南国陈光昞诏

（至元五年九月）

来奏称占城、真腊二寇侵扰,已命卿调兵与不干并力征讨,今复命云南王忽哥赤统兵南下,卿可遵前诏,遇有叛乱不庭为边寇者,发兵一同进讨,降服者善为抚绥。

出处:《元史》卷六《世祖纪》。

承荫诏
（至元五年十二月）

诸荫官各具父祖历仕缘由、去任身故岁月并所受宣敕札付、彩画宗支，指实该承荫人姓名年甲，本处官司体勘房亲，揭照籍册，别无诈冒，及无废疾过犯等事，上司审验相同，保结申覆，今亲赍文解赴部。诸荫叙人员，除蒙古及已当秃鲁花人数别行定夺外，三品以下、七品以上、年二十五之上者，当傔使一年，并不支俸。满日，三品至五品子孙量材叙用外，六品七品子准上铨注监当差使，已后通验各界增亏定夺。

出处：《元史》卷八二《选举志》。

任投下官诏
（至元五年）

凡投下官，必须用蒙古人员。

出处：《元史》卷八二《选举志》。

褒封制词
（至元六年正月）

大道开明，可致无为之化，至真在宥，迄成不宰之功。朕以祖宗获承基构，若稽昭代，雅慕玄风。自东华垂教之余，至重阳开化之始，真真不昧，代代相承。有感遂通，无远弗届。虽前代累承于褒赠，在朕心犹慊于追崇。乃命儒臣，进加徽号。惟东华已称帝君，但赠紫府少阳之字。其正阳、纯阳、海蟾、重阳、宜锡真君之名。丹阳已下七真，俱号真人。载在方册，传之万世。噫！汉世之张道陵，唐朝之叶法善，俱锡天师之号，永为道纪之荣。当代不闻异辞，后来立为定制。朕之所慕，或庶几焉。东华教主可赠东华紫府少阳帝君，正阳钟离真人可赠正阳开悟传道真君，纯阳吕真人可赠纯阳演正警化真君，海蟾刘真人可赠海蟾明悟弘道真君，重阳王真人可赠重阳全真开化真君，丹阳先生马钰可赠丹阳抱一无为真人，长真先生谭处端可赠长真云水蕴德真人，长生先生刘处玄可赠长生辅化明德真人,长春先生丘处机可赠长春演道主教真人,玉阳先生王处一可赠玉阳体玄广度真人,广宁先生郝大通可赠广宁通玄太古真人,清静散人孙不二可赠清静渊贞顺德真人。宜令掌教光先体道诚明真人张志敬执行。准此。至元六年正月日。

出处:《金莲正宗仙源像传》。又见《道家金石略》。

行蒙古字诏
(至元六年二月十三日)

钦奉诏书:朕惟字以书言,言以纪事,此古今之通制。我国家肇基朔方,俗尚简古,未遑制作。凡施用文字,因取模楷及卫兀字以达本朝之言。考诸辽、金以及遐方诸国,例各有字。今文治浸兴而字书方阙,其于一代制度,实为未备。故特命国师八思马,创为蒙古新字,译写一切文字,期于顺言达事而已。自今以后,凡有玺书颁降,并用蒙古新字,仍以其国字副之。所有公式文书,咸遵其旧。

出处:《大元圣政国朝典章》诏令卷一。又见《新元史》卷八。

给铺马札子诏
(至元六年二月)

各道宪司,如总管府例,每道给铺马札子三道。

出处:《元史》卷一○一《兵志》。

鞍靴等物为饰诏
(至元六年二月)

鞍、靴、箭镞等物,自今不得以黄金为饰。

出处:《元史》卷六《世祖纪》。

真定等路免赋诏
（至元六年六月十九日）

真定等路旱蝗,其代输筑城役夫、户赋悉免之。

出处:《元史》卷六《世祖纪》。

给鳏寡废疾人月米诏
（至元六年十一月二十九日）

诸路鳏寡废疾之人,月给米二斗。

出处:《元史》卷六《世祖纪》。

致日本国王书
（至元六年十二月）

盖闻王者无外,高丽与朕既为一家,王国实为邻境,故尝驰信使修好,为疆场之吏抑而弗通。所获二人,敕有司慰抚,俾赍牒以还,遂复寂无所闻。继欲通问,属高丽权臣林衍搆乱,坐是弗果。岂王亦因此辍不遣使,或已遣而中路梗塞,皆不可知。不然,日本素号知礼之国,王之君臣,宁肯漫为弗思之事乎? 近已灭林衍,复旧王位,安集其民,特命少中大夫秘书监赵良弼充国信使,持书以往。如即发使与之偕来,亲仁善邻,国之美事。其或犹豫以至用兵,夫谁所乐为也? 王其审图之。

出处:《元史》卷二〇八《日本传》。

谕高丽国讨林衍诏
（至元七年正月）

朕即位以来,闵尔国久罹兵乱,册定尔主,撤还兵戌,十年之间,其所以抚护安全者,靡所不至。不图逆臣林衍自作弗靖,擅废易国王禃,胁立安庆公淐,诏令赴阙,复稽延不出,岂可释而不诛。已遣行省率兵东下,惟林衍一身是讨。其安庆公淐本非得已,在所宽宥。自余胁从违误,一无所问。

出处:《元史》卷二〇八《高丽传》。

<h1 style="text-align:center">谕安童</h1>
(至元七年正月)

汝所言是。岂阿合马以朕颇信用,敢如是耶!其不与卿议非是,宜如卿所言。

出处:《元史》卷二〇五《阿合马传》。

<h1 style="text-align:center">劝农桑诏</h1>
(至元七年二月)

诸路、府、州、司、县达鲁花赤、管军官、管民官,诸投下官员、军民、诸色人等:近为劝课农桑,已常遍谕诸路牧民之官,与提刑按察司,讲究到先后合行事理。再命中书省、尚书省参酌众议,取其便民者定立条目。特设司农司,劝课农桑,兴举水利,凡滋养栽种者,皆附而行焉。仍分布劝农官及知水利人员,巡行劝课,举察勤惰。委所在亲民长官,不妨本职,常为提点。年终通考农事成否,本管上司,类申司农司及户部照验。任满之日,于解由内明注此年农桑勤惰,赴部照勘,以为殿最。提刑按察司,更为体察,于敦本抑末,功效必成。

出处:《大元圣政国朝典章》圣政卷一。

<h1 style="text-align:center">谕高丽国官吏军民诏</h1>
(至元七年二月)

朕为臣之事君,有死无二,不意尔国权臣,辄敢擅废国主。彼既驱率兵众,将致尔众危扰不安,以汝黎庶之故,特遣兵护送国王禃还国,奠居旧京,命达鲁花赤同往镇抚,以靖尔邦。惟尔东土之人,不知为汝之故,必生疑惧,尔众咸当无畏,按堵如故。已别敕将帅,严戒兵士勿令侵犯。汝或妄动,汝妻子及汝身当致俘略,宜审思之。

出处:《元史》卷二〇八《高丽传》。

万寿宫披云真人制词碑
(至元七年三月)

长生天气力里,大福荫护助里,皇帝圣旨:宋德方道重先朝,力扶玄教,久云栖于朔漠,继□勤于河汾。法藏方虚,全经创镂,起千真之废典,广一代之宗筌。追奖真风,宜加显号,可赠玄通弘教披云真人,仍将云州金阁山云溪观赐号曰"崇真"。准此。至元七年三月日。

出处:《道家金石略》。

荫叙诏
(至元七年四月)

诸路达鲁花赤子弟荫叙,充散府诸州达鲁花赤,其散府诸州子弟充诸县达鲁花赤,诸县子弟充巡检。

出处:《元史》卷七《世祖纪》。

戍军诏
(至元七年六月十二日)

戍军还,有乏食及病者,令所过州城村坊主者给饮食医药。

出处:《元史》卷七《世祖纪》。

孛罗兼大司农卿诏
(至元七年十二月)

司农非细事,朕深谕此,其令孛罗总之。

出处:《元史》卷七《世祖纪》。

谕高丽王禃送使通好日本诏
（至元七年十二月）

朕惟日本自昔通好中国,实相密迩,故尝诏卿导达去使,讲信修睦,为其疆吏所梗,竟不获明谕朕心。后以林衍之乱,故不暇及。今既辑宁尔家,遣少中大夫秘书监赵良弼充国信使,期于必达。仍以忽林赤、王国昌、洪茶丘将兵送抵海上。比国信使还,故令金州等处屯驻。所需粮饷,卿专委官赴彼,逐近供给,并鸠集金州旁左船舰,于金州需待,无致稽缓匮乏。

出处:《元史》卷二〇八《高丽传》。

面谕文粲诏
（至元七年）

汝兄弟宣力边陲,朕所知也。

出处:《元史》卷一六一《杨大渊传》。

谕侍臣
（至元七年）

读书固朕所教,然读之而不肯用,多读何为?

出处:《元史》卷一二六《廉希宪传》。

不能自存者诏
（至元八年正月二十八日）

诸路鳏寡孤独疾病不能自存者,官给庐舍、薪米。

出处:《元史》卷七《世祖纪》。

筑都城徙居民诏
（至元八年正月）

前筑都城,徙居民三百八十二户,计其直偿之。

出处:《元史》卷七《世祖纪》。

自匿及诬告罪诏
（至元八年二月二十七日）

凡讼而自匿及诬告人罪者,以其罪罪之。

出处:《元史》卷七《世祖纪》。

元正等礼仪皆隶侍仪司诏
（至元八年三月十一日）

元正、圣节、朝会,凡百官表章、外国进献、使臣陛见、朝辞礼仪,皆隶侍仪司。

出处:《元史》卷七《世祖纪》。

毋留狱滞讼诏
（至元八年三月）

有司毋留狱滞讼,以致越诉。违者,官民皆罪之。

出处:《元史》卷七《世祖纪》。

军事径奏诏
(至元八年六月二日)

凡军事径奏,不必经由尚书省。其干钱粮者,议之。

出处:《元史》卷七《世祖纪》。

管民官领钱谷公事诏
(至元八年六月十九日)

凡管民官所领钱谷公事,并俟年终考较。

出处:《元史》卷七《世祖纪》。

不轻信离间诏
(至元八年七月)

宋善用间,朕不轻信,毋怀疑惧。

出处:《元史》卷七《世祖纪》。

军站户输租诏
(至元八年八月二日)

军、站户地四顷以上,依例输租。

出处:《元史》卷七《世祖纪》。

茶盐利诏
(至元八年九月)

有司自今有言茶盐之利者,以违制论。

出处:《元史》卷七《世祖纪》。

建国号诏
（至元八年十一月）

诞膺景命,奄四海以宅尊;必有美名,绍百王而继统。肇从隆古,匪独我家。且唐之为言荡也,尧以之而著称;虞之为言乐也,舜因之而作号。驯至禹兴而汤造,互名夏大以殷中。世降以还,事殊非古。虽乘时而有国,不以义而制称。为秦为汉者,盖因初起之地名;曰隋曰唐者,又即始封之爵邑。是皆徇百姓见闻之狃习,要一时经制之权宜,概以至公,得无少贬。我太祖神武皇帝,握乾符而起朔土,以神武而膺帝图。肆振天声,大恢土宇,舆图之广,历古所无。顷者,耆宿诣庭,奏章伸请,谓既成于大业,宜早定于鸿名。在古制以当然,于朕心乎何有。可建国号曰大元,盖取《易经》"乾元"之义。兹大冶流形于庶品,孰名资始之功;予一人底宁于万邦,尤切体仁之要。事从因革,道协天人。於戏! 称义而名,固匪为之溢美;孚体为永,尚不负于投艰。嘉与敷天,共隆大号。咨尔有众,体予至怀。故兹诏示,想宜知悉。

出处:《大元圣政国朝典章》诏令卷一。又见《元史》卷七《世祖纪》。

谕史天泽诏
（至元八年）

两省、院、台,或一月、一旬,遇大事,卿可商量,小事不烦卿也。

出处:《元史》卷一五五《史天泽传》。

军民讼田诏
（至元九年一月）

军、民讼田者,民田有余则分之军,军田有余亦分之民。仍遣能臣听其直,其军奴入民籍者,还正之。

出处:《元史》卷七《世祖纪》。

立左右司札鲁忽赤诏
(至元九年二月二日)

札鲁忽赤乃太祖开创之始所置,位百司右,其赐银印,立左右司。

出处:《元史》卷七《世祖纪》。

军户驱丁从良诏
(至元九年四月)

诸路军户驱丁,除至元六年前从良入民籍者,当差。七年后,凡从良文书写从便为民者,亦如之。余虽从良,并令津助本户军役。

出处:《元史》卷九八《兵志》。

正军贴户还军诏
(至元九年九月)

诸路正军贴户及同籍亲戚僮奴,丁年堪役,依诸王权要以避役者,并还之军,惟匠艺精巧者以名闻。

出处:《元史》卷九八《兵志》。

谕哈剌哈孙
(至元九年)

汝家勋戴王府,行且大用汝矣。

出处:《元史》卷一三六《哈剌哈孙传》。

谕皇太子
（至元九年）

荅剌罕非常人比，可善遇之。

出处：《元史》卷一三六《哈剌哈孙传》。

谕缅甸国诏
（至元十年二月）

间者大理、鄯阐等路宣慰司都元帅府差乞䚟脱因导王国使价博诣京师，且言向至王国，但见其臣下，未尝见王，又欲观吾大国舍利。朕矜悯远来，即使来使觐见，又令纵观舍利。益询其所来，乃知王有内附意。国虽云远，一视同仁。今再遣勘马剌失里及礼部郎中国信使乞䚟脱因、工部郎中国信副使卜云失往谕王国。诚能谨事大之礼，遣其子弟若贵近臣僚一来，以彰我国家无外之义，用敦永好，时乃之休。至若用兵，夫谁所好。王其思之。

出处：《元史》卷二一〇《缅传》。

立皇太子册文
（至元十年二月）

咨尔皇太子真金，仰惟太祖皇帝遗训，嫡子中有克嗣服继统者，豫选定之。是用立太宗英文皇帝，以绍隆丕构。自时厥后，为不显立冢嫡，遂启争端。朕上遵祖宗宏规，下协昆弟佥同之议，乃从燕邸，即立尔为皇太子，积有日矣。比者，儒臣敷奏，国家定立储嗣，宜有册命，此典礼也。今遣摄太尉、左丞相伯颜持节授尔玉册金宝。於戏！圣武燕谋，尔其承奉。昆弟宗亲，尔其和协。使仁孝显于躬行，抑可谓不负所托矣。尚其戒哉，勿替朕命。

出处：《元史》卷一一五《裕宗传》。

立后建储诏
（至元十年三月）

盖闻自古帝王之治天下也,莫不立后以正家,建储以定国。朕自纂承大统之后,即命皇后弘吉剌氏正位中宫。仰惟太祖圣武皇帝之遗训,俯协诸王昆弟之金言,乃立冢嫡燕王真金爲皇太子,积有日矣。比者朝臣恳奏,册宝之礼,宜即举行。已于今年三月十三日,授皇后以玉册宝章,授皇太子以玉册金宝,从典礼也。咨尔怀生,体予至意。故兹诏示,想宜知悉。

出处:《大元圣政国朝典章》诏令卷一。

疏放狱囚诏
（至元十年五月十七日）

天下狱囚,除杀人者待报,其余一概疏放,限以八月内自至大都,如期而至者皆赦之。

出处:《元史》卷八《世祖纪》。

免赋税诏
（至元十年五月二十四日）

免民代输签军户丝银,及伐木夫户赋税。负前朝官钱不能偿者,毋征。主守失陷官钱者,杖而释之。阵亡军及营缮工匠无丁产者,量加廪给。

出处:《元史》卷八《世祖纪》。

襄阳生券军诏
（至元十年七月七日）

襄阳生券军无妻子者,发至京师,仍益兵卫送,其老疾者遣还家。

出处:《元史》卷八《世祖纪》。

谕安童及伯颜
（至元十年十月）

近史天泽、姚枢纂定《新格》,朕已亲览,皆可行之典,汝等亦当一一留心参考,岂无一二可增减者。

出处:《元史》卷一二六《安童传》。

范圆曦封真人敕
（至元十一年四月）

长生天气力里,皇帝圣旨:东平府上清万寿宫故范圆曦,可追号玄通普照惠和真人。准此。至元十一年四月日。

出处:《道家金石略》。

兴师征南诏
（至元十一年六月十五日）

爰自太祖皇帝以来,彼宋与我使介交通,殆非一次,彼此曲直之事,亦所共知,不必历举。逮我宪宗之世,朕以藩职奉命南伐,师次鄂渚。彼贾似道复遣宋京诣我,近臣博都欢、前河南路经略使赵璧,请罢兵息民,愿奉岁币于我。朕以国之大事,宗亲在上,必须入计,用报而还。即位之始,追忆是言,乃命翰林侍讲学士郝经等奉书往聘。盖为生灵之计也。古者兵交,使在其间,惟和与战,宜俟报音,其何与于使哉!而乃执之,卒不复命,至如留此一介行李,于此何损,在彼何益?以致师出连年,边境之间,死伤相籍,系累相属,皆彼宋自祸其民也。襄阳被围五年,屡拒王师,义当不贷。朕先有成命,果能出降,许以不死。是既降附之后,朕不食言,悉全其命,冀宋悔过,或启令图,而乃迷执,罔有悛心,所以问罪之师,有不能已者。今遣尔等,水陆并进,尔等当布告遐迩。夫以天下为事,爰及干戈,自古有之,无辜之民,初无与焉。若彼界军民官吏人等,去逆效顺,与众来附,或别立奇功者,验等第官资迁擢。其所附军民,宜严敕将士,毋得妄行杀掠,父母妻孥家口,毋致分散。仍加赈给,令得存济。其或固拒勿从及迎敌者,俘戮何疑,故兹诏示,想宜知悉。

出处:《大元圣政国朝典章》诏令卷一。又见《元史》卷八《世祖纪》。

谕伯颜
(至元十一年七月二十一日)

昔曹彬以不嗜杀平江南,汝其体朕心,为吾曹彬可也。

出处:《元史》卷一二七《伯颜传》。

大成加封制
(至元十一年七月)

盖闻先孔子而圣者,非孔子无以明;后孔子而圣者,非孔子无以法。所谓"祖述尧舜,宪章文武。仪范百王,师表万世"者也。朕纂承丕绪,敬仰休风,循治古之良规,举追封之盛典。加号大成至圣文宣王。遣使阙里,祀以太牢。於戏!父子之亲,君臣之义,永惟圣教之尊;天地之大,日月之明,奚罄名言之妙。尚资神化,祚我皇元主者施行。

出处:《天下同文集》卷一。

谕覃澄诏
(至元十一年十月十八日)

澄不必独往,趣益兵三千付火你赤,合力讨之。

出处:《元史》卷八《世祖纪》。

峻立治法敕
（至元十一年十一月）

京师盗诈者众，宜峻立治法。

出处：《元史》卷八《世祖纪》。

谕廉希宪
（至元十一年）

昔在先朝，卿深识事机，每以帝道启朕，及鄂汉班师，屡陈天命，朕心不忘，丞相卿实宜为，顾退托耳。辽霫户不下数万，诸王、国壻分地所在，彼皆素知卿能，故命卿往镇，体朕此意。

出处：《元史》卷一二六《廉希宪传》。

悼刘秉忠
（至元十一年）

秉忠事朕三十余年，小心慎密，不避艰险，言无隐情，其阴阳术数之精，占事知来，若合符契，惟朕知之，他人莫得闻也。

出处：《元史》卷一五七《刘秉忠传》。

谕史天泽诏
（至元十一年）

卿自朕祖宗以来，躬擐甲胄，跋履山川，宣力多矣。又卿首事南伐，异日功成，皆卿力也。勿以小疾阻行为忧，可且北归，善自调护。

出处：《元史》卷一五五《史天泽传》。

谕赛典赤瞻思丁
（至元十一年）

云南朕尝亲临，比因委任失宜，使远人不安，欲选谨厚者抚治之，无如卿者。

出处：《元史》卷一二五《赛典赤瞻思丁传》。

赠刘秉忠仪同三司太傅谥文贞制
（至元十二年正月）

长生天气力里，大福荫护助里，皇帝圣旨：臣以忠孝而事上，贵输献纳之诚；上以礼义而遇臣，思笃始终之爱。视死之日，犹生之年。故光禄大夫太保刘秉忠，学窥天人，识贯今古。邃冲而有守，安静而无华。昔侍潜藩，稔闻高论。适当三接之际，恳上万言之书。盖将举天下而措诸安，以戒为人主者过于杀。朕嗣服而伊始，卿尽力以居多。盖得卿实契于朕心，而独朕悉知于卿意。事皆有验，人匪他求。周旋三十年，不避其难；剀切数百奏，各中其理。共成庶政，方图任于旧人；谁谓旻天，不憗遗于一老。兴言及此，何日忘之。载惟台辅之尊，厥有泉□之贲。是用锡之纶命，峻一品之华阶；襚以衮衣，蹑三槐之正位。复加显号，允答殊勋。惟尔英灵，识予哀宠。可赠仪同三司、太傅，谥文贞。准此。至元十二年正月。

出处：《佛祖通载》卷二一。又见雍正《畿辅通志》卷九一。

谕张晏然诏
（至元十二年二月十九日）

朕省卿所奏云："宋之权臣不践旧约，拘留使者，实非宋主之罪，傥蒙圣慈，止罪擅命之臣，不令赵氏乏祀者。"卿言良是。卿既不忘旧主，必能辅弼我家。比卿奏上，已遣伯颜按兵不进，仍遣兵部尚书廉希贤等持书往使，果能悔过来附，既往之愆，朕复何究。至于权臣贾似道，尚无罪之之心，况肯令赵氏乏祀乎？若其执迷罔悛，未然之事，朕将何言，天其鉴之。

出处:《元史》卷八《世祖纪》。

赠丞相史天泽谥制
(至元十二年二月)

周制以八统诏王,必先敬故;汉官以列爵驭下,亦自报功。古有彝章,朕兹申劝。故开府仪同三司、平章军国重事、中书左丞相史天泽,性资贞亮,器宇沉雄。自开国以将三军,妙契淮阴之畧;至分茅而推千乘,甚高孤竹之风。况结知于累朝,迨总戎于四纪。及朕纂承之始,克膺辅相之良。内秉国钧,兼管机于右府;外清边祲,几受钺于斋坛。可谓威惠之交孚,抑亦忠勤之备至。继以荆蛮之蠢,重烦汴省之趋。惟时壮猷,行策功而饮至;不图晚志,遽引年以谢归。申言齿德之尊,端念典刑之益。命开府第,协赞庙谋。方就佚于尊罍,复遗忧于边阃。冀资伟算,用一遏敺。顾上游之济师,方倚坐筹之胜;怆中途之病革,莫收卧护之勋。弗饬厥终,曷旌乃绩。宜表出羣之行,进登符六之阶。於戏!国步方新,天不憗遗于一老;闵章加襚,卿其永赉于九原。营魂有知,歆予异渥。可赠开府仪同三司、太尉,谥忠武公。

出处:雍正《畿辅通志》卷九一。

龙门禹王庙圣旨碑
(至元十二年二月)

长生天气力里,大福荫护助里,皇帝圣旨:光宅宫真人董若冲,继靖应真人姜善信在平阳路荣河临汾县起盖后土、尧庙,及于河、解、洪洞、赵城修理伏羲、娲皇、舜、禹、汤、河渎等庙宇。仰董若冲凡事照依累降圣旨,依旧管领行者。仍仰本路官司常加护持,禁约诸人毋得沮坏,及使臣军马人等不得安下搔扰。准此。至元十二年二月日。

出处:《道家金石略》。

赐安南国王诏
(至元十二年二月)

祖宗定制,凡内外附之国,君长亲朝,子弟入质,编民数出军役,输纳税赋,仍置达噜噶齐统治之。此六事,往年已谕卿矣。归附逾十五年,未尝躬自来觐,数事竟未举行。虽云三年一贡,所贡之物皆无补于用。谓卿久当自悟,遂过而不问,何为迄今犹未知省?故复遣格色尔哈雅往尔之国,谕卿来朝,倘有他故,必不果来,可令子弟入朝。此外,本国户口,若有未定籍,输税赋、调兵,何由斟酌。苟尔民实少,或多取之,力将不及,今籍尔户口,盖欲量其多寡,以定兵赋之数,其所调兵,亦以今远适他所,止从云南戍兵,相与协力,故兹诏示。

出处:《安南志略》卷二。

谕参知政事高士达诏
(至元十二年五月十日)

昔我国家出征,所获城邑,即委而去之,未尝置兵戍守,以此连年征伐不息。夫争国家者,取其土地人民而已,虽得其地而无民,其谁与居。今欲保守新附城壁,使百姓安业力农,蒙古人未之知也。尔熟知其事,宜加勉旃。湖南州郡皆汝旧部曲,未归附者何以招怀,生民何以安业,听汝为之。

出处:《元史》卷八《世祖纪》。

招谕宋四川制置赵定应诏
(至元十二年六月十九日)

比者毕再兴、青阳梦炎赴阙,面陈蜀阃事宜,奏请缓师,令自纳款,姑从所请。今遣再兴宣布大信,若能顺时达变,可保富贵,毋为涂炭生灵,自贻后悔。

出处:《元史》卷八《世祖纪》。

谕太常卿合丹诏
（至元十二年九月十一日）

去年享太宫,牲牲无用牛,今其复之。

出处:《元史》卷八《世祖纪》。

断死罪诏
（至元十二年十一月）

今后杀人者死,问罪状已白,不必待时,宜即行刑。其奴婢杀主者,具五刑论。

出处:《元史》卷八《世祖纪》。

禁好手眼人乞化诏
（至元十二年十二月六日）

乞化人每,年小底、好手眼底人每,交种田或造作处做生活,学本事或烧火者,好委是好眼的,故意摒掠得眼歹的人每,寻出来呵,要罪过者。钦此。

出处:《大元圣政国朝典章》刑部卷一九。

遣张通判等家属赴都诏
（至元十二年十二月二十七日）

靖州既降复叛,今已平定,其遣张通判、李信家属并同叛者赴都。

出处:《元史》卷八《世祖纪》。

谕廉希宪
（至元十二年）

荆南入我版籍，欲使新附者感恩，未来者向化，宋知我朝有臣如此，亦足以降其心。南土卑湿，于卿非宜，今以大事付托，度卿不辞。

出处：《元史》卷一二六《廉希宪传》。

谕侍臣
（至元十二年）

先朝非用兵不可得地，今希宪能令数千百里外越境纳土，其治化可见也。

出处：《元史》卷一二六《廉希宪传》。

谕陈汉归等
（至元十二年）

枢与公履，不识事机。朕尝以此问陈岩，岩亦以宋交会速宜更换。今议已定，当依汝言行之。

出处：《元史》卷二〇五《阿合马传》。

南宋内制年表①

姓名	时间	出处
李擢	建炎元年五月	《建炎以来系年要录》卷五
莫俦	建炎元年五月	《建炎以来系年要录》卷五
孙觌	建炎元年五月；建炎二年至建炎三年正月	《鸿庆居士集》补遗卷二《辩受伪官状》；《宋中兴学士院题名》
吴开	建炎元年五月	《建炎以来系年要录》卷五
朱胜非	建炎元年五月至建炎二年五月	《宋中兴学士院题名》；《建炎以来系年要录》卷五、卷一〇、卷一五
王绹	建炎元年六月至建炎二年六月；建炎三年四月	《宋中兴学士院题名》；《建炎以来系年要录》卷一六、卷二二
叶梦得	建炎二年十一月前	《宋中兴学士院题名》；《建炎以来系年要录》卷一八
李邴	建炎二年十一月至建炎三年三月	《宋中兴学士院题名》
康执权	建炎二年	《宋中兴学士院题名》
卢益	建炎二年	《宋中兴学士院题名》
张守	建炎三年正月②至四月；建炎三年八月③至九月	《宋中兴学士院题名》；《建炎以来系年要录》卷一九、卷二二、卷二六、卷二八
詹乂	建炎三年三月至六月	《宋中兴学士院题名》

---

① 本表在李之亮《宋代京朝官通考》（巴蜀书社，二〇〇三年）基础上修订而成。

② 《宋中兴学士院题名》："张守：建炎三年二月以起居舍人兼权直院。"《建炎以来系年要录》卷一九："（建炎三年正月）丙申，殿中侍御史张守试起居郎，兼权直学士院。"注文曰："《学士院题名》以起居舍人权直院，今从日历。"暂从《建炎以来系年要录》。

③ 《宋中兴学士院题名》："张守：建炎三年六月以礼部侍郎除翰林学士。"《建炎以来系年要录》卷二六："（建炎三年八月甲戌）礼部侍郎张守为翰林学士。"暂从《建炎以来系年要录》。

续表

姓名	时间	出处
滕康	建炎三年五月①	《宋中兴学士院题名》;《建炎以来系年要录》卷二三
汪藻	建炎三年六月②至绍兴元年九月	《宋中兴学士院题名》;《建炎以来系年要录》卷二四、卷四〇、卷四七
曾楙	建炎三年八月;建炎三年八月后	《宋中兴学士院题名》;《建炎以来系年要录》卷二六
綦崇礼	建炎四年五月至十月丁亥;绍兴二年二月至绍兴四年七月	《宋中兴学士院题名》;《建炎以来系年要录》卷三三、卷三八、卷五一、卷五八、卷七八
席益	绍兴元年八月至十月	《宋中兴学士院题名》
翟汝文	绍兴元年九月至绍兴二年四月	《宋中兴学士院题名》;《建炎以来系年要录》卷四七
胡交修	绍兴元年十月至绍兴二年二月	《宋中兴学士院题名》
沈与求	绍兴二年七月至十二月;绍兴四年八月至九月	《宋中兴学士院题名》;《建炎以来系年要录》卷五六、卷六一、卷七九、卷八〇
徐俯	绍兴三年二月	《宋中兴学士院题名》
陈与义	绍兴三年七月至绍兴四年八月;绍兴六年六月至绍兴七年正月	《宋中兴学士院题名》;《建炎以来系年要录》卷一〇二、卷一〇八
黄唐傅	绍兴三年七月后	《建炎以来系年要录》卷六七
孙近	绍兴四年七月至绍兴六年八月	《宋中兴学士院题名》
王居正	绍兴四年十月前	《宋史》卷三八一《王居正传》
胡寅	绍兴五年七月③;绍兴八年四月至五月	《宋中兴学士院题名》;《建炎以来系年要录》卷九一、卷一一九
范冲	绍兴六年四月至十二月	《建炎以来系年要录》卷一〇〇、卷一〇七
朱震	绍兴六年五月至绍兴八年六月	《宋中兴学士院题名》
胡世将	绍兴七年正月至绍兴八年正月	《宋中兴学士院题名》
曾开	绍兴八年五月至十二月	《宋中兴学士院题名》

① 《宋中兴学士院题名》:"滕康:建炎三年四月以谏议大夫除翰林学士。"《建炎以来系年要录》卷二三:"(建炎三年五月戊寅)左谏议大夫为翰林学士。"暂从《建炎以来系年要录》。

② 《宋中兴学士院题名》:"汪藻:建炎三年七月以中书舍人兼权直院。"《建炎以来系年要录》卷二四:"(建炎三年六月)庚午,中书舍人汪藻兼直学士院。"暂从《建炎以来系年要录》。

③ 《建炎以来系年要录》卷九一:"(绍兴五年七月甲戌)中书舍人胡寅权直学士院。时江西制置使胡世将请奉祠,而直院胡交修引亲嫌,乞时暂差官撰述答诏,故有是命。"可知胡寅此次权直学士院只是特殊情况下的临时任命,理当事毕即还。

姓名	时间	出处
吕本中	绍兴八年六月至十月	《宋中兴学士院题名》
勾龙如渊	绍兴八年十月至十一月	《宋中兴学士院题名》
楼炤	绍兴八年十一月至绍兴九年十月	《宋中兴学士院题名》
李谊	绍兴九年二月至绍兴十年正月	《宋中兴学士院题名》
胡交修	绍兴九年六月至绍兴十年十一月	《宋中兴学士院题名》
林待聘	绍兴十年五月至绍兴十一年十二月	《宋中兴学士院题名》
范同	绍兴十年十二月至绍兴十一年七月	《宋中兴学士院题名》
程克俊	绍兴十一年十一月至绍兴十二年十月	《宋中兴学士院题名》
吴表臣	绍兴十二年正月至二月	《宋中兴学士院题名》
秦梓	绍兴十二年九月至绍兴十三年六月	《宋中兴学士院题名》
王赏	绍兴十二年十月至绍兴十三年十二月	《宋中兴学士院题名》
洪皓	绍兴十三年八月至九月	《宋中兴学士院题名》
杨愿	绍兴十三年十月至绍兴十四年十一月	《宋中兴学士院题名》
刘才邵	绍兴十三年十二月至绍兴十四年二月;绍兴二十六年三月至绍兴二十七年四月	《宋中兴学士院题名》;《建炎以来系年要录》卷一五〇、卷一五一、卷一七二、卷卷一七六
秦熺	绍兴十四年三月至绍兴十五年十月	《宋中兴学士院题名》
段拂	绍兴十四年十一月至绍兴十七年三月	《宋中兴学士院题名》
钱周材	绍兴十七年三月至六月;隆兴元年六月至隆兴二年二月	《宋中兴学士院题名》
王镃	绍兴十七年六月至十二月	《宋中兴学士院题名》
边知白	绍兴十七年十二月至绍兴十八年五月	《宋中兴学士院题名》
李椿年	绍兴十八年正月至绍兴十九年十一月	《宋中兴学士院题名》
沈该	绍兴十八年三月至八月	《宋中兴学士院题名》
巫伋	绍兴十九年十一月至绍兴二十年三月	《宋中兴学士院题名》
王曮	绍兴二十年三月至绍兴二十一年四月;乾道元年九月至乾道三年闰七月;乾道七年四月至乾道九年三月	《宋中兴学士院题名》
汤思退	绍兴二十年十月至绍兴二十五年六月	《宋中兴学士院题名》

续表

姓名	时间	出处
沈虚中	绍兴二十五年六月至绍兴二十六年二月	《宋中兴学士院题名》
洪遵	绍兴二十五年八月;绍兴二十九年十一月甲午至十二月①;绍兴三十年八月至十二月;绍兴三十二年五月至隆兴元年五月	《宋中兴学士院题名》;《建炎以来系年要录》卷一六九、卷一八五、卷一八七、卷一九九;《宋史》卷三三《孝宗纪》
陈诚之	绍兴二十五年十二月至绍兴二十六年九月	《宋中兴学士院题名》
王纶	绍兴二十七年二月至绍兴二十八年二月	《宋中兴学士院题名》
杨椿	绍兴二十八年二月至绍兴三十一年三月	《宋中兴学士院题名》
周麟之	绍兴二十八年二月至绍兴三十年七月	《宋中兴学士院题名》;《建炎以来系年要录》卷一七九、卷一八〇、卷一八五
何溥	绍兴三十一年三月至绍兴三十二年三月	《宋中兴学士院题名》
虞允文	绍兴三十一年九月至绍兴三十二年二月	《宋中兴学士院题名》
刘珙	绍兴三十一年十二月至隆兴元年十一月;乾道三年闰七月至十一月	《宋中兴学士院题名》
唐文若	绍兴三十一年十二月至绍兴三十二年二月	《宋中兴学士院题名》;《宋史》卷三八八《唐文若传》
史浩	绍兴三十二年六月至七月十日②	《宋中兴学士院题名》;《宋史》卷二一三《宰辅表》
王之望	隆兴元年十一月至隆兴二年四月	《宋中兴学士院题名》
张孝祥	隆兴二年二月至隆兴二年三月③	《宋中兴学士院题名》;《景定建康志》卷一
马骐	隆兴二年三月至四月	《宋中兴学士院题名》
洪适	隆兴二年四月至乾道元年六月	《宋中兴学士院题名》;《宋史》卷三三《孝宗纪》

---

① 《建炎以来系年要录》卷一八三:"(绍兴二十九年十一月)甲午,中书舍人洪遵暂兼权直学士院,以杨椿将渡江故也。"同卷又载:"(十一月)庚戌,虞主渡江。十有二月辛亥朔,有司于浙江亭行六虞毕,百官奉迎虞主还慈宁殿,上行安神礼。初议反虞,或谓上哀劳,欲以宰相行事。主议者甚力,乃命兵部侍郎兼权礼部侍郎杨椿权宗正卿行事。"则知杨椿此时已还朝,姑系于此。

② 《宋中兴学士院题名》系于绍兴三十二年八月。

③ 《宋中兴学士院题名》:"张孝祥:隆兴二年二月以中书舍人兼直院,三年除敷文阁待制、知建康府。"此处"三年"当为"三月"之误。

姓名	时间	出处
王刚中	隆兴二年闰十一月至十二月	《宋中兴学士院题名》
何俌	乾道元年正月至三月	《宋中兴学士院题名》
蒋芾	乾道元年正月至乾道二年五月	《宋中兴学士院题名》
洪迈	乾道二年十月至乾道四年六月八日；淳熙十三年四月至淳熙十五年四月	《宋中兴学士院题名》；《宋会要辑稿》选举三四；《宋史》卷三五《孝宗纪》
陈之茂	乾道二年前后	洪武《无锡县志》卷三
莫济	乾道三年十一月至乾道四年十一月；淳熙五年十月至十一月	《宋中兴学士院题名》
程大昌	乾道三年前后	《宋史》卷四三三《程大昌传》
梁克家	乾道四年十一月至乾道五年二月	《宋中兴学士院题名》
汪应辰	乾道四年十一月至乾道六年四月	《宋中兴学士院题名》
陈良祐	乾道五年四月至乾道六年闰五月	《宋中兴学士院题名》
郑闻	乾道六年四月至乾道七年三月；乾道八年七月至八月	《宋中兴学士院题名》
周必大	乾道六年七月至乾道八年二月；淳熙二年八月至淳熙七年正月	《宋中兴学士院题名》；《周益国文忠公年谱》
王瀹	乾道九年闰正月至七月	《宋中兴学士院题名》
王淮	乾道九年四月至淳熙二年闰九月	《宋中兴学士院题名》
崔敦诗	乾道九年十二月至淳熙元年十二月①；淳熙五年九月至淳熙九年五月	《宋中兴学士院题名》
胡元质	淳熙二年二月至八月	《宋中兴学士院题名》
程叔达	淳熙二年十一月至淳熙四年八月	《宋中兴学士院题名》
王卿月	淳熙二年后	《攻媿集》卷一〇二《王公墓志铭》
范成大	淳熙五年三月至四月	《宋中兴学士院题名》；《宋史》卷三五《孝宗纪》
葛邲	淳熙六年十一月至淳熙七年二月	《宋中兴学士院题名》
陈曦	淳熙六年前后	《两浙名贤录》卷二六
赵彦中	淳熙七年四月至淳熙十一年四月	《宋中兴学士院题名》
熊克	淳熙九年七月至淳熙十年二月	《宋中兴学士院题名》

① 《宋中兴学士院题名》载崔敦诗淳熙元年十二月丁父忧，《南宋馆阁录》卷八载崔敦诗淳熙元年十一月丁父忧。

续表

姓名	时间	出处
李巘	淳熙十一年四月至淳熙十六年正月；淳熙十六年七月至绍熙五年八月	《宋中兴学士院题名》
倪思	淳熙十六年正月至绍熙五年五月；庆元元年六月至庆元二年三月；开禧二年八月至开禧二年九月	《宋中兴学士院题名》
尤袤	淳熙十六年正月至六月	《宋中兴学士院题名》
郑公显	绍熙二年前后	嘉靖《龙溪县志》卷八
楼钥	绍熙五年五月至庆元元年五月；开禧三年十一月至嘉定元年八月	《宋中兴学士院题名》
陈傅良	绍熙五年闰十月至十二月	《宋中兴学士院题名》
郑湜	庆元元年正月至二月	《宋中兴学士院题名》
高文虎	庆元元年三月至庆元六年正月	《宋中兴学士院题名》
傅伯寿	庆元元年五月至庆元三年七月；嘉泰二年十月至嘉泰三年二月	《宋中兴学士院题名》
吴宗旦	庆元三月二月前	《宋史全文续资治通鉴》卷二九
陈宗召	庆元三年八月至嘉泰二年八月	《宋中兴学士院题名》
邵文炳	庆元六年二月之嘉泰元年九月	《宋中兴学士院题名》
章良能	嘉泰元年九月至嘉泰二年三月；开禧二年九月至嘉定元年六月	《宋中兴学士院题名》
颜械	嘉泰二年四月至开禧元年六月	《宋中兴学士院题名》
莫子纯	嘉泰三年二月至嘉泰四年十二月	《宋中兴学士院题名》
李壁	嘉泰四年十二月至开禧二年五月	《宋中兴学士院题名》；《西山文集》卷四一《李公神道碑》
易祓	开禧元年六月至八月；开禧二年七月至八月	《宋中兴学士院题名》
陈岘	开禧元年八月至十月；嘉定四年十二月至嘉定五年正月	《宋中兴学士院题名》
徐似道	开禧元年十月至开禧二年四月	《宋中兴学士院题名》
宇文绍节	开禧二年五月至七月	《宋中兴学士院题名》
卫泾	开禧二年七月至开禧三年十一月	《宋中兴学士院题名》
田澹	开禧三年三月前后	《宋会要辑稿》刑法六
蔡幼学	嘉定元年六月至嘉定二年十二月	《宋中兴学士院题名》

续表

姓名	时间	出处
陈晦	嘉定元年八月至十一月	《宋中兴学士院题名》
留元刚	嘉定元年十一月至嘉定三年三月	《宋中兴学士院题名》
真德秀	嘉定二年十二月至嘉定七年十一月；嘉定十七年九月至宝庆元年七月；端平元年九月至端平二年三月	《宋中兴学士院题名》；《西山文集》卷一一《辞秘阁修撰江东运副状》《乞先次上殿状》《四辞免直院状》；《后村先生大全集》卷一六八《真文忠公行状》
黄由	嘉定三年四月至嘉定四年十一月	《宋中兴学士院题名》
曾从龙	嘉定五年二月后	《宋中兴学士院题名》
庄夏	嘉定九年前后	《宋史》卷三九五《庄夏传》；《宋会要辑稿》职官七
林岊	嘉定十三年前后	《宋会要辑稿》礼四三
徐凤	嘉定十三年前后	《宋会要辑稿》选举二一；《西山文集》卷四六《徐公墓志铭》
卢祖皋	嘉定十六年前后	《宋会要辑稿》选举二一
陈贵谊	嘉定十七年四月后	《鹤山集》卷八七《陈公神道碑》
程珌	嘉定十七年七月至绍定元年三月	《新安文献志》卷九四《程公珌行状》
吴愈	宝庆三年前后	乾隆《德安县志》卷一〇；《南宋馆阁续录》卷九
郑清之	绍定元年	《宋史》卷二一四《宰辅表》、卷四一四《郑清之传》
章鉴（字君宾）	端平元年后	《两浙名贤录》卷三五
赵汝谈	端平元年后	《咸淳临安志》卷六七
洪咨夔	端平二年正月至端平三年五月	《咸淳临安志》卷六七；《宋史全文续资治通鉴》卷三二；《平斋集》卷一二《辞免除翰林学士知制诰奏》《再辞免除翰林学士知制诰奏》《辞免除端明殿学士在京宫观奏》
魏了翁	端平二年六月至端平二年十一月	《平斋集》卷一四《权礼部尚书魏了翁辞免兼直学士院恩命不允诏》、《宋史》卷四二《理宗纪》
应繇	端平二年九月后；淳祐八年七月前	《宋史》卷二一四《宰辅表》、卷四二〇《应繇传》；《南宋馆阁续录》卷八

续表

姓名	时间	出处
吴泳	端平二年十二月至嘉熙元年六月	《鹤林集》卷二四《辞免起居舍人兼权吏侍兼直学士院状》、卷三一《答蔡达父书》
许应龙	端平三年九月后	《宋史》卷四二《理宗纪》
程公许	淳祐元年后;淳祐四年十一月后	《宋史》卷四一五《程公许传》;《宋史全文续资治通鉴》卷三三
郑起潜	淳祐元年至淳祐四年	《宋史全文续资治通鉴》卷三三;《永乐大典》所收郑起潜诏令起止时间
高定子	淳祐二年六月前	《宋史全文续资治通鉴》卷三三
曾宏迪	淳祐四年前后	《宋史全文续资治通鉴》卷三三
李韶	淳祐六年至淳祐七年二月	《后村先生大全集》卷六〇《李韶翰林学士制》;《宋史全文续资治通鉴》卷三四
吴潜	淳祐七年五月前	《宋史》卷二一四《宰辅表》、卷四一八《吴潜传》
尤焴	淳祐七年前后;淳祐十二年十月后	《宋史全文续资治通鉴》卷三四;《南宋馆阁续录》卷七
陆德舆	淳祐八年前后	《南宋馆阁续录》卷七
卢壮夫	淳祐九年前后	《南宋馆阁续录》卷七
郑发	淳祐十年前后	《南宋馆阁续录》卷七
刘克庄	淳祐十一年四月至闰十月;景定元年十一月四日后	《后村先生大全集》卷一九四《刘公行状》;《南宋馆阁续录》卷七
赵汝腾	宝祐三年前后;开庆元年前后;景定二年前	《宋史》卷四二四《赵汝腾传》;《宋史全文续资治通鉴》卷三五、卷三六
马天骥	宝祐四年	《宋史》卷二一四《宰辅表》、卷四二〇《马天骥传》
林存	宝祐四年前后	《宋史全文续资治通鉴》卷三五
陆睿	宝祐五年前后	《南宋馆阁续录》卷七
洪芹	宝祐六年、开庆元年前后	《南宋馆阁续录》卷七;《宋史》卷四二五《洪芹传》
洪勋	开庆元年、景定元年前后	《南宋馆阁续录》卷七
张镇	开庆元年前后	《宋史全文续资治通鉴》卷三六
陈显伯	景定元年前后	《后村先生大全集》卷七三《通奉大夫除权吏部尚书兼直学士院陈显伯故父任迪功郎已赠太中大夫千能特赠通议大夫制》

姓名	时间	出处
常挺	景定二年前后	《宋史》卷四二一《常挺传》;《后村先生大全集》卷六六《常挺权工部侍郎制》
杨栋	景定二年前后	《后村先生大全集》卷五五《赐试尚书工部侍郎杨栋辞免兼直学士院恩命不允诏》
赵孟坚	景定元年后	《宋诗纪事》卷八五
马廷鸾	景定三年至咸淳元年闰五月	《宋史》卷四六《度宗纪》、卷四一四《马廷鸾传》;《南宋馆阁续录》卷七
徐经孙	景定四年二月前	《通鉴续编》卷二三
牟子才	景定五年前后	《宋史》卷四一一《牟子才传》;《碧梧玩芳集》卷四《试礼部尚书兼直学士院兼给事中兼修史牟子才特授翰林学士知制诰兼职依旧制》
王应麟	咸淳元年正月至咸淳四年;德祐元年三月至十一月	《四明文献集》卷四《内外制跋》;陈仪《王深宁先生年谱》
汤汉	咸淳元年前后	《宋史》卷四六《度宗纪》、卷四三八《汤汉传》
文及翁	咸淳四年十一月前	《南宋馆阁续录》卷七
冯梦得	咸淳四年前后	《咸淳临安志》卷九
章鉴（字公秉）	咸淳四年前后	《南宋馆阁续录》卷八
文天祥	咸淳六年四月至咸淳七年十一月	《文山集》卷一七《文山先生纪年录》
高斯得	德祐元年四月	《宋史》卷二一四《宰辅表》、卷四〇九《高斯得传》;《桐江集》卷六《乙亥前上书本末》
高应松	德祐二年二月	《宋史》卷四五四《忠义·高应松传》

南宋外制年表[①]

姓名	时间	出处
胡交修	建炎元年五月后；建炎四年五月至绍兴元年九月	《建炎以来系年要录》卷五、卷三三、卷四七
李擢	建炎元年五月	《建炎以来系年要录》卷五
刘观	建炎元年五月至十二月	《建炎以来系年要录》卷五、卷一一
孙觌	建炎元年五月；建炎元年十一月至建炎二年正月	《建炎以来系年要录》卷五、卷一〇、卷一二
汪藻	建炎元年五月至建炎二年二月；建炎三年六月至七月	《建炎以来系年要录》卷五、卷八、卷一三、卷二四、卷二五
张棣	建炎元年五月后	《建炎以来系年要录》卷五
朱胜非	建炎元年五月至八月	《宋中兴学士院题名》；《建炎以来系年要录》卷五、卷八
刘珏	建炎元年六月至十一月	《建炎以来系年要录》卷六、卷一〇
李会	建炎元年七月前	《宋会要辑稿》职官七〇
滕康	建炎元年八月至建炎二年二月	《建炎以来系年要录》卷八、卷一三
卫肤敏	建炎元年十二月至建炎二年二月	《建炎以来系年要录》卷一一；《宋会要辑稿》卷七〇
黄哲	建炎二年二月至八月	《建炎以来系年要录》卷一三、卷一五、卷一七
康执权	建炎二年二月后	《建炎以来系年要录》卷一三
沈晦	建炎二年八月至建炎三年三月	《建炎以来系年要录》卷一七、卷二一
张澄	建炎二年九月至十一月	《建炎以来系年要录》卷一七、卷一八
周望	建炎二年十一月至建炎三年四月	《建炎以来系年要录》卷一八、卷二二

---

① 本表在李之亮《宋代京朝官通考》(巴蜀书社,二〇〇三年)基础上修订而成。

姓名	时间	出处
李正民	建炎三年正月①至建炎四年五月②	《建炎以来系年要录》卷二三、卷二五、卷三三
黄唐傅	建炎三年三月前	《建炎以来系年要录》卷二一
林遹	建炎三年三月前；建炎四年十二月至绍兴元年九月	《建炎以来系年要录》卷二一、卷四〇、卷四七
范宗尹	建炎三年至六月	《建炎以来系年要录》卷二一、卷二四
季陵	建炎三年三月至六月；建炎四年六月至七月	《建炎以来系年要录》卷二一、卷二四、卷三四、卷三五
张守	建炎三年三月至四月	《宋中兴学士院题名》；《建炎以来系年要录》卷二一、卷二二
张悫	建炎三年四月至五月	《建炎以来系年要录》卷二二；《宋会要辑稿》职官七〇
董逌	建炎三年七月前	《建炎以来系年要录》卷二五
李公彦	建炎三年七月至十一月	《建炎以来系年要录》卷二五、卷二九
綦崇礼	建炎三年七月至建炎四年五月	《建炎以来系年要录》卷二五、卷三三
席益	建炎四年五月至绍兴元年十月	《建炎以来系年要录》卷三三；《宋中兴学士院题名》
洪拟	检验四年七月至绍兴元年九月	《建炎以来系年要录》卷三五、卷三六、卷四七
程俱	绍兴元年九月至绍兴二年二月	《建炎以来系年要录》卷四七、卷五一；《南宋馆阁录》卷七；《北山小集》卷二〇《提举江州太平观谢表》
胡安国	绍兴元年十一月至绍兴二年六月	《建炎以来系年要录》卷四九、卷五五
陈与义	绍兴二年四月至绍兴三年正月	《建炎以来系年要录》卷五三、卷六二
胡世将	绍兴二年六月至八月	《建炎以来系年要录》卷五五、卷五七
胡松年	绍兴二年八月至十二月	《建炎以来系年要录》卷五七、卷六一

---

① 《建炎以来系年要录》未载李正民除兼权中书舍人的具体日期，卷二三建炎三年五月一日条已称李正民为"左司员外郎、兼权中书舍人"。《大隐集》卷一有《刘洪道除直显谟阁制》，而《建炎以来系年要录》卷一九建炎三年正月十六日乙未条已称刘洪道为"直显谟阁、新知青州"，姑系于此月。《宋才子传笺证·北宋后期卷》系于建炎三年五月一日（第五六六页），不妥，《大隐集》中有多篇诏令作于建炎三年三月、四月。

② 《建炎以来系年要录》卷三九建炎四年十一月五日甲辰条仍称李正民为"中书舍人"，疑误。

续表

姓名	时间	出处
王洋	绍兴二年八月至十月①	《宋会要辑稿》职官三
洪炎	绍兴三年正月至四月	《建炎以来系年要录》卷六二、卷六四
赵思诚	绍兴三年正月至五月;绍兴七年八月至十一月	《建炎以来系年要录》卷六二、卷六五、卷一一三、卷一一五
张纲	绍兴三年二月②至绍兴四年六月	《建炎以来系年要录》卷六三、卷七七
黄龟年	绍兴三年五月至九月	《建炎以来系年要录》卷六五、卷六八
孙近	绍兴三年八月至十二月	《建炎以来系年要录》卷六七、卷七一
唐煇	绍兴四年二月至三月	《建炎以来系年要录》卷七三、卷七四
王居正	绍兴四年五月至绍兴五年二月	《建炎以来系年要录》卷七六、卷八五
常同	绍兴四年六月至九月	《建炎以来系年要录》卷七七;《南宋馆阁录》卷八
周纲	绍兴四年十月后	《宋会要辑稿》职官二
舒清国	绍兴四年前后	《建炎以来系年要录》卷七四
胡寅	绍兴五年二月③至十一月	《建炎以来系年要录》卷八七、卷八八、卷九五
刘大中	绍兴五年四月至八月	《建炎以来系年要录》卷八八、卷九二
任申先	绍兴五年八月至绍兴六年四月	《建炎以来系年要录》卷九二、卷九五、卷一〇〇
朱震	绍兴五年八月至绍兴六年正月	《建炎以来系年要录》卷九二、卷九七
傅崧卿	绍兴六年六月至八月	《建炎以来系年要录》卷一〇二、卷一〇四

---

① 《宋会要辑稿》职官三:"(绍兴)二年十月十四日,臣僚言:'肆赦牵叙旧执政得罪之人,中书舍人王洋所行告词率多溢美,至宇文粹中资政殿学士告词夸诞为甚。切虑传播四方,不便观听。'诏王洋除职与郡。"《建炎以来系年要录》卷五七绍兴二年八月丙辰条:"尚书吏部员外郎王洋守起居舍人。"《建炎以来系年要录》卷五八绍兴二年十月庚辰条:"端明殿学士许翰、冯澥、宇文粹中并复资政殿学士,以赦叙也。起居舍人王洋草中词,极其称美。洋坐免官,而粹中之命亦格。"注文曰:"事在十月辛丑。"《宋会要辑稿》仪制六:"(绍兴)二年十月十七日,诏:'起居舍人王洋因奏事举不急之务,可降一官。'"《宋会要辑稿》崇儒七所载略同。《宋会要辑稿》职官二:"(绍兴二年)十一月一日,起居舍人王洋言……从之。"疑上述"起居舍人"为"中书舍人"之误,或是其时王洋以起居舍人兼中书舍人,姑系于此。

② 《建炎以来系年要录》卷六五:"(绍兴三年五月)己巳,起居郎黄龟年、起居舍人张纲并试中书舍人。"然《华阳集》中收有多篇作于绍兴三年二月至四月间的诏令,疑张纲任起居舍人时即兼中书舍人,姑系于张纲除起居舍人之日。

③ 《建炎以来系年要录》未载胡寅授兼权中书舍人的具体时间,卷八七绍兴五年三月甲戌条始称胡寅为"起居郎兼权中书舍人"。《斐然集》中最早的诏令作于绍兴五年二月,姑系于此。

姓名	时间	出处
楼炤	绍兴六年八月至绍兴七年八月；绍兴八年六月至十一月	《建炎以来系年要录》卷一〇四、卷一一三、卷一二〇、卷一二三
吕本中	绍兴六年十一月后；绍兴八年二月至十月	《建炎以来系年要录》卷一〇六、卷一一八、卷一二二
董弅	绍兴七年正月前	《建炎以来系年要录》卷一〇八
张焘	绍兴七年二月至八月；绍兴八年三月前后	《建炎以来系年要录》卷一〇八、卷一一三；《宋会要辑稿》礼一一
李弥逊	绍兴七年八月①至十二月丁亥	《建炎以来系年要录》卷一一七、卷一一八
曾开	绍兴七年八月至十月	《建炎以来系年要录》卷一一三、卷一一五
勾涛	绍兴七年九月至绍兴八年六月	《宋史》卷三八二《勾涛传》；《建炎以来系年要录》卷一一八
潘良贵	绍兴八年三月至七月	《建炎以来系年要录》卷一一八、卷一二一
勾龙如渊	绍兴八年六月至十一月	《建炎以来系年要录》卷一二〇、卷一二三
刘一止	绍兴八年十月②至绍兴九年九月	《建炎以来系年要录》卷一二四、卷一三二
苏符	绍兴八年十一月至绍兴九年二月	《建炎以来系年要录》卷一二三、卷一二六
高闶	绍兴八年十二月前	《宝庆四明志》卷九；《建炎以来系年要录》卷一二四
李谊	绍兴九年二月至九月	《建炎以来系年要录》卷一二六、卷一三二
王次翁	绍兴九年五月至八月	《建炎以来系年要录》卷一二八、卷一三一
林带聘	绍兴九年七月至绍兴十年十二月	《建炎以来系年要录》卷一三〇、卷一三八；《宋中兴学士院题名》
王铢	绍兴十年五月至绍兴十二年三月	《建炎以来系年要录》卷一三五；《南宋馆阁录》卷八
张嵲	绍兴十年八月至绍兴十一年二月	《建炎以来系年要录》卷一三七、卷一三九
李易	绍兴十年十二月至绍兴十二年九月	《建炎以来系年要录》卷一三八、卷一四六
程克俊	绍兴十一年七月前	《建炎以来系年要录》卷一四一
朱翌	绍兴十一年七月至十一月	《建炎以来系年要录》卷一四一、卷一四二

---

① 《建炎以来系年要录》卷一一七绍兴七年十一月丁未条已称李弥逊为"起居郎、兼权中书舍人"。《建炎以来系年要录》未载李弥逊除兼权中书舍人的具体日期，姑系于除起居郎之同月。

② 《建炎以来系年要录》未载刘一止除兼权中书舍人的具体日期，卷一二四绍兴八年十二月癸亥条已称刘一止为"起居郎、权中书舍人"，其文集所收诏令最早作于绍兴八年十月。刘一止时为秘书少监，姑系于绍兴八年十月。

续表

姓名	时间	出处
罗汝楫	绍兴十一年九月、十月前后	《宋史》卷三八〇《罗汝楫传》
张扩	绍兴十一年十月①至绍兴十三年六月	《建炎以来系年要录》卷一四六、卷一四九
杨愿	绍兴十二年正月至绍兴十三年八月	《建炎以来系年要录》卷一四四、卷一四九
程敦厚	绍兴十三年六月前	《建炎以来系年要录》卷一四九
刘才邵	绍兴十三年八月至绍兴十四年二月	《建炎以来系年要录》卷一四九、卷一五〇、卷一五一
段拂	绍兴十四年三月至十六年正月	《建炎以来系年要录》卷一五一、卷一五五
钱周材	绍兴十六年三月前;绍兴十七年三月至六月;隆兴元年十月前	《南宋馆阁录》卷八;《建炎以来系年要录》卷一五六;《宋中兴学士院题名》
赵卫	绍兴十六年八月前	《建炎以来系年要录》卷一五五
王镃	绍兴十七年六月至十二月	《建炎以来系年要录》卷一五六
葛立方	绍兴十七年九月②至绍兴二十一年九月	《建炎以来系年要录》卷一六二;《直斋书录解题》卷一八
吴桌	绍兴十八年七月前;绍兴二十四年六月前	《建炎以来系年要录》卷一五八、卷一六六
何逢原	绍兴十九年前后	《梅溪先生后集》卷二七《何提刑墓志铭》;《建炎以来系年要录》卷一五八
周麟之	绍兴二十一年九月③至绍兴二十三年九月;绍兴二十七年六月至绍兴二十八年八月	《建炎以来系年要录》卷一六二、卷一六五、卷一七七、卷一八〇;周必大《省斋文稿》卷二〇《周茂振枢密海陵集序》
孙仲鳌	绍兴二十四年三月前	《建炎以来系年要录》卷一六六

① 《建炎以来系年要录》未载张扩除兼权中书舍人的具体日期,卷一四六绍兴十二年七月戊申条已称张扩为"起居郎、权中书舍人",其文集所收诏令最早作于绍兴十一年十月十九日。张扩时为起居舍人,姑系于绍兴十一年十月。

② 《建炎以来系年要录》未载葛立方除兼权中书舍人的具体日期。《南宋馆阁录》卷八载葛立方绍兴十七年六月除正字,绍兴十九年六月除校书郎,绍兴二十一年六月除考功员外郎。《直斋书录解题》卷一八载葛立方"以郎官摄西掖,忤秦相得罪"。《建炎以来系年要录》卷一六二:"(绍兴二十一年六月)丙子,秘书省校书郎葛立方为尚书考功员外郎……(九月)戊申,尚书考功员外郎兼权中书舍人葛立方罢,以右正言章厦论其轻恣也。"《归愚集》中最早的诏令作于绍兴十七年九月,姑系于此。缪荃孙《葛立方传》(《归愚集》卷末)称葛立方"以吏部侍郎摄西掖",恐误。

③ 《建炎以来系年要录》未载周麟之除兼权中书舍人的具体日期。周必大《省斋文稿》卷二〇《周茂振枢密海陵集序》称周麟之"年逾三十,由馆阁兼掌书命"。《南宋馆阁录》卷八载周麟之绍兴二十一年十月除正字。《建炎以来系年要录》卷一六二:"(绍兴二十一年九月)己未,左承事郎周麟之为秘书省正字。"姑系于此。

姓名	时间	出处
刘珙	绍兴二十四年六月至绍兴二十五年五月；绍兴三十二年三月至隆兴元年十一月	《晦庵朱文公文集》卷九四《刘枢密墓记》；《建炎以来系年要录》卷一六八；《宋中兴学士院题名》
洪遵	绍兴二十五年八月至十一月；绍兴二十八年八月至绍兴三十年正月	《建炎以来系年要录》卷一六九、卷一八〇、卷一八一、卷一八四；《南宋馆阁录》卷八
王纶	绍兴二十六年五月至绍兴二十七年六月	《建炎以来系年要录》卷一七二、卷一七七
吴秉信	绍兴二十六年五月至八月	《建炎以来系年要录》卷一七二、卷一七四
凌景夏	绍兴二十六年八月后	《建炎以来系年要录》卷一七四
赵逵	绍兴二十六年前后；绍兴二十七年六月至十月	《建炎以来系年要录》卷一七〇、卷一七一、卷一七七、卷一七八
王刚中	绍兴二十八年八月至九月	《建炎以来系年要录》卷一八〇；《南宋馆阁录》卷八
张孝祥	绍兴二十八年九月至绍兴二十九年八月；隆兴二年二月至隆兴二年三月	《建炎以来系年要录》卷一八〇、卷一八二、卷一八三；《宋会要辑稿》职官七〇；《宋史》卷三八九《张孝祥传》；《景定建康志》卷一
黄中	绍兴二十九年八月后	《建炎以来系年要录》卷一八三
叶谦亨	绍兴三十年正月至二月	《建炎以来系年要录》卷一八四
沈介	绍兴三十年二月至八月	《建炎以来系年要录》卷一八四、卷一八五
虞允文	绍兴三十年八月至绍兴三十二年二月	《建炎以来系年要录》卷一八五；《宋中兴学士院题名》
杨邦弼	绍兴三十一年五月至九月	《建炎以来系年要录》卷一九〇、卷一九二
唐文若	绍兴三十二年三月后	《建炎以来系年要录》卷一九八
史浩	绍兴三十二年六月	《宋中兴学士院题名》；《宋中兴东宫官寮题名》
陈俊卿	绍兴三十二年七月前	《中兴御侮录》卷下
周必大	绍兴三十二年九月至隆兴元年三月；乾道八年正月至二月	《周益国文忠公年谱》
张震	隆兴元年前后	《宋会要辑稿》选举一

续表

姓名	时间	出处
胡铨	隆兴元年九月前后	《宋史全文续资治通鉴》卷二四;《宋会要辑稿》礼六二
洪适	隆兴二年九月至乾道元年六月	《宋中兴学士院题名》;《盘洲文集》卷末《洪公行状》
何俌	隆兴二年前后	《宋会要辑稿》职官六三
马骐	隆兴二年前后	《宋会要辑稿》刑法一
阎安中	乾道元年五月至八月	《宋中兴东宫官寮题名》;《宋会要辑稿》职官七一
蒋芾	乾道元年七月至乾道二年五月	《宋中兴学士院题名》
魏杞	乾道元年八月;乾道元年十一月至乾道二年正月	《宋中兴东宫官寮题名》
梁克家	乾道元年十一月前后;乾道二年九月至乾道四年九月	《宋会要辑稿》职官三;《宋中兴东宫官寮题名》
王曮	乾道二年五月至九月	《宋中兴学士院题名》
洪迈	乾道二年十月至乾道四年六月①	《宋中兴学士院题名》;《宋会要辑稿》选举三四
陈良祐	乾道二年前后②	《宋史》卷三八八《陈良祐传》
胡沂	乾道四年六月后	《宋中兴东宫官寮题名》
汪涓	乾道五年七月前	《宋会要辑稿》选举三四
胡元质	乾道五年、乾道六年前后	《宋会要辑稿》职官一八;《南宋馆阁录》卷八
林机	乾道五年、乾道六年、乾道七年、乾道八年前后	《宋会要辑稿》职官二;《宋史全文续资治通鉴》卷二五;《诚斋集》卷一三三《太常丞告词》

---

① 《宋会要辑稿》选举三四:"(乾道四年)六月八日,诏中书舍人洪遵除集英殿修撰、提举江州太平兴国宫。"此处"洪遵"当为"洪迈"之误。

② 《宋史》卷三八八《陈良祐传》:"乾道三年,除起居舍人兼权中书舍人,迁起居郎。寻除左司谏。"此处"乾道三年"当为"乾道二年"之误。《宋会要辑稿》职官六:"孝宗乾道二年五月二十四日,起居舍人陈良祐言……"《宋会要辑稿》仪制七:"乾道二年五月二十四日,诏:'今后看详四方投献书札文字,拟定等第将上。'以起居舍人陈良祐奏……故有是命。"《宋会要辑稿》食货四○:"(乾道二年)六月二十六日,中书舍人王曮、起居舍人陈良祐言……"《宋会要辑稿》崇儒七:"(乾道)二年十月五日,上御讲筵,先遣中使谕讲读官,赐茶罢,可同班奏事。是日,权礼部尚书周执羔、侍读给事中王曮、中书舍人梁克家、权兵部侍郎陈岩肖、侍讲起居郎陈良(佑)〔祐〕侍立,讲罢赐茶。"《宋会要辑稿》食货六三:"(乾道二年)十二月二十一日,左司谏陈良祐进对……"

姓名	时间	出处
范成大	乾道六年十月至乾道七年八月	《平园续稿》卷二二《范公成大神道碑》;《南宋馆阁录》卷八;《宋会要辑稿》选举三四
赵雄	乾道六年、乾道七年、乾道八年前后	《南宋馆阁录》卷八;《宋会要辑稿》选举一
王秬	乾道六年前后	《东莱吕成公年谱》
郑闻	乾道七年三月前	《宋中兴学士院题名》
留正	乾道七年前后	《宋会要辑稿》选举四
王淮	乾道八年十二月前后;乾道九年七月至淳熙元年十二月	《宋会要辑稿》职官七;《宋中兴学士院题名》
李彦颖	乾道八年、乾道九年前后	《宋会要辑稿》职官五九、礼五八
赵粹中	乾道九年正月后	《攻媿集》卷九八《赵公神道碑》;《南宋馆阁录》卷七
汤邦彦	淳熙元年十二月后	《京口耆旧传》卷八;《南宋馆阁续录》卷七
王卿月	淳熙元年十二月后	《攻媿集》卷一〇二《王公墓志铭》
萧燧	淳熙二年九月后	周必大《平原续稿》卷二七《萧公燧神道碑》
王希吕	淳熙二年后;淳熙五年九月前	《宋史》卷三八八《王希吕传》;《宋会要辑稿》职官六
莫济	淳熙二年前后;淳熙五年十月至十一月	《宋会要辑稿》帝系一;《宋中兴学士院题名》
程叔达	淳熙三年四月后	《诚斋集》卷一二五《程公墓志铭》
林光朝	淳熙四年五月前	《宋中兴东宫官僚题名》
陈骙	淳熙四年十一月前;淳熙五年九月后	《嘉定赤城志》卷三三;《南宋馆阁续录》卷七
刘孝韪	淳熙四年、淳熙五年前后	《东莱吕成公年谱》
钱良臣	淳熙五年四月前	《宋会要辑稿》职官六
郑丙	淳熙五年九月至淳熙八年九月	周必大《平园续稿》卷二五《郑公丙神道碑》;《南宋馆阁续录》卷七
李木	淳熙六年前后	《宋史全文续资治通鉴》卷二六
施师点	淳熙七年九月至淳熙八年九月	《宋中兴东宫官僚题名》;《南宋馆阁续录》卷七
木待问	淳熙八年八月前	《宋中兴东宫官僚题名》

续表

姓名	时间	出处
崔敦诗	淳熙八年九月至淳熙九年五月	《宋中兴学士院题名》
宇文价	淳熙九年前后	《宋会要辑稿》食货二八
葛邲	淳熙十一年四月前	《宋中兴东宫官僚题名》
赵彦中	淳熙十一年四月后	《宋中兴学士院题名》
王信	淳熙十一年十月前	《宋史》卷三五《孝宗纪》、卷四○○《王信传》
史弥大	淳熙十一年十二月至淳熙十二年二月	《宋中兴东宫官僚题名》
王蔺	淳熙十一年前后	《宋会要辑稿》选举一
陈居仁	淳熙十二年至绍熙元年八月	周必大《平园续稿》卷二四《陈公居仁神道碑》;《宋史全文续资治通鉴》卷二七;《宋会要辑稿》仪制八
吴燠	淳熙十二年后	《诚斋集》卷一二五《吴公墓志铭》
李巘	淳熙十三年七月至淳熙十五年八月	《宋中兴学士院题名》
郑侨	淳熙十五年十月至淳熙十六年二月	《宋中兴东宫官僚题名》
尤袤	淳熙十五年前后	《宋史》卷三八九《尤袤传》
罗点	淳熙十六年二月;绍熙元年前后	《宋中兴东宫官僚题名》;《宋会要辑稿》职官五一、选举一
沈揆	淳熙十六年前后	《宋会要辑稿》礼四九
叶翥	淳熙十六年前后	《诚斋集》卷一三三《再复直秘阁告词》《朝散大夫告词》《朝议大夫告词》
倪思	绍熙元年七月至绍熙二年六月	《宋中兴学士院题名》;《鹤山先生大全文集》卷八五《倪公墓志铭》
莫叔光	绍熙元年、绍熙二年前后	《宋会要辑稿》选举二二、礼四九
诸葛廷瑞	绍熙元年前后	《宋会要辑稿》职官二
楼钥	绍熙三年四月①至绍熙五年九月	《宋中兴学士院题名》;《止斋先生文集》卷一三《楼钥除中书舍人制》

---

① 楼钥除兼权中书舍人的具体日期尚待进一步考证。《宋才子传笺证·南宋前期卷》系之于绍熙三年四月:"《攻媿集》卷三二《辞免除起居郎状》题下注:'绍熙三年四月。'其后即载《辞免兼权中书舍人状》。而同书卷三四外制第一篇即《吏部尚书赵汝愚兼侍读》,而《南宋馆阁续录》卷九《实录院修撰·绍熙以后》:'赵汝愚,三年六月以吏部尚书兼。'知楼钥兼中书舍人,当在绍熙三年四月除起居郎之稍后。"(第五七八页)姑从之。

姓名	时间	出处
黄裳	绍熙三年五月至绍熙四年五月	《宋中兴东宫官僚题名》①
陈傅良	绍熙四年正月至绍熙五年十二月	《止斋先生文集》卷五二《陈公行状》;《两朝纲目备要》卷三;《宋会要辑稿》职官七三
彭龟年	绍熙五年七月后	《宋史全文续资治通鉴》卷二八
黄由	绍熙五年八月后	《水心文集》卷二六《黄公行状》
林大中	绍熙五年九月至十二月	《攻媿集》卷九八《林公神道碑》
傅伯寿	庆元元年七月至庆元二年正月	《宋中兴学士院题名》
邓驿	庆元元年前后	《宋史全文续资治通鉴》卷二九
宋之瑞	庆元二年四月至七月	《南宋馆阁续录》卷七;《宋会要辑稿》职官七三
谢源明	庆元二年四月后	《咸淳临安志》卷四七
高文虎	庆元二年前后;庆元三年三月至庆元五年七月	《宋会要辑稿》礼四九;《宋中兴学士院题名》
汪义端	庆元二年前后	《两朝纲目备要》卷四
吴宗旦	庆元二年前后	《宋史全文续资治通鉴》卷二九
范仲艺	庆元四年、庆元五年前后	《四朝闻见录》丁集;《两朝纲目备要》卷五
张伯垓	庆元六年四月前	《宋会要辑稿》职官七三
陈宗召	庆元六年七月前	《南宋馆阁续录》卷九
邵文炳	庆元六年八月至嘉泰元年九月	《宋中兴学士院题名》
张涛	庆元六年、嘉泰元年、嘉泰二年前后	《诚斋集》卷一三三《吉水县伯告词》;《南宋馆阁续录》卷九
俞丰	嘉泰元年六月后	《南宋馆阁续录》卷七
虞俦	嘉泰元年十一月前	《南宋馆阁续录》卷九
万钟	嘉泰二年二月前	《宋会要辑稿》职官七三
颜棫	嘉泰二年闰十二月至嘉泰三年十一月	《宋中兴学士院题名》
林采	嘉泰二年前后	《宋会要辑稿》礼五三
王容	嘉泰二年、嘉泰三年前后	《宋会要辑稿》职官六

---

① 《宋中兴东宫官僚题名》:"(黄裳)绍熙三年五月除中书舍人,五月除兵部侍郎,六月除显谟阁待制。"此处"五月除兵部侍郎"前脱"四年"二字,见《宋史全文续资治通鉴》卷二八。

续表

姓名	时间	出处
李壁	嘉泰三年十月后①	《西山文集》卷四一《李公神道碑》
李大异	嘉泰三年、嘉泰四年前后	《宋会要辑稿》礼四九;《南宋馆阁续录》卷七
俞烈	嘉泰四年七月至十二月	《南宋馆阁续录》卷七;《宋会要辑稿》职官七三
莫子纯	嘉泰四年十二月	《宋中兴学士院题名》;《宋会要辑稿》职官七三
杨炳	开禧元年八月前	《南宋馆阁续录》卷九
陈岘	开禧元年闰八月②至十月	《宋中兴学士院题名》
卫泾	开禧元年十一月③至开禧二年十月	《宋会要辑稿》选举一二;《宋中兴学士院题名》
陆峻	开禧元年前后	《宋会要辑稿》选举一
章良能	开禧二年三月至五月	《宋中兴学士院题名》
宇文绍节	开禧二年五月前后	《宋史》卷三九八《宇文绍节传》;《宋中兴学士院题名》
雷孝友	开禧二年前后	《后乐集》卷二《中奉大夫守国子监祭酒兼中书舍人雷孝友依前官特授权尚书兵部侍郎兼中书舍人制》
蔡幼学	开禧三年正月④至嘉定元年	《宋史》卷四三四《蔡幼学传》;《宋中兴学士院题名》
曾渐	开禧三年二月后	《水心文集》卷二一《曾公墓志铭》;《南宋馆阁续录》卷七
毛宪	开禧三年前后	《诚斋集》卷一三三《赠光禄大夫告词》

---

① 《西山文集》卷四一《李公神道碑》:"召对,除秘书少监,权中书舍人,以家讳改直舍人院,迁宗正少卿,仍直院。"李壁除兼直舍人院的具体日期尚待进一步考证,姑系于除秘书少监之同月。

② 《宋中兴学士院题名》:"(开禧元年)闰八月除中书舍人兼直学士院。"《南宋馆阁续录》卷七:"(开禧元年)九月为中书舍人。"姑从《宋中兴学士院题名》。

③ 卫泾除兼中书舍人的具体日期尚待进一步考证,《宋会要辑稿》选举一二开禧二年二月二十五日条已称卫泾为"太常少卿兼中书舍人"。卫泾于开禧元年十一月前后由知赣州除太常少卿(《止堂集》卷七《辞免赣州乞宫观申省状》),姑系于开禧元年十一月。

④ 蔡幼学除兼权中书舍人的具体日期尚待进一步考证。《宋史》卷四三四《蔡幼学传》:"有劝(韩)侂胄以收召海内名士者,乃召幼学为吏部员外郎。入见……迁国子司业、宗正少卿,皆兼权中书舍人。"据《育德堂奏议》卷二《开禧上殿奏事劄子一》,蔡幼学于开禧二年十二月入见。《育德堂外制》又收有《薛叔似落端明殿学士制》《陈谦落宝谟阁待制制》,《宋会要辑稿》职官七四载:"(开禧二年十二月)三十日,端明殿学士、湖北京西宣抚使薛叔似,宝谟阁待制、湖北京西宣抚副使陈谦并落职罢祠。"姑将蔡幼学除兼权中书舍人的时间系于开禧三年正月。

姓名	时间	出处
田澹	开禧三年前后	《宋会要辑稿》刑法六
娄机	嘉定元年前	《至元嘉禾志》卷一三
陈希点	嘉定元年十二月至嘉定二年十二月	《宋中兴东宫官寮题名》;《攻媿集》卷九八《陈公神道碑》
邹应龙	嘉定元年前后	《育德堂外制》卷三
余崇龟	嘉定二年前后	《南宋馆阁续录》卷九
王介	嘉定三年二月后	《南宋馆阁续录》卷七
曾从龙	嘉定三年、嘉定四年、嘉定五年前后	《两朝纲目备要》卷一二;《西山文集》卷二〇《赐朝议大夫试尚书吏部侍郎兼中书舍人兼太子右庶子兼同修国史实录院同修撰曾从龙乞畀祠禄或待阙便乡州郡不允诏》;《宋中兴学士院题名》
李揆	嘉定四年三月后	《南宋馆阁续录》卷九
范之柔	嘉定五年前后	《南宋馆阁续录》卷九
俞烈	嘉定五年前后	《宋会要辑稿》崇儒七
任希夷	嘉定六年十二月至嘉定九年十二月①	《宋中兴东宫官寮题名》
石宗万	嘉定七年、嘉定八年、嘉定九年前后	《南宋馆阁续录》卷九;《宋会要辑稿》职官七五
黄宜	嘉定八年、嘉定九年、嘉定十年前后	《宋会要辑稿》职官七、职官七五;《南宋馆阁续录》卷七
余嵘	嘉定十二年二月至十一月	《后村先生大全集》卷一四五《余尚书神道碑》
庄夏	嘉定十三年正月前	《南宋馆阁续录》卷九
陈卓	嘉定十三年前后;宝庆三年十一月后	《宋会要辑稿》礼四三;《南宋馆阁续录》卷九
程珌	嘉定十四年八月至嘉定十七年七月	《新安文献志》卷九四《程公珌行状》
胡卫	嘉定十五年九月前	《南宋馆阁续录》卷九
真德秀	嘉定十七年九月	《西山文集》卷一一《辞免礼部侍郎兼直院状》
陈贵谊	宝庆元年九月后	《鹤山集》卷八七《陈公神道碑》

---

① 据《宋会要辑稿》职官七五,嘉定九年四月任希夷仍兼中书舍人。任希夷所撰可考订具体时间的诏令中,时间最晚的撰于嘉定九年九月。嘉定九年十二月,任希夷由礼部侍郎迁工部尚书(见《南宋馆阁续录》卷九),姑系于此。

续表

姓名	时间	出处
王塈	宝庆元年前后	《宋史》卷四一《理宗纪》;《南宋馆阁续录》卷七
范楷	宝庆三年十一月后	《南宋馆阁续录》卷九
王元春	绍定元年前后	《南宋馆阁续录》卷九
吴泳	绍定六年十二月至端平二年十二月;端平三年三月二十日后	《鹤林集》卷二二《缴奏赵汝谈指摘告词状》、卷二三《辞免兼权直舍人院状》;《南宋馆阁续录》卷七
余铸	端平元年四月前	《咸淳临安志》卷四七
洪咨夔	端平元年四月①至端平二年正月	《南宋馆阁续录》卷九;《宋史全文续资治通鉴》卷三二
钟震	端平元年后	光绪《湘潭县志》卷八;《四六标准》卷一七《贺钟侍郎除左侍郎兼中书及侍讲》
袁甫	端平二年三月②至嘉熙二年三月③	《宋史》卷四〇五《袁甫传》
许应龙	端平二年四月后;嘉熙三年八月前	《宋史》卷卷四二《理宗纪》、四一九《许应龙传》;《宋史全文续资治通鉴》卷三二
丁伯桂	端平三年至嘉熙元年	《后村先生大全集》卷一四一《丁给事神道碑》
方大琮	嘉熙元年后	《后村先生大全集》卷一五一《方阁学墓志铭》
高定子	嘉熙二年三月后	《宋史》卷四二《理宗纪》
程公许	嘉熙三年十一月后;淳祐四年十一月后	《南宋馆阁续录》卷七;《宋史》卷四一五《程公许传》;《宋史全文续资治通鉴》卷三三

---

① 端平元年四月十五日洪咨夔除殿中侍御史（《平斋文集》卷一二《辞免殿中侍御史申省状》），端平元年五月洪咨夔以中书舍人兼实录院同修撰（《南宋馆阁续录》卷九），则洪咨夔除中书舍人当在四月十五日至五月间，姑系于四月。

② 《宋史》卷四〇五《袁甫传》："迁起居舍人兼崇政殿说书。于经筵奏……兼中书舍人……"未载具体日期，姑系于袁甫除起居舍人之同月（见《南宋馆阁续录》卷七）。

③ 《宋史》卷四〇五《袁甫传》："嘉熙元年，迁中书舍人……（史）嵩之移京湖沿江制置使、知鄂州，甫奏曰……疏留中不行。翼日，权吏部侍郎。引疾至八疏，赐告一月，遂归。"未载具体日期。史嵩之移京湖沿江制置使、知鄂州事在嘉熙二年二月（见《宋史》卷四二《理宗纪》），姑系于后一月。

姓名	时间	出处
杜范	淳祐二年六月前	《宋史》卷四〇七《杜范传》;《宋史全文续资治通鉴》卷三三
李韶	淳祐二年前	《宋史》卷四二三《李韶传》
刘伯正	淳祐二年前后	《宋史》卷四一九《刘伯正传》;嘉靖《广东通志初稿》卷七
郑起潜	淳祐四年八月前	正德《姑苏志》卷八;《宋季三朝政要》卷二
王伯大	淳熙四年十一月后	《宋史全文续资治通鉴》卷三三
徐元杰	淳祐四年十一月①至淳祐五年六月	《宋史》卷四二四《徐元杰传》
濮斗南	淳祐四年前后	《宋史全文续资治通鉴》卷三三
刘克庄	淳祐六年十月至十二月;景定元年九月至景定二年四月;景定二年八月至景定三年八月	《后村先生大全集》卷六一《史嵩之守金紫光禄大夫永国公致仕制》、卷一九四《刘公行状》
赵汝腾	淳祐六年、淳祐七年前后	《宋史全文续资治通鉴》卷三四
应𢓜	淳祐八年七月前	《宋史》卷二一四《宰辅表》、卷四二〇《应𢓜传》
陆德舆	淳祐八年前后	《南宋馆阁续录》卷七
郑发	淳祐十年前后;宝祐元年前后	《南宋馆阁续录》卷七;《宋史全文续资治通鉴》卷三四
翁甫	淳祐十二年十一月前后	《咸淳临安志》卷四七
陈力修	淳祐十二年前后	万历《温州府志》卷一一;《宋史全文续资治通鉴》卷三四
牟子才	宝祐元年前后	《宋史》卷四一一《牟子才传》;《南宋馆阁续录》卷七
程元凤	宝祐二年前后	《宋史》卷四一八《程元凤传》
陈大方	宝祐三年、宝祐四年前后	《宋史》卷四四《理宗纪》;《宋史全文续资治通鉴》卷三五
常挺	宝祐四年后	《宋史》卷四二一《常挺传》;《雪窗集》卷一《丙辰后省奏札一》

---

① 《宋史》卷四二四《徐元杰传》:"丞相史嵩之丁父忧,有诏起复,中外莫敢言,惟学校叩阍力争。元杰时适轮对,言……疏出,朝野传诵。帝亦察其忠亮,每从容访天下事,经筵益申前议。未几,夜降御笔黜四不才台谏,起复之命遂寝。元老旧德次第收召,元杰亦兼右司郎官,拜太常少卿,兼给事中、国子祭酒,权中书舍人。杜范入相,复延议军国事。"未载具体日期,姑系于宋廷诏游似、杜范、陈韡、李性传赴阙之同月(见《宋史》卷四三《理宗纪》)。

续表

姓名	时间	出处
林存	宝祐四年前后	《宋史全文续资治通鉴》卷三五
洪芹	宝祐六年、开庆元年前后	《南宋馆阁续录》卷七;《宋史》卷四二五《洪芹传》
王景齐	开庆元年前后	《宋史全文续资治通鉴》卷三六
朱貔孙	开庆元年前后	《宋史》卷四一一《朱貔孙传》
洪勋	景定二年前后	《后村先生大全集》卷七二《朝请大夫试中书舍人兼直学士院洪勋朝请郎直敷文阁两浙运判洪焘故父端明殿学士谥忠文已赠宣奉大夫咨夔可特赠银青光禄大夫制》、卷七三《朝议大夫试中书舍人兼直学士院兼同修国史实录院同修撰兼崇政殿说书洪勋明堂恩依前官职特封钱塘县开国男食邑三百户制》
杨栋	景定二年前后	《宋史》卷四二一《杨栋传》;《后村先生大全集》卷五五《赐试尚书工部侍郎杨栋辞免兼中书舍人行下房文字恩命不允诏》
包恢	景定三年前后	《宋史》卷四二一《包恢传》;《后村先生大全集》卷六八《包恢除礼部侍郎兼职依旧制》;同治《苏州府志》卷五二
刘震孙	景定三年前后;咸淳五年前后	《宋史》卷四七四《奸臣·丁大全传》;《延祐四明志》卷五
马廷鸾	景定四年至景定五年	《宋史》卷四一四《马廷鸾传》;《碧梧玩芳集》卷一《除中书舍人辞免奏状》《除中书舍人再辞免奏状》
林希逸	景定四年前后	《南宋馆阁续录》卷七
冯梦得	景定五年前后	《南宋馆阁续录》卷七
留梦炎	景定五年前后	《宋史全文续资治通鉴》卷三六
汤汉	景定五年前后	《碧梧玩芳集》卷四《起居郎兼权中书舍人兼国史兼侍讲汤汉特授权兵部侍郎兼职依旧制》
翁合	景定前后	《文山集》卷五《与中书祭酒知赣州翁丹山》;嘉靖《赣州府志》卷七
方逢辰	咸淳二年前后	《南宋馆阁续录》卷七

姓名	时间	出处
王应麟	咸淳三年十一月至咸淳四年;咸淳七年七月至十月;咸淳七年十一月至咸淳八年七月;德祐元年七月至十一月	《四明文献集》卷五《掖垣诰命跋》;陈仅《王深宁先生年谱》
章鉴	咸淳四年前后	《南宋馆阁续录》卷七
赵景纬	咸淳五年前后	《宋史》卷四二五《赵景纬传》;雍正《浙江通志》卷二五
陈宜中	咸淳七年前后	《宋史》卷四一八《陈宜中传》;《隐居通议》卷三一
卢钺	咸淳七年前后	《隐居通议》卷三一
刘黻	咸淳九年至咸淳十年	《宋史》卷四○五《刘黻传》
程骥	咸淳前后	《新安文献志》卷九六
何逢原	咸淳前后	《两浙名贤录》卷一
方应发	德祐元年前后	《宋史》卷四七四《奸臣·贾似道传》
高应松	德祐元年前后	《宋史》卷四五四《忠义·高应松传》

征引书目

一、古籍

1.《艾轩先生文集》,林光朝撰,明正德十六年郑岳刻本。

2.《安南志略》,黎崱撰,文渊阁四库全书本。

3.《八代四六全书》,李天麟辑,明刻本。

4.《宝庆四明志》,胡榘修,方万里、罗濬纂,文渊阁四库全书本。

5.《宝祐仙溪志》,赵与泌修,黄岩孙纂,清抄本。

6.《宝祐重修琴川志》,孙应时纂修、卢镇续修、鲍廉增补,委宛别藏本。

7.《宝真斋法书赞》,岳珂撰,文渊阁四库全书本。8.《豹隐纪谈》,周遵道撰,五朝小说本。

9.《北海集》,綦崇礼撰,文渊阁四库全书本。

10.《北山文集》,郑刚中撰,金华丛书本。

11.《北山小集》,程俱撰,四部丛刊续编本。

12.《北行日录》,楼钥撰,知不足斋丛书本。

13.《北辕录》,周煇撰,历代小史本。

14.《碧梧玩芳集》,马廷鸾撰,文渊阁四库全书本。

15.《宾退录》,赵与旹撰,文渊阁四库全书本。

16.《蔡氏九儒书》,蔡有鹍编、蔡重补编,清同治刻本。

17.《藏春诗集》,刘秉忠撰,清抄本。

18.《曹江孝女庙志》,金廷栋编,清光绪八年重刻本。

19.《常郡八邑艺文志》,卢文弨撰,清光绪刻本。

20.《朝野类要》,赵升撰,武英殿聚珍版丛书本。

21.《陈亮集》,陈亮撰,中华书局一九八七年点校本。

22.《陈少阳集》,陈东撰,刘德麟、闻福圻重辑,清光绪十六年敦善堂刻本。

23.《陈文正公家乘》,陈文典纂修,清道光三年重刊本。

24. 《陈文正公文集》，陈康伯撰，清康熙二十九年刻本。

25. 《成都文类》，程遇孙辑，文渊阁四库全书本。

26. 《诚斋集》，杨万里撰，四部丛刊本。

27. 《诚斋诗话》，杨万里撰，历代诗话续编本。

28. 《程氏贻范集》，程敏政辑，明成化刻本。

29. 《赤城集》，林表民编，文渊阁四库全书本。

30. 《淳熙三山志》，梁克家纂修，文渊阁四库全书本。

31. 《淳熙严州图经》，陈公亮、刘文富纂修，清渐西村舍汇刊本。

32. 《慈湖先生遗书》，杨简撰，四明丛书本。

33. 《溧川足征录》，罗斗、罗所蕴、罗大章辑，清绍衣堂抄本。

34. 《大德昌国州图志》，郭荐、冯福京纂修，文渊阁四库全书本。

35. 《大金吊伐录》，佚名撰，守山阁丛书本。

36. 《大金国志》，宇文懋昭撰，文渊阁四库全书本。

37. 《大金集礼》，张暐等撰，文渊阁四库全书本。

38. 《大隐集》，李正民撰，文渊阁四库全书本。

39. 《大元圣政国朝典章》，佚名撰，清光绪三十四年修订法律馆刻本。

40. 《大岳太和山纪略》，王概等辑，清乾隆九年刻本。

41. 《大昭庆律寺志》，释篆玉撰，武林掌故丛编本。

42. 《丹阳集》，葛胜仲撰，常州先哲遗书本。

43. 《道命录》，李心传辑，知不足斋丛书本。

44. 《东窗集》，张扩撰，文渊阁四库全书本。

45. 《东涧集》，许应龙撰，文渊阁四库全书本。

46. 《东莱吕成公外录》，戴应鳌、王宗启辑，明崇祯刻本。

47. 《东牟集》，王洋撰，文渊阁四库全书本。

48. 《东山赵先生文集》，赵汸撰，明抄本。

49. 《东山志》，谢敏行撰、谢钟和增补，清康熙刻本。

50. 《洞霄图志》，邓牧编，丛书集成初编本。

51. 《都官集》，陈舜俞撰，民国三年南城李氏宜秋馆刻本。

52. 《鄂国金佗续编》，岳珂编，明嘉靖刻本。

53. 《鄂国金佗粹编》，岳珂编，元至正二十三年刻明印本。

54. 《方舆胜览》，祝穆辑，上海古籍出版社一九八六年影印本。

55. 《斐然集》，胡寅撰，文渊阁四库全书本。

56. 《鄜王刘公家传》，佚名撰，清抄本。

57.《佛祖通载》，释念常撰，文渊阁四库全书本。

58.《浮溪集》，汪藻撰，武英殿聚珍版丛书本。

59.《滏水集》，赵秉文撰，文渊阁四库全书本。

60.《高丽史》，郑麟趾撰，清抄本。

61.《攻媿集》，楼钥撰，武英殿聚珍版丛书本。

62.《攻媿先生文集》，楼钥撰，傅增湘校补本。

63.《古今合璧事类备要》，谢维新撰，文渊阁四库全书本。

64.《古今事文类聚》，祝穆辑，文渊阁四库全书本。

65.《古今事文类聚遗集》，祝穆辑，文渊阁四库全书本。

66.《古今图书集成》，陈梦雷纂，中华书局一九三四年影印本。

67.《古俪府》，王志庆撰，文渊阁四库全书本。

68.《古文渊鉴》，徐乾学等辑注，文渊阁四库全书本。

69.《谷来王氏宗谱》，王颂年纂修，清光绪三十一年木活字本。

70.《广东文献》，罗学鹏编，清同治刻本。

71.《归潜志》，刘祁撰，知不足斋丛书本。

72.《归愚集》，葛立方撰，常州先哲遗书本。

73.《桂胜》，张鸣凤撰，清抄本。

74.《国朝文类》，苏天爵辑，商务印书馆一九三六年缩印本。

75.《海陵集》，周麟之撰，文渊阁四库全书本。

76.《海陵文征》，夏荃辑，清道光九年刻本。

77.《汉滨集》，王之望撰，文渊阁四库全书本。

78.《翰苑新书》，佚名撰，文渊阁四库全书本。

79.《杭州上天竺讲寺志》，释广宾纂，武林掌故丛编本。

80.《河上楮谈》，朱孟震撰，明万历刻本。

81.《鹤林集》，吴泳撰，文渊阁四库全书本。

82.《鹤林玉露》，罗大经撰，中华书局一九八三年点校本。

83.《鹤山先生大全文集》，魏了翁撰，四部丛刊初编本。

84.《洪文敏公集》，洪迈撰，清抄本。

85.《鸿庆居士文集》，孙觌撰，常州先哲遗书本。

86.《后村先生大全集》，刘克庄撰，四部丛刊本。

87.《后耳目志》，巩丰撰，商务印书馆一九二七年排印本。

88.《后乐集》，卫泾撰，文渊阁四库全书本。

89.《胡澹庵先生文集》，胡铨撰，清道光十三年胡文思重刊本。

90.《湖北金石志》,杨守敬撰,清光绪湖北通志局刻朱印本。

91.《华阳集》,张纲撰,四部丛刊三编本。

92.《皇朝中兴系年要录节要》,佚名撰,北京图书馆出版社二〇〇四年中华再造善本影印本。

93.《黄氏日钞》,黄震撰,文渊阁四库全书本。

94.《挥麈后录》,王明清撰,津逮秘书本。

95.《晦庵先生朱文公文集》,朱熹撰,明嘉靖十一年张大轮、胡岳刻本。

96.《鸡肋编》,庄绰撰,中华书局一九八三年点校本。

97.《嘉定赤城志》,黄䶢、齐硕修,陈耆卿纂,文渊阁四库全书本。

98.《嘉定镇江志》,卢宪纂,委宛别藏本。

99.《嘉泰会稽志》,沈作宾修、施宿等纂,文渊阁四库全书本。

100.《嘉泰吴兴志》,谈钥纂,吴兴丛书本。

101.《稼轩长短句》,辛弃疾撰,元大德三年刊本。

102.《建炎复辟记》,佚名撰,学津讨原本。

103.《建炎纪事》,佚名辑,清抄本。

104.《建炎时政记》,李纲撰,邵武徐氏丛书本。

105.《建炎维扬遗录》,佚名撰,学津讨原本。

106.《建炎以来朝野杂记》,李心传撰,丛书集成初编本。

107.《建炎以来系年要录》,李心传撰,清光绪二十六年广雅书局刻本。

108.《江宁金石记》,严观撰,清嘉庆九年赐书堂刻本。

109.《江苏金石志》,缪荃孙撰,民国十六年江苏通志局石印本。

110.《江右文钞》,胡大鹏辑,清光绪刻本。

111.《蛟峰外集》,方逢辰撰、方中辑,明天顺七年方中刻本。

112.《絜斋集》,袁燮撰,文渊阁四库全书本。

113.《金鼓洞志》,朱文藻撰,武林掌故丛编本。

114.《金莲正宗仙源像传》,刘志玄等撰,正统道藏本。

115.《金石萃编》,王昶撰,清同治刻本。

116.《金石续编》,陆耀遹撰,上虞罗氏修正本。

117.《金史》,脱脱等撰,中华书局一九七五年点校本。

118.《京口耆旧传》,刘宰撰,守山阁丛书本。

119.《经济类编》,冯琦编,文渊阁四库全书本。

120.《经进东坡文集事略》,郎晔注,四部丛刊本。

121.《经义考》,朱彝尊撰,四部备要本。

122.《荆溪林下偶谈》，吴子良撰，文渊阁四库全书本。

123.《景定建康志》，马光祖修、周应合纂，文渊阁四库全书本。

124.《景定严州续志》，钱可则修，郑瑶、方仁荣纂，文渊阁四库全书本。

125.《靖康要录》，佚名撰，十万卷楼丛书本。

126.《旧闻证误》，李心传撰，中华书局一九八一年点校本。

127.《句容金石记》，杨世沅辑，清光绪三十四年铅字本。

128.《开庆四明续志》，吴潜修，梅应发、刘锡纂，文渊阁四库全书本。

129.《考亭志》，朱世泽撰，明万历十七年刻本。

130.《孔氏祖庭广记》，孔元措撰，四部丛刊续编本。

131.《愧郯录》，岳珂撰，知不足斋丛书本。

132.《困学纪闻》，王应麟撰，四部丛刊三编本。

133.《括苍金石志》，李遇孙撰，清抄本。

134.《括苍金石志补遗》，邹柏森撰，聚学轩丛书本。

135.《兰亭考》，桑世昌撰，知不足斋丛书本。

136.《阆风集》，舒岳祥撰，嘉业堂丛书本。

137.《浪语集》，薛季宣撰，永嘉丛书本。

138.《历代名臣奏议》，黄淮、杨士奇编，文渊阁四库全书本。

139.《历世真仙体道通鉴》，赵道一撰，正统道藏本。

140.《莲堂诗话》，祝诚辑，琳琅秘室丛书本。

141.《梁溪集》，李纲撰，文渊阁四库全书本。

142.《梁溪漫志》，费衮撰，上海古籍出版社一九八五年校点本。

143.《梁溪先生文集》，李纲撰，清道光刻本

144.《两朝纲目备要》，佚名撰，文渊阁四库全书本。

145.《两浙金石志》，阮元撰，清光绪十六年浙江书局刻本。

146.《两浙名贤录》，徐象梅撰，明天启刻本。

147.《刘氏传忠录》，程勋纂，民国二十二年三余书室铅印本。

148.《六艺之一录》，倪涛撰，文渊阁四库全书本。

149.《陇右金石录》，张维辑，新文丰出版公司一九七七年石刻史料新编影印本。

150.《陌巷志》，颜胤祚撰，明万历二十九年刻清顺治增修本。

151.《庐陵周益国文忠集》，周必大撰，清欧阳棨瀛塘别墅刊本。

152.《鲁斋集》，王柏撰，续金华丛书本。

153.《履斋遗稿》，吴潜撰，文渊阁四库全书本。

154.《漫塘集》,刘宰撰,文渊阁四库全书本。

155.《茅山志》,刘大彬撰,正统道藏本。

156.《鄮峰真隐漫录》,史浩撰,文渊阁四库全书本。

157.《梅溪集》,王十朋撰,四部丛刊本。

158.《梅野集》,徐元杰撰,文渊阁四库全书本。

159.《蒙斋集》,袁甫撰,文渊阁四库全书本。

160.《密斋笔记》,谢采伯撰,文渊阁四库全书本。

161.《勉斋先生黄文肃公文集》,黄榦撰,元刻本。

162.《闽中金石略》,陈棨仁编,菽庄丛书本。

163.《闽中理学渊源考》,李清馥撰,文渊阁四库全书本。

164.《名臣碑传琬琰之集》,杜大珪编,文海出版社一九八〇年宋史资料萃编影印本。

165.《名贤氏族言行类稿》,章定撰,文渊阁四库全书本。

166.《明一统志》,李贤等撰,文渊阁四库全书本。

167.《洺水集》,程珌撰,明嘉靖三十五年程元晄刻本。

168.《南村辍耕录》,陶宗仪撰,四部丛刊三编本。

169.《南涧甲乙稿》,韩元吉撰,文渊阁四库全书本。

170.《南迁录》,张师颜撰,清抄本。

171.《南宋馆阁录》,陈骙撰,文渊阁四库全书本。

172.《南宋馆阁续录》,佚名撰,文渊阁四库全书本。

173.《南宋书》,钱士升撰,清嘉庆二年南沙席氏刊本。

174.《南宋文范》,庄仲方编,清光绪十四年刻本。

175.《南宋文录录》,董兆熊辑,清光绪十七年苏州书局刻本。

176.《南宋制抚年表》,吴廷燮撰,中华书局一九八四年点校本。

177.《南轩集》,张栻撰,文渊阁四库全书本。

178.《欧阳修撰集》,欧阳澈撰,文渊阁四库全书本。

179.《盘洲文集》,洪适撰,四库丛刊本。

180.《彭城集》,刘攽撰,武英殿聚珍版丛书本。

181.《毗陵集》,张守撰,文渊阁四库全书本。

182.《平斋集》,洪咨夔撰,四部丛刊续编本。

183.《莆阳金石初编》,刘尚文辑,清光绪二十六年福州刻本。

184.《莆阳文辑》,涂庆澜编,清光绪二十五年莆田荔隐山房刻本。

185.《齐东野语》,周密撰,文渊阁四库全书本。

186.《奇赏斋古文汇编》,陈仁锡辑评,明崇祯七年刻本。

187.《钱塘遗事》,刘一清撰,文渊阁四库全书本。

188.《乾道临安志》,周淙纂修,丛书集成初编本。

189.《乾道四明图经》,张津等纂,清咸丰四年刻宋元四明六志本。

190.《清献集》,杜范撰,文渊阁四库全书本。

191.《清夜录》,俞文豹撰,宛委山堂说郛本。

192.《庆元党禁》,佚名撰,丛书集成初编本。

193.《庆元条法事类》,谢深甫纂,古籍出版社一九五七年刷印本。

194.《秋涧集》,王恽撰,文渊阁四库全书本。

195.《裘竹斋诗集》,裘万顷撰,清抄本。

196.《阙里志》,陈镐撰,明嘉靖刻本。

197.《群书会元截江网》,佚名撰,文渊阁四库全书本。

198.《群书考索》,章如愚撰,文渊阁四库全书本。

199.《容斋三笔》,洪迈撰,四部丛刊续编本。

200.《容斋四笔》,洪迈撰,四部丛刊续编本。

201.《容斋随笔》,洪迈撰,四部丛刊续编本。

202.《容斋续笔》,洪迈撰,四部丛刊续编本。

203.《汝南遗事》,王鹗撰,丛书集成初编本。

204.《三朝北盟会编》,徐梦莘撰,清光绪三十四年许涵度刻本。

205.《三朝野史》,吴莱撰,宛委山房说郛本。

206.《山房后稿》,周南撰,文渊阁四库全书本。

207.《山房集》,周南撰,文渊阁四库全书本。

208.《山谷年谱》,黄𥪡撰,文渊阁四库全书本。

209.《山堂肆考》,彭大翼撰,文渊阁四库全书本。

210.《山右石刻丛编》,胡聘之撰,清光绪二十七年刻本。

211.《樗溪居士集》,刘才邵撰,文渊阁四库全书本。

212.《苕溪集》,刘一止撰,文渊阁四库全书本。

213.《少微通鉴节要续编》,张光启撰,明正德九年司礼监刻本。

214.《少阳集》,陈东撰,文渊阁四库全书本。

215.《邵氏闻见后录》,邵博撰,中华书局一九八三年点校本。

216.《绍定吴郡志》,范成大纂修、汪泰亨等增订,择是居丛书本。

217.《绍兴十八年同年小录》,佚名撰,文渊阁四库全书本。

218.《绍兴题名录》,佚名撰,粤雅堂丛书本。

219.《深宁先生年谱》,陈仅撰,四明丛书本。

220.《深宁先生年谱》,钱大昕撰,四明丛书本。

221.《深宁先生文抄摭余编》,叶熊辑,四明丛书本。

222.《沈忠敏公龟溪集》,沈与求撰,吴兴丛书本。

223.《升庵集》,杨慎撰,文渊阁四库全书本。

224.《石刻铺叙》,曾宏父撰,清抄本。

225.《式古堂书画汇考》,卞永誉辑,清康熙刻本。

226.《述古录》,魏元旷撰,民国二十二年刊本。

227.《双溪集》,苏籀撰,粤雅堂丛书本。

228.《水心文集》,叶适撰,清光绪八年孙衣言刻本。

229.《水云村稿》,刘埙撰,文渊阁四库全书本。

230.《思贤录》,谢应芳编、谢量增订、谢兰生补遗,清光绪十年刻本。

231.《四朝闻见录》,叶绍翁撰,文渊阁四库全书本。

232.《四川盐法志》,丁宝桢撰,清光绪刻本。

233.《四库全书考证》,王太岳等辑,武英殿聚珍版丛书本。

234.《四六标准》,李刘撰,四部丛刊续编本。

235.《四六法海》,王志坚辑,文渊阁四库全书本。

236.《四明文献集》,王应麟撰,四明丛书本。

237.《松漠纪闻》,洪皓撰,历代小史本。

238.《松隐文集》,曹勋撰,嘉业堂丛书本。

239.《嵩山集》,晁公遡撰,文渊阁四库全书本。

240.《宋朝事实》,李攸撰,武英殿聚珍版书本。

241.《宋陈忠肃公言行录》,陈载兴辑,明嘉靖二十九年刻本。

242.《宋丞相崔清献公全录》,崔与之撰,明嘉靖三十二年刻本。

243.《宋东京留守宗忠简公全集》,宗泽撰,康熙四十五年宗文灿家刻本。

244.《宋会要辑稿》,徐松辑,大东书局一九三六年影印本。

245.《宋会要辑稿补编》,陈智超整理,全国图书馆文献缩微复制中心一九八八年影印本。

246.《宋季三朝政要》,佚名撰,文渊阁四库全书本。

247.《宋名臣言行录别集》,李幼武撰,文渊阁四库全书本。

248.《宋诗纪事》,厉鹗撰,文渊阁四库全书本。

249.《宋十朝纲要》,李埴撰,清抄本。

250.《宋史》,脱脱等撰,中华书局一九七七年点校本。

251.《宋史记》，王惟俭撰，清抄本。

252.《宋史纪事本末》，陈邦瞻撰，中华书局一九七七年点校本。

253.《宋史列传补遗稿》，史梦兰撰，清抄本。

254.《宋史全文续资治通鉴》，佚名撰，文海出版社一九七七年影印本。

255.《宋史新编》，柯维骐撰，明刻本。

256.《宋史翼》，陆心源辑，清光绪三十二年刻本。

257.《宋四六选》，彭元瑞编，清乾隆四十一年刻本。

258.《宋元通鉴》，薛应旂撰，明刻本。

259.《宋元宪集》，宋庠撰，文渊阁四库全书本。

260.《宋元学案补遗》，王梓材、冯云濠编撰，中华书局二〇一二年点校本。

261.《宋中兴东宫官寮题名》，何异撰，藕香零拾本。

262.《宋中兴纪事本末》，熊克撰，清雍正景抄宋本。

263.《宋中兴题名》，何异撰，藕香零拾本。

264.《宋中兴学士院题名》，何异撰，藕香零拾本。

265.《宋忠定赵周王别录》，叶德辉编，清光绪长沙叶氏刻本。

266.《宋忠惠铁庵方公文集》，方大琮撰，明正德八年方良节刻本，

267.《太平宝训政事纪年》，佚名撰，清抄本。

268.《汤阴精忠庙志》，张应登、郑懋洵辑，清乾隆十五年刻本。

269.《棠阴比事》，桂万荣撰，四部丛刊续编本。

270.《天台山方外志》，释传灯撰，清光绪二十年佛陇真觉寺刻本。

271.《天下同文集》，周南瑞辑，文渊阁四库全书本。

272.《听帆楼书画记》，潘正炜撰，美术丛书本。

273.《桯史》，岳珂撰，四部丛刊续编本。

274.《通鉴续编》，陈桱撰，文渊阁四库全书本。

275.《图绘宝鉴》，夏文彦撰，元至正刻本。

276.《琬琰集删存》，洪业等编纂，燕京大学引得编纂处一九三八年铅印本。

277.《万姓统谱》，凌迪知撰，文渊阁四库全书本。

278.《王著作集》，王苹撰，文渊阁四库全书本。

279.《伪齐录》，杨尧弼撰，藕香零拾本。

280.《文定集》，汪应辰撰，文渊阁四库全书本。

281.《文山集》，文天祥撰，四部丛刊本。

282.《文溪集》，李昂英撰，粤十三家集本。

283.《文献通考》，马端临撰，万有文库本。

284.《文章辨体汇选》,贺复征辑,文渊阁四库全书本。

285.《吴都文粹续集》,钱谷辑,文渊阁四库全书本。

286.《吴兴金石记》,陆心源撰,潜园总集本。

287.《吴越所见书画录》,陆时化辑,清乾隆四十一年陆氏怀烟阁刻本。

288.《五百家播芳大全文粹》,魏齐贤、叶菜编,文渊阁四库全书本。

289.《西湖游览志》,田汝成撰,武林掌故丛编本。

290.《西湖游览志余》,田汝成撰,武林掌故丛编本。

291.《西湖志》,李卫等修,傅王露撰,清雍正十三年两浙盐驿道库刻本。

292.《西山文集》,真德秀撰,文渊阁四库全书本。

293.《西天目祖山志》,释广宾撰、释际界增订,清光绪二年刻本。

294.《西垣类稿》,崔敦诗撰,佚存丛书本。

295.《锡山文集》,王史直编、王史鉴续编、华湛恩重编,清道光二十年鹅湖华氏亲仁堂刻本。

296.《咸淳临安志》,潜说友纂修,文渊阁四库全书本。

297.《咸淳遗事》,佚名撰,粤雅堂丛书本。

298.《咸淳重修毗陵志》,史能之纂修,清嘉庆二十五年赵怀玉刻本。

299.《湘管斋寓赏编》,陈焯辑,美术丛书本。

300.《象台首末》,胡知柔编,丛书集成初编本。

301.《辛丑消夏记》,吴荣光撰,清光绪三十一年长沙叶德辉刻本。

302.《辛巳泣蕲录》,赵与襄撰,指海本。

303.《新安文献志》,程敏政编,文渊阁四库全书本。

304.《新元史》,柯劭忞撰,开明书店一九三五年影印本。

305.《徐文惠公存稿》,徐经孙撰,民国三年南城李氏宜秋馆翻刻本。

306.《续宋编年资治通鉴》,刘时举撰,文渊阁四库全书本。

307.《续通典》,嵇璜、曹仁虎纂修,清乾隆四十八年武英殿刻本。

308.《续文献通考》,王圻撰,明万历三十一年曹时聘、许维新等刻本。

309.《续资治通鉴》,毕沅撰,古籍出版社一九五七年校点本。

310.《雪窗集》,孙梦观撰,四明丛书本。

311.《延祐四明志》,马泽修、袁桷纂,文渊阁四库全书本。

312.《鬳斋续集》,林希逸撰,文渊阁四库全书本。

313.《遗山集》,元好问撰,四部丛刊本。

314.《尹和靖集》,尹焞撰,丛书集成初编本。

315.《隐居通议》,刘埙撰,丛书集成初编本。

316.《庸斋集》,赵汝腾撰,文渊阁四库全书本。

317.《永乐大典》,解缙等纂,中华书局一九八六年影印本。

318.《于湖居士文集》,张孝祥撰,四部丛刊本。

319.《虞邑遗文录》,陈揆辑,清道光二十八年翁氏陔华吟馆抄本。

320.《舆地广记》,欧阳忞撰,士礼居丛书本。

321.《舆地纪胜》,王象之撰,粤雅堂丛书本。

322.《玉楮集》,岳珂撰,清抄本。

323.《玉牒初草》,刘克庄撰,藕香零拾本。

324.《玉海》,王应麟撰,江苏古籍出版社、上海书店一九八七年影印本。

325.《玉堂类稿》,崔敦诗撰,佚存丛书本。

326.《玉照新志》,王明清撰,明沈士龙等刻本。

327.《育德堂外制》,蔡幼学撰,敬乡楼丛书本。

328.《元朝典故编年考》,孙承泽撰,文渊阁四库全书本。

329.《元丰九域志》,王存等撰,文渊阁四库全书本。

330.《元史》,宋濂等撰,中华书局一九七六年点校本。

331.《元史新编》,魏源撰,清光绪三十一年邵阳魏氏慎微堂刻本。

332.《越中金石记》,杜春生撰,清道光十年詹波馆自刻本。

333.《粤西文载》,汪森辑,文渊阁四库全书本。

334.《长春真人西游记》,李志常撰,丛书集成初编本。

335.《赵氏铁网珊瑚》,赵琦美编,文渊阁四库全书本。

336.《正隆事迹记》,张棣撰,杂史五种本。

337.《止斋先生文集》,陈傅良撰,四部丛刊本。

338.《至大金陵新志》,张铉纂修,文渊阁四库全书本。

339.《至顺镇江志》,脱因修、俞希鲁纂,委宛别藏本。

340.《至元嘉禾志》,单庆修、徐硕纂,文渊阁四库全书本。

341.《中兴馆阁续录》,佚名撰,清抄本。

342.《中兴礼书》,徐松辑,宝彝堂抄本。

343.《中兴礼书续编》,徐松辑,宝彝堂抄本。

344.《中兴两朝圣政》,佚名撰,委宛别藏本。

345.《中兴小纪》,熊克撰,清抄本。

346.《中兴御侮录》,佚名撰,粤雅堂丛书本。

347.《中州集》,元好问编,四部丛刊本。

348.《忠惠集》,翟汝文撰,文渊阁四库全书本。

349.《忠文王纪事实录》,谢起严撰,宋咸淳七年吴安朝等刻明洪武公文纸印本。

350.《忠义集》,赵景良编,文渊阁四库全书本。

351.《朱子年谱》,王懋竑撰,文渊阁四库全书本。

352.《竹溪先生文集》,李弥逊撰,南京图书馆藏清初抄本。

353.《竹洲集》,吴儆撰,文津阁四库全书本。

354.《烛湖集》,孙应时撰,文渊阁四库全书本。

355.《壮陶阁书画录》,裴景福编,中华书局一九三七年铅印本。

356.《紫微集》,张嵲撰,湖北先正遗书本。

357.《尊白堂集》,虞俦撰,文渊阁四库全书本。

358. 成化《处州府志》,明成化刻本。

359. 道光《浮梁县志》,清道光刻本。

360. 道光《贵溪县志》,清道光四年刻本。

361. 道光《昆新两县志》,清道光六年刻本。

362. 道光《上饶县志》,清道光六年刻本。

363. 道光《遂溪县志》,清道光二十九年刻本。

364. 道光《万年县志》,清道光七年刻本。

365. 道光《新修罗源县志》,清道光十一年刻本。

366. 道光《兴安县志》,清道光十四年刻本。

367. 道光《永州府志》,清同治六年刻本。

368. 道光《余干县志》,清道光三年刻本。

369. 道光《玉山县志》,清道光三年刻本。

370. 道光《重修伊阳县志》,清道光十八年刻本。

371. 光绪《丹徒县志》,清光绪五年刻本。

372. 光绪《广州府志》,清光绪五年刻本。

373. 光绪《湖南通志》,清光绪十一年刻本。

374. 光绪《吉水县志》,清光绪三年刻本。

375. 光绪《嘉兴府志》,清光绪四年刻本。

376. 光绪《昆新两县续修合志》,清光绪六年刻本。

377. 光绪《临桂县志》,桂林市档案馆一九六三年石印本。

378. 光绪《宁海县志》,清光绪二十八年刻本。

379. 光绪《上虞县志校续》,清光绪二十五年刻本。

380. 光绪《文县志》,清光绪二年刻本。

381. 光绪《湘潭县志》，清光绪十五年刻本。

382. 光绪《续纂句容县志》，清光绪三十年刻本。

383. 光绪《宣平县志》，清光绪四年刻本。

384. 弘治《八闽通志》，明弘治刻本。

385. 弘治《句容县志》，明弘治九年刻本。

386. 弘治《衢州府志》，明弘治十六年刻本。

387. 弘治《温州府志》，明弘治十六年刻本。

388. 弘治《休宁志》，明弘治四年刻本。

389. 弘治《重修无锡县志》，明弘治七年刻本。

390. 洪武《无锡县志》，文渊阁四库全书本。

391. 嘉靖《池州府志》，明嘉靖二十四年刻本。

392. 嘉靖《德庆州志》，明嘉靖十六年刻本。

393. 嘉靖《赣州府志》，明嘉靖刻本。

394. 嘉靖《广东通志初稿》，明嘉靖刻本。

395. 嘉靖《广西通志》，明嘉靖十年刻本。

396. 嘉靖《广信府志》，明嘉靖五年刻本。

397. 嘉靖《河间府志》，明嘉靖十九年刻本。

398. 嘉靖《徽州府志》，明嘉靖四十五年刻本。

399. 嘉靖《江阴县志》，明嘉靖二十六年刻本。

400. 嘉靖《龙溪县志》，明嘉靖刻本。

401. 嘉靖《南安府志》，明嘉靖十五年刻本。

402. 嘉庆《常德府志》，清嘉庆十八年刻本。

403. 嘉庆《绩溪县志》，抄本。

404. 嘉庆《临桂县志》，清光绪六年补刻本。

405. 嘉庆《宁国府志》，清嘉庆二十年刻本。

406. 嘉庆《清平县志》，清嘉庆三年刻本。

407. 嘉庆《邛州直隶州志》，清嘉庆二十三年刻本。

408. 嘉庆《武阶备志》，清同治十二年刻本。

409. 康熙《广信府志》，清雍正八年补刻本。

410. 康熙《桂林府志》，清抄本。

411. 康熙《临江府志》，清康熙十九年增刻本。

412. 康熙《绵竹县志》，康熙四十四年刻本。

413. 康熙《太平府志》，清康熙十二年刻本。

414. 康熙《新修广州府志》,抄本。

415. 康熙《宜春县志》,清康熙四十七年刻本。

416. 隆庆《岳州府志》,明隆庆刻本。

417. 民国《安徽通志稿》,民国二十三年石印本。

418. 民国《杭州府志》,民国十一年铅印本。

419. 民国《简阳县续志》,民国二十年铅印本。

420. 民国《简阳县志》,民国十六年铅印本。

421. 民国《临清县志》,民国二十三年铅印本。

422. 民国《龙游县志》,民国十四年铅印本。

423. 民国《庐山志》,线装书局二〇〇四年中华山水志丛刊影印本。

424. 民国《宁国县志》,民国二十五年铅印本。

425. 民国《平阳县志》,民国十五年刻本。

426. 民国《瑞安县志》,民国三十五年刻本。

427. 民国《续修博山县志》,民国二十六年铅印本。

428. 民国《阳山县志》,民国二十七年铅印本。

429. 民国《弋阳县志》,民国十四年刻本。

430. 民国《增城县志》,民国十年刻本。

431. 民国《中江县志》,民国十九年铅印本。

432. 民国《重修婺源县志》,民国十四年刻本。

433. 乾隆《德安县志》,清乾隆二十一年刻本。

434. 乾隆《浮梁县志》,清乾隆四十八年刻本。

435. 乾隆《福州府志》,清乾隆二十一年刻本。

436. 乾隆《广德州志》,清乾隆四年刻本。

437. 乾隆《江陵县志》,清乾隆五十九刻本。

438. 乾隆《柳州府马平县志》,乾隆二十九年刻本。

439. 乾隆《柳州府志》,清乾隆二十九年刻本。

440. 乾隆《蒲江县志》,清乾隆四十九年刻本。

441. 乾隆《泉州府志》,清光绪八年刻本。

442. 乾隆《桐庐县志》,清乾隆二十一年刻本。

443. 乾隆《延平府志》,清同治十二年重刊本。

444. 乾隆《彰德府志》,清乾隆三十五年刻本。

445. 乾隆《震泽县志》,清乾隆十一年刻本。

446. 乾隆《镇江府志》,清乾隆十五年增刻本。

447. 乾隆《中江县志》，清乾隆五十二年刻本。

448. 同治《安仁县志》，清同治十一年刻本。

449. 同治《崇仁县志》，清同治十二年刻本。

450. 同治《广信府志》，清同治十二年刻本。

451. 同治《湖州府志》，清同治十三年刻本。

452. 同治《江山县志》，清同治十二年刻本。

453. 同治《乐平县志》，清同治九年刻本。

454. 同治《临川县志》，清同治九年刻本。

455. 同治《庐陵县志》，清同治十二年刻本。

456. 同治《苏州府志》，清光绪九年刻本。

457. 同治《武宁县志》，清同治九年刻本。

458. 同治《新淦县志》，清同治十二年刻本。

459. 同治《义宁州志》，清同治十二年刻本。

460. 同治《永新县志》，清同治十三年刻本。

461. 同治《玉山县志》，清同治十二年刻本。

462. 万历《福州府志》，明万历二十四年刻本。

463. 万历《广东通志》，明万历三十年刻本。

464. 万历《杭州府志》，明万历七年刻本。

465. 万历《和州志》，明万历三年刻本。

466. 万历《金华府志》，明万历六年刻本。

467. 万历《宁国府志》，明万历五年刻本。

468. 万历《泉州府志》，明万历四十年刻本。

469. 万历《四川总志》，明万历九年刻本。

470. 万历《新修南昌府志》，明万历十六年刻本。

471. 万历《漳州府志》，明万历元年刻本。

472. 雍正《广东通志》，文渊阁四库全书本。

473. 雍正《广西通志》，文渊阁四库全书本。

474. 雍正《畿辅通志》，文渊阁四库全书本。

475. 雍正《山东通志》，文渊阁四库全书本。

476. 雍正《四川通志》，文渊阁四库全书本。

477. 雍正《浙江通志》，文渊阁四库全书本。

478. 正德《姑苏志》，文渊阁四库全书本。

479. 正德《建昌府志》，明正德十二年刻本。

480. 正德《袁州府志》，明正德九年刻本。

二、实物史料

1.《敕詹效之授文林郎牒》，中国嘉德二〇〇一年春季拍卖会拍品。

2.《敕詹械及夫人等书》，中国嘉德二〇〇一年春季拍卖会拍品。

3.《南宋淳熙年间詹仪之任官告身》，中国嘉德二〇二〇年秋季拍卖会拍品。

4.《南宋吕祖谦告身》，北京匡时二〇一五年春季拍卖会拍品。

5.《南宋司马伋告身》，北京匡时二〇一五年春季拍卖会拍品。

6.《詹械王曦易任牒》，中国嘉德二〇〇一年春季拍卖会拍品。

三、近人论著

1.《北京图书馆藏中国历代石刻拓本汇编》，北京图书馆金石组编，中州古籍出版社一九八九年。

2.《陈振孙生卒年新考》，何广棪撰，《文献》二〇〇一年第一期。

3.《崔与之事迹系年》，何忠礼撰，《文史》第四一辑，一九九六年。

4.《崔与之事迹系年补考》，王瑞来撰，收入《知人论世：宋代人物考述》，山西教育出版社二〇一五年。

5.《道家金石略》，陈垣编纂，陈智超、曾庆瑛校补，文物出版社一九八八年。

6.《鄂国金佗稡编续编校注》，王曾瑜校注，中华书局一九八九年。

7.《范成大佚著辑存》，孔凡礼辑，中华书局一九八三年。

8.《丽水宋元墓志集录》，郑嘉励、梁晓华编，浙江古籍出版社二〇一三年。

9.《刘克庄集笺校》，辛更儒笺校，中华书局二〇一一年。

10.《略论陈振孙〈直斋书录解题〉》，陈乐素撰，《中国史研究》一九八四年第二期。

11.《南宋詹仪之告身跋》，张祎撰，"中国嘉德拍卖"微信公众号，二〇二〇年十一月四日。

12.《宁波历代碑碣墓志汇编·唐五代宋元卷》，章国庆编著，上海古籍出版社二〇一二年。

13.《全宋文》，曾枣庄、刘琳主编，上海辞书出版社、安徽教育出版社二〇〇六年。

14.《四库辑本别集拾遗》，栾贵明辑，中华书局一九八三年。

15.《宋才子传笺证·北宋后期卷》,傅璇琮、张剑主编,辽海出版社二〇一一年。

16.《宋才子传笺证·南宋后期卷》,傅璇琮、程章灿主编,辽海出版社二〇一一年。

17.《宋才子传笺证·南宋前期卷》,傅璇琮、辛更儒主编,辽海出版社二〇一一年。

18.《宋代京朝官通考》,李之亮撰,巴蜀书社二〇〇三年。

19.《宋代历次明堂大礼考》,杨高凡撰,《华北水利水电学院学报》二〇一一年第二期。

20.《宋代蜀文辑存》,傅增湘纂辑,新文丰出版公司一九七四年。

21.《宋代诏令全集》,王智勇、王蓉贵主编,四川大学出版社二〇一二年。

22.《宋史宰辅表考证》,王瑞来撰,中华书局二〇一二年。

23.《宋宰辅编年录校补》,王瑞来校补,中华书局一九八六年。

24.《武义南宋徐邦宪墓的发掘》,郑嘉励等撰,《东方博物》二〇二〇年第一期。

25.《武义南宋徐谓礼文书》,包伟民、郑嘉励编,中华书局二〇一二年。

26.《析津志辑佚》,北京图书馆善本组辑,北京古籍出版社一九八三年。

27.《叶适年谱》,周梦江撰,浙江古籍出版社二〇〇六年。

28.《尤袤卒年月日考辨》,吴雪菡撰,《宋代文化研究》第二八辑,线装书局二〇二二年。

29.《元代白话碑集录》,蔡美彪编著,科学出版社一九五五年。

30.《朱熹年谱长编(增订本)》,束景南撰,华东师范大学出版社二〇一四年。

篇名索引

转承直郎制

卷十三　淳祐六年

273　通议大夫守刑部侍郎兼国子祭酒兼侍读江万里弟承议郎新差充提领
　　　犒赏酒库所主管文字江万顷故父烨任奉议郎致仕已赠朝请今拟赠奉
　　　直大夫制

273　江万里江万顷故母令人陈氏今拟赠硕人制

274　江万里故妻令人黄氏今拟赠硕人制

274　江万里妻邓氏今拟封硕人制

275　事奉大夫试工部侍郎兼太子詹事杨栋武节郎擢权知江阴军事履之故
　　　父任武德郎已赠大中大夫端仲特赠通奉大夫制

275　朝请郎权礼部侍郎兼侍讲詹文杓故父九龄赠奉议郎制

276　詹文杓故母安人陈氏赠令人制

276　詹文杓故继母安人周氏赠令人制

276　詹文杓妻安人陈氏特封令人制

277　中大夫试吏部侍郎兼太子左庶子王爚奉议郎权知台州军州华甫故父
　　　任朝奉郎致仕已赠朝请大夫梦得特赠中散大夫制

277　王爚王华甫故母令人胡氏特赠硕人制

278　王爚故妻令人周氏特赠硕人制

278　资政殿大学士正奉大夫沿江制置使知建康府马光祖故曾祖已赠少保
　　　千里郊恩特赠太保制

278　马光祖故曾祖母崇国夫人葛氏郊恩特赠福国夫人制

279　马光祖故祖已赠少傅之纯郊恩特赠太傅制

279　马光祖故祖母吉国夫人楼氏郊恩特赠庆国夫人制

280　马光祖故父已赠少师正己郊恩特赠太师制

280　马光祖故母惠国夫人伍氏郊恩特赠卫国夫人制

280　马光祖故母肃国夫人叶氏郊恩特赠相国夫人制

281　马光祖故妻东阳郡夫人丁氏郊恩特赠普安郡夫人制

281　观文殿大学士金紫光禄大夫判平江府事浙西两淮发运大使程元凤故
　　　祖已赠太师正特追封崇国公制

282　程元凤故祖母齐国夫人方氏特赠齐国夫人制

282　程元凤故父已赠太师追封昌国公放特追封福国公制

283　程元凤故母鲁国夫人吴氏特赠鲁国夫人制

283　程元凤故妻广国夫人吴氏特赠周国夫人制

284　程元凤今妻庆国夫人汪氏特封汉国夫人制

284　少保保宁军节度使充万寿观使谢奕昌故曾祖已赠太师追封鲁王景之

特赠太师余如故制

卷二十二　景定五年

附金诏令

附元诏令